KB009675

대한민국
국가미래전략
2018

일러두기

• 가독성을 고려해, 가급적 명사나 동사의 단위별 붙여쓰기를 허용했습니다.
• 외래어 표기는 국립국어원의 표기를 따르는 것을 원칙으로 했으나 예외를 둔 것도 있습니다.

대한민국 국가미래전략

National Future Strategy

2018

정파나 이해관계를 떠나 대의와 국가, 국민을 위해
이 시대의 선비들이 제안하는 국가 미래대계

KAIST 문술미래전략대학원 · 미래전략연구센터 지음

이콘

2장Ⓣ 기술 분야 미래전략 Technology

3장Ⓔ 환경 분야 미래전략 Environment

4장Ⓟ 인구 분야 미래전략 Population

5장Ⓟ 정치 분야 미래전략 Politics

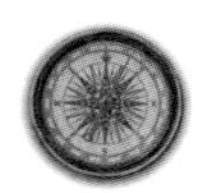

6장 Ⓔ 경제 분야 미래전략 Economy

7장 Ⓡ 자원 분야 미래전략 Resources

추천사

미래를 향해 새로운 길을 제시하며 앞서가는 나라가 선진국이고, 그 길을 열심히 뒤쫓아 가는 나라가 중진국이고, 쫓아가지도 못하는 나라가 후진국입니다. 대한민국은 지난 반세기 동안 선진국을 열심히 쫓아가는 '빠른 추격 전략'으로 한강의 기적을 이루며 선진국 문턱에까지 왔습니다. 이제는 미국형 전략도 아니요, 일본식 전략도 아닌, 한국 고유의 '미래 선도 전략'이 필요한 시점입니다. 특히, 4차 산업혁명의 높은 파고가 쓰나미처럼 다가오는 21세기, 과학기술 기반의 미래전략을 세우는 일은 매우 중요하다고 생각합니다. 그래야 대한민국이 중진국의 덫에서 벗어나 명실공히 선진국가로 도약할 수 있습니다. 이를 위해서는 민간 싱크탱크 그룹이 활성화되어야 합니다. 미국이 G1국가의 위상을 갖고 있는 저변에는 1,800여 개의 각 분야 싱크탱크 그룹에서 정권을 초월하여 미국이 나아가야 할 방향과 정책을 마련해주는 것이 큰 역할을 하고 있습니다.

KAIST 문술미래전략대학원과 미래전략연구센터는 과학기술 기반의 21세기 미래를 연구하기 위하여 2013년에 설립되었습니다. 2014년부터 펴내기 시작한 국가미래전략에 관한 연구보고서가 이번에 네 번째 책으로 나오게 되었습니다. 우리나라는 특별히 국가미래전략의 수립이 절실한 상황입니다. 정권에 따라서 새로운 정책을 수립, 집행하기 때문에 정책의 일관성에 아쉬움이 생기는 경우가 있기 때문입니다. 물론 국가출연연구소 등의 국가 정책 연구기관에서도 미래연구 보고서를 내고 있습니다. 그러나 정부기관의 특성 때문에 일관성을 유지하기 어려운 면도 있습니다. 이러한 상황에서 순수 민간 싱크탱크라 할 수 있는 KAIST에서 국가미래전략을 연구하는 일은 큰 의의가 있다고 생각합니다. 민간 싱크탱크의 보고서는 직접적인 실행력은 갖추지 못하지만, 정치권과 무관하게 지속적으로 읽힐 수 있기 때문입니다.

미래전략이란 내용도 중요하지만, 그 과정에서 구성원들의 참여와 공감을 이루는 것도 중요하다고 생각합니다. 이 연구보고서는 소수 엘리트 학자들만의 작품이 아니라, 매주 금요일 토론회를 통하여 나온 아이디어를 종합하여 집필한 내용입니다. 2015년부터 지금까지 125회의 토론회를 개최하였고, 여기에 300여 명의 전문가가 발표와 토론에 참여했으며, 3,000여 명의 일반인이 청중으로 참석하여 의견을 개진했다고 합니다. 토론회를 거듭하면서 새롭게 개발된 아이디어와 의견을 추가하여 매년 책으로 출판합니다. 이번 보고서에 수록된 세부 전략이 62개라고 하니, 국가 전반적인 이슈를 거의 모두 다루고 있다고 볼 수 있을 것 같습니다.

특히 이 연구팀은 연구에 임하는 자세를 '선비정신'으로 규정하고 있다는 점이 인상적입니다. 선비정신만이 혼탁한 현대사회에서 중심을 잡고, 오로지 국가와 민족을 위한 전략을 담보할 수 있다고 생각한 것입니다. 국가 미래전략이 정치 변화와 무관하게 지속적으로 활용되고, 정책의 가이드라인이 되기 위해서는 공정성이 생명입니다. 이러한 관점에서 선비정신은 매우 적절한 연구 철학이라 생각합니다.

아무쪼록 이 연구보고서가 국가 정책을 수립하는 분들과 미래전략을 연구하는 분들께 도움이 되기를 바랍니다. 미래전략대학원 설립과 이 보고서 작성을 위해 훌륭한 리더십을 발휘해주신 이광형 교수님과 연구에 참여해주신 수많은 연구자들, 그리고 일반 참여자들께도 감사드립니다. 특히 원고 초안을 쓰고 검토와 수정작업에 참여하신 100여 명의 필자들께 각별한 감사의 인사를 드립니다.

KAIST 총장 신성철

책을 펴내며

2018년 판을 내며

우리나라는 지금 어려운 상황에 처해있다. 사회, 정치, 외교, 경제, 문화, 기술 등 다양한 분야에서 우리 앞에 놓인 과제들은 우리가 한 번도 겪어보지 못한 일들이 대부분이다. 그렇기에 어느 것 하나 우리에게 자신감을 갖게 해주는 것이 없다. 선조들이 물려준 이 나라와 번영을 제대로 보전하고 발전시켜 후손들에게 넘겨줄 수 있을지 장담하기 어려운 상황이다. 우리가 어떻게 대처하느냐에 따라 새로운 도약을 이룰 수도 있지만, 자칫 퇴보의 수순을 밟을 수도 있다.

선각자들은 어떠한 생각으로 대한민국을 세웠을까? 역사를 보면 지금보다 더 어려운 상황들이 많이 있었다. 우리 조상님들은 어떻게 난국을 극복해왔을까? 답답한 마음에 조상님의 지혜를 찾아보고 싶은 심정이다. 〈3·1 독립선언서〉를 펼쳐본다.

"吾等은 玆에 我 朝鮮의 獨立國임과 朝鮮人의 自主民임을 宣言하노라. 此로써 世界萬邦에 告하야 人類平等의 大義를 克明하며, 此로써

子孫萬代에 誥하야 民族自存의 正權을 永有케 하노라…(후략)"

(우리는 이에 우리 조선이 독립한 나라임과 조선 사람이 자주적인 민족임을 선언한다. 이로써 세계 만국에 알리어 인류 평등의 큰 도의를 분명히 하는 바이며, 이로써 자손만대에 깨우쳐 일러 민족의 독자적 생존의 정당한 권리를 영원히 누려 가지게 하는 바이다.)

대한민국 6대 절대과제

우리는 과연 현재의 번영을 후손들에게 물려줄 수 있을까. 미래의 후손들이 현재와 같은 번영을 누리기 위해서는 다음의 '6대 절대과제'를 해결해야 한다.

- **저출산·고령화:** 합계출산율이 1.2명 이하로 떨어졌다. 이 추세가 계속되면 2100년에는 인구가 2,000만 명 수준이 된다. 인구 감소 기간 중에 겪어야할 다이어트 고통이 클 것이다. 현재 우리나라 65세 이상의 노령인구는 약 600만 명이고, 생산가능인구(15~64세)가 부담하는 유소년인구와 노령인구를 나타내는 부양률이 37%이다. 2030년이 되면 노령인구는 1,200만 명이 되고, 부양률은 50%, 2060년에는 1,700만 명에 부양률 100%가 된다. 다가오는 현실을 외면하고 있을 수 없다.

- **사회통합·갈등해결:** 정신문화가 날로 황폐해지면서 관용과 포용, 나눔과 배려가 점차 사라지고, 이기주의와 집단적 터부, 배타가 기승을 부리고 있다. 사회적 관계의 단절로 인해 자살률은 OECD국가 중 가장 높은 수준이고 반대로 국민행복지수GNH는 가장 낮은 상

태이다. 부가 세습되어 신분이동의 길이 차단되면서 젊은이들이 희망을 잃고, 대한민국의 역동성도 사라지고 있다. 젊은이들이 희망을 버리면 국가에 희망이 없다. 청년을 위한 희망전략이 필요하다.

• **평화(통일)와 국제정치:** 국제정세가 긴박하게 전개되고 있다. 도저히 이해할 수 없는 북한 정권은 백성들의 먹고사는 문제는 도외시한 가운데 핵무기 개발에 빠져 있다. 동아시아 전역에 걸쳐 미국과 중국의 대결구도가 형성되면서, 우리나라가 취해야 할 입지가 매우 복잡하게 되어 있다. 우리나라는 지정학적인 위치로 볼 때, 국제관계를 통해서 앞날을 개척해야 한다. 통일을 준비하고 민족자존을 지킬 수 있는 창의적인 지혜가 필요한 시점이다.

• **지속적인 성장과 번영:** 4차 산업혁명의 물결이 밀려오고 있다. 빅데이터, 인공지능, 사물인터넷 등의 첨단기술이 생산효율을 극대화시키고 있다. 4차 산업혁명의 개념을 도입하여 기존의 제조업을 인공지능과 빅데이터 중심의 지능화된 맞춤형 제조업으로 개편하고, 신산업을 발굴, 육성해야 한다. 첨단기술에 따라서 많은 일자리의 변화도 예상된다. 국제경쟁에서 뒤처지지 않는 것과 동시에, 성장과 분배가 균형 잡힌 인간중심의 사회로 만들어 가야 한다.

• **지속가능한 민주복지국가:** 우리나라는 민주주의와 복지국가를 동시에 추구하고 있다. 복지가 민주주의를 만나면 간혹 포퓰리즘의 유혹에 빠질 수 있다. 정치인들은 정권을 잡기 위해 과대공약을 내놓고는 적자재정을 편성하기 쉽다. 그리고 그 부담을 미래세대에 떠넘

기는 것이다. 지속가능한 해법을 찾아야 한다. 복지와 민주주의가 선순환할 수 있는 구조가 중요하다.

• **에너지와 환경문제:** 우리나라는 자원빈국이다. 광물자원도 부족하고, 에너지의 96%를 수입에 의존하고 있다. 현대문명은 엄청난 에너지를 소모하고 있고, 그 결과 환경은 급속도로 악화되고 있다. 미래에도 안정적인 성장과 번영을 이루고자 한다면 지속가능한 에너지원을 확보해야 한다. 기후변화와 환경오염에 대비하는 것도 미룰 수 없는 기본적인 책무이다.

갈지之자 행보를 계속하고 있는 국가

국가가 처한 위기에 대응하고 해결할 주체는 두말할 것도 없이 정치이다. 정치가 최고 권력을 가지고 사회의 갈등을 조정하고 새로운 대안을 제시하며 이끌고 나가야 한다. 그러나 현재 우리나라의 정치는 여러 사회 분야 중에서 가장 낙후된 분야 중의 하나이다. 새로운 사회 변화에 따라서 법과 제도를 조정해 나가는 기능이 현저하게 약화되어 있다. 사회 각계각층이 열심히 앞으로 나아가고 있는데 정치권이 앞길을 가로막는 형국이다. 5년 단임제의 정권은 단기적 현안에만 급급하다.

더욱이 정권이 바뀔 때마다 국정운영의 기조가 바뀌면서, 이전 정권의 업적과 정책은 무시됐다. 국가정책은 그야말로 갈지之자 행보를 하고 있다. 노무현 대통령의 '혁신경제'는 이명박 대통령에 의해 부정됐고, 이명박 대통령의 '녹색경제'는 박근혜 대통령에 의해 소외됐다. 마찬가지로 박근혜 대통령의 '창조경제'도 비슷한 운명에 처했다.

정권을 잡은 사람들은 나라를 송두리째 바꾸어 단기간에 성과를 내고자 했다. 장기적인 청사진은 없어 보였다. 하지만 최고결정권자들이 하는 일이다보니, 어느 누구도 제동을 걸기 어려웠다. 각 정권마다 장기적인 전략을 추진하지 않은 것은 아니다. 노태우 대통령은 '21세기위원회', 김영삼 대통령은 '세계화추진위원회', 김대중 대통령은 '새천년위원회'를 각각 설립했고 노무현 대통령은 '국가비전 2030', 이명박 대통령은 '대한민국 중장기 정책과제'를 작성했다. 여러 정부출연 연구기관에서도 분야별로 장기전략 연구보고서를 발행했다. 그러나 그것들은 정권이 바뀌면서 도서관의 서고로 들어가 잠자는 신세가 되고 말았다.

'선비정신'이 필요한 대한민국

한반도 지도를 보고 있으면 우리 선조들의 지혜와 용기에 다시 한 번 감탄이 절로 나온다. 거대한 중국대륙 옆에서 온갖 침략과 시달림을 당하면서도 자주성을 유지하며 문화와 언어를 지켜냈다는 것은 참으로 놀라운 일이다. 만약 북아메리카에 있는 플로리다 반도가 미국에 흡수되지 않고 독립된 국가로 발전하려고 했다면, 과연 가능했을까. 하지만 우리 선조들은 그것을 가능케 했다. 동북아 국제질서 재편의 소용돌이 속에서 새삼 선조들의 업적이 대단하게 느껴진다.

그렇다면 역사적 패권국가였던 중국 옆에서 국가를 유지, 발전시킬 수 있었던 비결은 무엇이었을까. '선비정신'이 한몫을 한 것은 아닌가 생각한다. 정파나 개인의 이해관계를 떠나서 오로지 대의와 국가, 백성을 위해서 시시비비를 가린 선비정신 말이다. 이러한 선비정신이 있었기에 설사 나라가 그릇된 길을 가더라도 곧 바로잡을 수 있었다. 선비정신이 사라진 조선말 100년 동안 망국의 길을 걸었던 과거를 잊지 말아야 한다.

21세기, 우리는 다시 선비정신을 떠올린다. 정치와 정권에 무관하게 오로지 나라와 국민을 위하여 발언하는 것이다. 우리는 국가와 사회로부터 많은 혜택을 받고 공부한 지식인들이다. 국가에 진 빚이 많은 사람들이다. 이 시대를 사는 지식인으로서 국가와 사회에 보답하는 길이 있다면 선비정신을 바탕으로 국가와 국민행복을 위해 미래전략을 내놓는 것이다.

특히 2001년에 300억 원을 KAIST에 기증하여 융합학문인 바이오및뇌공학과를 신설하게 한 바 있는 정문술 전 KAIST 이사장은, 2014년에 다시 215억 원을 KAIST 미래전략대학원 발전기금으로 기부하면서 당부했다. 국가의 미래전략을 연구하고 인재를 양성해 나라가 일관되게 발전할 수 있는 기틀을 마련해달라는 부탁이었다. 그리고 국가의 싱크탱크가 되어 우리가 나아갈 길을 미리 제시해달라고 요청했다. 기부자의 요청을 무게 있게 받아들인 미래전략대학원 교수진은 국가미래전략 연구보고서인 〈문술 리포트〉를 출판하기로 결정하였다.

우리의 제안 중에는 옳은 것도 있고 그릇된 것도 있고 부족한 것도 있을 것이다. 그릇된 것, 부족한 것은 계속 보완하고 발전시켜나갈 예정이다. 다만 우리의 미래전략 보고서에 옳은 것이 있다면 정권에 상관없이 활용될 수 있을 것이고, 이를 통해 국가의 미래는 일관되게 발전할 수 있으리라 믿는다.

미래의 눈으로 결정하는 현재

우리는 국가미래전략의 시간적 개념을 30년으로 설정했다. 일반적으로 한 세대를 30년으로 본다. 우리는 다음 세대에 물려줄 국가를 생각하며 오늘 해야 할 일을 논하기로 했다. 즉 다음 세대의 입장에서 오늘의 상황을 바라보는 것이다. 미래전략은 미래의 눈으로 현재의 결정을 내리는 것이다. 이것이 바로 현재의 당리당략적, 정파적 이해관계에서 자유로운 민간 지식인들이 해야 할 일이라고 생각한다.

30년 후 2048년에는 광복 103년이 된다. 광복 103주년이 되는 시점에 우리는 어떤 나라를 만들어야 할 것인가. 우리의 다음 세대에 어떤 나라를 물려줄 것인가. 지정학적 관계와 우리 자신의 능력을 고려할 때, 어떤 국가비전을 제시할 것인가. 매우 많은 논의를 거친 결과, 우리는 다음과 같은 국가비전에 이르렀다.

'아시아 평화중심 창조국가'

우리는 우리나라의 활동공간을 '아시아'로 확대, 설정했다. 아시아는 세계의 중심지역으로 역할하고 있을 것이고, 그중에서도 한국, 중국, 일본, 인도 등이 주역이 되어 있을 것이다. 한국인의 의사결정은 국내외 다양한 요소를 고려해야 하는 상황이 될 것이고, 또한 한국인이 내린 결정의 영향은 한반도를 넘어 아시아로 퍼져나갈 것이다.

우리는 국가의 지향점을 '평화중심국가'로 설정했다. 우리나라는 전통적으로 평화국가이다. 5,000여 년의 장구한 역사 속에서도 자주독립을 유지해왔던 이유 중의 하나도 '평화'를 지향했기 때문일 것이다. 주변국과 평화롭게 공존, 번영을 꿈꾸는 것이 우리의 전통이고 오늘의 희망이며 내일의 비전이다. 더욱이 우리는 통일이라는 민족사적 과제를 안고 있다. 평화 이외에는 다른 방법이 없다. 북한 주민들에게도 통일이 되면 지금보다 더욱 평화롭고 윤택한 삶이 기다리고 있다는 희망을 심어주어야 한다. 주변국들에도 한국의 통일이 그들에게 도움이 되는 공존과 번영의 길이라는 인식을 심어줄 필요가 있다.

또한 우리는 '창조국가'를 내세웠다. 본디 우리 민족은 창조적인 민족이다. 역사를 돌이켜보면 선조들의 빛나는 창조정신이 돋보인다. 컴퓨터시대에 더욱 빛나는 한글과 세계 최초의 금속활자가 대표적인 창조의 산물이다. 빈약한 자원 여건 속에서도 반도체, 휴대전화, 자동차, 조선, 석유화학, 제철산업을 세계 최고 수준으로 일구었다. 처음에는 선진국의 제품을 사서 썼지만, 그 제품을 연구해서 오히려 더 좋은 제품을 만들어냈고, 다시 우리의 것으로 재창조했다.

'21세기 선비'들이 작성하는 국가미래전략

2015년 판을 출판한 이후 2015년 1월부터는 서울 광화문의 창조경제혁신센터에서 매주 금요일 〈국가미래전략 정기토론회〉를 개최하였다. 국가미래전략은 내용도 중요하지만 국민들의 의견수렴과 공감이 중요하기 때문이다. 지금까지 총 125회의 토론회에 약 3,000명이 참여하여 다양한 의견을 제시해주었다. 의견들은 수렴되어 전체 국가전략을 작성하는 데 반영되었다. 3년간 300여 명의 관련 분야 전문가들이 발표, 토론 내용들을 담아서 원고를 작성하고 수정, 검토하였다.

우리는 순수 민간인으로 연구진과 집필진을 구성했다. 정부나 정치권의 취향이 개입되면 영속성이 없다는 것을 알기 때문이다. 〈대한민국 국가미래전략 2015, 2016. 2017〉이 출판되자 많은 분들이 격려와 칭찬을 해주었다. 그중에 가장 흐뭇했던 말이 "특정 이념이나 정파에 치우치지 않은 점"이라는 반응이었다. 우리는 다시 다짐했다. '선비정신'을 지키는 것이다. 오로지 국가와 국민만을 생각한다. 정부나 정치권, 대기업의 입장을 생각하면 안 된다.

위기 극복의 DNA를 지닌 우리

"위기는 위기로 인식하는 순간, 더 이상 위기가 아니다"라는 말이 있다. 우리 문술리포트는 대한민국이 위기 속으로 빠질 수 있는 위험한 기로에 서 있다고 진단한다. 그러나 우리 몸속에는 위기에 강한 DNA가 있다. 위기가 오면 흩어졌던 마음도 한 곳으로 모아지고 협력하게 된다. 사방이 짙은 어둠 속에 빠진 것과 같은 위기의 순간에 우리는 비폭력적인 3·1독립선언서를 선포했고, 6·25 한국전쟁의 급박한 참변 때는 목숨을 던져 새로운 출발의 기초를 마련했다. IMF 경제 위기 때는 어느 누구도 생각하지 못한 창의적이고 희생적인 금모으기 운동으로 세계인의 감동을 불러일으키며 위기를 극복했다. 우리 대한민국은 현재의 위기를 기회로 승화시켜, 자손만대의 안전과 자유와 행복을 확보할 것이다. 역경을 넘어온 불굴의 정신이 다시 살아날 것이다. 다시 〈3·1 독립선언서〉를 펼쳐 본다.

"人類平等의 大義를 克明하며, …… 民族自存의 正權을 永有케 하노라" 〈3·1 독립선언서〉에서.

연구책임자 이광형

(KAIST 미래전략연구센터장)

대한민국 국가미래전략 작성에 함께 한 사람들

*『대한민국 국가미래전략』 보고서는 2015년판 출간 이후 지속적으로 기존 내용을 보완하고, 새로운 과제와 전략을 추가해오고 있습니다. 또한 '21세기 선비'들의 지혜를 모으기 위해 초안 작성자의 원고를 바탕으로 토론의견을 덧붙여가는 공동집필의 방식을 취하고 있습니다. 2015~2017년판 집필진과 2018년판에 추가로 참여하신 집필진을 함께 수록합니다. 참여해주신 '21세기 선비' 여러분들께 다시 한 번 깊이 감사드립니다.

• 기획위원

이광형 KAIST 교수(위원장·KAIST미래전략연구센터장), 김원준 KAIST 교수, 김진향 여시재 선임연구위원, 서용석 KAIST 교수, 이상지 KAIST 연구교수, 임춘택 GIST 교수, 정재승 KAIST 교수(KAIST문술미래전략대학원장), 최윤정 KAIST 연구조교수, 허태욱 KAIST 연구조교수

• 편집위원

이광형 KAIST 교수(위원장), 곽재원 전 경기과학기술진흥원장, 길정우 이투데이 대표, 김원준 KAIST 교수, 김진향 여시재 선임연구위원, 박병원 과학기술정책연구원 센터장, 박상일 파크시스템스 대표, 박성원 과학기술정책연구원 연구위원, 서용석 KAIST 교수, 이상지 KAIST 연구교수, 임춘택 GIST 교수, 정재승 KAIST 교수, 최윤정 KAIST 연구조교수, 한상욱 김앤장 변호사, 허태욱 KAIST 연구조교수

• 2018년 추가 부분 초고 집필진

김건우 LG경제연구원 선임연구원, 김대영 KAIST 교수, 김영귀 대외경제정책연구원 연구위원, 김원준 건국대 교수, 김형운 천문한의원 대표원장, 김희집 서울대 초빙교수, 박수용 서강대 교수, 박승재 한국교육개발원 소장, 박원주 한국인더스트리4.0협회 이사, 배희정 케이엠에스랩(주) 대표, 손영동 한양대 교수, 심현철 KAIST 교수, 엄석진 서울대 교수, 유범재 KIST 책임연구원, 이광형 KAIST 교수, 이동욱 한국생산기술연구원 수석연구원, 이민화 KAIST 초빙교수, 이병민 건국대 교수, 이 언 가천대 교수, 이재관 자동차부품연구원 본부장, 이종관 성균관대 교수, 임만성 KAIST 교수, 장준혁 한양대 교수, 정구민 국민대 교수, 조명래 단국대 교수, 조영태 LH토지주택연구원 센터장, 차원용 아스팩미래기술경영연구소(주) 대표, 천길성 KAIST 연구교수, 최연구 한국과학창의재단 연구위원, 최항섭 국민대 교수, 허재준 한국노동연구원 선임연구위원, 허태욱 KAIST 연구조교수

• 2018년 추가 부분 자문검토 참여자

강상백 한국지역정보개발원 글로벌협력부장, 경기욱 한국전자통신연구원 책임연구원, 김내수 한국전자통신연구원 책임연구원, 김대중 한국보건사회연구원 부연구위원, 김상배 서울대 교수, 김원석 전자신문 부장, 김정섭 KAIST 겸직교수, 김진솔 매경비즈 기자, 문명욱 녹색기술센터 연구원, 박승재 한국교육개발원 소장, 박유신 중앙대 문화콘텐츠기술연구원 박사, 서용석 KAIST 교수, 송유승 한국전자통신연구원 책임연구원, 송혜영 전자신문 기자, 양재석 KAIST 교수, 유은순 인하대 연구교수, 이광형 KAIST 교수, 이상윤 KAIST 교수, 이상지 KAIST 연구교수, 임만성 KAIST 교수, 임우형 SK텔레콤 매니저, 임춘택 GIST 교수, 장창선 녹색기술센터 연구원, 정해식 한국보건사회연구원 사회통합연구센터장, 지수영 한국전자통신연구원 책임연구원, 최성은 연세대 연구교수, 최용성 매일경제 부장, 최윤정 KAIST 연구조교수, 최정윤 중앙대 문화콘텐츠기술연구원 박사, 한상욱 김앤장 변호사, 허태욱 KAIST 연구조교수

• 2015~2017년판 초고 집필진

강희정 한국보건사회연구원 실장, 고영회 대한변리사회 회장, 공병호 공병호경영연구소 소장, 국경복 서울시립대 초빙교수, 김경준 딜로이트안진 경영연구원 원장, 김남조 한양대 교수, 김동환 중앙대 교수, 김명자 전 환경부 장관, 김민석 뉴스1 기자, 김소영 KAIST 교수, 김수현 서울연구원 원장, 김연철 인제대 교수, 김영귀 대외경제정책연구원 연구위원, 김영욱 KAIST 연구교수, 김원준 KAIST 교수, 김유정 한국지질자원연구원 실장, 김종덕 한국해양수산개발원 본부장, 김준연 소프트웨어정책연구소 팀장, 김진수 한양대 교수, 김진향 여시재 선임연구위원, 김현수 국민대 교수, 남원석 서울연구원 연구위원, 박남기 전 광주교대 총장, 박두용 한성대 교수, 박상일 파크시스템스 대표, 박성원 과학기술정책연구원 연구위원, 박성호 YTN 선임기자, 박인섭 국가평생교육진흥원 박사, 박중훈 한국행정연구원 연구위원, 배규식 한국노동연구원 선임연구위원, 서용석 한국행정연구원 연구위원, 설동훈 전북대 교수, 시정곤 KAIST 교수, 신보성 자본시장연구원 선임연구위원, 심상민 성신여대 교수, 심재율 심북스 대표, 양수영 더필름컴퍼니Y 대표, 오상록 KIST강릉분원장, 오태광 한국생명공학연구원 원장, 우운택 KAIST 교수, 원동연 국제교육문화교류기구 이사장, 유희열 부산대 석좌교수, 윤영호 서울대 교수, 이광형 KAIST 교수, 이 근 서울대 교수, 이삼식 한국보건사회연구원 단장, 이상지 KAIST 연구교수, 이선영 서울대 교수, 이소정 남서울대 교수, 이수석 국가안보전략연구원 실장, 이원재 희망제작소 소장, 이혜정 한국한의학연구원 원장, 임만성 KAIST 교수, 임정빈 서울대 교수, 임춘택 KAIST 교수, 정용덕 서울대 명예교수, 정재승 KAIST 교수, 정해식 한국보건사회연구원 연구위원, 정홍익 서울대 명예교수, 조동호 KAIST 교수, 조성래 국무조정실 사무관, 조 철 산업연구원 선임연구위원, 주대준 전 선린대 총장, 차미숙 국토연구원 연구위원, 천길성 KAIST 연구교수, 최슬기 KDI국제정책대학원 교수, 한상욱 김앤장 변호사, 한표환 충남대 교수, 허태욱 KAIST 연구조교수, 황덕순 한국노동연구원 연구위원

*직함은 참여 시점 기준입니다.

• 2015~2017년판 자문검토 참여자

교수, 전문가: 강윤영 에너지경제연구원 연구위원, 고영하 고벤처포럼 회장, 권오정 해양수산부 과장, 길정우 통일연구원 연구위원, 김경동 서울대 명예교수, 김광수 상생발전소 소장, 김대호 사회디자인연구소 소장, 김동원 인천대 교수, 김두수 사회디자인연구소 이사, 김들풀 IT NEWS 편집장, 김상협 KAIST 초빙교수, 김세은 강원대 교수, 김승권 전 한국보건사회연구원 연구위원, 김연철 인제대 교수, 김우철 서울시립대 교수, 김인주 한성대 겸임교수, 김태연 단국대 교수, 류한석 기술문화연구소 소장, 문해남 전 해양수산부 정책실장, 박병원 경총 회장, 박상일 파크시스템스 대표, 박성필 KAIST 초빙교수, 박성호 YTN 선임기자, 박연수 고려대 교수, 박영재 한반도안보문제연구소 전문위원, 박진하 건국산업 대표, 박헌주 KDI 교수, 배기찬 통일코리아협동조합 이사장, 배달형 한국국방연구원 책임연구위원, 서복경 서강대 현대정치연구소 연구원, 서용석 한국행정연구원 연구위원, 서훈 이화여대 초빙교수, 선종률 한성대 교수, 설동훈 전북대 교수, 손종현 대구가톨릭대 교수, 송향근 세종학당재단 이사장, 심재율 심북스 대표, 안병민 한국교통연구원 선임연구위원, 안병옥 기후변화행동연구소 소장, 안현실 한국경제신문 논설위원, 오영석 전 KAIST 초빙교수, 우천식 KDI 선임연구위원, 유희인 전 NSC 위기관리센터장, 윤호식 과총 사무국장, 이민화 KAIST 교수, 이봉현 한겨레신문 부국장, 이삼식 한국보건사회연구원 단장, 이상룡 대전대 겸임교수, 이상주 국토교통부 과장, 이수석 국가안보전략연구원 실장, 이원복 이화여대 교수, 이장재 한국과학기술기획평가원 선임연구위원, 이정현 명지대 교수, 이종권 LH토지주택연구원 연구위원, 이진석 서울대 교수, 이창훈 한국환경정책평가연구원 본부장, 이철규 해외자원개발협회 상무, 이춘우 서울시립대 교수, 이헌규 한국과학기술단체총연합회 전문위원, 임만성 KAIST 교수, 장용석 서울대 통일평화연구원 책임연구원, 정경원 KAIST 교수, 정상천 산업통상자원부 팀장, 정용덕 서울대 명예교수, 정진호 더웰스인베스트먼트 대표, 정홍익 서울대 명예교수, 조덕현 한국관광공사 단장, 조봉현 IBK경제연구소 수석연구위원, 조충호 고려대 교수, 지영건 차의과대학 교수, 최준호 중앙일보 기자, 최호성 경남대 교수, 최호진 한국행정연구원 연구위원, 한상욱 김&장 변호사, 허재철 원광대 한중정치외교연구소 연구교수, 허태욱 KAIST 연구조교수, 홍규덕 숙명여대 교수

KAIST 문술미래전략대학원/미래전략연구센터: 김민혜, 김자훈, 박가영, 박승재, 박주웅, 배일한, 서종환, 양수영, 이창기, 정지훈, 정진만, 조성래, 최성원, 최우석

**직함은 참여 시점 기준입니다.

〈KAIST 국가미래전략 정기토론회〉

• 주최: KAIST(문술미래전략대학원/미래전략연구센터)

• 일시/장소: 매주 금요일 17:00~19:00 / 서울창조경제혁신센터

• 2015년

**직함은 참여 시점 기준입니다.

<table>
<tr><th>횟수</th><th>일시</th><th>주제</th><th>발표자</th><th>토론자</th></tr>
<tr><td>1회</td><td>1/9</td><td>미래사회 전망</td><td>박성원
과학기술정책연구원
연구위원</td><td>서용석
한국행정연구원 연구위원</td></tr>
<tr><td>2회</td><td>1/16</td><td>국가 미래비전</td><td>박병원
과학기술정책연구원
센터장</td><td>우천식
한국개발연구원
선임연구위원</td></tr>
<tr><td>3회</td><td>1/23</td><td>과학국정대전략</td><td colspan="2">임춘택
KAIST 교수</td></tr>
<tr><td rowspan="2">4회</td><td rowspan="2">1/30</td><td rowspan="2">인구전략</td><td rowspan="2">서용석
한국행정연구원 연구위원</td><td>김승권
한국보건사회연구원
연구위원</td></tr>
<tr><td>설동훈
전북대 교수</td></tr>
<tr><td rowspan="2">5회</td><td rowspan="2">2/5</td><td rowspan="2">아시아평화대전략</td><td>이수석
국가안보전략연구원 실장</td><td>장용석
서울대통일평화연구원
책임연구원</td></tr>
<tr><td>김연철
인제대 교수</td><td>조봉현
IBK경제연구소 연구위원</td></tr>
<tr><td>6회</td><td>2/13</td><td>문화전략</td><td>정홍익
서울대 명예교수</td><td>정재승
KAIST 교수</td></tr>
<tr><td>7회</td><td>2/27</td><td>복지전략</td><td>김수현
서울연구원 원장</td><td>이진석
서울대 교수</td></tr>
<tr><td>8회</td><td>3/6</td><td>국민행복대전략</td><td>정재승
KAIST 교수</td><td>정홍익
서울대 명예교수</td></tr>
<tr><td>9회</td><td>3/13</td><td>교육전략</td><td>이선영
서울대 교수</td><td>손종현
대구가톨릭대 교수</td></tr>
</table>

횟수	일시	주제	발표자	토론자
10회	3/20	미디어전략	김영욱 KAIST 연구교수	김세은 강원대 교수
				이봉현 한겨레신문 부국장
11회	3/27	보건의료전략	강희정 한국보건사회연구원 실장	지영건 차의과대학 교수
12회	4/3	노동전략	배규식 한국노동연구원 선임연구위원	이정현 명지대 교수
13회	4/10	행정전략	김동환 중앙대 교수	최호진 한국행정연구원 연구위원
		정치제도전략	김소영 KAIST 교수	서복경 서강대 현대정치연구소 연구원
14회	4/17	외교전략	이 근 서울대 교수	허재철 원광대 연구교수
15회	4/24	창업국가대전략	이민화 KAIST 초빙교수	고영하 고벤처포럼 회장
16회	5/8	국방전략	임춘택 KAIST 교수	선종률 한성대 교수
17회	5/15	사회안전전략	박두용 한성대 교수	류희인 삼성경제연구소 연구위원
18회	5/22	정보전략	주대준 전 선린대 총장	서 훈 이화여대 초빙교수
19회	5/29	금융전략	신보성 자본시장연구원 선임연구위원	정진호 더웰스인베스트먼트 대표
20회	6/5	국토교통전략	차미숙 국토연구원 연구위원	안병민 한국교통연구원 선임연구위원
		주택전략	남원석 서울연구원 연구위원	이종권 LH토지주택연구원 연구위원
21회	6/12	창업전략	박상일 파크시스템스 대표	이춘우 서울시립대 교수
22회	6/19	농업전략	임정빈 서울대 교수	김태연 단국대 교수

23회	6/26	자원전략	김유정 한국지질자원연구원 실장	이철규 해외자원개발협회 상무
24회	7/3	기후전략	김명자 전 환경부 장관	안병옥 기후변화행동연구소 소장
25회	7/10	해양수산전략	김종덕 한국해양수산개발원 본부장	문해남 전 해수부 정책실장
26회	7/17	정보통신전략	조동호 KAIST 교수	조충호 고려대 교수
27회	7/24	연구개발전략	유희열 부산대 석좌교수	안현실 한국경제신문 논설위원
28회	7/31	에너지전략	임만성 KAIST 교수	강윤영 에너지경제연구원 박사
29회	8/21	지식재산전략	고영회 대한변리사회 회장	이원복 이화여대 교수
30회	8/28	경제전략	김원준 KAIST 교수	김광수 상생발전소 소장
31회	9/4	환경생태전략	오태광 한국생명공학연구원 원장	이창훈 한국환경정책평가연구원 본부장
32회	9/11	웰빙과 웰다잉	김명자 전 환경부 장관	서이종 서울대 교수
33회	9/18	신산업전략 1 의료바이오/안전산업	정재승 KAIST 교수	
34회	9/25	신산업전략 2 지적서비스산업	김원준 KAIST 교수	
35회	10/2	한국어전략	시정곤 KAIST 교수	송향근 세종학당재단 이사장 정경원 KAIST 교수
36회	10/16	미래교육 1: 교육의 새 패러다임	박남기 전 광주교대 총장	원동연 국제교육문화교류기구 이사장 이옥련 거화초 교사
37회	10/23	미래교육 2: 행복교육의 의미와 과제	문용린 전 교육부 장관	소강춘 전주대 교수 송태신 전 칠보초 교장

횟수	일시	주제	발표자	토론자
38회	10/30	미래교육 3: 창의와 융합을 향하여	이규연 JTBC 국장	천주욱 창의력연구소 대표
				이선필 칠성중 교장
39회	11/6	미래교육 4: 글로벌 창의교육	박세정 팬아시아미디어글로벌그룹 대표	신대정 곡성교육지원청 교육과장
				김만성 한국문화영상고 교감
40회	11/13	미래교육 5: 통일교육전략	윤덕민 국립외교원 원장	오윤경 한국행정연구원 연구위원
				이호원 염광메디텍고 교감
41회	11/20	미래교육 6: 전인격적 인성교육	원동연 국제교육문화교류기구 이사장	윤일경 이천교육청 교육장
				이진영 인천교육연수원 교육연구사
42회	11/27	서울대/KAIST 공동선정 10대 미래기술	이도헌 KAIST 교수	
			이종수 서울대 교수	
43회	12/4	미래세대전략 1: –미래세대 과학기술전망 –교육과 우리의 미래	정재승 KAIST 교수	김성균 에너지경제연구원 연구위원
			김희삼 KDI 연구위원	김희영 서울가정법원 판사
44회	12/11	미래세대전략 2: –청소년 세대 정신건강 –이민과 문화다양성	송민경 경기대 교수	정재승 KAIST 교수
			설동훈 전북대 교수	서용석 한국행정연구원 연구위원
45회	12/18	미래세대전략 3: –한국복지국가 전략 –기후변화 정책과 미래세대	안상훈 서울대 교수	김희삼 KDI 연구위원
			김성균 에너지경제연구원 연구위원	서용석 한국행정연구원 연구위원

• 2016년

**직함은 참여 시점 기준입니다.

횟수	일시	주제	발표자	토론자
46회	1/8	한국경제의 위기와 대안	민계식 전 현대중공업 회장	
			박상인 서울대 교수	
47회	1/15	국가미래전략보고서 발전방향	우천식 KDI 선임연구위원	
			김대호 (사)사회디자인연구소 소장	
48회	1/22	한국산업의 위기와 대안	김진형 소프트웨어정책연구소 소장	김형욱 홍익대 교수
49회	1/29	리더와 선비정신	김병일 도산서원선비문화수련원 이사장	
50회	2/5	한국정치의 위기와 대안	정세현 전 통일부 장관	장용훈 연합뉴스 기자
51회	2/12	한국과학기술의 위기와 대안	유희열 부산대 석좌교수	박승용 ㈜효성 중공업연구소 소장
52회	2/19	국가거버넌스전략	정용덕 서울대 명예교수	이광희 한국행정연구원 선임연구위원
53회	2/26	양극화해소전략	황덕순 한국노동연구원 연구위원	전병유 한신대 교수
54회	3/4	사회적 경제 구축 전략	이원재 희망제작소 소장	김광수 상생발전소 소장
55회	3/11	국가시스템 재건전략	공병호 공병호경영연구소 소장	
56회	3/18	사회이동성 제고 전략	최슬기 KDI국제정책대학원 교수	정해식 한국보건사회연구원 연구위원
57회	3/25	알파고 이후의 미래전략	이광형 KAIST 교수	안상훈 서울대 교수
				김창범 서울시 국제관계대사
58회	4/1	교육수용성 제고 전략	원동연 국제교육문화교류기구 이사장	이옥주 공주여고 교장

횟수	일시	주제	발표자	토론자
59회	4/8	교육혁신전략	박남기 전 광주교대 총장	김재춘 한국교육개발원 원장
				김성열 경남대 교수
60회	4/15	공공 인사혁신전략	서용석 한국행정연구원 연구위원	민경찬 연세대 명예교수
61회	4/22	평생교육전략	박인섭 국가평생교육진흥원 박사	강대중 서울대 교수
62회	4/29	지방분권전략	한표환 충남대 교수	박헌주 KDI국제정책대학원 교수
63회	5/6	한의학전략	이혜정 한국한의학연구원 원장	김재효 원광대 교수
64회	5/13	글로벌산업경쟁력전략	김경준 딜로이트안진 경영연구원 원장	모종린 연세대 교수
65회	5/20	부패방지전략	박중훈 한국행정연구원 연구위원	최진욱 고려대 교수
66회	5/27	뉴노멀 시대의 성장전략	이광형 KAIST 교수	최준호 중앙일보 기자
67회	6/3	서비스산업전략	김현수 국민대 교수	김재범 성균관대 교수
68회	6/10	게임산업전략	장예빛 아주대 교수	강신철 한국인터넷디지털 엔터테인먼트협회장
69회	6/17	치안전략	임춘택 KAIST 교수	최천근 한성대 교수
70회	6/24	가상현실·증강현실 기술전략	우운택 KAIST 교수	류한석 기술문화연구소장
71회	7/1	자동차산업전략	조 철 산업연구원 주력산업연구실장	최서호 현대자동차 인간편의연구팀장
72회	7/8	로봇산업전략	오상록 KIST 강릉분원장	권인소 KAIST 교수
73회	7/15	웰다잉문화전략	윤영호 서울대 교수	임병식 한국싸나토로지협회 이사장

<table>
<tr><td>74회</td><td>7/22</td><td>한류문화전략</td><td>심상민
성신여대 교수</td><td>양수영
더필름컴퍼니Y 대표</td></tr>
<tr><td>75회</td><td>8/12</td><td>FTA 전략</td><td>김영귀
대외경제정책연구원
연구위원</td><td>정상천
산업통상자원부 팀장</td></tr>
<tr><td rowspan="2">76회</td><td rowspan="2">8/19</td><td rowspan="2">저출산대응전략</td><td rowspan="2">이삼식
한국보건사회연구원 단장</td><td>장형심
한양대 교수</td></tr>
<tr><td>신성식
중앙일보 논설위원</td></tr>
<tr><td>77회</td><td>8/26</td><td>관광산업전략</td><td>김남조
한양대 교수</td><td>조덕현
한국관광공사
창조관광사업단장</td></tr>
<tr><td>78회</td><td>9/2</td><td>고령화사회전략</td><td>이소정
남서울대 교수</td><td>이진면
산업연구원
산업통상분석실장</td></tr>
<tr><td>79회</td><td>9/9</td><td>세계 1등 대학 전략</td><td>김용민
전 포항공대 총장</td><td>김성조
전 중앙대 부총장</td></tr>
<tr><td>80회</td><td>9/23</td><td>소프트웨어산업전략</td><td>김준연
소프트웨어정책연구소
팀장</td><td>지석구
정보통신산업진흥원 박사</td></tr>
<tr><td>81회</td><td>9/30</td><td>군사기술전략</td><td>천길성
KAIST 연구교수</td><td>배달형
한국국방연구원
책임연구위원</td></tr>
<tr><td>82회</td><td>10/7</td><td>통일한국 통계전략</td><td>박성현
전 한국과학기술한림원
원장</td><td>정규일
한국은행 경제통계국장</td></tr>
<tr><td>83회</td><td>10/14</td><td>국가재정전략</td><td>국경복
서울시립대 초빙교수</td><td>박용주
국회예산정책처
경제분석실장</td></tr>
<tr><td rowspan="2">84회</td><td rowspan="2">10/21</td><td rowspan="2">권력구조 개편 전략</td><td colspan="2">길정우 전 새누리당 국회의원</td></tr>
<tr><td colspan="2">박수현 전 더불어민주당 국회의원</td></tr>
<tr><td>85회</td><td>10/28</td><td>양성평등전략</td><td>민무숙
한국양성평등진흥원 원장</td><td>정재훈
서울여대 교수</td></tr>
<tr><td>86회</td><td>11/4</td><td>미래세대를 위한
공정사회 구현</td><td>최항섭
국민대 교수</td><td>정재승
KAIST 교수</td></tr>
<tr><td>87회</td><td>11/11</td><td>한중해저터널</td><td>석동연
원광대
한중정치외교연구소 소장</td><td>권영섭
국토연구원 센터장</td></tr>
</table>

횟수	일시	주제	발표자	토론자
88회	11/18	트럼프 시대, 한국의 대응전략	길정우 통일연구원 연구위원	
			김현욱 국립외교원 교수	
			선종률 한성대 교수	
89회	11/25	실버산업전략	한주형 (사)50플러스코리안 대표	서지영 과학기술정책연구원 연구위원
90회	12/2	미래세대를 위한 부모와 학교의 역할	최수미 건국대 교수	김동일 서울대 교수
91회	12/9	미래세대를 위한 문화전략	김헌식 문화평론가	서용석 한국행정연구원 연구위원
92회	12/16	미래세대와 미래의 일자리	박가열 한국고용정보원 연구위원	김영생 한국직업능력개발원 선임연구위원

· 2017년

**직함은 참여 시점 기준입니다.

횟수	일시	주제	발표자	토론자
93회	1/20	수용성 회복을 위한 미래교육전략	원동연 국제교육문화교류기구 이사장	이상오 연세대 교수
94회	2/3	혁신기반 성장전략	이민화 KAIST 초빙교수	김기찬 가톨릭대 교수
95회	2/10	외교안보통일전략	길정우 통일연구원 연구위원	김창수 한국국방연구원 명예연구위원
96회	2/17	인구구조변화 대응전략	서용석 한국행정연구원 연구위원	최슬기 KDI 국제정책대학원 교수
97회	2/24	4차 산업혁명과 교육전략	박승재 한국교육개발원 소장	최경아 중앙일보 기획위원
98회	3/3	스마트정부와 거버넌스 혁신	이민화 KAIST 초빙교수	이각범 KAIST 명예교수
99회	3/10	사회안전망	허태욱 KAIST 연구교수	김진수 연세대 교수
100회	3/17	사회통합	조명래 단국대 교수	정해식 한국보건사회연구원 연구위원

<table>
<tr><td rowspan="2">101회</td><td rowspan="2">3/24</td><td rowspan="2">기후에너지</td><td rowspan="2">김상협
KAIST 초빙교수</td><td>안병옥
기후변화행동연구소 소장</td></tr>
<tr><td>김희집 서울대 초빙교수</td></tr>
<tr><td>102회</td><td>3/31</td><td>정부구조개편</td><td>배귀희
숭실대 교수</td><td>이재호
한국행정연구원 연구위원</td></tr>
<tr><td>103회</td><td>4/7</td><td>대중소기업 상생전략</td><td>이민화
KAIST 초빙교수</td><td>이춘우
서울시립대 교수</td></tr>
<tr><td rowspan="2">104회</td><td rowspan="2">4/14</td><td rowspan="2">사이버위협 대응전략</td><td rowspan="2">손영동
한양대 교수</td><td>김상배 서울대 교수</td></tr>
<tr><td>신용태 숭실대 교수</td></tr>
<tr><td>105회</td><td>4/21</td><td>혁신도시 미래전략</td><td>남기범
서울시립대 교수</td><td>허재완
중앙대 교수</td></tr>
<tr><td>106회</td><td>4/28</td><td>법원과 검찰조직의
미래전략</td><td>홍완식
건국대 교수</td><td>손병호
변호사</td></tr>
<tr><td rowspan="2">107회</td><td rowspan="2">5/12</td><td rowspan="2">4차 산업혁명 트렌드와
전략</td><td colspan="2">최윤석 한국마이크로소프트 전무</td></tr>
<tr><td colspan="2">이성호 KDI 연구위원</td></tr>
<tr><td>108회</td><td>5/19</td><td>4차 산업혁명 기술전략:
빅데이터</td><td>배희정
케이엠에스랩(주)대표</td><td>안창원
한국전자통신연구원
책임연구원</td></tr>
<tr><td rowspan="2">109회</td><td rowspan="2">5/26</td><td rowspan="2">4차 산업혁명 기술전략:
인공지능</td><td>양현승 KAIST 교수</td><td rowspan="2">정창우
IBM 상무</td></tr>
<tr><td>김원준 건국대 교수</td></tr>
<tr><td>110회</td><td>6/2</td><td>4차 산업혁명 기술전략:
사물인터넷</td><td>김대영
KAIST 교수</td><td>김준근
KT IoT사업단장</td></tr>
<tr><td rowspan="2">111회</td><td rowspan="2">6/9</td><td>4차 산업혁명 기술전략:
드론</td><td colspan="2">심현철 KAIST 교수</td></tr>
<tr><td>4차 산업혁명
종합추진전략</td><td colspan="2">이광형 KAIST 교수</td></tr>
<tr><td>112회</td><td>6/16</td><td>4차 산업혁명 기술전략:
자율주행자동차</td><td>이재관
자동차부품연구원
본부장</td><td>이재완
전 현대자동차 부사장</td></tr>
<tr><td>113회</td><td>6/23</td><td>4차 산업혁명 기술전략:
증강현실·공존현실</td><td>유범재
KIST 책임연구원</td><td>윤신영
과학동아 편집장</td></tr>
<tr><td>114회</td><td>6/30</td><td>4차 산업혁명 기술전략:
웨어러블기기</td><td>정구민
국민대 교수</td><td>이승준
비앤피이노베이션 대표</td></tr>
</table>

횟수	일시	주제	발표자	토론자
115회	7/7	4차 산업혁명 기술전략: 지능형 로봇	이동욱 한국생산기술연구원 수석연구원	지수영 한국전자통신연구원 책임연구원
116회	7/14	4차 산업혁명 기술전략: 인공지능 음성인식	장준혁 한양대 교수	임우형 SK텔레콤 매니저
117회	8/18	4차 산업혁명과 에너지전략	김희집 서울대 초빙교수	이상헌 한신대 교수
118회	8/25	4차 산업혁명과 제조업 혁신	김승현 과학기술정책연구원 연구위원 박원주 한국인더스트리4.0협회 이사	
119회	9/1	4차 산업혁명과 국방전략	천길성 KAIST 연구교수	권문택 경희대 교수
120회	9/8	4차 산업혁명과 의료전략	이 언 가천대 교수	김대중 한국보건사회연구원 부연구위원
121회	9/15	4차 산업혁명과 금융의 미래	박수용 서강대 교수	김대윤 피플펀드컴퍼니 대표
122회	9/22	4차 산업혁명시대의 노동	허재준 한국노동연구원 선임연구위원	김안국 한국직업능력개발원 선임연구위원
123회	9/29	4차 산업혁명시대의 문화전략	최연구 한국과학창의재단 연구위원	윤 주 한국문화관광연구원 부연구위원
124회	10/13	4차 산업혁명과 스마트 시티	조영태 LH토지주택연구원 센터장	강상백 한국지역정보개발원 글로벌협력부장
125회	10/20	4차 산업혁명시대의 복지전략	안상훈 서울대 교수	정해식 한국보건사회연구원 부연구위원

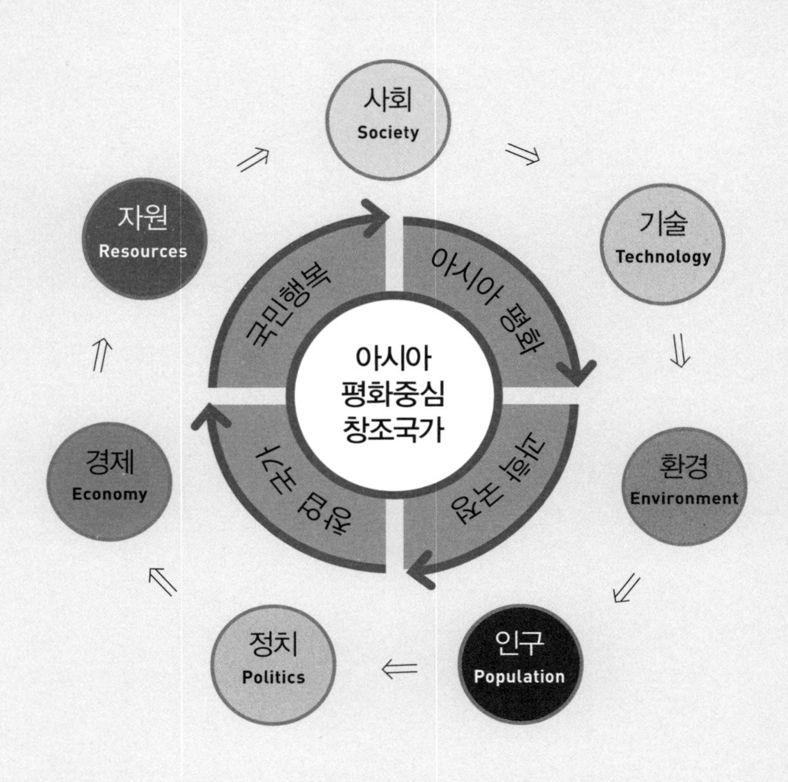

사회 Society	**기술** Technology	**인구** Population	**경제** Economy
문화 노동 사회통합 복지 교육 평생교육 한글 양극화 사회이동성 미디어	연구개발 산업기술 지식재산 사이버 보안 사물인터넷 빅데이터 인공지능 웨어러블 기기 지능형 로봇 공존현실 무인이동체 드론 인공지능 음성인식 자율주행자동차	저출산 고령화 의료 한의학 웰다잉 문화 다문화 인간을 위한 4차 산업혁명 인간중심사회 미래세대	경제 금융 핀테크 제조의 지능화 공유경제 국가재정 조세 창업 FTA 서비스산업 문화콘텐츠산업
	환경 Environment	**정치** Politics	**자원** Resources
	환경생태 온난화기후 재난대응 스마트시티	행정 공공인사혁신 통일 외교 국방 군사기술 지방분권 치안	에너지 자원 국토교통 주택 농업 해양수산 관광

서론

국가비전과 새로운 과제

1 국가비전: 아시아 평화중심 창조국가

북핵과 한반도 안보, 이를 둘러싼 미국과 중국의 갈등, 영국의 유럽연합 탈퇴와 미국의 트럼프 정부 출범으로 상징되는 신보호무역주의의 대두, 4차 산업혁명이 예고하는 새로운 경제사회 패러다임 등 국제관계와 경제사회 변화가 심상치 않다. 또 자원과 환경, 저출산과 고령화에 따른 인구문제까지 우리가 처한 상황은 더욱 복잡해지고 있다. 이러한 시대변화를 정신문화가 제대로 담아내지 못하는 문화지체도 심화되고 있다. 대한민국 국가적 차원에서 시대변화에 능동적으로 대처하는, 과학적이고 체계적인 국가미래전략 수립이 절실한 까닭이다.

국가전략National Strategy은 국가와 국민의 생존, 번영, 존엄, 행복 등 국가의 핵심가치를 구현하기 위한 비전과 방향이다. 국가의 임무는 국민의 생명과 재산보호, 기본권 보장, 경제적 풍요 등 총체적 국민행복을 구현하는 것이다. 결국 국가전략이란 국토보전, 국민존엄과 인권 보장, 자유와 평등, 민권 보장, 경제적·과학기술적·사회문화적 번영과 국가안보의 공고한 평화 등 국가의 핵심가치를 실현함으로써 국익을 증대하기 위한 것이다.[1] 미래전략Future Strategy 또한 중장기적 관점에서 국익을 극대화하기 위한 것이다. 이런 맥락에서 대한민국의 '미래비전'과 그것을 실현하기 위한 핵심적인 '4개 대전략', 그리고 세부 주제별 전략을 제시하였다. 세부 주제는 미래변화 7대 요소인 STEPPER(사회, 기술, 환경, 인구, 정치, 경제, 자원) 차원에서 선정하였다. 즉 프리즘을 통해서 빛을 분해하여 보듯이, 우리는 미래를 STEPPER를 통해서 분석·예측하고 전략을 제시하고자 한다.

미래를 어떻게 준비할 것인가

먼저 미래에 어떤 변화가 찾아올지, 그에 따라서 우리는 어떤 전략을 수립해야 할지 살펴보자.

과학기술이 미래를 바꾼다

4차 산업혁명으로 명명되는 과학기술 중심의 변화가 밀려오고 있다. 지난 30여 년의 시간과 현재를 돌아보면 다가오는 30여 년의 미래를 전망할 수 있다. 무엇보다 미래변화의 핵심동인으로 정보통신기술과 바이오기술 등 과학기술의 발달이 자리한다. 첨단 과학기술과 정보통신의 발달에 따라 전 세계인이 엄청난 양의 정보를 실시간으로 공유하는 정보폭발의 시대가 왔다. 사물인터넷, 빅데이터, 인공지능 등으로 상징되는 초연결사회, 초지능사회의 도래, 의료기술의 발달에 따른 인간수명 100세의 호모 헌드레드Homo hundred 시대 등은 과학기술이 바꾸는 상징적 변화들이다.

또한 기후변화와 환경문제, 자원과 에너지문제, 인구문제 등은 전

지구적 차원에서 제기되고 있는 위기요인들이다. 여기에 국가의 경계를 초월하는 각종 정보의 글로벌화에 따라 정치, 경제, 사회, 문화적으로 전통적 의미의 국가경계가 약화되고, 개인과 시민사회의 영향력이 상대적으로 강화되면서, 국가와 정부의 영향력이 퇴조되는 경향이 나타나고 있다. 사회문화적으로는 급변하는 과학기술시대의 변화에 부응하지 못하는 정신문화의 지체, 인간윤리와 도덕, 철학과 가치의 도태 등이 인문학의 위기, 인간의 위기로 상징되고 있다.

미래는 결국 창조되는 것

국가와 사회의 발전은 환경과 시대 변화에 얼마나 능동적으로 부응하느냐에 달려 있다. 변화에 대한 적극적 조응과 대응 자체가 발전이다. 만약 그 변화를 태만히 하거나 무시하는 경우 그것은 정체가 아닌 도태가 되고 적폐가 되며, 가혹한 경우 혁신과 쇄신의 대상이 된다. 제도와 법, 체제의 적폐는 때에 따라 혁명의 대상이 되기도 한다.

국가적 차원의 선도적 미래준비라는 관점에서 보면 미래는 의지적 관점에서 창조되는 것이다. 즉 미래는 객관적 조건과 환경들에 의해 그냥 막연히 오는 것이 아니라, 주체적 의지로 전망하고 준비하고 주도하고자 하는 사람들에 의해 만들어지고 창조되는 것이다.[2] 미국의 과학자 앨런 케이Alan Kay는 "미래를 예측하는 가장 좋은 방법은 그것을 창조하는 것"이라고 했다. 그렇다. 우리가 함께 꾸는 꿈과 비전은 현실이 된다. 다가올 미래는 지금 현재의 우리가 꾸는 꿈들이 펼쳐지는 세상이다. 우리가 그리는 비전이 미래의 현실이 된다. 결국 미래는 우리 속에, 우리의 가슴 속에 있는 것이다. 우리는 어떤 미래를 가슴에 담을 것인가? 우리가 지향해야 할 세상과 가치는 무엇인가? 우리가 지향하고 추구하는 '정신의 미래', '과학기술의 미래'가 미래를 규정할 것이다. 자연환경과 시대변화에 능동적으로 응전하는 과정이 바로 미래변화의 새로운 패러다임을 창조하는 일이다. 미래는 준비하지 않은 사람들에게는 그냥 막연히 오는 것이지만, 준비하는 사람에게는 창조의 과정이다.

선비정신으로 미래를 준비하자

대한민국은 어떠한 미래를 설계하고 나아갈 것인가? 먼저 선비정신에 입각하여 대한민국의 미래를 생각하며, 30년 후 후손들에게 물려줄 자랑스러운 나라를 만들어야 한다. 무엇보다 사사로운 이익보다 국가를 위하는 대의를 추구하고, 윤리와 도덕의 근본이 서고 진리와 정의, 자유와 인권, 공정과 투명, 법치와 공익이 온전히 추구되고 권장되는 사회가 될 때, 사라진 신뢰가 살아나고 국가적 품격과 자긍심이 고양될 것이다. 기본원칙과 윤리, 그리고 상식이 바로 선 나라, 사회적 신뢰와 국가적 자긍심이 묻어나는 나라가 근본과 기본의 영역이다.

국가미래전략 수립의 기본은 국민행복과 건전한 시민사회 건설을 위한 범사회적 차원의 정신문화(선비정신에 바탕을 둔 윤리와 도덕, 진리와 정의, 공정과 투명, 원칙과 법치, 관용과 포용, 나눔과 배려 등) 재정립에서 비롯되어야 한다. 자유, 평화, 민주, 평등, 인권의 기본 가치들이 널리 향유될 수 있는 제도를 정착시켜 지속가능한 복지민주국가를 이룩해야 한다.

대한민국의 위기

이제 미래사회를 맞는 대한민국이 어떤 상황에 놓여 있는지를 살펴보자.

미래사회의 주요 변화들

한국과학기술기획평가원KISTEP의 미래사회 전망에 따르면 글로벌화와 갈등의 심화, 인구구조의 변화, 문화적 다양성 증가, 에너지·자원의 고갈, 기후변화 및 환경문제 심화, 과학기술의 발달과 융복합화, 중국의 부상 등이 미래사회의 메가트렌드로 주목되었다.

글로벌화는 이미 정치, 경제, 사회, 문화, 과학기술 전 분야에 걸쳐서 상당히 진전되었고, 향후 그 속도와 폭, 범위가 심화·확대될 것으로 보인다. 또한 민족, 종교, 국가 간 갈등 심화, 사이버테러와 비전통적 테러위협 증가, 양극화 등이 대두되면서 갈등의 심화도 예상된다. 인구구조 변화는 저출산과 고령화의 지속, 도시인구의 증가, 가족개념의 변화가 주도할 전망이며, 문화교류가 증대되고 다문화사회가 심화되면서 문화적 다양성도 증가할 것이다. 에너지·자원 측면에서는 에너지와 자원의 수요 증가, 물과 식량 부족 심화, 에너지와 자원의 무기화 등이 두드러진 경향성이다. 이와 함께 지구온난화와 이상기후, 환경오염의 증가, 생태계의 변화 등으로 환경문제도 심각해질 수 있다. 국제질서 측면에서는 중국의 경제적·정치적·문화적 영향력이 확대되면서 중국의 부상이 더욱 본격화할 것으로 예상된다. 그밖에도 정보통신기술의 발달, 생명과학기술의 발달, 나노기술의 발달 등이 과학기술의 발달과 융복합화를 이끌 것으로 보인다.

〈표 1〉 미래사회 8대 메가트렌드와 하위 25개 트렌드

메가트렌드	트렌드	메가트렌드	트렌드
글로벌화 심화	세계시장의 통합	문화적 다양성 증가	문화교류 증대와 다문화 사회화
	국제질서의 다극화		여성의 지위 향상
	인력이동의 글로벌화	에너지·자원 고갈	에너지·자원 수요의 증가
	거버넌스 개념의 확대		물·식량 부족 심화
	전염병의 급속한 확산		에너지·자원 무기화
갈등 심화	민족, 종교, 국가 간 갈등 심화	기후변화 및 환경문제 심화	온난화 심화, 이상기후 증가
	사이버테러의 증가		환경오염의 증가
	테러위험의 증가		생태계의 변화
	양극화 심화	중국의 부상	중국 경제적 영향력 증대
인구구조 변화	저출산 고령화의 지속		중국 외교 문화적 영향력 증대
	세계 도시인구의 증가	과학기술 발달과 융복합화	정보통신기술의 발달
	가족 개념의 변화		생명과학기술의 발달
			나노기술의 발달

자료: 한국과학기술평가원 (2012).

위기의 대한민국

우리나라를 둘러싼 환경의 변화는 어떠한가? 미래준비위원회의 〈미래이슈 분석보고서(2015)〉에 따르면, 한국사회의 10년 후를 규정할 주요 10대 이슈로 저출산과 고령화, 불평등 문제, 미래세대 삶의 불안정성, 고용불안, 국가 간 환경영향 증대, 사이버 범죄, 에너지 및 자원고갈, 북한과 안보·통일문제, 기후변화 및 자연재해, 저성장과 성장전략 전환 등이 순서대로 꼽혔다.

〈표 2〉 10대 미래이슈

순위	이슈	순위	이슈
1	저출산·초고령화 사회	6	사이버 범죄
2	불평등 문제	7	에너지 및 자원고갈
3	미래세대 삶의 불안정성	8	북한과 안보·통일 문제
4	고용불안	9	기후변화 및 자연재해
5	국가 간 환경영향 증대	10	저성장과 성장전략 전환

자료: 미래준비위원회 (2015).

대한민국 6대 절대과제

미래이슈 전망 등을 토대로 대한민국이 앞으로 풀어야 할 핵심 국가과제를 선별해보면, 다음과 같이 6대 과제로 정리할 수 있다.

- **저출산·고령화 대응:** OECD 회원국 가운데 최저 수준의 출산율(2016년 합계출산율 1.17) 제고, 세계에서 가장 빠른 고령화(2018년 고령인구 비율 14%, 2026년 20%, 2056년 40% 예상) 대비, 가속화하는 다문화사회(연간 8%씩 외국인 유입 증가, 2016년 국내체류외국인 200만 명 돌파) 준비
- **사회통합과 갈등해결:** 낮은 행복지수, 세계 최고 수준의 자살률, 범죄 비율 등 사회공동체 붕괴현상, 노사·지역·계층·세대·이념을 둘러싼 갈등 완화 또는 해결, 청년들이 희망을 잃고 공무원 시험에 매달리는 현상
- **안보와 국제질서의 변화 대처:** 북핵 위협과 변화하는 안보질서 대응, 한반도 평화와 통일의 과제, 미국, 중국, 일본, 러시아 등 한반도 관계국들과의 외교전략

- **지속적인 성장과 번영:** 추격자 전략으로 일군 기존 주력산업과 빅데이터, 인공지능 등 혁신기술과의 융합을 통한 경쟁력 선점, 새로운 성장동력 확보를 위한 선도자 전략 추진, 기술과 산업의 융복합화가 심화되는 4차 산업혁명 선도
- **지속가능 민주복지국가:** 대의민주주의의 문제점 보완, 포퓰리즘 지양, 사회양극화 해소, 사회안전망 구축, 국가제도와 리더십에 대한 신뢰 구축
- **에너지와 환경 문제:** 에너지원·식량자원 확보, 에너지 전환을 위한 사회적 합의 도출, 기후변화와 환경오염 대비, 파리협정 타결에 따른 신기후체제 적응, 생물다양성 복원

대한민국의 6대 변화

이러한 가운데 현재 대한민국은 다음과 같은 변화 속에 있다. 지난 50년 동안 이룩한 영광스러운 산업화와 민주화 성공 뒤에 나타나고 있는 현상들이다. 여기서 정리한 6대 변화는 그동안 경험하지 않은 것들이고 당분간 이러한 추세가 계속될 것으로 예상된다.

- **저성장 시대:** 저성장의 장기화가 예상되고, 기존의 성장주의 전략에서 저성장에 맞는 전략 정책으로 변화하고 있다.
- **삶의 질 중심의 라이프스타일 변화:** 국민들의 사고방식이 GDP 성장 만능주의에서 행복도 함께 생각하는 방식으로 변화하고 있다.
- **국가 거버넌스의 다원화:** 기존의 행정부 중심의 의사결정구조에서 입법부·사법부·시민단체가 참여하는 구조로 변화하고 있다.
- **인구구조 변화:** 총인구 감소와 경제인구 감소가 현실로 다가오고 있

으며, 이에 적응하는 전략 정책으로 변화하고 있다.

- **불평등 심화:** 사회 곳곳에 불평등과 양극화가 심화·고착되고 있으며, 이로 인해 청년들이 희망을 잃고 사회의 역동성이 줄어들고 있다.
- **직업의 변화:** 자동화로 직업이 변하고 있고, 일자리 감소 추세 속에 실업이 증가하고 있으며, 고용불안이 심화되고 있다.

대한민국 미래비전: '아시아 평화중심 창조국가'

앞서 살펴본 대한민국이 처한 위기요인, 해결해야 할 6대 과제, 현재 진행 중인 6대 변화를 바탕으로 대한민국의 비전을 설정하기로 한다. 대한민국의 중장기 미래비전으로 '아시아 평화중심 창조국가'를 제안한다.[3] 아시아 평화중심 창조국가는 아시아(세계)의 중심에서 평화를 토대로 번영, 발전하는 대한민국을 만들어가고자 하는 대한민국의 주도적 의지가 담긴 비전이다.

아시아: 세계의 중심으로 부상하는 아시아

향후 아시아의 지역적 가치가 미래세계의 중심이 될 것이다. 세계 경제의 중심이 아시아로 전이되고 있기 때문이다. 30년 후에는 아시아가 세계 경제의 50%를 점유하게 된다. 약 75억 세계 인구 중 약 60%가 아시아지역에 거주하고 있다. 아시아의 경제지도, 인구지도가 확장되는 만큼 정치, 사회, 문화적 영향력도 함께 확장될 것이다. 아시아가 세계 네트워크의 중심에 서게 되는 것이다.

그러한 아시아의 중심에 남과 북의 한반도가 있다. 국제정치의 지정학적 위기요인을 기회요인으로 삼아 남과 북의 한반도에 평화를 정착시키고, 나아가 대한민국이 아시아의 중심국가로, 과학기술 창조국가로, 품격 높은 정신문화의 행복국가로 나아가는 것이다.

평화: 대한민국 발전과 통일의 필수 조건

북핵문제로 긴장이 더 고조되는 남북 대치상태의 해소와 평화정착 없이는 한반도의 온전한 미래발전과 선진일류국가 도약은 불가능하다. 바꾸어 말하면 한반도 평화가 세계 일류국가로 나아갈 수 있는 물적 토대, 정신문화적 토대, 국제정치적 토대를 동시에 제공한다. 한반도 평화는 동북아를 넘어 아시아와 세계 평화의 단초이기도 하다.

이처럼 평화는 대한민국의 근본 국익이다. 남북의 적대와 대립, 군사적 긴장과 전쟁위험이 상존하는 분단체제에서 대한민국의 온전한 미래는 현실적으로 불가능하다. 평화의 제도화는 국민기본권과 국민행복을 구현하기 위한 절대적인 필요조건이다.

또한 주변 국가들에게 대한민국은 평화를 지향하는 국가임을 인식시키고 선린관계를 유지하는 일이 필요하다. 지금까지 그랬듯이, 통일 후에도 주변국들과의 평화로운 관계 속에 공동 번영을 추구할 것이라는 점을 인식시킨다. 통일을 위해서는 주변국들의 협조가 필요하기 때문이다.

창조국가: 성장과 분배의 원동력

기존의 '추격형 경제구조'를 활용하면서도 '선도형 경제구조'로 혁신하기 위한 포괄적 국가모델이 필요하다. 창조는 국가의 경제적·사회문화적 미래번영을 위한 핵심가치이자 전략적 용어이다. 대기업 중심의 산업화 경제방식이나 선진국을 모방하면서 따라가는 방식으로는 더 이상 국가경제 전반의 안정적 번영을 담보하지 못한다. 새로운 성장 동력을 발굴, 육성하기 위해서는 무엇보다 온 국민의 창의력과 상상력에 불을 지펴서 창업의 꽃을 피워야 한다. 선진국 모방의 추격자fast follower 경제에 머물러서는 안 되고, 선도자first mover 경제로의 구조적 경제혁신을 강조하는 것이다. 현재 주력산업이 머뭇거리고 있는 현실에서 새로운 먹거리 창출을 위한 절박한 국가전략이라 할 수 있다. 특히 이를 위해서는 중소벤처기업들이 대기업과 함께 동반성장하여 새로운 산업을 일으킬 수 있도록 하는 터전이 마련되어야 한다. 이러한 상생을 통해서 창조의 꽃이 피고 성장과 분배가 선순환되는 복지국가가 이루어질 것이다.

아시아 평화중심 창조국가와 4개 대전략

아시아 평화중심 창조국가의 비전을 실현하기 위해 4개의 대전략을 다음과 같이 구상한다. 이는 비전 실현을 위한 원칙과 방법론이자 목표이며, 동시에 물적 토대가 될 수 있는 전략들이다. 이 책의 1장부터 7장에 제시된 각 분야의 전략들은 국가 비전과 4개 대전략을 실현하기 위한 세부 전략들이다.

국민행복 대전략

국민행복전략은 대한민국 미래전략 수립의 근본가치이자 목적이다. 국민은 개인과 가정의 행복을 추구할 권리가 있으며, 국가는 국민 개인이 추구하는 행복을 지원하고 증진할 의무가 있다. 국가의 본질적인 존재이유는 국민행복 구현에 있으며, 전체적인 국가미래전략의 방향과 세부전략은 총체적으로 국민행복 구현에 부합하느냐로 평가되고 판단되어야 한다. 그런데 대한민국 국민은 지금 행복하지 않다. 국가별 행복지수 평가에서 한국은 중위권으로 평가돼 왔으며, OECD 선진국들을 중심으로 한 평가에서는 단골 하위권이다. 한국전쟁 이후 경제적으로는 괄목할 만한 성장을 했지만, 국민행복 측면에서는 경제성장률과 비례하지 않았다는 의미이다. 즉 국내총생산GDP과 같은 지표가 행복의 지표는 아닌 것이다. 소득에 대한 공정한 분배, 일할 수 있는 기회 보장, 일과 삶의 균형, 건강과 안전 제공, 그리고 사회적 연대의 확산 등이 행복의 지표를 끌어올릴 수 있을 것이다.

아시아 평화 대전략

한반도 평화는 강대국, 그리고 주변국과의 관계를 고려하지 않으면 안 된다. 한반도의 냉전질서 자체가 이러한 구도를 반영하고 있기 때문이다. 나아가 한반도 평화를 넘어 아시아 평화의 틀에서 우리 문제를 바라볼 필요가 있다. 요컨대 아시아가 세계 경제의 중심으로 부상함에 따라 세계의 정치, 사회, 종교적 갈등과 대립의 중심도 아시아로 옮겨올 것이다. 평화 창조자로서의 역할이 우리에게 더 중요한 이유이다. 그런데 이러한 평화정착 과정에서 북핵은 가장 시급하게 해결해야 할 문제이다. 강화된 북한의 핵 능력만큼 상응조치의 내용도 달라져야 한다. 그러나 북한이 핵을 포기할 수 있도록 하는 상응조치에서 가장 중요한 것은 평화적 환경의 조성이다. 외교관계 정상화를 비롯하여 군사적 신뢰구축 과정이 단계적으로 추진되어야 하며, 미국과 중국, 그리고 아시아 주변 국가들과의 다자간 안보협력과 병행하여 추진할 필요가 있다. 또한 정치군사적 평화구축이 쉽지 않다는 점에서 평화 개념을 확장하여 사회문화적인 영역 등에서 다층적으로 접근할 필요가 있다. 아시아 평화 대전략은 한반도 평화를 주요 목표로 하지만, 여기에 국한하지 않고 아시아 국가들의 공동번영과 아시아적 가치의 세계적인 확산, 이에 기반 한 세계 평화의 도모까지 목표로 한다.

과학국정 대전략

과학국정은 '과학적인 국가행정 및 정치'를 의미한다. 과학적인 사고는 합리적 사고를 말한다. 국가 경영 전반에 과학적인 방법에 의하여 운영할 필요가 절실하다. 기존의 비합리, 부조리 등을 과학적인 합리성으로 바로 잡아야 한다. 과학기술의 발달로 사회가 변화하고 있지만, 기존의 국가행정, 입법, 사법, 언론, 경제 등이 적절히 대응하지 못하고 있는 현상을 해소해야 한다. 특히 기술이 추동하는 4차 산업혁명에 대응하기 위해서는 과학기술이 가져오는 변화의 흐름을 읽어낼 수 있어야 한다. 스티브 잡스Steve Jobs가 보여줬듯이, 과학기술적 마인드와 인문학적 상상력, 그리고 예술성이 융합되어야 창조적 역동성을 발현할 수 있다. 이를 위해서는 무엇보다도 과학기술을 경제나 산업의 하부구조로 생각하지 말고, 경제와 산업을 발전시키는 가장 핵심적인 촉매요소로 평가하는 것으로부터 시작해야 한다. 과학국정을 '과학자 우대'나 '연구개발비 증액', 또는 '이공계 장학 혜택'과 같은 이공계 유인책 정도로 국한하지 않는 것이 중요하다.

창업국가 대전략

창업기업start-up company 개념은 신생 벤처기업을 뜻하며 일반적으로 고위험·고성장·고수익 가능성을 지닌 기술기반 회사를 의미한다. 여기에서 '창업국가'는 기술기반 벤처기업의 설립과 운영, 마케팅 등 창업 전반의 활동이 세계적 수준으로 활성화되고 운영이 용이한 국가를 말한다. 그리고 마케팅 성공률이 높은 창업생태계와 시스템을 갖춘, 창업을 근간으로 경제 활력과 지속성장을 이끌어가는 국가를 의미한다. 창업국가를 대전략으로 제안한 이유는 일자리 창출과 국가 차원의 새로운 성장 동력 발굴이 핵심적인 국가적 과제이기 때문이다. 이 길만이 국가의 역동성을 회복시키고, 청년들에게 희망을 갖게 하며, 일자리를 창출하고, 풍요로운 분배와 복지를 가능하게 할 것이다. 구체적으로 창업국가를 이루기 위해서는 창업을 위한 교육, 창업을 위한 연구, 또는 반대로 교육과 연구에 도움이 되는 창업이 유기적으로 연결되는, 교육·연구·창업의 삼위일체가 이루어져야 한다. 도전을 장려하고, 실패를 용인해주는 사회적 제도와 분위기 조성이 선결적 과제이다.

2 새로운 과제:
4차 산업혁명

4차 산업혁명이라는 이름으로 거대한 변화의 파고가 밀려오고 있다. 실체를 논하기도 전에 우리 사회의 화두가 된 상황이다. 어떤 사람은 일어나지 않았고, 또한 불확실한 전망에 따라 부화뇌동하는 것은 옳지 않다고 말하기도 한다. 그러면서 우리가 해오던 일을 해오던 방식으로 차근히 진행하면 된다고 말한다. 일리가 있는 말이다. 훗날 지금 일어나고 있는 변화는 혁명이라고까지 말할 수 있는 수준이 아니고, 컴퓨터에 의한 3차 산업혁명의 아류였다고 결론 지어질 가능성도 있다. 이 세상에 우리만 존재한다면 그렇게 생각해도 무방하다. 하지만 이 세상에는 수많은 경쟁자들이 있다. 그들은 위기감을 가지고 변화를 만들어가고 있다. 우리가 좌고우면하는 사이에 그들은 앞으로 나아간다. 미래는 그렇게 될 것이라는 '믿음'을 가지고 밀어붙이는 사람들이 차지한다. 그러니 4차 산업혁명이 정말로 일어날 것인지 아닌지를 놓고 논쟁을 하는 일은 의미가 없다. 믿음을 가지고 노력하면 이루어질 것이고, 노력하지 않으면 일어나지 않을 것이기 때문이다.

이렇다 보니, 4차 산업혁명이라는 용어를 둘러싼 이견도 적잖다. 3차 산업혁명의 연장선에서 지능정보사회를 강조하는가 하면, 아예 새로운 변곡점에서 바라보아야 한다는 관점도 있다. 또한 제조업 혁신을 중심으로 일어나는 산업적 방법론으로서 접근하는 경우도 있고, 지난 산업혁명의 역사가 방증하듯이 특정 부문의 혁명이 아니라 우리 사회 전체의 패러다임 전환으로 접근하는 경우도 있다. 다양한 시각이 존재하는 가운데 한 가지 분명한 것은 엄청난 속도의 기술 혁신을 토대로 이전의 관점으로 파악하기 어려운 새로운 변화가 생겨나고 있다는 점이다. 여기서 상기해야 할 역사가 있다. 우리는 1, 2차 산업혁명에 뒤처졌기에 당했던 일제강점의 치욕을 잊지 말아야 한다. 닫힌 시각이 아니라 열린 시각으로 변화에 대응해야 하는 이유이다. 4차 산업혁명의 골든타임golden time은 2025년까지로 예측되고 있다. 우리나라는 2026년 초고령사회 진입을 앞두고 있다. 다시 말해 4차 산업혁명의 골든타임을 놓치면 국가혁신의 기회를 영원히 놓칠 수도 있다는 의미이다.

4차 산업혁명의 특징과 의미

우선 4차 산업혁명의 본질을 생각해볼 필요가 있다. 2016년 1월 열린 세계경제포럼World Economic Forum, WEF에서는 4차 산업혁명에 대해 "모든 것이 연결되고 보다 지능적인 사회로의 변화"라고 설명했으나, 이 정의는 어떤 측면에서는 3차 산업혁명과 본질적으로 크게 다르지 않다. 클라우스 슈밥Klaus Schwab 의장도 아직 정의하기는 이르다고 했다. 그렇다면 우리 스스로 대한민국의 4차 산업혁명을 정의하고 국가 전략을 논의해야 한다.

4차 산업혁명: 현실과 가상의 융합, 맞춤 지능화, 초연결

첫 번째 특징은 '현실과 가상의 융합'이라 할 수 있다. 증기기관으로 대표되는 1차 산업혁명은 의식주라는 생존의 욕구를, 전기의 발명으로 대표되는 2차 산업혁명은 안정의 욕구를 충족시킨 혁명이라고 해석해볼 수 있다. 이어서 컴퓨터와 인터넷의 발명으로 온라인의 가상세상을 만든 3차 산업혁명은 인간의 사회적 연결 욕구를 충족시킨 혁명이다. 이제 4차 산업혁명은 1, 2차 산업혁명이 만든 현실의 세상과 3차 산업혁명이 만든 가상의 세상을 융합하는 혁명이다. 즉 4차 산업혁명의 본질은 '인간을 위한 현실과 가상의 융합'인 것이다.

두 번째 특징은 '맞춤형 지능화'이다. 가령, 소비자의 요구사항을 생산 공정에 직결시키는 것이다. 소비자의 요구사항에 맞는 제품을 만들어야 한다는 명제는 만고의 진리이다. 하지만 현장에 가보면 소비자의 요구사항이 곧바로 생산 공정에 전달되지 않는 경우가 많다. 예측된 소비자의 취향과 유행도 중요하지만, 더욱 정확한 것은 판매 현장에서 나타나는 소비 패턴, AS센터에 접수되는 불만사항 등이다. 사물인터넷이나 빅데이터, 그리고 인공지능 등의 기술은 이러한 정보를 거의 실시간으로 연결하고 지능화·정보화함으로써 생산현장이든 서비스현장이든 개별 소비자의 요구사항에 따라 맞춤형 서비스를 제공하게 되는 것이다. 이것은 너무나 당연한 일 같지만 실제 현장에서는 잘 지켜지지 않는 경우가 대부분이다. 제품을 기획·디자인 하는 담당자는 자신들이 하던 대로 또는 자신들이 좋다고 생각하는 대로 일을 하는 경우가 많다.

세 번째 특징은 '초연결'이다. 예를 들어, 기존에는 산업현장의 각 공정이 상당부분 독립적으로 운영되었다. 기획·디자인·제조·홍보·판매·피드백 단계에서 일어나는 정보가 실시간으로 공유되지 않았다. 실제로 오늘날 각 부서 사이의 칸막이가 높아 소통이 부족하다는 지적이 나오고 있다. 그런데 사물인터넷과 빅데이터 등 정보통신기술은 기존의 생산과 유통의 각 단계를, 또 각 부서의 정보를 거의 실시간으로 공유할 수 있게 연결해준다. 그래서 4차 산업혁명 시대를 초연결시대라고 말하기도 한다. 각 공정이 정보를 공유하면서 융합이 가능하게 되고, 동시에 소비자의 요구사항이 신속하게 반영된다. 실제로 스마트팩토리, 자율주행자동차, 드론, 핀테크 등 대부분의 4차 산업들은 가상과 현실의 융합(O2O융합)을 본질적 속성으로 하고 있다. 4차 산업혁명은 디지털 기술(사물인터넷, 빅데이터 등)과 아날로그 기술(3D프린팅, 가상·증강현실 등)의 융합으로 사물과 인간을 연결하여, 소비자의 요구사항이 신속하게 반영된 제품과 서비스를 제공한다. 달리 표현하면, 소비자인 '인간 중심의 사회'를 실현하기 위한 '기술과 사회 혁명'이라는 점에서 기존의 산업혁명과 구분지어 볼 수 있다.

4차 산업혁명은 우리에게 주어진 기회

우리 대한민국은 미국, 독일, 일본 등 4차 산업혁명 선도 국가들과 달리 두 가지 문제를 추가로 풀어야 한다. 하나는 고령화이다. 한국의 낮은 출산율은 이미 전 세계에서 최하위권 수준이며 고령화는 전 세계적으로 유례없이 빠른 속도로 가속화되고 있다. 추세도 문제이지만 속도도 문제인 것이다.

다른 하나는 추격형 패러다임에서 벗어나 선도형 전략을 동시에 추구하는 국가 발전 패러다임의 전환이다. 우리나라는 지난 반세기 동안 선진국 추격형 전략을 통해 초고속 성장을 거두었다. 원가경쟁력을 기반으로 생산기술의 효율화를 추구한 덕분이었다. 그러나 우리의 전통적인 주력산업은 중국 등 신흥국에 가격경쟁력을 내주고, 또 기술혁신을 통해 앞서가는 선진국의 기술경쟁력에 밀리면서 성장의 한계를 보이고 있다. 한국이 이룩한 과거의 성공 관습에서 이제는 벗어나야 한다는 것을 뜻한다. 대한민국이 전 세계 최빈국에서 부유국 클럽인 OECD 가입을 이룩한 놀라운 한강의 기적은 지원과 규제의 정부 후견주의, 대기업 중심의 갑을구조, 정답위주의 교육, 실패에 대한 채찍 등 빠른 추격자 전략의 바탕 위에서 가능했었다.

그러나 4차 산업혁명과 더불어 초고속 고령화, 국가발전 전략의 패러다임 전환이라는 총체적 국가 위기와 과제는 우리에게 주어진 소중한 기회일 수도 있다. 한국인의 핏 속에는 위기 극복의 DNA가 각인되어 있음을 기억하자. 전쟁의 참화 속에서 일구어낸 산업화와 민주화는 전 세계인들이 놀라는 성공신화이다. 1990년대 말 외환위기 속에서 최단기간에 국가부채를 청산한 국민의식도 남다른 성공신화이다. 이제 우리 앞에 또 다른 위기가 왔다. 국민 모두의 위기의식이 대한민국이 4차 산업혁명으로 가는 길의 출발선이 될 수 있다.

4차 산업혁명의 전개단계와 장기전망

4차 산업혁명은 기술을 넘어 인간과 사회의 혁명이라는 점에서, 기존의 산업혁명과 차원을 달리한다. 그런 맥락에서 한국의 4차 산업혁명 전략으로 사물thing을 다루는 과학기술과 우리we를 다루는 경제사회와 나me를 다루는 인문학이 초융합하는 모델을 상정해 볼 수 있다.

첫 번째 단계: 과학기술(thing)혁명 · 생산혁명

우리는 글로벌 기술혁명과 추격형 패러다임 전환이라는 두 가지 문제를 2026년 초고령사회 진입 전까지 풀어내야 한다. 4차 산업혁명의 첫 단계는 2025년까지의 과학기술혁명이다. 가상과 현실을 연결하는 O2O 기술 융합 혁명이 미래 사회를 최적화시킬 것이다. 예를 들어, 내비게이션을 통하여 우리는 실제 가보지 않고도 도착 시간 예측과 맞춤 경로를 제공받는다. 시간과 에너지가 절약된다. 바로 현실과 가상의 교통이 1대 1로 대응되는 O2O 융합의 결과이다. 이러한 기술은 공장, 병원, 학교 등 우리 삶의 모든 영역에 접목될 수 있다. 문제는 O2O 융합 비용과 가치창출의 부등식이었다. 내비게이션의 경우, 정보수집비용과 저장비용이 거의 사라지고 있다. 데이터 처리속도는 기하급수적으로 빨라졌다. 이제는 대부분의 삶의 영역에서도 내비게이션과 같이 현실을 최적화할 수 있다. 오프라인에서 수집한 데이터를 클라우드에 빅데이터로 쌓아 현실에 대응되는 모델을 만든다. 이를 인공지능으로 풀어내면 공간 맞춤과 시간 예측이 가능하다. 개별 기술들로 4차 산업혁명을 이해하려는 것은 코끼리 다리 만지기가 된다. 현실과 가상 세계가 데이터 순환으로 인간의 삶을 최적화하는, 현실과 가상이라는 두 세계의 융합으로 이해해야 한다. 그리고 기술은 융합의 수단들이다.

과학기술혁명은 곧 생산혁명으로 가시화될 것이다. 현실과 가상이 인간 중심으로 융합하여 인간의 요구사항을 만족시킬 것이다. 현실과 가상을 연결하는 6대 디지털화 기술(클라우드, 빅데이터, 사물인터넷, 위치기반기술, 생체인터넷, 소셜네트워크), 6대 아날로그화 기술(서비스 디자인, 3D프린팅, 가상·증강현실, 블록체인·핀테크, 게임화, 플랫폼), 그리고 인공지능이 핵심기술이다. 인공지능과 로봇이 이 사회에 물질의 공급을 확대하고 서비스를 풍족하게 만들 것이다.

두 번째 단계: 경제사회(we)혁명·분배혁명

4차 산업혁명의 두 번째 단계는 2035년까지의 경제사회 혁명이 될 것이다. 인공지능과 로봇으로 대표되는 생산성 혁명은 초생산 사회를 이룩하여 재화의 생산 문제를 해결할 것이다. 현재보다 월등한 생산이 가능한 사회에서 분배 문제도 해결된다면 유토피아가 될 것이다. 지속 가능한 성장과 분배는 사회의 선순환 구조인 사회적 신뢰에 달려 있다. 신뢰를 기반으로 순환을 촉진하는 분배 제도를 만들어야 하는 이유이다.

1단계 기술혁명에서 창출된 방대한 사회적 가치가 잘 분배되면 유토피아이고, 잘못 분배되면 디스토피아이다. 그래서 4차 산업혁명의 2단계 핵심 문제는 생산이 아니라 분배가 된다. 분배의 문제는 곧 우리 사회의 의사결정 구조의 문제이며, 국민들의 의사가 반영되는 거버넌스 문제이다. 2단계 혁명은 2035년까지 물질의 속박을 떠나 필요한 재화를 온 디맨드on demand로 사용하여 자원의 소비를 최적화하는 공유경제의 형태로 구현될 것으로 예측된다.

세 번째 단계: 인간(me)혁명·인문혁명

4차 산업혁명의 세 번째 단계는 2045년까지의 인간혁명이자 인문혁명이 될 것이다. 과학자이자 미래학자인 레이 커즈와일Ray Kurzweil

이 제시한 특이점singularity과 동일한 시기이다. 4차 산업혁명은 인간의 정신적 욕구인 자기표현과 자아실현 욕구를 충족시키는 혁명인 것이다. 그래서 4차 산업혁명은 인간을 연구하는 인문학과 융합되어야 한다. 이제 인간의 욕구는 1, 2차 산업혁명의 물질에서 3차 산업혁명의 사회적 연결을 거쳐 4차 산업혁명에서는 자기표현과 자아실현이라는 개인의 정신영역으로 이동하게 된다. 반복적이고 의미가 없는 노동에는 인공지능과 로봇을 활용하고, 인간은 의미가 있는 소명과 재미가 있는 놀이를 즐기는 역할로 변모하게 될 것이다. 이제 인류는 개별적 인간에서 초연결된 집단 인간으로 진화하고 있다. 인간의 범위가 확대되면서 세상은 다시 작아지게 된다. 과거 작은 마을small world에서와 같이 경제적 가치(돈)와 사회적 가치(신뢰)가 균형을 이루며 순환할 수 있게 된다.

대한민국의 4차 산업혁명 추진전략과 과제

생산혁명, 분배혁명, 인문혁명이 결합하는 4차 산업혁명이 제공할 가치는 자동화와 효율화가 아니라 시간의 예측과 공간과 인간의 맞춤이라는 최적화이다. 즉 사회 전체가 생명과 같이 부분이 전체를 반영하는 자기조직화 현상이 발생하게 되어 창발적 가치가 창출된다는 의미이다. 또한 그동안 4차 산업혁명의 개념이나 전략들이 독일이나 미국 등 선진국 중심으로 논의되어 온 것과 달리, 우리나라는 우리의 상황에 맞게 새롭게 정의하고 우리의 전략을 세워 추진해야 한다. 대한민국의 4차 산업혁명 추진전략과 과제들을 몇 가지 제시해본다.

기술·산업 측면: 소프트웨어 제작, 표준 플랫폼 조성, 성공사례 확산

무엇보다 4차 산업혁명을 추진할 수 있는 개방·혁신 생태계의 구축이 필요하다. 우리 상황에 맞춰 구체적인 추진전략을 세우고 실행해야 하는데, 추진전략은 3단계로 요약해볼 수 있다. 먼저 1단계는 기업에서 소비자의 요구사항을 제조에 직결시킬 수 있는 것과 같이 소프트웨어를 제작하는 단계이다. 이 소프트웨어는 빅데이터, 인공지능, 사물인터넷 기술이 융합된 플랫폼 형태가 될 것이며, 여러 기업이 각각의 플랫폼을 개발하고 실행함으로써 구현될 수 있다. 정부는 과거 20년 전에 초고속통신망을 구축하면서 정보화촉진기금으로 인터넷 응용프로그램을 제작하도록 장려했던 것처럼, 이러한 플랫폼을 구축하도록 개발비를 지원할 필요가 있다.

2단계에서는 앞에서 제작된 기업별 플랫폼을 비교분석하여 표준화하는 것이다. 공통부분을 모아서 표준 플랫폼을 만들고, 그 위에 회사별로 특색에 맞게 응용 소프트웨어를 만들어가는 방식이다. 4차 산업혁명을 위한 기업 소프트웨어는 기업별·산업별 특성에 따라서 차이가 많을 것이다. 하지만 지금은 그 차이가 얼마나 클 것인지, 얼마나 비슷할지 알 수 없다. 앞의 1단계에서 만들어지는 기업별 플랫폼을 통해 비교분석이 가능해질 것이다.

3단계에서는 앞에서 만들어진 표준 플랫폼을 이용한 성공사례를 만들고, 이를 홍보하여 확산시키는 것이다. 산업별로 성공한 플랫폼의 윤곽이 잡히면 사업화 단계로 나아갈 수 있다. 회사의 요구사항을 반영하여 플랫폼을 제작해주는 소프트웨어 회사도 출현할 것이다. 이 회사는 기본 플랫폼을 만들어 놓고, 고객 회사별로 특성에 맞게 기능을 추가해준다. 이렇게 하면 산업과 기업별로 특색에 맞는 4차 산업혁명 플랫폼이 전 산업에 보급될 것이다.

물론 이러한 전략을 추진하기 위해서는 선결되어야 할 과제들도 적지 않다. 원활한 데이터 수집을 통하여 클라우드에 빅데이터를 구축하지 않으면 4차 산업혁명은 시작부터 불가능하다. 따라서 개인 데이터의 수집 규제가 활용 규제로 전환되는 옵트 아웃opt-out으로의 정책 전환 등이 뒷받침되어야 한다.

사회문화 측면: 가치 있는 인간의 삶으로의 연결

4차 산업혁명에서 일자리의 변화는 가장 뜨거운 주제이다. 한국고용정보원의 2016년 조사에 따르면, 절반이 넘는 직업인이 일자리 감소를 우려하고 있다. 그런데 일자리는 감소되는 측면만이 아니라 새로 생겨나는 부분에도 주목할 필요가 있다. 지난 250여 년의 산업혁명 역사를 보면, 일자리가 사라졌다기보다는 진화해 왔다. 농업과 가내 수공업 종사자가 공장 노동자로 바뀌고 타이피스트가 프로그래머로 변화해 왔다. 기존의 전통적 일자리는 상당수가 축소되었으나, 단순히 사라진 것은 아니었다. 기술혁신으로 생산성이 낮은 일자리가 기계로 대체되면서 인간은 생산성이 높은 일자리로 이동한 것이다. 사라질 일자리에 대한 우려만이 아니라 새로운 산업과 사회 구조 안에서의 진화와 재편도 고민해야 하는 것이다.

이때 국가 전체의 성장과 분배의 선순환 리더십이 국가 거버넌스이다. 일자리는 국가 전체의 성장이 극대화되도록 유연하게 재배치 될 수 있어야 한다. 세계은행, OECD, 세계경제포럼 등이 공통적으로 지적하는 한국 경제의 취약점이 바로 일자리의 유연성이다. 일자리의 유연성이 근로자에게 불리하지 않도록 재교육하고, 일자리 안전망을 제공하는 것이 국가의 역할이다. 전체 일자리는 유연하되, 개인의 일자리는 안전하도록 하는 일자리 안전망이 바로 재교육 시스템이다. 단기적 관점에서 유연성이 장기적 관점에서 안전성으로 전환되는 것이 자기조직화의 원리이다. 단기적 일자리 보호 정책과 장기적 일자리 유연성 정책이라는, 혁신적 재설계가 필요하다.

한편 기술변화가 직업이나 노동의 구조에만 변화를 예고하는 것은 아니다. 4차 산업혁명의 기술들은 인간의 삶과 기존의 법과 제도, 그리고 관습과 문화에도 일대 변혁을 몰고 올 것이다. 더군다나 미래로 가는 4차 산업혁명은 과학기술의 혁신만으로는 완성되지도 않고, 가치 있는 미래의 삶으로 연결되지도 않을 것이다.

기술혁신이 온전히 구현되기 위해서는 이를 수용하는 사회문화적 기반이 뒷받침되어야 하고, 디스토피아가 아니라 인간 중심의 장밋빛 미래를 만들기 위해서는 인간 가치와 도덕적 규범의 체계가 확고해야 한다. 기술 중심의 성장논리만 또다시 강조한다면 기존의 산업 패러다임이 가져 온 문제들의 혁신이 아니라, 더 큰 양극화와 사회갈등을 유발할 수 있다는 점을 명심하고 관련 정책들을 재점검하거나 새로 만들어야 한다. 또한 인공지능이 우리의 일상으로 더 가까이 다가올 시대에는 인간과 기계의 관계에 대해서도 상호보완적으로 짚어볼 필요가 있으며, 예상되는 법적·윤리적 쟁점들에 대해서도 고민해야 한다. 아울러 과학기술이 선용되기 위해서는 기술의 발전과 함께 인문학의 발전도 균형적으로 이뤄져야 한다. 4차 산업혁명은 인간을 위한 산업·사회혁명이다. 언제나 인간 중심적 사고로 기술 변화에 대응하고 사회제도를 만들어가야 할 것이다.

Society \1장\

사회 분야 미래전략

1 문화:

인간의 행복에 기여하는 문화기술 발굴과 지원

독일의 대문호 괴테는 『파우스트』에 "모든 이론은 회색이고 오직 영원한 것은 저 푸른 생명의 나무"라고 썼다. 영원불멸하는 것은 없다. 인간도 사회도 영원할 수는 없다. 흐르는 물속에 발을 담갔다 꺼낸 뒤 다시 담그면 이미 전의 그 물이 아니듯이 만물은 시간과 함께 흘러가고 변화한다. 사회도 끊임없이 변화한다. 10년 전, 5년 전의 사회와 오늘날의 우리 사회는 각각 다른 모습이다. 사회는 어떻게 변화하고 변화의 요인은 무엇인가. 사회변동은 사회과학에서 다루는 중요한 주제 중 하나이다. 사회학 교재에는 사회변동과 문화변동 부분이 따로 있다. 제도, 질서 등 외형의 변화를 사회변동이라 하고 가치관, 생활방식 등 비물질의 변화는 문화변동이라고 한다. 하지만 이 둘은 동전의 양면처럼 불가분의 관계이다. 사회변동 또는 문화변동의 요인으로는 보통 세 가지를 든다. '발명', '발견' 그리고 '문화전파'이다. 이중 가장 중요한 것은 발명과 발견이다. 과학연구를 통한 발견, 그리고 과학 원리를 바탕으로 이루어지는 발명은 사회와 문화를 변화시키는 일차적 요인이다. 현대사회로 오면 올수록 발명과 발견이 사회변화에 기여하는 비중이 점점 커진다. 가령 컴퓨터와 인터넷, 스마트폰의 발명은 단순한 기술적 발명이 아니다. 사람들 간의 소통방식, 삶의 방식, 업무방식까지 바꿔 놓는다. 신기술은 으레 문화변동으로까지 이어진다.

지금 우리는 급속한 기술발전의 시대를 살고 있다. 이 변화의 물결을 '4차 산업혁명'이라 부르고 있다. 4차 산업혁명 담론의 진원지는 세계경제포럼이다. 이 포럼의 창립자이자 회장인 클라우스 슈밥Klaus Schwab은 4차 산업혁명에 대해 "변화의 속도, 범위, 영향력으로 미루어 볼 때 과거 인류가 겪었던 그 어떤 변화보다 거대한 변화가 될 것"이라고 예견하고 있다. 변화의 요인은 인공지능, 빅데이터, 사물인터넷 등 첨단기술이다. 기술변화는 우선은 산업구조나 직업세계에 변화를 야기하지만 거기서 끝나지 않는다. 사람들이 기술을 수용해 일상에서 사용할 때 그것은 문화가 된다. 기술에서 변화가 시작되어도 인간에게 더 의미 있는 것은 문화변동이다. 인간의 가치나 인식, 생활방식과 관련되기 때문이다. 이제 4차 산업혁명이라는 변화도 문화 관점에서 생각해 볼 필요가 있다.

문화 관점에서 바라본 4차 산업혁명

2017년 초 한국과학기술단체총연합회는 과학기술인들을 대상으로 '4차 산업혁명에 대한 인식조사'를 실시했다. 조사결과에 따르면 응답자 2,350명 가운데 89%가 "현재 4차 산업혁명이 진행되고 있다"고 답했다. 적어도 과학기술계는 대부분 4차 산업혁명의 변화를 인지하거나 인정하고 있다는 의미로 해석될 수 있다. 문제는 변화를 어떤 관점에서 인식하느냐이다. 현재의 4차 산업혁명 논의들을 보면 대부분 기술, 직업, 경제에 초점이 맞춰져 있다. '4차 산업혁명'으로 도서검색을 해보면 4차 산업혁명 관련 테크놀로지, 플랫폼, 직업변화, 마케팅 등을 다루는 책이 압도적으로 많다. 미래교육 전망에 대한 책도 있지만 '4차 산업혁명과 문화'를 다룬 책은 거의 없다. 4차 산업혁명은 문화와는 별개의 영역일까. 절대 그렇지 않다. 인간사회에서 문화의 영역을 벗어나는 것은 아무것도 없다.

기술변동, 사회변동, 그리고 문화변동의 관계

현생인류 호모 사피엔스가 출현한 지는 20만 년이나 된다. 오랜 기간 동안 인류는 스스로 의식주를 해결하고 도시와 사회를 건설하고 제도와 가치, 사상 등을 만들며 살아왔다. 인류학자 에드워드 타일러 Edward Tylor는 문화를 "지식, 신앙, 예술, 법률, 도덕, 관습 그리고 사회의 구성원으로서의 인간에 의해 얻어진 모든 능력이나 관습들을 포함하는 복합적 총체"라고 포괄적으로 정의했다. 그렇다면 과학기술도 문화의 한 부분이라고 할 수 있다. 과학기술이 문화가 되기 위해서는 사회구성원이 그것을 인지하고 수용하고 활용함으로써 사회 속에 자리 잡고 뿌리를 내려야 한다. 4차 산업혁명의 첨단 테크놀로지도 기술변동에서 그치지 않고 인간의 삶과 사회문화에 크고 작은 영향을 미치면서 변화를 일으킬 것이다. 인공지능기술이 발전해 인간노동을 대체하면 직업에 대한 인식변화가 생길 것이며, 자율주행자동차가 상용화되면 차를 운전한다는 개념이 사라지고 작동한다는 개념으로 바뀔 것이다. 혁명이란 관습이나 제도, 방식 따위를 무너뜨리고 질적으로 새로운 것을 급격하게 세운다는 의미이다. 4차 산업혁명도 혁명이라는 단어를 달고 있는 이상 테크놀로지 변화만을 이야기하지는 않는다. 혁명적 변화에는 반드시 문화적 변화도 수반된다.

4차 산업혁명은 문화 영역의 기회

문화 관점에서 볼 때 4차 산업혁명은 위험일까, 기회일까? 기회가 될 수 있다고 생각하는데 그 근거는 다음과 같다.

첫째, 문화예술은 창의성, 감성의 영역이므로 4차 산업혁명으로 인한 자동화의 위험이 상대적으로 적다. 미래예측 보고서들을 보면 대체로 단순반복 작업, 연산, 금융, 행정 등과 관련된 일자리는 자동화 위험이 큰 반면, 문화예술 분야는 상대적으로 덜 위험하다는 분석이 많다. 2016년 알파고 쇼크 직후 한국고용정보원이 발표한 연구결과에 따르면, 자동화 대체 확률이 높은 직업은 콘크리트공, 제품조립원, 조세행정사무원, 경리사무원, 부동산중개인 등 단순 반복적이고 정교함이 떨어지는 일이나 사람들과 소통이 적은 업무이다. 반면 자동화 대체 확률이 낮은 직업은 화가·조각가, 사진작가, 지휘자·연주자, 만화가, 가수, 패션디자이너 등 대부분 문화예술 관련 분야이거나 창의성, 감성, 사회적 소통과 협력 등을 필요로 하는 직업이다. 또한 통계청이 2017년 7월 3일자로 고시한 개정 '한국표준직업분류'에서도 4차 산업혁명으로 인한 직업의 변화추세를 읽을 수 있다. 10년 만에 개정한 표준직업분류에 신설된 직업에는 데이터 분석가, 모바일 애플리케이션 프로그래머, 로봇공학시험원 등 4차 산업혁명과 직접적 연관을 가진 정보통신기술 기반의 직업들도 있지만 미디어콘텐츠 창작자, 사용자 경험 및 인터페이스 디자이너, 공연·영화 및 음반기획자 등 문화콘텐츠 분야 직업도 포함되어 있다.

둘째, 기술문명이 발전하면 인간은 변화로 인한 문화적 충격을 겪게 되고 문화에 대해 더 많은 관심을 갖게 될 것이다. 인공지능과 같은 첨단기술이 지배하는 세상이 오면 인간은 '기계 vs 인간'이라는 갈등 구도로 인해 자존감이 위축되고 소외감이 커질 수 있으며 때로는 가치관과 윤리의식의 혼란을 느낄 수 있다. 이런 사회심리적 위기에서는 자아성찰을 위한 인문학과 인간적 가치에 기반 한 문화에 주목하게 될 것이다. 마음의 안정과 행복감은 인공지능 기계의 편리함에서가 아니라 문화예술이 가져다주는 여유에서 찾을 수 있다.

셋째, 4차 산업혁명은 특정 기술이 이끄는 변화가 아니라, 여러 가지 첨단기술들이 융합되어 변화를 일으키는 혁신이다. 여기에서 변화의 글로벌 트렌드는 창의융합이다. 문화콘텐츠나 문화기술은 콘텐츠와 기술, 문화와 기술, 하드와 소프트의 융합으로 이루어지므로 가장 창의적인 영역이며, 변화의 트렌드에도 걸맞다.

기술혁명을 대비하는 문화전략

4차 산업혁명을 성공적으로 이끌어 더 나은 미래를 만들기 위해서는 전략방향과 정책방안, 세부실천계획을 올바르게 수립해야 할 것이다. 거버넌스에서부터 어젠다 세팅, 추진체계 등에 대한 다각적인 구상이 필요하지만 여기서는 문화 관점에서의 전략방향을 짚어보고자 한다.

기술이 아니라 사람이 중심이다

가장 중요한 것은 문화 관점과 어젠다를 지속적으로 가져가야 한다는 것이다. 첨단기술로부터 촉발되는 혁명적 변화가 기술변동에서 그친다면 그 의미는 반감될 수밖에 없다. 인간이 발명하고 개발한 모든 기술의 궁극적 목표와 지향점은 인간이고, 인간이 체감하는 가장 중요한 변화는 문화변동이다. 문화는 단기간에 가시적인 성과를 낼 수 없기 때문에 일관성을 갖고 지속적으로 투자해야 한다.

가령, 문재인 정부의 '국정운영 5개년 계획'에 포함된 '4차산업혁명위원회'는 4차 산업혁명 관련 국가전략 수립, 부처별 실행계획 및 정책 점검을 비롯해 핵심기술 확보, 데이터 및 네트워크 인프라 구축, 관련 법제도 개선, 규제 발굴 개선, 사회적 합의 도출, 교육혁신, 국민 인식 제고 및 공감대 형성 등의 내용을 심의·조정하게 된다. 또한 기획재정부, 교육부, 과학기술정보통신부, 산업통상자원부 장관 등과 기술, 경제, 사회 분야 민간전문가가 위원으로 참여한다. 4차 산업혁명 주관부처를 과학기술정보통신부가 맡는 것은 맞지만 그렇다고 4차 산업혁명이 과학기술 및 정보통신기술에 대한 국가전략으로 축소되어서는 안 된다.

사실 과학기술이나 정보통신 영역에서 취약한 부분은 연구개발 전략이 아니라 문화전략이다. 과학기술에는 과학기술문화가 필요하고 정보통신에는 정보통신문화가 필요하다. 5년 단위로 수립되는 과학기술 관련 법정 최고계획인 과학기술기본계획에는 과학문화계획이 포함되어야 하고, 4차 산업혁명 전략에는 기술문화전략이 포함되어야만 한다. 과학기술자나 ICT 전문가가 기술문화에 전문성을 갖기는 어렵다. 기술전문가, 행정관료들만 모여 있는 위원회에서는 문화전략이 제대로 논의될 수 없다. 따라서 과학기술문화에 일가견이 있는 전문가가 반드시 위원회에 참여해야 한다. 또한 문화를 어젠다로 가져간다는 것은 단지 문화과제를 포함시킨다는 의미가 아니다. 기술 중심이 아니라 사람 중심의 관점으로 4차 산업혁명을 바라봐야 한다는 것이다.

문화지체를 막는 제도와 인프라 정비가 필요하다

기술발전에 따른 문화전략을 세우고, 사회가 기술변화를 수용할 수 있도록 문화제도와 인프라를 잘 정비해야 한다. 기술이 발전한다고 사회문화가 저절로 변화하지는 않는다. 보통 기술변화나 물질 변동에 비해서 제도, 인프라, 의식, 가치관 등 비물질적인 문화는 변화의 속도가 더디다. 물질적인 것과 비물질적인 것의 변동 속도 차이로 나타나는 부조화 현상을 사회학자 윌리엄 오그번William Ogburne은 '문화지체cultural lag'라고 불렀다. 기술변화가 빠르면 문화지체 현상도 빈번하게 일어난다. 예컨대 자동차 수는 빠르게 늘어도 교통환경이나 도로교통법 정비는 여전히 느리고 교통질서 의식도 쉽사리 정착하지 않는다. 의학 발달로 노령인구가 증가해도 노인복지제도는 늘 미흡하다. 바이오 기술은 빠르게 발전하는데 여기에 걸맞은 생명윤리는 제대로 확립되지 않는다. 자동화로 실업이 발생하지만 실업대책과 일자리 정책은 충분하지 않다. 이런 현상들이 문화지체로 나타나는 사회 문제들이다.

4차 산업혁명이 가속화 되면 문화지체 현상은 더 심각해질 수 있다. 인공지능, 드론, 사물인터넷 등 첨단기술 도입에 따른 법·제도의 정비, 변화에 대한 국민의 이해 제고와 가치관 확립 등이 제대로 이뤄지지 않으면 4차 산업혁명은 대중의 삶에 뿌리 내리지 못할 것이다. 기술이 지속적으로 발전하려면 기술발전을 뒷받침해주는 법제와 문화가 반드시 필요하다.

이런 측면에서 ELSI 정책과 기술영향평가가 강화되어야 한다. 유럽 등 선진국에서는 중요한 연구개발에 대해서는 이른바 ELSI 평가를 반드시 수행하고 있다. ELSI란 과학기술의 윤리적, 법적, 사회적 함의를 뜻한다. EEthical는 윤리적 측면, LLegal은 법적 측면, SSocial는 사회적 측면, IImplications는 함의를 의미한다. 과학연구나 기술개발이 초래할 윤리적, 법적, 사회적 함의를 평가함으로써 과학기술이 인간과 사회의 관점을 견지하게끔 하고 있다. 우리나라에서도 과학기술정보통신부와 과학기술기획평가원에서 매년 기술영향평가를 실시하고 있다. 2015년에는 유전자가위 기술과 인공지능, 2016년은 가상현실VR과 증강현실AR을 선정해 기술영향평가연구를 수행했다. 이런 기술영향평가에는 시민단체나 인문사회학계가 보다 적극적으로 참여해야 하며, 독임제로 운영할 것이 아니라 다양한 평가가 나올 수 있게 복수의 기관에서 수행하는 방안도 검토해 볼만하다.

기술에 대한 성찰, 인문학

기술문명시대에는 인문학 진흥이 필요하다. 1959년 영국의 과학자이자 소설가인 찰스 스노Charles Snow는 '두 문화The Two Cultures'를 이야기하면서 현대 서구문화는 과학적 문화와 인문학적 문화로 나뉘어져 단절이 매우 심각하다고 경고했다. 한쪽 끝에는 문학적 지식인이, 그리고 다른 한쪽 끝에는 과학자, 특히 물리학자가 있는데 이 양자 사이는 몰이해와 때로는 적의와 혐오로 틈이 크게 갈라지고 서로를 이해하려 들지 않는다고 우려했다. 과학혁명이 두 문화 간의 균열을 가져온 것처럼 4차 산업혁명의 격변은 다시 한 번 기술과 인문 간의 균열을 가져올 수 있다. 기계 대 인간, 과학 대 문화예술의 대립과 긴장이 격화되는 것은 문명의 발전이 아니다.

따라서 기술발전이 빠를수록 그만큼 인문학 진흥이 동시에 이뤄져야 한다. 인문학은 인간은 어디에서 왔고 인간은 누구이며 인간은 어디로 가는가에 대한 끊임없는 질문과 성찰이다. 인문주의가 싹텄던 르네상스Renaissance 시절에도 인문학은 과학기술과 균형을 이루며 발전했었다. 모든 것을 신의 섭리로 환원한 중세시대의 세계관은 르네상스 시기에 이르면서 인간이 인간 자신에 대한 믿음을 갖고 문학, 예술, 과학, 기술을 동시에 발전시키면서 인간 중심의 세계관으로 바뀔 수 있었다. 무엇보다 과학기술과 인문이 동시에 발전했다는 점에 주목해야 한다. 4차 산업혁명 시대에는 첨단기술이 인간과 사회에 미치는 영향과 의미에 대한 성찰이 필요하다. 그것이 바로 인문학의 역할이다.

인간의 행복에 기여하는 문화기술을 찾아라

4차 산업혁명은 문화부흥을 위한 좋은 기회이므로 문화기술culture technology과 문화콘텐츠산업 진흥 정책이 적극적으로 추진되어야 한다.[1] 똑같은 기술이라 하더라도 기술 관점으로 보느냐, 문화 관점으로 보느냐에 따라 그 의미와 가치는 달라진다. 기술이 경제활동에 사용되면 산업기술이자 부가가치 창출의 원천이 될 수 있지만, 기술이 문화활동에 사용되면 문화기술이 되고 인간행복에 기여할 수 있다. 인간은 근력과 에너지를 사용해 활동하는데, 돈을 벌기 위해 사용하면 노동이지만, 즐기기 위해 땀을 흘리고 힘을 쓰면 레저활동이다. 문화기술은 감성적일수록 좋으며 인간 오감을 만족시킬 수 있는 기술을 개발하는 것이 좋다. 문명비평가 마샬 맥루한Marshall McLuhan은 과학기술의 산물인 미디어는 결국 인간 감각의 확장이라고 정의했다. 망원경, 현미경은 인간 시각의 확장이고 전화기는 인간 청각의 확장이다. 과학기술을 통해 인간의 시각, 청각, 미각, 후각, 촉각을 더 많이 활용하고 인간 감각의 한계를 넘어설 수 있다면 문화기술은 인간의 본능적 욕망 충족에 기여하게 될 것이다.

놀고 즐기는 것을 산업화하는 데에도 문화기술이 기여해야 한다. 인간은 지혜로운 인간인 호모 사피엔스Homo Sapiens이자, 도구를 사용하고 만드는 인간인 호모 파베르Homo Faber이면서, 놀이하는 인간 호모 루덴스Homo Ludens이기도 하다. 놀고 즐기는 것은 문화 관점에서 본 인간의 속성이다. 미래사회에서 기계가 더 많은 일을 하게 되면, 인간의 노동시간이 줄고 여가시간이 늘면서 놀고 즐기는 데에서 일자리와 산업 창출 기회가 더 많아질 것이다. 문화기술은 새로운 여가산업과 유희활동 발굴에 주목할 필요가 있다. 또한 문화콘텐츠 산업은 창구효과, 파급효과가 큰 원소스멀티유스OSMU 산업이다. 재미있는 스토리를 가진 웹툰 하나 잘 만들면 이것이 드라마도 되고 영화도 되고 캐릭터 산업도 될 수 있다. 이런 문화기술의 속성을 잘 활용해야 한다.

미래학자 엘빈 토플러Alvin Toffler는 과학기술 발전의 가속도로 인해 과학기술은 기하급수적인 속도로 발전하는 데 비해 인간의 적응력은 이를 따라가지 못해 미래의 충격이 발생한다고 말했다. 그가 말했던 미래의 충격은 기존 문화에 새로운 문화를 중첩시킴으로써 나타나는 문화적 충격을 뜻한다. 오랜 세월 동안 환경에 적응하며 진화해온 호모 사피엔스는 적자생존에 능한 존재이다. 복잡한 고도의 기술에 대한 적응보다 오히려 문화적 충격에 대한 적응이 더 어렵다. 4차 산업혁명이 가져올 미래의 충격도 문화의 충격일 것이다. 문화변화에 대한 전략과 대비책을 갖추지 못하면 아무리 위대한 기술혁명이라도 결실을 맺기가 힘들 것이다.

2 노동:

신뢰 기반의 새로운 노동규범 모색과 인력양성제도 혁신

4차 산업혁명과 관련해서 여전히 뜨거운 주제 중 하나는 기술 진보가 일자리에 미치는 영향에 관한 것이다. 전문가의 토론장에서조차도 여전히 유토피아와 디스토피아를 대조하는 논의가 이루어지고 있다. 현상에 관한 관찰이나 느낌과 마찬가지로, 일자리 분야에서 일어나고 있는 변화에 관해 사람들이 인지하는 바도 비대칭적인 경향이 있다. 사람들은 새로운 기술이 대체하는 일자리는 직접 목격하면서 인상적으로 받아들이지만, 개별 기술들이 상호작용하며 만들 일자리에 대해서는 인식조차 못하기도 한다.

올바른 미래전략과 대응방안을 마련하기 위해서는 일어나고 있는 현상을 제대로 이해하고 직면한 도전을 잘 정의해야 한다. 과연 로봇과 인공지능으로 인해 일자리가 현저하게 줄어드는 것이 우리가 당면한 도전의 요체일까? 현재 진행 중인 기술진보는 직업세계와 고용에 어떤 변화를 가져올까? 변화의 요체는 무엇이고 그에 대응하는 노동 분야의 대응 전략은 어떠해야 할까?

기술진보와 일자리

기술진보로 일자리에 무슨 일이 일어나는지를 이해하기 위해서는 기술진보가 직무(업무, 일), 직업, 고용(일자리)에 미치는 영향을 구분해서 들여다보아야 한다. 디지털기술에 더하여 지능정보기술의 발전은 기존 상품과 서비스의 전통적 가치사슬을 해체했다. 자동화 범위도 현저하게 확대되었다. 가치사슬 해체는 기업들의 경쟁우위 패러다임을 변화무쌍하게 바꾸고 있으며, 그 과정에서 일하는 방식, 직무와 업무 변화가 일어나고 있다.

기술이 직무, 직업, 고용에 미치는 영향

자동화에 의한 노동 대체가 어떤 '직무'의 대량 소멸을 의미할 수 있다. 또 일부의 직업을 파괴할 수도 있다. 하지만 전반적으로 고용 파괴를 의미하지는 않는다. 하나의 직업이나 한 사람의 일자리는 여러 직무로 이루어져 있기 때문이다. 인공지능이 직무와 직업과 고용에 미치는 영향도 이러한 자동화 영향의 연장선 속에 있다.

기술이 어떤 일자리의 직무 일부를 대체하더라도 일부와는 보완관계에 있는 경우가 일반적이다. 기술과 보완되는 업무가 있다면 기술이 업무의 일부를 대체하더라도 보완관계에 있는 업무의 생산성은 증가한다. 그렇게 해서 해당 일자리의 생산성이 올라가면 그 일자리는 없어지지 않는다. 오히려 수요가 늘어날 수도 있다. 그러므로 일자리가 없어지고 줄어드느냐, 즉 고용이 파괴되느냐는 자동화 기술에 달려있지 않다. 사람과 제도가 변화에 어떻게 적응하느냐에 달려 있다.

변화는 정책적·제도적 적응의 결과

인공지능 발달과 자동화로 특정 직무가 대체된다면 그런 직무로만 이루어진 직업은 기계로 대체될 가능성이 높다. 하지만 대부분의 직업은 그 안에 기계와 협업하여 생산성을 높일 수 있는 직무 또한 포함하고 있다. 기술이 내 업무의 일부를 대체하더라도 내가 하는 다른 업무가 그 기술과 보완관계에 있다면 그 일자리의 생산성은 증가한다. 그러므로 이러한 직업들은 일반적인 예상과 달리 소멸되지 않을 것이다. 줄어드는 일자리는 정형화된 업무로 이루어진 직업이겠지만 이러한 일자리도 해당 직업의 직무가 변화하면 살아남을 수 있다. 오늘 내가 하는 일의 자동화 확률이 50%쯤 된다고 하더라도 내년에 내 일의 자동화 가능성이 반드시 50%를 상회하는 것은 아니다. 기술진보에도 불구하고 자동화 가능성은 오히려 떨어질 수도 있다. 실제로 미국의 직업정보시스템O*Net의 직업별 자동화 가능성을 보면 2006~2016년 거의 변화가 없거나 오히려 감소한 직업을 다수 발견할 수 있다. 그 이유는 바로 기술진보와 함께 해당 직업의 직무가 변화했기 때문이다. 이런 점에서 일자리의 양이나 질 모두에 결정적 영향을 미치는 요인은 기술 자체라기보다는 변화를 수용하고 대응하는 정책과 제도 요인이 큰 측면도 있다.

노동의 미래전망

기술진보에 대해 어떠한 제도적·정책적 적응을 하는지가 일자리 공급과 일자리의 질을 좌우하는 결정적 요인이라는 사실은 일자리 정책과 노동정책에 중요한 시사점을 준다. 지난 10년을 돌이켜보면 정부는 새로운 비즈니스 활동이 활발해지는 데 적합한 규제방식을 마련하지 못했다. 대기업들은 지능정보기술을 활용한 국내 스타트업들에게 효과적으로 플랫폼을 제공하지 못했다. 근로자들은 지나치게 수동적이거나 지나치게 장기적 이익에 무심했다. 노사는 공히 신뢰를 구축하지 못했다. 이러한 반성은 정부와 기업과 노조가 앞으로 해야 할 일을 자연스럽게 정의해 준다. 노동시장 제도개혁의 시급성을 인식하고 공동의 노력을 기울여야 한다는 점이다.

인간과 기계의 협업 노동

기술진보의 영향은 단순히 직무 변화에 그치지 않는다. 기술진보를 생산성 향상으로 이어지게 하는 과정에서, 신기술의 잠재력을 충분히 활용하는 방식으로 작업조직이 변화할 것이다. 테일러리즘Tailorism이나 포디즘Fordism은 장인匠人을 저숙련 공장 노동자로 대체하는 기술변화가 일어나는 과정에서 과학적 관리시스템으로 정착되었다. 인공지능 기술 시대의 작업방식은 인간-네트워크, 인간-기계 사이의 역동적 협력 형태를 포함하는 작업방식일 것이다. 이미 '인간과 함께 일하는 로봇' 개념을 구체화한 제조용 로봇 개발과 상용화가 진행되고 있다. 이뿐만 아니라 네트워크에서 빅데이터를 생산하고 가공하여 부가가치를 만들어내는 과정에서 인간이 인공지능과 협업할 것이다. 제조과정에서도 인간과 기계(전통적 공장에서 보던 기계설비는 물론 인공지능 알고리즘을 체화하고 있는 로봇 포함)가 협업할 것이다.

고용형태와 근로형태의 다양화

디지털 기술의 발전은 생산방식의 거래비용을 혁명적으로 낮추었다. 특히 외부자원을 밖에서 사올 때의 거래비용을 크게 낮추었다. 이에 따라 프로젝트형 고용계약 형식이 늘어나고 있다. 기술진보가 제공한 거래비용 감소를 이용하여 많은 스타트업들이 비즈니스 모델을 혁신하고 있기도 하다.

확산되고 있는 비즈니스 모델에서 주목할 만한 현상 중 하나는 취업형태가 다양화하고 비전통적 고용계약 형태가 늘어나고 있는 점이다. 주문형on-demand 거래의 확산으로 임시직, 파견, 재택근무, 파트타임 등 다양한 취업형태가 나타나고 있다. 지난 10년간 미국에서 창출된 일자리는 바로 이러한 대안적 근로형태alternative work arrangement에서 많이 창출되었다. 온라인 근로, 재택 근로, 원격 근로 등이 확산되어 근로시간과 여가시간의 구분이 모호해지고 근로공간과 비근로공간의 구분이 모호해지는 것도 변화의 일부이다. 일하는 날과 휴일의 구분이 모호해지고 모여서 일하는 것이 아니라, 각자 맡은 업무를 장소와 상관없이 알아서 완성하는 방식이 늘어나고 있다. 한 사람의 근로자가 여러 고용주를 위해 일하는 사례도 늘어나고 있어 전통적 고용관계가 느슨해지거나 해체되고 있다. 지휘와 명령을 받는 고용관계가 아니라 상호 약속한 업무를 스스로 결정하고 통제할 수 있는 환경에서 처리하여 넘기는 관계로의 변화도 적잖다.

이에 따라 산업화 과정에서 확립된 기업조직과 노동규범(예컨대, 1일 근로시간, 휴게시간, 감시감독 등의 근로기준)의 변화도 불가피해지고 있다. 기업 조직이 핵심인력 중심으로 축소되고 임금근로자-자영업자 성격이 혼합된 계약형태가 확산되는가 하면, 감시감독, 보안, 사생활 침해가 모두 새로운 차원에 직면하고 있다.

비즈니스 패러다임의 변화

현재 선도적인 기업들 중에는 ICTInformation and Communication Technologies 서비스업이 압도적이다. 기업가치가 높은 세계 10대 기업 중 대다수가 ICT 서비스업이다(애플, 알파벳, 마이크로소프트, 아마존, 페이스북 등). 뿐만 아니라, 기업가치가 아직 크지 않더라도 시장에서 인정받고 있는 기업들 상당수도 ICT 기술을 이용한 비즈니스와 관련이 깊다.

예를 들어, 유통기업 아마존이나 동영상 스트리밍 서비스사인 넷플릭스는 빅데이터에 주목하여 사업을 성장시킨 대표적 기업이다. 숙박시설 공유기업 에어비앤비나 차량공유기업 우버는 아이디어로부터 시작했지만, 빅데이터 활용을 통해 기업의 지속가능성을 높이고 시장지배력을 확대했다. 나이키, 아디다스와 같은 스포츠용품 기업도 데이터를 이용한 비즈니스 생태계를 구축하고 있다. 인도에 있는 GE의 스마트팩토리는 높은 생산성을 자랑하면서도 자동화보다는 빅데이터를 활용하여 생산과정에 응용하는 것이 특징이다. 가령, 이곳에서는 종업원들이 제품의 사진을 찍어 클라우드에 올리고 고객의 반응을 보는 것과 같은 실험에 한없이 관대하다. 이렇듯 ICT 기술을 활용한 새로운 비즈니스 모델이 만들어지거나 이를 적용한 기업의 경쟁력이 두드러지고 있는 점은 향후 인력양성 측면이나 고용시장 전망에서 고려해야 할 사항이다.

노동 미래전략

4차 산업혁명이 패러다임 전환의 성격을 갖는 것이 사실이라면, 적응력 제고를 위한 변화는 공장에 로봇과 자동화시스템을 도입할 것인지 여부나 얼마나 빨리 도입할 것인지 여부보다, 사람과 로봇, 사람과 인공지능이 어떻게 협업할 것인지 등 변화에 대한 전망과 향후 전략에 대한 논의가 선행되어야 한다.

논의 플랫폼과 이해당사자의 신뢰 구축

독일에서 'Industrie 4.0' 이니셔티브가 시작된 후 노조가 자발적으로 그에 맞는 'Arbeit 4.0'이 필요하다며 관련 논의의 필요성을 주도적으로 제기하고 기업들과 함께 논의를 시작한 점은 장기적 차원에서, 또 지속가능성 관점에서 볼 때 제조업 공장을 혁신하는 것보다 더 중요하다.

이러한 논의 플랫폼을 구축하는 데 있어 정부가 민간에 지시하거나 중앙정부 주도로 지방정부에 일방적으로 지시하기보다는 기업과 근로자가 협의하고 중앙정부와 지방정부가 협의하는 방식으로 바뀌어야 한다. 물론 단순히 사회적 대화를 강조하는 것만으로는 충분하지 않다. 논의를 지속하기 위한 신뢰구축이 선행되어야 하는데 'Arbeit 2.0' 시대부터 노사협의의 전통을 가진 독일과 아직도 그러한 전통을 확립하지 못해서 의심을 불식해줄 법 조항이 아니면 합의에 이르지 못하는 한국은 출발점이 다르다. 일자리위원회 구성을 계기로 논의 플랫폼을 확장하고 신뢰를 회복하는 것이 시급하다.

대안적 노동규범 모색과 합의

근로형태와 방식의 변화로 제기되는 가장 큰 도전은 기존 노동규범의 존립근거가 송두리째 흔들리고 있다는 점이다. 전통적 노동규범은 취업자를 자영자와 임금근로자로 나누고 임금근로자만이 종속적 지위에 있다는 전제 위에 세워져 있다. 반면 아직 새로운 현상에 대한 대안적 규범은 모습을 갖추지 못하고 있다.

우리나라의 사회보험은 복수의 사업장에서 일하는 임금근로자의 경우, 한 사업장에 대해서만 피보험자격 취득을 인정하고 다른 사업장에서 일하는 것은 적용관리 대상으로 삼고 있지 않다. 한 사업장에서 월 60시간미만 근로하는 단시간 근로자도 적용대상으로 삼고 있지 않다. 따라서 이러한 기존의 사회보험 행정 방식에도 변화가 요구되고 있다. 복수의 사업장에서 일하는 근로자의 복수 사업장 기록을 관리하고 부분적으로 실업을 하더라도 피보험자와 수급자 지위를 동시에 영위할 수 있도록 하는 개선이 필요하다.

이보다 좀 더 근본적인 도전은 '종속성을 갖고 일하는 1인 자영자' 현상에 대처하는 규범을 마련하고 이러한 범주의 노동시장 참여자를 포섭하는 사회보장 시스템을 재구축하는 것이다. 근로기준법 등 중요한 노동관계법은 모두 임금근로자를 대상으로 한다. 그러므로 법 집행 과정에서는 임금근로자 여부의 판단이 중요하다. 반면 기업은 임금근로자를 보호하는 법적 규제를 우회하여 노동비용과 관리비용을 절감하기 위해 아웃소싱 등을 활용한 생산활동을 하려는 경향이 강해졌다. 이러한 기업행태는 거래비용을 낮추어 이윤을 확대하는 수단이기도 하지만, 급변하는 기업환경 변화에 유연하게 적응하기 위해 불가피한 측면도 있다. 따라서 급변하는 노동시장에 유연하게 접근하는 데 한계를 보이고 있는 근로기준법의 획일성과 경직성을 보완해야 한다. 현행 근로기준법의 취지인 보호의 최저 기준을 '도 아니면 모all or nothing'식으로 적용하기보다는 근로기준법을 유연하게 적용하거나 새로운 준거규범을 마련해야 할 시점이다.

가령, 노사합의에 의한 절차적 규제완화를 가능하게 하는 것도 하나의 접근법이다. 획일적으로 최저기준을 설정하는 현재의 시스템을 근로자대표와 협의를 통해 개별 사업장의 실정에 맞게 일정 정도 해제할 수 있도록 개편하는 방안에 중지를 모으는 것이다. 아울러 온전한 자율성 아래에서 일하는 자영자도 아니고 업무 지휘를 받으며 일하는 근로자도 아닌 성격의 노동시장 참여자에게 적용할 사회보험 규칙과 사회적 최저 기준에 관한 규범 도입도 필요하다. 그밖에도 근로계약법으로 노동시장 내 노무거래 일반을 규율하되 사안별로 고용·근로형태 다양화에 대응하여 계약관계의 공정성, 투명성, 예측가능성을 확보하는 것도 고려해볼 수 있다.

그러나 어떤 접근법이든 대안적 노동규범을 갖추기 위해서는 노사가 현실을 직시하고 기득권을 양보하는 협의 여정이 무엇보다 필요하다. 그 과정에서 현실에서 일어나는 일에 법이 속수무책이 되지 않기 위해서는 노동위원회를 보강하여 권고, 명령, 고발 등의 장치를 통해 사안별로 규범을 확립해 나가야 한다. 보강된 노동위원회 기능 안에는 노동시장의 공정거래규범을 정착시키는 업무도 포함할 필요가 있다.

인력양성제도의 혁신

ICT 기술을 활용하고 산업 간 융합을 선도하는 기업들이 성장을 주도하면서 창의적 인재와 융합인재의 중요성이 더욱 부각되고 있다. 4차 산업혁명의 특징으로 융합과 초연결이 강조되고 있다. 융합과 연결 속에서 새로운 아이디어도 나오고 협력이 가능해진다.

창의성은 전공 간 교류만 한다고 해서 생기는 것이 아니라, 내가 가진 질문을 다른 전공자에게 질문하고 기존의 접근과 다른 대안을 모색할 줄 알 때에 주목할 만한 이종교배가 발생한다. 창의력 교육은 단순히 '따라 하기'나 정답을 말하는 교육이 아니라 '질문할 줄 아는 교육', 나아가 '가설적 주장을 할 줄 아는 교육'이다. 무언가를 질문하고 기존의 결과와 다른 것을 주장하려면, 남의 것, 세계의 흐름과 나의 질문이 얼마나 다르고 일치하는지 몇 번이고 따져 보아야 한다. 그런데도 우리는 아직도 남이 100시간 생각해서 하는 얘기를 1시간에 요약해서 답으로 말하도록 교육하고 있는 상황이다.

우리나라에는 실업자가 많다. 그러나 동시에 중소기업에서는 구인란이 심각하다. 구직자는 많은데, 일할 사람을 찾기 어렵다는 말이다. 인력과 노동의 미스매치 때문이다. 근원적으로 교육이 사회가 필요로 하는 인재를 기르지 않고, 불필요한 분야의 인력을 배출했기 때문이다. 인력의 미스매치는 전공 분야 간에도 있고, 학력 수준 간에도 발생한다.

로봇세와 기본소득 논의

앞에서 살펴본 바와 같이 인공지능 시대가 되면 일자리가 유지될 것인지, 줄어들 것인지에 대해 논란이 있다. 하지만 일자리가 줄어들 것이라는 전망이 주류를 이루고 있다. 과거에는 하드웨어인 기계가 노동을 대체했지만, 미래에는 소프트웨어인 인공지능이 노동을 대체하기 때문이다. 하드웨어를 생산하려면 다시 많은 노동이 필요하지만, 소프트웨어는 추가 노동이 거의 제로에 가깝다.

일자리가 줄어들 경우의 문제는 바로 실업자를 어떻게 할 것인가이다. 어느 일자리에 사람이 일하고 있었더라면, 그 사람이 월급을 받아서 세금도 내고 생활도 영위하여 자립할 수 있었을 것이다. 그러나 그 자리에 인공지능 로봇이 들어가자, 사람은 실업자로 변해서 정부가 부양해야 하는 상태로 빠지게 되는 것이다. 앞으로 실업자는 늘어나고, 세금을 내는 취업자는 줄어들 것이다. 실업자를 구제해야 하는 정부는 더욱 많은 예산이 필요하다. 늘어나는 예산 수요는 줄어든 취업자들이 내야 한다. 세금 수요는 늘어 가는데, 납세 가능자는 줄어드는 악순환에 빠질 수 있는 것이다. 정부는 세금 수요를 충당하기 위하여 세율을 높일 것이고, 취업자들은 저항할 것이다. 취업자도 불만이고 실업자도 불만인 '불만사회'가 예상된다. 지속가능성은 없어지고 사회 불안이 계속될 수 있다. 이러한 상황의 타개책은 새로운 세원을 발굴하는 것이다. 바로 '로봇세'가 하나의 가능성이다.

인간의 노동을 대체하는 기계에 세금을 부과한다. 정부는 이렇게 생긴 돈은 실업자 부양 자금으로 사용한다. 결국 직업이 없는 사람도 기본적인 소득이 보장되는 사회가 되는 것이다. 이를 '기본소득'이라 부른다. 이렇게 되면 실업 상태가 되더라도, 로봇이 낸 세금으로 기본소득이 보장된다. 결국 미래는 우리가 기술을 어떻게 활용하고 어떤 제도를 만들 것인가에 따라서 유토피아도 될 수 있고 디스토피아도 될 수 있다.

3 사회통합:
노사, 지역, 계층, 세대, 이념의 갈등 해소

우리 국민들의 행복지수는 OECD 국가들 중에 최하위권인데, 왜 이렇게 한국인들은 행복하지 않다고 생각하는 것일까? 가장 큰 이유 중 하나는 다른 사람들과의 경쟁과 갈등으로 인한 스트레스가 크며, 이로 인한 사회통합의 수준이 매우 낮기 때문이라고 볼 수 있다. 특히 선진국 사회로의 본격 진입을 앞두고 한국 사회는 여러 영역에서 동시다발적으로 분출하는 갈등으로 인해 사회통합이 매우 어려운 상황에 놓여 있다. 그 결과 한 단계 높은 발전을 위해 필요한 국민적 역량과 에너지를 모으는 데 적잖은 어려움이 있다. 갈등의 에너지를 통합의 에너지로 전환시키지 못하면 한국 사회의 선진화는 힘들다는 것을 의미한다. 한국 사회의 선진화를 위해 분열과 갈등을 통합으로 이끌어내야 할 영역은 크게 노사, 지역, 계층, 세대, 그리고 이념을 꼽을 수 있다. 결국 한국 사회의 통합은 이들 5개 영역별 통합의 합이라 할 수 있다.

노사 통합의 방향과 과제

노사 통합은 자본주의 체제 아래서 두 기본 계급 간 협력과 화합을 의미하는 것으로 사회적 통합의 기초이자 핵심이라 할 수 있다. 그러나 우리사회에서는 노동시장의 이중구조 문제, 즉 대기업과 중소기업 간, 정규직과 비정규직 간의 격차와 갈등이 큰 사회적 문제로 이어져 왔다. 우리나라의 경우 노동시장 유연성이 진전된 데 비해 소득안정성 및 적극적 노동시장정책은 OECD 선진국 가운데 최저 수준에 머물러 왔다.

유럽 선진국의 사회적 대타협의 시사점을 살펴보면, 우선 대표적으로 꼽히는 스웨덴의 복지국가 모델은 여러 제도와 정책, 그리고 독특한 사회협약이 연관된 하나의 시스템으로 볼 수 있다. 1938년 '살쯔요바덴Saltzjöbaden 협약'으로부터 형성되기 시작하여 1950년대 초 연대임금정책solidaristic wage policy(동일 노동을 하는 노동자 간에 회사의 수익성에 따라 지나친 임금격차가 나서는 안 된다는 전제 아래 산업별, 기업별 임금격차를 최소한으로 유지)을 담고 있는 '렌-마이드너Rehn-Meidner 모델'로 완성된 이후 안정된 정치경제적 배경 속에 현재까지 이어지고 있다. 스웨덴의 협의정치는 상대를 인정하고 존중하면서 이루어졌다. 정당 간의 정책협의, 두 번에 걸친 사민당과 농민당의 좌우연정은 합의정치의 맥을 형성하였다. 더불어 정부와 기업, 그리고 노조가 참여하는 3원적 조합주의를 바탕으로 전 사회적인 협의문화도 그대로 존속되어 온 것이 특징이며, 이는 복지국가를 위한 계급적 타협의 결과물이라고 볼 수 있다.

네덜란드는 일자리 안정 타협의 특징을 갖고 있다. 네덜란드의 노동조합 조직은 중앙조직화 정도가 약하고 노조조직률도 상당히 낮은 편이었던 반면에 사용자단체는 조직률이 높고 연대의 강도도 높았다. 1970년대 후반 네덜란드의 경제지표는 최악의 상황이었고, 복지국가의 전형적 병리현상인 '노동 없는 복지'가 두드러지게 나타났다. 이러한 상황에서 1982년 노사정 간에 합의된 '바세나르Wassenaar 협약'이 체결되었고, 이를 기점으로 양호한 경제지표를 보여주게 되었다. 바세나르 협약은 FNV(네덜란드 노동총연맹: 좌파적 성향의 네덜란드 최대의 제조업 노조연합)과 VNO(사용자연맹) 사이에 합의되어, 다음과 같은 고용정책에 대한 주요 제언으로 구성되었다. 노조와 사용자 측은 ① 6개월마다 임금인상을 요구하던 관행에서 벗어나 그로 인한 여유 이윤을 노동의 재분배로 활용하는 데 합의하였고, ② 파트타임과 전일근로 간의 법적 차이 해소에도 합의하였으며, ③ 파트타임과 풀타임 간의 호환을 가능하게 하여 노동자에게 그 선택권을 부여하기로 합의하였다. 바세나르 협약은 오랫동안 쌓여온 노사 간의 신뢰를 바탕으로 새로운 노사정책 및 산업정책 방향을 공동으로 도출하고 합의한 것이라는 데 큰 의미가 있다.

이러한 유럽 선진국의 대표적인 사례를 보면 사회적 대타협은 한번으로 완성되는 것이 아니고 상황변화에 따라 계속적으로 이루어져야 하는 것이므로 사회적 대타협 자체보다 계속적인 사회타협을 이루어낼 수 있는 창출 능력이 더 중요하다고 볼 수 있다.

상생발전을 위한 노사정 사회협약의 제도화 강화

유연근로자에 대한 법적 지원 및 사회보장에 대한 국가책임 강화를 위해 노사정 합의를 통한 사회협약의 제도를 강화해야 한다. 한국 사회는 사회협약이 제도화하기 어려운 역사적 문화적 유산을 가지고 있으며, 현재 노사 간 그리고 노정 간 불신의 골이 깊다. 또한 노동운동의 파편화가 심하고 전국적 수준의 노동 정치는 성숙하지 못한 상태이다.

스웨덴, 네덜란드의 예에서 볼 수 있듯이, 사회협약은 정치적 자원의 종속변수만이 아니라 노사정 삼자간의 전략적 선택에 따라 이뤄질 수 있으며, 이러한 위로부터의 전략적 선택에 따른 사회협약은 부족한 조직적, 정치적 자원을 창출하는 선순환을 이룰 수 있다. 즉, 노동 교섭에 행정적, 재정적, 법적 지원을 최대화하는 노력이 필요하며, 노사는 지속적인 합의 형성을 통해 경제개혁, 고용창출, 사회복지증대라는 사회경제적 성과를 내야 한다. 나아가 강화된 교섭권을 바탕으로 정상조직은 기층 회원들을 사회협약의 틀 안에 두고, 동시에 중소기업과 비정규직 노동자들을 새롭게 포괄하고 대변하여 저변을 확대시켜 나가야 한다.

사회적 대타협을 통한 노동시장 유연-안정성flexicurity 확보

우리나라 노동시장의 유연성은 지속적으로 증대되어 왔으며, 동시에 차별적으로 진행되어 왔다고 할 수 있다. 그 결과 조직화가 잘 된 대기업 중심의 정규직 노동자들은 기존의 고용보장과 노동조건의 보호 속에서 노동유연화의 '섬'으로 남아있다고 볼 수 있다. 따라서 경직된 내부노동시장의 유연화와 동시에 외부노동시장 근로자의 권리 강화가 필요하다. 정규직 근로자의 특권 해소(유연화)를 통해 노동시장 유입 확대가 필요하고 동시에 유연노동자들의 권리보장 강화를 위해 고용조건과 사회보장을 현실화(연속적 임시노동계약의 영구계약화, 사회보험가입 요건 완화 등)하는 것이 필요하다. 무기계약직 등 다양한 정규직 유형의 활성화 방안도 검토해야 한다.

아울러 내부노동시장(정규직근로자), 중간노동시장(임시직, 계약직, 파트타임근로, 파견근로 등), 외부노동시장(실업자 및 신규 노동시장 진입준비자)에 각각 맞는 노동법의 전환과 사회보장의 실효성 증대도 필요하다.

직무형 임금체계 및 노동시장으로의 전환

우리 노동시장이 안고 있는 경직성 및 양극화 문제를 근본적으로 해소하는 방법 중 하나는 임금·직무체계의 개편이다. 즉 연공 중심의 임금체계를 직무와 숙련을 중시하는 임금체계로 전환하는 것이다. 직무와 그 직무에 필요한 숙련의 가치를 임금 책정 기준으로 삼는 것을 통해 노동시장의 인센티브 체계 자체를 전환하는 큰 변화를 이뤄낼 수 있다. 이는 같은 직무에 종사하는 근로자에게는 근속년수, 연령 등의 조건과 관계없이 동일 임금을 지불하는 방식이 된다. 직무급 표준화 등의 체계 수립을 위해서 중장기적인 계획과 사회적 협의가 필수적이라고 할 수 있다.

지역 통합의 방향과 과제

지역 통합은 자본주의 하의 불평등이나 갈등이 공간적 양상으로 나타나는 지역격차나 지역갈등이 해소되면서 지역 간 상생발전이 이루어지는 상태의 사회통합을 의미한다.

한국의 지역 간 1인당 지역총생산GRDP 격차는 1990년대 말 외환위기 이후인 2000년대 들어 계속 확대되어 왔다. 2005년 불변가격 기준으로 측정한 1인당 GRDP 지니계수는 2000년 0.17에서

2012년 0.20으로 지속적으로 상승하는 추세이며, 명목가격 기준으로는 2000년 0.17에서 2012년 0.22로 격차가 더 확대된 것으로 드러난다. 한국의 1인당 GRDP 격차는 OECD 다른 국가들과 비교하면 상위권에 속할 정도로 큰 편에 속한다. 가령, 2010년 기준으로 한국의 GRDP 지니계수는 0.218로 OECD 30개국 평균인 0.16을 상회해 칠레, 멕시코, 슬로바키아 등에 이어 6위를 기록했다.

최근 들어 국민들은 지역격차의 정도보다 지역격차의 양상이 달라지고 있는 점을 더 주목하고 있다. 국민들이 인지하는 지역격차의 주된 양상은 영·호남 격차에서 수도권-비수도권 격차, 도농격차로 옮아가고 있음을 의미한다. 지역갈등이나 지역차별 등 정치적 차원의 문제로 바라보기보다 지역 간 생활수준, 경제력, 복지, 의료, 문화, 교육 등 생활상의 문제로 지역격차를 인식하고 있는 것이다. 지역격차의 지속은 차별받지 않고 인간답게 살 수 있는 기회가 지역 간에 차등화 됨으로써 국민들의 삶의 질 저하를 초래한다. 삶의 기회와 권력자원의 불평등과 결부될 때, 지역격차는 지역을 범주로 하는 사회집단 간에 대립과 갈등을 부추겨 사회적 안정과 통합을 심각하게 저해한다. 또한 지역격차는 지역별 인적·물적 자원의 부적절한(비효율적) 활용을 초래해 국토 전체의 생산성을 떨어뜨려 선진적 공간발전 시스템으로의 전환을 가로막을 수도 있다.

이전 정부들의 지역 균형발전이 물리적 시설(예, 산업시설, 인프라 등)이나 기능개선에 역점을 뒀다면, 지역 통합을 위한 균형발전은 이와 함께 지역주민들의 삶의 질과 관련된 교육, 의료, 복지, 참여, 문화향수 등의 측면에서 삶의 질 격차를 해소하는 데 역점을 두어야 한다. 이를 위해서는 산업경제 중심의 하향적, 분산적 균형발전 정책을 버리고,

사회문화 중심의 상향적, 통합적 균형발전으로 정책패러다임의 전환이 필요하다. 지역 내 혹은 지역 간 소통, 교류, 협력의 활성화는 그 자체로 국가통합을 공간적으로 이룩하는 것이 된다.

국가균형발전원(가칭) 설치를 통한 균형발전 총괄

지역 간 차등과 차별을 해소하는 통합적 균형발전은 헌법의 국민평등권을 지역평등권으로 구현하는 의미를 갖는다. 이를 위해서는 우선 국가가 국정 전반을 통합적 균형발전의 원칙에 맞게 운영하되, 국가균형발전원(가칭)을 설치해 이를 총괄하도록 해야 한다. 지역주민은 국가균형발전계획의 수립을 청구하고 지역격차로 인해 현저한 차등과 차별을 당할 때에는 이에 대한 시정을 요구하고 구제를 받을 수 있도록 해야 한다.

지역발전 목표등급제 도입

지표를 이용해 시군단위의 지역역량을 평가하여 전국의 지역을 ① 목표1지역: 자립경쟁지역, ② 목표2지역: 발전촉진지역, ③ 목표3지역: 자력활성화지역으로 구분한 뒤, 지역목표등급별 맞춤형 발전정책의 강구와 함께 지원과 보조를 차등화해야 한다.

공생협력중심 수도권 정책으로 전환

수도권과 지방의 격차해소를 위해서는, 수도권, 지방 어느 쪽에도 도움이 되지 않는 '입지규제중심 수도권정책'(수도권정비계획법)을 지방과의 상생발전을 전제하는 '공생협력중심 수도권정책'으로 바꾸어야 한다. 세부 시행방안으로 '수도권 3개 광역자치단체의 (지방과의) 상생협력사업(투자, 유통, 교류 3대 부문) 추진', '수도권 입지의 지방영향평가제 도입', '수도권-지방 상생협력위원회 설치운영' 등을 제시해볼 수 있다.

사회적 서비스와 일자리 복지의 지역 간 균등화

지역주민들의 사회문화적 삶의 질 향상을 위해 사회적 서비스가 지역 간, 지역 내에 골고루 제공되는 다양한 시책들이 강구되어야 한다. 최고의 복지는 일자리인 만큼 일자리 복지도 지역 간, 지역 내에 균등하게 배분되도록 해야 하며, 이는 지역 중소기업 보호육성을 통한 정규일자리 창출과 사회적 기업의 육성을 통한 사회적 일자리 창출, 두 부문으로 나누어 접근해야 한다.

계층 통합의 방향과 과제

계층 통합은 소득 계층 간 통합을 지칭하는 것으로 낮은 소득분위와 높은 소득분위 간의 격차가 커지는, 이른바 양극화가 완화되거나 극복되는 상태의 사회통합을 의미한다.

유행어가 된 흙수저 금수저 논란은 소득 계층 간 불평등 혹은 사회적 양극화가 더욱 심해지고 고착되는 것을 시사한다. 계층 불평등은 대개 경제적 불평등, 즉 소득분위로 지칭되는 계층 간 소득 불평등으로 가늠된다. 한국의 계층(소득분위) 간 소득 불평등은 2000년대 들어 계속 확대되어 왔다. 소득 불평등을 나타내는 대표적인 지표인 지니계수(가계동향조사의 가처분소득 기준)를 보면 2000년 0.291에서 2016년 0.304로 악화되었다.

소득 불평등이 심화되는 것과 함께 GDP 대비 가계소득 비율도 1995년 69.6%에서 2014년 64.3%로 5.3%포인트 떨어졌다. 가계소득 비율의 하락은 정부, 기업, 가계로 분배되는 국민소득 중 가계가 차지하는 몫이 줄어들었다는 것을 의미한다. 가계소득은 노동(근로)소득, 자본소득, 정부이전소득 등으로 나뉜다. GDP에서 가계소득 배분 비율 감소는 주로 노동소득 감소와 관련된다. 한국의 가계소득에서 노동소득이 차지하는 비중이 70%를 넘기 때문이다.

소득 불평등은 크게 세 가지 부문에서 발생하는데, 첫째는 경제활동과정에서 자본력과 권력 등을 가진 자가 힘없는 자를 약탈함으로써 발생하는 부문이고, 둘째는 부의 대물림에 의해 경제활동에 진입하기 전에 출발선에서부터 불평등이 발생하는 부문이며, 셋째는 경제활동 과정에서 공정하게 경쟁한 결과로 불평등이 발생하는 부문이다. 이러한 세 가지 부문에서 불평등을 개선하는 것을 결국 계층 통합의 주요 과제로 제시할 수 있다.

임금 격차 해소

노동소득을 높이기 위해서는 고용창출형 성장의 지속, 기업 지배구조의 개선, 생산성과 연동된 노동소득의 배분 등이 필요하지만, 가장 우선적으로 정규직 대 비정규직, 대기업 대 중소기업, 원청기업 대 하청기업 간의 임금 격차를 해소해야 한다. 일본 정부가 공표한 정규직과 비정규직의 임금 등 격차 시정 가이드라인과 같은 한국형 '격차시정 정부지침'을 종합적으로 준비하여 운영해야 한다. 정부의 지침이 민간 기업들로 확산되기 위해서는 노사정 사회협약 차원에서 논의되어야 하며, 이 과정에서 정부는 '제3의 파트너'로서 적극적인 역할을 수행해야 한다.

자본소득의 분배를 위한 적극적 과세 및 세목 신설

자본소득은 증대보다 배분이 더 중요하다. 자본소득의 원천이 되는 순자산의 분배가 소득분배보다 훨씬 더 불평등하기 때문이다. 이를 해결하기 위해서는 계층별 자산형성 기회를 공평하게 나누어주는 정책(예, 저소득층의 주택매입 지원), 상속세, 증여세 인상을 통해 부의 대물림을 최소화하는 정책이 필요하다.

공정거래정책의 강화 및 강력한 차별금지법 시행

약탈에 의한 이익 편취를 막기 위해서는 정치권력과 재벌의 정경유착 근절, 불공정한 하도급 거래 등을 해결하기 위한 공정거래정책의 강화, 비정규직 등 사회경제적 차별 해소를 위한 강력한 차별금지법의 시행, '갑'질에 대한 규제와 함께 '을'의 협상력을 제고하기 위한 단결권의 보장 등의 정책이 마련되어야 한다.

세대 통합의 방향과 과제

세대 통합은 청년세대, 중장년세대, 노년세대 등 세대 차이를 경계로 하여 발생하는 차이와 갈등이 극복되는 상태의 사회적 통합을 의미한다.

이처럼 한국 사회의 갈등지형을 구성하는 새로운 축 중의 하나가 세대이다. 청장년세대 대 노인세대 간의 갈등이 대표적이다. 세대갈등은 지하철 자리를 두고 다투는 일상갈등, 부동산대책이나 복지지출 등을 둘러싼 정책갈등, 투표나 선거 등에서 나타나는 정치갈등, 보수와 진보로 나눠지는 이념갈등 등 한국 사회 주요 갈등과 결합되어 있으면서, 이 모두를 촉진하는 매개역할을 하고 있다. 세대갈등은 산업화에 참여한 기성세대와 산업화 이후의 삶을 사는 신세대 사이에 존재하는 체험, 가치관, 경제적 이해기반, 정서 및 정치적 지향성 등의 차이에서 비롯된다. 부분적이고 단편적인 정책으로는 이러한 성질의 세대갈등을 올바르게 해결할 수 없다. 산업화, 정치시스템, 일상문화 등과 결부되어 세대갈등이 발생하는 만큼 이 전체를 아우르는 것을 대상으로 하는 중장기적 해결책이 필요하다.

세대이익을 대변하는 사회적 기구의 육성

세대의 이익과 권리(예, 청년의 주거권, 노인의 행복추구권 등)를 차별적으로 대변하고 옹호하는 사회적 기구를 다양하게 육성하고 활성화해야 한다. 여기에는 시민단체, 정당, 이익집단, 연구기관, 정부기구 등이 망라된다. 세대 이슈를 다루는 기구(예, 청년주거권 문제를 다루는 민달팽이유니온)들의 활동을 특정해 지원·육성하는 관련법의 제정도 필요하다.

노인 대 비노인 복지지출의 균형

연금, 건강보험, 노인 돌봄 서비스 등 노인 편향적 복지지출이 많을 경우 세대갈등이 증가하는 경향이 있다. 따라서 세대공생을 위해 정부정책에서 노인복지지출과 비노인복지지출(가족복지, 실업급여, 교육비 등)의 균형을 이루도록 하되, 이는 민주적 공론화와 합의에 기초해야 한다.

세대별 이익기반 지원정책 활용

세대갈등의 물질적 원인을 파고 들면 그 뿌리가 대개 세대 간 경제적 이익 기반의 차이에 있다. 가령, 자산을 보유하고 있는 노인세대는 주택가격 상승을 뒷받침하는 부동산 규제완화정책을 선호한다면, 소득이 불충분한 젊은 세대는 주거비 부담을 줄여주는 규제강화정책을 선호한다. 따라서 세대별 경제적 이익기반을 차별적이면서 건강하게 만들어주는 다양한 제도 및 정책이 강구되어야 한다. 예를 들어, 신세대를 위한 세액공제형 장기저축, 노인세대를 위한 세대공생주택 지원정책 등이 포함될 수 있다.

세대 간 소통·공유문화의 확산

세대 간 상이한 가치관과 문화 소통을 통해 서로 이해하고 수용하며 공유하는 다양한 사회적 교육이나 활동 프로그램이 지자체 차원에서 제공되어야 한다. 서울시가 2014년부터 어르신-대학생 주거공유를 촉진하는 '한지붕 세대공감'은 이러한 목적의 프로그램이라 할 수 있다.

이념 통합의 방향과 과제

이념 통합은 좌와 우, 혹은 진보와 보수 간의 적대와 대립이 완화되거나 극복되는 상태의 사회적 통합을 의미한다. 그동안 한국 사회에서 중요한 정치적 갈등은 '수구꼴통-빨갱이'로 대변되는 보수와 진보의 이념대립이었다. 이념갈등은 한국 사회를 규정하는 핵심가치와 그 정치사회적 구현방식을 달리 해석하고 규정하는 수준을 넘어 극단적인 상호 비난과 공격으로 이어지는 등 갈등의 깊이와 외연 또한 확장해 왔다. '남남갈등'으로 불리는 이념갈등은 한국 사회의 다른 갈등, 이를테면 세대갈등, 계층갈등, 지역갈등 등과 서로 밀접하게 연결되어 있어 한국 사회의 통합적 발전을 가로막는 가장 거친 장애물이기도 하다. 한국 사회의 대통합은 상생을 거부하는 남남갈등 혹은 이념갈등의 완화 또는 해소 없이는 불가능하다는 의미이다.

이념의 적대에서 이념의 상생과 통합으로 나가기 위해서는, 한국 사회의 역사, 정치, 경제, 문화 등에 대한 자유로운 논의와 상이한 해석이 허용되고, 나아가 소통(공공영역의 확장)을 통해 이에 대한 사회적 수용성이 높아져야 한다. 이념의 다원성에 대한 사회적 수용은 언론, 교육, 법제도, 정치, 정책, 일상문화의 영역으로 다양하게 제도화되어야 한다.

시민정치교육의 활성화

시민(유권자)들의 건강한 정치적 의식 및 지식의 획득과 이의 실천을 돕는 독일식 시민정치교육이 지역사회 단위로 실시되어야 한다. 시민정치교육을 통해 시민들이 한국의 역사문제, 이념문제, 남북문제, 정치사회적 문제 등을 보다 올바르고 객관적으로 이해하면서 이념적 편향성이나 극단화를 스스로 극복할 수 있도록 해야 한다.

시민운동의 관변화 방지

기존에 정치사회 영역에 머물던 이념갈등이 시민사회 영역으로 옮아가면서 보수단체와 진보단체의 갈등으로 확대, 재생산되고 있는 것도 문제이다. 민주화 이후 정권들이 시민단체를 통치의 이념적 도구로 활용하면서 시민사회 내에서 이념적 분열과 대립이 더욱 심해지고 있는 점이다. 또한 시민운동의 관변화를 막기 위해서는 시민단체의 성향에 따라 지원을 달리하거나 정권의 정치적 목적을 위해 시민단체를 선별적으로 동원하는 등의 행위를 금지하는 법이 마련되어야 한다.

사회적 갈등 관리법에 의한 이념갈등의 규율

이념갈등에 의해 야기되는 법적, 도덕적 문제를 실질적으로 조정하고 해소하는 법적 절차와 수단이 강구되어야 한다. 가칭 '사회적 갈등 관리법'을 제정하고, 이 안에 이념갈등을 규율하고 조정하는 근거를 두는 것도 하나의 방안이다. 아울러 헌법이 규정하는 사상의 자유를 침해하는 법과 제도는 공론화를 통해 점진적으로 정비되어야 한다.

사회적 공론장의 활성화

시민사회 내에 다양한 공론장을 만들어 이념문제를 자유롭게 논의하고 해석하면서 사회적 수용을 하도록 해야 한다. 사회적 공론화는 시민단체가 다양한 형태의 시민포럼 활동을 함으로써 사회적 공론장을 활성화할 수 있을 것이다. 특히 사회적 공론화 활성화를 위해서는 언론의 비판적이고 성찰적인 역할과 기능이 제대로 이루어져야 한다.

선순환을 위한 공유가치의 확산

공유가치와 위기의식을 바탕으로 사회통합이 이루어졌다는 점에서 대한민국의 공유가치 회복은 매우 중요하다. 공유가치는 종교, 지도자 숭배, 역사의식 등이 있는데 이 가운데 역사의 공유가치화가 국가 차원에서 매우 중요하기 때문에 일류 국가들은 역사적 자부심 확보에 주력하고 있다. 우리도 다양성을 갖고 있는 한국의 고대사와 근대사를 비롯한 역사적 자부심을 통해 가치를 공유하는 국가로 선순환할 수 있을 것이다.

4 복지:

지속가능한 복지를 위한 중부담 중복지

4차 산업혁명은 기술혁명이자 사람중심의 문화이며 경제·사회적 현상으로 파생되는 패러다임의 전환이라고 볼 수 있다. 이러한 새로운 패러다임으로의 전환 속에 4차 산업혁명이 가져올 장밋빛 미래와 동시에 일자리 감소에 대한 불안감이 상존하여 나타나고 있는 바, 국가의 중점 해결과제로 '인간 중심의 4차 산업혁명 완성'이 더욱 주목받고 있다.

한국 사회에서 1997년 외환위기 이후 지속적으로 제기되어 온 고용유연성 문제는 아직도 해결이 쉽지 않은 상태인데, 가장 큰 원인은 낮은 사회안전망과 복지의 문제라고 볼 수 있다. 즉, 고용유연성을 높이기 위해서는 이의 반대급부로 사회안전망이 더욱 튼실하게 보장되어야 한다. 한국 사회가 4차 산업혁명에 선제적으로 대응하고 새로운 도약의 기회로 삼기 위해서는 지능정보기술 발전과 복지생태계 구축이 공존하는 사회안전망에 대한 논의가 먼저 이뤄져야 하는 이유이다.

복지와 사회안전망의 당면 과제

우리나라는 2000년대 초반에 사회보험과 공공부조로 구성되는 사회보장제도의 기본적인 골격을 완성했고, 산재보험, 건강보험, 국민연금, 고용보험 등 4대 사회보험제도의 적용범위와 측면에서 보편성을 강화하는 등의 중요한 성과들을 일궈왔다. 그러나 여전히 실질적인 결과 측면에서 여러 문제가 대두되고 있으며, 이는 사회보장제도의 구조뿐만 아니라 노동시장의 문제와 밀접히 관련되어 있다.

국민기초생활제도와 사회보장제도의 명明과 암暗

우리나라는 2000년 이후 국민기초생활보장제도를 통해 사회적 약자들과 저소득층에게 어느 정도의 최저생활을 보장해오고 있으며, 최저생계보장을 사회적 책무이자 '수급권'으로 인정함으로써 복지정책에서 시민권이 대폭 강화되어왔다고 볼 수 있다. 그러나 여러 가지로 개선해야 할 점들이 많이 남아있는데, 대표적으로, 부양의무 규정과 재산평가액의 반영 등으로 인해 저소득층 가운데 상당수가 수급대상에서 제외되는 문제가 있다. 기초생활보장제에 의하여 직접적으로 도움을 받는 계층은 전 인구의 3.3%이지만 우리나라의 빈곤율은 대략적으로 10% 이상으로 나타나고 있는 등의 한계가 여전히 있다.

또한 국민기초생활보장제도의 도입과 더불어 사회보험의 적용대상이 대폭 확대되어 온 것도 중요한 성과라고 볼 수 있다. 사회보험은 1998년 이후 급속한 변화가 이뤄졌는데, 국민연금 확대(1994년), 의료보험 통합(1999년), 고용보험대상 확대(1998년), 산재보험 적용확대(2000년) 등 사회보험제도의 내실화 및 사회복지서비스 확대가 추진되어 왔다. 그러나 이러한 성과들에도 불구하고 근본적으로 우리나라의 사회보험제도는 외양으로는 국가제도이지만, 사실상 모두 개인적 해결 수단에 머무르는 한계를 지니고 있다. 즉, (부분적) 사회적 해결방식의 제도인 국민기초생활보장제도를 제외한 사회보험제도가 모두 국가가 운영하는 개인적 해결수단이라고 볼 수 있다. 실제로 국민연금의 소득 대체율[2] (국민연금 지급률)은 40% 이하 수준이며, 2016년 통계청 기준, 전체 임금노동자 가운데 약 20%인 370만 명의 노동자는 고용보험 혜택을 전혀 받지 못하고 있다.

고령화 문제 극복

준비되지 못한 고령화는 고통스러운 결과를 초래할 수 있다. 특히 연금과 같은 노후생활 대비책이 없는 상황에서 맞이하는 노후는 곧 빈곤을 의미한다. 우리나라 노인빈곤율이 OECD 국가 중 최고인 48.5%(2015년 기준)에 이른다. 노인 두 명 중 한 명은 중위소득의 50%에 못 미치는 수입으로 생활하고 있다는 뜻이다. 따라서 우리 복지시스템은 이 문제를 해결하는 데서 시작해야 한다.

저출산 문제 극복

저출산 문제의 원인과 결과는 매우 복합적인데, 일종의 생활양식 변화에서부터 양육과 교육비 부담, 여성 일자리 연속성 부담 등 다양한 분야에 걸쳐 있다. 그 원인이 어떠하든 저출산 문제는 필수 노동력 확보 차원만이 아니라, 적절한 시장규모 유지를 위한 인구규모 차원에서도 해결되어야 한다. 특히 소수의 청년이 다수의 노인을 부양하는 부담을 낮추기 위해서는 적절한 인구규모가 필수적이다. 따라서 출산율을 높이고 인구를 늘리는 차원의 복지정책은 국가 미래를 위한 투자이기도 하다.

성장에 기여하는 복지

이제 복지가 소모적이거나 낭비적인 지출이 아니라는 점에는 많은 사람들이 동의하고 있다. 저출산과 고령화의 문제점을 해결하기 위해서라도 복지투자와 지출은 불가피한 것이다. 선진국들과 비교하면 우리의 고용분야 중에서 가장 취약한 부문이 사회서비스업이다. 보건, 복지, 보육 등 복지확대와 밀접한 분야가 상대적으로 고용이 저조하고 처우가 열악하다. 특히 보육, 복지 분야의 처우개선은 매우 절실하다. 고용환경만 적절히 개선된다면, 이 분야는 고용이 늘어날 수 있는 잠재력이 충분하다. 복지확대가 곧 일자리 확대와 내수증진으로 이어질 수 있는 것이다.

지속가능한 복지 재정

복지를 늘려야 하는 당위성이 분명하고 그것이 국가경제와 고용구조 개선에도 기여할 것이라는 기대도 타당하다. 하지만 복지 확대가 국가재정이 감당할 수 있는 범위를 넘어서는 것은 안 된다. 복지지출의 낭비적인 요소를 줄이고 고용확대와 고용의 질 개선에 기여하는 영역에 집중투자를 해야 한다. 이와 함께 복지 재정 중 국민부담률을 점진적으로 높여감으로써 적정부담 적정혜택의 규범이 지켜져야 한다.

문제는 이 과정에서 복지가 당장 필요한 현세대는 부담을 지지 않고 이를 미래세대에게 떠넘기려는 정치적인 태도이다. 즉 지금 복지를 확대하는 데 소요되는 재정을 다음 세대에 부채로 남기는 방식이다.

미래 복지국가를 향한 혁신방향

복지국가로 가기 위한 혁신방향은 급하게 추진해야 할 것과 중장기적으로 고민해봐야 할 것으로 구분할 수 있다. 다음에 나오는 혁신방향 중 한국형 청년안전망(실업부조)과 기본소득제도가 중장기 추진과제라 할 수 있다.

고용보험 적용범위 확대

임금노동자로서의 성격이 명확하지 않더라도 종속적인 지위에 있는 취업자들을 대상으로 사회보험의 적용범위를 확장하는 방안을 적극적으로 검토해야 한다. 특히 고용보험의 경우 적용범위 확대와 함께 근로실태에 적합한 급여제도 설계를 병행해야 할 필요성이 높다.

국민연금 상한액 인상을 통한 재정안정

국민연금의 현안으로 가장 크게 대두되고 있는 노후보장기능과 재정안정기능의 조화를 추구하기 위해 부과대상소득 상한액(현재 434만 원)을 2배로 인상(868만 원)하는 것을 검토할 필요가 있다. 이를 통해 기존 보험료율 3~4% 인상하는 것과 동일한 효과가 예상되는 것으로 학계의 연구결과들이 제시되고 있다.

노후보장의 다층보장체제 구축

급격한 고령화 추세 속에서 근로자들의 노후보장 문제를 해결하기 위한 중요한 방안 중의 하나로, 현재의 국민연금과 퇴직연금을 다층보장체제(3층 보장체제: 1층 공적연금(강제체제), 2층 기업(개인)연금(강제-자율체제), 3층 개인자율체제)로 전환해야 할 필요성이 높다. 이를 통해 적정한 노후소득보장 기능이 이뤄질 수 있고, 더불어 소득재분배 기능까지 확대되어 긍정적 영향을 끼칠 수 있다.

기초생활보장제도 맞춤형 확대 및 다양화

국민기초생활보장제도의 수급 체계(생계급여, 주거급여, 의료급여, 교육급여, 자활급여 등)를 세분화하여 급여특성에 따라 다양한 수급자들에게 보장되도록 해야 한다. 특히 생계급여의 경우, 급여 인상과 저소득가구 맞춤형 지원의 강화가 필요하다. 빈곤의 사각지대 문제를 개선하기 위하여 재산의 소득환산제 기준(소득 환산율 등)과 부양의무자 기준을 재검토·재구성해야 할 것이다.

한국형 청년안전망(실업부조) 도입

현재의 실업급여(고용보험에 6개월 이상 가입, 비자발적으로 퇴사한 경우에만 지급)는 고교/대학을 졸업한 뒤 장시간 미취업 상태인 구직자에게는 사회안전망의 울타리가 되지 못하고 있다. 실업급여 혜택에서 제외된 청년들의 구직과정을 지원할 수 있도록 교육을 비롯한 청년안전망 도입이 필요하다.

기본소득제도 도입 모색

이제 우리 사회에서도 기본소득Basic Income 제도의 도입 및 이에 기초한 사회보험서비스 통합화를 진지하게 고려할 필요가 있다. 기본소득제도는 최근 저성장·기술발전으로 인한 노동시장의 급격한 변화 속에서 대안적인 사회안전망 방안으로 대두되고 있다. 이것의 기본 개념은 정부가 수급 자격이나 조건 없이 '무조건' 모든 국민에게 정기적으로 최저생활비를 지급하는 것으로서, 소득 수준이나 노동 여부, 노동 의지 등과 상관없이 모두를 대상으로 하는 보편적 복지제도라고 할 수 있다. 물론 이러한 보편적인 복지를 당장 시행하기는 어려울 것이다. 그러나 기초생활보장의 보완적인 방편으로 활용하는 것을 비롯하여 장기적 차원에서 고민해볼 필요는 있다. 현재 우리나라에서 시행되고 있는 기초생활보장제도는 소득이 최저생계비에 미치지 못하는 사람들을 대상으로만 생계비를 지원하고 있다.

미래 사회안전망 국가모델의 전략적 방향: 중부담 중복지

지속가능한 복지재정을 위해서는 조세·국민부담률을 점진적으로 높여가는 것이 중요하다. 현재 우리나라의 조세부담률(GDP에서 국세와 지방세 등 세금이 차지하는 비율)은 2000년대 들어 17~19%대에, 그리고 국민부담률(GDP에서 조세와 사회보장기여금이 차지하는 비중)은 24%대(2015년 24.7%)를 기록하고 있다.

국회예산처의 '장기재정전망(2014~2060년)'에 따르면, 2050년의 재정수요를 기존 복지제도 유지(장기기준선 전망) 및 저출산·고령화 추세 지속, 그리고 통일비용 가정(독일의 경우 대입, GDP 4~7% 소요)이라는 전제하에 전망한다면, 국민부담률은 24.7%(2015년)에서 2050년에 43.8~47.1%로 거의 2배 가까이 대폭 상승하게 된다. 또 다른 연구에서는 재정건전성 확보(관리대상수지 적자폭 3% 이내 유지 및 국가채무 비중을 60% 이내 관리)가 가능한 조세부담률과 국민부담률 수준을 제시하였는데, 국가채무 비중을 60% 이내로 관리하기 위해서는 2037년에 조세부담률을 25.9%로, 2050년까지는 42.6%로 증가(국민부담률은 약

52.5%)시켜야 되는 것으로 나타났다. 또한 관리대상수지 적자규모를 3% 이내로 관리하기 위해서는 2050년에 조세부담률이 41.0%, 국민부담률이 50.8%에 달해야 할 것으로 나타났다.

하지만 복지지출 수요 충족을 위해 무조건 조세부담률 수준과 국민부담률 수준을 높이는 데에는 한계가 있다. 조세부담 증가가 국민경제에 미치는 영향을 고려할 필요가 있으며, 무엇보다 조세부담 수준 증가에 국민적인 합의가 이루어질 수 있는가도 문제이다. 결국 이와 같은 막대한 재정수요에 대응하기 위해 우선순위를 선정하고 지출수요의 특성에 맞는 재원 연계가 필요하다. 아래 그림과 같이 선진국들의 경험은 복지지출과 국민부담에 대한 우리나라의 국가모델 방향을 정립하는 데 있어 중요한 준거가 될 수 있을 것이다.

〈그림 1-1〉 미래 국가모델의 유형(안)

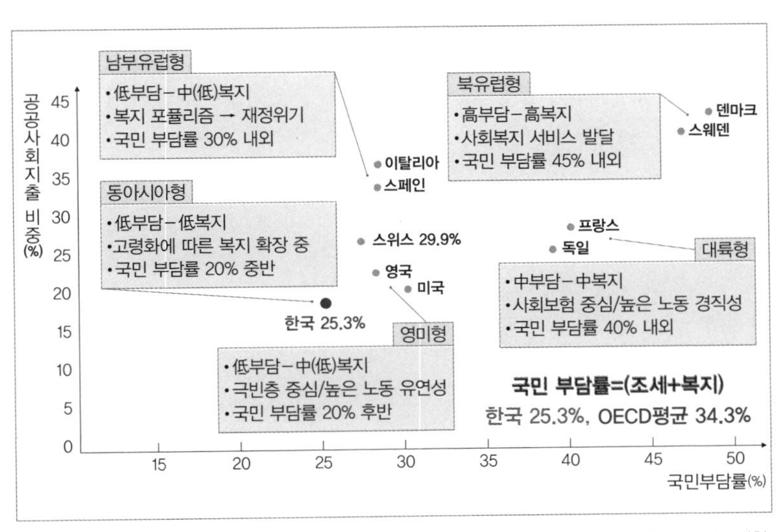

자료: 이민화 (2016), 국가구조개혁.

예를 들어 공공사회지출비중(GDP 대비) 및 국민부담률을 기준으로 5가지 유형(북유럽형, 대륙형, 남부유럽형, 영미형, 동아시아형)으로 구분해 볼 수 있다. 현재 우리나라는 공공사회지출비중(20% 안팎)과 국민부담률(20% 중반)이 가장 낮은 편인 동아시아형의 '저低부담-저低복지' 모델에 속한다고 볼 수 있다.

이와 같은 복지지출과 국민부담의 국가모델 유형에 대비하여, 다음 표 내용과 같이 한국의 미래 조세부담률(국민부담률)과 복지지출 증가율(GDP 대비)을 각각 모델 A(저부담-저복지), 모델 B(중부담-중복지), 모델 C(고부담-고복지)로 나누어 예측해 볼 수 있을 것이다. 모델 A에 따르면 2050년까지 조세부담률 25% 수준(국민부담률 34.85% 수준)으로 높일 경우 복지지출 수준은 14.71%로 증가할 것이다. 모델 B에서는 2050년까지 조세부담률 30% 수준(국민부담률 39.85% 수준)으로 높일 경우 복지지출 수준은 18.54%로 증가가 가능하다는 것을 보여준다. 그리고 모델 C에 따르면, 2050년까지 조세부담률 35% 수준(국민부담률 44.85% 수준)으로 높일 경우 복지지출 수준은 2050년까지 22.36%로 높일 수 있을 것이다.

〈표 1-1〉 복지지출과 재원부담의 연계 모델(2050년)

	모델 A 저부담 저복지	모델 B 중부담 중복지	모델 C 고부담 고복지
조세부담률 국민부담률 복지지출	25 35 114.7	30 40 18.5	35 45 22.4

자료: 안종범 (2011). 〈복지재정 확립과 복지정책 개혁〉.

그러나 실제적으로 2015년 현재 우리나라의 조세부담률은 18.5%,

국민부담률은 25.3%(OECD 평균 각각 24.7%, 34.3%) 수준[3]이며, 2014년 한국의 사회복지지출 비율(10.4%)은 OECD 평균(21.6%)의 절반에도 못 미치는 수준으로 나타나고 있다. 이러한 상황 속에서, 지속적으로 급증하고 있는 저출산·고령화 등의 복지수요를 고려하면 복지지출수준의 상승은 불가피할 것이라는 점에서 복지지출은 국민부담 수준과 함께 심도 깊게 논의되어야 한다. 국민부담 가능성을 고려해서 적정 복지지출 수준(모델 A, B, C의 사례 등)을 국민 스스로가 사회적 합의를 통해 선택하도록 하는 것이 중요하다.

미래 한국사회의 국민부담(조세부담)과 복지지출 수준의 문제는 결국 사회적 논의를 통한 우선순위 설정이 선행되어야 한다. 또한 앞서 언급한 제안과 같은 수준(2050년까지 조세부담률 30%, 국민부담률 39.85%, 복지지출 18.54%)의 '중부담-중복지' 국가모델로 혁신하기 위해서는 실질적인 조세혁신도 다양한 방식으로 이뤄져야 한다.

5 교육:

지식활용력, 협동심, 창의성 함양을 위한 역량중심 교육

인공지능을 필두로 한 지능정보기술의 발전은 사회 전반에 걸쳐 근본적인 변화를 예고하고 있다. 이러한 변화에 있어 교육 분야도 예외일 수 없다. 인간과 인공지능의 역할 관계를 놓고 봤을 때, 교육은 4차 산업혁명 시대에 가장 주목해야 할 분야이다. 특히 이 과정에서 고려해야 할 사항으로 고용시장의 변화를 들 수 있다. 우수한 인적자원이 고용을 새로이 창출하는 측면도 있지만, 일반적으로 고용시장의 수급 상황에 따라 학교 교육이 영향을 받지 않을 수 없기 때문이다. 인공지능과 자동화에 따른 고용시장의 급변이 예상되는 4차 산업혁명 시대에 교육과 고용문제는 밀접한 관계를 가질 수밖에 없다. 따라서 이를 고려한 교육혁신 전략이 마련되어야 한다.[4]

교육에도 혁신이 필요하다

미래 전망이 주는 시사점은 인공지능로봇 등 지능화, 무인화 기술이 거스를 수 없는 대세라는 것이다. 또한 일자리를 두고 인간이 인공지능로봇과 경쟁을 벌이든, 조화를 이뤄 신경제를 구성하든 그것은 사회제도를 만드는 인간의 선택 문제라는 것이다. 결국 과학기술 발전이 가져올 미래의 모습은 인간이 과학기술을 바라보는 관점에 따라 결정된다고 할 수 있다. 하지만 어떠한 경우에도 미래 인간은 인공지능과 협업하는 존재가 될 것이라는 전망이 지배적이다.

4차 산업혁명 시대에 요구되는 인간-기계 협업의 특성은 인공지능이 지식을 제공하여 문제를 해결하는 역할을 하고, 인간은 창의적인 사고를 하고 문제를 만드는 일에 주력할 것이라는 점이다. 현재 자동차와 달리기 시합을 하는 사람이 없듯이, 미래에는 잘 정의된 문제를 해결하는 일을 인공지능과 경쟁하는 사람은 없을 것이다. 반복적이고 잘 정의된 업무는 가장 먼저 인공지능이 대체한다는 말이다. 예를 들어서, 전화로 상담하는 일, 병원에서 병을 진단하는 일, 법원의 판례를 분석하는 일, 회계 자료를 분석하는 일 등이 떠오른다. 하지만 업무가 잘 정의되어 있지 않은 복합적인 업무를 대신하는 인공지능 프로그램은 개발하기 어렵다. 항상 새로운 것을 탐구하는 연구개발이나 인간의 감성을 건드리는 창작이 이러한 예가 될 것이다. 따라서 미래의 노동은 인간과 기계가 각자 주특기를 살려서 협동하는 방향으로 전개될 것이다.

미래에 요구되는 교육의 특성

교육의 역할은 사회가 필요로 하는 인재를 길러내는 것이다. 그러면 현재 사회는 어떠한 인재를 원하고 있는가? 당연히 조직의 목적을 달성해주는 인재를 원한다. 조직의 임무를 원만히 수행하는 사람은 어떤 사람일까? 일반적으로 회사에서 원하는 인재는 첫째, 업무 수행에 필요한 지식이 있고, 둘째, 협동심이 있으며, 셋째, 창의적으로 일을 추진하는 사람일 것이다. 그러면 4차 산업혁명 시대에는 어떻게 변할 것인가? 인공지능 사회에서는 다음 세 가지에 중점을 두게 될 것이다.

첫째, 컴퓨터나 인터넷에 존재하는 지식을 이해하고 활용하는 '지식 활용력'. 지식을 암기해 머릿속에 넣을 필요는 없다. 그러나 기본 원리를 이해하고 있어야 한다. 지식을 이해하고 활용 방법을 토론한다. 둘째, 인간은 물론 기계와 함께 일하는 '협동심'. 이러한 협동심은 동료들과 그룹으로 컴퓨터나 휴대폰을 이용하여 문제를 해결하는 과정에서 길러진다. 혼자 공부하는 것보다 팀으로 하는 공부를 강조한다. 팀원들이 협동해 스스로 배우고 길을 찾아나간다. 셋째, 문제를 만들 수 있는 '창의성'. 주어진 문제를 해결하는 것보다, 문제를 만드는 능력이다. 이것은 인공지능이 해내기 어려운 분야이다. 문제를 잘 정의하기 위해서는 질문하는 습관이 필요하다.

4차 산업혁명 시대에 필요한 교육 방향

4차 산업혁명 시대에는 인간이 기술을 활용하는 데 그치지 않고, 기술과 인간이 협업하는 사회로 나아간다. 따라서 과학기술을 활용할 수 있는 역량은 물론, 과학기술과 공존하고 이를 수용하고 협력할 수 있는 인간 본연의 정신역량을 강화하는 교육 혁신이 필요하다. 이를 위해서는 신기술에 유연하게 적응할 수 있는 역량을 강화시키는 데 초점을 맞추어, 학습자들이 물리적 공간 위주의 전통적 학교제도에서 벗어나 자유롭게 온라인-오프라인을 함께 활용할 수 있도록 해야 한다. 그리고 디지털 공간이라는 새로운 장에서 성숙한 시민으로 활동할 수 있는 윤리의식과 책임성에 대한 역량을 함양할 수 있도록 해야 한다.

변화대응력 중심의 통합교육

전통적 학교체제의 개혁을 위해서는 물리적 공간 중심의 학교를 다양한 주체가 참여하는 협업 가능한 형태로 유연화할 수 있어야 하며, 맞춤형 학습이 가능한 형태로 재구조화하여야 한다. 또한 현행 교육과정을 미래사회에 필요한 역량 중심으로 개편하기 위해서는 현재의 교과중심으로 분절화된 교육과정을, 미래 사회가 요구하는 변화대응력 중심의 통합교육방식으로 개편하여야 한다. 이와 관련하여 4차 산업혁명 시대의 학교교육에 필요한 혁신적인 방법론으로서 빈번하게 회자되는 것이 창의성 함양 교육 및 융합인재교육STEM, Science, Technology, Engineering, and Mathematics이다. 이는 기본적으로 탄탄한 기초과학교육을 바탕으로 문제중심학습PBL, Problem-Based Learning, 협업화된 프로젝트수업 등을 교실에서 활용하는 것을 의미하며, 그에 합당한 교육과정의 제시와 교원의 사전 준비가 있어야 가능할 것이다. 결국 미래 교육의 큰 방향은 창의, 질문과 토론, 인성, 융합이 될 것이다. 질문을 통하여 새로운 생각이 나오고, 질문과 토론을 통하여 다른 사람과 협동과 배려도 배우게 된다.

인공지능 시대에 적합한 ICT 기반의 교육

4차 산업혁명 시대에 대비하기 위해서는 컴퓨팅 사고력을 바탕으로 한 프로그래밍과 정보통신기술ICT 능력, 정보윤리 등 기초 정보소

양과 코드 리터러시Code Literacy 강화에 초점을 두어 교육 내용을 체계화해야 한다. 이미 언급한 바와 같이 우리나라는 높은 수준의 정보화 기반을 갖추고 있음에도 불구하고 학교현장에서의 정보화기기 활용도는 매우 낮다. 따라서 앞으로는 학령인구의 감소를 공교육의 여건 개선과 교육제도 개선의 기회로 적극 활용할 수 있어야 하며, ICT와 인공지능 로봇공학을 활용해 개별화된 완전학습이 가능한 수준으로 교육의 질을 획기적으로 향상시켜야 한다.

사회변화에 대처하는 평생교육

이밖에 4차 산업혁명 시대에는 첨단 인공지능기술을 선도할 엘리트 교육뿐만 아니라, 기술변화에 뒤처진 일반 사회인들에 대한 재교육, 평생교육체제의 마련도 함께 요구될 것이다. 이 기회를 통해 주요 선진국에 비해 취약한 평생교육과 직업교육을 강화함으로써 기업이 필요로 하는 기술과 역량을 적시에 학습할 수 있게 하는 서비스 복지차원의 성인교육 체제도 구축하여야 한다. 이를 토대로 학위취득을 중심으로 한 학력주의 모델에서 벗어나, 개개인의 실질적 역량이 강조되는 실력주의 모델을 사회 전반으로 확산시켜 미래 사회가 요구하는 다양한 분야의 전문가 그룹을 양성할 수 있도록 해야 한다.

교육혁신을 위한 전략

4차 산업혁명 시대의 교육혁신을 위한 미래전략방안은 크게 세 가지로 나누어 볼 수 있다. 인공지능 활용역량 강화를 위해 교육환경을 지능형 맞춤학습 체제로 바꾸어야 하고, 전통적인 물리적 공간중심의

학교 제도 및 그에 바탕을 둔 교육과정도 유연하게 변화해야 한다. 또 학습과 고용의 연계체제 강화가 절실하다.

커넥티드 러닝을 통한 지능형 맞춤학습

4차 산업혁명 시대의 근간인 초연결은 교육 분야에서도 커넥티드 러닝connected learning으로 진화를 촉진하고 있다. 즉 사물인터넷과 인공지능 등의 기술을 바탕으로 지능형 맞춤학습 체제를 구축해야 한다. 이는 ICT와 인공지능 로봇공학이 접목된 지능형 맞춤학습 체제를 구축하여 개별화된 학습을 지원하는 교육 인프라를 확충한다는 의미이다. 4차 산업혁명을 주도하는 STEM 교육을 기반으로 한 통합교과 중심으로 시스템을 구축하여 개인별로 맞춤학습 지원체제를 마련하는 것이다. 이는 데이터에 기반하여 비선형적 학습지도와 처방을 제안하고, 학습자의 성취 수준과 상호작용에 맞춰 예측, 조정하여 궁극적으로 학습자의 학습능력을 개선시키도록 하는 지능형 맞춤학습 체제를 마련하는 전략이다. 미국 MIT미디어랩의 경우, 사물인터넷과 감정을 읽는 인공지능 기술을 결합해 학습친구를 개발하고 있기도 하다.

유연한 교육체제와 역량중심의 교육과정

전통적인 학교 체제 및 교육과정에 대한 전면적 개편도 검토해 보아야 한다. 기존 단선형 학제를 산업계의 수요에 맞게 복선형 학제로 개편하고, 학점제, 무학년제 도입 등을 통해 교육과정 운영의 유연성을 확보하는 것이 필요하기 때문이다. 또한 기초역량 강화 중심의 교육과정 운영을 위해서는 기존 교과중심의 교육과정을 미래사회 역량 중심으로 전면 개편해야 한다. 현 교과중심 체제에서 미래 노동시장과 사회에서 필요로 하는 범용적인 역량을 기를 수 있도록 역량중심 교육과정competency-based curriculum으로 개편하고, 4차 산업혁명 시대를 살아가기 위한 디지털 윤리, 코드 리터러시 등 시민으로서 갖추어야 할 기본 덕목과 역량에 대한 교육을 강화할 필요가 있다. 사실 우리는 공부하는 방법을 배우지 않고서, 무작정 공부부터 해왔다고 볼 수 있다. 좋은 학습 방법을 스스로 터득하게 하는 수용성 교육의 적용도 필요하다.

아울러 인공지능이 수행하기 힘든 영역(연구, 예술, 등)에 대한 감수성과 역량을 함양하기 위해 사회 문화적 인프라 확충과 교육과정의 연계 운영이 확대되어야 한다. 학교제도 역시 법령에 의한 학교뿐만 아니라, 다양한 형태의 학교가 운영될 수 있도록 규제를 혁파해야 한다. 다양한 학교체제의 도입을 확대하고, 기업이나 민간이 참여하는 다양한 형태의 교육이 제공될 수 있도록 기반환경을 개선해야 한다. 대안학교, 학점제, 온라인 교육, 홈스쿨링 등 다양한 형태의 교육체제를 운영할 수 있도록 하는 학점 및 학력 인정 규정에 대한 법 제도를 정비하고, 교원 임용제도의 개선을 통해 다양한 분야의 전문가들에게 입직을 유도하는 것이 필요하다.

학습과 고용의 연계체제 강화

학습과 고용의 연계체제 강화를 위해서는 고등교육 체제의 혁신이 필요하다. 대중화된 고등교육 체제를 활용하여 직업교육과의 연계성을 강화하고, 인공지능로봇 분야 등 첨단 분야에 대한 전략적 투자가 집중될 필요가 있다. 온라인 공개수업 MOOCMassive Open Online Course 등 온라인 교육을 활용해 기존의 대학체제를 유연화하고, 학제 간 협력 강화, 직업교육과의 연계 확대를 추진해야 한다. 촘촘히 쌓여진 고등교육에 대한 규제를 지속적으로 제거하고, 인공지능로봇, 디자인, K-Pop 한류문화 등 첨단산업 분야 인재양성을 위한 재원 확충과 선도적 교육기관의 등장이 필요하다. 또한 교육 분야에서의 공적 개발원조ODA, Official Development Assistance 등 고등교육 인력을 활용한 국제교육교류 활성화를 통한 새로운 돌파구를 마련함으로써 국내 지향적 교육을 세계 속에서 함께하는 글로벌 교육으로 의식수준을 끌어올려야 할 것이다. 아울러 평생교육을 위한 투자 확대가 필요하다. 기존의 대학진학 중심의 교육체제에서 평생직업형 교육 체제로 전환해야 하는데, 먼저 초·중등교육 단계에서의 교육 목표와 내용 및 방법을 미래역량 중심으로 최적화하고, 고등교육 단계에서의 투자와 성과를 제고하여 직업세계 적응을 위한 학습 지원을 강화해야 한다. 이러한 변화를 효과적으로 추진하기 위해서는 고등교육과 평생교육을 위한 교육투자비중 확대와 예산 집행, 관리의 효율화가 필요하다. 현재와 같이 여러 부처에서 분산하여 집행 중인 교육 관련 투자 예산을 국무총리실 등에서 효율적으로 통합, 관리하는 방안도 고려할 필요가 있다.

단계별 실천방안

4차 산업혁명 시대의 교육혁신 전략은 〈표 1-2〉에 제시한 것과 같이 행위(교육활동)와 제도(교육제도), 행위자(교원) 간의 유기적인 연계를 통해 실천에 옮길 수 있다.

교육활동 차원

4차 산업혁명 시대에 부응하는 창의적 교육활동을 위해서는 교수-학습 방법에 있어서 지능형 맞춤학습 체제 구축이 필요하다. 이는 학습 분석기술의 발전과 더불어 기존의 획일화된 교육에서 벗어나 개인의 특성과 재능이 반영된 맞춤형 교육으로 진화하는 새로운 계기가 될 수 있다.

교육제도 차원

우리 교육제도는 대학입시를 중심으로 튼튼한 철의 삼각구조를 이루고 있기 때문에 한두 가지 개선방안을 통한 점진적 조치로는 목적하는 바를 달성하기 어려운 구조적 한계가 있다. 따라서 충분한 사회적 논의를 바탕으로 일괄개혁에 의한 과감한 조치를 통해 4차 산업혁명 시대가 요구하는 교육혁신을 이끌어 낼 필요가 있다. 여기에는 교육과정, 학교제도, 입시제도, 대학체제, 평가제도와 관련한 세부 실천과제들이 포함된다.

교원 차원

학교에서 교육활동을 수행하는 교원에 대한 혁신 차원에서는 교원의 다양성 확보와 전문성 강화가 시급하다. 4차 산업혁명 시대의 새로운 문명에 대응할 수 있는 창의적 교원 양성과 배치, 활용을 위해서는 양성기관, 일선학교, 교장 및 교원에게 행동의 방향성을 제시하는 평가지표의 개편을 통해 변화를 이끌어내는 방안들이 필요하다.

〈표 1-2〉 교육혁신 전략 체계표

교육혁신 방안		
영역	목표	주요 분야
행위 (교육활동)	4차 산업혁명 시대에 부응하는 창의적 교육활동	① 교수-학습방법: 지능형 맞춤학습
제도 (교육제도)	4차 산업혁명 시대에 부응하는 탄력적인 교육제도.	① 교육과정: 교과중심에서 역량중심으로, 국가는 기준 역량 제시하고, 이수단위와 시수, 평가는 시도교육청에 위임 (세부적인 것은 단위학교에 위임) ② 학교제도: 학교 및 학교 밖 교육의 융합 ③ 입시제도: 다양화와 자율화(Affirmative Action 필요) ④ 대학체제: 진학중심에서 평생직업중심으로(궁극적으로 Job 중심에서 Work 중심으로 전환) ⑤ 평가제도: 결과평가와 과정평가, 절대평가와 상대평가의 실질적 균형(현장 교원의 역할 강화)
행위자 (교원)	4차 산업혁명 시대를 선도하는 창의적 능력보유 및 활용	① 교대/사대 교육과정 및 양성체제를 4차 산업혁명시대에 적합하도록 교육전문대학원 체제로 개편 ② 교원양성기관 평가지표에 4차 산업혁명시대를 선도하는 창의적인 교원양성 능력보유 및 활용에 대한 비중 확대 ③ 교원 및 교장 평가지표에 4차 산업혁명시대를 선도하는 창의적인 능력보유 및 활용에 대한 비중 확대

자료: 박승재. 〈4차 산업혁명 시대 교육전략〉. KAIST 국가미래전략 정기토론회(2017.2.24.) 발표자료.

6 평생교육: 고령화와 4차 산업혁명을 위한 대비

최근 정치, 경제, 사회 전반의 급격한 변화로 평생학습lifelong learning 또는 평생교육의 방법론적 개선에 대한 필요성이 부각되고 있다. 특히 4차 산업혁명이 몰고 오는 사회적 변화도 평생교육의 의미와 방향을 되짚어보게 하는 주요 배경이다. 평생교육은 개인의 전 생애에 걸친 교육과 학교 및 사회 전체 교육을 통해 국가, 지역, 기업, 그리고 개인의 경쟁력을 갖추고 사회 결속을 일구는 기능을 한다. 따라서 시대 변화에 맞추어 평생교육의 전략을 새롭게 하는 것은 평생교육 수요 확대라는 단기적 효과뿐만 아니라 나아가 개인과 사회의 지속적인 발전을 이루어가기 위한 핵심적인 열쇠일 것이다.

한국 평생교육의 진화과정과 특징

그동안 한국의 평생교육 발전 과정에 대하여 다양한 접근의 연구가 이루어져 왔다. 현재의 '평생교육법'(1999년 제정, 2007년 개정)의 전신은 1982년에 제정된 사회교육법이다. 헌법에 평생교육 조항을 신설하여 명시한 것은 그보다 앞선 1980년이다. 한편, 개인이 처한 교육과 학습 환경은 동일하지 않다는 점에서, 정규교육 이외의 다양한 형식의 교육을 고려해야 한다. 어떤 이유에서든 초등학교, 중학교, 고등학교로 이어지는 정규교육 기관에 진학할 시기를 놓쳤거나 어려웠던 개인들이 다수 존재한다. 따라서 현재 각 개인들 중 일부는 학교를 통해, 일부는 정규교육 이외의 다양한 경로를 통해 교육과 학습에 참여한다. 후자를 통한 교육과 학습이 사회교육 혹은 평생교육이다.

문해교육

한국 평생교육의 발달 과정과 문해literacy 교육의 흐름은 깊은 관련이 있다. 기초 문해능력(읽기, 쓰기, 말하기, 듣기)이란 기본적인 사회생활에 필요한 기초 기능으로 규정된다. 하지만 문해력 개념은 사회발전 단계에 따라 변화해 왔으며 최근에는 대상 범주를 확장하여 국가 및 지역사회의 통합 차원에서 탈북이주민, 다문화가족 등 문화적 결속으로까지 외연을 확장해가는 경향이 나타나고 있다.

근래에 들어서 평생교육의 무게중심이 변하고 있다. 보편교육의 확대와 고등교육의 확산으로 인하여 평생교육 내의 문해교육을 필요로 하는 수요자가 줄어든 것이다. 이와 같은 흐름 속에서 탈북이주민과 다문화가족이 최근 새롭게 부상한 평생교육의 수요자로 부상하고 있다. 다문화정책의 일환인 문해교육은 단순히 한글을 알고 문화를 이해하는 차원을 넘어서는 것으로서 이는 '새로운' 차원의 문해교육이 시작된 것으로도 이해할 수 있다.

경제결합형 평생교육

지식과 기술의 확산은 정규교육 이후 학교 밖 직업훈련으로 이어지는 경로를 따랐다. 노동시장 진입 전후로 나뉘어 기본적으로 교육과 노동시장이 그 역할을 분담하는 방식이었다. 특히 산업화 시기에는 노동시장에서의 직업훈련은 대기업 중심의 내부노동시장 시스템이 핵심이었다. 평생직장이라는 개념과 제도가 그 바탕이었다. 일부 대기업은 이러한 직업훈련을 포함하여 사내대학을 설립하여 현장에서 직업기술 교육을 실시하고 학위를 인정하고 있다. 그리고 인정직업훈련소, 사업장내 직업훈련소, 공공직업훈련소 등의 직업훈련기관, YMCA 등 시민단체, 농협, 각종 평생교육시설에 의해서도 이루어졌다. 또한 산업화 초기에 추진되었던 새마을운동 혹은 새마을교육은 매우 중요한 '경제결합형' 평생교육이었다. 낙후된 농촌사회에서 근면, 자조, 협동의 계몽정신을 근간으로 한 평생교육이 이루어졌다. 즉 사회와 경제를 하나로 연결한 '화학적 융합'에 해당하는 평생교육이었던 것이다.

복지적 차원의 평생교육

평생교육은 본질적으로 공공재로서 이해되었기 때문에 국가의 역할로 받아들여져 왔다. 국가의 정책은 이 기능에 충실하였고 '복지적 개념' 차원에서 이루어졌다. 산아제한이라는 가족계획 교육이 대표적인 사례이다. 그러나 평생교육과 관련된 국가의 역할도 1990년대, 특히 외환위기 이후에는 국가와 지역사회의 이해관계와 관심보다는 개인의 이익에 초점을 두게 되면서 국가의 조율과 조정 기능은 약화되었다. 이 과정에서 현재의 평생교육은 주로 산학협력 등의 방식으로 추진되고 있다.

한국의 평생교육이 직면한 도전과 변화

평생교육과 관련하여 개인들이 겪는 가장 큰 문제는 기본적으로 교육에 거는 기대와 현실 사이의 간극이다. 이러한 간극은 교육정책과 경제정책을 분리해서 볼 수 없는 교육환경의 변화에 기인하는 것으로서 다음과 같은 특징을 갖는다.

교육시스템의 팽창에 따른 가치 변화

경제적 보상이나 성공의 수단이 교육이라고 봤던 지난 수십 년간의 정책흐름은 교육시스템, 특히 고등교육에 대한 개인들의 투자를 확대시켰다. 그러나 일자리 시장에서의 결과는 청년실업 문제처럼 기대와 다르게 나타나고 있다. 또한 사회정의보다는 경제사회적 효율성을 중시하는 방향으로 무게중심의 축이 기울면서 물질주의적 개인주의가 확대되었다. 사회적 가치와 정신을 중시했던 평생교육의 입지가 좁아질 수밖에 없는 것이다.

복지주의적 평생교육의 한계

지식과 기술의 확산 경로도 달라지고 있다. 과거에는 국가와 교육기관이 평균 이상의 기초 지식과 기술을 갖춘 우수인재를 육성하여 노동시장에 진입시키고, 노동시장은 이들에 대한 기술의 업그레이드를 맡아주었다. 이러한 이원체계를 떠받쳐주던 평생직장 개념은 더 이상 유효하지 않다. 지금까지 보완적 기능을 가능하게 해주었던 복지주의적인 평생교육 환경이 한계를 맞고 있다.

4차 산업혁명의 흐름과 단발성 교육의 문제

4차 산업혁명의 미래사회 변화에 대응하기 위해서는 교육 분야에서도 일대 혁신이 요구되고 있다. 특히 고숙련 전문가 양성을 위한 고등교육과 기술변화에 능동적으로 대처할 수 있도록 하는 평생교육에 대한 요구가 증가하고 있다. 인공지능사회에서의 교육은 인공지능로봇으로 대체할 수 없는 분야 또는 인공지능로봇과 협업할 수 있는 분야에 대한 역량과 기술을 습득하게 하고, 이를 삶의 질 개선과 연계할 수 있는 능력 함양에 초점을 두어야 한다. 이러한 분야는 숙련된 전문가의 역량이 필요하기 때문에 전문화된 고등교육과 평생교육을 통해서만 가능하다. 즉 4차 산업혁명 시대에는 기술변화에 뒤처진 일반 사회인들을 재교육하기 위한 평생교육 체제가 필요하다. 그러나 새로운 시대가 요구하는 지식과 기술, 그리고 변화의 속도를 현재의 평생교육시스템이 감당해내지 못하고 있는 실정이다. 학습된 지식의 유효 수명이 짧아지는 환경 속에서는 단발성 교육/학습으로는 경쟁력을 유지하기가 어렵다. 이제는 다발성 혹은 학교, 특히 대학교와 노동시장 사이를 다중으로 오가는 왕복형 평생학습/교육이 가능한 교육기반을 조성하는 것이 필요하다.

일자리 수요와 공급의 불일치

평생교육을 하더라도 더욱 많은 일자리를 만들어내지 못한다면 이 혜택은 소수의 학습자에게만 돌아갈 수 있다. 인재확보 전쟁은 교육의 필요성과 중요성을 더욱 강조한다. 급변하는 현대 세계에 맞는 인재를 미리 양성하는 일이 국가나 사회의 운명을 결정한다고 봐도 과언은 아니다. 사회적 수요에 맞는 인재를 기르지 못한다면 그 노력은 헛일이 될 것이기 때문이다. 주입식 교육 현실과 국제 경쟁 상황을 고려할 때, 현 교육시스템이 앞으로도 좋은 일자리와 소득을 보장할 수 있을지 여부는 불투명한 상황이다. 따라서 변화되는 경제 상황에 따라 새로운 인재 양성 정책을 마련해야 할 것이다.

학업세계와 직업세계 간 교육내용의 실효성

앞서 언급한 변화들은 또 다른 도전에 직면하게 만든다. 그것은 학업세계와 직업세계의 경계가 무뎌지게 한다는 점이다. 동시에 현장에서 필요로 하는 실무능력이 강조되고, 이것은 교육기관에게 새로운 압력으로 작용하게 된다. 그리고 교육은 미래에 필요한 인재를 길러야 한다는 시간 차이 문제도 존재한다.

산업현장에서 필요로 하는 기능은 일반적인 기능general skill, 산업-특수형 기능industry-specific skill, 기업-특수형 기능firm-specific skill 등으로 구분해 볼 수 있다. 현실적으로 개인과 기업 사이에서 서로 원하는 바에 차이가 있다. 이러한 차이를 메워줄 수 있는 것이 조직 내부에서 이루어지는 훈련 프로그램이다.

고령사회로의 이동

한국 사회가 당면한 또 다른 문제는 인구분포의 변화이다. 고령사회로의 이동이 그것이다. 그 사회의 목소리가 다수를 차지하고 있는 연령층에서 나온다고 가정한다면, 민주주의 사회에서 국가의 정책은 이들에게 귀를 기울이지 않을 수 없다. 그렇지만 한국사회의 역사에서 이러한 고령층에 대한 경험은 전무하다. 따라서 미국, 유럽 등을 중심으로 개최되어 온 세계고령화회의에서 논의된 고령친화사회age-friendly society라는 비전을 참고하여 한국에서도 노화 과정에서 삶의 질을 높이기 위하여 건강health, 참여participation, 안전security을 위한 기회를 최대화할 수 있도록 돕는 국가적 차원에서의 시도가 필요하다.

한국 평생교육의 미래방향

평생학습이 불확실한 미래의, 특히 4차 산업혁명이 주도하는 변화의 소용돌이 속에서 돌파구로 인식되는 힘의 세기는 점점 더 커질 것이다. 그러나 평생교육이 미래의 불확실성을 낮추고 불안감을 해소하며 동시에 보장성을 높여주지 않는다면, 교육에 투자해야 한다는 사회적 명분은 약해지고 결국 교육의 미래는 암울해질 수밖에 없다. 평생교육을 통해 보다 나은 삶을 보장해주기 위해서는 변화에 대한 대응력을 길러줄 수 있어야 한다. 예측하지 못한 풍파에 부닥쳤을 때 시련을 견디어 내고 해법을 찾아낼 수 있는 평생교육 체제를 구축하기 위한 노력이 필요하다.

'소비적' 평생교육에서 '생산적' 평생교육으로의 전환 필요

고령화가 급속하게 진행되는 한국 사회를 고려할 때 '소비적' 평생교육에서 '생산적' 평생교육으로 전환할 필요성은 더욱 커진다. 평생교육에서 여가선용의 차원뿐 아니라, 경제적 관점에서 생산적인 활동을 위한 교육에 중점을 두어야 하는 이유이다. 특히 고령화의 문을 열기 시작한 한국의 베이비붐 세대들은 자신들의 자녀세대와의 경쟁을 피하기 위해서, 불가피하게 새로운 관점에서의 평생교육을 필요로 한다. 이들을 위한 평생교육의 목적은 그들이 기존에 쌓아온 경험 위에 어떻게 창의적인 생각을 결합하여 새로운 것을 만들어낼 수 있도록 할 것인가에 둘 필요가 있다.

한국의 베이비붐 세대 특성에 맞춘 평생교육 전략 필요

국내 상황은 베이비붐 세대가 본격적으로 은퇴를 시작하는 시점에 직면하고 있으며 이들에게 적합한 은퇴 후 노후대책으로서의 평생교육 체제 마련이 필요한 상황이다. 베이비붐 세대는 인구고령화의 급속한 진행을 초래하게 하는 주체 세대이며, 현재의 노인세대에 비해 높은 교육수준, 자산소득, 그리고 다양하고 전문적인 경력을 가지고 있는 점 등이 긍정적 특성이다. 반면 노후 불평등 격차가 심하고 노후소득대책 마련이 되어있지 않은 사례의 증가, 그리고 자아정체감 부족이나 정신건강의 악화와 같은 부정적 특성도 동시에 갖고 있다.

따라서 현재의 노인세대와 서로 다른 성장배경, 노동시장 경험, 그리고 문화적 특징을 가진 이들의 특성을 반영하려는 노력이 앞으로 한국 평생교육이 당면한 과제라 할 수 있다.

4차 산업혁명에 대응할 수 있는 개방적 평생교육 체제 구축

지금까지의 단순 지식 전달식 교육 방식과 내용으로는 4차 산업혁명 시대의 변화를 따라갈 수가 없다. 하나의 교과서를 기본으로 하여 그 교과서 내용을 그대로 전달하는 데에만 목적을 두어서는 안 된다. 학습자들이 기존의 지식을 전수받는 데 그치도록 하는 교육 방식은 한계가 있다. 따라서 개인이 스스로 지식을 구성할 수 있도록 허용하는 개방성과 유연성을 갖춘 평생교육 시스템이 필요하다.

또한 4차 산업혁명이 요구하는 기술변화나 사회변화에 대처할 수 있는 교육과정 신설도 필요하다. 이를 위해 대학의 기능에 평생교육 제공을 강화하는 방식으로 대학시스템과 평생교육을 연계하거나 유비쿼터스 교육시스템을 본격화할 필요가 있다. 또 산업밀착형 직업 재교육 등이 유연하게 이루어져야 한다. 궁극적으로는 교육과 지역사회/산업현장의 영역을 넘나드는 것이 가능한 평생교육 체제, 학습자들이 스스로 학문 간 경계를 허물고 새로운 지식과 기술을 만들어낼 수 있도록 유연성을 길러주는 평생교육 체제가 마련되어야 할 것이다.

7 한국어와 한글:
다문화·통일·정보화·세계화를 동시 고려하는 전략

영화 〈설국열차〉에는 미래의 일상적인 모습이 될 장면이 나온다. 바로 자동통역이다. 우리나라 말로 이야기를 하면 알아서 영어로 통역이 된다. 언어의 장벽이 없는 모습이다. 그런데 최근 화두가 되고 있는 4차 산업혁명의 흐름 속에 미래, 아니 조만간 이처럼 언어의 장벽이 완전히 허물어지는 시대가 올 전망이다. 2018년 평창올림픽에도 '인공지능 통역로봇'이 등장하는 것을 비롯해 인공신경망 기반 기계의 놀라운 통번역시대가 도래할 것으로 보인다. 언어장벽을 무너뜨리는 이러한 변화는 한글뿐만 아니라 다른 나라의 언어 사용에도 엄청난 영향을 미칠 것이다. 이런 상황에서 우리나라의 말과 글인 한국어와 한글의 미래는 어떻게 될까? 어떤 준비를 해나가야 할까?

모국어의 의미와 한글의 위상

한국어는 한국인이 사용하는 말이며, 한글은 우리나라의 고유문자이다. 말과 글은 그 민족의 정체성을 나타내는 가장 중요한 요소이다. 영국인에게는 영국어가 있고 말을 적는 알파벳이 있으며, 중국인에게는 중국어와 그 말을 적는 한자가 있다. 한국어는 우리 민족이 탄생한 이래로 한반도를 비롯하여 그 주변에서 반만년 동안 사용한 말이며, 한글은 15세기 세종대왕이 창제한 우리의 문자이다.

우리는 말과 글을 통해 의사소통을 하고, 문화를 만들고, 생각을 하면서 우리의 혼과 얼을 형성해 왔다. 우리 민족의 정체성이 바로 언어에 있다는 말은 이를 두고 하는 말이다. '국제모국어의 날'이 유네스코에 의해 1999년 지정되고, 나아가 공식기념일로 2008년 유엔총회에서 인정된 것은 모두 모국어 수호를 통해 언어와 문화를 존중하고 다양성을 보존하기 위함이다. 우리 민족의 정체성을 확립하고 문화를 창달하며 세계에 우리 문화를 널리 알리기 위해서는 우리말과 글을 보존하고 발전시키는 것이 꼭 필요하다는 의미이다.

그렇다면 세계 속에서 한국어의 위상은 어떤가? 세계에는 약 7,000개의 언어가 존재한다. 그 중 중국어는 약 13억 명이 사용하고 있어 단연 1위이고, 그 다음이 스페인어(4억 1,400만 명), 3위가 영어(3억 3,500만 명)이다. 한국어는 13위로 약 8,000만 명이 사용하고 있다.

전 세계에서 한국어를 가르치는 교육기관은 교육부 통계자료에 따르면 2014년 기준 4,000개이며, 한국어 교육 수강생은 30만 명에 이른다. 한국어 교원자격 취득자 수도 약 1만 7,000여 명에 이를 정도로 꾸준한 증가세를 보이고 있다. 미국의 대학입학 자격시험SAT II에도 한국어 과목이 개설되어 있으며 2016년에는 1,891명이 한국어 과목에 응시했다. 외국인의 한국어 능력을 평가하는 한국어능력시험TOPIK은 2013년 기준 세계 61개국 194개 지역에서 시행되었으며, 응시자 수는

1997년 2,692명에서 2013년 16만 7,853명으로 60배나 증가했다. 디지털 시대에 한국어의 위상 또한 중요한 위치를 차지하고 있다. 전 세계에서 약 4,000만 명이 인터넷에서 한글로 정보를 나누고 있으며, 언어별 인터넷 사용자 수로는 세계 10위에 해당한다.

언어 환경의 변화와 문제

사용자 수 세계 13위의 한국어는 과연 미래에는 어떤 모습일까? 한국어를 둘러싼 대내외 환경은 그리 낙관적이지 않다. 자의든 타의든 영어와 중국어 등 세계질서와 문화를 주도하는 언어들이 공용어라는 이름으로 지금보다 더 거세게 밀고 들어올 것이다. 그 속에서 우리는 우리 민족과 국가 고유의 말과 글을 지키고 발전시킬 방안을 찾아야 한다. 한 나라의 언어가 그 국가와 국민들의 정신적 정체성을 규정하는 주요한 기제이기에 언어를 잃으면 국가와 국민의 정체성을 잃게 되기 때문이다.

환경의 변화

내부적으로 우리는 인구감소라는 문제에 직면하고 있다. 향후 한국어 사용자 수도 현격히 감소할지 모른다. 또한 결혼이민자, 외국인 노동자 등이 대거 유입되면서 한국 사회는 다민족 다문화 사회로 크게 변모하고 있다. 언어도 단일 언어의 전통적 측면이 쇠퇴하면서 다양한 외국어가 혼합된 형태로 변형될 가능성이 높다. 이런 상황에서 언어의 다양성과 동질성을 확보하기 위한 노력이 필요하다.

남과 북의 통일시대를 대비해 남북한 언어의 동질성을 확보하는 것도 시급한 과제이다. 언어규범, 언어생활, 국어사전, 전문용어 등 언어 관련 제반 문제에 대해 남북이 머리를 맞대고 동질성 회복을 위해 노력해야 한다.

한류 전파와 더불어 한국문화의 대외적 위상이 높아지면서 한국어 교육에 대한 수요도 계속 증가할 것이다. 그러나 단편적인 한류 콘텐츠만으로는 한류를 확산하는 데 한계가 있다. 다양한 한류 콘텐츠 개발과 더불어 한국어를 세계에 보급하고 우리의 언어문화를 널리 알리는 방안도 체계적이고 적극적으로 추진해야 한다.

21세기의 물리적 변화는 역시 과학기술이 주도하게 될 것이다. 시대 변화를 중심으로 보면 과학기술의 시대인 것이다. 디지털 기술은 더욱 발전할 것이다. 새로운 미디어가 끊임없이 등장하고 모든 사물은 네트워크로 연결된다. 사람과 사물이, 사람과 로봇이 한 데 어울려 소통하고 삶을 영위하는 시대가 올 것이다. 이러한 미래기술에 한국어와 한글은 어떤 언어보다도 매우 효율적인 역할을 할 것이다. 한국어와 한글의 산업화 전략이 필요한 이유가 바로 여기에 있다.

한국어와 한글에 대한 관심 부족

글로벌 시대를 살아가기 위해서는 영어와 중국어 등 세계문화와 질서를 주도하는 공용어도 배워야 하지만 무엇보다도 기본이 되는 모국어 능력을 신장해야 한다. 수천 년간 이어져온 우리 민족과 국가 고유의 정체성과 얼, 사회성들이 온전히 표현되는 것은 우리말과 글을 통해서이다. 이러한 정체성과 사회성, 얼에 대한 이해 없이 외국어를 배우게 되면 언어는 기계적인 것이 될 수밖에 없다. 그러나 이 부분에 대한 우리 국민들의 관심과 국가전략은 부족하다. 국제 공용어에 대한 관심은 높아가고 모국어에 대한 관심은 줄어든다면 미래의 어느 시점에서는 한국어가 박물관 언어로 전락할지도 모른다.

지난 50년간 전 세계적으로 3,000여 개의 소수언어들이 사라졌다는 통계가 있다. 한글이 단기간에 사라지는 일은 없겠으나 그 위상과 파급력, 쓸모가 위축되고 변형될 가능성은 존재한다. 서기 449년, 영어라는 언어가 브리튼섬에 도착하기 전에는 그곳에 살던 주민들이 켈트어라는 언어를 사용했다. 그러나 지금 그런 사실을 아는 사람은 거의 없다. 청일전쟁 직후부터 51년간 일본의 식민지였던 대만이 1945년 해방이 되었을 때 국민 85%가 일본어를 모국어처럼 사용하고 있었다는 점을 명심해야 한다. 우리말에 대한 지속적인 관심을 이끌어낼 수 있는 국가전략과 정책이 절실히 필요한 것이다.

다문화사회 진입 등 구조적 문제

1990년 4만 9,000여 명에 불과하던 국내 외국인의 수가 2007년에 100만 명을 돌파하였고 2016년에는 204만 9,441명으로 늘어났다. 우리사회는 빠르게 다문화사회로 진입하고 있다. 외국인노동자와 국제결혼이주여성의 급증으로 다문화 학생 수도 함께 증가하고 있다. 교육부 자료에 따르면 2016년 초중고 다문화가정 학생은 약 9만 9,000명으로, 전년 대비 20.2% 늘어나며 지속적인 증가세를 보이고 있다. 한국교육과정평가원에 따르면 다문화가정 학생들은 국어 교과를 가장 어려워하는 것으로 조사되었다. 국어 교과에서도 '쓰기'(23%), '문장 이해'(16%), '읽기'(14%), '어휘'(12%) 순으로 어려움을 느낀다고 답했다. 따라서 심화되고 있는 다문화 사회에 대비하여 이들의 언어문제를 체계적으로 해결할 수 있는 방안을 마련하는 것이 시급하다.

언어전략에 대한 인식과 투자 부족

선진국들이 모국어에 대해 관심을 갖고 투자하는 것에 비해 우리나라는 한국어 보존 및 발전전략이 걸음마 수준이다. 무엇보다 언어문제에 대한 국가적 차원의 문제의식 자체가 낮다. 한국어를 중심으로 한 언어전략의 필요성에 대한 기본인식, 문제의식을 높이고 장기적이고 지속적인 전략수립과 투자가 절실히 요구된다. 유네스코에서 각국의 언어문화의 다양성을 유지하기 위해 여러 정책을 수립하여 추진하는 것도 참조할 필요가 있다.

그나마 다행스러운 것은 2005년에 '국어기본법'이 제정되었다는 점이다. 이 법으로 모국어의 보존과 발전에 기여할 제도적 장치가 마련된 셈이다. 이 법에 의하면 정부는 5년마다 국어발전 기본계획을 수립하여 시행해야 한다. 아쉬운 점은 기본계획이 5년마다 수립되다 보니 장기적인 관점에서 전략을 수립하기가 어렵다는 것이다.

한국어 수요에 대한 적극적 대응전략 부족

한류의 확산에 따른 한국어 수요에 대한 적극적인 공급 전략이 부족하다. 한국어 관련 산업 종사자(타이포그래피 전문가, 시각디자인 및 언어/국어 관련 교수, 한글 관련 단체 및 학회, 정책기관) 상당수는 한류가 문화적 붐을 일으키는 과정에서 K-Pop 수출과 더불어 한글이나 한국문화 등의 다양한 콘텐츠 보급 및 수출이 동반되어야 하지만 기대에 미치지 못하고 있다는 평가를 하고 있다.

이에 따라 한글산업의 체계적 관리를 위한 지원기관 설립, 한글 소재 콘텐츠·디자인 개발, IT기술의 발전에 비해 미비한 한글 입력 기술 제고, 영어공용화에 대응하는 한글의 역할 연구, IT·디지털 기술과 한글 융합을 통한 산업 모색 등이 이루어져야 한다.

한글 전략

한국어와 한글의 보존 및 발전을 위한 한국어와 한글의 미래전략 목표는 다음과 같이 설정할 수 있다.

남북통일시대 한국어 전략

통일을 준비하고 대비하는 정책을 미리 마련하고 통일 전 협력과 통일 후 통합과정을 준비하는 것이 필요하다. 특히 언어는 남북의 통일, 통합과정에서 서로를 묶어주는 가장 큰 민족적 동질성의 영역이다.

남북통일시대 대비 언어 동질성 확보를 위한 정책으로는 남북 언어 교류사업 확대 및 국제교류 협력망 구축사업을 진행하고, 한글사전과 맞춤법을 비롯한 남북한 단일 언어규범을 준비하며, ISO를 비롯한 국제기구에 단일 한국어 규범을 등재할 수 있도록 해야 한다. 또한 전문 분야별 용어를 통일하고 통일된 한국어 정보화 사업을 공동으로 추진하여 통일 시대를 준비해야 한다.

다문화시대 한국어 전략

외국인 이주노동자와 결혼 이주여성, 다문화가정의 확산 등에 따른 다문화시대 한국어 전략이 체계적으로 마련되어야 한다. 글로벌화 심화는 기존의 국가 간 장벽이 느슨해지면서 일자리 등의 개인적 필요에 따라 국경을 넘는 인구들이 늘어나는 것을 뜻한다. 이러한 흐름으로 볼 때 앞으로 우리나라에서도 다민족화와 다문화 경향은 크게 확대될 것이다. 이에 따라 점점 늘어나는 외국인들과의 불편한 의사소통 문제는 심각한 사회문제로 대두될 수 있다.

따라서 이질적이고 혼성적인 존재들이 공생하는 다문화 사회로 바뀌고 있는 한국 사회에서 원활한 의사소통을 유지하고 언어적 동질성을 확보하는 방안을 체계적으로 수립하는 것이 필요하다. 특히 선진국의 다문화 언어교육정책을 참조할 필요가 있다. 호주는 연방정부를 중심으로 국가 언어정책을 수립했고, 일본은 시민단체를 중심으로 사업을 추진하고 있다. 핀란드의 경우는 모국어를 강조하는 다문화 언어교육을 실시하여 동질적인 교육 대신 개인적인 특성에 따른 다문화 교육을 제공한 사례이다. 핀란드의 이주민 교육의 중점은 언어교육에 있는데, 특히 모국어 교육이 주목을 끈다. 이주민에게 자신의 모국어를 학습할 수 있는 기회를 제공해 모국어도 지켜주려는 것이다. 핀란드는 모국어를 유지·발전시킬 권리가 아예 헌법에 명시되어 있을 정도로 모국어를 중시한다. 그래서 모국어 교육에 대한 지원도 중앙정부에서 직접 한다. 다문화 시대 언어의 다양성과 동질성을 확보하기 위해서는 다문화 계층을 위한 언어복지 정책을 수립하고 이에 필요한 조사가 실시되어야 한다.

한국어 세계화 전략

한국어는 우리의 삶과 얼이 담긴 문화유산이다. 유네스코 통계에 따르면 우리나라 문해율은 98.3%(2008)로 세계 평균 84%를 크게 앞서고 있다. 전 세계 성인 7억 7,000만 명이 아직 글을 읽고 쓰지 못하는 실정을 고려할 때 문자가 없는 나라에 한글을 전파하는 일도 충분히 가능하다.

또한 세계인에게 한국어와 한글을 체계적으로 교육하고 보급하는 전략도 수립되어야 한다. 해외에서 한국어 교육과 한국문화 전파 기관으로 역할을 하고 있는 세종학당은 2007년 문을 연 이후 정부의 집중적인 지원을 바탕으로 2017년 기준 세계 54개국에서 171곳이 운영되고 있다. 수강생 수도 4만 9,549명으로 약 67배가 늘었다. 그러나 세종학당의 내실화를 꾀하려면 예산 확보, 교육 프로그램 개발, 교원 전문성 강화 등 다양한 차원의 지원이 이어져야 한다. 그밖에도 한국어의 세계적 위상 강화를 위해서는 국제교류 협력망 구축, 다국어 지원 한국어 포털서비스 구축, 한국어교육 전문 인력 양성, 온라인 한국어 교육체계 구축 등 교육 및 홍보활동을 강화하는 정책을 추진해야 한다.

정보화시대 한국어 전략

세계적 차원의 정보통신 발달에 따라 전통적 의미의 언어소통에도 큰 변화가 일어나고 있다. 종이 편지는 거의 사라졌으며, 신문도 줄어들고 있다. 폭발적으로 증가했던 인터넷 메일도 시대변화 속에서 소통의 매개 역할이 줄어들고 있다. 그 자리에 스마트폰의 대중화를 바탕으로 SNS 기반의 문자, 음성, 캐릭터, 기호 등이 소통의 대명사로 부각되고 있다.

이처럼 급변하는 정보화시대의 한글 전략은 우선 컴퓨터와 스마트폰에 최적화된 한글 문자인식, 한국어 음성인식, 한글의 표기와 번역 기술의 개발 등이 망라된다. 정보화시대의 한글은 기존의 오프라인 중심의 물리적 변화를 인터넷 온라인에서, 더 크게는 스마트폰 기반의 의사소통 체계에 최적화된 정보화 작업들로 확장되어야 한다.

글로벌 시대 한국어 보존 전략

20세기에는 미국을 중심으로 한 영어 패권주의가 득세했다면 21세기에는 영어와 함께 중국어 패권주의도 예상해 볼 수 있다. 이미 우리나라 최대 무역국은 미국에서 중국으로 변했고, 한국 유학생이 가장 많은 나라도 중국이다. 이러한 시대적 흐름에 맞춰 영어와 중국어의 중요성은 더욱 부각될 것이고 일부 국가들은 모국어를 수호하기가 더욱 어려운 상황에 빠질 것이다.

따라서 언어 다양성 보존을 위해 노력하고 있는 유네스코와 선진국 사례를 참조하여 보존전략을 강화해야 한다. 유네스코는 창립 이래 '문화의 풍요로운 다양성 증진'을 주요 임무로 정하고 문화 다양성을 진흥하기 위한 여러 활동들을 펼쳐 왔다. 2001년 채택한 '세계 문화 다양성 선언'과 '문화적 표현의 다양성 보호와 증진협약(문화다양성협약)'은 문화 다양성을 '인류의 공동유산'으로 인식하고 있다. 프랑스도 자국어를 보존하기 위해 노력하는 대표적인 나라이다. 프랑스는 모국어 보존을 위해 1975년 법을 제정하였는데, 주요 정책은 다음과 같다. 첫째, 세계적 차원에서 프랑스어의 지위를 향상시킬 것, 둘째, 프랑스 내에서 프랑스어와 다른 언어들 간의 만족할만한 관계를 수립할 것, 셋째, 유럽 내에서 프랑스어의 지위를 적극 방어할 것 등이다. 프랑스는 정부 산하에 여러 공식적인 언어단체를 설립하고 이를 통해 입법과 정책을 체계적으로 수행하고 있다.

우리도 언어정책 연구사업을 수립하고, 문자체계 개발사업을 지원하며, 한국어로 된 문화유산 지식기반사업 등을 추진할 필요가 있다. 또한 국어순화와 전문용어 표준화 등을 목적으로 한 국어기본법 일부개정법률안이 2017년 3월 국회를 통과한 것처럼 국어사용 환경 개선과 국민의 의사소통 증진을 위한 정책과 법제화도 지속적으로 추진해야 한다.

한글의 산업화 전략

한글은 창제원리와 구성 자체가 가장 체계적인 질서를 가진 글자라고 인정받고 있다. 훈민정음의 창제원리를 설명한 훈민정음 해례본을 보면 한글이 얼마나 과학적인 원리로 만들어졌는지 설명이 되어 있다. 이러한 과학적인 원리는 한글을 디자인산업과 연결 짓는 데에서도 매우 큰 장점을 발휘할 수 있다. 즉 한글의 자음과 모음의 형태는 창제할 때 발성기관의 모양을 참조했다. 이러한 창제원리로 인해 문자와 구성과 체계가 디자인화 되는데 상당히 과학적으로 활용될 수 있는 것이다. 이는 일종의 '바이오미미크리 디자인biomimicry design'에 해당된다고 볼 수 있다. '바이오미미크리'는 생물의 기본 구조와 원리, 메커니즘 등 생물체의 특성을 산업 전반에 응용하는 것을 의미한다. 예를 들어 물총새를 모방한 신칸센 기차나 노랑거북복을 모티브로 한 벤츠의 자동차처럼, 한글도 바이오미미크리 산업의 일종으로 발전시켜갈 수 있는 상당한 가능성을 내포하고 있는 것이다.

또한 국제적으로 통용될 수 있는 한글폰트(예를 들면 Helvetica 체)를 개발한다든가, 패션디자이너 이상봉씨의 '한글 패턴' 패션처럼 다양한 분야에서 한글 디자인을 활용하는 것도 하나의 산업화 방안이다.

물론 한국어의 산업화를 활성화하려면 한글의 브랜드화 전략 강화, 한글을 응용한 IT기술 개발 지원 및 전문 인력 양성, 한글 산업분야 발굴, 한글산업 전문기관 구축, 한글의 원리 및 기능에 대한 체계적

연구지원, 한글의 산업적 활용을 위한 한글의 원천소스 지원, 국내 한글산업 환경 조성 등의 정책이 뒷받침되어야 한다.

한글의 장점을 되살리는 언어전략

우리 국민들의 한글 독해 능력은 우수하지만, 문장 이해력이나 글쓰기 능력은 그에 미치지 못한다. 이를 보완할 수 있는 한국어능력 신장방안을 수립하여 교육할 필요가 있다. 또한 체계적인 글쓰기 프로그램을 개발하고 효율적인 교육방안도 함께 연구되어야 한다.

훈민정음 해례본을 보면 "소리가 있으면 반드시 문자가 있다"고 했다. 한글을 창제원리대로 사용하면 무슨 소리든지 다 글로 표현할 수 있다는 엄청난 선언이다. 그럼에도 불구하고 요즘처럼 다양한 외국어가 몰려오는 시대에 한글로 쓰지 못하는 외국어가 있다고 일찍 포기해버리는 것은 한글의 무한한 잠재력을 고려하지 않은 행위이다. 훈민정음에 나타난 대로 합자병서合字竝書 원리를 되살리고 순경음 ㅸ과 같은 기능을 사용하면, 바람소리, 동물소리 등 천지자연의 모든 소리를 한글로 쓸 수 있다는 주장에 대해 진지하게 귀를 기울여야 한다. 이러한 기능을 되살리려면 국어기본법이나 한국어맞춤법에서 잘못된 부분을 찾아서 수정하는 과감한 노력이 뒷받침되어야 한다. 이것이야말로 한글의 우수성과 과학성을 되찾는 핵심적인 작업이 될 것이다.

3 양극화:
중간직의 신설, 직무급 임금체계로의 전환, 사회안전망의 확대

문재인 정부의 '국정운영 5개년 계획'은 소득 주도 성장을 강조하고 있다. 이러한 정책은 부채 주도 성장, 낙수효과에만 기댄 성장, 낡은 성장전략으로 성장과 분배의 악순환이 가속화되면서 사회 불평등이 심화되고 있다는 판단에 근거하고 있다. 시장경제에서 승자와 패자가 나뉘고, 그 결과 불평등한 상황이 발생하는 것은 구조적으로 불가피하다. 그러나 그 분배 과정이 공정하게 작동하는지를 살피는 것과, 결과의 불평등이 지나친 경우 이를 보정하는 것이 필요하다. 양극화와 불평등은 경제적 분배의 문제를 넘어 사회적 통합을 가로막고 분열과 불안을 초래하는 복병이기 때문이다.

양극화 이슈의 부상

한국 사회에서 저성장과 함께 양극화가 경제와 사회의 핵심 문제로 떠오른 지 이미 10년이 지났다. 양극화라는 사회적 의제를 설정하던 초기 단계에서, 지금은 양극화를 해결하기 위한 적극적 대안 모색에 나서고 있다. 특히, 저소득 근로빈곤층에 대한 대응을 적극적으로 요구하고 있다. 이러한 정책적 판단은 양극화에 대한 사회적 경각심이 커져가고 있는 현실에서 당연한 것이다. 지난 2년간 갈등인식에 대해 확인한 결과, 진보와 보수의 이념적 갈등의 심각성은 낮아진 반면, 정규직과 비정규직, 경영자와 노동자, 가난한 층과 부유한 층 간 갈등의 심각성은 높아진 것으로 나타났다. 특히 한국의 노동시장은 근로조건, 임금수준, 고용안정성 측면에서 양호한 1차 시장과 열악한 2차 시장으로 나뉜 이중적 구조를 형성하고 있다. 따라서 현재 노동시장은 정규직과 비정규직, 대기업과 중소기업 등 여러 집단들 사이에 격차를 벌이는 주요 요인으로 작동하고 있다.

노동이 아니라 자산을 통한 소득 증가

우리나라에서 순자산을 10억 원 이상 보유한 가구는 2016년 기준 전체 가구의 4.5%이다. 이는 전년대비 0.3% 포인트 증가한 수치이다. 순자산 순으로 상위 10%에 해당하는 가구는 전체 가구의 순자산 중 42.1%를 차지한다. 자산 순으로 하위 10% 선에 있는 사람의 자산이 지난 4년간 210만 원 늘어난 데 비해, 90% 선에 있는 사람의 자산은 4,361만 원이 늘었다. '자산'을 통해 창출하는 소득이 '노동'을 통해 창출하는 소득보다 많아지는 현실에서 부의 편중에 대한 경고가 계속되고 있다.

노동을 통한 소득 확보의 지속가능성도 낮아지고 있다. 이미 지난 10여 년간 '고용 없는 성장jobless growth'에 대한 경고가 계속되고 있다. 또 4차 산업혁명에 따라 기계 및 인공지능의 인간 일자리 대체 가능성도 높아지고 있다. 노동을 통한 소득의 상대적 가치 절하에 충분히 대응하기도 전에 그 전략 자체의 지속가능성에 대한 의심도 제기되고 있는 것이다.

양극화의 근원적 원인

양극화의 원인을 보다 근원적으로 나눠보면, 첫 번째로는 산업구조가 변화하면서 산업 간 임금격차가 확대되고 있는 점을 지적할 수 있다. 특히 높은 고용비중에도 급여격차가 크지 않았던 제조업의 침체는 일자리의 수에도 영향을 미쳤다. 반대로 일자리 증가가 주로 이뤄지는 서비스업에서는 급여격차가 매우 큰 폭으로 존재하고 있다. 두 번째로는 이중적 노동시장처럼 기업규모와 고용형태에 따른 노동시장의 구조적 문제를 지적할 수 있다. 정규직과 상용직을 줄이고 비정규직과 임시직을 늘려온 기업의 고용전략도 이러한 범주에 속한다. 세 번째로는 노동시장의 공급 차원에서 원인을 찾아볼 수 있다. 가계소득 증가의 정체에 따른 소득 보충을 위한 노동시장 진입이 고령층 및 여성 집단에서 이뤄지면서 하위 일자리 진입을 증가시켰다. 이는 서비스업 일자리 증가와도 맥락을 같이 한다.

한국 노동시장의 현황

경제 양극화는 중간층이 엷어지는 대신 부자와 빈곤층이 늘어나면서 상하층이 많아지는 현상이다. 더 심각한 것은 불안정한 고용구조와 임금격차에 따른, 이른바 근로빈곤층의 문제이다. 구조적 차원의 해결 없이는 양극화 문제를 해소하는 것이 불가능하다는 것을 뜻한다.

고용구조와 임금격차 실태

그동안 지속적으로 한국의 노동시장에서 비정규직 비율이 높다는 것이 양극화와 고용불안정성의 주요 원인으로 지적되어 왔다. 새 정부의 비정규직 해소 정책에 따라 변화가 나타나고 있기는 하지만, 지난 10년간 고용형태별 고용비율의 추이를 살펴보면 비정규직 비중이 조금 줄어들고(2004년 37%→2016년 32.8%), 정규직 비중이 조금 늘어났으나(2004년 63%→2016년 67.2%), 비정규직 비율은 여전히 높다. 안정성, 임금, 근로시간, 능력개발, 산업안전의 5개 항목을 이용하여 측정한 고용의 질 측면에서도 개선은 되고 있지만 아직까지 OECD 국가 평균에 미치지 못하는 것으로 나타났다.

고용 측면에서 가장 두드러지는 특징이 불안정성이라면, 임금 측면에서는 정규직 근로자와 비정규직 근로자 간 임금격차이다. 고용노동부의 '2016 고용형태별 근로실태조사'에 따르면, 전체 근로자의 월 급여(정액급여, 초과급여와 전년도 연간특별급여의 1/12)는 283만 3,000원으로 조사됐다. 이 중 정규직 근로자의 월 급여는 328만 3,000원, 비정규직 근로자의 월 급여는 144만 5,000원으로, 비정규직 근로자의 급여 수준은 정규직 대비 44.0%에 머물렀다. 대기업과 중소기업 간 임금격차도 큰 것으로 드러난다. 고용노동부의 '사업체노동력조사'(2016)에 따르면, 제조업에서 300인 이상 사업체의 상용근로자 월평균 임금총액은 584만 1,000원이었지만 5~299인 사업체의 상용근로자 월평균 임금총액은 320만 6,000원이었다. 제조업 중소기업의 임금이 크게 증가하지 못하는 상황이 계속되면서, 대기업 대비 중소기업의 상용근로자 임금수준은 2010년 이후 낮아지는 추세를 보이고 있다.

소득불평등을 심화시키는 비경제적 요인

소득불평등income inequality을 가져오는 요인은 다양하지만, 최근 한국 사회에서 나타나는 주목할 만한 요인은 바로 인구구조의 변화라는 비경제적 요인이다. 우리나라는 고령화 사회(65세 이상 인구 비중 7% 이상) 단계에서 2018년 고령사회(14% 이상)로 진입하는 가운데, 최근에는 특히 은퇴자가 급증하며 고령자들이 저소득층으로 급속하게 편입되는 현상이 나타나고 있다. 노인집단의 빈곤율은 1990년 이후 지속적인 증가 경향을 보이다가 2014년에서야 반전하였다.[5] 이들 중 상당수는 국민연금 도입 전에 은퇴했거나 도입 직후 은퇴했기 때문에 사회보험 소득은 극히 낮은 수준에 머무를 수밖에 없는 상태이다. 또한 노인집단의 고령화 추세도 계속되고 있기 때문에 근로소득 활동의 수행가능성도 낮아진다. 이는 한국 사회의 고령화 정도가 진전될수록 소득불평등 정도가 더욱 증가할 수 있다는 점을 시사한다.

또한 소득분배의 불평등 정도를 나타내는 지니계수를 통해 소득불평등도 변화 추이를 살펴보면, 1960년대에 경제개발이 시작되면서 불평등이 커지는 것을 의미하는 지니계수 상승 국면에 들었다가 1980년대부터 1990년대 초반까지 하락세를 보였다. 그러나 1990년대 중반부터 2000년대 중반까지 지니계수는 다시 가파르게 상승했으며 이후 2013년까지는 비교적 안정적 패턴을 보였다. 하지만 가구별 특성에 따라 소득불평등 정도가 상당히 다르게 나타나고 있음을 알 수 있다. 즉 2인 이상 가구 대상의 시장소득 지니계수는 소폭 하향안정화 추세인 반면 1인가구를 포함한 전국가구의 시장소득 지니계수는 상대적으로 높다. 이것은 이혼 등 가족해체에 따른 1인 가구 증가뿐 아니라 인구고령화로 인한 노인 단독가구 비중 확대가 소득불평등도를 확대시키고 있다는 것을 의미한다.

사회안전망의 한계: 사회보험과 공공부조

우리나라는 2000년대 초반에 사회보험과 공공부조로 구성되는 사회보장제도의 기본적인 골격을 완성했고, 산재보험, 건강보험, 국민연금, 고용보험 등 4대 사회보험제도의 적용범위와 보장원리 측면에서 보편성을 강화해 왔다. 그러나 여전히 실질적인 성과 측면에서 여러 가지 문제가 있으며, 이는 사회보장제도의 구조 및 구체적인 설계뿐만 아니라 노동시장의 문제와 밀접히 관련되어 있다.

구체적으로 살펴보면, 우선, 사회보험(고용보험, 산재보험)과 공공부조 제도의 실효성을 가늠할 수 있는 사각지대의 문제이다. 특히 그것이 2차 노동시장의 저소득층 노동자들에 해당된다는 점이다. 공적연금이 전국민을 대상으로 확대되면서, 근로자를 대상으로 하는 고용보험과 산재보험은 전체 사업장을 대상으로 확대되었다. 그러나 2016년 기준 고용보험과 공적연금의 미가입률은 각각 30.4%와 32.4%에 이른다. 고용보험과 공적연금 가입실태는 고용인수가 1~4명 규모부터 300명 이상까지 다양한 사업체의 규모, 상용직, 임시직, 일용직 등의 종사상의 지위, 정규직 또는 비정규직과 같은 고용형태에 따라 커다란 차이가 있다. 예를 들어, 정규직의 고용보험 미가입률은 15.9%이지만, 비정규직의 고용보험 미가입률은 57.2%로 거의 4배에 가깝다. 비정규직 가운데에서도 시간제 근로자의 경우에는 국민연금, 건강보험, 고용보험과 같은 사회보험 가입률이 매우 낮은 상황이다.

또한 한국의 사회보험은 임금근로자 여부에 따라 크게 달라진다. 그러나 과거부터 문제가 되어왔던 '특수형태근로종사자', 최근 정보화의 발전에 따라 증가하고 있는 '플랫폼노동자'와 같이 임금근로자와 자영업자 사이에서 명확히 성격을 규명하기 어려운 고용형태가 늘어나면서 사회보험의 실효성에 대한 의심이 커져가고 있다. 업무의 유연화를 특징으로 하는 특정 업태에서는 변화하는 고용지위에 따라 사회보험의 적용이 달라지기도 한다. 그밖에도 질병이나 장애에 따른 소득상실의 위험을 보장하는 사회보험제도, 즉 질병급여나 장애급여가 없고 장애인에 대한 소득보장제도가 중증장애인 및 중증장애아동을 대상으로 한 소액의 수당 이외에는 매우 미미한 실정이다.

사회안전망의 한계: 고용보험

사회안전망의 또다른 한계는 고용보험의 실질적인 보호수준의 문제이다. 글로벌 경제위기 이후 한 번 미끄러지면 멈추지 못하고 바닥까지 추락하는 '미끄럼틀 사회' 현상이 우리에게도 유효하다고 볼 수 있는데, 현재 고용보험의 보호를 받지 못하는 취약계층은 대부분 실업급여는커녕 변변한 퇴직금조차 받지 못하여 실직 상태가 가구 빈곤으로 이어지는 상황이 나타나고 있다. 고용안전망의 보호를 받지 못하고 실직과 빈곤이라는 동반 위험에 노출되어 있는 근로빈곤층이 크게 늘어나고 있는 것이다.

따라서 낮은 고용보험 가입률을 제고하기 위해 비상용직과 비정규직을 보호할 수 있는 '두루누리 사회보험 지원제도'의 기능 확대가 필요하며, 특수형태근로종사자 등에 대한 고용보험 적용방안이 마련되어야 한다. 실업급여 지급 기준은 자발적 실업 제한 외에도 실업 전 가입기간 요건 등이 존재하며 지급기간도 짧은 편이어서 실업보험으로부터 배제되거나 실업급여를 소진한 실업자를 보호할 수 있는 '한국형 실업부조' 정책의 확대가 필요하다. 실업부조는 일정한 요건을 충족하면 현금급여를 제공하는 권리 보장형entitlement-based 제도이지만, 한국형 실업부조는 노동시장정책에 성실하게 참여하는 자에게 조건부 현금 급여를 제공하는 방식으로, '先취업지원 後생계지원' 방식을 통해 더 나은 일자리로의 이동에 초점을 맞추고 있다.

경제 양극화 및 소득불평등 개선을 위한 전략 방안

양극화 문제의 해결은 노동시장에서 상대적으로 불리한 처우를 받고 있는 집단에 대한 구조적인 차별 장치를 제거하는 것에서부터 시작해야 한다. 노동시장의 고용안정성을 높여야 하고, 정규직과 비정규직 간, 그리고 대기업과 중소기업 간 임금 격차를 해소하기 위한 부단한 노력이 병행되어야 한다. 그러나 시장경제의 한 부분인 노동시장에 대한 개입은 제도에 의한 규율 외에도 자율적인 노사관계 하에서의 건강한 체질 개선이 필요하다. 적절한 고용보호 수준 확보. 특히 비정규직 보호와 간접 고용 규제, 근로기준법의 적용범위 확대 및 최저임금 현실화와 제도 순응률 제고, 노동조합의 연대임금정책과 이를 뒷받침할 수 있는 노사관계 기반 정비 등이 이루어져야 한다. 아울러 노동시장 격차의 근원적 원인이 되는 산업구조 양극화 해소 노력이 뒷받침되어야 한다. 그밖에도 양극화와 불평등 심화가 저소득층 확산, 경제성장 동력의 파괴, 그리고 사회적 갈등으로 이어지는 악순환에서 벗어나기 위해 필요한 몇 가지 전략방안을 살펴보면 다음과 같다.

정규직과 비정규직 사이의 '중간직' 신설

법규제 등을 통해 비정규직을 없애고 모든 근로자를 정규직화 하는 것은 쉽지 않은 일이기 때문에 정규직과 비정규직으로 양극화된 고용형태 사이에 다양한 고용형태를 제시함으로써 합리적 선택이 가능하도록 하는 것이 필요하다. 이 과정에서 다양한 고용형태가 사회정의의 관점에서 허용되고, 고용안정성과 유연성의 관점에서 어느 정도의 균형성을 확보해야 한다. 예를 들어서 정규직과 비정규직 사이의 가칭 '중간직'의 신설을 제안한다. 그렇게 되면, 신규 임용은 모두 중간직으로 채용하고, 현재 비정규직을 중간직으로 변경한다. 그러면 20년후 국가의 노동 시스템은 균형잡힌 선진국형이 되어 있을 것이다.

비정규직 근로자의 공정한 처우를 확립하는 것도 중요하다. 기존의 '차별시정제도 활성화' 외에 정규직 중심의 집단적 노사관계를 비정규직에게 확대하는 방안이 중요하다. 즉 노사협의회 등에 비정규직의 참여 기회를 제도적으로 보장하는 등의 고용형태 다양성을 반영한 집단적 의사결정 채널을 확보해주는 것이 필요하다. 이를 통해 기간제 근로자의 임금 등 근로조건의 집단적 결정 가능성(기업단위)을 높일 수 있으며, 더불어 파견근로자의 임금기준에 대한 집단적 결정시스템(산업, 업종, 지역 단위) 도입도 이뤄갈 수 있을 것이다.

직무급 임금체계로의 전환

다양한 고용형태의 유연성과 안정성의 균형을 맞추면서 임금격차 해소를 위해서는 기존의 연공 중심의 속인적 임금체계 대신 직무급 체계로의 전환과 정착이 필요하다. 직무급이란 임금이 해당 근로자의 직무에 따라 정해지는 것을 뜻한다. 따라서 같은 직무에 종사하는 근로자에게는 근속년수, 연령 등의 조건과 관계없이 동일 임금을 지불하는 방식이 된다. 직무급 임금체계는 노동시장 고령화가 진행되고 있는 상황에서 지속가능성을 담보할 수 있는 대처 방안이기도 하지만, 비정규직에 대한 불합리한 임금 차별 해소를 위한 촉매제로서도 기대되고 있다.

이러한 임금체계가 정착되려면 기업별로 서로 다른 직무급 임금체계가 아니라 직종별 숙련도와 역량을 고려한 광의의 직무급 체계를 전제로 해야 하며, 직무급 표준화를 위해서는 노사와 정부가 함께 사회적 합의를 도출해 나가는 것이 필요하다. 궁극적으로 부당한 임금격차를 개선해나가기 위한 공정임금체계(산업별, 업종별 등)가 구축되어야 하고, 노사정의 정책적 협력과 공조 방안이 사회적 의제로 제시되어야 한다. 이를 통해 공정임금의 기반이 조성된다면 노동시장의 고급인력 유입 및 중소기업 경쟁력 증가 등의 선순환이 이뤄질 수 있을 것이다.

사회안전망 체계 확대 및 강화

저소득층 보호를 통해 양극화를 개선할 수 있는 사회안전망을 지속적으로 확충해나가는 것도 중요하다. 우선, 사회보험 사각지대를 줄이기 위해 2012년부터 시행해온 '두루누리 사회보험' 지원 제도의 실효성을 높이는 것이 필요하다. 두루누리 사회보험사업은 10명 미만 소규모 사업장 또는 월 평균 보수가 140만 원 미만인 근로자를 대상으로 고용보험과 국민연금 보험료 일부를 국가가 지원하는 제도이다. 둘째, 사회보험 적용 및 징수의 통합정도를 높이고 세무행정과의 연계를 강화하는 것이 바람직하다. 이는 제도에 역행하는 영역을 찾아 사회보험 가입을 회피하기 어렵도록 강제하는 방안이다. 셋째, 기초보장제도의 사각지대를 줄이기 위해서는 재산기준과 부양의무 기준을 완화하는 것이 필요하다. 또한 특수형태근로종사자 등 기존에 제외되어 있는 집단을 사회보험으로 포괄하기 위해서는 임금노동자로서의 성격이 명확하지 않더라도 종속적인 지위에 있는 취업자들을 대상으로 사회보험의 적용범위를 확장하는 방안을 적극적으로 검토할 필요가 있다.

4차 산업혁명에 대처하는 패러다임 구축

현행 사회보장제도의 연장선상에서 시도하는 양극화와 불평등 개선 노력들은 한계가 있을 수 있다. 양극화와 불평등은 산업환경의 변화 등 새로운 위협요인 측면에서도 심화되고 있기 때문이다. 다시 말해 기술혁신이 주도하는 4차 산업혁명은 노동시장의 근본적 변화를 가져올 수밖에 없어 전통적인 접근만으로 대처하는 것이 쉽지 않을 전망이다. 가령 과거의 산업구조는 노동집약적인 생산이 주축이었지만 이제는 기술과 정보집약적 산업구조로 재편되고 있다. 이런 환경에서는 기술과 자본 중심으로 부의 편중이 일어날 것이고, 이전과는 다른 노동시장이 형성되고 새로운 차원에서 소득불평등과 양극화가 나타날 수 있다. 따라서 4차 산업혁명에 대응하기 위해서는 근본적인 패러다임 전환을 검토할 필요가 있다. 성장지상주의와 시장만능주의에서 분배와 복지를 함께 고려하는 패러다임의 변화뿐만 아니라 '기본소득'과 재원 확보를 위한 '로봇세'의 장단점과 우리 현실에서의 적용 가능성 등을 포함해 다양한 스펙트럼을 갖고 탐색해야 할 시점이다.

9 사회이동성:

고용의 질 확보와 공교육 강화를 통한 계층이동 기회 제공

과거에는 가난한 고학생이 역경을 헤치고 대입시험 수석이나 고시에 합격하는 일이 신문 지상에 오르내리는 일이 많았다. 그러나 이제 소위 '개천에서 용 나는' 일이 줄어들었다. 어려운 가정에 있는 사람이 성공할 가능성이 낮아진 '기울어진 운동장'의 문제이다. 그래서 '흙수저'로 사회생활을 시작하면, 영원히 '흙수저' 인생을 산다는 말도 생겼다. 특히 이는 비정규직과 저임금으로 일을 하면서도 빈곤에 허덕이는 청년의 삶을 표현하고 있다. 유사하게 연애, 결혼, 출산의 포기를 의미하는 3포에서, 집과 인간관계를 포기하고, 꿈과 희망도 포기하는 'N포 세대'라는 말도 인구에 회자되고 있다. 개천과 용이 의미하는 바가 세대 간 이동성이라면, 흙수저와 N포 세대의 문제는 세대 내 이동성의 문제이다. 탄력성을 잃은 계층이동성은 우리사회의 양극화 고착으로 귀결된다. 그리고 소득 양극화는 부의 양극화, 교육기회의 양극화, 결혼과 출산의 양극화와 같이 우리 사회 내에 다차원적인 균열을 만들어낼 수 있다. 아무리 노력해도 안 된다는 의식은 사회의 역동성을 저해하여 희망이 없는 사회를 만든다. 따라서 사회이동성의 문제를 짚어 보고, 이를 해결하기 위한 방안 모색에 모두의 지혜를 모아야 할 시점이다.

사회이동성의 의미와 현황

역동적 사회는 열심히 노력하면 성공할 수 있다는 믿음, 이에 대한 제도적 지원을 토대로 한 실제의 이동성으로 만들어진다. 그러나 개천에서 용이 나기 어려워졌다거나 흙수저와 금수저와 같은 논쟁은 우리 사회에서 성공하기 위해서는 부모의 경제력과 사회적 지위가 뒷받침되어야 한다는 것을 의미한다. 과거 한국 사회에서 교육은 계층사다리를 올라가는 기회를 제공하였고, 교육 기반의 급속한 확대에 따라 많은 이들이 이러한 교육을 받을 수 있었다. 그러나 이제 일반적인 수준의 교육으로는 선별의 기회를 얻지 못하고 있으며, 일정 수준 이상의 교육 단계에서는 오히려 교육비 부담이 계층을 고착화하는 데 기여하고 있다.

사회이동성의 의미

사회이동성이란 복수의 계층으로 분화된 사회에서, 특정 계층에 소속되어 있던 사람이 다른 계층으로 이동하는 정도를 의미한다. 즉 계층 간 이동의 정도를 말하며, 이 때 계층 간 이동은 상승과 하락 모두를 포함한다.

사회이동성은 한 세대 내에서 이동을 바라보느냐, 아니면 세대를 넘어선 이동을 바라보느냐에 따라 '세대 내' 이동성Intra-generational

Mobility과 '세대 간' 이동성Inter-generational Mobility으로 구분된다. '세대 내' 이동성은 한 사람의 일생에서 발생하는 계층이동으로 소득분위가 이동했거나, 직업지위가 이동할 수 있다. '세대 간' 이동성은 부모와 자식 세대에서 계층 간 변화가 발생하는 정도를 말한다.

한국의 사회이동성 현황

세대 내 소득지위의 이동은 전년도 소득분위와 올해의 소득분위를 비교하면 어느 정도의 이동이 있었는지를 확인할 수 있다. 빈곤 계층이 계속 빈곤 계층에 머무르는 경향, 고소득 계층이 계속 고소득 계층에 머무르는 경향이 어느 정도인지를 통해서 확인할 수 있다. 한국 사회에서 '세대 내' 소득지위의 이동은 국제적인 수준에서는 높지만 점차 낮아지고 있다. 소득분위를 이동하지 않고 같은 소득분위에 머무는 비율도 점차 늘어나고 있다. 소득분위의 고착이 나타나고 있는 것이다. 세대 내 사회적 지위의 이동도 쉽지 않은 것으로 나타난다. 말단 사원에서 시작하여 점차 직무능력을 키워가면서 관리자로 성장해나가는 과정은 직업기술을 충분히 쌓을 수 있는 안정적 고용관계 하에서나 가능한 것이다. 저임금 노동시장과 고임금 노동시장, 정규직 노동시장과 비정규직 노동시장의 단절이 있는 상태에서는 한번 저소득층이면 계속해서 저소득층일 가능성이 상당하다.

'세대 간' 소득지위의 이동도 낮아지는 것으로 확인된다. 그동안 아버지와 아들 세대 간 소득이동성을 뜻하는 경제적 탄력성의 40.9%는 교육으로 설명되어 왔다. 아버지의 임금 수준이 아들의 교육 년수에 영향을 주고, 이것이 다시 아들의 임금 상승이라는 노동시장 성과로 나타나는 관계가 있다는 것이다. 그러나 1990년대 말 외환위기 이후 소등불평등도가 높아지면서 아버지 세대의 소득 수준은 아들 세대의 교육 기회에 더 큰 영향을 미치며 계층의 상향이동이 아니라 계층 대물림으로 이어지기 시작했다. 즉, 높은 사교육비 부담이나 지역별 교육격차 등은 결국 교육이 계층 상승을 위한 통로가 더 이상 아니라는 것을 보여주고 있는 것이다. 세대 간 사회적 지위의 이동에서도 젊은 세대로 가까워질수록 아버지의 직업지위와 본인의 직업지위 간 고착화가 발견된다. 한국 사회가 산업구조의 급격한 변동에 따라 사무직과 관리직이 폭발적으로 증가하던 시기를 지나면서, 제한된 성공의 일자리를 놓고 경쟁하게 되는 단계에서 부모의 사회경제적 지위가 영향을 미치게 되는 것이다.

이러한 현상들은 결과적으로 한국 사회에서의 사회이동성에 대해 불신하는 경향으로 이어지고 있다. 〈그림 1-2〉는 '본인 세대'의 계층 이동 가능성에 대해서 물은 통계청 사회조사 결과를 보여주고 있다

〈그림 1-2〉 본인 세대 계층이동 가능성 인식

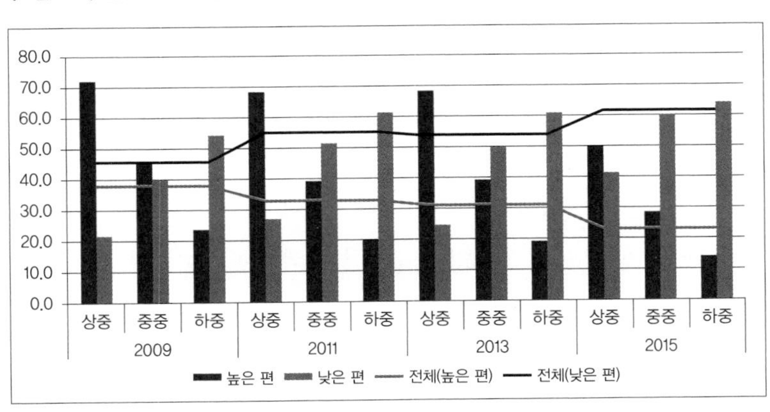

자료: 통계청 사회조사(2016) 원자료 분석.

(2016년). 이 질문에 대해서 계층이동 가능성이 높은 편이라는 응답은 2009년 37.6%에서, 2011년 32.3%, 2013년 31.2%로 낮아지는 경향을 보였으며, 2015년에는 22.8%로 크게 하락했다. 한편, 가능성이 낮다는 부정적 응답은 2009년 45.6%였지만, 2011년 54.9%, 2013년 54.2%로 늘어났으며, 2015년에는 61.3%로 크게 증가했다.

'다음 세대'의 계층이동 가능성에 대한 조사에서도 비슷한 양상을 보여주고 있다. 다음 세대의 계층이동 가능성에 대해서 높은 편이라는 긍정적 응답은 2009년 48.3%에서, 2011년 41.4%, 2013년 39.6%로 낮아지는 경향을 보였으며, 2015년에는 30.1%로 크게 하락했다. 낮은 편이라는 부정적 응답은 2009년 29.8%였지만, 2011년 42.7%, 2013년 42.8%로 늘어났으며, 2015년에는 51.4%로 크게 증가했다.

사회이동성에 대한 한국 사회의 부정적 인식은 구조적 조건의 변화에 부응하는 사회적 환경을 조성하지 못한 데에서도 비롯된 측면이 있다. 과거 한국 사회의 높은 세대 간 이동성을 지금 시점에서 기대하기는 어렵기 때문이다. 우리의 목표를 모두가 '용'이 될 수 있는 사회로 설정할 것인지, 계층과 계층 간의 격차가 적은 '앉은뱅이 격차' 사회로 설정할 것인지의 기로에 서 있는 셈이다.

사회이동성 제고 방안

사회이동성을 다시 높이려면 무엇이 바뀌어야 할까? 우선 계층 간 이동을 활발하게 만들기 위해서는 계층 간 거리를 가깝게 만들 필요가 있다. 최근 20년간 증가한 불평등도가 사회이동성을 낮추는 방향으로 작용했음에 주목해야 한다. 계층 간 거리가 멀어지면서 사회이동성도 낮아졌다. 특히 젊은이들에게 계층이동의 기회를 만들어주어야 한다. 젊은 세대들은 직업 안정성과 소득 수준에서 크게 차이가 나는 비정규직이 만연한 노동시장에서 좋은 일자리를 찾는 데 어려움을 겪고 있다. 그나마도 실업률이 올라가면서 취업이 쉽지 않고, 정규직과 비정규직 간의 부당한 차별도 아직 존재한다. 비정규직이나 중소기업에서도 능력을 키우고 성공기회를 잡을 수 있도록 사회가 바뀌어야 한다.

고용의 질 확보

구체적인 정책 방향을 꼽아보자면, 무엇보다 세대 간 차이로 나타나는 고용안정성을 확보하기 위한 정책 방안들이 모색되어야 한다. 우리 사회에서 안정성을 확보하기 위한 노력은 격차를 줄이는 노력과 병행되어야 한다. 사회이동성에 대한 부정적 인식의 근원에는 한국 사회 전반에 대한 불안감이, 특히 하위계층에게 집중되는 부정적 현실이 존재한다고 보아야 할 것이다. 그리고 여기에는 한국 사회의 다차원적인 불평등이 자리한다. 근로형태별 사회보험 가입률이 다른 것 등도 이를 방증하는 지표 가운데 하나이다.

그러므로 고용의 질을 확보하기 위한 전략으로서 사회보험의 사각지대를 줄이기 위한 '두루누리 사회보험' 가입지원제도를 확대하는 방안을 검토할 수 있다. 또한 낮은 임금 수준을 보완하기 위해 근로빈곤층에게 지급되는 근로장려세제의 지원범위와 지원금액을 확대하는 것도 유의한 방안이다. 물론 기획재정부가 2017년 7월 발표한 '새 정부 경제정책방향' 정책에 따르면 근로장려세제 지원대상과 금액이 늘어날 전망이다. 그러나 근로장려금 혜택을 받는 가구 비율이 우리의 경우 3.6%로, 미국(8.3%)이나 영국(6.9%) 등 주요 선진국과 큰 차이가 있는 점 등을 고려해가면서 실질적인 지원효과가 날 수 있도록 개편안이 마련되어야 할 것이다.

사회이동성 복원과 사회통합을 위해 교육정책 재검토

교육 과정에서 사교육의 영향력이 강화되고 공교육이 위축되고 있는 현실은 사회이동성 측면에서도 우려를 낳는다. 교육은 효과적인 사회통합의 정책 수단이며 사회 이동의 수단이지만, 최근의 교육 현실은 오히려 사회경제적 지위의 고착화를 위한 수단으로 자리매김하고 있다고 볼 수 있다. 이러한 상황에서 교육정책에 대한 전반적인 재검토가 요구된다.

공교육이 강화되어 사교육을 받기 어려운 취약계층 출신의 학생들도 학력을 키울 수 있는 방안이 강구되어야 한다. 동시에 대졸 학력이 아니더라도 사회적 지위를 인정받을 수 있는 직업군이 늘어나야 할 것이다. 사교육 기회의 격차를 축소할 수 있는 교육비 지원 정책, 교육을 통해 상향이동을 촉진할 수 있는 사회적 자본 확충 정책, 부모의 관심을 받을 수 없는 환경에 있는 아동들에 대한 정부의 조기개입 정책 등이 상호보완적으로 설계되어야 한다. 이와 더불어 대학생 학자금 융자 금리를 선진국 수준으로 인하하는 방안도 필요하다.

현실적으로 가장 심각한 문제인 주택문제 해결

사회이동성과 관련하여 가장 필수적이고 가장 직접적인 영향을 미치는 문제는 바로 주택 문제이다. 특히 젊은 세대들은 주거문제와 관련하여 이전 세대와는 다른 출발선에서 불안정성을 체감하고 있다. 따라서 정부는 적극적이고 전향적인 개입을 통해 1인 가구, 대학생, 신혼부부 등을 위한 소형 아파트 공급과 같은 맞춤형 공급을 대폭 확대하는 방안을 마련해야 한다.

사회이동성이 지극히 낮았던 사회는 전근대사회인 신분제 사회였다. 이때에는 부모의 신분이 자녀의 신분을 결정하였다. 한국 사회가 과거 신분제 사회 방향으로 회귀하는 것은 사회발전 측면에서도 바람직하지 않다. 또한 사회이동성 저하는 자신의 능력을 개발하고자 하는 의욕을 낮춘다는 점에서도 심각한 문제를 야기할 수 있다. 한국경제의 성장이 침체되면서 보다 생산성을 높여야 한다는 목소리가 커지고 있지만, 닫힌 사회에서 개개인의 생산성을 높이는 것은 불가능하기 때문이다. 사회이동성 제고는 진보와 보수를 가릴 것 없이 한국 사회가 시급히 해결해야 할 과제인 것이다. 여기서 논의하는 사회이동성, 희망, 고용안정성, 주택문제 등은 저출산과도 직결되는 이슈들이다.

10 미디어:

이용자 중심 융합미디어 특성 이해와 공익적 콘텐츠 확보 지원

미디어는 정치, 경제, 교육, 복지 등과 마찬가지로 우리 삶의 조건을 결정하는 주요 영역의 하나이다. 우리는 미디어를 통하여 소통하고 세상을 이해한다. 그러나 4차 산업혁명 시대를 맞아 기술 환경이 빠르게 변화하면서 미디어 역시 전면적인 변화에 직면해 있다. 미디어의 역사는 기술과 미디어가 불가분의 관계라는 것을 보여준다. 단적인 예로 인터넷 혹은 정보화 혁명으로 일컬어지는 3차 산업혁명은 미디어 기기의 변화뿐 아니라 이전의 산업화 시대에 최적화된 종이신문산업 등을 송두리째 뒤흔들며 뉴스산업의 생산과 소비 구조를 바꾸어 놓았다. 미디어의 진화가 기술의 진화를 선도하는 것이 아니라, 기술진화에 따른 사회적 변화의 결과를 미디어 산업이 소비한다는 측면에서 4차 산업혁명이 가져 올 미디어의 미래를 예측하기는 쉽지 않다. 그러나 기술 환경의 변화를 주목하고 특성을 이해하는 것만이 앞으로 본격화될 4차 산업혁명 시대의 미디어 환경에 대응하는 출발점이 될 것이다.

미디어 환경의 변화

미디어 빅뱅이라는 표현처럼 미디어 변화는 근본적이고 혁명적 수준으로 일어나고 있다. 무엇보다 미디어 소비 패턴이 급격하게 변하고 있다. 한국언론진흥재단이 조사한 '2016 언론수용자 의식조사'에 따르면 모바일 인터넷을 통한 뉴스이용률은 2011년 19.5%에서 2016년 70.9%로 폭발적으로 증가했고, 전통적인 종이신문을 통한 뉴스이용률은 2011년 44.6%에서 2016년 20.9%로 뚝 떨어졌다. 이러한 변화는 젊은층으로 갈수록 더 확연하게 나타났다. 20대의 미디어 이용률을 살펴보면, 종이신문은 7.4%에 그친 데 반해 모바일 인터넷은 무려 99.5%에 달했다. 그러나 4차 산업혁명으로 명명되는 최근의 기술 변화 흐름은 미디어 소비 패턴만이 아니라 새로운 미디어 서비스도 만들어내면서 미디어 산업의 지형에 커다란 변화를 가져올 것으로 전망된다.

미디어 이용 행태 변화

앞서 언급한 것처럼 스마트폰을 통한 모바일 인터넷이 가장 보편적인 뉴스 플랫폼으로 부상한 것이 미디어 이용 행태에서 나타나는 가장 큰 변화이다. 전체적인 미디어 이용률을 살펴보면, 텔레비전이 92.8%로 가장 높았고, 이어서 모바일 인터넷 79.5%, 메시징 서비스 71.2%, PC인터넷 50.9%, SNS 47.6%, 라디오 21.9%, 종이신문 20.9%, 그리고 잡지 3.3% 순이었다. 그러나 변화 추이로 보면, 모바일 인터넷을 제외하고는 모두 하락세를 나타냈다. 한편 연령대별 미디어 이용률을 보면 텔레비전과 같은 전통 미디어는 장년층이, 1인 방송 등 뉴미디어는 주로 젊은층이 이용하는 것으로 나타나 기존의 지상파 방송의 영향력이 점점 더 줄어들 것으로 예측되었다.

〈가디언〉과 함께 영국의 양대 일간지로 꼽혔던 〈인디펜던트〉가 2016년 3월 종이신문 발행을 중단한 것이나, 미국 최고의 신문인 〈뉴욕타임즈〉가 2014년 '디지털 혁신보고서'를 내고 디지털 퍼스트 전략으로의 전환을 천명한 것은 이러한 변화를 그대로 방증한다.

흐려진 경계

구글의 지주사인 알파벳Alphabet의 회장 에릭 슈미트Eric Schmidt가 "곧 인터넷이 사라진다"고 한 것은 사물인터넷으로 사람과 사물, 그리고 사물과 사물이 모두 인터넷에 연결되면 정작 우리는 인터넷을 의식하지 못하게 된다는 의미이다. 이는 곧 미래에는 미디어와 비非미디어의 경계도 사라지게 될 것임을 시사한다. 실제로 4차 산업혁명을 대표하는 기술인 사물인터넷과 인공지능, 그리고 가상·증강현실 등은 다른 산업에서의 기술융합뿐 아니라 미디어 산업 내에서도 다양한 융합을 통해 새로운 융합서비스와 융합미디어를 탄생시킬 것이다. 또한 인공지능 음성인식 기술처럼 기계에 대한 새롭고도 편리한 인터페이스는 모든 것을 미디어로 연결, 확장시키며 기존의 미디어 유형 분류로는 구분하기 어려운 경계 혼성적 미디어를 출현시킬 것이다.

이처럼 미디어의 경계가 흐려지면서 미디어 산업 내 경계도 무너지고 나아가 다른 산업과의 융합도 생각해볼 수 있다. 스마트홈을 이끄는 지능형 가전제품, 가상·증강기술과 결합할 다양한 웨어러블 기기, 그리고 이동수단을 넘어 새로운 공간으로 탈바꿈할 스마트카는 대표적으로 미디어와의 융합이 발생할 곳이다. 또한 인터넷의 보편화로 포털이 뉴스 플랫폼을 대체해온 것처럼, 방송 영역에서도 새로운 메타플랫폼이 나타날 수 있으며, 국경 없는 4차 산업혁명의 사이버 공간에서는 국경 없는 글로벌 메타플랫폼이 미디어 산업을 주도할 가능성도 있다. 방송통신 허가나 규제를 포함하여 기존의 미디어 패러다임으로는 접근하기 어려운 문제도 예고된다는 의미이다.

미디어 사이의 경계뿐 아니라 커뮤니케이션의 경계도 더 무너질 전망이다. 전화나 편지 같은 사적 커뮤니케이션은 쌍방향적이고 신문과 방송 같은 매스 커뮤니케이션은 송신자와 수신자의 구분이 뚜렷한 일방향적이다. 그러나 인터넷은 이들 간의 경계를 허물며 쌍방향의 매스 커뮤니케이션과 불특정 다수에게 전파되는 개인 커뮤니케이션을 가능하게 만들었다. 여기서 한 발 더 나아가 4차 산업혁명 시대에는 개인 맞춤형의 다양하고 지능화된 커뮤니케이션 방식이 등장할 것이다.

전통적 미디어 비즈니스 모델의 위기

이렇게 발전한 미디어 덕분에 언론 자유도가 한껏 높아지고, 민주주의도 이제 더 발전할 일만 남았을까? 그러나 아직 미래는 불투명하다. 조직적이고 체계적으로 뉴스를 제공해주던 전통적 언론들의 비즈니스 모델이 위기를 겪고 있고, 이를 극복할 길이 보이지 않기 때문이다. 미디어 시장은 콘텐츠 시장과 광고 시장의 이중성을 가진다. 미디어 기업은 콘텐츠를 생산, 판매하면서 동시에 이를 통해 '생산한' 주목attention을 광고주에게 판다. 그런데 이 두 시장이 다 위기이다.

그 원인은 첫째, 언론의 공급과잉이다. 뉴스 소비 패턴의 변화를 기존 언론사들이 따라가지 못하는 사이에 많은 신생 언론사들이 생겨났다. 종이신문은 윤전기와 배달 시스템을 갖추어야 했지만 인터넷에서는 컴퓨터만 있으면 된다. 컴퓨터에 카메라를 달면 방송국이 차려진다. 한국에 등록된 인터넷신문 수가 약 6,000개에 육박하는 이유이다.

둘째, 미디어 유통 채널이 변하고 있다. 과거에는 신문사가 기사 생산 및 인쇄, 배달까지 전 과정을 지배했다. 방송사도 마찬가지였다. 그러나 이제 콘텐츠가 전달되는 경로인 플랫폼에 대한 지배력이 포털 사업자로 옮겨 갔다.

셋째, 개별 콘텐츠가 분리되어 이용되고 있다. 과거에는 신문사나 방송사가 편집 또는 편성한 틀 안에서 콘텐츠가 이용되었다. 그러나 포털 같은 유통업자 주도 시장이 되면서 이러한 통합이 해체되고 있다. 전문 방송 영역에서 스트리밍 서비스를 제공하는 넷플릭스Netflix가 세계적으로 주목과 경계를 받고 있는 것도 이러한 맥락에서다. 넷플릭스는 한국에서도 2016년 서비스를 시작했다.

넷째, 언론의 자본 예속성이 커지고 있다. 언론 환경이 변하자 많은 언론사들이 재정적으로 건강하지 못한 상황에 빠졌다. 높은 광고 의존성과 대기업의 지배적 산업 구조가 만나 만들어내는 강한 자본 종속성은 한국 언론의 부정적 특성 중 하나이다.

다섯째, 인공지능 로봇에 의한 로봇 저널리즘과 같이 새로운 기술경쟁 환경에 직면해 있다. 1차 산업혁명이 수송수단의 발전을 수반하면서 신문의 발전을 가져왔고, 2차 산업혁명의 대량생산 체제는 대량소비를 전제로 하면서 TV와 같은 전자미디어를 통한 광고의 발전을 가져왔다. 또 3차 산업혁명의 정보화는 다시 이전의 미디어 구도를 깨고 다양한 온라인 미디어와 서비스를 출현시켰다. 이는 기술융합과 지능화를 특징으로 하는 4차 산업혁명 시대에도 새로운 경쟁력으로 무장해야 한다는 것을 시사하고 있다.

사회적 소통 위기

미디어의 기능 중 가장 기본적인 것은 정보 제공과 감시이다. 미디어는 국내외의 환경 변화를 체계적이고 지속적으로 관찰하여, 의미 있는 정보를 골라 중요성에 따라 배열해서 공급해 왔다. 또한 역사, 정치, 사회적 맥락에 따라 해설을 하고 분화된 사회 영역을 연결해 줄 수 있는 분석을 제공한다. 미디어는 정치적, 경제적, 문화적 권력을 감시하고 견제하며, 대의민주주의 체제에서 선출직 후보자와 정당에 대한 정보를 제공한다. 또한 미디어는 사회적 공론장으로도 기능한다. 미디어는 공동체 유지에도 필수적이다.

그러나 뉴스미디어의 비즈니스 모델 위기는 이러한 미디어의 사회적 소통이라는 기본 기능을 수행하는 데 악영향을 미치고 있다. 뉴스의 연성화와 미디어의 오락화로 사회의 주요 문제와 갈등에 대한 주목을 만들어내지 못하고 있다(의제설정의 위기). 사회적 현안이나 갈등 문제에 대한 충분하고 전문적인 정보도 제공되지 못하고 있다(정보의 위기). 또한 사회갈등을 조정할 수 있는 이성적·합리적 논의가 힘들어지고 있다(공론장의 위기).

미래 미디어 기술 전망

새로운 기술을 통해 미래의 미디어 콘텐츠 생산, 유통, 이용 패턴은 더욱 다양해질 것이다. 생산의 경우, 저널리스트 집단, 언론사, 기업, 공공기관, 이용자 외에 로봇이 주요 생산자로 추가된다. 유통의 경우, 뉴스 생산자와 검색제공자 등 미디어 큐레이터뿐 아니라 일반 상품 서비스 제공자와 SNS를 통해 개인도 유통 과정에서 더 큰 역할을 할 것이다. 미디어 기기도 점차 다른 것이 추가되어 다양화된다.

사물인터넷의 확산과 개인 맞춤형 서비스

먼저 사물인터넷이 있다. 워싱턴대학의 필립 하워드Philip Howard 교수는 2020년에 인터넷에 연결된 기구가 260억 개에 이를 것이라고 보았다. 그 중 10억 개만이 개인 컴퓨터나 태블릿 혹은 스마트폰과 같은 '컴퓨터'이다. 그에 따르면 사물인터넷이 제2의 정보혁명을 가져오면서 미디어가 일상의 도구나 활동 공간에 통합되는 것이다. 이는 기본 미디어 콘텐츠 형식의 파괴를 의미한다. 누구에게나 동일한 정보가 아니라 일상의 삶, 생체데이터 등을 연결하는 개인 맞춤형 서비스가 제공되는 식이다. 게임 등 다른 장르와 뉴스가 혼합되며 광고 역시 몰입을 유도하는 '네이티브'형, 행위와 연결되는 '액티브'형으로 전환된다. 네트워크에 연결된 사물들은 데이터를 활용할 뿐만 아니라 지속적으로 새로운 데이터를 생산해서 전송한다. 이렇게 모인 데이터는 빅데이터가 되어 정보의 개인화와 최적화에 활용될 것이다.

로봇 저널리즘과 데이터 저널리즘

로봇 저널리즘은 기사 작성을 인공지능이 담당하는 것을 말한다. 〈포브스〉 인터넷 사이트Forbes.com는 이미 인공지능 플랫폼에서 작성한 기사를 제공하고 있다. 여기에 사용되는 소프트웨어 '퀼Quill'을 개발한 네러티브 사이언스Narrative Science사의 연구담당 책임자 크리스 해몬드Kris Hammond는 2025년에는 전체 기사 90%의 필자가 로봇이 될 것으로 예상한 바 있다. AP통신도 2015년부터 기업의 수익 관련 기사를 로봇이 작성해 송고하고 있다. 그 전까지 분기별 300건이던 기사가 3,000건 이상으로 늘어났고, 사람이 작성할 때보다 오보도 적다고 한다. AP통신은 로봇 기자에 이어 AIAutomated Insights라는 프로그램을 통해 로봇 에디터까지 도입했다. 한국의 〈파이낸셜뉴스〉에서도 2016년부터 로봇 기자가 증권시황 기사를 작성하고 있다.

인간은 편견이 있어 자신이 원하는 방향으로 사안을 판단하는 경향이 있지만 로봇은 오직 데이터를 바탕으로 '냉철'하게 분석한다. 누가 더 유리할까? 미래에는 심층적인 분석기사는 인간 기자가 쓰고 데이터에 기반 한 뉴스는 로봇이 쓰는 추세로 바뀔 것이다. 저널리즘 패러다임에 대한 변화이다.

자동 통·번역

서로 다른 언어를 사용하는 사람들 사이의 자유로운 의사소통은 실현 불가능한 인간의 꿈 중 하나였으나, 이제 그 꿈이 현실이 되고 있다. 인공지능 기반의 자동 통번역 로봇이 등장하고 있으며, 인공신경망 기계학습으로 그 성능을 더 고도화해가고 있다. 조만간 각국의 많은 미디어 콘텐츠를 언어 장벽 없이 이용하게 될 것이다. 그러나 문화적 다양성 차원에서는 문제점도 갖고 있다. 언어 장벽은 다른 문화의 전파를 막기도 하지만, 자국 문화의 정체성과 미디어 산업을 지키는 도구이기 때문이다. 또한 언어적 장벽의 제거는 세계적인 대형 미디어 기업으로의 집중이 더 심화될 가능성도 내포하고 있기 때문이다.

고품질의 미디어 콘텐츠와 가상 경험

미래에 텔레비전 수상기나 종이 같은 전통적 수단이 모두 사라지는 것은 아닐 것이다. 이들은 각각의 장점을 극대화한 고품질이 될 가능성이 높다. 텔레비전은 이미 등장한 UHD에서 보듯 고화질과 입체 음향의 대형 텔레비전으로 더욱 실감나는 영상을 제공하는 채널로 특화될 것이다. 인쇄 역시 종이가 표현할 수 있는 질감과 색채, 형태를 최대한 살린 고품질의 종이가 될 수 있다.

미디어를 통한 경험의 심도와 현장감도 훨씬 확대될 것으로 예측된다. 그 예로 현재 우리가 경험하는 3D와 4D를 뛰어넘는 가상 경험 서비스가 있다. 안방에서 사파리를 탐험하거나 '드론 저널리즘'의 도움으로 전쟁터나 재난 현장을 직접 보는 것과 같은 체험이 가능해지는 방식이다.

이처럼 과거의 미디어 이용이 선택적, 의도적, 집중적이었다면 현재는 우연적, 비의도적, 복합적인 요소가 더해졌다. 이러한 변화를 〈표 1-3〉과 같이 요약할 수 있다.

〈표 1-3〉 미디어 생산, 유통, 이용의 변화

	과거	현재	미래
생산	전문직 집단 기업적 조직	이해당사자(기업, 기관) 이용자 (전문가, 일반 이용자)	로봇
유통	생산자 조직	포털(검색제공자) 큐레이터 이해 당사자 일반 이용자	일반 상품 제공자 로봇(검색 알고리즘)
기기	종이 라디오 TV 수상기	PC 모바일	일상의 사물 (자동차, 냉장고, 거울, 도마 등)
이용	선택적 의도적 집중적	우연적 비의도적 복합적 (다중적)	상시적 (모바일, 영상의 중요성 증가)

미디어 미래전략과 실행방안

융합 미디어를 위한 자원의 재분배와 협력

언론사를 비롯한 미디어 기업은 신문, 방송, 인터넷, 모바일 미디어의 구분을 없애고, 내부 인적 역량과 자원을 재분배해야 한다. 2014년 〈뉴욕타임즈〉는 혁신보고서에서 지금은 기사가 이용자를 찾아가는 시대라고 진단했다. 그 실천 방안으로 뉴스룸의 작업 방식과 다른 영역과의 협력 방식을 혁신하라고 제안했다.

한정된 자원을 효율적으로 활용하기 위해서는 기자나 PD 등 제작 인력의 역량을 재조정하고 작업 방식을 재구성해야 한다. 내부의 전문성을 키울 영역과, 외부 자원을 네트워크화해서 담당할 영역을 구분하고 그에 상응하는 조직 구조로 개편해야 한다. 다른 조직과도 협력 체제를 구축하여 기사 교류나 공유, 공동 제작이나 공동 사업 등 다양한 형태의 '공격적' 협력이 필요하다. 가령 번역과 데이터분석 기능을 갖춘 로봇 저널리즘을 활용하여 단순 스트레이트 기사를 작성하고, 저널리스트들은 단순 정보제공 작업에서 벗어나 사건의 사회적 맥락과 의미를 심층적으로 분석하는 고도의 지적 작업에 집중하는 방식이 한 예이다.

고품질 콘텐츠 생산기반 복원을 위한 공공 지원

넘쳐나는 정보 속에서 탐사보도, 분석, 해설과 같은 고품질 뉴스 콘텐츠의 필요성과 중요성은 오히려 커진다. 그러나 미디어 시장 구조는 이러한 콘텐츠가 생산되기 힘든 쪽으로 변하고 있다. 저널리즘에 대한 보다 강력한 공적 지원이 필요하다. 일부 유럽 국가에서는 국가가 인쇄미디어에 현금을 지원하고 있다. 한국에서도 언론인 교육, 기획취재

지원 등 저널리즘에 대한 지원이 있지만 대폭 확대할 필요가 있다. 특히 인공지능 로봇과 협업할 미래 미디어 환경에 대비하여 테크놀로지 리터러시 강화 교육도 필요하다.

미디어 콘텐츠의 저작권에 대한 인식도 아직 부족하다. 콘텐츠에 대해 정당한 가격을 지불하는 사회적 환경과 기술적 조건이 마련되어야 한다. 가령 콘텐츠를 이용하고 소액으로 결제할 수 있는 시스템을 개발할 필요가 있다. 갈등을 겪고 있는 뉴스생산자, 포털, 뉴스통신사 등 시장 행위자들 간의 거래 질서도 확립되어야 하며, 공공이 나서야 한다.

뉴스 편식 예방을 포함하는 미디어 교육

일반 시민은 이제 미디어 생산자이자 유통자가 되었다. 그에 상응하는 역량이 필요하다. 미디어 역량은 미디어를 비판적으로 이용하고 활용하여 사회적 의사 결정 과정에 참여할 수 있는 능력이라고 할 수 있다. 이러한 능력을 기르는 체계적인 활동이 미디어 교육이다.

어린이나 청소년 때부터 사회공동체 문제에 관심을 갖고 뉴스를 이해할 수 있는 능력(뉴스 리터러시), 그리고 자신의 의견을 효과적으로 표현할 수 있는 쓰기 능력을 길러야 한다. 변화된 미디어 환경에 적응해서 원하는 정보를 찾고 활용할 수 있는 능력도 길러야 한다.

일반 시민들도 미디어를 이용하고 활용할 수 있는 능력이 필요하다. 미디어 능력은 자연스럽게 획득되는 것이 아니라 의도적이고 체계적인 과정을 통해 길러진다는 인식 전환이 필요하다. 문재인 정부가 2018년부터 시청자미디어센터 확충 및 시청자 참여프로그램 확대를 통해 전국민 맞춤형 미디어 교육을 실시하는 것도 이러한 맥락에서 이해될 수 있다.

한편 고객중심의 맞춤형 기사 제공 방식의 맹점도 일깨워야 한다. 편식은 해롭다. 음식을 편식하면 건강에 해가 될 수 있듯이, 뉴스도 마찬가지이다. 편식하는 기간이 길어질수록 편향된 지식은 더욱 쌓여 갈 것이다. 사람은 자신이 가지고 있는 지식에 바탕을 두어 의사결정을 하게 된다. 두뇌에 편향된 지식만 쌓아둔 사람의 의사결정은 균형과는 거리가 멀 가능성이 크다. 정치, 경제, 사회, 문화, 과학 등 사회 전반의 기사를 골고루 습득하는 습관을 갖도록 지도하는 것이 필요하다.

Technology 2장

기술 분야 미래전략

1. 연구개발
2. 산업기술
3. 지식재산
4. 사이버 보안
5. 사물인터넷
6. 빅데이터
7. 인공지능
8. 웨어러블 기기
9. 지능형 로봇
10. 공존현실
11. 무인이동체 드론
12. 인공지능 음성인식
13. 자율주행자동차

1 연구개발:

도전연구, 질적평가, 자율연구 강화

연구개발은 미래사회에 대한 전략을 구상하고 설계하는 데 있어 가장 기본적이고 핵심적인 분야이다. 인간의 축적된 지식을 바탕으로 현재의 기술적 난제들을 풀어가는 과정의 연속이며, 곧 미래를 만들어가는 과정이다. 농경사회, 산업사회, 그리고 정보사회로 이어진 인류의 발전은 기술진보에 의한 것이었으며, 미래 또한 기술진보에 의해 이루어질 것이다. 이런 관점에서 보면, 초연결의 지능화 사회인 4차 산업혁명의 도래와 함께 선두권 다툼이 시작된 세계적인 기술경쟁 물결 속에서 연구개발 전략은 더 중요하다. 특히 우리나라는 인구감소에 따른 생산력 저하, 고령화에 따른 보건의료 수요증가, 기후변화와 환경문제의 심화, 에너지·물·식량 등의 자원부족, 정보통신기술 발달에서 기인하는 사회구조의 변화 등의 현안 과제를 떠안고 있다. 결국 이러한 문제들을 해결하고 국가의 미래 성장동력을 확보하기 위해서는 연구개발 전략을 재점검하고 혁신하는 노력이 절실하다.

우리가 도달해야 할 연구개발의 목표

미래 메가트렌드 중 연구개발과 직접 관련이 있는 것은 인구구조 변화, 에너지·자원 고갈, 기후변화 및 환경문제, 과학기술의 발달과 융복합화, 통일 등이다. 연구개발을 통한 기술혁신으로 미래 메가트렌드를 얼마나 잘 준비하고 대처하느냐에 대한민국의 미래가 달려 있다.

패러다임 전환이 필요한 연구개발

우리나라는 1인당 국민소득이 3만 달러대로 쉽게 올라서지 못하고 있지만, 1953년 1인당 국민소득이 67달러에 불과했던 데에서 2007년 2만 달러를 돌파하고, 2014년에는 세계 7대 무역국가로 성장했다. 압축성장이 가능했던 경제사회적 배경 중심에는 수출 주력, 중화학공업 우선, 과학기술 우대, 추격자전략 등의 정책과 전략이 있었다.

연구개발 분야에서도 이러한 전략은 유효했다. 1962년 제1차 과학기술진흥 5개년 계획이 발표될 당시, 1963년 우리나라 총 연구개발투자(정부+민간)는 12억 원에 불과했다. 이는 GDP 대비 0.25% 규모였다. 그러나 2016년 정부 투자 연구개발비는 19.1조 원에 달하고, GDP에서 차지하는 비중은 세계 최고 수준이다.

연구개발에 대한 집중적인 투자는 우리나라의 위상을 만드는 데 매우 긍정적이고 중요한 영향을 끼쳤다. 하지만 복지수요나 경제상황 등을 고려할 때 지금까지와 같은 증가는 쉽지 않을 것이다. 더군다나 GDP 대비 투자규모나 외형적 성과에 비해 실제로 국민들이 체감하는 연구 성과가 높지 않은 것도 사실이다. 우리에게 안겨진 현안 과제들을 해결하고 국민의 삶을 개선시키는 데에 그동안의 연구 성과가 얼마나 기여해 왔는가에 대한 문제의식이기도 하다. 경제 분야 곳곳에서는 이미 추격형 전략의 한계가 여실히 드러나 선도형 전략으로의 전환이 요구되고 있다. 4차 산업혁명의 급격한 변화 속에서는 연구개발 또한 선도형 전략으로 나아가야 함을 의미한다.

세계 유수기관들이 발표한 미래사회에 대한 다양한 전망을 종합해 보면 사회갈등의 심화, 인구구조의 변화, 문화적 다양성 증가, 에너지·자원의 고갈, 기후변화 및 환경문제 심화, 과학기술의 발달과 융복합화, 중국의 부상 등으로 요약된다. 우리나라는 여기에 덧붙여 저출산과 고령화 추세가 그 어느 나라보다도 빠르고, 다른 국가와 달리 남북분단의 문제까지 고려해야 하는 특수한 상황에 놓여 있다. 이는 위기임에 틀림없다. 그러나 위기를 기회로 만드는 지혜가 발휘되어야 하고 그 핵심에는 IT기술과 융합기술을 기반으로 한 혁신이 자리해야 한다.

과학기술의 연구개발 과제

2050년 우리나라 인구는 통일이 되지 않은 상태에서 4,200만 명으로 2017년 6월 기준 약 5,174만 명보다 감소할 것이다. 2026년에는 65세 이상 고령인구가 전체의 20%를 넘은 초고령 사회가 될 것이며, 2045년에는 약 35%에 달할 것으로 예측된다. 인구감소는 구매력 감소, 시장 감소, 일자리 감소, 경쟁력 저하로 이어진다. 고령화 사회에서는 생산성의 저하, 복지 및 의료비용 증가 등이 예상된다. 이를 해결하기 위해서는 로봇기술, 첨단제조기술, 정보통신기술, 바이오융합기술, 맞춤형 의료기술 등의 기술혁신이 필요하다. 에너지 부족문제도 심각하다. 전력수요 증가, 화석에너지 고갈, 중국의 급격한 산업화는 자원이 부족한 우리에게 에너지안보 위협으로까지 발전할 수 있다. 특히 원자력발전을 둘러싼 존폐 여부가 논의되고 있는 과정에서 대체에너지, 재생에너지 등 신에너지원에 대한 연구와 개발도 더 적극적으로 추진되어야 한다.

구체적으로 기술혁신을 통해 실현해야 할 대한민국의 모습을 제시하면, 지속가능한 장수사회, 신에너지 수급체계 확보를 통한 에너지 독립국가, 4차 산업혁명 시대를 선도하는 정보·기술의 글로벌 네트워크 중심국가로 요약해볼 수 있다.

우선 지속가능한 장수사회는 저출산, 고령화, 인구감소로 수반되는 생산력 감소를 해소하고 지속가능한 지능형 제조·생산시스템을 갖춘 사회를 뜻한다. 이를 위해 전체 인구의 40%에 육박하는 고령인구가 건강하고 행복한 생활을 영위할 수 있는 사회시스템을 구축하는 것이다. 에너지 독립국가가 되기 위해서는 신에너지원을 확보하고 이를 안정적이고 효율적으로 공급할 수 있는 에너지 네트워크를 구축해야 한다. 조력발전이나 해양, 풍력, 태양광 발전 및 스마트그리드smart grid와 같이 친환경적이고 지속가능한 에너지 비중을 확대해 나가야 한다. 미래 가치와 잠재적 위험을 동시에 갖고 있는 원자력발전에 대한 논의도 충분한 시간을 갖고 합리적으로 풀어야 한다. 이러한 미래 대한민국을 구현하는 기초는 빅데이터, 사물인터넷, 인공지능 등 지능형 ICT 기술이 담당할 것이다. 그리고 이러한 기술개발 연구에 선행되어야 하는 것이 튼튼한 기초기술이라는 점을 잊으면 안 된다.

미래를 위한 연구개발 전략 원칙

향후 기술혁신의 중심은 정부보다는 민간과 개인이 될 것이다. 민간과 개인의 혁신역량을 강화하고 체계화하는 시스템이 정착될 수 있도록, 정부는 공공분야와 기초연구분야 및 전략산업분야의 연구개발에 지속적으로 투자를 확대해야 한다. 연구개발에 대한 적절한 투자와 지원이 있어야 미래기술을 선도하거나 추격이 가능할 것이다. 그러나 일부 출연연구기관이 기초연구에 치중하지 않고 실용화 연구를 하고 있는 것은 바람직하지 않다. 연구개발은 미래의 사회상을 실현하기 위한 기술분야, 즉 기초 융합분야를 강조할 필요가 있다.

기초 융합연구에 '선택과 집중'

'선택과 집중'은 자원이 부족한 우리나라에서는 불가결한 전략이다. 그간의 연구개발투자도 전체 60% 이상을 '산업생산 및 기술분야'에 투자할 수밖에 없었다. 기초 및 원천기술의 토대가 취약하게 되었다는 비판은 있으나, 한정된 자원을 효율적으로 활용해야 하는 한국적 상황에서는 최선의 선택이었다. 그러나 정부는 '선택과 집중'을 하되, 선택된 분야의 기초연구를 촉진시키는 역할을 해야 한다. 특히 4차 산업혁명의 변화에서 뒤처지지 않기 위해서는 지능형 ICT 기술에 관심을 기울이되 창의적인 원천기술 연구에 집중함으로써 미래기술을 선점해야 한다. 이 과정에서 정부와 민간 부문의 역할을 나누어 상호보완해 가는 지혜가 필요하다.

도전연구, 질적평가, 자율연구

최근 10여 년 동안 많은 투자에도 불구하고 연구개발 성과가 미흡하다는 비판이 적잖다. 이러한 문제의 원인은 크게 세 가지이다. 따라서 이러한 문제의 해결이 곧 미래전략 수립의 원칙이 되어야 한다.

첫째, 연구자들의 안일한 태도의 문제이다. 연구는 해보지 않은 것에 대한 도전이다. 그런데 한국의 연구는 90% 이상이 성공으로 기록되어 있다. 이것은 너무 쉬운 것에 도전하고 있다는 뜻이기도 하다. 90%가 성공하는 연구는 말이 안 된다. 정부는 실패해도 용인해주는 분위기를 만들고, 연구자는 과감한 도전을 해야 한다. 둘째, 연구평가 제도를 바꾸어야 한다. 지나치게 논문과 특허 건수 중심의 평가는 부작용이 심하다. 연구가 실제로 어떤 결과를 창출했느냐는 것보다 논문 수로 평가하면 연구 성공이 용이하지만, 파괴력이 있는 큰 결과는 나오지 않는다. 셋째, 정부의 간섭을 줄여야 한다. 최근 큰 연구결과가 나오지 않는다는 사회적인 압력이 있는 것이 사실이다. 이에 조급한 정부는 실적을 내 놓으라고 독촉을 한다. 대형 장기 연구도 빨리 가시적인 결과를 보여주지 않으면 중단될 위험에 노출된다. 독촉하게 되면 단기성과를 목표로 하게 되고, 단기성과를 내다보면 최종적으로 큰 결과는 나오지 않는다. 악순환인 것이다.

실행전략

아무리 큰 연구개발 성과가 없다고 비판하여도, 연구개발만이 대한민국의 미래를 밝혀주는 등불이다. 일부에서는 결과가 나오지 않는 분야에 대한 연구개발 투자 축소는 당연하다고 말하는 사람도 있다. 이러한 시각은 위험하다. 연구제도와 환경을 개선하여 좋은 결과가 나오게 해야 한다. 연구를 축소해버리면 우리의 미래는 누가 밝혀주겠는가?

정부는 기초·원천기술 연구, 민간은 기술의 상용화 연구

과거에는 민간 부문의 연구개발력이 취약했고, 추격형 연구개발이 중심이 되다보니 정부가 기초기술부터 실용기술까지 지원해 왔다. 하지만 지금은 민간 부문의 연구력이 많이 향상되었고 선도형으로 패러다임이 바뀌고 있다. 변화된 상황에서 연구개발의 효율성을 높이기 위해서는 정부와 민간의 역할이 구분되어야 한다. 즉, 정부는 민간 차원에서 시도하기 어려운 기초연구와 스필오버 효과spillover effect가 큰 원천기술 연구에 집중하고 민간 부문에서는 기술의 실용화, 상용화, 사업화에 집중하는 상호보완 전략이 필요하다. 또한 기업지원의 경우에도 대기업에 대한 연구개발 지원규모는 축소해가고 대신 중소기업과 벤처기업에 대한 지원을 늘려야 한다. 아울러 출연연구기관들은 기업의 생산기술 지원이 아니라 민간에서 할 수 없는 기초연구에 몰두할 수 있도록 해야 한다.

실패 가능성 높은 도전연구 우선 지원

정부의 연구개발 투자를 바탕으로 그동안 논문수와 국내외 특허 등록 건수는 꾸준히 증가해 왔다. 그러나 과학기술의 기술사업화 실적은 매우 초라하다. 이러한 역설은 연구평가 제도를 바꾸어야 한다는 것을 뜻한다. 연구평가 방식이 논문 숫자와 같은 정량적 평가 위주로 이뤄져서는 안 되고 정성적 평가도 포함하는 질적 평가가 반영되어야 한다. 논문이나 특허의 건수로 성공 여부를 판단할 경우, 숫자만 늘리면 성공으로 평가받을 수 있다. 바꾸어 생각하면 연구의 성공이 오히려 쉬어진 것이다. 손쉬운 기준으로 평가를 하게 되면, 무리하게 도전적인 연구를 할 필요성도 느끼지 않게 된다. 따라서 연구계획서 작성부터 연구결과 평가에 이르기까지 질적 지표들이 반영될 수 있도록 하는, 기존 관행의 혁신이 요구된다. 또한 연구 분야에 따라 논문이나 특허와 같은 양적지표가 바람직한 경우도 있고, 반대로 질적 수준 평가가 바람직한 경우도 있기 때문에 평가체계를 다양화해야 한다. 나아가 실패를 용인하는 평가를 통해 독창적이고 도전적인 연구문화가 정착되도록 해야한다. 그러기 위해서 실패 가능성이 있는 도전적 제안서를 제출한 연구자에게 우선 지원하는 방식도 고려해봄직 하다.

연구의 특성을 살리는 연구관리

전자정부의 효과로 연구개발 과정이 과거에 비하여 효율적으로 관리되고 있다. 연구비 집행과 연구결과 관리가 상당부분 정교하게 관리된다. 이는 국가의 세금을 사용하는 연구이기 때문에 당연히 투명하게 집행되어야 한다. 하지만 여기에 한 가지 간과되어서는 안 되는 사실이 있다. 지나치게 연구자의 자율성을 해치면 도전 연구자들이 없어져버리고 월급 받는 직장인만 남는다는 사실이다.

대부분의 연구자들은 연구소나 대학에 근무하는 사람들이다. 이 사람들은 어려운 연구를 기본 업무로 하지만, 한편 생각해보면 신분이 보장된 직업에 종사하는 직장인이다. 한마디로 위험한 일을 하지 않아도 되는 사람들이다. 연구자들은 특출한 연구를 하기 위하여 위험을 감수하지 않아도 되는 사람들이라는 말이다. 그저 적당히 중간 수준만 하면 살아가는 데 지장이 없는 직장인의 자세를 가지기 쉽다. 일반적으로 큰 성과를 내는 사람은 위험을 감수하고 도전하는 소수의 사람이다. 이런 연구자에게는 대체로 연구과제와 연구비가 많다. 이런 사람은 실수도 가끔 한다. 직장인의 자세로 중간만 하는 사람은 실수도 하지 않는다. 여기에 연구 관리의 예술이 필요하다. 너무 강하게 관리하면 도전자들이 없어지고, 안일한 '샐러리맨'들만 남게 된다. 그렇다고

하여 너무 느슨하게 관리하면 도전자들은 늘어나겠지만 부실관리의 지탄을 받을 것이다. 균형을 이루는 연구관리가 요구된다.

파급효과를 지닌 군사기술 연구 추진

미국의 기술발전사를 보면 많은 기술들이 전쟁과 인공위성 개발을 통해 태어났다. 컴퓨터와 레이더는 말할 것도 없고 인터넷과 GPS도 군사기술에서 나왔다. 신기술이 군사나 우주기술에서 태동되기 용이한 이유는 경제성이다. 민간 연구에서는 경제성이 없다고 생각하면 연구를 중단하는 경향이 있다. 그러나 군사와 우주 분야에서는 경제성보다 기술 자체가 중요한 경우가 많다. 경제성에 대한 제약이 거의 없으니 과감하게 도전적으로 연구를 하여 성과를 내는 것이다.

우리나라는 군사와 우주 기술 개발에 대한 노력이 부족하다. 무기나 인공위성 발사체를 외국에서 사오는 것이 더 값싸고 품질이 좋다고 생각하는 데에서도 연유한다. 하지만 무기나 인공위성 기술을 수입해서 사용하기만 하면 그 예속에서 벗어날 수 없다. 초기에 비싸고 품질이 떨어지더라도 자체 개발을 해야 미래가 있다. 또한 군수와 우주산업을 일으키면 수출 가능성도 생긴다. 특히 미래 전쟁은 인간보다 인공지능 로봇이 싸우는 전쟁이 될 것이다. 이와 함께 관련 연구에서의 지식재산권 문제도 재점검해보아야 한다. 현재 정부투자를 받아 개발한 군사관련 지식재산은 민간이 소유하지 못하게 되어 있다. 그러다 보니 기술개발이 되어도 특허 출원도 하지 않고 내버려두는 경향이 있다. 민간 소유를 인정하여 특허관리의 동기 부여가 필요하다.

시급한 연구개발 분야

4차 산업혁명을 선도할 수 있는 기술

전 세계에 4차 산업혁명의 바람이 불고 있다. 이 바람의 초기 진원지는 제조업이다. 독일 정부가 선도적으로 추진해온 인더스트리 4.0은 제조업 자동화를 넘어 제조업 지능화를 실현하는 프로젝트이다. 사물인터넷으로 연결된 생산기기와 생산품은 맞춤형의 지능형 생산체계를 구축하고 있다. 우리나라도 독일과 같이 제조업 분야에서 강점을 발휘해 왔다. 그러나 이제는 전통적인 방식이 아니라 초연결성과 초지능성을 내세우는 ICT 기술을 집중 연구하고 개발하여 4차 산업혁명 시대에서도 경쟁력을 잃지 말아야 한다. 이러한 혁신을 위해 필요한 빅데이터, 사물인터넷, 인공지능, 로봇 등의 연구가 시급하며 관련 융복합 기술 개발에도 관심을 쏟아야 한다.

나아가 4차 산업혁명의 초기 물결이 안정적으로 자리를 잡으면 제조업 혁신과 같은 차원을 넘어 바이오산업이 시장을 주도할 것으로 전망된다. 인간의 무병장수와 건강관리에 관한 산업이 큰 부가가치를 창출하게 될 것이다. 바이오 관련 산업은 뇌 인지공학을 중심으로 재편될 것이다. 모든 바이오제품이 인간의 신경망으로 연결되고 인지공학에 의하여 최적의 판단이 이루어질 것이다. 따라서 바이오연구, 뇌연구, 인지과학연구 등에도 더 큰 관심을 기울여야 한다, 머지않아 뇌인지 분야를 선도하는 국가가 세상을 지배할 것이다.

고령화 사회에 대응하는 기술

건강한 장수사회는 고령자가 건강하고 행복한 삶을 살 수 있는 시스템을 갖춘 사회이다. 단순히 복지정책만을 의미하는 것이 아니며 생명공학과 의료기술의 융합, 수명연장과 장수과학의 혁신을 통해 만들어지는 시스템 사회이다. 원격 질병관리 및 치료, 모바일 헬스어플리케이션, 개인맞춤형 치료제 등의 기술개발이 요구된다. 건강한 장수사회를 위한 시스템은 미래의 새로운 성장동력이 될 것이다. 일본은 이미 전략시장을 창조하는 최우선 과제로 실버산업을 선정했다. 우리도 초고령사회를 새로운 성장동력으로 활용하기 위한 정책을 마련해야 한다.

에너지원을 확보하는 기술

세계는 대체에너지, 신재생에너지 등 새로운 에너지원 개발에 경쟁적으로 매달리고 있다. 특히 우리같은 에너지 수입국에서는 대체 에너지 개발이 절실하다. 안정적인 에너지원 확보와 함께 세계 에너지시장에 진출하기 위한 전략이 필요하다. 태양광발전, 조력발전, 풍력발전 등의 대체에너지 개발이 전략적으로 필요하고 전력저장Energy Storage System 기술도 필수적이다. 에너지원의 확보와 함께 중요한 것은 지속가능한 에너지 네트워크의 구축이다. 에너지 네트워크는 장기적으로 중국, 러시아, 일본, 북한 등과도 망을 연결해야 한다.

2

산업기술:

5대 전략산업, MESIA 육성

끊임없이 이어지는 기술변화를 모두 알아내기는 어렵다. 체계화된 기술의 핵심특징을 이해하고 이를 바탕으로 미래를 예측하는 것에는 '기술사상技術思想'을 활용하는 것이 유용하다. 특허법상 발명의 개념은 "자연법칙을 이용한 기술적 사상의 창작으로서 고도한 것"이라고 정의되는데, 기술사상은 여기에서 연유한다. 이 차원에서 미래를 바꿀 두 가지 기술사상은 로봇 사상과 바이오 사상이다. 로봇 사상은 인간의 연장선에 로봇이 있으며, 로봇이 인간을 대신해 세상을 바꾼다는 사상이다. 또 생명기술bio technology에 기초한 바이오 사상은 인간과 생명에 대한 본질의 탐구에 그 연원이 있다. 바이오 사상은 생명과 비생명을 구분하지 않고 인간, 지구, 자연을 하나의 유기체로 본다. 로봇 사상과 바이오 사상을 결합해 인간과 로봇, 인공지능, 동식물, 자연을 하나의 유기체로 보는 '바이오 로봇 사상'은 특히 인간과 기계, 그리고 인공지능과의 협업이 이루어질 4차 산업혁명 시대에서 더욱 중요할 것으로 전망된다. 우리가 육성해야 할 산업방향은 이 변화에 부응하는 형태가 되어야 할 것이다.

우리 산업의 특성과 과제

우리 산업이 안고 있는 문제는 무엇인가? 먼저 우리나라 산업의 속성을 분석해보면, 우리나라는 미국, 프랑스 등과 달리 일본처럼 제조업 비중이 높다. 산업은 한 국가의 역사와 경제구조를 반영하기 때문에 쉽게 바뀔 수 있는 것은 아니다.

우리나라는 지난 50년간 노동집약형 산업을 시작으로 출발해 철강, 조선, 자동차, 화학, 전자 등 현대문명을 뒷받침하는 5대 기간산업분

〈표 2-1〉 국가별 국제 제조업 경쟁력 지수, 2016년 및 2020년

2016년			2020년 (전망치)			
순위	국가명	경쟁력 지수	순위	순위변화	국가명	경쟁력 지수
1	중국	100.0	1	1	미국	100.0
2	미국	99.5	2	–1	중국	93.5
3	독일	93.9	3	0	독일	90.8
4	일본	80.4	4	0	일본	78.0
5	대한민국	76.7	5	6	인도	77.5
6	영국	75.8	6	–1	대한민국	77.0
7	타이완	72.9	7	1	멕시코	75.9
8	멕시코	69.5	8	–2	영국	73.8
9	캐나다	68.7	9	–2	타이완	72.1
10	싱가포르	68.4	10	–1	캐나다	68.1

자료: 과학기술정보통신부 S&T GPS

야에서 경쟁력을 갖게 되었지만, 최근 잇따른 침체 국면을 맞고 있다. 2000년대에 들어선 후에는 이렇다 할 새로운 주력산업을 개척하지 못하고 있으며, 그사이 우리를 추격해온 중국, 인도 등이 다양한 산업 분야에서 점차 우리를 앞서가고 있는 상황이다.

추격자 전략과 선도자 전략, 투트랙 전략의 필요성

최근 전통적인 산업의 침체와 성장의 한계를 경험하면서 추격자 전략이 아닌 선도자 전략이 강조되고 있다. 하지만 모든 경쟁에는 2등이 있고 모든 2등이 다 도태되지는 않듯 1등 전략(선도자 전략)이 반드시 모든 산업분야에 적용되어야 하는 것도 아니고, 2등 전략(추격자 전략)이 반드시 나쁜 것도 아니다.

우리 산업은 그동안 추격자 전략으로 성장해왔다. 자동차는 현대자동차가 일본에서 기술을 도입해 포니승용차를 만들기 시작해 현재는 세계 5대 자동차 생산국이 됐다. 통신기술도 처음에는 해외기술을 도입해 생산했으나 지금은 세계를 선도하고 있다. 인공위성은 초창기에는 영국에 가서 배워 우리별위성 시리즈를 만들었으나 지금은 우리 주도로 만드는 수준이 됐다. 원자력발전은 캐나다의 CANDU원자로와 미국에서 이전받은 기술로 시작했지만 이제는 세계 원자력강국의 반열에 올라 있다. 국방기술도 초창기에는 소총이나 박격포 정도를 생산하거나 NIKE미사일을 미국에서 기술도입해 생산하는 수준이었으나 이제는 장거리 순항미사일을 독자개발할 수 있다. 실로 추격자 전략의 성공국가라고 할만하다.

선도자 전략을 펴서 성공한 사례들도 있다. 산림녹화사업은 1962년 이후 108억 그루를 심어 국토의 64%를 녹화하는 데 성공해 개발도

상국 중에서는 유일한 성공사례가 되었다. 새만금사업은 34km에 달하는 세계 최대 길이의 방조제를 쌓아 국토를 넓힌 사업이다. 인천공항의 경우, 2017년 기준 12년 연속으로 세계 공항 서비스평가ASQ에서 1위[1]를 차지해 공공서비스는 민간서비스보다 경쟁력이 낮다는 통념을 깬 사례로도 기록되었다.

따라서 산업 분야별로 추격자 전략과 선도자 전략을 유연하게 활용하는 투-트랙two-track 전략이 모두 필요하다. 지구온난화로 새롭게 열리고 있는 북극항로를 허브항구로 발전시키면 '부산항을 동아시아의 싱가포르'로 만들 수 있다. 또 한국의 지식재산 강국 특성을 살려 '한국을 특허소송의 메카'로 만들면 세계 특허 허브국가가 될 수 있다. 또 항공산업은 중형항공기 실패를 교훈으로 삼아 변화하는 국방과 민수시장 환경변화를 반영해 무인비행기와 항공전자를 집중육성하면 신산업으로 성장시킬 수도 있는 것이다. 관건은 환경변화와 상황에 맞는 전략 수립이다.

육성해야 할 신성장동력 산업

주력 기간산업의 침체, 그리고 저성장 뉴노멀시대에 직면한 우리는 이제 새로운 성장동력을 발굴하고 육성해가야 한다. 4차 산업혁명이라는 이름으로 세계적 차원에서 진행되고 있는 기술과 산업 환경의 변화에서도 뒤처져서는 안 된다. 과학기술전략회의는 2016년 대한민국을 이끌 미래의 중점 산업분야로 9개를 선정한 바 있다. 성장동력 확보를 위한 전략 분야로는 인공지능, 가상·증강현실, 자율주행자동차, 경량기술, 스마트시티가 꼽혔고, 삶의 질을 높이기 위한 전략 분야로는 정밀의학, 탄소자원화, 미세먼지, 그리고 바이오신약이 꼽혔다. 앞으로 우리나라가 육성해야 할 산업분야와 관련해 2008년 신성장동력사업단이 분석한 자료 또한 여전히 시사하는 바가 크다. 〈그림 2-1〉에서와 같이 현재 한국의 점유율이 큰 산업분야는 새로운 IT기술과 융합해 경쟁력을 지속적으로 확보해나가고, 비록 지금은 시장 규모가 작지만 향후 성장가능성이 큰 바이오, 에너지/환경, 지식서비스 등의 분야는 적극투자를 해야 한다는 것이다. 즉 우리 산업의 특성을 고려해 2개의 큰 범주로 나누고 서로 다른 전략을 적용했다는 데에 주목할 필요가 있다.

〈그림 2-1〉 한국의 산업전략

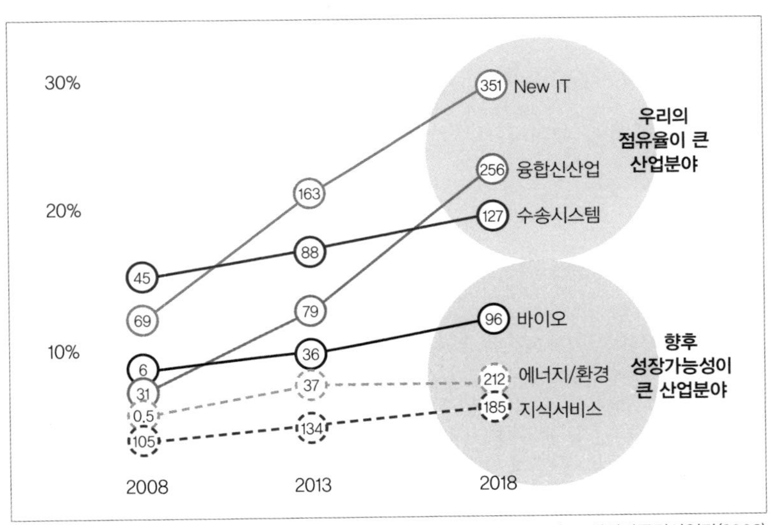

자료: 신성장동력사업단(2008)

MESIA 육성 중심의 쌍두마차전략

우리나라 산업의 미래전략은 한마디로 'MESIA 육성 중심의 쌍두마차전략'으로 요약할 수 있다. 녹색성장, 창조경제, 4차 산업혁명 등 유행에 따른 단기필마單騎匹馬형 전략에만 치우치는 것을 경계해야 한다. 앞서도 언급했듯이 한국의 모든 산업에 1등을 추구하는 선도자 전략만을 적용할 필요도 없다. 신성장동력사업단이 제시한 것처럼, 이미 세계적인 경쟁력을 갖고 있는 산업과 아직은 미미하지만 미래에 한국 경제의 효자노릇을 할 미래산업 육성을 병행하는 쌍두마차형 전략이 되어야 한다.

구체적으로 한국이 일본, 독일과 함께 세계적 경쟁력을 갖고 있는 5대 기간산업(전자, 기계, 조선/해양, 석유/화학, 철강)은 IT융합에 의한 재창조전략, 즉 선도자 전략을 적용해야 한다. 반면 현재 미국, 일본, 프랑스 등 선진국들이 높은 기술과 규제 장벽을 형성하고 있는 5대 전략산업(의료/바이오, 에너지환경, 안전, 지식서비스, 항공우주)은 IT, BT, ET, RT, NT에서 신기술로 인해 지배적인 기술패권이 변화되고 새로운 기

〈표 2-2〉 쌍두마차 전략

현재 한국이 세계적 경쟁력을 갖고 있는 5대 기간산업: 선도자 전략
– 전자(반도체, 통신, 가전), 기계(자동차, 정밀부품), 조선/해양, 석유/화학, 철강
* 현재 독일, 일본과 한국만이 5대 기간산업 모두 세계적 경쟁력을 보유
* 과거 미국 주도: 전자(GE), 자동차(포드, GM), 석유화학(록펠러), 철강(카네기)
→ IT융합으로 기술사상(발명, 디자인)을 창조해 중국과 인도 추격 차단

현재 선진국들이 주도하고 있는 세계적 5대 전략산업: 추격자 전략
– 의료/바이오, 에너지, 안전(사회안전, 소방방재, 교통, 국방), 지식서비스(지식, SW, 금융, 교육, 문화), 항공우주
* 현재 미국을 중심으로 독일, 일본, 프랑스 등이 높은 기술, 규제장벽 형성
→ 기술사상의 변화(IT, BT, ET, RT)에 편승해 민관협동으로 선진국 추월

술사상이 출현할 때 1등이 될 수 있도록 2등 전략인 추격자 전략을 적용할 필요가 있다.

그런데 과연 이를 우리가 해낼 수 있을 것인가? 결론적으로 말하면 가능하다. 지금 우리는 중국, 인도와 기간산업을 놓고 경쟁하는 것보다 미국, 일본과 전략산업을 놓고 경쟁하는 것이 훨씬 쉽다. 지난 50여 년간 우리는 추격자 전략을 통해 선진국들을 따라잡은 경험이 있다.

지난 100년간 미국의 전자산업은 GE가, 자동차산업은 포드와 GM이, 석유화학은 록펠러가, 철강산업은 카네기 등이 각각 리더십을 갖고 이끌어왔다. 하지만 5대 기간산업에 대한 세계적 경쟁력을 모두 보유하고 있는 국가는 이제 미국이 아니라, 일본, 독일, 한국뿐이다. 다만 중국과 인도가 세계시장에서 두각을 나타내고 있어서 머지않아 이들이 상당 부분 잠식해올 것이 예상된다. 따라서 이 분야에서 우리나라는 현재 선도적 경쟁력을 갖고 있는 IT기술을 바탕으로 기술융합을 하여 중국, 인도 등 신흥국의 추격을 최대한 차단하는 선도자 전략이 필요하다.

현재 5대 기간산업은 삼성, 현대, 포스코, LG 등의 기업이 기술개발과 시장개척 등을 활발히 해오고 있어서 정부가 직접 나서서 할 역할이 거의 없다. 반면 5대 전략산업은 정부의 공공서비스와 밀접하게 결합되어 있고, 정부가 주도적으로 육성하지 않으면 자생적으로 성장하거나 민간기업이 감당하기 어렵기 때문에 정부 주도로 육성해야 한다. 예컨대 방위산업이나 항공우주산업은 기업논리나 글로벌 시장에 맡겨서 육성될 리 없다. 의료나 안전서비스, 지식서비스도 정부의 복지정책이나 사회정책, 행정규제 등에 민감하기 때문에 민간기업 주도로 성장하는 것에는 한계가 있다.

MESIA는 5대 전략산업인 의료/바이오Medical-Bio, 에너지/환경Energy-Environment, 안전Safety, 지식서비스Intellectual Service, 항공우주Aerospace의 영문자 앞 글자를 딴 것으로, 세부적으로는 <표 2-3>과 같이 구분할 수 있다. 여기서 중요한 것은 그동안 정부가 육성에 실패했다고 하는 BTBio Technology산업을 의료산업과 결합해서 추진하는 것이다. 즉 거대한 의료서비스와 의료장비시장을 별도로 놓고 첨단기술 중심의 BT 육성만으로는 전략산업 육성이 어렵다는 것이다. 보건복지부에 의료정책을 맡긴다고 해도, 복지와 성격이 크게 달라 보건산업

<표 2-3> 정부가 중점 육성해야 할 5대 전략산업인 MESIA의 세부 산업분야

5대 전략산업	세부 산업분야
Medical-Bio 의료/바이오산업	수출의료: 스마트헬스(U헬스), 디지털병원/연구중심병원, 의료관광, 의료기기 내수의료: 의료서비스(병원/의원/실버), 의료정보, 소모품 생명기술: 제약/신약, 유전자치료, 농업(종묘), 식품(가공, 저장, 유통) 융합기술: 바이오칩, 바이오정보, 바이오화학, 수술/재활로봇
Energy-Environment 에너지/환경산업	에너지: 대체/재생 에너지(태양력/풍력/조력, 바이오매스), 미래형 원전(피동형, 고속증식로), 핵융합, 수소/암모니아/메탄하이드레이트, 스마트 에너지그리드 환경: 물(식수/관개/상하수도/재처리), CO2 저감/저장, 폐기물(처리/관리), 생물다양성 관리, 바이오환경기술, 오염감지/관리, 환경호르몬
Safety 안전산업	사회보호: 사이버/건물보안, 방범/경호 장비/서비스, 호신용품, 구호체계 소방방재: 소방(로봇, 장비), 산업재해/자연재해 예방, 구조/구난체계 감시경계: 출입국/해안선 감시, 무인감시/경계로봇/자동화 사회기술: 법의학/범죄수사기술, 교통안전, SNS 기반 복지 국방: 무인/로봇(경계, 정보, 작전), 사이버/정보, 비살상/대테러
Intellectual Service 지식서비스산업	지식산업: 지재권 생산/유통, 특허소송, 엔젤투자, 벤처 M&A, 고객관리(CR) 소프트산업: 콘텐츠(3D), 모바일SW, 모바일앱, 빅데이터, 클라우드 금융/보험: 모바일금융, 창조금융, 온라인/모바일 보험 교육산업: 웹/모바일교육, 인강/사이버강의, Education 3.0 문화산업: 영화/음악, 게임/애니/오락, 관광/레포츠, SF산업(스토리, CG)
Aerospace 항공우주산업	항공: 민항기/개인항공, 군용기, 무인기(감시/관제/통신/성층권), 항공전자/정보 우주: 위성(탑재장비), 발사체, 위성정보, 위성측지, 우주감시

육성이 어렵다는 것을 주목해야 한다. 따라서 보건복지부에는 복지서비스와 실버산업 육성의 임무를 맡기고, 생명의료부와 같은 새로운 부처를 만들어서 의료바이오산업 육성의 임무를 맡길 필요가 있다.

한편 〈표 2-4〉와 같이 MESIA를 STEPPER 관점으로 분석해본 결과, 지식서비스, 사회안전, 의료/바이오의 종합 점수가 더 높게 산출되었다. 따라서 MESIA 중에서도 특히 세 분야에 집중할 필요가 있으며, 각 분야의 유망한 미래전략을 기술하면 다음과 같다.

〈표 2-4〉 MESIA에 대한 STEPPER분석

구분	S 사회	T 기술	E 환경	P 인구	P 정치	E 경제	R 자원	종합 점수
M 의료/바이오	○	X	○	○	○	○	○	5
E 에너지/환경	△	△	○	○	△	○	△	3
S 안전	○	△	○	○	○	○	○	6
I 지식서비스	○	△	○	○	○	○	○	6
A 항공우주	○	△	△	△	△	○	○	3

먼저 안전산업(국방)은 향후 연간 9조 원의 시장규모가 형성될 수 있다. 첫째, 무인·로봇산업은 경계자동화, 무인감시, 통신·정찰·작전UAV, 작업·감시·작전로봇 분야가, 둘째, 사이버정보산업은 암호·보안, 전자전·정보전항공·위성정보 분야가, 셋째, 비살상·대테러산업은 음향·마비·EMP탄 분야 등이 중점 육성대상이다.

또한 의료·바이오산업은 2024년쯤 글로벌 시장규모가 약 2,900조

원 규모[2]에 이를 것으로 전망되는 분야이다. 의료산업은 스마트헬스, 제약, 의료기기, 소모품, 의료서비스, 의료관광, 디지털병원 분야가 유망하며, 바이오산업은 바이오의약 및 유전자치료 등의 의/약학 분야, 고기능작물, 기능성식품 등의 농식품 분야, 바이오매스Biomass 등의 에너지환경 분야, 바이오매커닉스 등의 기계 분야, 바이오일렉트로닉스 등의 전자 분야, 생물정보학 등의 정보 분야가 유망하다. 지식서비스산업의 경우, 콘텐츠, 모바일 SW·앱, 인공지능, 모바일금융, 웹교육, 게임 등 문화산업과 SF분야가 유망할 것으로 전망된다.

전략산업 육성을 위한 실행정책

우선 5대 전략산업인 MESIA 육성을 위해 관련 부처별 역할분담이 필요하다. 과학기술정보통신부가 종합기획하고 제도 마련 등을 통해 지원하되, 각 부처별로 주력산업을 담당토록 하는 것이 하나의 방법이 될 수 있다. 예를 들어, 의료바이오는 보건복지부, 농림축산식품부, 해양수산부, 식품의약품안전처 등이, 안전산업은 국방부/방위사업청, 경찰청, 행정안전부, 과학기술정보통신부, 국정원 등이, 지식서비스는 문화체육관광부, 산업통상자원부, 법무부, 교육부 등이 담당할 수 있다. 또한 청와대 과학기술보좌관을 과학기술이나 연구개발 육성 중심으로 활용하지 말고, 전략산업의 육성과 과학국정 구현을 위한 컨트롤타워로 활용하는 것이 필요하다.

분야별로 육성해야 할 구체적인 정책은 다음과 같이 표로 정리할 수 있다.

〈표 2-5〉 지속가능한 발전을 위한 융복합형 신성장동력 발굴

정책분야	고려사항
스마트 도로	도로 IT, 스마트 그리드, 전기자동차 등
실용형 로봇산업	소방 · 방재 · 원전 · 경비 · 국방 등 공안로봇 및 장애인/노약자용 복지로봇
플랜트 · 체계기술산업	석유화학 및 조선해양산업의 위축에 따른 대안으로 추진
안전 · 보안 · 경호 · 치안산업	기술발전으로 인한 공공 안녕질서 분야의 기업화/개인화 추세 반영
한국형 신재생 에너지원	대형 조력발전, 고공 풍력발전, 해상 태양광발전, 바이오매스 등
나노재료, 신물질 · 화학	기술 파급효과가 큰 재료 · 화학분야에서 원천기술 발굴
국방 연구개발	선진국들처럼 20%를 기초과학연구와 혁신형 기술개발에 투자

〈표 2-6〉 IT 기술혁신과 미디어/문화산업 발전

정책분야	고려사항
차세대 모바일 혁명을 위한 기반기술	5세대 무선통신, 3D 무안경 TV, 변신형 모바일기기, 사물인터넷, 웨어러블 디바이스 등
전통산업의 IT화	항공우주, 원자력/에너지, 국방과학, 조선해양/물류 등 기계전통이 강한 분야의 IT화로 무인기, 항공전자, 위성정보, 원전IT, 국방IT 육성
소셜미디어 및 콘텐츠산업	SNS 기반 서비스 및 다양한 디지털콘텐츠 육성
미디어 · 문화산업	과학문화, 과학저널, SF영화산업, 문화기술 등
디지털 민주주의 및 디지털 문화예술	모바일 선거, 모바일 투표 등의 시행 인터넷 검열, 실명제 등 웹 활동 제약요소 제거

〈표 2-7〉 BT 기술혁신과 생명의료산업 발전

정책분야	고려사항
차세대 생명공학 기술혁명을 위한 제도	바이오사상에 기반하여 보다 보편적이고도 새로운 생명윤리에 입각한 기술혁명 추진
기초 의학연구 및 첨단의료기술 개발	독자적인 의학 지식과 의료기술의 개발로 세계적인 바이오의료분야 리더십 확보
차세대 식품, 의약품 연구 지원	식품과 의약품분야에서 미래시장을 선점할 수 있는 새로운 제품 연구
동아시아 의료서비스 메카 성장	디지털 병원, 원격 진료, 의료관광 등을 통해 전 세계적으로 가장 앞선 의료서비스 제공
연구중심 병원 설립	100세 시대 도래에 따른 노인성질환, 불치병 연구
의료전문인력 대폭 증원	의과학, 의공학, 수의과학 연구인력, 글로벌 의료서비스산업 육성
의과학대학 설립	과학기술과 법, 의학·의료·약학분야 등을 융복합한 의료교육

3 지식재산:
기술혁명에 따른 지식재산 보호강화 및 지식재산부 신설

미래에는 지식재산이 국부의 원천이 될 것이다. 이미 세계적인 기업의 자산 가치를 따져볼 때, 무형 자산의 비중이 80%를 넘어섰다. 선진국가로 나아가기 위해서는 창조적인 인재들이 도전을 해야 하며, 경제 산업 발전 단계에 걸맞은 수준의 지식재산 보호가 이루어져야 창의국가로 나아갈 수 있다. 부존자원이 없는 우리나라가 먹고사는 길은 머릿속에 있는 지식뿐이다. 이러한 지식을 창출하고 보호하고 활용할 수 있도록 촉진하는 제도가 지식재산제도이다. 이제 한국은 '지식재산 국가'를 선언해야 한다.

문재인 정부 출범 이후 중소기업과 벤처 기업 육성의 중요성은 많이 논의되고 있으나, 아쉽게도 지식재산 정책에 대한 논의는 거의 없다. 중소기업 육성이 공정거래 강조만으로 이루어지는 것은 아니다. 치열한 경쟁에서 중소기업이 자생력을 갖기 위해서는 지식재산권을 중심으로 한 환경 조성 및 지식재산권 중시 정책이 필수적이다.

특히 4차 산업혁명은 새로운 기술뿐 아니라 지식재산의 유형 변화 등 다양한 변화를 가져올 전망이다. 따라서 새로운 산업 환경에 대처하기 위한 지식재산 전략이 더 절실하다. 지식재산이 국정핵심과제가 되어야 하고, 이를 바탕으로 '특허 허브국가'의 꿈을 이루어야 한다.

지식재산의 미래

이제 지식재산은 빅데이터나 인공지능과 같은 4차 산업혁명의 새로운 기술 환경에서 다양하게 창출될 것으로 예상된다. 초연결과 초지능성을 특징으로 하는 4차 산업혁명의 생태계에서는 융·복합 기술의 표준원천특허standard-essential patents 가치의 중요성이 더 커질 것으로 전망된다. 따라서 새로운 기술과 산업 환경 변화가 의미하는 것에 대한 이해가 필요하다. 먼저 지식재산과 관련한 주요 용어의 개념을 살펴보면 다음과 같다.

• **지식재산(Intellectual Property, IP):** 인간의 창조적·지적 활동 또는 경험의 산물로서 그 재산적 가치가 법적 보호를 받는 특허patents, 상표trademarks, 디자인designs, 저작권copyrights, 영업비밀trade secrets과 생물의 품종이나 유전자원遺傳資源 등 무형적인 것으로서 재산적 가치가 실현 가능한 것을 총칭하는 개념이다.

• **지식재산권(Intellectual Property Right, IPR):** 지식재산이 법적으로 보호되는 권리임을 강조하는 용어로서 학술·실무에서 지식재산IP과 혼용되고 있다. 마찬가지로 특허와 특허권, 상표와 상표권, 디자인과 디자인권도 각각 혼용되고 있다.

• **무형자산(Intangible asset):** 기업의 경제적 가치자산이지만 전통 회

계상 포착이 어려운 지식과 비결(노하우)을 총칭하는 개념이다. 문헌에 따라 이를 지식자본intellectual capital, 지식자산intellectual asset 등 다양한 용어로 부르고 있다. 무형자산의 경제적 정의는 '기업의 시장가치market value-장부가치book value'로 표현된다.

• IP5: 특허를 비롯한 지식재산 제도의 운영을 주도하고 있는 미국, EU, 일본, 한국, 중국 특허청을 지칭하며, '선진 5개 특허청'이라고 한다. 경우에 따라 이들 5개 국가 자체를 IP5로 칭하기도 한다. IP5는 전 세계 특허출원의 80% 정도를 담당하고 있으며, 세계 특허제도와 정책을 주도하고 있다.

산업분야에 따라 지식재산 제도와 정책의 세분화

세계적으로 친특허 정책이 강화될 것으로 전망되는 가운데, 특허제도에 대한 논의 양상이 산업분야별로 다양해지고 세분화될 것으로 예측된다. 예를 들어 제약업에서는 하나의 신약 개발에 통상 10년 정도의 오랜 기간이 소요되고 1조 원 이상의 비용이 들지만, 결과적으로 소수의 특허가 창출된다. 반면 정보통신기술 분야에서 스마트폰 하나에 25만 개 이상의 특허가 덤불을 형성하고 있다. 따라서 전통적 산업재산권 또는 IT기술 중심의 특허제도가 제약분야와 같이 특수 분야에도 똑같이 적용될 수 있을지 논의가 시작될 것이다.

지식재산의 국가별 조화 노력 가속화

IP5 국가들이 공통으로 추진하는 핵심 정책의 하나는 국가마다 다른 특허제도를 국제적으로 조화하려는 것이다. 특허제도의 국제적인 조화는 단기적으로는 특허심사 기간을 단축하고 특허의 품질을 높이는 방안을 모색하는 것이지만, 장기적으로는 향후 특허제도의 변화에 대비하려는 것이다. 따라서 특허 공동심사·공동출원 등과 같은 직접적이고 구체적인 수준에서의 국제 공조가 강화될 전망이다. 예를 들어 IP5 회의에서는 세계특허심사정보시스템Global Dossier 추진을 적극 진행 중이다. IP5의 특허심사진행 정보를 일괄 조회할 수 있을 뿐 아니라, 인터넷으로 외국에 직접 출원하는 것까지 가능하게 하자는 취지이다.

지식재산 집약산업의 가치 증대

지식재산 집약산업의 중요성이 강조될 것이다. 2012년 미국 상무부는 미국 특허청 데이터를 기준으로 전체 313개 산업 중에서 특허와 상표 등 지식재산을 가장 집중적으로 활용하고 있는 산업 75개를 선별하고 이를 '지식재산 집약산업IP-Intensive Industries'이라 명명했다. EU 특허청European Patent Office과 상표·디자인청Office for Harmonization in the Internal Market이 2013년 공동으로 공표한 보고서에도 비슷한 내용이 있다. EU 총 GDP의 39%가 지식재산 집약산업에서 창출되며, EU의 5,600만 개 일자리(전체의 26%)가 지식재산 집약산업에 의해 제공된다고 한다.

금융의 변화에 따라 무형자산의 중요성 확대

금융서비스의 수단에 지나지 않았던 IT 기술이 핀테크를 통하여 금융 패러다임을 변화시키고 있다. 여기에 지식금융과 특허 등 무형자산의 평가를 통한 융자, 투자 활성화 촉진 방안 등이 금융권에서 금융상품으로 등장하고 있다. 앞으로는 특허권에 대한 평가(특허의 권리성,

시장에서의 안정성, 특허의 수명, 특허의 활용성 등) 요소가 금융투자(지원)의 주요 항목으로 자리매김할 것이며, 이를 위해 각 분야 전문가(변리사, 변호사, 회계사, 금융인, 기술 전문가 등)들의 협업이 필수적이다.

4차 산업혁명에 따른 지식재산 환경 변화

빅데이터나 인공지능 등 4차 산업혁명의 혁신기술들은 이전과는 다른 지식재산권을 창출하고, 또 한편으로는 기존의 지식재산권을 위협할 것으로 예상된다. 예를 들어 미래자동차는 혁신기술의 특허권만이 아니라 초연결을 통해 만들어내는 데이터에 대한 저작권도 요구할 것이다. 그런가 하면 3D프린팅은 제조업의 혁신을 가져오지만 동시에 기존의 제품 상표권을 침해할 소지도 있다. 따라서 4차 산업혁명이 몰고 오는 기술과 시장 환경에 대응할 수 있도록 관련 제도 정비가 필요하다.

지식재산 미래전략

우리나라는 연간 특허출원 규모로는 세계 5위의 위상을 가지고 있지만, 지식재산의 질적 경쟁력을 키울 수 있도록 범국가적인 관심과 지원은 여전히 부족하다. 지식재산 중심국가로 가기 위한 많은 제도의 수정과 선진국 수준으로의 법의식 향상이 요구된다.

지식재산 국가 패러다임 구축

우리나라는 그동안 추격자 전략으로 발전해 왔다. 그러는 가운데 지식재산을 소홀히 여기는 풍조가 만연되어 왔다. 이제는 패러다임을 바꾸지 않으면 선진국가로 나아갈 수 없는 상황이다. 지식재산권 제도는 창작 활동을 한 사람에게 일정기간 동안 독점적인 권리를 부여하여 보상해주는 제도이다. 지식재산권 보호를 통해서 청년 일자리 창조, 벤처기업 육성, 중소기업 육성, 금융의 기술평가가 가능하다. 지식재산권을 소홀히 하면 밑 빠진 항아리와 같다. 지식재산권이 대통령의 어젠다가 되어야 한다.

국제적으로 신뢰받는 제도와 리더십 필요

지식재산 선진국들은 관련 제도가 외국과 조화를 이룰 수 있도록 노력하고 있다. 지식재산의 특성상 국제적인 요소가 많이 있기 때문이다. 동일한 특허를 여러 나라에 출원하고 사업화하며, 분쟁 발생 시에는 소송을 진행한다. 특허를 보유한 사람은 어느 나라에 출원할 것인가 선택하게 되고, 또한 분쟁이 발생하였을 때 어느 나라 법원에서 먼저 재판을 받아볼 것인가도 선택하게 된다. 당연히 지식재산권 소유자는 보호가 잘 되고 결과예측이 가능한 나라를 선호하게 된다. 따라서 신뢰를 얻은 나라에 특허 출원이 몰리고 분쟁해결 소송이 몰리게 되어 있다. 이러한 신뢰를 얻기 위해서는 국제적인 공조와 예측 가능한 제도를 보유하고 있어야 한다. 그래야 향후 아시아 특허청, 아시아 특허법원 설치와 유치에도 유리한 고지를 점할 수 있을 것이다.

지식재산 전문가 양성

우리나라의 지식재산 전문가는 매우 부족한 상태이다. 그동안 지식재산에 대한 사회적인 인식이 부족했던 이유도 있지만, 지식재산의 관리, 활용, 라이센싱, 분쟁해결 분야의 전문가 양성이 제대로 되지 못했다. 법학전문대학원 제도가 도입되면서 지식재산 교육에 대한 기대를 모으기도 했다. 하지만 법학전문대학원 내에서도 기대만큼 지식재산 교육이 활성화되지 못하고 있다. 다행히 특허청이 지원하여 2010년에 KAIST와 홍익대에 지식재산대학원이 설립되어 인력을 양성하고 있는 점이 큰 다행이라 할 것이다. 앞으로 지식재산 관련 이슈들은 더욱 복잡해지고 고도화될 것이 틀림없다. 이러한 이슈들을 해결하고 국가의 부를 보호할 인력이 절대적으로 필요하다. 아울러 국제적인 소양을 갖춘 지식재산전문가 양성도 필요하다. 아시아 특허청, 아시아 특허법원 시대를 대비하여 국제적 역량을 갖춘 인력 양성을 지금부터 해나가야 한다.

지식재산 평가능력 함양

지식재산을 이용하여 사업화 하고, 돈을 빌리고, 지식재산을 거래하고, 분쟁을 해결할 때 반드시 만나는 문제가 바로 가치평가이다. 지식재산의 가치를 얼마로 평가하느냐에 따라서 그 다음의 일이 진행되는 것이다. 우리나라는 무형의 자산을 평가하는 분야에서 매우 낙후되어 있다. 한국 금융권은 부동산 외에는 평가할 능력이 안 되기 때문이다. 지식재산을 평가하는 곳은 은행뿐이 아니다. 창업투자회사, 신용보증기관, 기술보증기관 등에서도 마찬가지이다. 금융시장이 대외 환경에 더 유연해져야 한다. 이미 세계적 기업의 M&A 시장에서 기업 자산에 대한 평가는 유형자산에서 무형자산에 대한 가치평가로 전환했다. 과거 유형자산(부동산) 중심의 평가에서 벗어나 기술금융, 지식금융으로 전환되어야 한다.

4차 산업혁명 시대 지식재산에 대한 전망과 준비

앞서 언급한 것처럼 특허권과 저작권이 융합된 지식재산권이 등장하는 것처럼, 4차 산업혁명 시대에는 이전과 다른 새로운 유형의 지식재산이 출현할 것이다. 또한 인공지능이 만들어내는 성과물에 대한 소유권 논쟁도 치열해질 것이다. 더군다나 혁신의 속도가 빨라지면서 지식재산권의 모습도 구체적으로 예측하기 어려운 상황이다. 따라서 앞으로 출현할 지식재산의 유형이나 범위에 대해 새로운 시각으로 접근하고 전망하면서, 공유와 글로벌 확산을 특징으로 하는 4차 산업혁명에 부합하는 방향으로 대응체계를 갖춰가야 할 것이다.

정책 차원의 지식재산 전략방안

지식재산 전략에 대한 정책목표를 달성하기 위해서는 정부 차원의 정책역량과 세계적 수준으로 성장한 우리 기업들의 경영역량, 실무와 학계 전문가 집단의 경험과 지식역량을 집중하고 강화할 수 있는 세부 정책들을 구상하고 실행해야 한다.

특허 심사 품질 향상과 부실 특허에 대한 책임

우리나라가 특허 허브가 되려면 먼저 특허 품질이 세계 최고가 되어야 한다. 등록된 특허가 특허심판원에서 무효라고 판정된 통계를 보면 50%를 초과할 만큼 특허 무효율이 높다. 또한 특허청 자료에 따르면 2014년에 미국 심사관이 70건, 일본 심사관이 173건을 심사한 데 비하여 한국 심사관은 230건을 심사했다. 특허청은 심사관 수를 늘리고 심사품질을 위한 획기적인 조치를 취해야 한다. 특히 향후 증가할 융복합 기술 특허 심사의 경우에는 출원서 기준의 1단계 심사와 복수의 전문가 심사관을 통한 2단계 심사와 같이 2단계 심사방식을 실시하는 것도 하나의 방안이다.

우리나라 심사관 인력구성은 IP5 특허청과 비교할 때 전문분야별 박사급 비중이 어느 특허청보다 높다. 특히 IT 등 주요 산업 분야에서의 한중일 선행문헌 이해와 분석능력은 최고 수준이다. 또한 영어 외에도 중국어 또는 일본어 문헌을 이해하고 분석할 수 있는 심사관이 다수 있으며, 이는 최근 마이크로소프트 등 글로벌 IT 기업들이 주요 PCT(국제특허협약) 출원국을 한국으로 삼는 중요한 이유가 되고 있다. 이러한 장점에도 불구하고 심사품질향상의 큰 장애물은 특허청 스스로 심사관을 확충할 권한이 없다는 점이다. 특허청 자체 재원은 충분하지만 행정안전부의 승인이 없이는 인력확충이 불가능하고, 기획재정부의 승인이 없이는 예산사용도 불가능하다.

한편 정부기관인 특허청이 발행한 특허등록증을 믿고 사업을 시작한 국민이 훗날 특허가 무효가 되어 당하는 손실을 생각해봐야 한다. 이것은 부실한 특허권을 등록한 특허청의 책임도 있다 할 것이다. 하지만 현실은 그렇지 않다. 부실 특허의 피해는 부실 특허를 믿었던 국민의 몫이고, 부실 특허를 등록해 준 특허청은 책임의식이 없다. 이러한 모순 때문에 등록된 특허가 이후에 무효가 되는 비율이 개선되지 않고 있는 측면이 있다. 만일 특허청이 자신이 등록한 특허가 무효 판정을 받을 경우 어느 정도 책임을 지는 후속조치가 있다면, 특허청은 특허를 등록할 때 더욱 심사숙고할 것이고 한번 등록한 특허는 보호해주려 노력할 것이다.

법관 전문성 제고와 국제 재판부 및 영어 재판 허용

전문성을 가진 판사의 양성은 절대적으로 필요하다. 2016년부터 특허재판의 법원 관할집중이 시행되고 있다. 관할집중은 판사의 전문성 향상에 도움을 줄 것이다. 하지만 아직도 특허법원의 판사 재임기간이 너무 짧다. 순환보직의 개념에서 벗어나지 못하고 있어 5년 이상 근무하는 판사가 없는 실정이다. 아무리 한국의 판사가 뛰어나다 하여도 미국 등 일부 지식재산 선진국의 경우처럼 10년 이상 특허 사건만 다루어온 판사의 전문성에 비교할 수 없을 것이다. 법관의 전문성 향상을 위하여 특허전문 법관제도의 도입이 필요하다.

한편 국제적인 신뢰를 얻어 국제 분쟁 사건이 한국법원으로 오게 만들기 위해서는 국제 재판부 신설이 필요하다. 당사자가 원하는 경우에는 영어로 재판이 가능해야 한다. 현행 제도는 법원에서 한국어만 사용하게 되어 있다. 하루 속히 이를 개선하여 당사자가 원하면 영어 재판이 가능하게 해야 한다.

지식재산 교육 플랫폼 설치

우리나라의 지식재산 제도가 세계적 수준으로 정비되어야 함은 물론, 체계적인 교육 플랫폼을 제공하여 국제적 지도력을 확보해야 한다. 미국, 일본, 중국은 최근 국제적인 지도력 확보를 위한 정책경쟁을 하고 있다. 우리는 크게 두 가지 관점에서 생각해 볼 수 있다. 먼저 지식재산 선도그룹(변리사, 변호사, 교수 등 지식재산 전문가 집단)을 위한 국제 교육 플랫폼을 생각해볼 수 있다. 그리고 우리나라와 중국, 일본 학생들이 모여서 석사과정 수준의 지식재산 전문교육을 받을 수 있는 국제지식재산대학원을 설치한다면 세계적 지식재산 지도력 확립에 결정적인 도구가 될 수 있다.

지식재산정책비서관과 지식재산부 신설

현재의 국가지식재산위원회의 위상으로는 지식재산정책을 종합적, 거시적으로 주도하기 어렵다. 2011년 지식재산기본법이 제정되고 대통령 '소속'으로 국가지식재산위원회가 설치되었으며 국무총리와 총리급의 민간위원장이 공동위원장으로 선임되었으나, 위원회 사무국을 미래창조과학부(현 과학기술정보통신부)로 옮기면서 그 위상이 낮아졌다는 지적을 받고 있다.

이를 개선하기 위해서는 첫째, 청와대에 지식재산정책비서관을 신설하여 대통령의 지식재산정책을 보좌하고 국가지식재산정책에 대한 집행 조정의 임무를 수행할 수 있게 해야 한다. 둘째, 지식재산 관련 컨트롤타워 역할을 할 수 있는 지식재산부도 신설해야 한다. 일자리 창출에 가장 큰 기여를 할 지식재산을 국정의제로 만들고, 여러 부처에 나뉘어 있는 관련 정책을 총괄하며, 혁신기술이 주도하는 4차 산업혁명에 유연하게 대처하기 위해서는 지식재산부의 신설은 매우 시급하다.

특허제도와 반독점 제도의 조화

특허제도와 반독점anti-trust제도는 그 방법론에 있어 근본적으로 상반된다. 특허제도는 발명에 일정 기간 독점권을 부여하여 권리자를 보호하고 혁신의 동기를 제공하는 반면, 반독점제도는 자유시장경제체제의 근간을 무너뜨리는 독과점을 통제한다. 그러나 특허제도도 기술내용 공개를 통한 사회 전체의 이익과 기술발전을 강조한다는 점,

반독점제도 역시 독과점을 제한하되 시장에 미치는 영향을 충분히 고려하도록 각종 장치를 마련하고 있는 점에 비추어 두 제도 사이의 조화로운 해석 또한 가능하다. 공정거래위원회가 지식재산 보호와 독과점 방지의 균형에 대해 관심을 가지기 시작한 것은 최근의 일이지만, 국가지식재산위원회를 중심으로 특허청, 공정거래위원회 및 기타 관련 부처 간 소통을 지속해 나가야 한다.

소프트웨어 보호와 군사기술 특허 장려

현재 우리나라의 산업경쟁력이 저하되고 있는 원인 중 하나는 소프트웨어산업의 후진성에 있다. 즉 불법복제 사용이 만연한 데에 있다. 소프트웨어 제품이 보호되지 못함으로써 소프트웨어산업이 황폐화된 것이다. 불법 사용에 대하여 엄격한 법집행을 하지 않은 정부의 책임이 크다. 그리고 소프트웨어를 저작권의 일부라 생각하여 문화체육관광부 산하 저작권위원회에서 관장하고 있다. 이는 잘못된 것이다. 소프트웨어는 문화적인 측면보다 산업적인 측면이 크다. 정보통신 주관부처에서 더 적극적으로 소프트웨어 관련 법제 및 불법사용에 대한 법집행에 관여해야 한다. 현재와 같은 방식으로는 생산시스템이 소프트웨어 중심으로 재편되는 4차 산업혁명 흐름에 뒤처질 수밖에 없을 것이다.

현재 국가의 지원을 받아 개발된 군사기술의 특허권은 국가가 갖게 되어 있다. 군사기술의 특성상 이해되는 면도 있다. 하지만 특허권을 회사나 개인이 가질 수 없기 때문에 개발 사업이 종료된 후에는 지식재산 관리가 제대로 이루어지지 않고 있다. 적극적인 특허출원의 동기가 없는 것이다. 미국처럼 민간인도 소유할 수 있게 개선할 필요가 있다.

4 사이버 보안:
디지털 위험 인식 제고와 사이버 보안 컨트롤타워 구축

인간의 무한한 상상력은 사이버 세상을 창조해냈다. 끊임없이 진화하는 인류의 상상력은 앞을 향해 질주하고 있다. 디지털 기술의 눈부신 발달은 사이버 공간과 현실 공간의 희미한 경계마저 무너뜨리고 있다. 디지털 혁명이 우리 삶에 혜택으로만 나타나지는 않는다. 얽히고설킨 네트워크와 디지털 기기의 연결은 엄청난 생산성 향상을 가져다주지만, 반대로 가늠하기조차 어려운 위협으로 다가올 수 있다. 디지털 혁명의 역기능이라 할 수 있는 사이버 위협은 이전의 정보유출과 금전 탈취의 범죄 수준을 훨씬 뛰어넘고 있다. 그런데 4차 산업혁명 시대에 접어들면서 사이버 공간은 더 큰 가공할 위협의 진원지가 될 것이다. 디지털 기기들이 갈수록 자율기능을 더해가는 상황에서 불특정 사이버 공격에 의한 폐해의 규모와 영역은 예측하기 어려울 정도로 광범위하기 때문이다.

4차 산업혁명 시대의 보안 패러다임 변화

세계 각국은 사이버 위협을 국가의 부수적인 위협 수준에서 생존 차원으로 끌어올리고 있다. 세계에서 가장 치열하게 전개되는 사이버 교전 지역을 꼽으라면 미국, 중국, 러시아, 이스라엘과 범凡아랍국, 그리고 최고의 인프라를 갖춘 대한민국이다. 우리는 역설적으로 통신 인프라가 고도로 집적돼 있어 그만큼 외부 사이버 공격에 취약하다. 따라서 비국가행위자를 포함한 적대세력의 사이버 활동을 주의 깊게 관찰하고 추적, 대응해야 한다.

상상력이 무기가 되는 세상

사이버 테러가 물리적 공격으로 이어지면서 상상력 자체가 무기가 되는 세상이 됐다. 원자력발전소와 같은 기반시설을 겨냥한 악성코드malware는 소프트웨어를 수단으로 한 상상력의 산물이다. 테러리스트가 장난감 무인비행기에 사제폭탄을 탑재하고 자동항법장치GPS 기능을 추가한다면, 장난감이 인명을 살상하는 무기로 둔갑하게 된다. 테러리스트가 무기를 밀수하거나 폭발물을 가지고 국경을 넘나들 가능성도 사라진다. 홀연히 공격할 현지에 나타나 3D 프린터로 다기능 무기를 찍어내고 사제폭탄을 만들어낼 수도 있기 때문이다.

우리는 머잖아 인명살상을 결정하는 무인시스템이 등장하고 자율로봇이 해킹당하는 치명적인 파괴를 목격하게 될지 모른다. 다가오는 디지털 위험은 사회공동체가 피해갈 수 없는 현실이며 이의 해결은 국가안보와 경제성장을 위해 정면 돌파해야 할 국정과제이다.

4차 산업혁명 시대에 더 커질 디지털 위험

사물이 가진 특성을 더욱 지능화한 사물인터넷IoT의 오작동은 사람의 생명을 위협할 정도이며 수도 없이 연결된 기기 어느 하나의 부실한 접점이 해킹의 경로가 될 수 있다. 사물인터넷 설계단계에서부터 안전성이 담보되어야 하며 공급망 전 단계의 위험관리를 위한 관리체계가 수립되어야 한다. 또한 로봇에 임무수행을 위해 설치한 프로그램, 즉 알고리즘algorithm을 아무리 훌륭하게 설계하고 광범위한 확인 절차를 거쳐도 로봇이 지금껏 보지 못한 사건에 맞닥뜨리면 예외적인 끔찍한 사건이 발생할 수 있다. 인공지능 알고리즘은 인간보다 더 빠른 속도, 더 저렴한 비용, 더 높은 정확도를 보여준다. 이는 거꾸로 말하면 더욱 큰 위험이 잠재되어 있다는 의미이기도 하다.

〈표 2-8〉 4차 산업혁명 시대의 보안 패러다임 변화

구분	As-Is	To-Be
공격주체	북한·중국 해커	주변 국가와 비국가행위자
공격대상	불특정다수	불특정다수 + 특정소수(기반시설)
공격목적	자기과시·정보유출	경제피해·정치의도·사회혼란
보호대상	단말·네트워크 (정보시스템과 데이터 보호)	디바이스·네트워크·플랫폼 (사람과 환경에 대한 안전)
보안주체	정부·기업	정부·기업 + 전 국민
보안정책	정부 규제 위주	시장역할과 민간역량 활용
위협대응	침해사고 개별 대응	예방·탐지·대응·복구의 선제 대응
정보공유	부문별 제한된 정보획득	민·관·군 공조체계
경쟁우위	데이터	데이터 + 알고리즘
기술개발	(필요성) 기술 중심의 추격형 하드웨어·프로젝트 중심	(즉시성) 사람 중심의 선도형 소프트웨어·프로세스 중심

사이버 영역 넓히는 테러집단

사이버 공간의 끝없는 확장으로 범죄, 테러, 전쟁 간의 개념적 구분이 갈수록 어려워지고 있다. 국경이 따로 없는 사이버 공간은 테러범들에게 더 많은 수단과 기회를 제공할 것으로 예측된다. 가장 손쉽게 획득할 수 있는 테러도구는 악성코드이다. 이를 사고파는 암시장이 있고, 여기에서는 사이버 청부공격도 가능하다. 값비싼 정규군을 규정에 얽매이지 않고 더욱 저렴한 용병이 대체하듯이, 사이버 용병을 고용해 사이버 테러를 감행하는 방식이다.

사이버 위협의 유형

사이버 공격을 전력화하는 북한

북한은 후방의 군사적, 경제적, 심리적 타격을 가해 혼란을 부추길 수 있는 수단으로 사이버 공격을 전력화하고 있다. 국제사회는 핵무기 억제를 위한 제재를 가하고 있지만, 실체가 없는 사이버 공격에는 별다른 억제 수단이 없는 실정이다. 미국 정보기관을 총괄하는 국가정보국DNI은 〈2017년 세계위협평가〉 보고서에서 북한과 함께 러시아, 중국, 이란을 주요 사이버 위협 행위자로 규정했다. 보고서는 북한이 소니픽처스 해킹뿐만 아니라 미국 기업들을 상대로 공격을 감행했고, 여전히 정치적 목적을 달성하기 위해 파괴적인 사이버 공격에 나설 능력이 있다고 분석했다.

북한의 사이버 전력은 이전과 비교할 수 없을 정도로 고도화되고 있다. 북한의 사이버 공격력이 강력해지고 있는 것은 ▷행위주체의 전략적·개념적 우위 ▷사회주의에서나 가능한 인재의 조기 발굴·양성

▷잘 갖춰진 우리의 초고속 인프라와 높은 활용이 실질적인 활동무대가 되어주기 때문이다. 북한이 노리는 표적은 군사기반시설만이 아니라 우리의 일상생활 전체를 대상으로 하고 있음을 직시해야 한다.

사이버 위협 주요 내용

국가의 지원을 받는 해커들은 발신지 추적이 어려운 틈을 이용해 상대국 기밀을 탈취하고 주요 기반시설을 마비시킨다. 2010년 미국과 이스라엘은 이란 핵시설에 악성코드를 침투시켜 통제시스템을 오작동시킴으로써 전폭기를 동원한 공습에 버금가는 효과를 거뒀다. 2016년 러시아는 우크라이나 수도 키에프에 정전사태를 일으킨 바 있다. 물리적 충격만이 아니다. 2014년 러시아의 크림공화국 합병과 이에 즈음한 우크라이나 분쟁 개입은 기존의 전쟁과 다른 복잡한 형태로 진행됐고 사이버 여론조작으로 정치·사회적 혼란을 가중시켰다. 사이버 위협의 유형과 내용은 〈표 2-9〉에서 보듯 다양하다.

〈표 2-9〉 사이버 위협 유형과 주요내용

유형	주요내용	사례
사이버 첩보	정보시스템 침투 → 정보유출	2016년 북한, 인터파크 고객정보유출과 금전요구 2015년 중국 해커, 미국 공무원정보 대량 탈취
사이버 테러	국가기반시설 마비 → 경제피해	2016년 러시아, 우크라이나 전력시스템 마비 2013년 북한, 남한 방송·금융기관 시스템공격
사이버 심리	거짓·기만정보 유포 → 국론분열	2017년 러시아, 유럽 선거개입 및 여론조작 2010년 북한, 천안함 폭침(爆枕) 사실 왜곡
사이버 작전	물리전과 연계한 공격 → 군사작전	2009년 이스라엘, 시리아 방공망 전자교란 2008년 러시아, 조지아(그루지야) 디도스공격

사이버 위협 대응을 위한 전략

사이버 공격의 주요 표적은 정부기관은 물론 극심한 사회혼란을 야기할 수 있는 금융, 에너지, 교통과 같은 국가기반시설이다. 공격양상이 기술적 요소와 심리적 요소가 복합적으로 맞물려 경제적 피해와 심리적 충격을 함께 노리기 때문이다. 하지만 이렇게 기습적이고 무차별적인 공격에 비해 대응은 상당히 제한적인 실정이다. 따라서 각계각층의 부단한 이해와 노력이 어느 때보다 필요한 시점이다.

사이버 안보를 컨트롤하는 디지털 리더십 구축

첫째, 사이버 안보 이슈에 과감히 대응하는 디지털 리더십이 필요하다. 국가 리더가 사이버 위협의 중대성을 국민에게 알리고 모두가 동참할 수 있도록 사회적 공감대를 형성해야 한다. 둘째, 전체 국가차원으로 접근해야 한다. 모든 행위주체가 네트워크로 연결되어 있다. 어느 한쪽에서 문제가 터지면 연쇄적으로 문제를 일으키는 속성이 있어 각 주체가 제 역할을 다할 때 견고해진다. 모든 주체를 유기적으로 연계할 수 있는 방안을 수립하여 시행해야 한다. 셋째, 리더의 의지를 관철시킬 수 있는 실제적인 수행체계를 갖춰야 한다. 현재 대한민국 사이버 안보 컨트롤타워는 국가안보실에 두고 실무 총괄은 국가정보원이 담당하는 것으로 되어 있다. 사이버 위협에 대응할 전략적 접근이 필요하며, 다양한 주체의 이해를 조율하고 협력을 이끌어내는 거버넌스를 갖춰나가야 한다.

사이버 보안 전방위 교육

많은 사람들이 모든 웹사이트에서 동일한 비밀번호를 사용하고 스마트폰 비밀번호도 잘 사용하지 않는다. 사이버 침해 사고의 90%는 사람과 관련이 있고, 인간적 요인이 다른 모든 기술적 보안도구를 능가한다. 내부자가 정보를 탈취하거나 사소한 부주의가 대형사고로 이어질 수 있는 것이다. 그러나 기업은 계속되는 사이버 사고에도 여전히 보안을 성장의 디딤돌이 아닌 규제로 인식하는 수준이다. 사이버 세상에서 안전하게 살아가는 방법을 가르쳐야 한다. 4차 산업혁명을 둘러싼 다양한 기술의 작동방식을 이해하고 보안도구를 잘 활용해, 공격자가 기술의 무지를 악용하지 못하도록 해야 한다. 교육기관과 지자체가 연계한 조기·평생 보안교육시스템을 통해 사이버 위협을 교통사고와 같은 주변의 일상화된 위협으로 인식하게 해야 한다.

사이버 안보 관련법 정비

사이버 위협은 국민의 재산과 기본권뿐만 아니라 국가안보와 직결돼 있다. 그럼에도 새로운 위협에 체계적으로 대응할 수 있는 기본법이 없다. 그나마 있는 것도 사이버 테러를 당하고 사후약방문식으로 보완하다 보니 숱한 법규가 생겨났고, 이마저도 일관성이 부족해 유사시 혼선이 우려된다.

미국의 경우, 2001년 9·11테러 이후 〈국토안보법〉을 필두로 사이버 안보와 관련한 정책을 지속적으로 수립하고 이를 뒷받침할 법규를 정비해오고 있다. 2015년 공공부문과 민간부문의 사이버 위협 정보를 공유하기 위해 CISA Cybersecurity Information Sharing Act에 기반하여 여러 법안의 조합체인 〈사이버안보법 Cybersecurity Act〉을 통과시켰다. 영국은 사이버 공격을 테러나 군사적 충돌과 같은 1급 국가안보 위협으로 간주하고 있으며, 2016년 정보당국이 특정 휴대전화나 컴퓨터를 검열할 수 있도록 했다. 또 일본은 2014년 〈사이버시큐리티기본법〉을 제정해 후속 전략을 마련하고 있고, 중국은 사이버 주권 수호를 명시하고 사이버 통제를 강화하는 포괄적 〈인터넷안전법〉을 만들어 2017년 6월 시행에 들어갔다.

이에 비해 우리는 대통령훈령인 〈국가사이버안전관리규정〉이 전부이다. 정작 북한의 사이버 도발에 휘말리고 있는 우리는 산업화 시대에 만들어진 산만한 법규에 얽매여 있는 실정이다. 디지털 시대에 걸맞은 기본법을 제정하고 관련법을 재정비하면서 국가차원에서의 보안 사각지대를 해소해나가야 한다.

사이버 국제협력 및 공조

유엔은 사이버 위협을 21세기 가장 심각한 도전과제 가운데 하나로 보고 있다. 실제로 초국가적 범죄·테러조직이 폭력을 선동하기 위해 네트워크를 광범위하게 사용하고 있는데 반해 개별 국가가 선제적으로 대응할 방법은 별로 없다. 사이버 범죄 공조수사는 시작됐지만 국제적 사법체계와 절차가 제대로 마련돼 있지 않고, 이를 협의하기 위한 국제회의는 각국의 이익을 우선 반영하려는 각축장이 되고 있다. 지역, 국가, 민간의 다차원적 국제 공조전략을 마련해나가야 한다.

사이버 방위산업의 전략적 육성

사이버 환경이 하드웨어 플랫폼에서 네트워크 중심의 소프트웨어로 급속히 바뀌고 있다. 사이버 안보가 국가안보의 최우선 순위로 떠오르는 가운데 소프트웨어를 중심으로 한 사이버 방위산업의 전략적 육성도 더 중요해지고 있다. 우리는 하드웨어 중심적 제도와 실패를 두려워하는 안전 위주의 문화가 깊숙이 자리하고 있다. 그러나 민간과의 협업과 상호교류를 통해 사이버 방위산업을 전략적으로 육성해나가야 한다. 4차 산업혁명 시대에는 더욱 소프트웨어가 하드웨어의 경쟁력과 생존성을 결정하게 될 것이다. 일상의 사물인터넷으로 인해 편의성도 커지겠지만, 의도적, 비의도적 행위로 예기치 못한 결과를 초래할 수도 있기 때문에 설계시점부터 보안을 염두에 두어야 한다. 특히 사이버 위협의 속성을 고려해 4차 산업혁명과 간극이 있는 각종 규제의 완화 또는 강화가 균형 있게 추진되어야 한다.

5 사물인터넷:
정부·기업·대학·시민 등 참여주체별 전략 수립과 유기적 연결

물리적(오프라인) 혁명인 1차 및 2차 산업혁명과 사이버(온라인) 정보화혁명인 3차 산업혁명을 거쳐 모든 것이 인터넷과 연결되는 사물인터넷IoT, Internet of Things을 통해 사이버물리시스템(온-오프라인 융합) 기반의 4차 산업혁명 단계로 접어들고 있다. 글로벌 시장조사기관 가트너Gartner는 사물인터넷을 모든 기기를 네트워크로 연결하여 파괴적 혁신을 일으키는 '융합하는 힘'으로 분석하기도 했다.

사물인터넷과 데이터

3차 산업혁명의 키워드가 초고속 유무선 인터넷과 고성능 컴퓨터의 개발이었다면, 4차 산업혁명에서는 빅데이터 분석 및 인공지능을 이용한 다양한 산업 분야에서의 혁신적인 서비스 개발이 핵심이며, 그 중심에 데이터가 있다. 세상이 IT 시대에서 DTData Technology 시대로 변화하고 있다는 중국 알리바바Alibaba 회장 마윈Ma Yun의 언급과도

〈그림 2-2〉 향후 데이터 증가량 전망

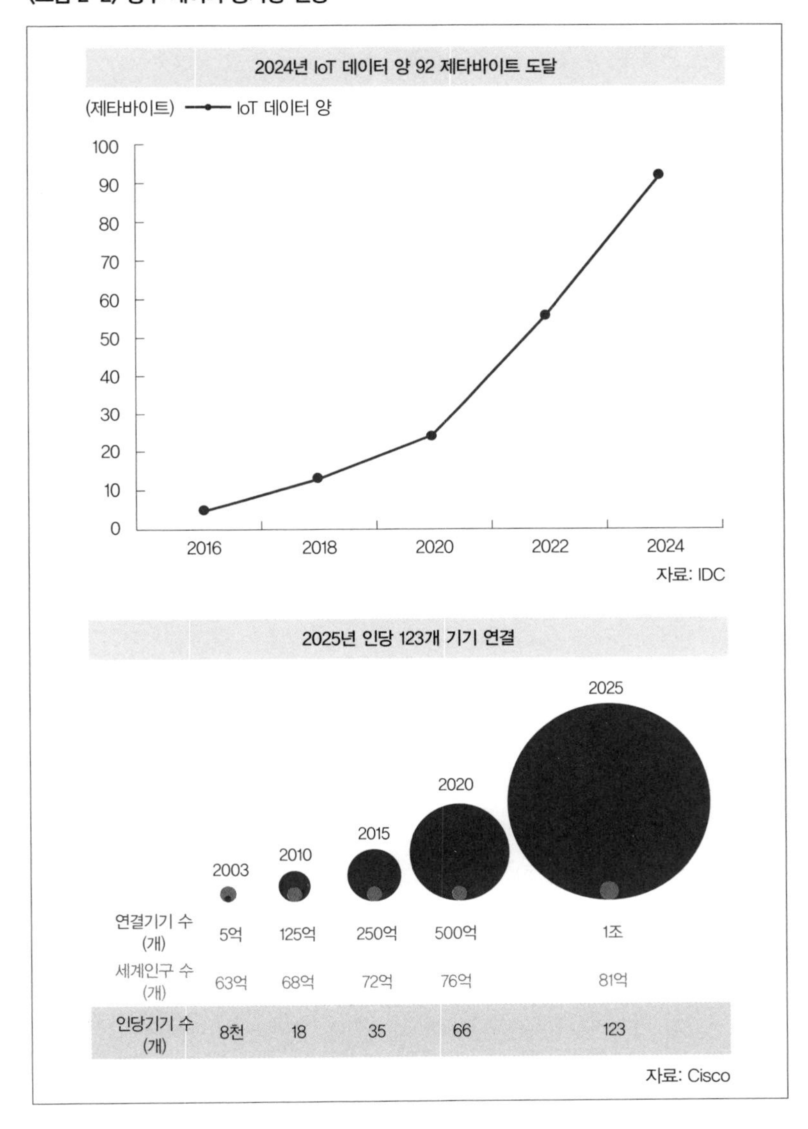

같이 데이터는 전반적인 산업 구조 및 시스템의 혁신을 주도하는 열쇠가 되고 있다.

IDC 보고서를 기반으로 분석한 자료에 따르면 전 세계 IoT 데이터량은 2020년 20제타바이트ZB[3]로 증가한 후 2024년에는 약 92제타바이트에 도달할 것으로 예상된다. 또한 시스코Cisco에 따르면, IoT 데이터를 생성하는 사물의 수는 2020년에 약 500억 개로 늘어나고, 인구가 약 81억 명에 이르게 될 2025년에는 1인당 평균 123개의 사물이 연결되어 전 세계적으로는 총 1조 개의 사물이 연결될 것으로 추정된다.

또한 IoT 사물이 생성하는 데이터 외에 소셜 데이터에 대해 살펴보면, 1분 동안 구글에서는 2억 건의 검색, 유튜브에서는 72시간의 동영상, 트위터에서는 28만 건의 트윗이 생성되고 있다. 향후에는 사물 간, 또 인간과 사물 간의 상호작용으로 데이터가 더 폭발적으로 증가할 것으로 보인다. 이미 항공기의 엔진은 한 시간에 20테라바이트의 데이터를 만들어내고 있으며 자율주행자동차 한 대가 하루에 4,000기가바이트의 데이터를 만들어 낼 것으로 예측되고 있다.

방대한 IoT 데이터는 클라우드 기반으로 구축된 다수의 분산된 서버에 저장·관리되고, 빅데이터 구축 후 인공지능과 결합하여 데이터를 분석하며 그 결과를 바탕으로 예측 및 맞춤형 서비스를 다양하게 제공할 수 있다.

사물인터넷 구성요소

사물인터넷 가치사슬은 사물로부터 데이터가 생성되고 전송되어

의미 있는 정보를 추출하기까지의 과정에서 요구되는 하드웨어와 서비스로 구성된다. 하드웨어는 반도체, 사물Thing, 운영체제OS, Operating System 등으로 구분하고, 서비스는 통신서비스, 플랫폼서비스, 응용서비스 등으로 구성된다.

반도체

사물인터넷 시스템 반도체는 주변 환경 정보를 감지하여 데이터로 변환하는 센서 칩, 데이터를 전송하는 통신 칩, 데이터를 처리하거나 사물을 제어하는 프로세서 칩 등이 있다. 다수의 반도체 칩을 집약한 모듈 형태의 제품도 가능하다. 가트너는 사물인터넷 센서기술의 핵심적인 특성인 소형, 저전력, 고성능, 다기능 등을 만족하는 반도체 시장 규모를 2016년 약 138억 달러에서 2020년에는 약 342억 달러로 연평균 25.3% 성장할 것으로 내다봤다.

사물

사물은 반도체 칩 또는 모듈을 탑재하는 센서, 스마트폰, 컴퓨터 등을 통칭한다. 센서의 경우 전기가 연결되지 않거나 통신 기능이 없이 단순히 감지기능을 위한 반도체가 추가될 수도 있고, 전기와 통신이 모두 또는 일부만 구비될 수도 있다. 프로세서의 경우 저전력과 저성능의 MCUMachine Control Unit 칩이, 통신 장치의 경우 저전력 및 장거리 네트워크LPWAN, Low Power Wide Area Network 전용 칩이 탑재될 것이다.

운영체제

사물인터넷 사물의 수와 범위가 방대하기 때문에 아직까지 시장을 선점한 사물인터넷용 운영체제는 없지만 하드웨어 성능의 고도화를 위해 다양한 운영체제가 상용화될 것으로 예상된다. 아마존의 에코Echo, SKT의 누구NUGU, 네이버의 클로바Clova, 삼성의 빅스비Bixby 등의 음성인식 기기를 예로 들면, 각각의 사물에 최적화되고 보안기능이 강화된 저전력 특성을 만족하는 임베디드 운영체제embedded system가 필요할 것이다.

통신서비스

사물인터넷 통신기술은 전력소모량, 데이터전송률, 통신거리에 따라 요구되는 조건이 달라지고 서비스 가격에도 차이가 나기 때문에 최적화된 통신기술 선정이 중요하다. 예를 들어, 산업자동화를 위한 IoT 로봇의 경우 안정적인 전력공급, 대용량 고속 전송, 짧은 통신거리 등의 조건을 만족하는 Wi-Fi와 같은 무선 LAN 기술이 적합하다. 그러나 저용량 저속 전송, 저전력, 장거리 통신이 요구되는 스마트 수량계 또는 해양 정보 탐지 장치 등은 배터리 수명 10년, 통신거리 1~10km, 기기 당 5달러 이하의 저전력 장거리 네트워크LPWAN 통신방식이 적합할 것이다. 이용 가능한 LPWAN 방식으로는 비면허 주파수 대역을 사용하는 LoRALong Range, Sigfox 등이 있고, 면허 주파수 대역을 사용하는 LTE-M 방식과 NB-IoT 방식 등이 있다.

한편 사물인터넷이 활성화됨에 따라 센서 데이터와 소셜 데이터의 양이 기하급수적으로 늘어나고 기간 통신망의 데이터 트래픽이 4G LTE 대비 1,000배 이상 폭발적으로 증가할 것으로 전망되어 5G 도입이 불가피해질 것이다. 국제표준기관인 3GPP와 ITU의 계획은 각각 2020년 3월과 10월에 5G 표준 규격을 완성하는 것인데 반해, 한국의 KT는 2019년 5월에 세계 최초의 5G 상용화 서비스 계획을 발표하는 등 차세대 먹거리로서 5G 통신을 둘러싼 글로벌 경쟁은 이미 시작되었다.

플랫폼 서비스

IoT 플랫폼이 하드웨어, 통신, 서비스를 하나의 시스템으로 통합하고, 다양한 산업 분야를 수평적으로 상호 연결하여 방대한 데이터를 효율적으로 공유하기 위해서는 상호운용성interoperability, 사용편이성, 확장성, 보안 등이 필수적으로 요구된다. IoT 플랫폼은 하드웨어 플랫폼, 통신서비스 플랫폼, 응용서비스 플랫폼, 데이터 공유 플랫폼 등으로 구분될 수 있다. 전 세계적으로 약 300개의 기업이 IoT 플랫폼 서비스를 제공하지만, 산업별 및 기능별로 광범위한 IoT 활용에 따라 요구되는 데이터, 단말기, 통신기술, 정보분석기법이 각각 다르기 때문에 특정 플랫폼이 시장을 선점하지 못하는 치열한 시장 경쟁이 향후 수년 간 더 지속될 것으로 예상된다.

응용서비스

사물인터넷 응용서비스는 가전, 제조, 유통, 자동차, 의료, 도시, 에너지, 교육, 국방, 기반시설 등 다양한 산업에 접목할 수 있다. 특히 스마트홈, 스마트시티, 스마트카 등의 분야가 범용 사물인터넷 응용서비스에서 약 90% 이상의 비중을 차지하며 빠르게 활성화 될 가능성이 높은 것으로 주목된다. 가트너에 따르면 전 세계 스마트홈 시장 규모는 2020년에 약 430억 달러로 커질 것으로 전망된다. 또한 스마트시티 시장 규모는 빌딩, 시설, 공공, 교통 서비스 등을 포함하여 2020년까지 글로벌 시장은 1조 5,600억 달러 이상으로 커질 것으로 전망되고 국내 시장은 2조 9,000억 원 규모로 성장할 것으로 전망된다.

한편 사물인터넷 전체 시장규모는 조사기관별로 차이가 있지만 IDC, 맥킨지McKinsey, 가트너 등 모두가 사물인터넷 시장의 급성장을 전망하고 있다. 특히 국내 사물인터넷 시장은 스마트폰, 태블릿 등 디바이스 비중이 높았던 2015년 3조 8,000억 원에서 서비스, 애플리케이션, 솔루션 등의 비중이 큰 폭으로 상승할 2020년에는 13조 7,000억 원으로 연 평균 29.3% 성장할 것으로 예상되고 있다.

사물인터넷 관련 표준화

사물인터넷으로 연결될 사물의 종류는 방대하고 활용 분야도 다양하다. 따라서 사물에 센서와 네트워크 기능을 부여하여 정보를 수집하고 상호 전달하기 위해 필요한 반도체, 운영체제 등의 하드웨어와 통신, 플랫폼, 응용 등의 서비스 관련 기술들이 각각 다른 형태로 발전함으로써 사물들의 연결이 쉽지 않고 매우 복잡한 사물인터넷 생태계를 형성하고 있다.

사물인터넷 서비스를 제공하고자 하는 기업의 입장에서는 어떤 특정한 방향으로 제품과 서비스를 기획하고 양산할 경우 향후 벌어질 상황변화에 따라 상호운용성과 확장성에 제약이 따르는 위험이 우려될 수 있다. 또한 사용자 입장에서는 특정 제품을 구매한 후에 다른 기기와의 연결이 보장되지 않는다면 사물인터넷 확산에 장애가 될 수 있다.

이러한 문제를 해결하기 위해 여러 기관과 업종별 기업 및 이해당사자들이 중심이 되어 사물인터넷 관련 표준화 작업을 추진하고 있다.

공적 표준화 기구

우선 ITU-T는 IoT 기술 표준화를 추진하는 유엔 산하 국제표준화 기구로서 네트워크 및 통신 분야에서 기술, 참조모델, 사례, 서비스 구조, 생태계 등의 표준을 개발 중이다. ITU-T SG20 그룹은 기존의 ITU-T IoT-GSIInternet of Things Global Standards Initiative와 ITU-T JCA-IoTJoint Coordination Activity on IoT 및 SC&CSmart City and Communication 그룹의 활동을 승계하고 통합하여 2015년 7월에 새로 발족한 표준화 그룹으로 2017년 기준 155개 국가 및 200만 개 이상의 기업과 MIT, 캠브리지대, KAIST, 게이오대 등의 대학이 참여하고 있다. ITU-T SG20 그룹은 사물인터넷 종단 간end-to-end 구조 및 사물인터넷 응용과 데이터의 상호운용성 메커니즘을 위해 정보의 식별identify, 수집capture, 공유share, 활용use 표준을 개발함과 동시에 사물인터넷 선행 표준 기술을 오픈소스로 구현한 플랫폼을 제공하고 있다.

또한 정보기술 분야 국제표준화 기구인 ISO는 시장의 요구사항을 분석하고 기구별 표준화 추진 내용 간의 차이를 분석하여 국제표준화를 추진하고 있다. 국제전기기술위원회IEC, International Electrotechnical Commission는 전기, 전자, 통신, 원자력 등의 분야에서 각국의 규격·표준의 조정을 행하는 국제기관으로 1906년에 설립되어 1947년 이후에는 ISO의 전기·전자 부문을 담당하고 있다. 2012년 ISO/IEC JTC 1 산하에 사물인터넷 특별작업반SWG on IoT이 설립되어 사물인터넷 관련 시장의 현황 및 이해당사자 간의 격차 분석 등의 활동도 이뤄지고 있다.

사실 표준화 기구

우선 원엠투엠oneM2M은 전 세계 7개 표준개발 단체를 중심으로 설립된 기구로서 프로토콜, 보안, 유지관리, 시맨틱 기술 관련 표준을 개발하고 있다. IEEE는 무선 LANLocal Area Network 및 PANPersonal Area network 기술 관련하여 독점적 지위를 확보하고 있는 전기전자공학 분야 국제 학술기구로서, 블루투스와 와이파이Wi-Fi 등 실내 저전력 근거리 통신, 실외 중장거리 통신 등의 표준을 개발 중이다. IETF의 경우 인터넷 프로토콜 관련 표준화 기구이다.

또한 EU의 IoT 연합체인 ETSI는 AIoTIAlliance for Internet of Things Innovation의 표준 그룹을 이끌며 스마트시티 관련 표준화에 집중하고 있다. 3GPPThe 3rd Generation Partnership Project는 LTE와 5G 표준화 개발도 추진하고 있으며, W3CWorld Wide Web Consortium는 시맨틱을 이용한 데이터 및 사물에 대한 표준을 주도하는 기구이다.

표준협의체

올씬 얼라이언스AllSeen Alliance는 리눅스 재단 주도하에 퀄컴, LG, 하이얼, 샤프 MS, 파나소닉 등 51개 기업이 참여한 표준협의체로 사물인터넷 플랫폼으로 올조인AllJoyn을 채택하고 있다. OCFOpen Connectivity Foundation는 인텔, 삼성전자 등이 주도하여 CoAPConstrained Application Protocol 기반의 사물인터넷 표준 개발을 위해 2014년에 설립한 기존의 협의체인 OICOpen Interconnect Consortium에서 퀄컴, LG, MS,

하이얼 등을 포함하여 300개 이상의 기업들이 참여하면서 명칭을 바꾸고 2016년 새로 출범한 협의체이다. OCF는 오픈소스 기반 Peer-to-Peer 솔루션으로 아이오티비티IoTivity를 채택하고 있다. 또한 스레드Thread는 구글이 주도하고 실리콘랩스, ARM 삼성전자, 프리스케일 등이 참여하는 표준협의체이다.

각국의 사물인터넷 정책

선진 각국에서는 경제·사회 혁신을 위한 실현 수단으로 사물인터

〈표 2-10〉 각국의 사물인터넷 정책 비교

구분	미국	EU	일본	한국
전략	국가정보위원회는 2025년까지'혁신적 파괴기술'의 하나로 선정해 기술로드맵 수립 미 상원 IoT 개발 국가전략 수립촉구	사물인터넷 인프라 구축을 목표로 14대 액션플랜 수립·추진 Horizon 2020에서 IoT 연구와 혁신 촉진	U-Japan(2004), i Japan 2015(2009), Active Japan ICT전략(2012), 신로봇전략(2015) 등에서 IoT 산업정책 추진	사물인터넷 기반구축 기본계획(2009), 인터넷신산업 육성방안(2013), 사물인터넷 기본계획(2014) 수립
비전 및 목표	경제성장과 소비자 서비스 개선 IoT 혁신과 보안간 적절한 균형	IoT 통해 복지, 치안 현안 해결 다양한 분야 IoT 기술과 융합서비스 접목해 신산업 및 시장 창출	원격진료, 지진감시 등 미래 디지털 안전사회구현 IoT로 신서비스 및 산업 창출	2020년 국내시장 30조원, 중소 수출기업수 350개, 고용 3만명, 이용기업 생산성·효율성 30% 증가
특성	정부 IoT 전략의 부재 시스코, IBM 등 민간기업 중심 사이버 보안 중시 스마트시티 등 공공부문 IoT 적용 활발	사물인터넷의 보안 위협 강조 표준화 중시 글래스고시, 바르셀로나시 등에서 스마트시티 등 공공부문의 IoT 적용	IoT 연구개발 통해 신융합서비스 발굴 및 육성 후쿠시마휠 등 공공분야의 IoT 적용 IoT와 로봇간 연계 강조	기술격차, 센서는 수입 의존 컨트롤타워 부재 전문인력 부족 혁신서비스 부재 공공부문 IoT 활용 부진

자료: 기술트렌드, KOTRA, 2015.6.25.

넷을 선정하고 국가경쟁력 강화, 국민의 삶의 질 향상 등을 위해 다양한 정책을 수립하여 추진하고 있다. 미국, EU, 일본, 그리고 우리나라의 사물인터넷 대응 전략과 특성을 비교하면 〈표 2-10〉과 같다.

참여주체별 전략과 역할

4차 산업혁명과 함께 본격화할 사물인터넷 세상에 효과적으로 대응하기 위해서는 기술적인 전략수립뿐만 아니라 정부, 기업, 대학, 시민 등 참여 주체들의 역할 정립도 필요하다. 정부는 신산업에 대한 규제 완화, 벤처 기업에 대한 지원 강화, 공공데이터의 표준화 및 국내 산업의 국제표준 준수 유도 등의 움직임을, 기업은 기업 간 데이터의 선순환을 통해 데이터 중심 산업생태계를 만들어내는 노력을, 대학은 연구 결과들을 오픈소스와 오픈하드웨어로 공개하고 산업에서 필요로 하는 인력양성을, 시민은 주체적인 피드백을 통해 4차 산업혁명에 직접 참여해야 한다.

정부의 역할

첫째, 사물인터넷 관련 핵심기술개발을 적극 추진하고 연구 기반을 지원해야 한다. 우리나라는 세계 최고 수준의 유무선 인터넷 기반과 스마트폰 보급률을 보유하고 있어 사물인터넷 활성화를 위한 최적의 환경을 보유하고 있다. 하지만 사물인터넷의 핵심기술인 센서와 관련 디바이스 칩셋 등을 대부분 국외에 의존하고 있으며, 보안기술, 소프트웨어 기술, 플랫폼 기술 등은 선진국 대비 2~3년의 기술격차를 보이고 있어 정부의 적극적인 지원 및 정책수립이 요구된다. 특히 정부

연구개발 예산의 상당 부분을 정부주도 기획의 연구가 아니라 훌륭한 아이디어와 국제 경쟁력을 가진 젊고 성실한 벤처 기업 지원에 투입되도록 해야 한다. 그리고 도시 공간을 공개하여 기업이 새로운 제품과 서비스를 개발하고 실험하기 위한 공간으로 활용될 수 있도록 하는 전향적인 시도도 필요하다.

둘째, 다양한 신산업에 대한 규제를 완화해야 한다. 개인정보보호 관련 각종 규제로 데이터 기반 스마트 헬스케어 산업 활성화에 어려움을 겪는 것처럼, 스마트시티, 자율주행자동차 등 4차 산업혁명의 주역 산업들이 정부의 규제 때문에 국제 시장 경쟁력을 준비하는 데 차질을 빚고 있는 점을 짚어봐야 할 것이다.

셋째, 국가를 운영하며 발생하는 다양한 공공데이터를 원시 데이터 형태의 표준 API를 통해 공개해야 한다. 산업마다 필요로 하는 서비스의 형태가 다르기 때문에 목적에 맞게 효과적으로 데이터를 활용할 수 있도록 가공하기 전의 원시 데이터 형태로 공개해야 한다. 또한 비용절감을 위해 원시 데이터는 표준 데이터 포맷의 형태로 공개해야 한다.

넷째, 정부는 국제 표준 산업 생태계를 구축하는 세계 시장의 움직임에 맞추어 국제 표준을 준수하도록 국내 산업을 육성해야 한다.

기업의 역할

향후 사물인터넷의 각종 센서와 디바이스로부터 수집되는 대규모의 빅데이터는 인공지능과 융합되어 새로운 서비스와 가치를 창출하는 기업의 경제적 자산이 될 것이다. 따라서 앞으로 기업은 단순히 제품만 만드는 게 아니라 제품을 통해 발생하는 데이터를 수집, 활용하여 새로운 서비스를 만드는 노력을 해야 하며, 더 나아가서 기업 간의 데이터 선순환을 통해 만들어지는 데이터 테크놀로지 중심의 새로운 생태계에 진입해야 한다. 또한 기업은 산업을 선도하는 세계 시장과 기업들의 생태계를 고려한 솔루션을 개발해야 한다. 글로벌 기업들이 구축한 플랫폼과의 연결성을 고려하지 못한 갈라파고스 솔루션으로는 생태계가 이미 구축된 세계 시장에 합류하지 못하는 어려움으로 이어지기 때문이다.

대학 및 시민의 역할

대학은 창의적인 연구결과들을 오픈소스와 오픈하드웨어로 공개하여 산업에 도움을 주어야 한다. 이미 많은 기업들이 비용, 안전성, 리엔지니어링 용이성 등의 이유로 오픈소스를 사용하고 있으며, 그들이 개발한 소스코드를 다시 오픈소스로 공개하고 있다. 이렇듯 대학의 오픈소스, 오픈하드웨어 활동은 기업과의 실질적 산학협력을 가능하게 하여 산업 발전에 도움을 줄 것이다. 또한 대학은 산업이 필요로 하는 인력을 육성하기 위해 노력해야 한다. 대학은 교과과정에 기업과 함께 교육하는 산학 융합 교육을 강화해야 하며, 산학 협력을 통해 기술 연구뿐만 아니라 산업에서 필요로 하는 인력을 효과적으로 육성할 수 있도록 대처해야 한다.

한편 시민은 주체적인 의견 개진을 통해 4차 산업혁명에 직접 참여해야 한다. 시민은 피부로 느끼는 정부의 정책 및 제도에 대한 피드백을 제공하여 올바른 의사결정에 도움을 주어야 하며, 기업이 제공하는 제품이나 서비스를 실제 사용하며 느낀 다양한 의견을 기업에 알려 경쟁력 있는 제품을 만들 수 있도록 적극적으로 참여해야 한다.

6 빅데이터:
정보활용 규제 개선과 SW기업의 기술 보호

화두가 된 4차 산업혁명을 사이버세계와 현실세계의 연결로 설명하기도 한다. 그런데 이러한 융합에서 가장 중심에 있는 기술이 빅데이터라 할 수 있다. 인공지능, 사물인터넷, 스마트팩토리 등 4차 산업혁명의 현상 뒤에는 빅데이터가 있다. 여기서는 이러한 빅데이터 산업의 전략을 살펴본다.

빅데이터는 4차 산업혁명의 추동력

인공지능이 빅데이터를 통한 학습 없이 제대로 가동될 수 있을까? 수백억 개가 넘는 디바이스가 센서로 연결되고 그 센서들에서 쏟아질 엄청난 데이터들을 관리할 기술 없이 사물인터넷이 제대로 작동할 수 있을까? 빅데이터는 이와 같이 4차 산업혁명의 현상으로 나타나는 결과물들을 움직이는 중요한 동력인 것이다.

빅데이터의 본질

글로벌 시장조사기관 IDC 자료(2016)에 따르면 2020년까지 44제타바이트ZB에 달하는 데이터의 폭발적 성장이 예측되고 있다. 그리고 이러한 빅데이터의 80%는 비정형 데이터이다. 비정형 데이터는 비구조적 데이터unstructured data로서 숫자 등의 구조적 데이터에 비해서 수치화하기 어려운 이메일, 문서, 첨부파일, 메모와 같은 데이터들을 말한다.

빅데이터 시대 이전의 데이터들은 분절된 데이터였다. 회계시스템, 공장자동화시스템, 그룹웨어 등 개별 시스템이 존재하고 데이터는 개별적인 시스템을 보조적으로 지원하는 방식이었다. 물론 개별 시스템에 속한 데이터들을 연결할 방법은 있었는데 이를 가능하게 하려면 별도의 연동 프로젝트를 통하여 개별 시스템 간의 데이터를 연결해야 했다. 반면, 빅데이터 시대에서는 데이터가 중심이 되고 애플리케이션과 알고리즘이 보조적 수단이 된다. 과거와 달리 데이터가 분절되어 있는 것이 아니라 합쳐진 하나의 데이터로 존재하고, 애플리케이션과 알고리즘은 이러한 빅데이터에 붙어서 필요한 데이터를 활용하는 방식이다.

활용을 위한 빅데이터 처리 과정

이러한 빅데이터의 처리 프로세스는 수집collect, 정제refine, 전달deliver의 3단계를 거친다. 수집은 데이터 확보를 담당한다. 적절하면서 일정 규모 이상이 되는 데이터를 확보하는 것은 매우 중요하다. 정제는 확보된 데이터를 중복제거와 압축, 그리고 분류 등을 통하여 분석이 가능한 양질의 데이터로 변환시키는 과정이다. 전달은 최종적인 단계로서 분석 결과를 시각적, 혹은 수치적 형태의 다양한 방법으로 이해하기 쉽도록 전달하는 과정이다. 이러한 빅데이터 처리 절차를 거쳐 축적되고 합쳐진 어마어마한 양의 데이터에 고도화된 알고리즘과 강화된 컴퓨팅 파워가 결합되면서 이전에는 보지 못했던 패턴들이 빅데이터의 심연에서 드러나게 되었다. 그 결과 인간의 능력을 뛰어넘는 예측이 가능하게 된 것이다.

인공지능과 빅데이터

인공지능에서도 빅데이터는 핵심적인 역할을 담당하고 있다. 사물인터넷 등 다양한 기술 진보 중에서 인공지능이 4차 산업혁명의 만형이라는 데에 이의를 제기할 사람은 별로 없을 것이다. 알파고AlphaGo의 등장으로 인공지능 시대가 본격적으로 시작되었지만 인공지능에 대한 연구와 시도는 오랜 역사를 가지고 있다. 2차 세계대전 때 독일군 암호를 해독하기 위해 지금의 컴퓨터와 같은 기계 장치를 만들어 낸 앨런 튜링Alan Turing부터 1956년 다트머스 대학 회의에서 인공지능Artificial Intelligence이라는 말을 처음 사용하고 인공지능 프로그램 언어 개발을 위해 노력한 존 매카시John McCarthy 등 여러 선구자들이 있었다.

그럼에도 불구하고 미국, 일본 등 국가 차원에서 진행되던 인공지능 연구와 유명 학교들에서 진행하던 연구들이 실패하거나 성과를 내지 못하면서 1980년대 전후로 소위 인공지능의 겨울AI winter이 시작된다. 그 결과 인공지능은 아주 오랜 시간이 지난 뒤에야 가능할 것으로 여겨졌다. 하지만 현존 기술로는 가능할 것 같지 않았던 인공지능 기술이 2016년 알파고로 그 실체를 충격적으로 드러냈다. 가히 인공지능의 귀환이라고 할 만하다.

그렇긴 하지만 따지고 보면 알파고에 사용된 알고리즘인 심층신경망기술은 전혀 새로운 것이 아니라, 1960년대 마빈 민스키Marvin Minsky가 최초로 개발한 신경망 시뮬레이터SNARC로부터 발전된 것이다. 그러면 이전에는 가능하지 않았던 인공지능이 어떻게 지금은 가능하게 되었을까? 그것은 빅데이터와 고도화된 알고리즘, 그리고 이를 뒷받침하는 컴퓨팅 파워의 발전 때문이다. 심층신경망기술과 같은 진전된 알고리즘이 빅데이터와 만나면서 이전에는 사람들이 보지 못했던 패턴들이 빅데이터의 심연에서 드러나게 되었다.

기존 알고리즘의 경우에는 데이터량이 늘어나다가 어느 선에 이르면 성능이 동일한 수준으로 유지되는 것에 비하여, 인공지능 알고리즘은 데이터량이 늘어남에 따라서 성능이 지속적으로 증가하게 된다. 우리는 이것을 딥러닝deep learning이라고 부른다. 인공지능을 가능하게 한 핵심요소이다. 바둑의 알파고, 의료 분야의 왓슨, 금융의 켄쇼 등 많은 영역에서 이미 인간의 능력을 뛰어 넘는 성능을 보여주고 있는 인공지능은 모두 빅데이터에 준하는 양질의 데이터로 학습을 거쳤다는 공통점을 가지고 있다. 고도화된 알고리즘과 컴퓨팅 파워만으로는 가능하지 않고 빅데이터가 결합하여야 인공지능도 가동이 되는 것이다.

빅데이터를 활용하여 기존 시장을 파괴하는 선도 기업

빅데이터 시대를 앞서 나가는 선도 기업들의 사례를 살펴보면 빅데이터의 발전 방향을 가늠해볼 수 있다. 아마존은 온라인 쇼핑뿐만 아니라 음성인식 AI 알렉사Alexa를 활용하는 인공지능, AWSAmazon Web Service라고 불리는 클라우드 시장 등 IT산업의 전 영역에서 놀라운 성과를 내고 있다. 특히 4차 산업혁명의 중심에 있는 클라우드 분야에서는 마이크로소프트, 구글, IBM, 오라클 등 후발 주자들과 많은 격차가 있는 압도적인 1위를 유지하고 있다. 이러한 아마존에서 2016년에 자사 핵심 경쟁력인 추천 알고리즘을 깃허브GitHub라는 개발 공유사이트에 모두 공개했다. 이제 아마존의 추천 알고리즘은 누구나 활용할 수 있게 되었다. 4차 산업혁명을 선도하는 기업들은 모두 기존 산업의 영역을 일정 부분 잠식하는 파괴적인 속성을 지니고 있다. 이러한 기존 산업 잠식의 가장 큰 동력은 빅데이터 활용 능력이다.

사례: 에어비앤비

숙박공유업체인 에어비앤비airbnb는 이러한 현상을 보여주는 대표적인 기업이다. 기존 호텔업계에서 가장 큰 기업은 힐튼호텔그룹이다(2015년말 기준 시가총액 190억 달러). 그런데 2008년에 설립되어 10년도 되지 않은 회사가 100년 된 최고의 호텔 그룹 시가를 추월한다(2015년말 기준 에어비앤비 시가총액 250억 달러). 더 놀라운 점은 힐튼호텔그룹의 부동산 자산이 92억 달러에 달하는 데 반하여 에어비앤비의 부동산 자산은 "0"이다. 부동산 자산은 하나도 없이 '숙박 공유'라는 개념으로 세계 최고 호텔그룹의 가치를 넘어서게 된 것이다. 기존의 호텔 업계는 정부로부터 많은 규제를 받는다. 소방법, 건축물, 보건위생, 직원교육 등 많은 부분에서 규제를 받고 또 호텔의 청결과 경쟁력을 유지하기 위해서 많은 비용과 시간을 들이고 있다. 반면에 에어비앤비와 같은 기업은 데이터를 중심으로 이 같은 문제들을 상당 부분 해결하고 있다. 고객과 숙박 임대자 사이의 상호평가시스템을 통하여 규제나 특별한 장치 없이도 어느 정도 이상의 질적 수준이 유지되도록 하는 것이다.

사례: 넷플릭스

미디어 시장을 파괴하는 있는 넷플릭스Netflix 역시 마찬가지 경우이다. 사용자의 영화 시청 성향 데이터 등 축적된 빅데이터에 기반한 추천 알고리즘을 활용한다. 즉, 사용자가 보고 싶은 영화를 수백만 편의 영화 목록 중에서 적절하게 찾아 제공함으로써 미디어 경쟁에서 앞서 나가고 있다. 스트리밍 서비스를 통해 3,000만 명 이상 시청자들의 행동을 관찰하고 이에 기반한 빅데이터 분석을 통하여, 일종의 시청자가 원하는 맞춤형 콘텐츠인 〈하우스 오브 카드House of cards〉라는 드라마를 제작하여 성공한 것이 대표적인 사례이다.

사례: 테슬라

테슬라Tesla 자동차의 가장 큰 혁신은 에너지원이 전기로 바뀐 것이 아니라, 빅데이터를 활용하는 소프트웨어 기술을 사용한다는 점이다. 테슬라는 운전자의 모든 데이터를 테슬라 서버로 전송받는다. 이러한 데이터를 활용하여 기존 제품의 성능을 업그레이드하고 다음 제품을 설계한다. 테슬라 자동차는 소프트웨어 자동 업그레이드를 통하여 자동차의 속도 등 성능까지 개선하는 방식을 적용하고 있다.

4차 산업혁명 선도 기업들의 공통점

숙박 공유업체 에어비앤비의 창업자들은 숙박업계에 종사한 사람들이 아니다. 디자인 스쿨을 졸업한 사람으로 숙박업계와는 전혀 인연이 없는 사람들이었다. 테슬라의 엘론 머스크Elon Musk 역시 자동차 업계 종사자가 아니다. 페이팔 등 소프트업계에서 성장한 인물이다. 아마존의 제프 베조스Jeffrey Bezos 역시 출판업계와 아무 상관이 없는 사람이었다. 우버와 넷플릭스 역시 마찬가지이다. 이런 사람들이 철옹성과 같은 기존 업계의 최강자들을 물리치고 시장의 판도를 새롭게 만들어 나가고 있다. 이와 같은 4차 산업혁명 선도 기업들의 공통점은 데이터 기반으로 회사가 운영되고, 데이터를 통해 새로운 기능을 추가하고 하드웨어 역량보다 소프트웨어 역량을 핵심 경쟁력으로 활용한다는 점이다. 발전소와 항공기 엔진 등을 생산하는 대표적인 하드웨어 기업인 GE의 제프리 이멜트Jeffrey Immelt 회장은 "2020년까지 소프트웨어 부문에서 150억 달러 매출을 올려 10대 소프트웨어 기업이 되겠다"고 선언하였다. 어떻게 보면 황당한 이야기로 들릴 수 있겠지만 GE가 소프트웨어 회사로 변신하는 것은 하드웨어를 포기하겠다는 것이 아니다. 반대로 빅데이터에 기반한 소프트웨어 기술을 통하여 하드웨어의 경쟁력을 증폭시키겠다는 의미라고 볼 수 있다. 4차 산업혁명의 핵심을 꿰뚫는 통찰을 보여주고 있는 것이다.

빅데이터와 개인정보보호

우리나라에서는 빅데이터 산업의 활성화를 가로막는 규제로 인해서 빅데이터 기술의 축적에 큰 장벽이 되고 있다. 사전규제opt-in 방식을 적용하는 우리와 달리 미국과 일본은 사후규제opt-out 방식을 사용하고 있다. 규제의 목적은 개인정보보호에 있다. 디지털 시대에 있어서 개인정보보호의 중요성은 아무리 강조해도 지나치지 않을 것이다. 여기서 따져볼 부분은 그 실효성이다. 우리나라는 대표적인 사전규제방식을 적용하는 나라이지만 국민 상당수의 주민번호를 비롯한 개인정보가 이미 해킹이 되어 돌아다니고 있다. 실상은 사전규제방식에서 실질적인 개인정보보호가 이루어지고 있지 않은 것이다.

미국과 일본의 사후규제 방식

사후규제라고 해서 사전규제에 비해서 개인정보보호가 소홀하게 이루어지는 것이 결코 아니다. 사후규제는 빅데이터 활용에 있어서 비식별 정보를 부정하게 사용하는 등 규정을 어긴 점이 사후에 발견되면 강도 높은 처벌을 받게 된다. 오히려 이러한 방식이 개인정보보호에 훨씬 실효성이 있다. 사후규제방식을 도입하고 있는 미국과 일본의 개인정보보호가 우리나라보다 훨씬 더 잘 이루어지고 있는 것을 보면 알 수 있다. 미국은 대표적인 사후규제 방식[4]으로 개인정보 수집 및 처리에 관하여 우편, 전자우편 등을 통해 정보주체에게 알리고, 이에 대해 정보 주체가 공식적으로 이의를 제기하지 않으면 개인 정보의 활용이 허용되는 방식이다. 일본은 2015년 9월 개정된 정보보호법에서 개인정보 및 프라이버시는 실질적으로 보호하면서, 빅데이터 활성화 등 개인정보의 이용 및 유통을 촉진하기 위해 개인정보를 가공하여 식별가능성을 낮춘 정보를 제공할 때에는 본인 동의를 요하지 않도록 하였다. 물론 개인정보를 오용하면 벌을 강하게 내린다.

한국의 사전규제 방식

우리나라는 개인정보보호법 제2조 1항에 따라서 비식별 정보의 이용이 사실상 금지가 되어 있다. 이 조항에 따르면 개인정보란 "생존하는 개인에 관한 정보로서 성명, 주민등록번호 등에 의하여 특정 개인을 알아볼 수 있는 부호, 문자, 음성, 음향 및 영상 등의 정보(해당 정보만으로는 개인을 알아볼 수 없어도 다른 정보와 쉽게 결합하여 알아볼 수 있는 경우에는 그 정보를 포함한다)"를 말한다. 여기서 문제는 괄호안의 내용이다. 이 내용이 굉장히 모호하게 되어 있어서 사용자의 주민번호나 성명 같은 개인정보가 드러나지 않도록 비식별화한 내용도 사전 동의를 받아야 하는 것으로 해석될 소지가 많다. 실제로 법원 판례에 따르면 비식별 정보의 경우에도 사전 동의 없이 활용하여 처벌 받은 사례가[5] 있다.

이러한 사전 규제 방식의 형식적 규제 강화는 실질적인 개인정보 보호 없이 빅데이터 관련 산업의 경쟁력 약화만 초래할 수 있다. 비식별화된 정보를 불법적으로 사용할 경우 엄격한 사후 처벌을 통하여 시장의 질서를 바로잡아갈 수 있다. 따라서 사전규제 방식의 기존 법제도 개정에 대한 사회적 합의가 필요한 시점이다.

빅데이터 산업 발전 방안

4차 산업혁명에서 주도적인 국가로 부상하기 위해서는 빅데이터 산업의 발전이 필수적이다. 그럼에도 불구하고 우리나라에서는 빅데이터 기술에 대해서는 이미 확보된 기술이거나 충분히 언급된 기술 정도로 치부하고, 빅데이터에 의해 가능하게 된 현상들에 대해서만 관심을 가지는 경향이 있다. 4차 산업혁명 시대에는 데이터를 제대로 활용하는 국가와 그렇지 못한 국가의 경쟁으로 구분될 수 있을 것이다.

규제 혁신을 통한 비즈니스 환경 조성

빅데이터 전문기업을 비롯하여 많은 스타트업 기업들이 다양한 실험을 통하여 비즈니스 모델을 발전시키는 것이 필요하다. 여기에는 빅데이터를 가지고 이것저것 시도해 보고 연구해보는 과정이 필수적이다. 그럴 때마다 사전규제 방식을 취하고 있는 우리나라에서는 빅데이터에 포함된 개인정보와 관련하여 사전 동의를 구해야 하는 것이 원칙이다. 빅데이터 활용에 있어서 이미 비식별화된 정보인데도 수백, 수천만 명의 동의를 사전에 받아야 한다면 그것은 불가능한 작업이 될 것이다. 빅데이터 산업의 활성화를 위해서는 개인정보가 보호되면서 동시에 이러한 정보들이 자유롭게 활용될 수 있는 법적 환경을 구비하는 것이 필요하다. 식별자를 삭제한 개인정보의 경우 목적 외의 이용과 제3자 제공에 있어서 본인의 동의가 불필요하거나 사후 동의하는 방식으로 개정하여 투명성 및 예측 가능성을 높여야 한다.

4차 산업혁명 시대에서는 다양한 가능성을 먼저 시험해 보는 사람이 시장을 선도해 나갈 것이다. 인공지능, 사물인터넷 등 지금까지 나온 4차 산업혁명의 결과들이 모든 것이 아니다. 지각 변동이 계속 일어나고 이전에는 없었던 새로운 산업들이 빅데이터 기술을 기반으로 새롭게 만들어질 것이다. 개인정보보호법 외에도 우리나라의 산업 규제는 다양한 방식으로 새로운 기업의 출현을 막고 있다. 해외에서는 가능한 서비스가 우리나라에서는 법적 규제로 인하여 시작조차 하지 못하는 것들이 적지 않다. 병원의 약처방 후에 약국을 들르지 않고 집으로 약을 배송해 주는 해외의 스타트업 모델도 국내에서는 약사법 위반으로 시행할 수 없다. 카풀 서비스의 경우에도 국내법상 출퇴근 시간에만 허용되기 때문에 관련 스타트업들이 사업을 진행하기가 어려운 실정이다. 이와 같은 사례가 무수히 많이 있다.

앞서 언급한 대로 4차 산업혁명은 기존 산업의 영역을 파괴하면서 새로운 기업이 등장하는 경우가 많다. 그런 출구를 규제 등으로 막아버리면 새로운 기업들이 등장할 수 있는 길이 막혀버리게 된다. 소프트웨어 산업을 비롯하여 4차 산업혁명은 특히 규제가 있는 곳에서는 발전하기 어려운 대표적인 산업이다. 우리나라의 빅데이터 전문기업과 창의적이고 도전적인 젊은 창업가들이 최소한 미국과 일본 정도의 규제 환경과 동일한 조건에서 경쟁할 수 있도록 비즈니스 환경을 만들어 주는 것이 시급한 실정이다.

소프트웨어 제값 주고 사기

빅데이터와 알고리즘 기술은 결국 소프트웨어 산업의 영역이다. 오래전부터 지적되어 온 것이지만 소프트웨어 제 값 주기가 아직까지 제대로 이루어지지 않고 있다. 빅데이터 산업이 발전하기 위해서는 고도화된 알고리즘을 개발하고 빅데이터를 효율적으로 다룰 수 있는 소프트웨어 기업의 발전이 필수적이다. 이런 기업이 등장하려면 적절한 이윤을 확보하면서 성장할 수 있는 산업적 기반을 마련해 주어야 하는데 한국에서는 이것이 아직까지 요원한 실정이다. 기업용 소프트웨어 시장에서는 아직까지 '사이트 라이선스Site License'라는 것이 통용되고 있다. 한 기업에 하나의 사이트 라이선스로 제공되면 그 기업이 천 명이든 만 명이든 추가 비용 없이 사용할 수 있다는 개념이다. 해외에서는 명백한 소프트웨어 불법 사용이지만 국내에서는 아직까지 많은 기업이 이와 같이 사용하고 있다. 이외에도 공공기관의 저가 발주 등 소프트웨어 산업의 열악한 환경은 빅데이터 산업의 경쟁력 약화에 주요한 원인이 되고 있다. 실력 있는 소프트웨어 기업이 초과 이윤을 얻으면서 다양한 연구개발을 진행할 수 있도록 환경을 만들어 주어야 한다.

최고데이터책임자CDO의 신설과 역할

4차 산업혁명 시대에서 가장 중요한 자산은 '데이터'이다. 데이터를 중요한 자산으로 인식하고 효율적으로 관리하기 위해 최고데이터책임자CDO, Chief Data Officer, Chief Digital Officer를 최고 의사결정 단계에 두는 것도 고려해 볼 만하다. 가령, 최고데이터책임자는 기업과 기관이 보유하고 있는 데이터를 파악하고 이를 확보하고 분류하고 처리하며, 데이터의 잠재적인 가치를 실현하여 이를 성공적으로 활용할 수 있도록 역량을 집중하는 역할을 담당하는 것이다.

최근 정부기관에서도 부처 간의 협업이 중요한 과제가 되고 있다. 사일로 효과라고 불리기도 하는 부처 간 장벽은 효율적인 정부 운영의 큰 장애가 되고 있다. 부처에 흩어져 있는 데이터를 빅데이터로 통합하고 이를 필요와 적절한 접근제어에 의하여 사용하도록 한다면 부처 간 협력을 자연스럽게 유도할 수 있다. 혹은 여러 부처에서 수집한 데이터를 통합적으로 활용하여 결과를 도출해야 할 때도 있다. 이와 같이 국가 차원에서도 가장 중요한 자산인 데이터를 중심으로 경쟁력을 확보할 수 있도록 노력해야 한다.

빅데이터 기술 연구

빅데이터 기술을 발전시키지 않고는 4차 산업혁명에 동참할 수 없다. 데이터 수집부터 정제, 그리고 전달에 이르는 기술적 노하우 축적이 시급하다. 그렇게 해야 인공지능, 사물인터넷, 스마트 팩토리를 제대로 가동할 수 있고 국가 경쟁력도 확보할 수 있다. 4차 산업혁명에 주도적으로 참여하기 위해서는 다른 무엇보다도 핵심인 빅데이터 기술 연구가 활발히 진행될 수 있는 시장 환경을 만드는 것이 최우선 과제라고 할 것이다.

7 인공지능:
문제해결력 갖춘 인재양성과 다양한 이슈 고려하는 장기 로드맵 구축

4차 산업혁명은 인간과 사물, 사물과 사물 간 통신으로 발생하는 빅데이터를 바탕으로 인간의 인지 능력을 뛰어넘는 초지능성을 구현하는 것이 가장 중요한 특징이라고 할 수 있다. 2016년에는 한국의 이세돌 9단과, 또 2017년에는 중국의 커제 9단과 승부를 펼쳤던 인공지능 바둑 프로그램 알파고AlphaGo의 바둑계 이벤트는 바로 4차 산업혁명의 핵심 기술을 보여준 단적인 예라고 할 수 있다. 이러한 4차 산업혁명 시대를 선도하기 위해서 가장 중요한 것은 하루에도 수없이 쏟아지는 정보를 효과적으로 빅데이터로 구축하고, 이를 이용한 학습을 통해 주어진 문제를 해결하는 인공지능AI. Artificial Intelligence 기술이다.

인공지능이라는 용어가 처음 등장한 1956년 이래, 인공지능 연구는 관심기와 침체기가 반복되는 부침을 거듭해왔다. 인간의 상상은 공상과학소설이나 영화로 끝없이 이어졌지만, 현실은 이를 따라가지 못했기 때문이다. 이처럼 인공지능이 새로운 개념이나 기술이 아님에도 불구하고 최근 들어 다시 재조명되고 있는 것은 바로 딥러닝deep learning

이라고 불리는 심층 신경망deep neural network 학습 기법과 이를 구현할 수 있게 만든 하드웨어의 발전에 있다. 신경망을 기반으로 한 인식 기술의 경우 1990년대 후반부터 꾸준히 연구되어 왔으나, 작은 영상(예를 들어, 32×32 픽셀 크기) 내 필기체 문자를 인식하기 위한 신경망을 학습하는 데에만도 2~3일이 소요되어 실제 적용이 어려운 문제점이 있었다. 그러나 최근 병렬 처리에 매우 뛰어난 성능을 보이는 그래픽 처리 장치인 GPU의 급속한 발전으로 단시간 내 대용량 데이터 학습이 가능해졌고, 이를 바탕으로 신경망 계층을 더욱 깊이 만들 수 있어 복잡한 영상 및 음성 인식 성능이 비약적으로 향상된 것이다.

인공지능의 활용 현황

페이스북이 2013년에 심층 신경망 학습 기술을 기반으로 얼굴 인식 성능을 인간의 수준인 97% 이상으로 끌어 올린 결과를 발표하여 관련 산업계에서 화제를 모았으며, 최근에는 그 성능이 99%에 육박하는 것으로 학계에 보고되고 있다. 이와 같은 심층 신경망 학습 기술로 인해 기존에 구현이 어려웠던 많은 기술들의 실현 가능성이 높아지자 산업계에서는 이를 이용한 다양한 신산업 창출을 위한 노력으로 이어지고 있다. 특히 인공지능 기술은 자율주행으로 대표되는 무인이동체 산업, 고성능 진단을 기반으로 한 의료 산업, 로봇 기반의 개인 서비스 및 유통 산업에서 획기적인 변화를 가져올 것으로 예상된다.

무인이동체 산업

먼저 자율주행 분야를 살펴보면, 다양한 센서로부터 획득한 정보를 바탕으로 주어진 장면을 이해하는 기술이 핵심이라고 할 수 있는데, 이는 심층 신경망 학습을 통해 효과적인 구현이 가능하다. 해외에서는 대표적으로 구글이 이미 영상인식 기술을 바탕으로 상용화에 근접한 수준의 자율주행 시스템을 구축하고 있다. 최근 인텔도 운전자 지원시스템 분야에서 독보적 기업인 모빌아이Mobileye를 17조 원에 인수하는 등 시장 선점을 위해 많은 노력을 기울이고 있다. 또한 자율주행자동차뿐만 아니라 드론 등 다양한 무인이동체에 폭넓게 적용할 수 있기 때문에 일상생활의 패턴에도 많은 변화를 가져올 것으로 예측된다. 가령 모터사이클로 유명한 피아지오 그룹Piaggio Group은 2017년 초 주인을 따라다니는 바퀴형 짐꾼 로봇 '지타Gita'를 발표한 바 있다.

의료 산업

IBM의 인공지능 왓슨Watson의 경우, 암 영상에 대한 대용량 학습을 통해 국내에서도 가천대학교 길병원에서 진단을 수행하고 있으며 환자의 만족도가 매우 높은 것으로 보고되고 있다. 이에 많은 주요 병원들이 앞다퉈 인공지능 기술이 접목된 의료 진단 기술을 도입하기 위해 힘쓰고 있는 상황이며, 관련 스타트업 기업도 활발히 생겨나고 있다. 국내 스타트업 기업인 루닛Lunit의 경우, X-Ray 영상부터 병리학 영상까지 다양한 의료 영상에 대한 학습을 바탕으로 암이나 종양과 같은 병변 영역을 확률 지도로 표시해주는 시스템을 개발했다. 최근에는 저화질 X-Ray 영상을 기반으로 치아 관련 질병을 판단할 수 있는 알고리즘 개발에도 많은 기업들이 연구를 진행하고 있다.

인공지능과 다양한 서비스의 융합

아마존의 음성인식 스피커 에코Echo는 '알렉사Alexa'라고 불리는 인공지능을 탑재한 것으로, 사용자의 음성 명령을 끊임없이 학습하여 인식 성능을 꾸준히 향상시키고 있다. 자동차기업 포드는 싱크3 차량 운행 시스템에 인공지능 음성비서 알렉사를 탑재하여 사용자가 음성 명령만으로 해당 기능을 사용할 수 있게 했으며, 현대자동차 또한 차량원격제어 서비스인 블루링크 시스템에 알렉사를 적용하고 있다. 음성인식 기반 스피커 제품은 스마트홈 시나리오에서도 허브와 같은 역할을 할 것으로 기대되고 있으며, LG전자에서 이미 스마트 냉장고에 알렉사 기반 음성인식 기능을 탑재하여 출시했다.

인공지능 산업생태계 조성의 선두주자인 아마존은 더 나아가 컴퓨터 시각화, 심층 신경망 학습 및 센서 혼합 기술을 기반으로 무인 마트 아마존고AmazonGo를 개발하여 미국 시애틀에서 시범 운영 중에 있다. 오프라인 매장인 아마존고는 사용자가 계산대에서 줄 설 필요 없이 사고자 하는 상품을 골라 매장을 나서면 자동으로 결제되어 사용자에게 통보되는, 계산대 없는 마트이다. 로봇 기반 서비스 분야를 보면, 일본 소프트뱅크의 인공지능 감성로봇 '페퍼Pepper'가 이미 상용화 되었다. 소프트뱅크는 최근 미국의 최대 로봇기업인 보스턴 다이내믹스를 인수하면서 스마트 로봇 시장 공략에 더욱 박차를 가할 것으로 전망된다.

국가별 대응 현황

인공지능 기술로 인해 산업 전 분야에서 많은 변화가 예상되고 있는 만큼 국가별 대응 방안도 다양하게 나타나고 있다.

미국

미국은 인공지능 원천기술 확보를 위해 2013년 백악관을 중심으로 범정부차원에서 브레인 이니셔티브 정책을 수립하고 인간의 뇌를 중심으로 체계적인 인공지능 기술개발을 추진하고 있다. 이를 위해 대통령 산하 과학기술정책국Office of Science and Technology Policy은 향후 10년 동안 30억 달러 규모로 기술개발을 추진하기 위해 연구개발 예산투자를 확대하고 기술 개발과 산업화를 동시에 진행하고 있다. 이 예산은 기초연구(80%)에 주로 투자하고 나머지는 디바이스 연구, 뇌 이미지 분석을 위한 초미니 현미경 및 시스템 개발, 뇌 시뮬레이션과 같은 IT 분야 연구에 투입되고 있다.

일본

일본은 인공지능의 발전가능성과 사회에 미치는 영향을 종합적으로 분석하고 국제경쟁력 강화 대책 마련을 위해 2015년 연구회를 출범시켰다. 이 연구회에는 뇌 정보통신, 사회 지知 해석, 혁신적 네트워크, 인공지능, 인지심리학 분야 등 공학을 비롯해 인문학 등 다양한 영역의 전문가가 참여한다. 또한 인공지능 R&D를 기반으로 한 실용화와 기초연구 간의 선순환을 위해 2015년 인공지능연구센터를 설립했다. 일본의 인공지능 R&D 투자는 연간 0.75억 달러 규모로 미국의 투자액(연간 2.6억 달러 이상)과 비교해서 열세를 보이고 있었지만 2016년부터 예산을 확대하고 본격적으로 관련 기술개발에 참여하고 있다.

유럽

유럽은 뇌에 대한 종합적인 연구를 통해 인간 행동의 근원에 대한 이해와 뇌 관련 질환의 치료법 획득, 혁신적인 ICT 기술개발 등이 가능할 것으로 예상하고 있다. 향후 신기술 분야를 유럽연합이 주도하기 위해 ICT 기반의 뇌 연구를 주요한 전략분야로 선정하고 이를 위한 촉매역할을 수행할 수 있는 연구개발 플랫폼 구축을 위해 인간 뇌 연구 프로젝트HBP, Human Brain Project를 추진하고 있다. HBP는 신경과학, 의학, 어플리케이션 개발, ICT 플랫폼 개발, 수학적인 모델개발, 데이터 생성 등으로 구성되어 있다. 인간두뇌의 인지형태 기반의 지식처리를 위한 HBP는 10년간 약 10억 유로를 투입하여 데이터와 지식의 통합을 구현하고 뇌에 대한 이해, 뇌 질병에 대한 치료방법 개발 및 뇌의 운동을 모사하는 프로그램 기술을 성취하기 위한 기술적인 기반을 준비할 것으로 알려졌다.

중국

중국은 급격히 성장하고 있는 자국 IT기업(바이두, 알리바바, 텐센트 등)을 중심으로 인공지능 전문가를 적극적으로 영입하고 있으며 인공지능 기술에서 가장 중요한 학습 데이터 축적을 위해 체계적인 시스템을 구축하고 있다. 특히 중국 정부는 2016년부터 인공지능 연구 프로젝트인 차이나 브레인China Brain을 통해 인공지능 개발을 범국가적 지원 아래 추진하면서 인공지능 최강국을 목표로 하고 있다. 이 프로젝트는 국립연구기관과 기업에 산재된 연구를 통합관리하면서 효율적인 시스템을 구축하는 것 등을 포함하고 있다.

우리의 대응전략 방향

4차 산업혁명은 인공지능 기술로 인해 점점 우리 일상생활의 일부분으로 다가오고 있다. 인공지능 기술은 기술 간 융합 및 이를 기반으로 한 생산 패러다임의 변화를 이끌 4차 산업혁명의 핵심이다. 그러나 국내 대비 상황은 아직 부족한 부분이 많다. 인공지능 기술 분야에서 뒤처지지 않기 위해서는 신속한 대응이 이어져야 한다.

양질의 데이터 구축 및 관리

인공지능의 핵심 기술인 심층 신경망의 인식 성능은 데이터에 대한 의존도가 매우 높기 때문에 양질의 데이터를 구축하고 이에 대한 효과적인 관리가 필수적이다. 또한 현재 많은 연구자들이 공개된 일부 데이터만을 이용하여 연구를 진행하고 있어 새로운 분야로 확장하는 데에는 많은 어려움이 있다. 즉, 각 분야의 핵심 주체가 영상, 음성, 신호 패턴 등의 정보를 통합적으로 축적하고 관리하는 일은 매우 중요하다. 따라서 인공지능 기술의 효과를 극대화하기 위해서는 사물인터넷을 통해 데이터를 수집하고 빅데이터 처리를 하며, 클라우드 컴퓨팅과 같은 대규모 컴퓨팅 자원을 활용할 수 있는 지원체제의 확립이 필요하다. 그러나 대용량의 표준 데이터베이스를 확보하고 고성능 컴퓨팅 자원을 구축하는 것은 민간이 주도하기 어렵기 때문에, 정부의 적극적인 참여가 요구된다. 특히 고가의 슈퍼컴퓨터를 보유할 수 없는 중소·중견기업이 비교적 저렴한 비용으로 인공지능을 개발할 수 있는 여건을 구축해야 한다.

소프트웨어에 대한 인식 개선

정해진 사양에 맞춰 생산하는 제조업과 달리 문제해결을 위한 소프트웨어의 알고리즘은 언제든 성능 개선이 가능하지만 문제해결 과정을 정립하기 위해서는 많은 시간이 소요된다. 특히 심층 신경망 학습 기반의 인공지능 기술은 대용량 데이터 구축과 학습에 많은 시간이 소요된다. 따라서 개발 과정과 소요되는 시간을 이해하고 개발을 장려하는 분위기 조성이 필요하다. 또한 스마트폰 중심에서 벗어나 의료, 가전, 전자장비 등 다양한 분야에 인공지능 기술이 적용될 수 있도록 관심 분야를 확산시켜야 한다.

문제해결력을 갖춘 인재양성

인공지능은 소프트웨어를 다루는 기술과 데이터를 분석하는 기술이 필수적으로 요구되기 때문에, 이에 대한 체계적인 교육이 필요하다. 한 가지 기술에 대한 특화된 능력보다는 필요한 기술을 적절히 활용할 수 있도록 소프트웨어 구조의 설계와 오픈소스의 활용능력을 키워야 할 것이다.

스탠퍼드 대학의 경우, 관련 분야 인력 양성을 위해 매년 여름마다 고교생 대상의 여름학교를 개최하여 교수 및 구글의 전문가들이 인공지능 기술에 대한 심도 있는 교육을 수행하고 있다. 주어진 문제를 효과적으로 해결하는 방법을 생각해내기 위해서는 관련 배경 지식을 기반으로 절차procedure를 수립하는 과정이 매우 중요한데, 이를 위해서는 단순 암기에서 벗어나 다양한 시도를 반복하여 목표 달성 능력을 키워내는 것이 중요하다. 따라서 이러한 절차를 수립하기 위한 수단으로 사용되는 프로그래밍(코딩) 교육과 함께 근본적인 문제 해결 능력을 육성해야 한다.

장기적인 로드맵 구축

4차 산업혁명 시대를 대비하여 성장 잠재력이 무한한 인공지능 시장을 선점하고 지속적인 성장을 이끌어가기 위해서는 장기적인 로드맵 구축이 전제가 되어야 한다. 특히 재생산성reproducible work을 증대하기 위해서는 개발 결과를 공유하는 관련 생태계 조성이 매우 중요하다. 또한 인공지능 관련 산업의 확산은 사회적으로 많은 갈등을 유발하게 될 것이다. 예를 들어 앞서 살펴본 아마존의 무인 마트 아마존 고가 보편화되면 미국 내 마트의 계산을 담당하는 340만 직원의 일자리가 사라질 것이고, 인공지능 기반의 자율주행이 상용화되면 운전기사도 일자리를 잃게 된다. 인공지능은 일자리 외에도 다양한 윤리적 문제도 제기하고 있는 만큼 장기적 로드맵을 통해 다양한 이슈를 연계하여 미래를 설계하는 전략이 반드시 전제되어야 한다.

3 웨어러블 기기:
소재와 배터리 강화, 서비스 분야 확대

입는 컴퓨터 즉, 웨어러블 기기wearable device가 다양한 형태로 진화하고 있다. 스마트워치smart watch, 피트니스 트래커fitness tracker, 스마트글라스smart glass를 넘어 의복형, 신발형 등 실제 입거나 신을 수 있는 제품은 물론 몸에 붙이는 패치형도 등장하고 있다. 미래에는 몸 안에 이식이 가능한 임플란트형까지 등장할 것으로 예상된다. 서비스 면에서도 단순한 개별 기기를 넘어서 클라우드 기반으로 사용자 위치, 상태, 행동을 분석하고, 이에 맞는 사용자 맞춤형 서비스를 제공하는 형태로 발전하고 있다. 특히 5세대 이동통신(5G)이 본격화하고 가상현실VR, 증강현실AR 서비스와 결합할 경우 웨어러블 기기는 현재보다 다양한 분야에서 거대한 시장을 형성할 것으로 전문가들은 예측하고 있다.

4차 산업혁명에서 웨어러블 기기가 차지하는 의미

이렇듯 다양한 방향으로 발전하고 있는 웨어러블 기기는 4차 산업혁명 흐름에서도 중요한 역할과 의미를 갖고 있다. 맞춤형 개인화가 중요시되는 4차 산업혁명에서 웨어러블 기기는 사용자 정보 취득의 열쇠로 기능할 수 있기 때문이다. 다양한 데이터들은 인공지능 기술과 접목되어 개인 맞춤형 서비스를 더욱 확대시키고, 바이오산업과 융합된 정보기술로 인류는 더 건강하고 오래 사는 삶을 얻게 될 것이다. 이 과정에서 웨어러블 기기는 사용자의 상태, 위치, 행동, 선호도를 모니터링하고 분석하는 핵심 기기로 활용될 전망이다.

2016년 세계경제포럼의 4차 산업혁명 분석 보고서를 보면 〈표 2-11〉과 같이 웨어러블 기기와 관련된 다양한 예측이 등장한다. 이 보고서의 미래 예측을 바탕으로 웨어러블 기기의 미래를 그려보면 다음과 같다.

- 스마트폰, 스마트워치, 스마트글라스뿐만 아니라, 옷, 신발, 스마트 패치 등 모든 기기와 의복이 인터넷에 연결된다.
- 사용자의 위치, 상태, 그리고 행동 정보가 실시간으로 분석되면서 실제 생활에서 다양한 맞춤형 서비스가 가능해지고, 디지털 세계에서 존재성도 강해진다.
- 스마트글라스는 실제 사회의 모든 정보를 사용자에게 실시간으로 보여주게 된다.
- 사용자의 생체 정보를 바탕으로 건강 분석이 가능해지면서 수명 연장과 건강한 삶이 가능해진다.
- 소재와 센서 기술 발달, 3D프린팅 기술 발달로 사용자가 원하는

기기가 시장에서 등장하게 된다.

즉, 기술적 측면에서 웨어러블 기기는 독립된 디바이스 형태에서 의복과 결합하거나 피부에 부착하는 패치형을 거쳐 몸 안에 이식하는 임플란트형 기기로 발전하게 될 것이다. 서비스 측면에서는 헬스케어뿐 아니라 보안, 미아방지, 가상 소셜미디어와의 결합 등 다양한 개인 맞춤형 서비스로 확산될 것이다. 이에 따라 의료헬스 기술과의 접목, 고령화 사회 맞춤형 서비스, 바이오 및 IT와의 융합 등이 보다 활발해질 것으로 예측된다.

〈표 2-11〉 웨어러블 기기의 변화 시점 미래전망

변화 시점	키워드	주요 변화상
2022	웨어러블 인터넷	인류의 10%가 인터넷에 연결된 의류를 입는다.
	사물인터넷	1조 개의 센서가 인터넷에 연결된다.
2023	임플란트 기술	임플란트형 휴대폰이 상용화된다.
	디지털 존재성	80%가 인터넷에서 디지털 존재성을 갖는다.
	새로운 인터페이스, 비전	10%의 안경이 인터넷에 연결된다.
2024	3D프린팅과 헬스	3D프린팅된 첫번째 간이 등장한다.
2025	3D프린팅과 소비자 상품	소비자 상품의 5%가 3D 프린팅으로 만들어진다.

자료: 세계경제포럼(2016).

웨어러블 기기의 진화와 활용 전망

웨어러블 기기는 스마트워치나 스마트밴드, 그리고 스마트글라스 형태로 잘 알려져 있지만, 최근에는 의류, 반지, 헤드셋, 장갑, 신발 등 다양한 형태의 디바이스로 확장되고 있다. 활용분야에 있어서도 헬스케어와 같은 라이프 분야뿐 아니라 보안과 같은 인프라 차원, 관광 등과 결합하는 다양한 비즈니스 등으로 그 폭을 넓혀가고 있다. 아울러 최근에는 소형 센서를 비롯하여 전력관리와 무선기술, 유연 소재 기술 등이 발달함에 따라 정밀도, 사용시간, 유연성 등이 개선되면서 웨어러블 기기의 기대사용 분야가 확대되고 있다.

진화를 시도하는 스마트워치

대표적인 웨어러블 기기인 스마트워치의 기능이 시계를 넘어 헬스케어, 피트니스, 결제수단 등으로 확대되고 있다. 배터리 기술의 발전으로 사용시간이 늘어나며, 무선송수신 기능도 함께 발달함에 따라 관련 제품들이 진화하면서 신제품을 출시하는 기업의 수도 지속적으로 증가하고 있다. 특히 사용시간을 결정하는 전력 운영 문제는 스마트워치의 기대가능성을 높이는 데 아주 중요한 요소로 작용하는데, 최근에는 전력관리 기능이 크게 개선된 스마트워치가 다수 등장하고 있다. 예를 들어, 2017년 초 미국 라스베이거스에서 열린 세계가전박람회CES에서 공개된 파워워치Power watch는 열전소자thermal electric generator를 이용하여 전력을 생산하고 충전할 수 있는 스마트워치로 눈길을 모았다. 체온과 외부온도 차이를 이용해 전력을 만드는 열전소자는 배터리 고민을 해결해 줄 수 있는 미래 기술이 될 것으로 예상된다.

입을 수 있는 웨어러블 기기의 확장

입는 형태의 웨어러블 기기는 의복형태뿐 아니라 신발형, 양말형, 벨트형 등으로 다양해지고 있다. 옷처럼 입는 웨어러블 기기는 넓은 면적으로 장시간 동안 사용자와 밀착되어 있으므로 스마트워치나 스마트밴드에 비해 보다 정밀하게 사용자의 신체활동 데이터와 생체 정보를 취득하는 데 유리하다. 또한 사용자의 생체정보뿐 아니라 다양한 조작정보, 이동정보 등의 다양한 데이터가 동시에 수집될 수 있다.

입는 형태의 웨어러블 기기는 서비스 콘텐츠로의 진화도 이끌고 있다. 예를 들어, 스포츠의류 브랜드 언더아머는 2016년 자사의 헬스케어 애플리케이션 '언더아머 레코드Under Armour Record'에 등록된 사용자가 1억 6,000만 명을 넘어섰다고 발표했다. 언더아머는 앞으로 이 데이터를 바탕으로 고객의 피트니스 목표에 부합하는 맞춤형 서비스를 제공할 예정이다. 각종 센서 기능을 갖고 인터넷에 연결된 웨어러블 기기는 인공지능이 결합되는 4차 산업혁명시대에서 중요한 사용자 인터페이스 수단이 될 것으로 예측된다.

패치형 기기의 다양화

피부나 의류에 붙일 수 있는 패치 형태의 웨어러블 기기도 주목할 필요가 있다. 패치 형태의 웨어러블 기기 기술은 연구개발 초기단계임에도 불구하고, 빠른 속도로 관련 제품들이 등장하고 있다. CES 2015에서 혁신상을 수상한 피트링스FitLinxx의 앰프 스트립Ampstrip을 비롯해 젠탁Gentag의 약물용 일회용 피부패치 등 생체신호 측정과 약물 주입을 위한 스마트패치가 대표적이다. 반창고처럼 흉부에 앰프 스트립을 부착하면 체온은 물론 심장박동수와 수면, 운동 등의 신체활동을 측정하여 연결된 스마트폰으로 전달하는 개념을 구현하고 있다. 패치형 웨어러블 기기는 유연 전기전자소자 기술의 발전과 함께 하나의 전자피부와 같은 전기전자시스템으로 급격하게 발전하고 있다.

가상현실과 증강현실 시장과의 융합

웨어러블 기기와 가상현실 기술을 결합함으로써 보다 실감나는 가상현실 콘텐츠를 즐길 수 있게 되었다. 예를 들어 글라스형 웨어러블 기기의 시야 부분에 그래픽 정보를 제공함으로써 실제 환경과 가상의 물체를 결합한 증강현실을 체험할 수 있게 된다. 실제로 웨어인텔의 프로젝트 얼로이Project Alloy, 마이크로소프트의 홀로렌즈, 삼성의 기어 VR 등 다양한 기기들의 상용화로 웨어러블 기기와 결합한 가상현실 콘텐츠 시장도 크게 성장하고 있다. 또한 웨어러블 기기는 시각적인 가상현실뿐 아니라, 청각, 촉각 등 오감을 모두 체험할 수 있는 가상현실을 구현하는 데에도 유리하다. 웨어러블 기기는 사용자가 착용하고 있다는 특성이 있으므로, 소리와 촉감 등을 보다 실감나게 구현할 수 있는 장점이 있다.

이러한 가상현실 기술과 차세대 정보통신기술, 인공지능 기술 등을 결합하면 사용자는 웨어러블 기기를 통하여 실시간으로 사용자의 상태, 상황, 환경 등에 적합한 몰입감을 제공받을 수 있게 되며, 이는 4차 산업혁명 시대에서 새로운 문화적 경험으로 자리 잡게 될 것이다. 게임, 교육, 영화, 스포츠 등을 개인의 기호에 따라 체험할 수 있을 뿐 아니라, 현재의 상황에 따라 원하는 장소에서 체험하고 즐기는 것이 가능해질 수 있다.

사물인터넷을 통한 활용분야의 확대

웨어러블 기기는 사람의 생활패턴을 기록하는 라이프 로그life-log

분야에서 최적의 기기로 활용될 수 있다. 웨어러블 기기를 통하여 사용자의 위치뿐만 아니라 보고 듣는 모든 것을 실시간으로 기록할 수 있으며, 사물인터넷 기술과 결합할 경우 사용자가 사용하고 가까이하는 모든 물체 및 기기에 대한 정보도 웨어러블 기기를 통하여 기록할 수 있다. 이렇게 기록한 데이터는 빅데이터 분석을 통해 사용자의 생활패턴 분석으로 이어질 수 있다. 이를 인공지능과 결합할 경우 사용자의 중요한 일과 및 업무 관리뿐 아니라, 어린이, 환자, 노약자 등 취약계층의 안전 및 의료와 관련된 일정 또한 관리해 줄 수 있다.

또한 웨어러블 기기는 보안security 분야에서도 장점을 가진다. 웨어러블 기기의 사용자 맞춤형 입출력 기능 등을 활용할 경우 현재 사용자의 기기조작 정보를 사용자 외의 다른 사람은 볼 수 없다는 장점이 있다.

미래발전을 위한 과제와 전략방안

웨어러블 기기는 점점 진화할 것이다. 현재는 다소 착용이 번거로우며 24시간 착용하기에는 크기나 전력 등 다양한 문제가 존재하고 있으나, 소재, 소자, 통신, 인공지능 등의 기술발전과 함께 착용과 작동시간의 문제는 해결되어 갈 것이다. 전문가들은 웨어러블 기기는 궁극적으로 사람의 신체에 이식할 수 있는 임플란트형 기기로 진화할 것으로 예측하기도 한다. 또한 웨어러블 기기의 응용분야도 빠르게 확대될 것이다. 웨어러블 기기는 늘 착용하고 휴대할 수 있다는 특성에 기반하여 사용자 맞춤형 서비스를 중심으로 발전하겠지만, 향후에는 스마트시티, 스마트홈, 스마트카 등 다양한 산업 분야에서 시장을 확대해

갈 것으로 보인다.

단기적 고려사항

웨어러블 기기의 발전을 위해서는 무엇보다 원천이 되는 기술 개발이 요구된다. 가령, 웨어러블 기기의 기계적 수명과 유연성을 개선하기 위해서는 전도성을 갖는 소프트 재료나 전자소자의 개발이 필요하다. 머리, 팔 등에 자유롭게 착용하고, 의복, 피부 등에 자유롭게 부착하기 위해서는 상당한 수준의 변형이 일어나도 파손되지 않고 정상적인 기능으로 작동되어야 한다. 또한 웨어러블 기기의 전기적 수명을 개선하기 위해서는 전력소자 기술 개발이 요구된다. 오랫동안 충전 없이 웨어러블 기기를 사용하기 위해서는 초저전력 전기전자소자의 개발이 추가적으로 필요하며, 동시에 효율성이 높은 배터리 기술 개발도 필요하다. 새로운 전력을 생산하는 방법으로 인체나 외부의 열과 에너지를 이용하는 열전소자, 압전소자, 태양광 소자 등의 발전 또한 웨어러블 기기의 문제해결에 활용될 수 있다.

웨어러블 기기는 현재의 정보통신기술과 연계하여 서비스 분야를 확대할 필요도 있다. 웨어러블 기기를 통한 빅데이터의 수집과 분석, 그리고 이를 토대로 한 맞춤형 서비스를 통한 서비스 분야 확산이 웨어러블 기기 시장을 크게 활성화할 수 있는 요인이기 때문이다.

중장기적 고려사항

중장기적 차원에서는 4차 산업혁명 시대에서 핵심적인 플랫폼 서비스로 확장될 수 있도록 하는 전략적인 접근이 필요하다. 왜냐하면 웨어러블 기기는 사용자의 의도를 인식하고 사용자에게 정보를 전달하기에 가장 편리하고 빠른 사용자 인터페이스일 뿐 아니라, 사용자에게 가장 가까운 지능형 플랫폼이 될 수 있기 때문이다. 그러므로 웨어러블 기기는 사람이 관여하는 모든 산업분야에서 핵심적인 서비스 장치로 활용될 가능성이 높다. 아울러 웨어러블 기기의 전자파, 소재 등이 개인의 건강에 영향을 미칠 수 있는 요소, 사생활 침해 혹은 지나친 개인화 등 사회적 문제 등을 동시에 고려하여 모두가 안전하고 즐겁게 웨어러블 기기를 사용할 수 있는 사회적 연구 또한 병행되어야 할 것이다.

9 지능형 로봇:
인간을 이해하는 인간-로봇 상호작용 기술 개발

4차 산업혁명의 특징은 연결과 지능으로 요약되며 이를 이루는 기반기술은 인공지능, 로봇, 자율주행차, 사물인터넷, 3D프린팅, 가상현실, O2O와 공유경제, 생물공학, 빅데이터, 클라우드, 가상현실VR·증강현실AR 등을 포함하고 있다. 로봇의 경우, 물리적 세계를 대표하는 기술로서 사람 또는 환경과 직접 접촉하는 일종의 디바이스이다. 로봇은 인공지능, 빅데이터, 클라우드 등의 디지털 기술과 결합하여 더 똑똑해지고 있다. 로봇은 점차 독립적인 하나의 시스템을 벗어나 네트워크를 통하여 연결되고 있으며, 스마트팩토리, 무인배송 로봇, 소셜 로봇 등이 연결을 기반으로 한 대표적인 사례이다.

지능형 로봇의 정의

지능형 로봇이란 외부 환경을 인식하고 스스로 상황을 판단하여 자율적으로 동작하는 로봇을 일컫는다. 최근 다양한 분야에서 로봇기술의 융·복합화를 통해 지능화된 서비스를 창출하는 로봇이 등장하고 있다. 인공지능과 고도의 센서가 두뇌역할을 하는 로봇(일반적으로 시각, 촉각, 청각 등으로 자기판단과 그에 대응하는 작동 가능) 기술이 이에 해당한다. 보편적으로 지능형 로봇의 핵심 요소 기술로는 외부 환경을 인식perception하는 기술, 스스로 상황을 판단cognition하는 기술, 자율적으로 동작mobility & manipulation하는 기술을 들 수 있다.

또한 4차 산업혁명 기술의 변화 속에서는 디지털 세계와 물리적 세계를 연결하는 일종의 디바이스라는 개념이 추가되어야 할 것이다. 로봇은 컴퓨터, 전기, 전자, 기계, 재료공학 등 다양한 기술이 집적된 융합적 산물이자 하나의 시스템이다.

로봇 산업 현황

국제로봇연맹IFR, International Federation of Robotics 2016 보고서에 따르면 2015년 세계 로봇시장은 179억 달러 규모였다. 이 가운데 제조용 로봇이 111억 달러로 전체의 62.0%, 전문 서비스 로봇이 46억 달러로 25.6%, 개인서비스 로봇이 22억 달러로 12.3%를 차지하고 있다. 최근 6년간 연평균 13%의 성장세를 나타내고 있으며 2000년대 초 로봇기술이 다양한 서비스 분야에 적용이 되면서 서비스 로봇의 성장세가 급격하게 늘었다. 특히 제조용 로봇은 제조업이 급격히 성장한 중국 등지에서 로봇을 산업현장에 대거 도입하면서 다시 크게 성장하고 있다. 시장조사전문기관 프로스트 앤 설리번Frost & Sullivan(2016)도 2022년 이후 인공지능이 로봇기술과 접목되어 시장을 본격적으로 형성할 것으로 전망했다. 시장규모 현황과 향후 전망치는 〈표 2-12〉와 같다.

〈표 2-12〉 로봇산업 시장규모

(단위: 억 원, 1달러=1,150원 기준)

	2017년	2022년	2024년
세계 시장 규모	5,836	46,108	100,727
	(로봇 2,846/관련 AI 2,990)	(로봇 23,394/관련 AI 22,714)	(로봇 51,495/관련 AI 49,233)
한국 시장 규모	772	3,905	6,287
	(로봇 352/관련 AI 420)	(로봇 1,291/관련 AI 2,614)	(로봇 2,057/관련 AI 4,231)

자료: Frost & Sullivan (2016)

글로벌 IT기업의 인공지능 로봇 개발 참여와 기술경쟁

글로벌 IT기업들이 인공지능 분야에 이어 로봇시장에 진출함으로써 기술경쟁과 서비스 로봇 제품시장 창출이 가속화되고 있다. 예를 들어, 아마존은 물류분야에 로봇을 도입하여 물류혁신을 꾀하고 있으며, 인공지능 대화 플랫폼인 알렉사를 로봇, 자동차, 가전 등 다양한 제품에 탑재하며 관련 생태계 구축에 노력하고 있다. 또 일본 소프트뱅크Softbank는 2012년 프랑스 알데바란Aldebaran사를 인수, 2014년 소셜로봇 페퍼Pepper를 처음 공개하였으며, 2016년 기준 가정 및 매장용으로 1만 대 이상 판매를 올리기도 했다. 또한 2017년 6월에는 구글이 인수했던 샤프트와 보스턴 다이나믹스를 재인수하여 로봇분야에서 사업 확장 의지를 확인시키기도 했다.

감성로봇의 경우, 기존에도 소니의 아이보AIBO나 AIST에서 개발한 파로paro와 같은 형태의 감성 로봇이 있었다. 그러나 최근 인공지능과 대화나 감성을 상호 교환할 수 있는 기능이 발전되면서 소셜 로봇(인간과 대화나 몸동작 같은 사회적 행동을 통해 교감하는 감성중심의 로봇)이라는 이름으로 재등장했다. 2014년 페퍼(Pepper, 일본)와 지보(Jibo, 미국)의 개발 소식에 소셜 로봇의 기대감이 매우 고조된 바 있고, 이후 버디(Buddy, 프랑스), 젠보(Zenbo, 대만), 타피아(Tapia, 일본) 등 전 세계에서 다양한 소셜 로봇이 출시되었다. 국내에서는 아이지니(아이피엘), 퓨로i(퓨처로봇), 허브로봇(LG전자) 등의 소셜 로봇을 개발, 출시를 준비하고 있다.

2017년 국제전자제품박람회의 로봇 동향 보고서에 따르면, 향후 로봇의 기술과 제품은 로봇과 모바일, 로봇과 가전, 로봇과 인프라와 같이 로봇 기반의 상호연결 및 융합을 통한 새로운 가치를 제공하는 커넥티드 플랫폼으로 발전할 것으로 전망된다. 즉, 공기청정기, 가습기, 에어컨 등의 기존 가전기기의 로봇화로 진화될 것이며, 인공지능 기술의 혁신과 더불어 인공지능 홈비서 로봇들의 상용화가 급속히 이루어질 것으로 예상된다.

로봇 개발의 방향

시장조사기관 가트너Gartner가 2016년 발표한 하이퍼 사이클에 따르면 스마트 로봇은 부풀려진 기대치의 정점을 향해 달려가고 있다. 이것은 바꾸어 말하면 스마트 로봇은 기술의 성숙도에 비하여 사람의 기대를 더 많이 받고 있다는 뜻이다. 이러한 높은 기대 덕분에 많은 기업이 로봇을 출시하고 있지만 한편으로는 기대에 대한 실망으로 이어질 수 있다는 우려도 나온다. 과도하게 포장된 기술은 소비자에게 외면당할 것이고 이러한 경쟁 속에서 살아남는 기업만이 다음으로 발전할 기회를 얻게 될 것이다.

인간을 이해하는 기술로 발전

로봇기술은 작업을 수행하는 기능에서 점차 인간과의 상호작용이 늘어나면서 인간을 이해하는 기술로 발전하고 있다. 예전에는 주로 생산 제조현장에서 인간의 육체노동을 대체하였다면 최근에는 안내, 접객 등 서비스 업무에서 인간의 육체와 지적노동을 지원하고 대체하고 있다. 이러한 일에서 로봇의 인공지능과 인간-로봇 상호작용 기술이 매우 중요하게 부각되고 있다.

미국의 로봇 전문기업 리씽크 로보틱스Rethink Robotics 사에서 2012년 개발한 로봇 박스터Baxter는 양팔을 가지고 물체를 나르거나 조립과 포장 작업을 할 수 있는 제조용 로봇이다. 이 로봇은 얼굴 부위에 모니터를 가지고 인간의 얼굴과 같은 형태로 감정을 표현한다. 모니터를 통하여 감정을 표현하는 이유는 이 로봇이 사람과 같은 공간에서 작업을 하는 협업로봇으로 개발이 되었기 때문인데, 얼굴표정을 통하여 사람에게 친숙한 방식으로 자신의 상태를 알리기 위함이다.

앞으로 로봇이 사람과 상호작용하는 일이 늘어날수록 로봇은 인간의 감정과 의도를 이해하고 행동할 수 있는 기능을 갖추어야 할 것이다. 서비스를 하는 로봇이 서비스 대상인 사람의 의도와 감정을 제대로 이해하지 못하고서는 만족스러운 서비스를 할 수 없기 때문이다. 이제 로봇의 기술은 공학을 벗어나 사람을 이해하는 기술인 인문학과의 결합을 반드시 필요로 한다.

인간친화적인 로봇 교육

지금까지는 사람이 기계를 배우고 적응을 하였다면, 앞으로는 기계가 사람의 특성을 배우고 사람의 방식대로 커뮤니케이션 하는 형태로 발전해 나갈 것이다. 외형과 표현능력도 인간의 감성적인 요소를 배려한 형태가 될 것이다. 인간친화적인 표현능력은 서비스 대상자인 인간에게 친근감, 애착심, 신뢰감을 줄 수 있기 때문이다. 로봇이 사용자인 개개인의 표현과 업무지시 방법, 행동 등을 이해하고 주인에 적응하기 위해서는 로봇에게 많은 상호작용 정보를 입력하여 학습하도록 해야 한다. 사람은 유치원과 학교를 다니면서 여러 가지 사회에서 필요한 일들을 배우게 되는데 로봇의 경우에도 로봇을 학습시키기 위한 다양한 학습데이터를 구축하고 적용하는 일이 필요하다.

저출산과 고령화 시대에 대응하는 역할 강화

로봇은 사람의 일을 대신한다는 점에서 앞으로 저출산과 고령화 시대의 대응책으로 기대를 받고 있다. 우리나라의 고령화 속도는 OECD 국가 중 가장 빠른 수준으로 2030년에 이르면 65세 이상 고령자의 비율이 전체 인구 가운데 23%, 75세 이상은 9.7%에 이를 것으로 예측되고 있다. 따라서 앞으로 로봇은 고령자의 다양한 특성을 이해하여 개인별 특성에 맞게 행동하거나 서비스를 제공하는 기능으로 발전되어야 한다. 또한 공장이나 산업 현장뿐 아니라 농업, 서비스업의 인력난, 의료현장에서의 간호인력 부족 등 인구구조의 변화에 맞춤 대응하는 로봇의 역할은 매우 중요해질 것이다.

물론 로봇이 사람의 일자리를 빼앗을 것이라는 우려, 로봇 도입에 따른 소득격차 및 자원배분 문제, 지능을 갖는 기계의 판단에 있어서 윤리적인 문제 등 해결해야 할 이슈들도 많다. 하지만 이러한 문제를 슬기롭게 해결하기 위한 사회적 논의를 함께 이루어간다면, 결국 로봇은 인간의 삶의 질을 높이는 수단으로 활용될 수 있을 것이다.

로봇산업 발전을 위한 전략방안

우리는 연결과 지능이라는 키워드로 대변되는 4차 산업혁명의 기술적 변혁의 시대에 살게 되었다. 하지만 4차 산업혁명을 단지 기술적인 변화로만 바라보아서는 안 될 것이다. 4차 산업혁명은 기술의 변화뿐만 아니라 경제, 사회, 문화 등 여러 방면에서 우리의 삶을 근본적으로 변화시킬 것이기 때문이다. 따라서 기존의 사회적인 틀도 다시 바라보아야 할 것이다.

선구적인 로봇 핵심기술 개발

2016년 우리는 알파고라고 불리는 인공지능 바둑프로그램을 통하여 인공지능이 몰고 올 기술의 혁명과 사회적인 파장에 대하여 고민하는 시간을 갖게 되었다. 이를 계기로 딥러닝으로 대변되는 인공지능 기술에 대한 관심과 연구도 집중되고 있다. 하지만 우리는 여전히 해외에서 개발한 딥러닝 알고리즘을 가져와 응용하는 데에만 집중하고 있는 것 같아 우려가 된다. 핵심적인 기술은 해외의 유수 대학이나 글로벌 IT 기업에서 개발을 주도하고 있다. 국내에서도 선구적이고 원천적인 기술 개발에 더 적극적인 관심을 기울여야 한다.

인문학을 포함한 융합연구 활성화

로봇은 사람을 위하여 사람의 힘든 일을 대신하는 도구이다. 사람을 위한 도구이기 때문에 결국 사람과의 관계, 즉 상호작용이 매우 중요하다. 사람이 원하는 대로 움직이고, 사람과의 의사소통이 원활해야 한다. 이를 위하여 사람과의 물리적인 접촉도 대비하여야 하며, 사람의 의도와 행동을 이해하고 예측하며 이에 맞는 적절한 행동을 할 수 있어야 한다. 로봇 연구는 인간에 대한 연구와 함께 이루어져야 할 것이다. 생물학, 생리학, 의학뿐 아니라 심리학, 인지과학, 인문학과의 융합연구를 활성화해야 하는 이유이다.

정부 연구개발 방식의 개편

정부의 연구개발 방식 개편은 단지 로봇기술 분야만의 문제는 아니지만, 지금까지의 추격자 연구개발에서 선구적인 연구개발 방식으로 빨리 전환해야 한다. 현재와 같이 기술변혁이 급격한 시대에 3년 후 기술적인 목표와 사양을 정해놓고 그 사양을 도달했는가를 가지고 과제의 성패를 결정하는 방식은 시대에 맞지 않는다. 이런 연구개발 방식은 도달 가능한 목표를 설정하게 만들고, 모든 과제의 성공이라는 결과로 나타나게 만든다. 도전적인 기술에 대해서는 정량적인 평가보다는 정성적인 평가를 하는 형태로 바꾸고, 아울러 실패를 용인하여야 한다.

원천기술과 응용·제품화 기술 분리 전략

원천기술과 응용 및 제품화 기술을 분리하여 전략을 수립할 필요도 있다. 당장 목표가 보이는 기술만 개발할 것이 아니라, 장래에 활용이 예상되는 원천기술은 당장 산업적 활용이 되지 않더라도 지속적으로 투자해야 한다. 최근 인공지능의 부흥을 이루게 된 딥러닝은 인공신경망 기술의 침체기에 꾸준히 한 길을 걸어온 연구자에 의하여 다시 되살아났음을 상기하여야 한다.

응용 및 제품화 기술은 개발자의 예측이 아닌 철저한 시장 분석과 인간의 생활 행동을 이해하는 것으로부터 제품의 필요성을 발굴해야 한다. 이를 위하여 심리학, 경영학, 경제학은 물론 소설과 영화 등을 참조하고 인문학자들과 협력해야 한다. 기술 개발 기획은 반드시 인간의 미래상과 소비자에 대한 예측을 기반으로 이루어져야 한다.

연구인력 양성과 글로벌 기업 육성

로봇기술 개발에 있어 훌륭한 성과를 내는 것은 결국 연구자의 몫이다. 훌륭한 연구자를 키울 수 있는 시스템이 제대로 되어 있는지 살펴보아야 한다. 초등학교 때에는 열심히 로봇 체험 프로그램 및 경진대회에 참가하지만 중학교 이후로는 입시공부 위주로 할 수밖에 없는 현재 교육제도에 문제점은 없는지 확인해 보아야 할 것이다.

또한 우리나라에서도 기술기반 글로벌 기업이 탄생할 수 있도록 토대를 마련해야 한다. 기술기반 창업자들이 2~3년간 마음대로 실력을 다져볼 수 있는 환경을 만들어야 한다. 로봇 분야에 있어서도 글로벌 기업이 탄생을 하고 롤 모델이 될 수 있는 연구자가 많이 나온다면 우리나라의 로봇 산업은 더욱 활성화될 것이다.

10 공존현실:

디바이스와 SW플랫폼 원천기술 개발과 새로운 소통시대 윤리교육

혁신형 신기술이 라이프 스타일을 변화시키고 사회 문화를 만들어가는 디지털 시대이다. 인터넷과 스마트폰이 언제 어디서나 모든 사람들이 정보를 공유하고 소통하게 함으로써 '초연결성'과 '초지능화'를 특징으로 하는 4차 산업혁명의 물결이 다가오고 있다. 초연결성은 사람과 사람, 사람과 기기, 기기와 기기를 유무선 네트워크로 연결, 소통하게 함으로써 새로운 가치창출과 혁신이 가능한 사회를 만들어간다. 특히 이러한 기술변화의 흐름에 따라 2025년에는 "10%의 인구가 인터넷이 연결된 안경을 쓸 것이다"라고 예측되면서, 현실과 가상의 경계를 허무는 새로운 증강현실 서비스가 기대되고 있다. 또한 시장조사기관 가트너Gartner는 증강현실AR을 가상현실VR과 함께 2017년 10대 전략 기술 트렌드Top 10 Strategic Technology Trends 중 하나로 제시하였고, 또 다른 조사기관 IDC도 증강현실 시장이 2021년까지 급성장할 것으로 예상했다.

가상현실과 증강현실 기술현황과 시장전망

가상현실, 그리고 증강현실은 사물인터넷, 빅데이터, 인공지능 등 관련 기술과 함께 초연결, 초지능, 초실감 미래 사회에서 4차 산업혁명을 주도할 핵심 기술이자 새로운 미디어로 떠오르고 있다. 사물인터넷, 빅데이터, 인공지능, 실감콘텐츠, 실감 상호작용 등 관련 기반기술의 동반 활용이 예상되는 2020년경에는 군사, 의료, 교육, 훈련 외에도 광고, 커머스, 게임, 놀이, 전시, 관광, 제조 등 일상생활 속으로 확산될 것으로 예측된다.

가상현실과 증강현실 구현을 위한 장치

증강현실은 눈앞에 보이는 현실세계의 영상에 부가(증강)하여 컴퓨터에 의해 만들어진 그래픽, 음향 및 기타 정보를 사용자의 위치와 자세에 따라 보여주는 기술이다. 스마트폰과 태블릿에서 주로 활용되었으나 최근 착용형 디스플레이 장치에서도 활용가능성을 보여주고 있다. 이와 함께 주위환경의 3차원 형상 모델을 기반으로 가상물체가 현실물체와 함께 존재하는 것처럼 제공하는 혼합현실MR, Mixed Reality 기술까지 제시되고 있다. 이를 위한 필수 장비는 헤드 마운티드 디스플레이, 핸드 인터랙션 디바이스, 위치(자세) 추적기 및 컴퓨터 등이다.

이런 상황에서 2016년부터 가상현실, 증강현실, 혼합현실을 위한 영상을 볼 수 있는 머리 착용형 디스플레이 즉, 헤드 마운티드 디스플레이HMD, Head Mounted display와 전방향 2차원 영상을 촬영할 수 있는 360도 카메라의 신제품들이 폭발적으로 출시되었다.

헤드 마운티드 디스플레이 장치의 경우, 스마트폰을 장착하여 스테레오 영상을 볼 수 있는 케이스형 HMD, 자체 디스플레이와 트래킹

장치 등 입출력부를 탑재한 HMD, 눈으로 실세계를 보면서 증강된 영상을 함께 볼 수 있는 광학적 투과Optical See-through 방식의 안경형 디스플레이EGD. Eye Glasses type Display, 비디오 카메라로 실세계를 보면서 증강된 영상을 동시에 볼 수 있는 비디오 투시Video See-through 방식 HMD 등이 다수 출시되었다. 구글의 카드보드Cardboard와 데이드림Daydream, 삼성전자의 기어 VR, 레노보의 VR 케이스 등이 대표적인 케이스형 HMD이다. 가격이 저렴하고, 소유한 스마트폰에 앱을 깔아 동영상을 볼 수 있다. 이와 함께, 오큘러스의 리프트Oculus Rift CV1, HTC의 바이브ViVE, 소니의 플레이스테이션PlayStation VR 등의 제품이 시야각 100도를 넘는 고품질 HMD로 출시되어 시장을 주도하고 있다. HMD 자세 트래커, 핸드 콘트롤러 등을 함께 출시하여 사용자의 위치, 자세 및 사용자 인터랙션에 따라 가상세계를 체험할 수 있다.

현재 개발자 위주로 공급되는 증강현실을 위한 광학적 투과 HMD/EGD도 아직 시야각이 30~40도 이하로 좁지만, 마이크로소프트의 홀로렌즈Hololens(시야각 약 35도)와 엡손의 모베리오Moverio BT-300(시야각 약 23도) 등의 제품이 출시되었고, 다큐리DAQRI의 스마트헬멧(시야각 약 40도), 오스터하우트 디자인 그룹Osterhout Design Group의 스마트글라스(시야각 약 30도) 등이 개발 중인 것으로 알려졌다.

이와 함께, 가상현실과 증강현실에서 사용되는 공간 인터랙션spatial interaction을 위한 몰입형 휴먼 인터페이스immersive human interface가 기존 개인용 컴퓨터의 사용자 인터페이스를 대체하면, 현실과 가상이 자연스럽게 결합되는 경험을 통해 인터랙션 수준을 향상시킴으로써, 기존 인간-컴퓨터 인터랙션의 한계점들을 극복해 갈 수 있을 것으로 예상되고 있다. 개인용 컴퓨터의 인터랙션 방법이 키보드와 마우스에서 벗어나 혁신적으로 변화되는 매우 큰 기술적 혁신이 일어날 가능성이 제시되고 있는 것이다.

시장전망

IT부문 자문기업 디지캐피털Digi-Capital은 가상현실과 증강현실 시장이 2020년에는 1,500억 달러 규모 수준이 될 것으로 내다봤다. 가상현실의 주요시장으로는 VR게임, 하드웨어 및 VR필름 시장을, 증강현실 주요시장으로는 하드웨어, aCommerce, AR데이터 등을 꼽았다. 골드만삭스Goldman Sachs의 경우에도 가상현실과 증강현실 소프트웨어 시장 규모를 2016년 22억 달러에서 2025년에는 800억 달러 규모가 될 것으로 전망했다. 소비자 영역에서는 비디오게임, 라이브 이벤트, 비디오 엔터테인먼트 시장을, 공공영역에서는 헬스케어, 엔지니어링, 부동산(중개업) 시장을 주요시장으로 예상했다.

물론 가상현실과 증강현실 시장이 3DTV 시장의 전철을 밟을 수 있다는 지적도 제기되고 있다. 스마트폰 시장의 폭발적 성장 배경에 대해서도 "스마트폰에 무선 인터넷과 소셜 네트워크 서비스가 제공되지 않았다면 현재와 같은 시장을 만들 수 없었을 것이다"라는 지적도 유효하다. 즉, 혼자 사용하는 가상현실과 증강현실의 지속적인 성장은 장담하기 어렵다는 의미이기도 하다.

새로운 소통과 협업, 공존현실

혼자 사용하는 가상현실이나 증강현실이 아니라, 헤드 마운티드 디스플레이를 포함한 몰입형 휴먼 인터페이스를 활용하여 서로 다른 곳에 있는 사용자들이 네트워크를 통해 상호 소통하고 정보를 공유하며 자연스럽게 상호작용 할 수 있는 '공존현실' 개념도 제시되었다.

공존현실의 개념과 의미

공존현실coexistent reality은 한마디로 서로 멀리 떨어져 있는 다른 사람들과 함께 느끼는 공존감이다. 즉, 현실-가상-원격 공간이 구분 없이 연결된 일체화된 공간을 '실감교류 인체감응 확장 공간coexistent space'으로 새롭게 정의한다면, 이 공간 안에서 다른 사람들과의 실시간 소통 및 협력(협업)을 통해 공존감과 사실감을 느끼게 되는 것을 뜻한다. 이를 위해서는 서로 다른 지역에 있는 다수 사용자들이 네트워크로 연결되어 정보, 복합 감각을 의미하는 4D+ 감각,[6] 감성, 의도(운동), 경험 등을 실시간으로 소통하고 공유할 수 있어야만 한다.

예를 들어, 회사에서 업무를 마치고 퇴근해 집으로 돌아온 후 광학 투과see-through 헤드 마운티드 디스플레이를 착용하면, 자신의 집으로 친구를 초청하여 멀티미디어와 가상게임을 함께 즐길 수 있고 자료를 보면서 토론도 할 수 있는 실감교류 확장공간이 펼쳐진다. 친구는 아바타 혹은 실사의 삼차원 영상으로 제시되고, 아바타는 친구와 연결되어 움직여서 친구가 내 앞에 함께 있는 것처럼 실시간 소통할 수 있으며, 내 집에 있는 의자나 소파에 앉을 수도 있다. 사용자는 삼차원 공간 인터랙션을 통해 자신의 손을 사용하여 미디어와 콘텐츠를 직접 조작하여 즐길 수 있다. 그 안에서 메시지, 삼차원 이모티콘과 영상 메시지 등을 상대방과 주고받을 수도 있고, 삼차원 정보와 게임을 공유하며 함께 보고 즐길 수 있는, 현실에서 불가능한 인터랙션들이 가능해진다. 현재 스마트폰에서 실행되는 카카오톡 혹은 페이스북과 같은 소셜 네트워크 서비스의 발전된 미래 모습이 될 것이다.

최근 페이스북은 가상환경에서 소셜 인터랙션 서비스를 제공할 수 있는 소셜 VRSocial VR 개념을 제시하고, 상용화 테스트를 위한 베타 버전을 선보였으며, 세상 사람들을 더욱 가깝게 만들겠다는 메시지를 제시하였다. 마이크로소프트는 소셜 네트워크 서비스 기업인 링크드인을 2016년 인수하였고, 구글은 새로운 소셜 네트워크 서비스에 대한 실험을 계속 진행하고 있다. 이렇듯 글로벌 기업들이 새로운 소통과 인터랙션 방법론 개발을 위해 집중하고 있어 향후 치열한 경쟁이 예상된다.

공존현실을 실현하기 위한 기술

공존현실을 실현하기 위해서는, 광학적 투과 HMD와 4D+ 감각 표현을 위한 몰입형 휴먼 인터페이스 기술, 현실-가상-원격 공간 정합기술, 원격 사용자 간 공간 인터랙션 및 협업 기술, 하드웨어 및 소프트웨어 프레임워크(플랫폼) 기술, 인체와 객체 및 환경의 4D+ 모델을 생성할 수 있는 모델링 기술, 동기화 지원 네트워크 기술 등 핵심적인 혁신형 원천기술 확보가 필수적이다. 향후 5~10년 사이 가상현실과 증강현실 시장이 본격적으로 형성될 것을 예상하면, 여기서 언급된 혁신형 원천기술 개발과 국가 인프라 개선을 위한 적극적인 투자가 필요해지는 배경이다.

향후 전략방향

최근 정부의 투자는 가상현실 분야를 중심으로 이루어지고 있고,

또한 CPNDContents, Platform, Network, Device 생태계 관점에서 보면 콘텐츠 개발에 집중되고 있어 센서를 포함한 하드웨어 디바이스와 플랫폼은 대부분 수입에 의존하고 있다. 그러나 이제 증강현실과 공존현실에 보다 주목할 필요가 있다. 다양한 센서와 몰입형 휴먼 인터페이스를 연결하여 사용할 수 있는 임베디드 하드웨어 플랫폼, 다수 사용자 간 인터랙션과 협업을 지원하는 새로운 서비스 앱을 손쉽게 개발할 수 있는 공존현실 소프트웨어 플랫폼, 헤드 마운티드 디스플레이를 포함한 모바일 환경에서 사용할 수 있는 몰입형 휴먼 인터페이스 디바이스 등의 개발이 필요하다.

특히 증강현실 혹은 공존현실 구현을 위해 기본적으로 필요한 광학적 투과 헤드 마운티드 디스플레이, 스테레오 카메라, 공간 인터랙션 센서 및 휴먼 인터페이스, 입체음향 입출력 장치, 디스플레이의 위치·자세 및 GPS 센서, 조명 및 광원 센서, 무선 네트워크 등을 통합하는 임베디드 플랫폼과 운영체제, 개발환경을 포함하는 소프트웨어 플랫폼 등으로 구성되는 기본 플랫폼의 개발이 시급하다.

원천기술 개발과 산업생태계 구축

〈표 2-13〉에 제시한 원천기술들의 상용화와 이와 연계한 산업 생태계 구축이 필수적이다. 관련 산업 생태계가 만들어지고 활성화되기 위해서는 CPND의 통합적인 표준화, 서비스 비즈니스 모델 개발, 서비스 기반 구축 등도 수반되어야 한다.

〈표 2-13〉 공존현실 구현 기술 분류

중분류	소분류
원격 사용자 간 4D+ 실감 소통, 인터랙션 및 협업 기술	4D+ 휴먼-객체-공간 실시간 모델링 및 표현 기술
	원격 사용자 간 4D+ 정보-감각 공유, 인터랙션 및 협업 기술
4D+ 감각 모델링 생성 및 표현 기술	4D+ 감각표현 착용형 휴먼 인터페이스 및 표현 기술
	사용자 의도인식 착용형 휴먼 인터페이스 및 표현 기술
비침습 바이오닉 인터페이스 기술	비침습 바이오닉 인터페이스 기반 감각 및 감성 표현기술
공존현실 지원 실감교류 확장 공간 플랫폼 기술	공존현실 소프트웨어 프레임워크 기술

네트워크 인프라 개선

5G(5세대 이동통신) 무선 네트워크 서비스를 위한 이동통신 기업들의 노력이 계획대로 추진되어야 하고, 이와 함께 유선 네트워크 인프라도 개선되어야 한다. 무선망 속도 향상에 대응하여 유선망이 원활한 통신 대역폭을 지원함으로써 양방향 통신 기반 소셜 네트워크 서비스가 가능하도록 유선 네트워크 인프라를 현재 1G 망에서 10G 망으로 개선하는 작업도 필수적이다.

공존현실 시대의 윤리의식과 교육

몰입형 휴먼 인터페이스를 사용한 새로운 소통 방법론이 제시되고 이의 상용화가 진행되는 과정에서 윤리적 문제도 고려해야 한다. 현실과 가상이 분간이 안 되는 하이브리드 공간에 살아갈 사람들도 많아질 것이다. 가상공간에서 마주치는 사람들이 진짜 사람도 있겠지만, 인공지능 아바타를 비롯해 사람과 기계가 혼재된 세상이 미래 인류가 살아갈 공간일 것이다. 이러한 기술이 만드는 미래 세상에서는 영화,

드라마, 게임 및 온라인 개체와 오프라인 실체가 하나의 영역으로 융합되어 지속적인 상호작용이 이루어질 것이다. 이처럼 융합된 세상은 인간들이 스스로 주인공으로 착각하면서 행복감을 느끼게 하고 현실에서 불가능한 심리적 만족감을 줄 수도 있을 것이다. 그러나 반대로 스마트폰보다도 더 큰 몰입성 때문에 사회적 소통 부재에 따른 정신적 피폐와 실제가 아닌 세상에서 나타날 수 있는 폭력성을 경계해야 한다.

11 무인이동체 드론: 하늘을 향한 상상력의 실현과 생태계 구축을 위한 규제 완화

지난 세 차례의 산업혁명이 각각 증기기관, 전기, 디지털컴퓨터에 의해 촉발되었다면, 이번 4차 산업혁명에서는 인공지능Artificial Intelligence과 로보틱스robotics를 중심으로 하여 인간의 가장 고유한 능력인 지적 활동을 대체할 수 있는 수준까지 왔다는 점을 주목한다.

드론의 개념과 기술 현황

조종사가 탑승하지 않는 무인항공기는 1910년대에 처음 개발된 이래 1960년대에 본격적으로 군용 무인항공기가 활용되기 시작했다. 이후 1990년대 미국의 '프레데터' 등 현대적인 무인항공기가 등장, 정찰 및 공격용으로 널리 활용되고 있다. 하지만 우리 주변에 드론이 활발히 보급된 것은 2010년대 들어서면서부터인데, 이는 초소형 컴퓨터, 정밀 센서, 경량 리튬 배터리, 고성능 모터 등 IT기술에 힘입은 바 크다.

드론의 개념

최근 비약적으로 발전한 드론은 간단히 말해 비행로봇이다. 비행 가능한 플랫폼에 자동비행을 가능하게 하는 비행제어장치가 부착되어 자동으로 비행이 가능하면서 탑재된 카메라 등을 통해 다양한 임무를 수행할 수 있다. 벌이 웅웅거리는 것처럼 작은 비행체가 소리를 낸다고 하여 '드론Drone'이라고 불리는 드론은 좀 더 전문적인 용어로는 무인항공기이다. UN 산하 국제민간항공기구ICAO에서는 원격조종항공시스템RPAS, Remotely Piloted Aircraft System으로, 미국은 무인항공시스템UAS, Unmanned Aerial System으로 규정하고 있다.

드론의 확산 단계

드론은 군사용으로 등장했지만, 이제는 각종 재난재해 모니터링이나 사고처리뿐 아니라 민간 영역으로 확대되어 상업용으로의 활용 폭을 넓히고 있는 중이다. 최근 보급된 드론은 자동조종 비행이 가능해 초보자도 쉽게 활용이 가능하고 탑재된 카메라를 이용해서 항공촬영을 하는 등 매우 다양한 목적으로 사용되고 있다.

특히 글로벌 IT기업들은 일제히 드론 활용을 강구하고 나섰는데, 아마존과 구글의 배송서비스 실험 등이 대표적이다. 특히 눈여겨볼 부분은 국가정책 차원에서 '드론 시대'를 선언한 미국의 행보이다. 2016년 미국 백악관의 과학기술정책실OSTP은 무인항공시스템을 차세대 국가전략기술National Initiative로 추진하겠다며 드론 관련 규제완화 정책을 밝힌 바 있다. 여기에는 미연방항공청의 드론 규정인 1) '시야 확보'에서 '시야를 넘어'로 완화하고, 2) '한 명의 조종사가 한 대의 드론 운영'에서 '수백 대의 드론 운영'으로 확대하며, 3) '사람 위를 날지 말 것'에서 '사람 위를 날아도 됨'으로, 따라서 프라이버시 보호privacy safeguard가 중요하며, (4) 현행 고도 122m를 전 공역으로 대폭 확대, 드론의 공역을 국가공역시스템National Airspace System으로 통합하는 것 등이 포함돼 있다. 미국 정부는 2020년쯤에는 미국인 16%가 드론을 수용adoption할 것으로 내다봤다. 또 미국 국제무인기협회AUVSI는 향후 상업용 드론은 2025년까지 미국경제에 820억 달러(약 92조 원)의 경제를 창출하고 약 10만 개의 일자리를 창출할 것으로 예상했다.

글로벌 드론 특허 분석을 통한 기술동향 예측

2012년부터 2016년 사이 미국 특허청에 등록된 드론, 무인항공기UAV, 혹은 무인항공시스템UAS 관련 글로벌 특허 130건은 앞으로의 기술적 동향을 예측하게 하는 근거자료이다.

이를 분석한 자료에 따르면 글로벌 드론 특허들은 1) 사전에 비행구역을 비행하면서 드론에 탑재된 GPS, 관성측정IMU, 레이더, 라이다, 카메라, 마이크로폰, 초음파 등 센서들이 수집한 선행정밀지도Detailed Prior Map와 선행사물데이터Prior Object Data의 스마트 데이터와, 이를 바탕으로 실제 비행하면서 센서들이 실시간으로 수집한 지도와 데이터를 인공지능 센서 융합 알고리즘을 통해 비교 분석하여 충돌을 피하면서 경로를 따라 안전하게 비행하는 것, 2) 드론 사고가 났을 경우, 테러범들이 납치를 했는지, 인공지능 자율비행장치가 판단을 잘못 내렸는지, 시시비비를 따지기 위한 인공지능 블랙박스를 개발하는 것, 3) 15~30m의 GPS 오차를 줄이기 위해 다른 센서들을 이용해 오차를 줄이거나, 배송 목적지를 정확히 찾아내는 것, 4) 드론 시대에 대비해 드론이 날 수 있는 도로 위의 회랑corridors 등 도시 인프라가 새롭게 디자인되어야 한다는 것에 집중되어 있다.

기업별 특허 등록 건수를 보면, 민간용 드론 세계 1위 업체인 중국의 DJI가 전체의 25%를 차지하고 있으며, 뒤를 이어 구글이 전체의 12%를, 그 뒤를 이어 디즈니, IBM, 아마존 등이 올라 있다.

이러한 기술들은 몇 가지 특징을 내포하고 있는데, 그 중 하나는 다양한 융합 활용이다. 예를 들어 중국 DJI의 2016년 1월 미국 특허청에 제출한 '주인 차량 주위 환경을 모니터링하기 위해 차량 위에서 이착륙이 가능한 드론 도킹시스템과 방법'이라는 특허출원서는 배송과 모니터링을 위해 한 조가 되는 드론과 자동차의 융합 모습을 보여준다. 미국의 배송 전문업체 UPS가 하이브리드 전기차 트럭과 드론을 연동해 화물을 운반하는 테스트를 실시했다고 보도된 것도 이러한 융합 서비스 사례에 속한다.

국내 현황

우리나라의 경우 국방과학연구소 등을 중심으로 1980년대부터 무인항공기를 개발하고 있다. 또 항공우주연구원에서도 틸트로터tilt-rotor 항공기를 자체기술로 개발하는 등 중대형 무인항공기의 경우 세계 7위 수준이라는 평가를 받은 바 있다. 하지만 2010년대부터 본격적으로 시작된 소형 무인기 분야에서는 신흥 강국인 중국에게 열세를 면치 못하는 것이 현실이다.

이뿐 아니라 혁신적 기술 연구개발에 귀 기울이지 않는 우리나라 정부의 연구지원 풍토에도 큰 문제가 있다. 무인항공기 분야도 예외는 아니다. 예를 들어 KAIST 연구진이 정부의 지원으로 진행 중인 중대형 무인기의 실용화 기반 구축 연구는 2015년부터 시작되었는데, 사실 이와 관련한 연구 아이디어는 2011년부터 제안된 바 있다. 만약 2011년에 민간무인기 보급기반 연구 제안이 받아들여졌다면, 이는 미국 오바마 행정부가 본격적으로 민간무인기 연구를 추진한 2012년보다 앞선 시기가 된다. 실패부터 두려워하는 풍토 속에서는 우리나라가 세계적인 혁신 연구를 선도하기는 요원한 일이 될 것이다.

그런가 하면 선진국에서는 새로운 아이디어가 스타트업에 의해 제시, 사업화되는 경우가 많다. 나아가 이들 해외 스타트업 기업들은 좋은 기술을 만들어 사업화를 하고 이를 대기업에 파는 것을 목적으로 하는 경우가 많다. 반면 우리나라는 대기업이 스타트업을 인수하는 데에 법적 제한이 있다. 이는 곧 새로운 기술기업을 창업하는 걸림돌이 될 수밖에 없다.

해외 동향을 통한 시사점과 전략 방안

이제 어떤 기술 하나만을 따로 떼어 연구 개발하는 시대는 끝난 것으로 보인다. 융합의 시대가 도래하였기 때문이다. 드론과 자동차가 융합되고 드론과 로봇이 융합되고 있으며, 여기에 자율차 전용도로의 시대가 오면 로봇, 자율차, 드론이 합세하여 로봇이 물건을 자율차에 싣고 드론이 최종 배송지로 배송하는 시대가 올 것이다.

규제완화

무엇보다 시급한 것은 드론 규제를 미국처럼 완전 개방하는 것이다. 개방을 하지 않고, 한 사람이 한 대의 드론을 날리고, 그것도 시야를 확보해야 한다면, 시야를 넘어가는 배송 서비스를 어떻게 하겠는가? 규제를 완화해야 기발한 아이디어들이 나오는 것이다. 물론 정부는 2016년 규제혁신을 통한 드론 산업 활성화 방안을 발표한 바 있다. 여기에는 농업, 촬영, 관측 분야에 주로 제한된 드론산업의 범위를 확대하기 위한 창의적 아이디어 창업 활성화와 비행여건 개선 등이 포함돼 있다. 그러나 미국과 같은 수준으로 드론 규제를 완전 개방하면서 관련 생태계를 키워나가는 것이 필요하다.

상상력을 바탕으로 한 기술 아이디어의 실현

중요한 것은 발상과 상상력을 바탕으로 하는 아이디어이다. 그런데 상상은 그저 나오는 것이 아니다. 앞서 살펴 본 관련 분야의 특허를 분석하다 보면, 처음에는 모방이겠지만, 그 다음엔 다양하고 독특한 상상력의 아이디어가 나올 수 있다. 여기에 이종특허분석을 가미하면 획기적인 기술을 개발할 수 있다. 축구장에서 뛰는 축구선수들 머리 위를 따라다니는 드론이 있다면? 생생한 증강현실과 가상현실을 감상할 수 있을 것이다. 또 2030년에 드론이 도로 위와 사람 위를 난다고 가정해보자. 이때 사생활 침해 문제는 어떻게 해결할 것인가? 이를 해결할 인공지능 소프트웨어가 필요해지는 이유이다. 나아가 집집마다 드론이 1~2대 있다고 상상해보자. 드론이 앉아 있을 수 있는 폴대와 안테나가 필요할 것이고, 아예 드론들이 집안으로 들어와 앉아 있을 수도 있을 것이다. 지금 거의 사용하지 않는 공중전화박스가 택배를 받는 새로운 유형의 차세대 우체통으로 바뀔 지도 모른다.

예를 들어 미국의 존 야렐John A. Jarrell이 2015년 등록한 '드론을 위한 도시 디자인 및 도로·공중회랑·통신 인프라 설계'라는 특허는 드론이 상용화된다면 미래에는 도시를 새롭게 디자인해야 한다는 것을 시사하고 있다. 이에 따르면 드론과의 통신을 위해 도로의 가로등은 커뮤니케이션 스테이션으로 바뀔 수 있다. 가로등뿐만 아니라 커뮤니케이션 스테이션들은 교통신호등, 전봇대, 기지국, 도로 사인, 디스플레이 모니터, 빌딩, 교량 등에 탑재될 수도 있다. 이러한 가로등에 붙은 커뮤니케이션 스테이션들은 드론 비행이 허가된 일반도로의 양쪽 가장자리 도로 위의 상공(공중회랑)에 나는 드론들과 쌍방향으로 통신을 하게 된다. 드론들에게 도로의 상태, 도로 주변의 빌딩, 드론이 날 수 있는 확정된 회랑경로들, 비행 금지 지역들, 임시로 착륙할 수 있는 지역, 도시 주민들에게 공급하는 각종 택배를 풀고 싸는 패키지 허브 지역, 드론의 고도 정보, 가로등의 고도 정보, 빌딩의 고도 정보 등 다양한 정보를 제공할 수 있다. 미래에는 도시를 건설할 때 드론이 날 수 있는 도로 인프라와 공중회랑 인프라를 새롭게 디자인해야 한다는 것을 암시하고 있다.

아마존 또한 2016년에 '기존의 기지국·가로등·전선주·건물을 이용한 드론 도킹·관제 시스템과 차세대 우체통'이라는 특허를 미국특허청에 등록했다. 이에 따르면 도킹 스테이션 시스템은 드론이 배송 도중 배터리를 충전하거나 배송과 관련한 실시간 데이터를 업로드 혹은 다운로드 할 수 있고, 배송해야 할 물품을 다른 드론에게 전달하는 기지로도 활용할 수 있다. 드론들이 더 긴 거리를 비행할 때 악천후를 피할 수 있는 일종의 피난처 등의 성격을 띠며, 기존의 기지국, 가로등, 전선주, 건물, 교회 첨탑 등 높은 곳에 이를 설치한 뒤 각각의 도킹 스테이션과 중앙관제시스템의 역할도 한다. 이러한 관제시스템을 이용하면 드론이 다니는 하늘 길의 상황, 즉 날씨나 강수량이나 바람의 세기나 방사능 수준 등의 정보를 실시간으로 주고받는 것이 가능하다.

그밖에도 미국의 스카이디오Skydio는 2015년 드론을 '비행하는 디지털 어시스턴트Flying Digital Assistant'라고 표현한 바 있다. 상상이 가능한 모든 곳에 드론이 파고들고 있다. 단순히 규제완화나 연구지원과 같은 단편적 지원 정책이 아니라, 상상력을 펼 수 있는 연구환경, 산업 생태계 조성, 그리고 미래도시 설계까지 다차원적이고 융합적 관점에서 접근하는 것이 필요하다.

12 인공지능 음성인식:
언어 특성까지 반영한 인공지능과 사물인터넷의 결합

4차 산업혁명의 핵심인 인공지능Artificial Intelligence 중에서 음성인식 기술은 인공지능의 기능과 활용 영역을 일상 가까이로 대폭 확대시켜 주는 역할을 하고 있다. 실제로 인공지능은 우리의 실생활에 예상보다 더 깊숙이 들어와 우리의 삶에 영향을 주고 있으며, '사람다운' 인공지능 비서 역할을 하는 인공지능 음성인식 서비스가 그 가운데 하나이다.

음성인식의 의미와 전망

음성은 사람이 의사소통을 하는 데 있어 가장 직관적이고 편리한 수단이다. 아주 어린 아이부터 나이가 많은 노인에 이르기까지, 말을 사용하는 것은 생각을 전달하고 표현하는 기본적인 수단이다. 음성인식이 가능한 인공지능은 곧 사람의 말을 이해하여 원하는 일을 수행한다는 것을 의미한다.

음성인식 기술

음성인식 기술은 입력된 음성이 어떤 텍스트인지 인식하여 분류하는 기술(speech to text)이다. 크게 키워드 음성인식 기술과 연속어 음성인식 기술로 나눌 수 있다. '아리아(SK텔레콤)'나 '지니야(KT)'처럼 웨이크-업wake-up 명령어가 대표적인 키워드 음성인식에 속한다. 웨이크-업 명령어는 부르기 전에는 인공지능 스피커가 대기상태에 놓여 있다가 특정 이름을 부르는 순간 음성명령을 듣기 위해 깨어나게 하는 방식이다. 이처럼 소수의 단어만 인식할 수 있는 기술이 키워드 음성인식 기술이라면, 연속어 음성인식 기술은 거의 대부분의 단어를 인식할 수 있는 기술로 일반적인 음성인식에서 사용된다.

인공지능 음성인식의 기능과 전망

물론 현재의 인공지능 음성인식은 사람이 원하는 것을 조금 더 간편하게 수행하는 수준의 역할을 주로 하고 있다. 하지만 향후에는 언제 어디서든 말로 기기를 제어하는 것이 빠르게 확산될 것으로 전망된다. 또한 사람의 질문에 대한 답변도 점점 복잡한 내용을 이해하고 답할 수 있게 될 것이다. 음성인식에 기반 한 자동 통번역도 정확도가 높아지게 되어 매우 널리 활용될 기술 중 하나이다. 그런가 하면 스마트폰이나 인공지능 스피커와의 인터페이스로서뿐 아니라 자율주행자동차의 핵심 기술로서도 음성인식 기술이 집중 연구되고 있다. 자동차 안에서는 손으로 기기를 조작하는 것이 위험하기 때문에 손을 사용하지 않고도 자유롭게 음성을 통해 기기를 제어하는 것은 매우 편리하면서도 유용한 기능이기 때문이다.

음성인식 서비스 현황

인공지능이 본격적으로 사용되기 이전의 음성인식 시스템 중 대표적인 사례는 2011년 출시된 애플의 '시리Siri'를 들 수 있다. 현재 시중에는 아마존의 '에코Echo', 구글의 '구글홈Google Home', 마이크로소프트의 '코타나Cortana', SK텔레콤의 '누구NUGU', KT의 '기가지니GiGA Genie' 등 다양한 인공지능 음성비서인 스마트 스피커가 나와 있다. 이와 더불어 삼성전자의 '빅스비Bixby', 구글의 '구글 어시스턴트Google Assistant', 애플의 '시리' 등 스마트폰에 탑재된 인공지능 음성비서에 이르기까지 다양한 제품들이 서로 치열한 경쟁을 벌이고 있다.

최근 인공지능 음성비서는 주로 스피커와 스마트폰에 탑재되고 있다. 집 안에서 움직이지 않고도 인공지능 스피커에 말하기만 하면 음악을 들을 수 있으며, 일정이나 날씨 등의 정보도 선제적으로 제공받을 수 있다. 음성명령으로 에어컨을 켜거나 장보러 가기 전에 냉장고에 있는 식재료 목록을 음성으로 들을 수도 있다. 가정 내에서 일종의 '지능형 스마트 허브'로서의 기능을 확대하고 있는 것이다. 인공지능 생태계에서 음성비서는 플랫폼과 사용자를 연결해주는 수단으로 부상하고 있으며, 이것이 바로 4차 산업혁명의 다양한 기술적 진화와 밀접하게 융합, 연결될 수 있는 부분이다.

음성인식 성능 개선을 위한 기술적 고려사항

현재 전 세계에서 음성인식 기술의 활용은 확산되고 있지만, 실생활에 적용된 음성인식 성능은 사용자를 만족시키기에는 아직 부족하다. 음성비서는 여러 환경적인 요인의 방해를 받고 있으며, 인식의 정확도 역시 아직은 미흡하다.

원거리 음성인식을 위한 전처리 기술

인공지능 생태계에서 음성인식 기술이 중요한 역할을 맡고 있다면 음성인식의 정확도는 결정적인 요소이다. 특히 인공지능 스피커 음성비서에서의 음성인식 기술은 근거리뿐만 아니라 원거리 상황에서도 성능이 보장되어야 한다.

– **음성왜곡:** 음성향상 혹은 잡음제거라고 표현되는 음성신호 전처리 기술은 잡음이 섞인 입력 음성신호로부터 잡음에 의한 영향을 제거하고 원래의 깨끗한 음성 성분을 복원하는 과정이다.

– **음향학적 반향:** 음성인식을 위해 마이크로 음향 신호들이 수집될 경우 어느 정도의 반향이 함께 수집된다. 따라서 잔향을 제거해내는 신호처리 기술들을 적용해야 한다.

– **음향학적 에코:** 음향학적 에코 또한 음성 인식률을 저하시키는 요인 중 하나이다. 음향학적 에코는 스피커의 오디오 신호가 마이크로 다시 입력되어 발생하는데, 음성 품질 향상을 위해서는 해당 성분을 제거해야 한다.

– **음성신호 크기 처리:** 음성인식의 성능을 높이기 위해 주목할 또 다른 기술은 자동이득제어기술AGC, Automatic Gain Control이다. AGC는 입력된 신호 중 음성신호만을 적절한 크기로 증폭, 또는 감쇄시켜주는 기술이다.

딥러닝 기반의 음성인식 기술

딥러닝 기반의 음성인식 기술은 크게 입력된 음성신호에 가장 잘 매칭되는 문자열을 추정하는 기술인 음향모델과 단어 간의 관계를 확률로 모델링한 언어모델로 나눌 수 있다. 최근에는 음향모델과 언어모델, 그리고 발음사전의 전체 정보를 통합 및 중복되는 부분을 제거함으로써 효율적인 모델을 만들어주는 wFSTweighted Finite State Transducer가 주로 쓰인다. wFST는 단어와 발음 연결로 구성된 탐색 경로와 입력된 음성의 연속적인 비교를 통해서 가장 가깝다고 판단되는 단어열을 음성인식 결과로 도출해낸다.

음향모델은 딥러닝 활용이 가장 활발한 분야이기도 하다. 음향모델은 소리 정보를 발음기호 정보로 전환하는 역할을 한다. 소리 정보에는 다양한 잡음과 음향 공간의 데이터가 포함돼 있다. 그러므로 음향모델에 적용할 수 있는 더 많은 데이터가 수집, 반영될수록 발음기호 정보의 인식 정확도가 높아지고, 이는 음성인식 성능 향상으로 이어질 수 있다.

언어모델 역시 텍스트 데이터를 수집해 단어들 간의 관계를 학습한다. 따라서 보다 다양한 도메인의 학습용 음성 데이터를 수집할수록 성능이 향상된다. 하지만 이러한 텍스트 중에는 발성에 잘 쓰이지 않는 문어체가 있고, 명령에 관계되는 데이터도 부족한 경우도 있다. 기기 중심의 음성인식에서는 사용자 명령을 받아 실행되는 경우가 많으므로 필요에 따라서는 적절한 텍스트 데이터를 인위적으로 생성해야 할 필요도 발생한다.

'더 똑똑한' 인공지능 음성인식을 위한 전략

앞으로 본격화될 인공지능 시대에서 주요한 인터페이스가 될 음성인식 기술은 사용자들의 필요를 충족시켜줄 방향으로 발전할 것이다.

학습데이터 구축을 통한 언어학습 확대

언어는 시시각각 새로운 말이 생기거나 변형되는 일이 끊임없이 발생한다. 따라서 인공지능도 언어를 배우는 학습 과정을 끊임없이 수행해야 한다. 하지만 인공지능이 언어를 학습한다는 것은 스스로 할 수 있는 것은 아니고, 사람이 어떤 문장이 어떤 의미의 말인지를 학습데이터 구축을 통해 알려줘야만 한다. 예를 들어 "오늘 날씨 알려줘"라는 말은, 이 문장이 무엇인가를 "알려달라"는 의미와 "오늘"이라는 시간, 그리고 "날씨"라는 요소 정보로 구성되어 있다는 것을 사람이 표시를 한 후 기계학습을 수행해야 한다.

언어학습 과정은 언어학습을 위한 텍스트 코퍼스 구축으로부터 시작된다. 학습하고자 하는 말들을 수집하는 과정인데, 일반적인 단어와 문법 구조를 학습하기 위해서는 웹 페이지나 신문기사 등으로부터 일반적인 문장들을 수집하는 방법을 주로 사용한다. 여기에 법률이나 의료 등 특정한 도메인에 해당하는 용어나 문장을 학습하기 위해서는 해당 분야에서 사용하는 말들을 별도로 수집하여 학습시켜야 한다.

기기 연동을 위한 네트워크 구축

인공지능 스피커 등 가상비서는 사람이 명령하는 것을 수행하여 원하는 것을 제공해 주어야 한다. 노래를 틀거나 답변을 하기 위해서는 소리로 응답하기 위한 스피커와 연결되어 있어야 하는데, 이를 한 데

묶어 놓은 것이 인공지능 스피커라고 볼 수 있다. 디스플레이를 사용하여 그래픽으로 응답하려면 TV와 같은 디스플레이 장치가 연결되어 있어야 하며, 이러한 콘셉트를 가진 셋톱박스형 인공지능 스피커도 출시가 되어 있는 상황이다.

이렇게 사람에게 응답하기 위한 주변기기 이외에도 인공지능 비서가 사람처럼 전등을 켜고 끄거나 가스밸브를 잠그거나 자동차의 시동을 켜려면 다양한 기기와의 통신이 가능하도록 네트워크 연결이 전제되어야 한다. 이러한 연결을 위해 부각되고 있는 분야가 사물인터넷이다. 인공지능 스피커가 선풍기를 조작하기 위해서는 인공지능 스피커와 선풍기가 모두 네트워크를 통해 연결이 되고 통신이 가능해야 한다. 기기 연동을 위해서는 인공지능 역할을 하는 클라우드 서버에서 사람이 발성한 내용에 대해 어떤 기기에 어떤 명령을 내려야 하는지를 이해해야 하는데, 이를 수행하는 기술이 자연어처리Natural Language Processing와 대화관리Dialog Management이다.

다양한 언어 특성을 반영한 음성인식 기술 연구

언어라는 것은 각 나라의 문화를 반영하는 것이기 때문에 단순히 음성신호를 텍스트로 변환하는 기술이 전부가 아니다. 사람이 동일한 말을 했다고 하더라도 어떻게 이해하고 응대해야 하는지는 각 나라의 문화에 따라서도 달라져야 하고 시대와 사용맥락에 따라서도 달라져야 한다. 또한 인터넷의 발달과 확산으로 인해 신조어가 계속 생겨나고 있는데, 이 또한 그 나라의 문화적인 특성을 반영하게 된다.

현재의 음성인식 알고리즘은 영어를 비롯하여 서구 언어에서 많은 연구가 이루어지다 보니 한국어와 같이 언어적인 특성이 다른 경우에는 최신 알고리즘을 그대로 적용하기 어려운 상황이다. 영어의 경우 언어학적으로 굴절어이면서, 특히 현대 영어는 고립어에 가까워 각 단어를 나열하는 것으로 문장 구성이 되고 있기 때문에 단어의 순서적인 통계에 기반 한 언어모델이 매우 잘 들어맞는다. 반면 한국어의 경우에는 교착어로서 단어 구성이 매우 유연하고 조사나 어미 등에 따라서도 어절이 달라져 영어 기반의 음성인식 알고리즘을 적용하기에 불리한 특성을 가지고 있다. 한국어의 특성을 반영한 음성인식 기술에 대한 연구에 많은 노력을 기울여야 한다.

13 자율주행자동차:
모빌리티 사회를 위한 인프라의 결합과 서비스 모델의 개발

향후 자동차는 단순한 이동수단에 머무르지 않을 것이다. 안전하고 편리한 이동환경을 제공하고 교통사고로 인한 인적, 물적 손실을 최소화하며 사람, 사회, 산업 간의 활발한 교류와 공존모델을 지원할 수 있어야 한다. 자동차산업도 4차 산업혁명이라는 새로운 기술혁명을 통

〈그림 2-3〉 자동차산업의 기술혁명 Automotive 4.0.

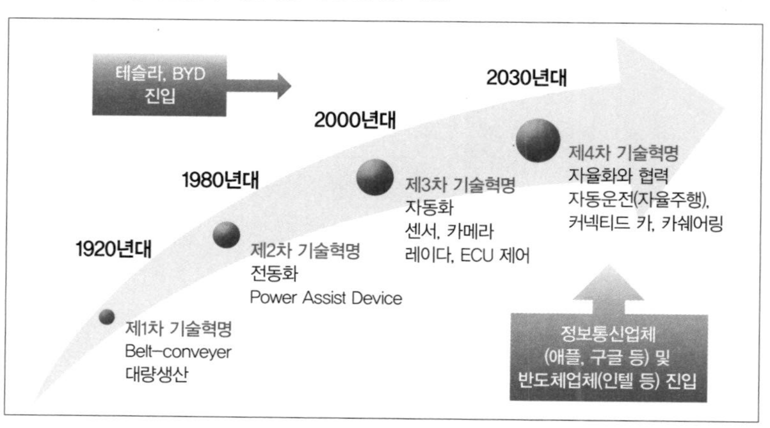

자료: 일본 일간자동차신문

하여 '자율화와 협력화'라는 시대적 환경변화에 적응하면서 미래시장을 준비할 필요가 있다.

4차 산업혁명을 주도할 자율주행자동차autonomous vehicle는 궁극적으로 운전자의 조작 없이 자동차 스스로 주행환경을 파악하여 안전한 경로로 주행하고, 탑승자에게는 인프라나 다른 사물과 연결된 커넥티드 환경을 제공해주는 인간친화적 자동차가 되어야 한다. 즉 자율주행자동차는 기존의 기계, 교통 중심의 기술에서 첨단센서, 정보통신, 지능제어 등의 신기술을 융합한 복지교통사회용 융합시스템이다. 자동차가 스스로 주변 환경을 인지, 위험상황을 판단하여 운전자의 안전주행을 지원할 수 있어야 하고, 나아가 단순한 이동공간이 아니라 생활공간과 사무공간으로서도 활용될 전망이다. 자율주행자동차에서도 초연결성 확보가 관건인 것이다. 이러한 변화는 기존 주력산업의 정체된 성장과 소비자들의 다양한 요구사항 등으로 더욱 가속화되고 있으며, 결국 21세기 글로벌 시장은 기술과 산업 간의 창조적이고 미래지향적인 융합이 더욱 필수적이라고 할 수 있다.

자율주행자동차 기술을 둘러싼 융합화 전망

최근 국내외에서 추진되고 있는 자율주행자동차 개발의 특징을 살펴보면 다음과 같다. 첫째, 인공지능은 선택이 아닌 필수이고 데이터 처리와 소프트웨어 개발은 자동차 내부에서 클라우드를 활용한 외부로 이동하고 있다는 점이다. 둘째, 자동차를 자동제어하는 것에 머무르지 않고 커넥티드 디바이스·서비스와 융합된 미래형 이동체로 발전시키고 있다는 점이다, 셋째, 자동차-인프라 정보융합으로 자율주행자동차의 성능 향상 및 교통사고 책임소재 등의 사회적 합의 추진 등이 모색되고 있는 점이다.

자율주행 자동화 레벨

기술개발 수준과 사회적 수용에 따라 자동화 단계를 나누어 볼 수 있는데, 미국 도로교통안전국NHTSA은 자율주행자동차 기술을 운전자의 주행 조작 개입정도에 따라서 5단계(레벨0~4)로 구분(미국자동차공학회의 경우, 레벨 0~5로 구분)하고 있다.

〈그림 2-4〉 자율주행자동차의 자동화 레벨

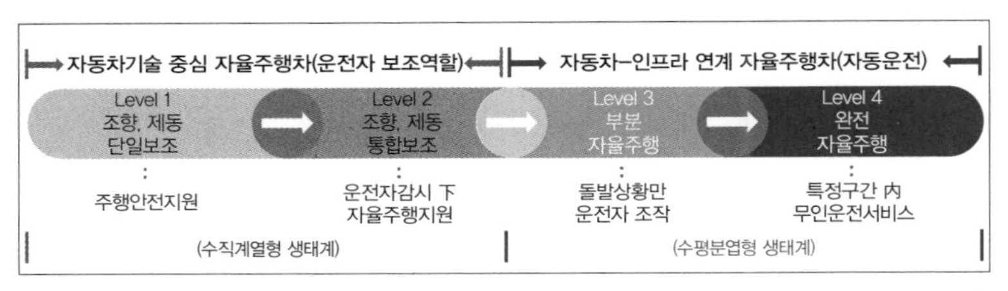

자료: 미국 도로교통안전국(NHTSA).

현재 양산되고 있는 고급차종에서는 이미 차간거리제어, 차선유지지원 등 자동화 레벨1의 기능이 적용되고 있으며 자동화 레벨2의 자율주행자동차는 현재 많은 자동차업체들이 시장을 선도하기 위하여 양산개발을 추진하고 있다. 제한된 조건에서 자율주행이 가능한 자동화 레벨3의 자율주행자동차는 최근 실제 도로에서의 테스트를 수행하고 있다. 완전 자율주행이 가능한 자동화 레벨4의 자율주행자동차는 탑승자가 목적지를 입력만 하면 자동차가 스스로 주행을 하는 수준으로 자율주행 및 주행환경 인지 기술은 물론 사고 발생 시 법적 책임, 보험 등의 문제까지 완벽히 해결되어야 양산이 가능할 것으로 예상된다.

자율주행자동차 시장 전망

본격적인 자율주행의 상용화는 2020년부터 예상되고 있는데, 보스턴 컨설팅(2017)은 2030년에는 미국 내 차량 가운데 25%를 자율주행자동차가 차지할 것으로 내다봤다. 또 미국의 기술평가기업 네비건트리서치나 국제전기전자기술자협회IEEE 등도 2020년 이후 상용화가 본격화되면서 2035년경에는 점유율 4분의 3 수준에 이를 만큼 폭발적으로 증가할 것으로 예상하고 있다.

국내외 시장에서 주요 완성차업체들은 적시에 자율주행자동차 출시를 목표로 경쟁적인 개발을 하고 있다. GM은 캐딜락 CTV를 대상으로 2017년 NHTSA 자동화 레벨2의 슈퍼 크루즈Super Cruise 양산계획을 밝혔는데 운전자의 주변상황 주시가 필요한 수준의 통합 자율주행을 목표로 하고 있다. 벤츠는 2025년까지 무인 트럭 개발, 2030년까지는 완전 자율주행자동차 개발을 목표로 하고 있다. 그 외에도 구글의 웨이모Waymo, 테슬라의 오토파일럿Autopilot 등은 NHTSA 자동화 레벨3의 상용기술을 확보하고 있으며, BMW의 New 7 시리즈나 현대의 아이오닉Ioniq은 자동화 레벨2의 기술을 확보하고 있다. 시속 40km 정도의 지속이동환경에서는 이미 NHTSA 자동화 레벨3의 셔틀버스 운행이 서비스되고 있으며 대표적인 사례로는 일본의 IT기업 디엔에이DeNA의 로봇셔틀이나 프랑스 업체 나비아Navya의 자율주행버스를 들 수 있다.

자율주행자동차의 파급효과

자율주행자동차의 실현은 무엇보다 도로 교통문제에서 주행환경을 도모함으로써 정체를 해소하거나 완화하고 교통사고를 줄이는 효과를 기대할 수 있다. 또한 자동차가 운전 전체를 또는 일부분을 담당함으로써 운전자의 운전 부하를 경감하고 고령자 등의 이동을 지원하며 운전쾌적성의 향상도 기대할 수 있다.

정체의 해소·완화

자율주행자동차는 교통 흐름을 원활하게 조성할 수 있는 최적의 주행경로를 포함하는 주행환경 구축을 가능하게 함으로써 주요 정체 발생구간의 대폭적인 정체 완화효과 등을 가져올 것이다.

교통사고 감소

고속도로 교통사고에서 인적요인에 따른 사고는 발견의 지연, 판단의 잘못, 조작의 잘못 등에서 비롯되는 경우가 90% 이상을 차지한다. 자율주행자동차가 상용화되면 사고요인 중에 가장 큰 비율을 차지하는 인적 원인이나 전방의 정보 부족 등에서 기인하는 교통사고 발생률을 크게 떨어뜨릴 것으로 예측된다.

환경부하의 경감

이산화탄소 배출량에서 운수부문이 차지하는 비율은 약 20%이다. 또 전체 운수부문의 이산화탄소 배출량 가운데 80% 이상은 자동차에서 배출된다. 자율주행자동차는 불필요한 가감속의 저감, 공기저항의 저감, 정체의 억제 등을 가능하게 하여, 연비 향상이나 이산화탄소 감축 효과를 가져올 것이다.

고령자 등의 이동지원

교통사고 가운데 운전조작 실수 등은 고령으로 인한 경우가 적잖다. 자율주행자동차는 운전 부하를 큰 폭으로 경감함으로써, 고령자의 이동을 안전하게 지원하고, 고령 운전자의 교통문제 해결에도 기여할 것으로 예측된다.

운전의 쾌적성 향상

일반적으로 운전 중에는 많은 스트레스를 받는다. 자율주행자동차의 실현은 궁극적으로 운전자의 운전 부하를 큰 폭으로 경감함으로써, 자동차 운전에 따른 피로와 부담을 상당량 해소할 수 있을 것이다.

산업융합의 촉진

자율자동차 시대에는 변화하는 패러다임에 맞춰 새로운 비즈니스 모델이나 신규 사업자의 참여가 요구된다. 자율주행자동차 산업은 기존의 산업생태계를 넘어 더욱 확장된 융합형 산업문화의 기회가 될 수 있을 것이다.

자율주행 융합산업 육성을 위한 우리의 실천방안

우리나라 국민에게 안전하고 편리한 이동수단을 제공하고 운전자뿐만 아니라 탑승자 모두에게 질적 수준이 높은 일상환경을 제공하기 위해서는 무엇보다 3C(Collaboration, Connectivity, Creation)로 상징되는 혁신에 바탕을 두어야 한다.

자율형 모빌리티 사회 구현

운전자와 자동차, 자동차와 주변 환경, 그리고 일상생활의 모든 요소들을 유기적으로 연결시켜, 쾌적하고 안전하며 편리한 자율주행 미래사회를 달성해야 한다. 이것은 단순한 기술개발에 그치지 않고 사업화 성과를 극대화하여 4차 산업혁명을 통한 '자율형 모빌리티 사회'를 실현하여야 한다는 의미이다. 여기서 쾌적, 안전, 환경, 편의성이 중요한 요소이다.

유연한 산업생태계 조성

제한적인 국가자원을 집약하여 효율적으로 활용해야 하며 포화상태인 국내시장에서 경쟁을 심화시키는 것보다 자율주행자동차 관련 신산업의 글로벌 시장을 선도할 수 있는 산업경쟁력 확보에 주력해야 한다. 이를 위해서는 글로벌 강소기업을 집중적으로 육성하여, 자동차-인프라 융합기술에 대한 다양한 아이디어와 콘텐츠를 가지고 있는 신규 사업자의 참여를 확대해야 한다. 미래성장 동력을 창출하기 위해서는 지금까지 대기업에 종속되었던 중소벤처기업의 사업구도를 다양한 수요처로 다각화해서 중소벤처기업의 안정적인 매출·수익을 확보할 수 있도록 유연한 신산업생태계 조성이 중요하다.

자동차-인프라 융합기술 확보

미래 글로벌 시장을 선도하기 위해서는 자동차-인프라 융합기술의 확보가 절실하다. 융합기술을 보유하고 있는 대학, 연구소 및 기업 간 공동으로 기술개발을 추진하고 자율주행자동차를 위한 DB, 개방형 플랫폼을 구축해야 한다.

자율주행자동차 연계 서비스 모델 개발 및 사업화

자율주행자동차 관련 서비스 신산업 창출을 위하여 자율주행자동차와 연계한 고부가가치 서비스 모델을 발굴하는 것이 필요하다. 예를 들어, 특정구역에서 운행되는 무인셔틀, 로봇택시 등이 하나의 서비스 모델이 될 수 있다. 특히 통신 인프라, 위치측정시설, 교차로 연계시설 등이 지원되는 글로벌 수준의 자율주행 실증존 구축이 필요하다. 또한 선진국 대비 과도한 규제는 관계부처 합의를 거쳐 개선하고 실증존에서 우선적으로 규제 완화를 한 후에 전국으로 확대하는 것이 효율적일 것이다. 자율형 모빌리티 사회 실현을 위해서는 인프라의 고도화 및 관련제도 정비가 반드시 동반 추진되어야 한다.

E n v i r o n m e n t ＼3장＼

환경 분야 미래전략

1. 환경생태
2. 온난화기후
3. 재난대응
4. 스마트시티

1 환경생태:

사전예방적 환경관리와 고부가가치 환경산업 창출

도래하고 있는 4차 산업혁명 기술(사물인터넷, 인공지능, 빅데이터 등)은 환경생태 분야에 도입될 경우 생물다양성, 기후변화, 생태계서비스, 지속가능한 발전과 생태복지 등에 매우 지대한 영향을 끼칠 수 있을 것으로 기대를 모으고 있다. 이는 구체적으로 사전예방적 환경관리 가속화, 환경정보 쌍방향 소통 및 협업 기반 확대, 그리고 환경산업 혁신을 통한 고부가가치 창출 등의 기대효과를 가져올 것이라는 희망적인 전망을 보여주고 있다. 그러나 한편으로는, 인류문명의 지속가능성을 위해서는 에너지 자원, 생물자원, 생태계의 생활터전이 필수 요건인데, 새로운 패러다임으로 전환하지 못한다면 생태계 파괴와 더불어 인류 자체의 존속에도 위협이 될 수 있는 위기도 상존한다고 볼 수 있다.

환경생태계의 현황

환경생태 문제는 오염 물질의 배출에 따른 환경오염과 생태자원의 무분별한 사용에 따른 생태파괴, 두 가지 방향에서 나타난다. 생물자원을 균형 있게 이용하여 생태계를 보호하고 지속가능성을 확보해야 한다.

생물다양성 감소 위기

생물다양성이 중요한 이유는 생태계가 에너지와 자원을 공급해 주는 것은 물론, 환경을 정화하고 조절해주기 때문이다. 인간은 생물종다양성을 이용하여 생산품을 만들고 생태계 서비스를 받고 있다. 인간이 받고 있는 생태계 서비스는 유지, 조정, 공급, 문화의 4가지 서비스가 있다. 유지서비스는 광합성에 의한 산소의 생산, 토양형성, 영양순환, 물순환 등 모든 생물종이 존재하기 위한 환경을 형성하고 유지시키는 것을 말한다. 조정서비스는 오염과 기후변화, 해충의 급격한 발생 등 변화를 완화하거나 홍수가 발생하기 어렵게 만드는 것, 물이 정화되는 것 등으로 인간사회에 대한 환경의 영향을 완화시키는 효과를 말한다. 공급서비스는 식량, 목재, 연료, 의복 및 의약품 등 인간이 일상생활을 살아가기 위해서 생태계에서 얻는 다양한 서비스를 의미한다. 문화서비스는 정신적인 충족, 미적인 즐거움, 사회제도의 기반, 레크리에이션, 환경학습의 기회 제공 등 생태계가 만들어내는 문화 및 정신적인 면에서의 생활의 윤택함을 의미한다.

우리나라의 경우, 약 10만여 생물종이 있는 것으로 추산되며 이 중 4만 2,756종(2014년 12월 기준)을 발굴, 관리하고 있다. 그런데 지난 30년간 1인당 녹지면적이 25.2헥타르에서 17.3헥타르로 감소했다.

또 전국 산림의 0.8%(1991~2010), 갯벌의 22.6%(1987~2008)가 줄어들었다. 생물종의 서식지가 빠르게 사라지고 있는 것이다. 산림면적은 2003~2010년 사이에 여의도 면적의 44배인 375㎢가 줄었다. 생물이 살아가면서 이동하는 경로인 생태축이 단절된 곳도 987개소이다. 생물의 이동이 원활하지 못하게 되면 생물종 보존은 어려워진다.

생물다양성 감소는 특히 생물종의 하나가 사라지는 것이 아쉽다는 단순한 문제가 아니다. 국가적 측면에서는 생물자원의 손실이자 인류 문명으로서는 생존 기반의 약화를 의미한다. 생물다양성이 훼손되는 것은 생태계 서비스와 같은 복합적인 기능의 훼손을 뜻한다. 그리고 생물자원을 이용하여 다양한 가치를 창출하는 경제산업 활동이 심각한 지장을 받게 될 수 있는 것이다.

기후변화에 따른 생태계 변화 심각

지금까지 육상 생물의 다양성 손실의 원인으로 산림훼손이나 토지이용 변경 등이 지목되었으나, 앞으로 2050년까지 추가적인 생물다양성 손실의 40% 이상이 기후변화에서 기인할 것으로 전망되고 있다. 지구 온난화로 인한 평균기온 상승은 생물 서식지의 북상을 초래한다. 현재 우리나라의 남해지역도 아열대로 바뀌면서 어류와 해조류의 분포가 달라지고 있다. 제주지역에서 잡히던 자리돔은 이미 독도지역에서도 볼 수 있게 되었다. 한편 남해에서는 볼 수 없던 아열대 어종인 청새치, 귀상어, 노랑가오리를 볼 수 있게 되었다. 기후변화는 그 속도가 빨라서 생태계가 적응할 시간적 여유가 부족하기 때문에 생물다양성 감소로 이어지게 된다.

반면 생물다양성을 유지하면서 생태계의 복원력을 높이는 경우에는 기후변화의 속도를 완화시킬 수도 있다. 지구온난화의 원인물질로는 이산화탄소가 56%, 메탄이 18%, 프레온가스가 13%, 오존이 7%, 질소산화물이 6% 비중을 차지하고 있다. 만일 산림생태계를 충분히 복원시켜 이산화탄소를 광합성에 많이 쓰이도록 한다면 기후변화 물질을 줄이는 결과가 된다. 그리고 산업체 등에서 배출하는 이산화탄소의 양을 줄일 수 있도록 녹색기술을 개발, 보급하는 것도 효과적인 대응방안이 될 것이다.

각국의 추진 전략

생물다양성 감소에 대한 국제적 노력으로 생물다양성협약이 있다. 생물다양성협약은 생물다양성의 보전, 생물다양성 구성요소의 지속가능한 이용, 유전자원 이용 이익의 공정하고 공평한 공유를 목표로 하며 194개 회원국이 가입되어 있다. 세계 각국은 생물다양성에 대한 보호와 생명연구자원의 확보 및 관리를 위해 적극적으로 전략을 추진하고 있다. 미국의 경우 국가 바이오경제 청사진 실현을 위한 생명연구자원 분야별 연구개발을 강화하고 있다. 미국의 국가과학기술위원회는 2014년 식물게놈 계획National Plant Genome Initiative을 발표했다. 이 계획은 1998년 이후 5년마다 수립되고 있는 것으로, 식물게놈의 체계와 기능에 대한 기초 지식을 배양하고, 이러한 지식을 잠재적으로 경제적 가치가 있는 중요한 식물 및 식물공정의 광범위한 이해로 전환시키기 위한 것이다.

EU는 2011년 생물다양성전략을 수립하여 2050년까지 생태계와 생물다양성이 인간에게 제공하는 생태계 서비스를 보존, 평가, 회복한다는 비전을 제시했다. EU의 생물다양성 전략은 생물다양성 보호를 위한 관련 법안의 총체적 실현, 생태계 보호 및 녹색 인프라 사용 증대, 지속가능한 농업 및 임업, 어류에 대한 체계적 관리, 외래종에 대한 엄격한 통제, 생물다양성 보전을 위한 국제활동 강화 등의 내용을 포함하고 있다.

일본의 경우, 국가생물자원프로젝트와 생물다양성국가전략(2012~2020)을 추진하고 있다. 국가생물자원프로젝트는 세계적인 생명과학연구기반 정비, 국제 주도권 확보를 목표로 생물자원의 수집, 보존, 제공과 기술개발을 위한 프로그램 간 연계를 도모하고 있다. 여기서는 생물다양성의 주류화, 사람과 자연 관계 재구축, 숲·마을·강·바다의 연계 확보, 과학기반 정책강화 등의 방안을 포함하였다.

또한 세계 각국에서는 생물 다양성에 경제적 개념을 접목한 프로그램도 운영하고 있는데 대표적인 예로 '생물다양성 오프셋offsets'과 '생태계서비스 지불제도'를 들 수 있다. 생물다양성 오프셋이란 어쩔 수 없이 생태계 파괴가 발생할 경우 훼손정도를 정량화하여 이를 다른 곳에서 회복, 창출, 개선, 보전하는 방식으로 파괴를 상쇄offsets시켜 생물다양성(서식지, 종, 생태학적 상태, 서비스 등)의 손실을 제로로 만드는 것이다. 생태계서비스 지불제도는 자발적인 계약에 근거하여 특정 생태계서비스의 수혜자가 공급자에게 서비스 이용에 대해 일정액의 대가를 지불하는 형태의 계약을 총칭하는 말이다. 보이지 않는 자연의 가치를 시장경제에서 시각화시켰다는 점에서 중요한 의미를 지닌다. 생태계 서비스가 지불되기 위해서는 서비스 수혜자와 공급자의 자발적인 매매, 서비스의 명확한 정의, 서비스 구매자의 존재, 서비스 공급자의 존재, 지속적인 서비스 공급의 보장이 필요하다. 이 제도는

1990년대 중반부터 도입되어 세계적으로 300개 이상의 프로그램이 운영되고 있다.

환경생태 미래전략 방안

전 지구적 기후변화 측면, 그리고 생물다양성 감소에 따른 온실가스 증가로 기후변화가 가속화되는 측면 등 이들 양방향의 상관관계에 대한 통찰을 통해 실효성 있는 접근이 필요하다.

생물다양성 모니터 및 사전예방적 관리시스템 구축

한반도의 자생 생물종을 적극 발굴하여 국가생물종 DB를 구축하고 체계적으로 관리를 강화해야 한다. 생물종에 대한 DB를 제대로 갖추지 못해 자생종이 외국에 반출되고 거꾸로 고가로 역수입[1]되는 경우가 더 이상 없어야 할 것이다. 더불어 생물다양성과 국가 생명연구 자원정보에 대한 통합 DB를 구축하고, 국내 DB뿐 아니라 해외 생물자원 DB와의 연계를 통해, 유전자원 접근 및 이익 공유에 적극적으로 대처해야 한다. 구체적으로 한국생명공학연구원의 국가생명연구자원통합정보시스템KOBIS과 국가적 차원에서의 생물다양성 정보공유체계를 연계하여 통합시스템으로 확장해야 한다. 체계적인 관리와 모니터링 시스템은 4차 산업혁명의 혁신 ICT 기술과 생물다양성 분야를 접목하는 것이다. 세계 각국이 게놈, 생물자원 등 생명연구자원과 관련된 데이터를 구축하는 데 힘을 기울이고 있다는 점에 주목해야 한다. 향후 산업은 얼마나 많은 연구자원의 정보를 확보했느냐와 그것을 얼마나 빠른 시간 안에 처리할 수 있느냐가 국가 경쟁력으로 이어질 것이다.

또한 생태발자국ecological footprint 작성으로 생물다양성 훼손을 모니터해야 한다. 생태발자국은 인간의 생산, 소비, 여가 활동이 생태계에 미치는 영향을 구체적인 수치로 환산한 지표이다. 이 지수를 통해 자연자원의 이용 강도를 사전에 파악할 수 있다면 무분별한 자원 남용을 방지하고 지속가능한 자원이용계획을 수립할 수 있다. 우리 사회의 생태발자국은 계속 증가하고 있는데, 여기에 제일 큰 부분을 차지하는 것이 바로 도시인구이다. 세계 총인구의 절반 정도가 도시에 살고 있으며 이들이 자원의 4분의 3을 소비하고 있다. 따라서 적극적인 모니터링과 사전예방적 관리 강화를 통해 생태계를 훼손시키지 않고 자원이 순환하는 공생형 도시를 만들어 가야 한다.

생물자원 보전과 생물자원 다양성 활용정책 강화

백두대간, 비무장지대와 접경지역, 도서 연안지역 등 자연환경이 우수한 지역은 생태계 보전지역으로 지정되어 별도의 정책으로 보전 관리하고 있다. 그러나 국토면적 대비 보호지역 비율이 10.3%에 그치고 있어 OECD 평균치인 16.4%에 못 미친다. 국제적인 환경성과지수EPI 평가에서도 우리나라는 132개국 가운데 43위인데, 그 중 생물군보호 부문은 96위이다. 인구과밀, 열악한 생태용량의 조건에서 산업화와 개발위주의 경제발전을 추진한 결과이다. 자연환경 보호지역을 더 확대하고 규정을 강화하는 등 보다 적극적인 보호정책을 펴야 한다. 특히 지금까지의 정부 정책은 멸종위기 종에 대한 복원사업에 주력하여, 생물다양성 증진을 위한 서식처 복원 사업은 본격화되지 못했다. 생물종과 생태계를 모두 포함하는 생물다양성 사업을 강화해야 한다.

생물다양성 보전을 위해서는 멸종위기 종에 대한 보호 강화, 외래종 유입에 대한 인식 전환도 필요하다. 기후변화에 따라 유입되는 외래종은 궁극적으로 변화된 한반도 환경에 적응하여 주인이 될 것이다. 이를 다양성 측면에서 긍정적인 태도로 접근하여 새로운 활용방안을 찾는 노력도 병행해야 한다.

생물자원 관련 4차 산업혁명 과학기술과의 융합

환경생태분야는 바이오산업의 발전과 함께 미래 전략산업 분야이다. OECD는 2030년쯤에는 바이오기술이 세계경제를 선도하는 바이오경제시대bio-economy가 열릴 것으로 전망하고 있는데, 바이오경제에서는 생물자원의 확보가 매우 중요하다. 2002~2003년 새로 발견된 의약물질의 80%는 생물자원에서 유래한 것이다. 대표적 사례로서 주목朱木에서 항암제인 탁솔(Bristol-Myers Squib사, 1992 FDA 승인)을 개발하여 연간 1조 4,000억 원 이상의 매출을 올리고 있으며, 미생물에서 추출한 물질로 고지혈증을 치료하는 크레스토(AstraZeneca사, 2003년 미국 FDA 승인)도 연간 2조 2,000억 원 이상의 매출을 실현하고 있다. 우리나라의 바이오시장 규모는 2013년 7.9조 원에서 연평균 11%씩 성장하여 2020년 16조 원 규모로 성장할 것으로 예측된다. 따라서 생물자원 이용에 대한 연구개발과 다양한 생산품 제조, 고부가가치화를 위한 기술 개발이 절실하다. 나아가 유전자변형생물체LMO. Living Modified Organism 관련 기술개발은 바이오경제시대의 핵심 영역으로 경쟁이 치열해지고 있다.

한편, 생물다양성은 기술의 원천이 되기도 한다. 생물체의 특정 기능에 집중한 생체모방biomimics을 통해 새로운 기술을 개발하고 4차 산업혁명 혁신기술과 융합시켜나갈 수 있다. 거미줄의 원리를 이용하여 만든 섬유로 탱크를 들어 올릴 정도로 강도가 우수한 방탄복을 만들어 내는 것이 그 예이다. 더불어 바이오 기술에서 발생할 수 있는 잠재적 위험에 대한 대응 체제도 갖추어야 한다. 우리나라는 LMO 생산을 하지 않지만 세계적으로 생산이 추진되고 있으며, 특히 미국이 많은 양을 생산하고 있다. 따라서 유전자변형생물체 관련 제품의 생산, 유통, 소비에 대해서는 안전성에 대한 과학적 입증을 통해 소비자들의 이해를 도모하는 노력도 필요하다.

통합적 정책 추진과 규제의 적절한 활용

현재 생태계 분야는 농업생태계, 해양생물계, 산림생태계 등으로 다양하여 여러 부처가 관리하고 있다. 과학기술정보통신부, 농림축산식품부, 산업통상자원부, 환경부, 해양수산부, 국토교통부, 식품의약품안전처 등 부처별 역할에 따라 정책을 수립하여 추진하고 있지만 종합적인 조정기능이 부족한 상황이다. 따라서 각 부처의 생물자원 보전 관리와 활용 정책을 통합조정하는 제도적 장치가 필요하다. 중앙과 지방정부 간의 업무 분담 등을 포함한 효율적인 거버넌스 체제도 구축해야 한다.

국가 생물자원 관리를 위해서도 생물자원 확보, 보존, 관리, 이용을 일관성 있게 체계화하고 통합적인 생물자원 정책과 계획을 마련해야 한다. 또한 환경과 생태에 대한 문제는 각계각층과 긴밀하게 연결되어 있는 만큼, 이해관계자들의 참여를 촉구해야 한다. 지방정부뿐 아니라 NGO, 민간기업, 대학 등이 협력하여 관련된 정보를 공유해야 할 것이다. 경제적인 배상이나 인센티브를 적절하게 활용하여 시민참여를 확대하는 것도 좋은 방법이다.

공감대 형성을 통한 인간과 자연의 관계 재정립

생태계 보전과 환경문제 해결을 위해서는 무엇보다 사회적 공감대 형성이 필요하다. 사람들이 생물다양성의 가치를 인식하고 보전과 지속가능한 이용을 위해 자발적으로 참여한다면 근본적인 해결방안이 될 수 있다. 예를 들어 벨기에의 경우 '나의 지구는 내가 살린다'는 캠페인을 통해 개인들로 하여금 긍정적인 영향을 미치는 작은 행동을 하도록 촉구하고 있고, 일본에서도 '나의 선언'이라는 프로그램을 통해 자신과 생물다양성의 관계를 인식하고 일상에서 개선할 수 있는 활동을 하도록 추진하고 있다.

국제협력 및 협약 대응체제 구축

생물다양성 손실을 줄이고 복원하는 방안에서는 생태네트워크의 개념이 중요하다. 이 개념은 유럽에서 시작되어 2001년부터 유럽지역의 생태네트워크 이니셔티브 42개가 활동을 시작했다. 국제생태네트워크는 국가별로 진행되던 개별 서식처와 생물종의 보전, 복원 방식에서 탈피하여 인접국가 간의 연결 측면에서 생물종과 서식처를 어떻게 보전할 것인가를 다루고 있다. 따라서 국제사회의 과학기술 협력을 위한 노력도 중요하다. 생물다양성협약의 핵심 내용인 국가생물다양성전략 수립과 집행에 필요한 과학기술정보를 구축해야 하고, 나아가 선진국과 개도국 사이의 과학기술 네트워크 구축도 이루어져야 한다. 개도국들은 생명연구자원을 풍부하게 보유하고 있는 만큼, 생명연구자원 관리, 보전시설 구축과 인력양성 지원, 기술교류, 노하우 이전 등 공적 개발원조 사업 추진을 통해, 개도국 자원의 공동발굴과 확보를 위한 발판을 마련해야 한다.

특히 국토분단이라는 특수 안보상황으로 만들어진 한반도의 DMZ는 개발의 손길이 미치지 않아 천연 생태자원 보존공간이 되었다. 이러한 미개발의 자연적 공간을 이용하여 생물다양성 증진과 한반도 평화정착을 위한 협력사업을 창출하는 것은 환경적 측면을 넘어 여러 가지 의미가 있다. 생태계 보전을 주제로 대화하고 협력한다면 환경을 주제로 하는 남북협력의 새로운 가능성을 열 수 있을 것이다.

2 온난화 기후:
경제성장과 온실가스 감축 동시 대응을 위한 통합적 접근

2020년 만료되는 교토의정서를 대체할 파리협정은 새로운 국제협약으로서 이제 전 세계가 신기후체제에 돌입해야 함을 의미한다. 기존의 합의문인 교토의정서가 선진국에만 적용되었다면 2020년 이후의 기후변화 대응을 담은 파리협정은 선진국-개도국의 이분법을 넘어 195개 협약 당사국 모두에 온실가스 감축 의무가 보편화되는 국제적 합의라는 점에서 차이가 있다. 물론 미국 트럼프 행정부가 2017년 8월 파리협정 탈퇴 의사를 유엔에 통보하는 등 파리협정의 실질적 성과 예측은 쉽지 않다. 그러나 2015년 파리에서 열린 제21차 유엔기후변화협약UNFCCC 당사국 총회에서 타결된 파리협정은 기후변화를 방치할 경우 국제사회가 공멸할 수 있다는 위기의식의 산물이다. 기후변화야말로 인류가 직면한 최대 위험이라는 인식을 국제사회가 공유한 것이라 볼 수 있다.

파리협정의 특징과 의미

새로운 기후체제의 특징은 선진국과 개도국 모두 참여하는 보편적 협약이라는 점 외에도 참여국들이 자발적으로 국가 온실가스 감축목표NDCs, Nationally Determined Contributions를 설정하고 제출하는 상향식 접근법bottom-up approach으로 설계되어 있다는 점이다.

또한 5년 단위로 각국이 약속한 온실가스 감축 계획을 검증한다는 것도 특징이다. 즉, 5년 주기의 '래칫latchet' 메커니즘은 주기적인 갱신을 통해 온실가스 감축목표를 강화해가는 방식으로서, 전진만 가능할 뿐 후퇴는 허용되지 않는다. 기업들이 투자계획을 세울 때 중요한 것은 시장이 어떤 방향으로 움직일 것인가에 대한 판단이다. 래칫 메커니즘은 기업들에게 저탄소산업에 투자하라는 강력한 신호를 보낸 것으로 해석될 수 있다.[2]

파리협정문은 이번 세기 말까지 산업화시대 이전 대비 지구 평균기온 상승폭을 2℃보다 아래로 유지하며, 1.5℃ 상승 억제를 위해서 노력한다는 목표를 제시하고 있다. 지구 기온 상승폭을 2℃ 이내로 제한하는 것과 1.5℃ 이내로 억제한다는 것의 차이는 크다. '기후변화에 관한 정부간 협의체'의 제5차보고서에 따르면, 지구 기온상승 폭을 2℃ 이내로 억제하려면 세계 온실가스 배출량을 2050년까지 2010년 대비 40~70% 범위에서 줄여야 한다. 또한 2070~2080년경에는 화석연료 이용을 전면 중단해야 한다. 일부 과학자들은 1.5℃ 목표를 달성하기 위해서는 전 세계가 늦어도 2050년경에는 화석연료 이용을 중단해야할 것으로 전망하고 있다.

이처럼 파리협정은 '끝'이 아니라 '새로운 시작'으로 보아야 한다. 파리협정을 통해 '저탄소경제로의 전환'이라는 방향이 결정된 이상, 이제부터는 전략적으로 세부 이행방안을 구축할 필요가 있다. 당사국들이 유엔에 제출한 감축목표를 종합하면, 모든 국가가 감축목표를 차질 없이 달성할 경우에도 지구의 평균기온은 산업화 이전 대비 2.7~3℃ 이상 상승할 것으로 분석된다. 이는 1.5℃는 물론 2℃ 목표와도 괴리가 크다. '목표'와 '현실' 사이에 존재하는 간극은 당사국들이 5년마다 '국가 기여NDCs'를 갱신하는 과정에서 감축목표 상향조정 압력이 거세질 것이라는 사실을 암시하고 있다.

국내외 기후변화 대응 동향

파리협정 타결로 화석연료 퇴출이 가시화되면서 주요 국가들의 움직임도 빨라지고 있다. 주요국들의 동향과 국내 대응방향을 살펴본다.

주요국의 기후변화 대응 동향

중국은 2014년부터 2년째 석탄소비량이 감소하고 있다. 국가발전개혁위원회NDRC와 국가에너지청NEA은 대기오염을 줄이기 위해 약 200기의 석탄발전소 건설계획 허가를 취소하거나 유보할 예정이다. 2015년 중국에서 이루어진 청정에너지 투자액은 1,110억 달러로 최고치를 기록했다.[3] 중국 정부가 2016년 3월 발표한 제3차 경제발전 5개년계획은 국가 온실가스 감축목표를 탄소집약도 기준으로 2020년까지 2005년 대비 40~45% 감축에서 48% 감축으로 상향조정했다. 전문가들의 분석에 따르면, 중국은 앞서 발표했던 2030년 감축목표(탄소집약도 기준 2005년 대비 60~65% 감축)도 조기 달성할 가능성이 크다.

유럽연합의 경우, '2030년 기후에너지 패키지'를 통해 1990년 대비 40% 감축계획을 발표하며 기후변화 대응 선도지역의 위상을 유지하고 있다. 2013년 유럽연합 회원국들은 1990년 배출량 대비 21.2% 감축함으로써, 2020년 감축목표(1990년 배출량 대비 20% 감축)를 7년 앞당겨 달성하는 성과를 거두었다. 영국의 유럽연합 탈퇴Brexit 결정이 유럽연합의 기후정책에 어떤 영향을 미칠지는 미지수이지만, 국제사회의 기후변화 대응을 선도해왔던 유럽연합의 위상에는 변화가 없을 것이라는 전망이 지배적이다.

한편 미국은 2030년까지 발전부문에서 2005년 배출량 대비 32% 감축한다는 목표를 담은 '청정전력계획Clean Power Plan'을 수립해 추진한 바 있다. 그러나 트럼프 행정부는 석탄화력발전소 폐쇄를 골자로 하는 이전의 규제를 폐기하고 파리기후협약 탈퇴를 유엔에 공식통보하는 등 오바마 행정부가 추진했던 친환경 정책들을 잇따라 무산시키고 있어 향후 전망을 어렵게 하고 있다.

한국의 기후변화 대응 동향

파리협정 타결로 신기후체제 출범이 가시화되면서 우리나라는 과거의 패러다임으로는 해결할 수 없는 새로운 도전에 직면하게 되었다. 2013년 한국의 온실가스 배출량은 세계 8위, 연료 연소에 의한 이산화탄소 배출량은 세계 7위이다. 한국의 높은 온실가스 배출량으로 국제사회에서의 기후변화 대응에 있어 평가는 나빠지고 있다. 저먼워치Germanwatch와 유럽기후행동네트워크CAN Europe가 매년 58개국을 대상으로 분석한 국가별 기후변화대응지수CCPI에 따르면, 2011년 31위였던 한국의 순위는 매년 하락을 거듭해 2016년에는 최하위권인

54위로 평가되었다.[4]

2009년 우리나라는 2020년까지 배출전망치BAU 대비 30% 감축한다는 내용의 국가 중기 온실가스 감축목표를 발표했으며, 2015년에는 2030년 감축목표를 배출전망치 대비 37% 감축하는 것으로 최종 결정했다. 이는 국내 감축목표 25.7%에 국제 탄소시장 메커니즘IMM을 활용한 온실가스 감축분 11.3%를 추가한 결과이다. 하지만 산업부문 감축률은 12% 수준을 초과하지 않도록 했다.[5]

신기후체제 대비 국가 대응전략 및 실행방안

2020년 이후 신기후체제의 출범을 앞두고 경제성장과 온실가스 감축이라는 두 가지 과제를 동시에 충족시킬 수 있는 대응전략을 구축해야 한다. 우선적으로 기후변화 대응과 관련된 정책·법·제도적 기반을 혁신적으로 재조정할 필요가 있다. 또한 구축된 제도적 기반을 효율적으로 사회에 적용 및 이행할 수 있는 국가적 거버넌스 체계가 마련되어야 할 것이다.

법·제도적 기반강화

경제 주체들의 입장에서 가장 중요한 것은 정책의 일관성을 유지하는 것이다. 기업의 저탄소 경영과 기술혁신을 유도하기 위해서는 탄소가격신호와 같은 장기적이며 지속적인 정책 시그널이 제공되어야 한다. 조세 및 보조금 제도 개혁을 통한 에너지 상대가격 교정, 탄소세, 배출권거래제 등 혁신적인 정책조합policy mix을 통해 실효성을 높여야 한다. 궁극적으로는 경제, 사회, 정치, 기술, 문화 전반을 재설계하는 수준의 변화가 필요하다.

무엇보다 신기후체제를 준비하기 위해서는 '저탄소 녹색성장 기본법' 등 기후변화 및 에너지 관련법과 제도를 가다듬어야 한다. 우리나라의 대표적인 기후변화 법령인 '저탄소 녹색성장 기본법'에는 파리협정 타결 이후 변화된 현실이 충분히 반영되어 있지 않으며, 관련 계획의 이행상황 점검, 평가, 보고 규정이 결여되어 있고, 기후변화 '완화'와 '적응' 사이에 심각한 불균형이 존재한다. 따라서 '저탄소 녹색성장 기본법'을 신기후체제 대응에 걸맞은 내용으로 개정하거나 신규 법령 제정을 추진할 필요가 있다.

또한 2015년 배출권거래제 운영 결과를 바탕으로 시장 원리와 온실가스 감축에 부합하는 방향으로 제도를 개선해야 한다. 시장 원리에 어긋나는 배출권 가격 상한기준은 철회되어야 하며, 배출권 공급과잉 시 대책도 마련되어야 한다. 또한 유상할당 비율을 점진적으로 높일 필요가 있다. 유상할당은 '원인자부담원칙'에 부합하며, 과잉할당 및 우발이익의 발생 가능성을 최소화할 수 있고 수익을 녹색기술 개발 및 투자에 활용할 수 있다는 이점이 있다.

아울러 연료전환을 통해 온실가스 배출이 적은 발전원으로 확대하는 전력수급 정책의 혁신이 매우 중요하다. 석탄 사용을 줄이고 천연가스와 신재생에너지 비중을 높이는 것이 대안이 될 수 있다. 석탄화력발전소의 발전 총량한도 설정 등에 대한 적극적인 검토가 이루어져야 하며, 신재생에너지공급의무화제도RPS와 발전차액지원제도FIT의 병행을 검토하는 등 신재생에너지 보급 및 지원제도를 획기적으로 개선해야 한다.

비산업부문은 국가 온실가스 총배출량 가운데 44.8% 가량을 차지하고 있어 비산업부문의 감축 없이는 국가 감축목표 달성이 불가능하다. 또한 국민의 삶과 직결된 분야로서 정책 체감도가 높고 참여 의지가 중요한 분야로 평가된다. 비산업부문의 온실가스 감축은 일회성이거나 단속적인 것이 아니라 내재화 또는 제도화를 통해 인식과 행동이 지속되는 실천방안 마련이 중요하다.

그밖에도 온실가스 감축정책 못지않게 중요한 것은 감축기술을 확보하는 것이다. 파리협정 타결 이후 저탄소 기술에 대한 투자는 지속적으로 증가할 것으로 전망된다. 국제에너지기구IEA에 따르면, 기후변화를 막기 위해서는 2030년까지 에너지 분야 대책과 저탄소 기술개발에 총 13조 5,000억 달러의 투자가 필요하다. 에너지신산업을 포함하여 저탄소기술의 국내 실용화 수준에 대한 객관적인 평가 및 개발로드맵 작성이 중요하다.

기후 거버넌스 구축 및 확대

기후변화정책과 에너지정책의 통합 필요성과 에너지정책이 산업정책의 하위요소로 되어 있는 현실을 고려했을 때, 기후변화 대응에 대한 통합적인 접근과 일관성 있는 정책 추진이 가능한 기후에너지 컨트롤타워 신설이 적극적으로 고려되어야 한다. 현재 환경부와 산업통상자원부의 업무를 재조정해 기후, 환경 및 에너지 부문을 총괄 조정할 필요가 있다.

기후변화에 제대로 대응하기 위해서는 모든 경제 주체, 다시 말해 모든 이해당사자 집단의 적극적인 참여가 필요하다. 파리협정 타결을 전후로 국제사회는 '기후행동을 위한 비국가행위자 플랫폼NAZCA. Non-State Actor Zone for Climate Action'을 구축하는 등 지방자치단체, 기업, 시민사회의 역할을 강조하고 있다. 이해당사자들의 적극적인 참여를 이끌어내기 위해서는 기후변화 대응의 실질적인 주체는 중앙정부가 아니라 지방자치단체, 기업, 시민들이라는 사실을 명확하게 인식해야 한다.

그동안 정부가 정책을 하향식으로 추진하면서 드러난 한계를 극복하기 위해서는 신기후체제에서 우리나라에 주어진 책임과 기회, 온실가스 감축목표 달성 및 기후변화 적응방안 등에 대한 국민적 공감대를 형성할 수 있는 논의기구 구성이 필요하다. 특히 석탄화력, 원자력 등 중앙집중형 전력시스템에서 태양광, 풍력, 바이오매스 발전과 같은 분산형 전력시스템으로 전환하는 과정에서 기업과 국민들이 감당해야할 부담 등에 대한 논의가 선결적으로 이루어져야 한다. 이같은 논의기구에는 기후, 환경 및 에너지 부문의 전문가들과 시민단체 및 기업 대표들이 참여해야 할 것이다.

3 재난대응:
ICT 기반 안전인프라 구축과 위험관리 내재화를 통한 예방

4차 산업혁명 시대에는 로봇과 인공지능 등 ICT 기술의 확산으로 그동안 해결하지 못한 재난 및 재해 대응 문제들을 보다 근원적으로 해결할 수 있을 것으로 기대를 모으고 있다. 대형사고가 끊이지 않아 국민들의 불안감이 커지고 불만과 불신이 매우 높아진 상황 속에서, 국민의 안전 확보를 위한 재난안전 국가정책 방향과 기술개발 전략 등에 대한 중요성이 더욱 증대되고 있다.

현대사회의 위험과 안전

우리 사회의 재난 및 재해 등에 관한 안전전략을 수립하기 위해서는 먼저 현대사회의 위험과 안전에 대한 구조적 이해가 필요하다. 현대사회에서 대형재난은 기본적으로 사회시스템의 대형화에서 출발한다. 안전은 크게 자연재해 영역과 인적 사고로 구분할 수 있다. 최근 기상이변 등으로 자연재해에 대한 우려를 많이 하지만 우리나라에서 발생하는 대형참사의 대부분은 인적 사고이다. 자연재해로 인한 인명 손실도 따지고 보면 인적 사고가 원인인 경우가 많다.

현대사회는 위험사회

현대사회를 위험사회라고 한다. 위험사회에 대한 정의나 개념은 다양하지만 그 중 하나가 '위험을 배척하는 것이 아니라 위험을 취하는 사회risk-taking society' 또는 '위험을 취하도록 장려하는 사회'라고 할 수 있다. 위험을 취한다는 의미는 우리의 주변을 둘러보면 금방 이해할 수 있다. 교통수단은 점점 더 빨라지고, 건물도 점점 더 높아지고 있다. 땅 밑을 지나는 가스관이나 송전선은 점점 더 크고 복잡해지고 있다. 공단의 산업시설도 마찬가지이다. 경제가 발달할수록 이러한 경향은 더욱 심해지며, 위험은 갈수록 커진다. 위험을 감수하지 않고는 경제를 발전시킬 수 없으며, 경제를 발전시키기 위해서는 위험을 감수해야 한다. 대개 국민소득이 2만 달러를 넘어가는 사회에서 거의 모든 부문의 위험은 대형화, 고도화, 집적화, 복합화되는 현상이 나타난다.

국민소득과 위험인식의 관계

세계적 추세를 보면 환경·안전·보건에 대한 국민들의 요구수준은 대개 국민소득 수준과 비례하며, 1만 달러, 2만 달러, 3만 달러 수준에서 크게 변화하는 특징이 있다. 대체로 1인당 국민소득이 약 1만 달러 정도 되는 시점에서 환경이 '일반화'되기 시작한다. 일반화된다는 것은 대부분의 사람들이 환경의 중요성을 알기 시작하며, 각자 주어진 여건에서 환경을 보호하기 위해 기꺼이 투자하거나, 투자할 용의가 생기는 것을 의미한다. 이 단계에서는 일반시민들도 환경보호에 기꺼이 투자하기 시작한다.

국민소득 2만 달러 정도가 되면 안전이 일반화된다. 일반시민들이 개인적으로 안전에 대해 투자하기 시작하며, 안전에 대한 의무와 권리의식이 커진다. 예를 들어 자동차 구입시 에어백이나 ABS브레이크, 사륜구동과 같은 안전장치에 관심이 커지며 그에 대한 비용도 기꺼이 지불할 용의가 생기기 시작한다. 사고에 대한 생각도 바뀌기 시작한다. 개인적인 안전사고뿐만 아니라 대형참사가 발생해도 비슷하다. 2만 달러 이전에는 대형참사가 발생하면 희생자의 불행을 안타까워하는 분위기가 사회를 압도한다. 사회구성원 모두 슬픔에 젖고 추모분위기에 젖으며, 희생자를 돕기 위한 성금모금 등이 사회운동의 주류를 이룬다. 그러나 2만 달러가 넘어가면 희생자 추모 분위기와 함께 책임소재 규명을 요구하는 목소리가 높아진다.

국민소득 3만 달러 정도가 되면 보건이 일반화된다. 보건이 일반화된다는 것도 안전과 같이 건강문제가 더 이상 개인차원의 문제가 아니라 국가와 사회차원의 문제로 인식하게 된다는 것이다. 예를 들어 암의 발병 원인과 책임소재를 따지기 시작하며 암 관련 소송이 급격히 증가한다. 또한 암을 예방하기 위한 사회적, 제도적 장치의 도입을 강력히 요구한다. 암이 개인의 문제가 아니라 사회의 문제라는 방식으로 인식이 변화하는 것이다.

우리나라는 어디쯤 와 있을까? 2016년 우리나라 1인당 국민총소득은 약 2만 8,000 달러였다. 국민소득 수준으로 볼 때 우리나라는 이미 위험사회에 접어든지 오래이다. 그러나 우리나라는 경제발전에 비해 상대적으로 안전이 경시되어 온 측면이 강하다. 우리 사회의 안전 인프라, 즉 안전과 관련된 법, 제도, 인력, 기술, 재원, 문화는 1만 5,000

달러 정도 수준에 불과한 것으로 보인다. 반면 안전에 대한 국민들의 요구는 이미 3만 달러 수준을 넘어서고 있다. 한마디로 우리는 1만 5,000 달러의 안전 인프라에 2만 5,000 달러의 위험을 가지고 3만 달러의 안전을 요구하는 사회에 살고 있다. 우리는 위험수준과 안전 인프라의 격차가 1만 달러 이상인 위험사회에 살고 있는 셈이다.

인적재난의 증가

어느 사회나 사건과 사고는 끊임없이 발생한다. 대부분의 가벼운 사고는 큰 손실 없이 정상으로 회복된다. 그러나 이 범위를 넘어가는 사고가 발생하면 119구조나 소방시스템과 같은 사회의 응급 또는 비상체계가 작동한다. 일반적으로 그 사회가 가지고 있는 대응시스템의 능력이나 범주를 초과하는 사건이나 사고를 재난이라고 한다. 2014년에 발생한 세월호사고는 전형적인 인적 재난이다. 2015년 발생한 메르스 사태도 우리 사회가 대응할 수 있었는데 소홀한 대처로 일이 커졌다는 점을 생각하면 인적 재난이라고 봐야 한다. 따라서 재난은 상대적인 개념이다. 사회의 대응시스템이나 대응역량이 커지면 재난은 줄어든다.

사회안전을 위한 기본전략

미래사회는 산업화와 기술발달 과정에서 초래되는 인적 재난의 위험이 커지는 시대가 될 것이다. 또한 기후변화에 따른 자연재난의 강도와 빈도 또한 예측의 범위를 넘어설 가능성도 있다. 이러한 환경의 변화를 고려하여 대응만이 아니라 미리 대비하고 예방하는 방향으로 안전전략이 마련되어야 한다.

위험관리의 내재화

미래 안전전략의 키워드는 '위험생산자'와 '위험관리의 내재화'이다. 위험생산자는 돈을 벌려고 위험을 창출하는 자이며, 위험관리 내재화란 위험을 창출하는 자에게 위험을 관리하도록 하는 것이다. 위험생산자가 위험을 일부러 생산하는 경우는 많지 않다. 위험은 대부분 경제활동을 하는 과정에서 부가적으로 발생한다. 그렇지만 위험생산자가 위험을 생산하는 이유는 경제적 이득을 얻기 위해서이다. 따라서 위험생산자에게 위험 관리를 내재화시키는 가장 효과적인 방법은 경제적 이득과 연관시키는 것이다.

산업화로 환경오염문제가 심각한 사회문제가 되자 서구에서 이 문제를 해결한 핵심원리는 '깨끗하게 하라, 그러면 돈을 벌 수 있게 해주겠다make it clean then profitable'였다. 즉 기술적 규제 강화만으로는 기업의 환경오염을 근절하기 어려웠지만 환경오염을 일으킨 기업에 대해 영업을 정지시키자 규제효과가 확연히 개선된 바 있다. 영업정지나 과징금 부과는 수익을 얻으려는 기업 활동의 목적과 배치되기 때문에 기업은 어떻게든 이를 피하려고 한다. 기업이 환경규제를 두려워하고 신경을 쓰는 이유가 여기에 있다. 안전문제를 해결하는 원리도 마찬가지이다. '안전하게 하라, 그러면 돈을 벌 수 있게 해주겠다make it safe then profitable'가 핵심원리인 것이다. 심각한 안전조치를 위반한 경우 기업은 더 이상 영업을 하지 못하게 해야 한다.

새로운 위험사회 예측: 만물인터넷 대비 전략

사물인터넷IoT, Internet of Things 세상이 현실화되고 있다. 더 나아가 미래사회에는 사물인터넷 세상을 넘어 만물인터넷IoE, Internet of Everything 시대가 열릴 것이다. 만물인터넷이란 사물뿐만 아니라 세상에 존재하는 모든 만물이 연결되는 네트워크 기술을 말한다. 2020년에는 20억 명 이상의 사람과 370억 개 이상의 사물이 인터넷으로 연결되는 세상이 될 것이라고 한다. 그만큼 세상이 편리해지겠지만 문제가 생기면 그에 따르는 위험이나 손실은 예측은 물론 상상하기조차 어려운 초대형 재난으로 확장될 가능성이 있다. 민간부문은 사물인터넷이나 만물인터넷의 기술개발과 상품화 전략에만 집중할 것이다. 따라서 만물인터넷 시대에 나타날 새로운 유형의 재난들을 막기 위해서도 국가차원의 사회안전 전략과 사회안전 인프라 구축이 필요하다.

인간요소를 고려한 안전시스템 설계

인적 재난은 대표적으로 두 가지가 있다. 첫 번째는 원인은 자연이나 기계가 제공했지만, 적절한 대응을 하지 못하여 사고를 키운 경우이다. 두 번째는 인간의 오작동에 의하여 사고를 유발한 경우이다. 인간은 완벽하지 않다. 인간은 완벽하지 못하다는 전제하에 재난방지 시스템을 설계해야 한다. 첫 번째 경우에도 인간의 게으름과 실수가 있을 수 있다는 점을 감안하여 이를 보완할 수 있는 시스템을 만들어야 한다. 완벽한 비상대응 체계를 운영하고 있지만, 어느 한 사람의 실수로 큰 사고로 확대된 사례를 많이 본다. 인간의 실수 때문에 발생하는 두 번째 재난은 해당 기계를 설계할 때부터 인간의 실수를 예방할 수 있도록 해야 한다. 예를 들어서 교통사고가 유달리 많이 나는 도로

가 있다면, 이 도로에는 사고를 유발하는 요소가 있기 때문이다. 이런 경우에는 도로 모양과 신호체계를 바꾸면 사고가 줄어든다. 이러한 원칙은 비행기와 자동차, 대형 시설물 설계에도 마찬가지로 적용된다.

사회안전 확보를 위한 실행 방안

비슷한 안전사고가 반복되는 것은 전략이나 계획이 없었기 때문이라기보다는 이를 실천하고 집행하는 데 실패했기 때문이다. 따라서 안전관련 정부조직과 체계를 바로 세우고 유기적으로 연결시키는 것이 사회안전을 확보하는 기본이다.

국가의 안전체계와 정부조직 체계화

대형사고는 시설물, 교통시스템, 에너지, 질병관리, 사이버 보안 등의 영역에서 일어난다. 국가의 안전관리체계는 크게 시장진입 전 단계pre-market, 시장단계on-market, 그리고 사고발생 이후단계post-accident의 3단계로 구분해 볼 수 있다.

시장진입 전 단계의 안전관리는 전기제품이나 자동차와 같은 제품안전, 건물·설비·교량·도로와 같은 건축물 및 시설물안전 등을 말한다. 자동차는 안전기준에 맞게 만들고, 건물도 안전기준에 맞게 지어야 한다. 이 단계에서는 각 제품이나 건물 또는 시설물을 관리하는 소관부처에서 안전기준을 제정하고 안전검사를 시행하는 등 안전관리를 맡는다. 안전을 확보하기 위한 수단으로는 안전기준 설정, 검사, 인증, 등록, 표시, 정보제공 등이 있다.

아무리 자동차가 안전하게 만들어졌다고 해도 실제 교통안전은 이

자동차를 어떻게 운전하느냐에 따라 안전수준이 달라진다. 이와 같이 사용소비단계에서의 안전이 시장단계에서의 안전이다. 국민들이 생활하면서 겪게 되는 모든 안전이 여기에 해당된다. 사용소비단계에서의 안전은 환경안전, 교통안전, 식품안전, 산업안전 그리고 생활안전의 5개 영역으로 나뉜다. 대부분의 국가는 5대 안전영역을 상시적으로 관리, 감독하는 정부조직으로 환경청EPA, 교통안전청TSA, 식약청FDA, 산업안전보건청OSHA 및 소비자제품안전위원회CPSC 같은 책임행정기관을 두고 있다.

사고발생 이후단계는 1차 대응과 2차 대응으로 구분되는데, 1차 대

〈그림 3-1〉 통상적인 국가의 안전체계 및 안전 관련 정부조직체계

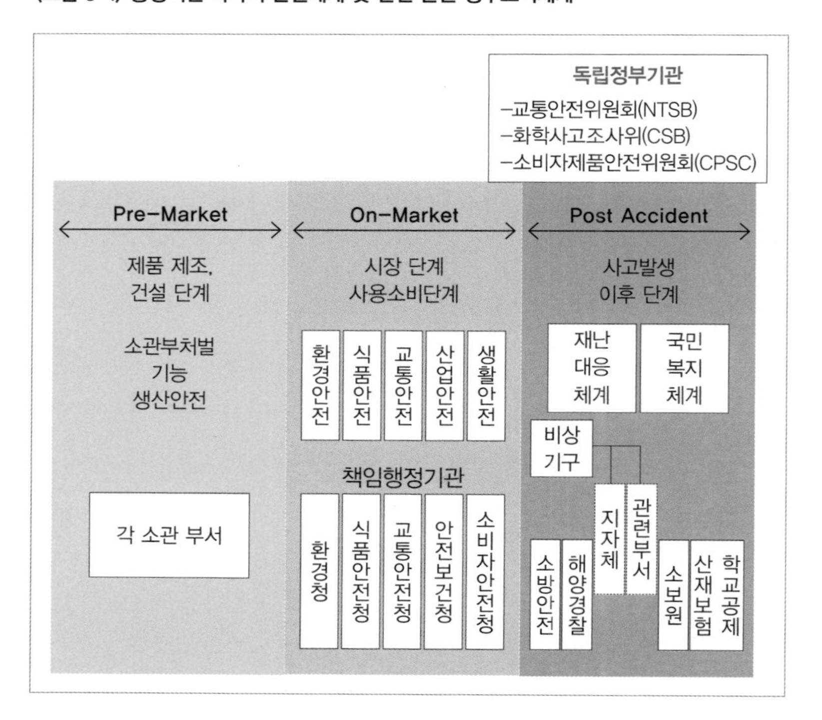

응은 사고의 종류를 불문하고 육상에서는 소방이, 해상에서는 해양안전경찰이 맡는다. 작은 사고는 해당지역의 119안전센터나 지역 해양경찰이 맡으며, 그보다 큰 사고는 소방서나 해양경찰서가 대응한다. 일개 소방서나 해양경찰서의 대응범위를 넘어서는 사고가 발생하면 대응단위가 확장되며 최종적으로는 국가 최고지도자가 책임을 진다. 1차 대응으로 인명구조가 완료되고 현장의 급박한 위험이 해소되면 피해복구 및 피해자 구제 등 2차 대응으로 이어진다. 2차 대응은 기본적으로 지방자치단체의 임무이며, 중앙정부의 해당부처가 지원하게 된다.

특히 재난사고가 발생하면 초기대응이 얼마나 신속, 정확하게 이루어지느냐가 중요하다. 초기대응에 따라 사건이 경미한 단계에 머무를 수도 있고 건잡을 수 없는 재난으로 번질 수도 있다. 특히 인적 사고는 초기대응을 얼마나 신속하게 잘 하느냐에 따라 재난여부와 재난규모가 판가름 난다. 초기대응은 초기대응시스템을 얼마나 잘 갖추어 놓느냐에 달려 있다. 결국 미래의 재난대응전략은 초기대응시스템에 있다고 해도 과언이 아니다.

국가차원의 안전산업 육성

현대사회의 대형재난은 사회시스템의 대형화에서 출발하는 것들이다. 시스템이 초대형화 되면 사소한 사고도 초대형 재난이나 참사로 이어질 가능성이 커진다. 초대형참사는 사회시스템은 물론, 국가마저 붕괴시킬 수 있다. 이러한 위험에 대응하는 안전관리나 재난관리 시스템은 첨단기술이나 산업의 뒷받침 없이는 불가능하다. 문제는 안전과 재난 관리 시스템이 산업발전이나 사회시스템에 반드시 필요하지만 기업이 개별적으로 투자하지 않는 속성이 있다는 점이다. 안전은 사회의 기반시스템인 인프라에 해당하기 때문이다. 산업화나 경제개발을 위해 도로나 산업단지가 필수적이지만, 개별기업이 도로나 산업단지를 개발하지 않는 것과 비슷한 이치이다. 산업 육성을 위해 기반시설과 인프라는 국가가 나서서 전략을 수립하고 투자하듯이 국가차원에서 정부가 큰 그림을 가지고 안전산업 육성전략을 수립하고 추진해야 한다.

재난사고 전담 조사기관 설립

복잡한 사고 원인망을 분석하여 핵심 요인과 배경 요인을 찾아내고 재발방지책과 개선방안을 만들어내기 위해서는 고도의 전문적인 사고조사기관이 필요하다. 특히 사고조사기관은 전문성과 함께 독립성이 보장되어야 한다. 어떤 사고든 사고에는 수많은 이해당사자가 첨예하게 얽혀있기 때문이다. 또한 모든 사고는 정부의 관리감독과 불가분의 관계를 맺고 있으므로 사고조사 대상에는 관련 정부부처가 포함되게 마련이다. 이해관계가 상충되는 사고조사에는 유무형의 압력이 작용하기 쉽다. 사고조사기관은 엄격하고 강력한 조사권을 가져야 하지만 사고책임자를 밝혀내고 처벌하기 위한 수사기관과는 달라야 한다. 진실을 이야기할수록 자신에게 불리하다면 누구도 진실을 이야기하지 않을 것이다. 따라서 기존의 수사기관과는 다른 구조와 제도적 장치를 갖춘 사고조사기관을 설립할 필요가 있다.

초대형 국가재난 대비방안

미래사회의 위험은 대형화, 고도화, 집적화, 복합화 경향과 함께 광역화와 장기화가 더해질 가능성이 높다. 경우에 따라 초대형 재난은 막대한 인명과 재산손실뿐 아니라 국가 존립을 위태롭게 하는 국가적 재앙이 될 수도 있다. 초대형 재난대책도 예방과 사후대응 및 복구에서 다를 바가 없지만, 일반적으로는 상상할 수 없는 상황이 전개되기 때문에 통상적인 안전관리나 재난관리 시스템과는 다른 특별대책이 수립되어야 한다. 예방이 가능한 원전사고나 전염병 같은 경우는 이를 예방하고 관리할 특별 조직과 법제도를 갖추어 놓아야 한다.

아무리 노력해도 재난은 발생할 수 있다. 일단 재난이 발생하면 중요한 것은 사회의 회복력이다. 재난이 발생했을 때 회복력을 좌우하는 것은 크게 두 가지이다. 하나는 현장의 초기대응 능력이고 다른 하나는 복구능력이다. 사고나 재해의 현장대응능력은 주로 인력이나 장비 등의 양적 확대문제이다. 그러나 초대형 재난은 단지 양적인 문제만이 아니다. 대개의 초대형 재난은 소방과 같은 대응기관도 지금까지 경험하지 못한 상황들이 대부분이다. 초대형 재난에 대해서는 주기적으로 가상 상황을 만들어 특별 훈련기회를 제공해야 한다.

초대형 재난으로부터 국가와 사회가 정상적으로 회복될 수 있는가의 여부는 복구능력에 달려 있다. 초대형 재난이란 가용할 수 있는 국가자원을 총동원해도 복구가 불가능한 상황 또는 국가경제를 위기에 빠뜨릴 수 있는 상황을 말한다. 초대형 재난이 발생하면 천문학적 비용이 불가피하며, 복구능력은 복구재원이 확보되어 있는가의 문제로 귀결된다. 따라서 미래사회의 초대형 재난을 대비하기 위해서는 현재의 안전 및 재난관리기본법상 운용되는 재난관리기금과는 다른 별도의 초대형재난기금을 적립해 가는 것도 고려해야 한다. 초대형재난기금이란 현재의 재난관리기금과 별도로 미래사회에 닥칠지도 모를, 국가의 존립을 위태롭게 할 정도의 초대형 재난에 대비하여 적립하는 재난기금을 말한다.

4 스마트시티: 기술이 만들어 내는 공간과 시민 삶의 진화

문명의 산물인 도시는 인류와 그 기원을 같이하며 유기체로서 끊임없이 변화하고 있다. 17세기 후반 1차 산업혁명 이후 도시로의 인구집중과 인구증가가 대폭 확대되었다. 2015년 기준 지구 인구의 54.2%가 지구 면적의 2%에 불과한 도시에서 살아가고 있다. 도시 인구비율을 의미하는 도시화율urbanization ratio은 2050년 70%에 이를 것이며, 아시아와 아프리카에서 폭발적인 도시 인구 증가가 예상되고 있다. 도시화urbanization로 인한 기반시설의 부족, 교통 혼잡, 에너지 소비량의 증가 등 다양한 도시문제가 발생하고 있다. 이러한 도시문제를 해결하기 위한 수단으로 정보통신기술을 활용하는 스마트시티Smart City와 4차 산업혁명이 이야기되고 있다.

4차 산업혁명과 스마트시티

4차 산업혁명은 IT 및 전자기술 등 디지털 혁명(3차 산업혁명)에 기반하여 물리적 공간, 디지털적 공간 및 생물학적 공간의 경계가 희석되는 기술융합의 시대를 의미한다. 3차까지의 산업혁명이 그러했듯이, 4차 산업혁명의 공간적 배경도 도시가 될 것이다. 스마트시티에 대한 다양한 정의가 존재하는 가운데, 위키피디아는 도시의 ICT를 융합하여 각종 도시 서비스를 구현하고 이들이 상호 유기적으로 작동하여 효율적으로 유지, 관리되는 도시로 규정하고 있다. 즉, 스마트시티는 4차 산업혁명이 진행되는 공간적인 플랫폼으로 이해할 수 있다(Smart City as a platform). 안드로이드와 같은 스마트폰 운영체계가 다양한 서비스 개발을 유도했듯이 스마트시티가 플랫폼이 되어 데이터를 상호 연계하고, 새로운 서비스를 창출하게 된다는 의미이다. 스마트홈, 자율주행자동차, 공간정보 등 새로운 산업의 체계적인 육성을 위한 플랫폼으로서 스마트시티의 중요성은 더욱 부각되고 있다.

기술동향과 시장전망

IT 시장조사업체 가트너Gatner(2014)는 도시를 미래 기술 적용의 중요한 플랫폼으로 판단하였고, 향후 5년 이내에 빅데이터를 이용한 의사결정, 기계학습 등이 가능할 것이며, 10년 이내에 자율주행자동차, 커넥티드홈 구현이 가능할 것으로 전망하고 있다. 스마트시티 최고의 브랜드 파워와 기술력을 가진 IBM, 지멘스SIEMENS, 시스코CISCO, 구글Google 등도 인공지능 컴퓨팅, 빅데이터 솔루션, IoT 기반기술 등에 집중하고 있다. 전반적으로 스마트시티에 대한 미래 기술방향은 ICBM(Internet, Cloud, Big Data, Mobile)이며, 최근 인공지능이 급부상하고 있는 중이다.

시장조사기관 프로스트 앤 설리번Frost & Sullivan(2013)은 세계 스마트시티 시장이 중국, 인도 등 신흥국을 중심으로 2020년에는 1.6조

달러, 2025년에는 3.3조 달러에 이를 것으로 전망하고 있다. 그 규모는 정부 및 교육(20.9%), 에너지(16.7%), 헬스케어(15.3%), 안전(14.1%), 인프라(13.8%), 건물(10.2%), 교통(9.1%) 순이며, 그 중 스마트 에너지 분야의 성장률이 제일 클 것으로 예측하고 있다. 또 다른 시장조사기관인 ABI리서치ABI Research, 마켓앤마켓Marketandmarkets, 파이크 리서치Pike Research 등 다른 분석기관에서도 미래의 스마트시티 시장이 급증할 것으로 예상하고 있다.

스마트시티 국내외 동향

국토교통부에 따르면 2014년 기준으로 전 세계에서 600여 개 이상의 스마트시티 프로젝트들이 진행되고 있으며, 그 확산속도가 매우 빠르게 진행되고 있다. 2008년 무렵 추진된 스마트시티 프로젝트들이 초고속 통신망 구축 등 기반시설 구축사업과 새로운 ICT 검증을 위한 소규모 테스트베드test bed 사업이었던 반면 2014년 프로젝트들은 국가나 지방정부 주도의 대규모 투자를 동반하고 있다. 특히 중국, 인도 등 개발도상국들이 대규모 투자를 동반하는 스마트시티 프로젝트를 발표함에 따라 글로벌 기업들의 관심도 크게 증가하고 있다.

전체 스마트시티 프로젝트 가운데 중국, 미국, 일본, 유럽, 한국 등 5개 국가의 비중이 84% 이상이며, 전체 프로젝트의 약 70%가 에너지, 교통, 안전 등 3대 스마트시티 요소에 집중될 것으로 전망되고 있다.

중국

중국은 국가차원의 신형도시화 일환으로 2012년부터 지혜성시智慧

城市를 추진하고 있다. 주택도시농촌건설부 총괄 기획을 기반으로 국가발전개혁위원회NDRC, 공업정보부, 과학기술부 등 다양한 정부부처에서 스마트시티를 진행하고 있다. 주택도시농촌건설부는 2020년까지 500여 개 시범도시 사업을 추진하며, 총 1조 위안(약 182조 원)을 투자할 계획이다.

중국의 통신장비 및 스마트폰 업체인 화웨이Huawei는 인도네시아 반둥 등 세계 20개 국, 60여 개 도시(2015년 기준)에서 지방정부와 협력해 스마트시티 사업을 진행하고 있다. 화웨이는 정저우鄭州, 난징南京 등 주요 대도시에서 교통망, 도시 인프라 관리시스템 등을 운영 중이며, 영국 히드로Heathrow 공항에도 화웨이의 통신과 빅데이터 기술을 적용하고 있다. 또한 싱가포르 국립대와 손잡고 향후 싱가포르와 동남아시아에 적용할 수 있는 스마트시티 기술을 개발하고 있다.

미국

2015년 미국 연방정부는 '뉴 스마트시티 이니셔티브New Smart City Initiative'를 발표하고, 교통 혼잡 감소, 범죄 대응, 기후변화 대응을 통한 일자리 창출을 위해 약 1.6억 달러의 스마트시티 R&D를 지원하고 있다. 이를 위해 테스트베드 지역 선정, 민간 기술 분야 및 도시 간 협력 강화, 스마트시티 기술 지원, 국제협력 추진 등 4대 추진전략을 설정하고, 도시의 문제를 해결하기 위해 시민, 기업, 대학, 연구소, 정부가 협력하는 거버넌스 모델을 만드는 중이다.

미국 교통부도 2016년 '스마트시티 챌린지Smart City Challenge'를 통해 안전한 도시 운송체계 마련을 위한 공모 프로젝트를 진행했다. 공모 결과, 자율주행자동차, 스마트가로등, 스마트카드 등의 사업을 제안한

콜럼버스Columbus가 최종 선정되기도 했다.

네덜란드

네덜란드 암스테르담은 유럽연합 최초로 스마트시티를 추진하였으며, 2006년에 수립된 '지속가능한 발전을 위한 환경도시 계획'에 기초하고 있다. 암스테르담은 생활, 일, 교통, 공공시설, 데이터 개방이라는 다섯 가지 주제를 중심으로 총 3개 지역에서 wi-fi, 스마트가로등, 연료전지, 헬스케어, 스마트파킹, 스마트홈, 스마트쓰레기통 등 40개 이상의 개별 프로젝트를 추진 중이다.

영국

영국은 2007년 스마트시티를 본격적으로 추진하기 위해 국가기술전략위원회TSB를 설치하였고, 2012년 스마트시티 프로젝트에 대한 지방정부 제안서를 공모(Future Cities Demonstrator Competition)하였다. 국가기술전략위원회는 공모에 참여한 30여 개 도시 타당성 조사와 제안서를 분석하여 보고서(Solution for Cities, 2013)를 발간한 바 있으며, 교통, 범죄, 에너지, 환경 등의 도시문제 해결에 스마트시티를 활용할 계획이다.

싱가포르

서울과 행정구역 면적이 유사한 싱가포르는 국가차원의 '스마트 네이션Smart Nation' 프로젝트를 출범시켰다(2014). 스마트시티 정책을 포괄적으로 추진하기 위해 총리 산하에 프로젝트를 주도하는 정부기구를 설치했고, 빅데이터를 공유할 수 있는 시스템을 구축하였다. 특히 싱가포르 국립대학, 싱가포르 디자인기술대학뿐만 아니라 MIT의 기술을 지원받고 있으며, 정부투자기업인 싱텔Singtel뿐만 아니라 IBM 등 다국적 기업들이 참여하고 있다.

스페인

스페인의 바르셀로나는 스마트시티 구현과 관련하여 많은 도시들의 모범사례가 되고 있다. 특히 바르셀로나는 생태, ICT, 환경, 에너지 분야 등에 ICT기술을 활용하여 시민의 편의성을 높이고, 에너지 절감 및 정책적인 비전을 달성하는 것을 목표로 하고 있다. 바르셀로나의 스마트시티는 마치 신경, 뼈, 근육 등의 유기적인 생태구조인 인간의 몸처럼 도시의 기능을 유기적으로 분류하고, IoT 등의 기술을 활용하여 도시의 복합적인 성장을 추진하고 있다는 점에서 다른 도시들과 구분될 수 있다.

한국

우리나라는 2000년대 초반부터 세계적 수준의 ICT를 기반으로 스마트시티 전신인 U-City를 추진해 왔다. U-City는 언제 어디서나 시민들이 편하게 행정, 교통, 복지, 환경, 방재 등의 도시정보를 제공받고 활용할 수 있는 여건을 제공한다는 차원에서 유비쿼터스ubiquitous 도시환경을 강조한 개념이다. 2003년 인천 IFEZ의 '송도정보화신도시 U-City 모델 연구'와 LH의 '흥덕 디지털도시 연구'가 시초가 되었으며, 실제 구축은 화성 동탄지구(2004)가 최초이다. 2008년에는 '유비쿼터스 도시의 건설 등에 관한 법률'을 제정하였으며,[6] 2009년에는 국가차원의 장기적인 청사진과 발전방향을 종합적으로 제시하는 '유비쿼터스 도시 종합계획'을 수립하였다. 또한 정부차원의 U-City 국가 R&D가 2007년부터 진행되고 있다.[7]

국내 지자체 가운데서는 서울과 부산이 스마트시티 사업을 비교적 활발하게 진행하고 있다. 서울의 경우 심야버스를 운용하는 데에 휴대전화 기지국 통화량, 택시요금 결제 결과 등의 빅데이터 분석을 토대로 심야버스 노선을 확정하였고, 이는 스마트시티의 대표적인 사례로 손꼽히고 있다. 또한 서울 북촌지역 IoT 실증단지 등에서 불법주차와 쓰레기 문제를 사물인터넷 기술로 해결하고, 화재감지 센서를 통한 화재예방, 공공와이파이 제공, 스마트폰 앱 다국어 관광안내 등을 시범적으로 실시하고 있다. 부산은 IoT 시범단지를 해운대 지역에서 운영 중이며, 자체 IoT 플랫폼 '모비우스'를 개발하여 적용하고 있다. 스마트가로등, 시민안심 서비스, 스마트건널목 등의 시범운영을 추진하고 있다.

한국의 U-city와 스마트시티 비교

한국은 U-City 서비스 및 플랫폼 등을 세계에서 가장 빠르게 구체화시킨 나라이고, U-city 서비스 정의 및 플랫폼의 기능은 매우 우수한 ICT 플랫폼 및 서비스라고 할 수 있다. 한국의 U-city 개념과 최근 글로벌 스마트시티의 가장 큰 차이는 U-city는 도시 기능의 통합관제에 가장 큰 목적이 있었고, 이를 위하여 각종 서비스의 연계가 U-city 플랫폼의 핵심이었다고 할 수 있다. 이에 비하여 스마트시티는 도시를 하나의 유기적인 플랫폼으로 생각하여 데이터, 특히 IoT를 기반으로 하는 서비스를 오픈데이터 및 개방형 생태계 중심으로 제공하고, 이를 바탕으로 도시기능 연계를 데이터 중심으로 추진하는 데에 그 핵심이 있다고 할 수 있다.

한국의 U-city 플랫폼은 도시기능의 관제를 목표로 하다 보니 다양한 서비스의 통합관제를 위하여 플랫폼이 무겁고 한국 이외의 국가에 적용하기에는 한계가 있었다. 이에 비해 바르셀로나의 스마트시티 플랫폼은 매우 가볍고 개방형 구조를 취하고 있으며 더 포괄적인 상위의 대형 플랫폼(City OS)으로 확대되고 있다. 또 사전 단계부터 국제 도시들, 민간기업 및 학계 등과 소통하며 개발하고 있다는 점이 한국의 U-city 사례와는 다른 점이자 한국이 벤치마킹해야할 부분이다.

스마트시티 미래전략

미래도시 전망에서 공통된 키워드는 저출산·고령화, 개인화, 기후변화 등으로 요약되며, 이를 위한 대응전략으로 포용적 성장inclusive growth, 회복탄력성resilience, 시민참여 등이 제시되었다. 이러한 국제적 추세와 유엔 차원의 노력은 2015년 지속가능한 개발 목표UN SDGs와 2016년 해비타트 3차 총회에서 채택된 '새로운 도시 아젠다New Urban Agenda'에서도 확인되고 있다. 이러한 스마트시티 국내외 동향, 미래도시의 전망, 우리나라의 스마트시티 흐름을 고려하여 향후 발전전략을 제시하면 다음과 같다.

스마트시티즌, 스마트시티, 리빙랩

미래의 스마트시티에서는 4차 산업혁명의 개념에서도 중시하듯이, 주체인 시민의 역할이 확대되어야 한다. 기존의 정부 주도의 공급자 중심 서비스 전달체계 하에서는 시민이 공감할 수 있는 정책적 체감도가 떨어질 수밖에 없었다. 스마트시티에서는 시민은 단순한 수혜자가 아닌 혁신적인 프로슈머prosumer가 되어야 한다. 4차 산업혁명과 스마트시티는 기존 생활방식에서 상당한 변화가 불가피하다. 결국 시민들이 이러한 변화를 수용하고 생활의 변화를 이끌어가는 주체가 되어야 스마트시티가 작동하게 된다.

시민(사용자)이 적극적으로 서비스를 요구하고, 기획에 참여하는 사용자 주도 개방형 혁신 생태계가 리빙랩living lab이다. 생활현장 속의 실험실을 의미하는 리빙랩은 2006년 헬싱키선언Helsinki Manifesto을 계기로 확대되었다. 유럽 리빙랩 연합체인 '인롤Enroll'은 2006년 15개 리빙랩으로 시작하여 2016년 기준 400여 개로 늘었으며, 유럽뿐만 아니라 아메리카, 아시아 등으로 확대되었다. 리빙랩 적용 분야는 건강과 웰빙, 사회혁신, 사회적 포용, 스마트시티, 에너지, 전자정부 등인데, 이들은 폭넓은 의미의 스마트시티 범주에 포함될 수 있다. 스마트시티 리빙랩은 도시공간이 스마트시티가 실증되는 플랫폼으로서의 역할을 하며, 시민(사용자)과 기업(생산자)이 개발 및 운영의 주체로 참여하는 PPPPPublic-Private-People-Partnership 방식이다.

개인화된 생활밀착형 서비스

U-City 등 기존 방식에서는 시민 전체, 즉 공공에게 제공되는 일반적인 서비스로 한정되어 있었다. 스마트시티의 서비스는 포용도시 개념 하에서 시민들에게 공평하게 제공되는 것이 기본적이다. 그러나 이러한 보편적인 서비스만으로는 미래사회 시민들은 만족하기 어려울 것이다. 시민들은 스마트폰 등 개인 모바일 기기를 통해 개인화된 서비스를 원한다. 예를 들어, 스마트쓰레기통 서비스를 비교해 보자. 공

공장소에 배치된 쓰레기통을 IoT 기술을 적용하여 효율적으로 관리하는 서비스와 개인 주택의 음식물을 처리해주는 자동화된 서비스 중에서 어떠한 서비스를 선호할 것인가? 스마트시티에서는 개인화되고 생활밀착형의 고도화된 서비스가 더 필요하다. 이미 CCTV 방범서비스, 대중교통안내서비스 등 공공의 일반서비스는 기본적이며 당연한 것이 되고 있다.

스마트 도시재생

기존 도시의 활력을 되찾는 도시재생사업에서도 스마트시티가 적용될 필요가 있다. 물론 스마트시티 인프라를 통합적으로 구축하는 데에는 한계가 있지만, 기존 지역에 맞는 요소기술을 발굴하고 사회적 자원을 적절히 활용해야 한다. 도시재생지역의 여건을 고려하고, 지역주민이 요구하는 적정기술을 적용하여 해당지역의 활성화를 도모하는 것이 필요하다. 도시재생지역에 적용될 수 있는 스마트시티 솔루션으로는 스마트 안전·방범(스마트가로등, CCTV 등), 스마트파킹, 스마트에너지그리드(전력, 수자원), 스마트 리사이클링(음식물처리, 생활쓰레기), 사회적 약자 지원(미아, 치매노인, 독거노인), 클라우드 펀딩을 활용한 공공시설물 확대 등이 검토될 수 있다.

빅데이터를 활용한 융복합 솔루션 개발

스마트시티에서 활용되는 근본적인 자원은 해당 도시에서 발생하는 정보라 할 수 있다. 수많은 정보를 체계적으로 수집하고, 이를 가공, 분석하여 혁신적인 융복합 솔루션을 만들어내는 노력이 필요하다. 현재까지 우리의 도시는 정보를 수집하는 수준이며, 가공·융복합하는 기술력이 부족하다. 빅데이터를 분석, 활용할 수 있는 소프트웨어와 데이터 사이언티스트Data Scientist와 같은 전문인력이 양성되어야 한다.

맞춤형 해외진출

물리적, 디지털적, 생물학적 공간의 경계가 희석되는 융복합 시대를 의미하는 4차 산업혁명 시대에는 스마트시티 실현 공간이 국가적 경계를 넘어서게 될 것이다. 이미 제품 및 기술이 국경을 넘어섰듯이, 도시개발의 현장도 해외로 확대되고 있다. 정부(국토교통부)가 마련한 스마트시티 해외수출 전략(2016)에서 제시된 패키지형 인프라 해외진출을 지원하기 위해서는 일본의 '해외 교통·도시개발사업 지원기구'와 같은 체계적인 행정적·재정적인 중앙정부 지원도 좋은 사례가 될 수 있다. 또한 바르셀로나 스마트시티는 한국의 맞춤형 해외진출과 관련하여 시사하는 바가 크다. 바르셀로나는 스마트시티의 기획 단계부터 세계화를 염두에 두고 국제표준화, 기업 생태계 조성 등을 고려하여 추진하고 있다.

한편 4차 산업혁명과 스마트시티로 인한 사회와 생활의 변화 속에는 우려되는 부분도 있다. 그러나 이러한 변화는 우리 앞에 마주선 불가피한 현실이 되고 있다. 세계 최초의 교통법이라고 할 수 있는 '붉은 깃발법(Red Flag ACT, 1885)'은 자동차가 보급되면 마부들이 실직하게 되므로 자동차는 말보다 느리게 다니도록 규제하는 내용이었다. 새로운 생활 및 일자리 변화에 대한 두려움의 조치였던 것이다. 이로 인해 영국은 세계 최초로 실용화된 자동차를 만들어 놓고도 정작 자동차산업의 주도권을 미국과 독일에게 넘겨주게 되었다. 2000년대 초반부터 우리는 U-City라는 브랜드를 통해 선도적으로 스마트한 도시를 디자인하고 또 구체화시켜왔다. 이제 4차 산업혁명과 스마트시티의 선두주자로 재도약해야 할 때가 왔다.

P o p u l a t i o n ＼4장＼

인구 분야 미래전략

1. 저출산
2. 고령화
3. 의료
4. 한의학
5. 웰다잉문화
6. 다문화
7. 인간을 위한 4차 산업혁명
8. 인간중심사회
9. 미래세대

1 저출산:
출산 및 보육대책 마련, 유휴잠재인력 활용, 외국인인력 유입정책

한국도 선진국들에 비해 시작은 늦었지만 급격한 인구변천을 겪었다. 한국전쟁 이후 베이비붐 현상이 나타나고, 보건의료수준의 향상으로 사망률이 빠르게 감소하면서 1950년대 후반과 1960년대 초에 인구가 매우 빠르게 증가했다. 당시 인구증가율은 거의 연평균 3% 수준에 육박했다. 1960년대 초 경제 발전을 도모하기 위해 인구 증가를 억제할 필요가 있었으므로, 제1차 경제개발 5개년 계획부터 가족계획사업을 강력히 실시한 바 있다. 그 결과, 경제사회 발전과 더불어 정책의 효과로 출산율이 급격하게 낮아지기 시작했다. 1960년 당시 6.0명에 이르렀던 합계출산율은 1983년에는 2.08로 인구대체수준 이하로 낮아졌으며, 1998년에는 처음으로 1.5명 미만으로 낮아졌다. 21세기에 들어서도 합계출산율은 계속 낮아져 2001년에 처음으로 1.3명 미만으로 낮아졌고, 2005년에는 1.08명으로까지 떨어졌다. 이후 합계출산율은 다소 높아지는 듯 했으나(2014년 1.21명, 2015년 1,24명), 2016년에 다시 1.17명으로 하락하여, 여전히 초저출산(1.3명 이하) 현상을 벗어나지 못하고 있다.

출생아 숫자로 봐도 감소세가 두드러진다. 보건복지부와 통계청의 조사에 따르면 1970년대에는 매년 90만 명 이상이 태어났고, 80년대에는 80만 명, 90년대에는 60만~70만 명이 태어났다. 하지만 2000년대에는 40만 명대로 급감하여, 2016년에는 40만 6,300명이 태어났고, 2017년에는 더 감소하여 36만 명이 태어날 것으로 보인다.

저출산 현상은 필연적으로 인구규모 감소와 인구구조의 고령화로 이어지게 마련이다. 통계청에서 2015년 인구총조사에 따라 실시한 인구추계에 따르면, 우리나라 인구는 2015년 5,101만 명에서 2031년 5,296만 명까지 증가 후 감소세로 전환하여, 2065년에는 4,302만 명으로 줄어들 전망이다. 인구는 가속적으로 감소하여 2083년에는 약 3,400만 명에 이를 전망이다.

총인구 중 노인인구(65세 이상)의 비율은 2018년 14%(고령사회)를 지나 2026년 20%(초고령사회), 2058년 40%를 초과할 것으로 예측된다. 특히, 85세 이상 초고령인구는 2015년 1%에서 2065년 11.7%로 증가할 전망으로, 고령화는 더욱 심화될 것이다.

이와 같은 한국의 저출산·고령화 현상은 결국 4차 산업혁명을 거치며 변화될 미래의 지속가능한 발전을 저해할 수 있다. 우선, 생산가능인구 감소로 노동력이 부족해지고, 노동력의 고령화로 노동생산성도 낮아질 것이다. 구매력이 큰 노동계층이 줄어들어 내수시장이 위축됨으로써 확대 재생산이 이루어지지 않아 경제 성장이 둔화될 수밖에 없다. 반면, 노인인구가 급격하게 증가하면서 연금, 건강보험 등 사회보장 지출이 빠르게 늘어나지만, 이들을 부양해야 할 생산가능인구는 급격하게 줄어들어 사회보장부담이 높아진다. 학령인구 감소로 학교 인프라(인적, 물적)의 수급 불균형이 발생하고, 병력자원 역시 부족해져 국가안보에도 위협 요인이 될 것이다. 따라서 출산율을 올리려는 노력과 함께 저출산 사회에 적응하는 정책도 강구되어야 한다.

저출산 현상에 대응하는 단계별 인구전략

장기적으로 지속되는 저출산 현상은 일차적으로는 인구학적인 측면에 영향을 주지만, 이는 결국 노동력 부족과 사회보장 부담을 촉발하게 될 것이다. 또한 노동력 부족과 사회보장 부담은 상호 긴밀하게 연계되어 있다. 따라서 저출산 현상에 따른 문제에 체계적으로 대응하기 위해서는 인구학적 접근과 경제·사회·문화적 접근이 통합적이고 체계적으로 이루어져야 한다. 우리나라의 노동력 공급 부족은 2030년대에 본격화되고, 2040년대에 들어서면 더욱 심화될 것으로 추정되고 있다. 이러한 예측은 약 10여년 후부터 본격적으로 시작될 미래 노동력 부족이 과거와 현재뿐만 아니라 미래의 출산수준과 직접적으로 연관되어 있다는 것을 보여준다. 인간은 적어도 20년 간 성장한 후에야 노동시장에 진입하고 본격적인 사회활동을 할 수 있기 때문이다.

노동력 부족과 그로 인한 내수시장 위축, 경제성장 둔화, 노동계층의 사회보장 부담 증가, 사회 갈등 등을 방지하거나 완화하기 위해 현 시점에서, 그리고 중장기적으로 실천해야 할 과제들과 이행전략을 살펴본다.

단기 전략

단기적인 관점에서의 인구전략은 출산력을 회복하여 적정인구나 안정인구를 유지할 수 있는 수준의 합계출산율(인구대체수준)을 지속시키는 것이다. 왜냐하면 한국사회가 존속하는 한(또는 미래에 로봇 등 기술이 발전하더라도) 필요한 노동력을 항시적으로 유지하기 위해서는 적정 수준의 출산율이 유지되어야 하기 때문이다. 관련 연구들은 적정인구 유지를 위해 2045년까지 합계출산율을 1.8명으로 회복시켜야 하며, 궁극적으로 인구감소와 인구고령화를 방지하기 위해서 인구대체출산율인 합계출산율을 2.1명으로까지 높여야 한다고 제시하고 있다. 이러한 전략의 사례는 일본에서도 찾아볼 수 있다. 2015년 아베 신조 일본 총리는 2050년까지 일본 인구를 1억 명 수준으로 유지하기 위해 합계출산율 목표를 1.8명으로 설정한 바 있다. 그러나 합계출산율이 단기간에 급격하게 높아진 사례는 세계적으로 거의 찾아볼 수 없다. 따라서 이 전략은 지금부터 본격적으로 시행해야 하는 단기 전략이자, 장기적으로 일정한 목표출산율에 도달하려는 목표를 이어나가야 한다는 점에서 중장기적인 관점도 내포하고 있다.

중기 전략

중기적 관점에서의 인구전략은 우리 사회가 보유한 유휴 잠재인력을 적극적으로 활용한다는 측면에서 여성과 고령자의 고용률을 높이는 것이다. 이것은 앞서 살펴본 단기적 관점에서의 합계출산율 제고 전략이 미래에 요구되는 수준까지 달성하지 못할 경우 채택할 수 있는 보충 전략이라고 할 수 있다.

우선, 한국 여성의 고용률(15~64세)은 2016년 기준 56.2% 수준으로, OECD 국가들의 평균(59.3%)보다 저조한 상황이다. 여성의 유휴 잠재인력을 활용하는 전략은 노동력 부족문제에 대응하는 보충 전략으로서 매우 중요한 의미를 지닌다. 여성 고용률이 상대적으로 높은 선진국의 경우, 출산율과 여성 고용률 간에 정(+)의 상관관계가 나타나고 있는 것으로 조사된 바 있다. 여성의 경제활동참여를 진작시키기 위한 정책적 노력이 출산율 회복에도 효과를 거둘 수 있을 것이다.

또 다른 전략은 고령자를 보다 오랫동안 노동시장에서 활동할 수 있도록 하는 것이다. 대규모(약 1,700만 명)의 베이비붐 세대(1차: 1955~1963년생, 2차: 1974년생까지 포함)는 학력, 직업력, 건강 등의 측면에서 상대적으로 월등한 것으로 평가되고 있다. 대다수가 노동세대로 남아 있는 가운데 청년세대의 실업 상황과 맞물리면서 문제가 발생하고 있으나, 이들 베이비붐 세대가 일을 그만두기 시작하면 노동력이 급격하게 줄어들게 된다. 따라서 경제활동 의지가 높은 미래 고령자 세대들을 노동시장에 더 오래 남아 있도록 하는 전략이 유효할 수 있다. 고령자들이 연금, 건강보험 등 사회보장 부담을 가중시키지 않고 대신에 노동활동을 계속 유지함으로써 노동력 부족을 완화시킬 뿐 아니라 세금과 보험료를 납부하고, 개인적으로 육체적·정신적 건강을 유지할 수 있다는 점에서 매우 중요한 의미를 가진다.

장기 전략

보다 장기적 관점에서 저출산 현상으로 인한 노동력 부족에 대응하기 위한 인구전략으로 이민정책을 들 수 있다. 이 전략은 이민자 유입의 사회문화적 파급효과를 고려하면서 다른 조건들과 결부하여 채택 여부를 신중하게 결정해야 할 것이다. 중소기업의 인력난을 고려하면 지금부터라도(이미 과거부터 산업연수제도, 고용허가제 등을 통해 단기적으로 유입된 바 있는) '외국인 근로자 유입'을 추진할 필요가 있다. 그러나 이민자의 대규모 유입정책은 당장 필요한 현실적인 문제라기보다는 미래 출산율 회복 수준과 국내 유휴잠재인력 활용도 등의 상황을 면밀히 관찰하면서 결정해야 할 사안이다.

또 하나 장기적으로 고려해야 할 사안은 통일시대의 인구예측과 인구전략이다. 통일로 가는 과정 및 통일한국에서 시기별, 단계별로 모든 가능한 시나리오에 따른 인구전략을 지금부터 논의할 필요가 있다. 이와 관련하여 한국사회를 구성하고 있는 '인구의 질'에 대한 관심도 병행되어야 한다. 한국 및 통일한국에서의 적정 인구에 대한 예측은 인구전략의 기초가 될 것이다. 현재 한국이 경험하고 있는 초저출산 현상의 심각성에 대한 우려는 있지만 이를 단기간에 극복하기란 쉽지 않다는 점을 고려할 때, 출생 인구의 질을 높여 다방면으로 생산성과 창의성을 제고하는 노력도 함께 추진해야 할 것이다. 인구의 질은 인구의 규모 못지않게 한 나라의 국가경쟁력을 결정하는 중요한 요소이기 때문이다.

단계별 실행방안

앞서 살펴본 단계별 인구전략을 실현하기 위해서는 구체적인 실행방안이 뒤따라야 한다. 각 단계별로 추진해야 할 작업들을 살펴보면 다음과 같다.

출산은 가정이, 보육은 국가가

적정인구 혹은 안정인구를 유지할 수 있는 수준까지 출산율을 높이기 위해서는 지금부터 적극적인 투자(예산 투입)가 이뤄져야 한다. 무엇보다 다른 국가들에서와 같이 출산율 제고를 위한 재정부담은 복지 차원의 비용 지출이 아닌 미래를 위한 투자로 인식되어야 할 것이다. 따라서 "출산은 가정이, 보육은 국가가 담당"한다는 정신으로 투자해야 할 것이다. 아동수당 지급 방식도 다자녀 가정을 우대하는 방식으로 설계되어야 한다. 그리고 보육시설이 부족한 지역을 파악하여 보완하고, 보육의 품질관리에도 관심을 가져야 한다.

한국보건사회연구원(2014)에 따르면, 기혼여성의 출산율(유배우자 출산율)이 높아지더라도 만혼 현상에 따라서 출산율 제고에 한계가 있음을 알 수 있다. 만혼 현상이 나타나는 주요 이유 가운데에는 결혼비용 및 주택 마련 문제, 일과 가정의 양립문제, 소득과 고용 불안정 등이 차지하고 있다. 즉 가치관의 변화로 인해 자발적으로 결혼을 늦추거나 비혼을 선택하는 경우를 제외하면, 대체적으로 정책을 통해 해결이 가능한 원인들이 대다수라는 것을 시사한다.

우선 청년층의 학교 졸업 후 취업준비기간을 단축시키고, 신혼집을 포함한 결혼 준비 비용을 마련하는 부담을 줄여주기 위한 대책이 중요하다. 청년층의 교육-취업 연계 프로그램은 대졸자-대기업 위주에서 벗어나 고졸자를 대상으로도 강화할 필요가 있다. 또 일과 학습을 병행할 수 있는 후진학체제(사내대학, 전문계고 우선 고용제 등)를 활성화하고 고졸자 취업 할당제 도입을 고려할 필요도 있다. 대졸자의 경우에도 전공-직무 일치 정도 및 대학교육-직업 업무 간 상관성을 높여야 한다. 대학교육을 산업계 현장의 요구와 연계시키고 학교-노동시장 간 원활한 이행을 촉진하기 위해 대학교육에서 도제제도를 강화하며, 직무능력개발형 인턴제 정착을 위한 프로그램 운용 등이 검토될 수 있다. 결혼과 연계하여 청년층의 주택문제에도 관심을 기울여야 한다.

주택 매입가격과 전월세 금액이 계속 상승하고 있는 현상을 고려하여, 현행 주택 구입 및 전세자금 대출제도를 계속 개선해나가는 동시에 신혼부부용 공공임대주택을 획기적으로 확대할 필요가 있다. 공공기관이나 대기업에서 입사 초년생을 대상으로 관사 등을 제공하는 것도 하나의 방안이 될 것이다.

일-가정 양립 지원책

특히 저출산 대책은 자녀양육의 경제적 부담을 줄이는 것과 함께, 어린자녀를 두고 있는 부모의 일-가정 양립에 보다 큰 역점을 두어야 한다. 지금까지 우리나라는 주로 보육교육비 지원에 중점을 두었을 뿐, 서구사회와 같이 본격적으로 자녀양육비용을 보편적으로 지원하지는 않았다. 따라서 부모의 집중된 희생과 편익의 사회적 환원 간의 형평성 문제를 해소해야 한다. 이를 위해 자녀양육 관련 공공서비스 이용비용을 무료화 또는 최소화하고, 이외의 비용은 생애주기별 제 수당(아동수당, 가족수당, 교육수당 등)과 세제 등을 통해 지원할 필요가 있다. 다만, 이러한 지원체계는 재정적 부담과 사회적 형평성을 고려해야 하며, 소득수준과 자녀수를 토대로 기준을 설정해야 할 것이다.

한편, 현재 출산휴가, 육아휴직(단시간 육아휴직 포함) 등 대표적인 일-가정 양립 제도들은 공무원과 대기업 등 일부 고용보험가입자만 이용이 가능하도록 제한되어 있다. 또한 육아휴직 기간 동안 받은 휴직 급여는 직전 임금의 40%(최대 100만원)로 임금대체수준이 낮아 남성과 고임금 여성들이 사용하는 데 제약이 되고 있다. 결국 일-가정 양립 제도들은 적지않게 도입되어 있으나, 광범위한 사각지대가 존재하고 있다. 따라서 일-가정 양립 제도가 저출산 대책으로서 효과를 거두기 위해서는 제도의 충분성과 함께 보편성이 확보되어야 한다. 보육지원체계와 일-가정 양립 제도 간 연계를 강화해야 하고 무엇보다도 결혼, 출산 및 양육과 일이 양립할 수 있는 사회문화와 고용문화가 조성되어야 할 것이다.

진정한 의미의 양성평등 문화가 정착되고, 이러한 문화가 확산되어야 저출산 현상의 근본적인 해결의 실마리를 찾을 수 있을 것이다. 이를 위해 정규 교육과정의 매 단계마다 적절한 프로그램을 개발하여 국민 의식의 점진적 변화를 도모하는 작업도 절실하다.

국내 유휴잠재인력 활용 극대화

최근과 같은 출산수준이 장기적으로 지속될 경우 베이비붐 세대(1955~1974년생)의 일부가 아직 노동시장에 남아 있는 2030년 전까지 총량적으로 노동력은 부족하지 않을 전망이다. 물론 이 시기까지 청년층의 구조적 실업mis-matching이 여전히 발생하여 부분적인 노동력 수급문제는 지속될 것이다. 그러나 2030년대에 들어 본격화될 노동력 부족에 대응하기 위해 잠재적 노동력으로서 여성들과 고령자들이 노동시장에서 보다 활발하게 경제활동을 할 수 있도록 기반을 구축하고 사회문화를 조성할 필요가 있다.

특히 여성 고용률을 높이기 위해서는 일-가정 양립 지원을 강화하여 유자녀 여성인력의 비자발적 이탈(경력단절)을 방지해야 한다. 그리고 양성평등 고용환경을 구축하고 여성인력 활용을 다원화할 필요가 있다. 구체적으로 시간제에 대한 차별 해소 및 남녀 동일노동 동일임금의 원칙이 적용되는 동등처우 보장을 위한 법제 정비, 단시간·기간제와 통상근로자 전환제도, 안정된 상용직 시간제 일자리 활성화를 위한 법제도 마련 등이 필요하다.

미래에 고령자들이 보다 오랜 기간 노동시장에서 활동할 수 있게 하려면 고령인력을 사회국가적 부담 및 대체 수단으로 보는 시각에서 사회적 자원과 재출발의 주체로 보는 인식으로의 전환이 선행되어야 한다. 실천 전략으로는 기업의 고비용 연공서열 체계를 성과중심으로 개선하는 것을 비롯해 청년-고령자 세대 간 공생 발전 여건 조성, 시간제 근로전환 지원 등 점진적 퇴직 활성화, 퇴직(예정) 근로자에 대한 전직 교육 강화, 공공 전직지원 서비스 활성화, 개별 경력을 고려한 재교육, 사회기여 및 재능 나눔 활성화 등을 제시해볼 수 있다.

해외동포 등을 포함한 외국인 인력 활용

장기적으로 적정수준의 출산율 회복에 실패하고, 국내 인력이 여전히 부족할 경우에는 이민 확대 등의 방법이 적극적으로 검토되어야 할 것이다. 이 부분은 해외동포 인력과 외국인 인력으로 구분해서 고려할 필요가 있다.

우선 재외동포 문제는 노동력 수급차원이 아닌 국가 전략 차원에서 다루어야 한다. 미래의 노동력 부족량에 연동하여 방문 취업 체류기간을 연장할 필요가 있다.

외국인 인력 활용과 관련해서는 이중적 접근이 중요하다. 현재 외국인력 정책은 중장기적 인구변동의 관점보다 인력부족에 따른 필요인력의 충원이라는 관점에서 단기적 대응방식을 취하고 있다. 그러나 미래에 노동력 부족이 장기적으로 심화될 경우에는 외국인 유입의 사회경제적 편익을 고려하면서 노동시장의 불일치를 해소하는 것과 동시에 우수인재 유치를 통한 경쟁력 강화라는 이중적 접근을 해야 한다.

인력수급의 질적 불일치에 대한 내국인 노동시장을 보완하는 차원에서 외국인 인력을 유입하되, 국가경쟁력 강화를 위해 보다 우수한 외국인재를 적극적으로 유치하는 노력도 필요하기 때문이다.

2 고령화:

노후 소득 확충, 노년서비스 시장 육성, 교육 시스템 조정

우리나라의 65세 이상 고령인구는 2008년 500만 명을 돌파한 후 2015년 654만 명을 넘어, 현재 700만 명에 육박하고 있다. 고령인구 구성비는 전체 인구대비 2015년 12.8%에서 2018년 14%, 2026년 20%, 2058년 40%로 예상된다. 우리나라의 인구 고령화 속도는 세계에서 유례없는 빠른 속도다. 다른 국가의 추세를 보면, 미국의 경우 고령화 사회(전체 인구대비 노인인구비율 7% 수준)에서 고령사회(노인인구비율 14% 수준)가 되기까지 73년이 걸렸고, 초고령화 사회(노인인구비율 14%에서 20% 수준)로 진입하는 데 21년이 소요되었다. 대표적인 고령 국가인 일본의 경우에도, 고령화 사회에서 고령사회로 전환되기까지 24년이, 초고령화 사회로 진입하는 데에는 12년이 소요되었다. 반면 우리나라는 고령화 사회에서 고령사회로 진입하기까지 18년이 소요되어 세계 최고속의 고령화 현상을 보이고 있다.

고령화 사회의 현황과 의미

인구 고령화는 생활 전반에 큰 파급효과를 갖는 현상이자 사회운용 패러다임의 대전환을 의미한다. 한국의 인구 고령화가 세계 다른 나라들과 같이 100여 년에 걸쳐 서서히 진행된다면, 사회는 변화한 인구구조에 맞춘 새로운 패러다임에 서서히 적응하고 변모할 것이다. 그러나 한국의 고령화 속도는 지나치게 빠르다. 한국보건사회연구원에 따르면, 2015년 우리나라 노인의 49.7%가 빈곤상태에 처해 있는 것으로 조사되었다. 한국은 OECD 회원국 중 '노인 빈곤율 1위', '노인 자살율 1위'를 차지하였고, 노인의 삶의 질 수준은 OECD 평균에도 미치지 못하여 슬로바키아, 체코 등의 나라보다도 낮은 수준을 보이고 있다. 2015년 기준, 한국의 65세 이상 노인의 인구십만명당 자살률은 58.6명이며 75세에서 79세 사이는 72.5명, 그리고 80세 이상 초고령층의 경우 83.7명으로 나타나고 있다. 특히 75세 이상의, 소위 후기 고령층의 자살률이 높음을 알 수 있다. 이러한 노인 자살률은 OECD 국가 중 가장 높을 뿐만 아니라 2위인 국가와도 수치에서 두 배 가까이 차이가 난다. 이러한 현상들은 인구 고령화라는 새로운 패러다임 전환에 대비하지 못하여 나타난 필연적인 결과라고도 할 수 있다.

일부 전문가들은 한국의 2050년 노인인구 비율은 38.2%를 넘어 세계 최고령국이 될 전망이므로 앞으로 더 많은 문제가 등장할 것이라고 경고한다. 가령, 생산가능인구(15~64세)의 감소에 따라 우리 경제의 성장잠재력이 악화될 수 있다는 예측이 그러하다. 한국의 생산가능인구는 2016년 3,763만 명을 정점으로 이후 지속적으로 감소하여 2065년에 이르면 2,062만 명 수준에 머물 전망이다. 이로 인하여 2040년에서 2050년 사이 우리나라의 잠재성장률은 1.4% 수준으로 하락할 것으로 예측되고 있다.

또한 생산가능인구의 감소는 국가재정 부족문제와도 연결된다. 고령화로 인한 노인인구 증가에 맞추어 의료비를 비롯한 각종 복지 지출이 확대되어야 하는데, 근로인구가 감소되면 세입기반이 위축되어 국가재정 건전성에 적신호가 켜질 수밖에 없기 때문이다. 이는 자연스럽게 국민연금, 건강보험 등 주요 제도의 지속가능성에 위협을 가하게 되고, 세대 간 갈등의 본격화로 이어질 것이다.

성공적인 고령사회 대응을 위한 미래전략

우선, 노인이 직면하는 '노후 4苦(빈곤, 질병, 고독, 무위)'와 같은 문제들을 시의 적절하게 해결할 수 있도록 노력하면서 고령화에 따른 사회구조 개선이 잘 이루어진다면, 오히려 새로운 기회와 발전적 가치를 발견할 수도 있을 것이다.

둘째, 무엇보다 고령화로 인해 필연적으로 삶의 질에 대한 관심이 증대될 것이며, 양적 성장보다 질적인 가치를 중심으로 화두가 이동할 것이다. 가령 현재와 비교했을 때 고령사회에서는 건강, 여가, 배움 등 삶의 질을 높이는 분야가 더 중요해질 것으로 보인다.

마지막으로, 고령화 시대에는 고령친화 산업 부문의 성장을 기대해 볼 수 있을 것이다. 앞으로 노년에 대한 준비도가 높아진다면 노인들은 새로운 소비주체로 등장할 수 있을 것이다. 뿐만 아니라 고령화에 따른 라이프스타일의 변화에 맞춰 고령사회형 신규 일자리도 창출될 것으로 전망할 수 있다. 실버문화 콘텐츠 개발자, 노후설계 상담사 등 지금까지 부각되지 못했거나 존재하지 않았던 새로운 형태의 직업들이 그러한 예이다.

단기적 대응전략

단기적인 차원에서는 무엇보다 노후 소득과 고용 영역의 기초적인 사회토대 확충에 주력해야 한다. 노인 자살의 원인 가운데 가장 큰 부분을 차지하는 것이 경제적 어려움이다. 경제적인 안정이 선결되지 않는다면 여가, 삶의 질 등 노후생활을 윤택하게 만들기 위한 다른 노력들은 무용지물이 될 것이다. 노후의 경제상황을 개선하기 위해서는 세 가지 차원의 노력이 필요하다. 먼저 안정된 공적 노후소득보장체계를 구축해야 하며, 두 번째로는 연금수급 이전까지 안정된 경제활동을 보장할 수 있도록 중고령자 고용관련 제도를 정비해야 한다. 세 번째로는 개인 차원에서 노후를 대비할 수 있도록 노후준비제도를 활성화해야 한다.

우리나라의 공적 노후소득보장 제도인 국민연금제도의 소득대체율은 45.2%인데 이는 OECD 평균 48.7%보다 낮은 수준이다. OECD의 가장 최근 통계치인 2012년도를 기준으로 보았을 때 우리나라 국민연금의 소득대체율은 복지국가로 알려진 북유럽국가 중 스웨덴(33.7%)이나 덴마크(30.1%)보다 높은 수준이지만, 이들 국가들도 한때는 연금 소득대체율이 80~90%에 달했으며, 소득을 비롯한 제반 복지여건이 튼튼히 갖추어진 상황에서 연금개혁을 통해 소득대체율을 낮춘 것이다. 아직도 다수의 유럽 국가들은 안정된 고령사회를 유지하기 위해 연금의 높은 소득대체율 수준을 유지하고 있다(독일 55.3%, 프랑스 71.4%, 핀란드 62.8% 등).

우리나라는 2008년 기초노령연금 도입을 비롯해 퇴직연금, 개인연금, 주택연금, 농지연금 등 다양한 노후대비 수단을 마련해 왔으나 포괄하는 대상층이 낮아 안정적인 노후소득보장 제도로 기능하는 데 한계가 있다. 이를 위해 정부는 60세 정년을 법제화하고 2016년부터 공공기관 및 300인 이상 사업장 적용을 시작으로 2017년부터는 300인 이하 사업장으로까지 확대하였다. 그러나 법정 정년제가 제대로 이행된다고 하더라도, 국민연금 수급시기와 정년 사이에는 여전히 괴리가 있어 소득공백기가 존재하게 된다. 따라서 중고령자들이 퇴직에 가까워진 나이에 보다 안정적으로 경제활동을 할 수 있게 만드는 제도적 장치에 대한 고민이 필요하다. OECD 회원국의 GDP 대비 노인에 대한 공적 사회복지지출 비율(2013년 기준)을 보면, 한국은 2.2%로 OECD 평균인 7.7%에 미치지 못하고 있으며, 일본(10.7%), 스웨덴(9.6%), 미국(6.3%), 영국(6.5%) 등과의 격차가 매우 큰 상태이다.

우리나라 국민이 노후준비에 특히 취약한 사회구조적, 관습적 환경을 고려해 정부에서는 2015년 12월부터 국민의 노후준비를 국가차원에서 지원하기 위한 '노후준비지원법' 시행에 들어갔다. 그러나 아직 이 법에 대한 국민의 체감도는 매우 낮아, 노후준비지원서비스에 대한 정책적 실효성이 크게 미흡한 상황이다. 따라서 형식적인 입법으로 끝낼 것이 아니라 국민에게 실효성 있는 서비스로 전달될 수 있도록 내실을 기해야 할 것이다.

중기적 대응전략

중기적 차원에서는 '복지'에서 '시장'으로 무게중심을 이동해야 한다. 즉 고령화를 부담에서 기회로 전환시키기 위해 본격적인 노력을 경주해야 한다. 이를 위해서는 국가 중심의 복지적 대응만으로는 한계가 있으며, 고령화를 적극적인 성장동력으로 활용하기 위해 고령사회의 특성을 반영한 새로운 시장을 형성해야 한다.

향후 '노년 서비스 시장'은 새로운 성장동력이 될 수 있을 것으로 전망되며, 특히 고령자 적합형 주택시장, 금융시장, 여가관련 시장 등이 경제력을 갖춘 새로운 노인세대의 소비를 진작시킴으로써 경제 활성화에 기여할 수 있는 영역으로 기대되고 있다.

또한 복지 차원에서는 그동안 확립된 복지정책을 정비하는 작업이 중기 과제로 진행되어야 한다. 즉 지난 2000년대 중반 이후 노인과 관련된 복지 정책 및 인프라는 빠른 속도로 확대되어 왔는데, 이처럼 급속한 팽창은 필연적으로 역할과 기능의 측면에서 중첩되거나 사각지대를 발생시킨다. 따라서 중기적 과제로 노인복지 분야의 공공 인프라 기능과 역할을 종합해 새롭게 재편성하는 체계개편 작업이 진행되어야 한다.

장기적 대응전략

장기적 차원에서는 보다 근본적인 사회시스템의 조정과 변화가 필요하다. 여기에 해당하는 대표적인 영역이 교육이다. 우리나라의 노년 교육은 평생교육, 복지관 등을 중심으로 진행되지만 이러한 교육에 접근성을 가지고 있는 국민은 소수에 불과하다. 따라서 보다 구체적으로 의무 교육기간이 과연 고령사회 생애주기에 적합한 교육시스템인지에 관한 재검토와 조정이 필요하다.

근본적인 사회시스템의 조정과 변화가 필요한 또 다른 영역이 대안적 가족공동체에 대한 고민이다. 가족의 형태는 산업화를 거치면서 대가족에서 핵가족의 형태로 변화해 왔는데 고령사회의 진전과 함께 예측되는 새로운 가구형태가 1인가구이다. 특히 수명이 길어지면서 노인부부 단독가구 가운데 사별 등의 이유로 노인 1인가구는 더욱 증가할 것으로 예측된다. 이러한 가족 형태가 보편화될 경우 가족의 개념에 대한 새로운 정의와 대안적인 가족형태에 대한 범사회적 고민이 필요할 것으로 보인다. 다시 말해 기존의 혈연중심 가족관계를 대체할 수 있는 새로운 형태의 공동체에 대한 고민이 진행되어야 한다.

노인인구가 전체 인구의 20%가 넘는 초고령 사회에서 노인은 더 이상 특별한 집단이 될 수 없다. 따라서 고령사회에 적응해가는 과정에서는 노인과 고령화에 특화된 대책들이 필요하지만, 장기적 관점에서는 모든 연령 구분을 없애고, 연령에 관계없이 지속가능한 사회적 환경 조성에 관한 구상이 마련되어야 한다. 노인의 연령기준 변경도 함께 논의되어야 한다.

단계별 실행방안

노후의 경제적 안정화에 초점을 맞추어야 하는 단기적 전략을 위해서는 몇 가지 구체적 실행방안이 요구된다. 먼저 공적연금의 사각지대를 줄여 개개인이 공적연금 혜택을 충분히 누릴 수 있도록 1인 1국민연금 체제를 확립해야 한다. 특히 연금제도가 노후 생활에 실질적인 도움이 되고 노후 빈곤 해소에 기여할 수 있도록 기초연금의 내실화를 비롯해 국민연금 소득대체율과 연금보험료 상향조정에 대한 논의가 필요하다. 또한 우리 정부는 공적연금뿐만 아니라 다층적 노후소득보장을 표방하고 있는 바, 공적연금 이외의 다양한 노후준비 수단을 확충하고 노후생활에 도움이 될 수 있도록 수익성과 안정성이 강화된, 내실 있는 금융상품의 개발이 필요하다. 고령자의 안전자산 편중으로 인한 장수 리스크에 대비하고 고령자의 현금 흐름을 개선할 수 있도록 주택·농지연금 등도 활성화시켜야 한다. 정년과 연금수급 연령을 일치시키기 위해 정년제도의 실효성을 높여야 한다.

물론 정부뿐만 아니라 국민 개개인도 노후에 대한 대비를 강화할 수 있도록 노후준비지원 인프라를 확충해야 한다. 현재는 법에 의해 국민연금공단을 중심으로 대국민 노후준비지원서비스가 제공되고 있으나, 연금에 가입한 사람들만 주로 대상이 되고 있다는 점, 국민연금공단의 약 100여 개 지사의 행복노후설계센터가 전 국민을 포괄하기에는 턱없이 부족하다는 점 등이 문제점으로 지적되고 있다.

중기적 차원에서는 노인서비스 분야 시장 육성을 위해 정부 차원의 실버산업 지원체계를 강화해야 한다. 특히 관광, 식품산업 등 현존하고 있는 시장 가운데 노인의 일상생활에 밀착되어 있지만 아직은 노인에 특화된 서비스 제공에 한계를 보이고 있는 시장 영역을 발전시켜 나가야 한다.

장기적 차원에서는 고령사회를 포함한 생애 전체를 고려한 교육 시스템이 될 수 있도록 초등입학연령과 의무교육 과정을 재구조화하고 은퇴 이후 교육의 기회를 다양하게 제공함으로써 누구나 교육을 통해 활기찬 노년기를 보낼 수 있는 탄력성 회복의 장치를 마련할 필요도 있다. 또한 1인가구를 위한 각종 법제도의 정비를 비롯해 비혈연 가구끼리 모여 사는 공동체를 실질적으로 지원하는 정책도 강구해야 한다.

3 의료:
ICT 기술과 의료의 융합, 이에 걸맞은 인재양성과 제도 마련

인류가 지구상에 출현한 이후 인간은 다양한 형태의 혁명을 경험했다. 기술적 관점에서 불의 발견, 농경의 시작, 도구의 사용도 큰 혁명적 변화였다고 말할 수 있다. 조금 범위를 축소하여 근세 정치사의 혁명을 살펴보면 1776년 미국 독립전쟁, 1789년 프랑스혁명, 1917년 러시아혁명 등을 꼽을 수 있다. 과학사적 관점에서에서는 코페르니쿠스에 의한 천문학의 혁명, 산업에서는 18세기와 19세기에 걸쳐 일어난 1차 산업혁명을 들 수 있다. 이러한 다양한 혁명의 역사는 공통적으로 새로운 아이디어에 의해 새로운 기술의 진보가 이루어지고 기술의 진보는 다시 새로운 아이디어를 촉발하는 순환구조를 내재하고 있다.

1차 산업혁명 시기에 해당하는 1800년과 1860년 사이에 의료 역시 현미경의 발명과 세포학과 병리조직학의 발전, 화학과 생리학의 진보에 따른 제약 산업의 발전을 이루며 혁명적인 진보를 이루었다. 이러한 혁명은 20세기에 이르러 엑스레이의 발명, 설파제, 항생제, 항암제의 발명으로 의료의 수준을 높였다. 과학기술의 진보가 지속적인 의료의 발전으로 이어지면서 특별히 1차, 2차, 3차 등으로 의료의 혁명기를 구분하기는 어렵다.

인공지능의 의료현장 진입과 시사점

21세기에 이르러 일부 이견은 있으나 4차 산업혁명이 시작되었다는 것이 보편적으로 인정되므로 최근 의료의 발전 동향을 4차 산업혁명 시대의 의료라고 말할 수 있다. 언제나처럼 컴퓨터 기술의 비약적 발전, 모바일 테크놀로지와 네트워크 기술의 발전은 의료에 많은 영감을 제공했고 이것은 의료시스템 전반의 발전을 촉발하고 있다. 대표적인 예는 인공지능의 의료현장 진입이다.

진료현장의 인공지능 시대

1997년 IBM의 딥블루 컴퓨터가 전설적인 체스 챔피언 게리 카스파로프Garry Kasparov를 이긴 일, 2011년 IBM 왓슨이 퀴즈쇼 〈제퍼디Jeopardy〉에서 인간 챔피언들을 누른 일, 2016년 알파고의 승리 모두 게임세계의 일이었고 실생활과는 다소 거리가 있었다. 그러나 2014년 미국의 최고 암병원 중의 하나인 메모리얼 슬로언케터링 암병원MSKCC, Memorial Sloan Kettering Cancer Center이 미국 임상암학회ASCO에 발표한 인공지능의 암 치료 적용 결과는 의료계와 우리사회에 또 다른 의미의 충격을 주었다. 먼 미래의 일로 여겨왔던 인공지능이 인간의 생명을 좌지우지하는 암 치료의 의사결정에 개입한 것이다.

우리나라에도 2016년 9월 8일 IBM '왓슨 포 온콜로지Watson for Oncology'가 도입되어 진료현장의 인공지능AI 시대가 시작되었다. 이제의료AI를 통한 정밀의료 시대가 열린 것이다. 그러나 아직도 인공지능을 진료에 적용하는 것에 대해 부정적 시각을 갖거나 문화적, 윤리적으로 받아들이지 못하는 사람들이 많다. 또한 법과 제도 규정 등이 미처 정비나 개선이 안 되어 인공지능 적용이 애매한 경우가 속출하고 있다.

2016년 12월 식품의약품안전처는 세계 최초로 '빅데이터 및 인공지능 기술이 적용된 의료기기 허가 심사 가이드라인'을 발표했다. 이것만으로 많은 난제를 해결하기에는 부족하지만, 적극적이고 발 빠른 대응은 평가받을 만하다. 개인정보보호에 대한 이슈나 유전체 정보 등 민감한 국민건강정보를 해외 클라우드 서버에 유출하는 문제 등은 우리사회가 특별한 관심을 갖고 있다. 원격진료 허용문제 역시 4차 산업혁명과 인공지능의 진료적용과 밀접하게 연관되어 있다. 대형병원으로의 쏠림과 오진 가능성, 의료 영리화 가능성 등을 이유로 의사 환자 간의 원격의료 도입은 추진하지 않기로 했다. 원격의료는 환자의 진료 외에 인공지능과 모바일로 대표되는 의료의 4차 산업혁명과 밀접하게 연결되고 생태계를 이루고 있다. 따라서 정책이 4차 산업혁명의 발전을 저해하는 걸림돌이 되지 않도록 지혜를 모아야 한다.

진단·예방 기술의 발전

사물인터넷, 빅데이터, 인공지능을 이용한 의료서비스의 제공으로 의료의 패러다임이 진단 중심에서 예방 중심으로 변화해갈 것으로 전망된다. 사물인터넷의 경우 지능형 센서가 발전하면서 가정내 환자 모니터링이 가능해지고, 예방차원의 건강관리서비스가 활성화 될 것으로 보인다. 구체적으로 상상해보면 혈압계, 당뇨계측기 등의 가정용 의료기기에 생체신호를 분석할 수 있는 분석시스템이 연결되어 환자에게 정보를 전송하는 것이 가능해질 것이다. 대량의 데이터를 딥러닝 기술을 이용해 학습한 인공지능은 의료영상 판독의 정확성을 높이고, 질병의 조기진단 가능성을 높이게 된다. 의학 분야에서는 영상자료뿐만 아니라 진단과 처방 및 논문 등 텍스트 자료들을 빅데이터화 하고 이를 인공지능 적용분야의 인력과 협업하면서 사람이 읽어내기 힘든 미세한 부분까지 진단이 가능해질 것이다.

또한 사물인터넷을 이용한 새로운 의료정보의 창출, 인공지능을 통한 진단기술의 발전은 자가진단을 포함해서 저렴한 비용으로 질병 진단을 가능하게 할 것이다. 기술이 발전하여 진단의 정확성이 높아지면 대학병원에 가지 않더라도 동네 의원에서 진단을 받고, 스마트폰 등을 이용해서 건강관리가 가능해지는 시대가 열릴 전망이다. 현재 국내 일부 대학병원에서 왓슨을 도입하여 암진단에 활용하고 있지만, 개인용 PC가 개발되어 범용화된 것처럼 낮은 가격에 진단할 수 있는 기술들이 발전하면 동네 의원에까지 확산될 수 있다. 치료의 과정도 정확한 진단이 이루어지면 의료기관에서는 로봇수술이나 인공장기, 인공혈관 교체와 같은 일을 전문으로 하는 비즈니스가 생기면서 마치 공장에서 더 성능 좋은 제품을 생산하기 위해 경주하듯이 생산성을 높이기 위한 경쟁도 벌어질 것이다. 더불어 의료 빅데이터를 통한 진단 알고리즘 발전, 원격의료, 전자건강기록PHR도 확산될 것으로 예측된다.

미국, 영국 등 선진국들은 이미 보건의료분야에서 상업적으로 활성화 단계에 있다. 애플의 '헬스키트Healthkit'를 통해 환자의 라이프로그 데이터를 의료기관에 제공하고 의사는 수집된 자료를 바탕으로 환자의 건강상태를 수시로 확인하고 상담하고 있다. 애플은 메이요 클리

닉을 시작으로 미국 내 주요 병원과 만성질환 관리 사업을 하고 있다. 국내에서도 국민건강보험공단에서 '마이 헬스 뱅크My Health Bank' 서비스를 제공하여 환자 스스로 국민건강보험공단이 보유중인 데이터(건강검진정보, 진료 및 투약정보, 문진정보 등)를 확인하고 본인이 관리할 수 있도록 하고 있으나 활성화되지는 못하고 있다. 이는 향후 4차 산업혁명 관련 기술이 도입될 경우 의료기관의 데이터 등과 연계하여 진단기술 분야에서 새로운 가치 창출로 이어질 가능성이 높다.

정밀의료 구현

2000년대 바이오테크bio-tech 기술이 발전하기 전까지는 소위 말하는 직관의학intuitive medicine 또는 경험의학empirical medicine에 의존하여 진단하고 치료할 수밖에 없었다. 고도로 숙련된 비싼 전문직 의료인의 직관과 패턴 인식을 통해 문제를 해결하거나, 데이터가 축적되어 환자를 치료하는데 어떤 특정 방식이 다른 방식보다 평균적으로 낫다는 결과를 바탕으로 치료를 하는 것이 기존의 방식이라 할 수 있다. 이러한 방식은 다른 산업에서와 같이 이용하는 사람이 기술이 있는 곳을 찾아가야 하고, 서비스 공급이 중앙에 집중된다. 그러나 4차 산업혁명의 시대가 본격화되면 환자의 유전체 이상 여부 등을 먼저 진단하고 이에 대한 맞춤형 진료를 하는 정밀의료precision medicine가 열릴 것이다.

정밀의료의 시대에는 제약산업의 비즈니스 모델에도 변화가 있을 것으로 전망된다. 맞춤형 의약품을 개발하기 위한 최소효율규모minimum efficient scale를 줄이면서 약물 발견과 개발이 신생 바이오테크 기업들에 의해 이루어질 것으로 예상된다. 의약품 시장을 세분화시키면서 거대 제약사는 해체되거나 소규모 자회사들로 구성된 회사의 형태로 남을 가능성이 높다.

의료진료 모델도 마찬가지로 크게 변화할 것이다. 혁신에 관한 이론들을 보면 초기에는 구매자들이 제품이나 서비스의 기능성과 신뢰성에 가치를 두고 제품이나 서비스를 구매하지만 성능과 신뢰성이 어느 수준 이상으로 충족되면, 즉 제품이나 서비스의 범용화가 되면 편리함, 신속함, 고객의 요구에 대한 대응력에 더 높은 가치를 두게 된다고 한다. 정밀의학의 세계에서도 성능과 신뢰성이 충족되면 이제 편리함과 가격의 적절성에 기초해 경쟁을 하게 될 것이다.

향후 정책적 전략방향

우리나라가 진정한 선진국이 되려면 과거 1960년대 1차, 2차 산업혁명을 신속하게 추격하였듯이 4차 산업혁명에서도 신속한 추격 전략을 펼쳐야 한다. 다만 4차 산업혁명은 선진국들도 시작단계이므로 과거와 달리 창조적인 선도 전략이 병행되어야 한다. 다행히도 3차 산업혁명은 비교적 성공적으로 흐름을 놓치지 않았다. 그러나 아쉽게도 우리나라는 3차 산업혁명에서 초기 단계의 4차 산업혁명으로의 이행이 매끄럽지 못했다. 대표적인 분야 중 하나가 인공지능 분야이다. 우리가 주춤거리는 사이 선진국은 물론 우리보다 뒤에 있었던 국가들까지 비약적인 발전을 하고 있다.

정보통신기술진흥센터IITP에 따르면 국내 인공지능 기술은 미국 대비 약 4년 이상 뒤떨어진 것으로 추정된다. 국내 지능형 소프트웨어 기술은 미국을 100점으로 할 경우 75~76점 수준으로 평가된다. 이

보다 심각한 문제는 인공지능을 산업화하기 위한 전문 인력의 부족이다. 인공지능 관련 국내 전문 교수는 120명 수준(IITP, 2016년 기준)이다. 또 인공지능 전문기업으로 분류할 수 있는 곳도 스타트업만 몇 개 있을 뿐 사실상 전무하다. 따라서 인력 양성 프로그램 수립과 활성화, 관련 연구기관과 기업의 활성화가 시급하다. 진료현장에서 의사들이 좋은 아이디어를 갖고 있어도 이를 다룰 인공지능 전문 인력이 없으면 아무 소용이 없기 때문이다. 아울러 양성된 인재와 대학, 병원, 기업 등 필요한 기관과 연결해 주는 시스템을 서둘러 정비해야 한다.

ICT 기술과 의료의 융합 측면

모든 사회적 이슈나 관심사의 선택이 주류 언론 등을 통해 일방적으로 강요되었던 것이 개인 주도의 자발적 선택으로 바뀌었다. 오늘날 신문 구독률은 14%대에 머무는 반면 스마트폰 등장 이후 인터넷 정보 검색 비율은 폭증했다. 지난 몇 년 간 우리는 5만년만에 일어날 변화를 단번에 겪었다. 우리는 미처 인식하지 못했지만 이제 스마트폰 없이 살아가기 힘든, 말 그대로 포노 사피엔스Phono Sapiens라는 신인류가 된 것이다.

이러한 신인류는 병에 걸리면 어떻게 행동할까? 과거에는 주로 신뢰할 만한 의사를 많이 보유하고 있는 병원을 먼저 물색하여 선택하고 병원에서 권유하는 의사를 선택했다. 이러한 행동은 명품을 구매할 때 브랜드를 먼저 정하고 물건을 선택하는 것과 흡사하다. 이 과정에서 환자는 병원에 필요 이상의 과도한 비용을 지불하게 된다.

우리는 요즘 익숙한 도로를 지나면서도 네비게이션을 켜 놓고 운전하는 경우가 많다. 불과 몇 년 만에 나 스스로 길 찾기 및 경로선택

능력보다 네비게이션을 더 신뢰하게 된 것이다. 따라서 인터넷 의존도가 높은 사람일수록 내 병을 고쳐줄 의사를 선택할 때 먼저 스마트폰이나 PC 등을 통해 검색을 한다. 이 때 환자입장에서 가장 신뢰를 하는 것은 병원의 홍보나 마케팅 기사가 아니라 환자들이 스스로 올린 의사에 대한 평가정보이거나 신뢰할 만한 공익성을 갖춘 평가기관의 정보이다. 이미 의료의 주권이 병원에서 소비자인 환자에게로 옮겨가고 있는 것이다.

자고로 혁명이란 국가나 사회의 주인이 바뀌는 것을 의미한다. 의료는 지금 의료의 주인이 바뀌는 혁명적 상황에 직면한 것이다. 환자들은 병원이나 의사를 선택하기 전에 검색하고 검색결과에 의존하며 진료를 받은 후 평가 의견을 올림으로써 의료시장의 지배력을 확장하고 있다. 머지않아 이들이 병원과 의사를 대신하여 의료시장을 지배할 것이다. 새로운 인류의 행동 패턴으로 인한 의료 패러다임 변화를 이해하지 못하면 대처가 불가능하다. 따라서 의료시장의 변화에 최적화해서 대응하지 못하는 병원과 관련 기관은 도태될 것이다.

그렇다면 병원과 의사는 이러한 혁명적 변화에 어떻게 대처해야 할까? 우선 할 일은 소위 의료구매자인 환자는 스마트폰을 갖고 온라인 가상의 공간에서 어떻게 행동하는지 파악하는 일이다. 환자는 어떠한 정보를 원하는지, 이러한 정보는 환자들 사이에서 빠르게 확산될 가능성이 있는지 등을 면밀히 검토해야 한다. 의료에서 인공지능과 빅데이터 등 4차 산업혁명을 주도하고 있는 최신 ICT 기술의 활용은 이제 선택사항이 아닌 것이다.

인력 양성 측면

대학교육과정의 과감한 혁신이 필요하다. 현재 대부분 의과대학 의학과는 예과 2년, 본과 4년의 교육과정을 두고 있다. 이 가운데 예과 2년은 컴퓨터공학과, 소프트웨어공학과 등과 통합교육을 시켜야 한다. 대학시절부터 함께 공부하면서 자연스럽게 서로의 언어를 익히고 네트워크도 만들며 성장하면 지금보다 훨씬 효율적으로 협업할 수 있을 것이다. 대학마다 특성을 살려 이러한 통합 교육과정을 운영하도록 장려하는 정책이 필요하다.

우리의 의료산업이 세계적 수준으로 성장하기 위해서는 실력 있고 창의적인 인재양성과 인재들이 마음껏 꿈과 실력을 펼칠 수 있는 생태계 조성이 최우선 과제이다. 즉 의료의 4차 산업혁명을 성공적으로 이끌어내려면 인력 생태계를 반드시 변화시켜야 한다. 소프트웨어 개발자들의 대표 커뮤니티인 스택 오버플로우Stack Overflow의 경력 5년 이상 개발자들의 나라별 임금조사(2016)에 따르면 한국은 조사대상 36개 국 가운데 19위를 기록했다. 외관상으로는 중간 수준을 차지하고 있는 것처럼 보이는데, 눈여겨 볼 부분은 중국 IT인력의 임금 수준이다. 중국 IT인력의 연봉이 꺾이지 않고 수직상승하고 있다. 이는 IT인력들이 큰돈을 벌 수 있고 이 돈을 기반으로 창업을 할 수 있으며 창업을 해서 자수성가한 사람들이 증가하고 있다는 의미이다. 결국 뛰어난 인재들이 계속 IT업계로 몰려들고 있는 것이다.

반면 한국에서는 IT인력들의 대우가 천차만별이다. 이러한 인력 생태 환경에서는 훌륭한 인재가 양성될 리가 없으며 양성된 인재조차 지키기 어렵다. 최근 인공지능이 각광을 받으며 대학의 관련 학과에 인재가 몰리고 있다. 무척 고무적인 일이지만 이들이 사회에 진출하기

전에 우수한 인력이 실력에 따른 대우를 받을 수 있는, 일하기 좋은 생태계를 조성해 주지 못한다면 일시적인 일이 될 것이다.

아울러 인공지능을 비롯한 4차 산업혁명 관련 인재 풀을 국가적으로 관리할 필요도 있다. 각 병원마다 인공지능을 적용한 창의적인 진료를 하도록 지원해야 한다. 국민의료비를 획기적으로 줄이면서도 의료의 질을 높이는 아이디어를 현실에 적용한 병원이나 기업, 개인에게 그 만큼의 보상이 이루어지도록 제도적인 지원체계를 만들어야 한다.

법과 제도적 측면

과거에는 기술발전이 앞서가면 법과 제도, 규제는 뒤따라가는 것이 일반적이었다. 그러나 4차 산업혁명 시대는 기술의 발전과 이에 따른 세상 변화 속도가 너무 빨라져 과거 방식으로는 혁명을 선도할 수 없다. 앞으로는 기술의 발전과 사회의 변화를 미리 예측하고 선제적으로 법과 제도를 정비해야 한다. 법과 규제를 다루는 기관과 부서들이 대학연구소나 기업 등 관계자들과 함께 우리사회의 안정을 해치지 않으면서도 모든 걸림돌을 사전에 제거할 방법을 미리 찾아주어야 할 것이다. 특히 법과 제도를 만들기에 앞서 분야별 예측 시나리오를 만들고 이에 대한 사회적 합의를 모색하는 것이 필요하다.

4 한의학:
융합 연구를 통한 글로벌 대체의학으로의 육성

빅데이터, 인공지능, 사물인터넷 등 정보통신기술의 융합으로 가속화되는 4차 산업혁명은 보건의료 측면에도 많은 변화를 초래할 것이다. 디지털과 바이오 기술의 융합을 통해 질병의 조기진단과 예방이 가능해지고 있을 뿐만 아니라 보건의료 패러다임이 변화하고 있기 때문이다. 빅데이터 기반의 스마트 의료기술과 환자 맞춤형 치료, 초미세한 진단과 정밀치료가 가능해질 것이며, 훨씬 다양한 의료서비스가 보급될 전망이다. 의료서비스도 의료제공자(의사) 중심에서 의료소비자(환자) 중심으로 바뀌게 되면서, 미래의 보건의료는 질병치료에서 건강관리 중심으로 전환될 전망이다. 그런가 하면 우리 사회는 지속되는 저출산으로 인한 인구절벽과 고령화, 경제적 저성장, 높아지는 복지요구, 기후변화와 환경문제 등 해결을 요하는 각종 문제에 직면해 있다. 한의학의 미래전략은 이와 같은 상황을 반영하는 보건의료정책 차원에서 고려되어야 한다.

한의학의 현황과 과제

현대 과학·기술과 접목

전통의학인 한의학 속에는 오랫동안 우리 민족이 사용해온 의료기술과 수많은 정보가 저장되어 있으며, 이 중에는 현대과학으로 이미 검증된 정보도 있지만 검증되지 않은 더 많은 정보가 담겨있다. 이를 현대과학·기술과 접목하여 현대적 질환치료에 이용함으로써 국민과 인류의 건강에 기여하도록 해야 한다. 제 아무리 훌륭한 구슬이라도 꿰어서 쓸 수 있을 때 보배가 되는 것이다. 이미 전통의학의 가치를 파악한 중국에서 중의학과 현대과학을 접목함으로써 노벨의학상을 수상한 사례가 한의학과 현대과학·기술의 접목을 통하여 얻을 수 있는 긍정적 효과의 선례라고 볼 수 있다.

현대 과학적 의료기기의 전면적 사용 필요

4차 산업혁명이라 불리는 초연결시대에는 지식을 비롯한 모든 정보가 데이터화되고, 스마트 기술을 이용하여 이 데이터를 활용함으로써 상상만 하던 세상이 실현된다. 사회변화를 수용하여 보다 편리하게 생활하려고 노력하는 과정에서, 기술은 발전하며 그 혜택도 증폭된다. 우리는 근대 이후 한의학과 서양의학이라는 이원화된 의료시스템을 구축해왔다. 서양의학에서는 현대과학이 생산한 과학적 의료기기들을 자유롭게 사용하여 편리하게 진단하고 치료하는 데 반해, 한의학에서는 현대적 의료기기의 사용을 전면 제한함으로써 한의학의 발전을 저해하는 요인이 되고 있다. 병명코드를 한·양방이 통합으로 같이 사용하고 있는데도 불구하고 한의치료의 경우에는 코드에 있는 의료기기 사용이 제한되어 있다. 이는 질 좋은 한의학 치료를 받고자 하는 국민들의 권리를 제한함은 물론 한의학 발전을 가로막는 제도적 모순이다. 한의계에서도 현대적 의료기기 사용이 허용되어야 하는 이유이다.

표준임상진료 지침 개발 및 국제 표준 필요

한국보건산업진흥원의 한방의료 이용 및 한약 소비실태조사(2014)에 따르면, 한의진료 불만족 요인의 34.8%는 한의사마다 다른 치료방법이며, 한의진료에 대한 신뢰도 및 치료에 대한 긍정적인 인식도 50% 수준에 불과하였다. 한의사마다 다른 한의약 임상기술의 편차는 한의진료에 대한 효과성과 안정성 등에 대한 의구심으로 이어져 한의약에 대한 신뢰 저하와 한의약 발전의 저해요인으로 작용하고 있다. 한의약의 발전과 신뢰도 제고를 위해서는 무엇보다 표준화가 필요하다.

특히 서양의학은 국제적으로 많은 지침이 개발되고 평가도 이루어져 번역만으로도 국내 활용이 가능하나, 한의약은 임상시험 등 검증절차가 병행되어야 하므로 소요되는 비용과 시간을 고려할 때 정부의 한의 미래전략차원에서 체계적 지원이 필요하다. 또한 한의학이 세계전통의약·보완대체의학으로서 보편화되고 신뢰도를 확보하기 위해서는 국제표준획득이 필수적으로 전제되어야 하며, 토종 한약자원도 GAP 수준의 재배기술과 원료의 표준화로 글로벌 시장진출을 대비하여야 한다. 그런 의미에서 보건복지부의 한의약 세계화 추진사업에서도 국제표준 대응체계 구축이 계획되어 있다(제3차 한의약육성발전 종합계획, 보건복지부). 국제표준을 확보하지 않고서는 한의약의 글로벌 보완대체의학으로의 육성은 불가능하다고 할 수 있다.

한의학의 발전 방향

공공보건의료 참여

한의와 양의로 이원화된 의료체계가 균형을 이루려면 한의학도 공공의료 영역을 담당할 수 있도록 독립한의약법 제정 등이 국가정책으로 지원되어야 한다. 우리는 기본적으로 서양의학과 한의학으로 이원화된 의료체계를 가지고 있다. 그러므로 국가 공공보건의료 사업 참여는 균형 있게 한의학에도 참여 기회가 주어져야 하며, 이를 위해서는 한의약 공공보건의료사업 시스템 구축 및 인프라 확충이 선행되어야 한다. 서양의학과 한의학은 각각 다른 장점을 가지고 있다. 즉 어느 한 분야가 편중되어 공공의료를 담당하기보다 두 의료의 장점을 이용하면 공공의료영역에서 효율성을 더 높일 수 있을 것이다. 최근 중국이 메르스 사태에 대처하는 방법에서 보여준 것처럼 공공의료 영역에서 두 의료체계가 함께 할 때 국민과 국가에 미치는 긍정적 효과는 더욱 증대될 수 있다.

저출산·난임 문제의 해결

저출산 현상이 지속되는 데에는 사회경제적 측면에서 다양한 원인이 있지만 의학적 측면에 한정하여 본다면, 난임 문제 등과 직결된다. 보건복지부 통계에 따르면 난임 부부의 수는 2007년 17만 8,000명에서 2014년 21만 5,000명으로 지속적인 증가세에 있다. 이러한 난임 문제 해결에는 한의학이 장점을 가지고 있다. 여성이 임신을 하기 위해서는 임신이 가능한 건강한 신체조건이 선행되어야 한다. 전통적으로 한의학은 여성의 신체조건을 임신이 가능한 건강 상태로 만드는 다양한 처방을 갖고 있다. 그러나 이러한 한의학의 처방은 현재 비급여로 되어 있어 처방을 받으려면 상당한 비용이 든다. 가임 여성의 임신을 위한 처방비용을 국가가 지불하는 복지제도를 시행하면 가임력을 높일 수 있으며, 임신기간과 출산 시에 아이와 산모의 건강을 도모하므로 의료보험재정의 건전성에도 오히려 기여할 수 있다.

만성·난치성 질환에 대한 연구

현대인의 주요 사망원인은 만성질환에서 기인한다. 전체 사망 원인의 47.7%가 3대 만성질환인 암, 심장질환, 뇌혈관질환에 있다. 인구의 고령화, 생활 및 식습관의 변화, 환경오염의 증가로 만성질환의 유병률과 사망률은 계속 증가할 것으로 보인다. 현재 65세 이상 인구의 5명 중 1명은 당뇨환자이며, 절반 이상은 고혈압 환자이다. 30세 이상 성인들 가운데에도 4명 중 1명은 고혈압환자, 10명 중 1명은 당뇨환자로 집계되고 있다. 오랜 기간 발병하여 계속 재발하는 만성질환과 난치성 질환은 의료비 문제를 포함해 생활 전반에 영향을 미치고 있으므로 그 예방과 원인규명 및 치료에 대한 연구와 개발이 더욱 중요해지고 있다. 특히 노인성 질환은 대부분 만성적 퇴행성질환이라는 점에서 발병 이전부터 식습관 및 생활습관을 강조하는 한의학적 진단과 예방이 필요하다. 한의학의 치료이념인 치미병治未病 관리프로그램을 생활화하고, 경혈을 객관적으로 진단하는 생체계측 진단기기를 응용한 정기적인 진단을 통하여 발병 이전에 예방도 가능하다.

개인맞춤형 의료시스템 구축

환자의 내·외부 요인을 총체적으로 이해하고, 생화학적·생리학적 변화와 연계하여 질환요인을 분석하는 시스템을 추구하는 한의학은,

전형적인 정밀의학과 맞춤의학으로서 환자의 변증 및 체질에 따라 개인 맞춤형으로 의료서비스를 제공한다. 현재 한국한의학연구원Korea Institute of Oriental Medicine을 중심으로 의료의 사각지대인 미병상태에 관심을 갖고 원천기술 확보 및 맞춤형 예방의료 서비스를 상용화하기 위한 연구가 진행 중이다. 미병未病은 질병과 건강의 중간영역인 반건강sub-healthy 상태로, 신체적 또는 정신적으로 건강한 상태는 아니지만 그렇다고 뚜렷한 질병도 아닌 상태라 할 수 있다. 다양한 IT 기술을 활용하여 일상적인 건강 모니터링과 인구학적 특성(성별, 연령 등), 체질, 생활습관, 가족력 등을 고려한 예방관리 기술을 개발하여 질환뿐 아니라 미병까지 포함하는 맞춤형 예방관리 시스템을 구축해야 한다. 더 나아가 개인 건강 데이터를 이용한 통합예방관리 플랫폼의 구축과 왕진에 대한 현대적 제도정비가 필요하다.

한의학 미래전략

다학제 간 융합연구

한의학은 동양철학에 근거를 두고, 종합적인 생명현상을 동적으로 관찰함으로써 내적 생명력을 배양하여 건강을 증진시키는 학문이다. 인체를 소우주小宇宙로 보기 때문에 우주운행원리인 음양을 중심으로 인체의 생리·병리에 대한 원리, 진단·치료·약물 등에 대한 이론은 모두 이 음양오행으로 설명한다. 한의학은 이런 동양철학을 기본으로 의학, 과학, 천문학, 인문학 등 여러 학문의 융합으로 이루어진 학문이다. 그러므로 한의학은 다학제 간 융합연구가 필수적이다. 이런 배경 속에서 수천 년 동안 축적된 한의학 지식과 정보를 병증에만 초점을 맞춰

연구하는 것은 장님이 코끼리 만지는 격에 불과하다. 이런 사실을 인지한 중국은 차세대 바이오산업에서 우위를 선점하고자 이미 중의학의 고전인 '황제내경'을 다학제 융합으로 연구하고 있다. 우리도 정책적 차원에서 학제 간 융합 연구를 통해 한의학을 차세대 산업으로 육성해야 한다.

한의학 기초 교육

한의사들이 임상진료에서 담이나 어혈 등 한의학 기본용어를 사용하여 환자에게 설명하다 보면 환자들이 한의학적 기본개념을 몰라서 소통의 어려움이 발생하는 경우가 적잖다. 우리 것이니까 당연히 알고 있으려니 하지만 실상은 그렇지 못하다. 접한 만큼 알고, 아는 만큼 보이는 법이다. 우리의 전통의학은 수천 년 동안 이어져 왔지만, 이를 접하지 않으면 알기 어려운 것이다. 요리에 자부심이 강한 프랑스의 유치원에서는 유치원생들에게 프랑스 고유 음식에 대한 맛을 교육한다고 한다. 성장하면서 새로운 맛을 경험했을 때 온몸과 정서로 고유의 맛을 기억하게 하여 프랑스 전통의 맛을 더 풍부하고 깊게 만들려는 의도라고 한다. 새롭고 풍부하게 할 근원에 대해 새 세대에게 가르치지 않는 우리에게 시사하는 바가 적지 않은 이야기이다. 그런 의미에서 다양한 기회에 우리의 전통의학인 한의학의 기본개념과 원리를 배울 수 있게 해야 한다. 가령, 서울 제기동 한약거리를 전통 문화·의료 복합센터로 리모델링하여 내국인은 물론 외국인들이 한의학을 체험하고 관광할 수 있도록 하는 방법도 강구해 볼 일이다. 중국은 중의약방과 중의진단을 복합관광상품으로 판매한다. 서양의학의 한계를 보완하며 성장해가는 글로벌 보완대체의학은 아직 어느 나라도 선점하지 않은 블루오션 영역임을 명심해야 한다.

한약자원의 확보

보완대체의학으로서 약초herbal medicine 藥草의 비중이 높아지고, 4차 산업혁명으로 바이오산업이 부각되면서 각 국에서는 자원을 보호·관리하기 위한 노력을 강화하고 있다. 나고야의정서 발효로 인해 생물유전자원(유전자원관련 전통지식까지)을 이용하는 국가는 그 자원을 보유한 국가에게 사전 통보하고 승인을 받아야 하며, 이로부터 발생한 이익은 상호 합의된 계약조건에 따라 공유해야 한다. 이제 생물은 유전자원을 넘어서 그 자체가 보호해야 하는 국가산업자원인 것이다.

이에 따라 중국은 중약자원 보호 및 자원 다양성 확보를 위해 자원 관리체계 및 전통의학지식 보호체계를 수립하고 있다. 야생 중약재 보호를 위한 식물원을 운영하고, 2011년 이후 전국 중약자원 일제조사를 실시하여 자원의 종류, 분포, 매장량, 자원변화추세를 데이터베이스화하는 중약재 유전자원창고 건설을 추진하고 있다.

우리나라의 경우, 약용작물의 재배·수확면적 및 전체 생산량은 2009년 이후 계속 감소 추세이며, 반대로 한약재 총 수입량 및 수입금액은 높은 수준으로 증가하고 있다. 따라서 안전한 한약자원 확보와 보존 및 재배 대책이 우리에게도 시급한 상황이다.

한의학을 글로벌 보완대체의학으로 육성

고령화로 의료비 부담도 증가하고 있다. 우리나라의 경우 총인구 대비 고령인구 비중은 2015년 13%에서 2050년에는 약 37%까지 증가할 것으로 예상된다. 전 세계적인 고령인구의 증가는 만성질환자, 치매

환자 등의 증가로 이어지고 있으며, 이에 따라 각 국가의 보건의료 비용도 지속적으로 증가하고 있다. OECD 국가의 GDP 대비 총 의료비용은 2000년 7.4%에서 2012년 8.9%로 증가세를 보이고 있다.

이처럼 전 세계적으로 의료비용에 대한 부담은 커지고 동시에 건강한 삶에 대한 관심은 더욱 증대되면서, 그 대안으로서 각국의 전통의약과 보완대체의학에 대한 수요가 증가세를 보이고 있다. 세계 보완대체의학시장은 연 평균 5.98% 성장하여 그 규모도 1,141억 8,000만 달러(2015)에서 1,542억 7,400만 달러로 확대될 것으로 전망된다. 시장점유율을 보면 약초가 58%로 가장 많은 비중을 차지하고 있으며, 그 다음으로 중의학과 동종요법이 각각 29.4%와 8.8%를 차지하고 있다(Global Industry Analyst, 2012). 이러한 가운데 세계보건기구WHO는 '전통의약전략 2014~2023'을 통해 전통의약의 체계적 관리 및 발전을 위한 가이드라인을 제시한 바 있다. 또한 이에 맞춰 관련 시장을 선점하기 위하여 미국은 보완대체의학에 대한, 중국은 중의학에 대한 발전계획을 지속적으로 수립하고 있다. 결국 건강에 대한 관심뿐 아니라 고령화가 가져올 의료비용 증가 등에 대처하기 위해서는 한의학을 글로벌 보완대체의학으로 육성할 필요가 있으며 관련 시장 선점을 위해 국가정책적 차원에서 지원이 뒷받침되어야 한다.

인공지능을 활용한 한의진단시스템 구축

세기의 대결로 주목을 받았던 이세돌과 인공지능 알파고의 바둑대결에서 이세돌은 다섯 판 중 한 판의 승리를 얻었을 뿐인데도 인공지능을 격파한 영웅처럼 주목을 받았다. 그 한 판의 승리를 통하여 우리는 인공지능 알파고가 움직이는 원리를 알아냈기 때문이다. 그것은 인공지능의 정보습득 능력은 인간의 기억으로는 감히 따라갈 수 없을 정도로 엄청나다는 것과 습득·저장된 정보 중에서 상황에 알맞은 최적의 경우의 수를 도출해낸다는 것이었다. 은행과 투자기관들은 인공지능의 이런 점을 효과적으로 활용하여 이미 가시적 효과를 내고 있다.

한의학에는 5,000년 동안 쌓인 우리의 전통의학 정보에, 우리보다 더 오랜 역사를 가진 중의학 자료까지 무궁한 정보가 산재해 있다. 인공지능의 무한한 정보 습득력과 학습한 정보 중 최적의 경우의 수를 찾아내는 능력을 의료진단에 활용한다면, 인공지능을 활용한 한의진단과 치료는 치료의학은 물론 예방의학의 영역에서 의료의 새로운 패러다임을 제시하게 될 것이다.

5

웰다잉 문화:

바람직한 죽음에 대한 논의와 인프라 구축

고령화나 4차 산업혁명이 가져오는 기술의 진화는 또 한편으로는 웰다잉well-dying에 대한 관심을 높이고 있다. 물론 웰빙well-being에 대한 관심만큼 웰다잉에 대한 관심이 아직 큰 것도 아니고, '좋은 죽음Good Death'에 대한 담론이 대중적으로 공유되어 온 것도 아니다. 경제 수준과 삶의 행복도가 비례하지 않듯, 죽음의 질에 대한 평가에서도 우리나라는 그다지 상위권이 아니다. 영국의 경제전문지 〈이코노미스트〉가 주관하는 '2015 죽음의 질 지수Quality of Death Index' 통계에서 한국은 18위를 기록한 바 있다 하지만 2016년 이른바 '웰다잉법'이 제정되면서 존엄한 죽음에 대한 사회적 논의가 공론화되기 시작했다. 이 법의 정식 명칭은 '호스피스·완화의료 및 임종과정에 있는 환자의 연명의료 결정에 관한 법률'[1](이하 '호스피스법'이라 함)로서, 2017년 8월 호스피스 완화의료가 시행된 데 이어 2018년 2월부터는 연명의료 결정 관련 절차가 시행될 예정이다. 그러나 관련 서비스 인프라도 부족하고 환자의 부담도 커서 웰다잉 논의는 이제부터 더 본격화 되어야 한다.

웰다잉법 제정의 배경

과거에는 감염성 질환으로 인한 사망이 많았으나, 최근에는 의료기술의 발전에 따라 암, 고혈압, 당뇨병 등 만성질환으로 사망하는 경우가 대부분이다. 의사들은 자신이 돌보던 환자의 죽음에 대해 정서적, 영적, 사회적 의미 차원에서 바라보기보다는 의학적 차원에서 죽어가는 환자의 질병과정과 검사결과에 초점을 맞추면서 치료에 치중한다. 그러나 죽음에 대한 지식과 관심이 늘어나면서 의학적으로 소생할 가능성이 매우 희박한 상황에서의 인공호흡기와 같은 의료 장치는 삶의 연장이 아니라 죽음을 연장할 뿐이라는 의견도 있고, 당사자인 환자의 권리와 선택이 우선적으로 강조되어야 한다는 의견도 있다. 환자들의 연명의료 결정에 대한 참여가 새로운 이슈로 등장한 것이다.

사회적 요인

호스피스법의 필요성이 대두된 데에는 몇 가지 사례도 있지만 무엇보다 전반적인 사회적 환경 변화에서 기인한다. 첫째, 고령화 사회가 되었을 뿐 아니라 인공적으로 수명을 연장하는 과잉 연명치료로 감당하기 어려울 정도의 고통스러운 기간 또한 늘어난 점이다. 둘째, 인공적인 연명치료의 고통스러운 실태가 언론을 통해 보도되고 동시에 국민적 관심도 커온 점이다. 셋째, 핵가족화가 가속화되고 맞벌이가 증가하면서 말기환자 간병에 대한 개인과 가족의 부담이 급증했기 때문이다. 즉 무의미한 연명의료 중단결정에 대한 사회적 여건 조성과 대안으로서 호스피스를 먼저 제도화해야 한다는 여론이 이 법안을 통과시킨 힘으로 작용했다.

죽음의 현실

죽음을 생애의 마지막 단계로 본다면 인간적이며 품위 있는 죽음을 맞이하는 것은 매우 중요하다. 가족을 중시하는 우리 문화에서는 가족이나 사랑하는 사람들이 자신의 임종과정 중에 함께 하기를 기대한다. 또한 한국인 10명 중 6명은 자신이 살던 곳에서 임종을 맞이하기를 희망하지만, 전체 사망자의 70%, 그리고 암 사망자의 90%가 병원, 요양시설 등 낯선 곳에서 삶의 마지막을 맞이한다. 아파트 거주 증가로 인해 주거환경이 임종에 부적절하다고 판단되는데다 병원 영안실 이용 등으로 집에서 죽음을 맞이하기가 어려워진 때문이다.

현실적 차원에서 의료비 문제도 있다. 말기 환자에게 지출되는 의료비용이 건강보험재정에도 상당한 부담이 되고 있는 상황인데, 미국과 우리나라의 자료를 보면 임종 전 1년 동안에 지출되는 의료비의 약 40~50%가 임종 전 2개월 동안에 지출되고 임종 전 1개월 동안에는 약 30~40%가 지출되고 있다. 사망 전 1개월 동안 지출되는 의료비의 많은 부분들이 중환자실 입원, 인공호흡기 사용, 심폐소생술 등의 의료 이용에 따른 것이다. 이러한 의료기술과 의료장치들은 심장마비나 교통사고와 같은 갑작스러운 위기상황에서는 효과가 있을지라도 임종이 임박한 환자들의 질병을 호전시키거나 고통을 제거하지 못하기 때문에 사실상 무의미한 측면이 있다. 그러나 말기 환자 돌봄에 대한 인식이 부족하고 관련 의료체계나 제도가 마련되어 있지 않아 대다수 말기 환자들과 가족들은 병원을 찾아 헤매거나 위급한 경우에는 반복적으로 응급실을 찾으며 간혹 임상적으로 검증되지 않은 민간요법을 시도하기도 한다. 결국 비정상적인 의료이용 행태 속에 많은 환자와 가족들이 방치되어 있는 것이다.

한 사람의 죽음이 평균 가족 5명의 삶에 영향을 미친다는 조사결과도 있었다. 매년 약 26만 명의 국민이 사망하므로 국민 130만 명이 매년 죽음으로 인해 다양하고 중대한 영향을 받는 셈이다. 그중 질병에 의한 사망의 경우 간병 부담이 가장 큰 문제인데, 말기 만성질환자의 증가와 병원의 재원기간 단축으로 가족의 간병 부담은 더 커지고 있다. 특히 한국의 경우 환자가 입원하면 가족들이 직접 간병하거나 간병인을 고용해야 하므로 이에 따른 실직, 경제적 문제, 사회활동의 제약 등의 문제가 생기는 것이다.

웰다잉 문화를 위해 해결해야 할 국가적 과제

2017년 8월 시행에 들어간 호스피스법에는 기존의 암관리법과는 차원이 다른 선언적 의미가 내포되어 있다. 우선 '질병을 치료하는 의료'의 역할에서 '질병을 가진 인간을 전인적으로 돌보는 의료'로 패러다임을 바꾸어야 한다는 점이다. 즉, 기존의 질병치료 중심의 개념에서 벗어나 환자 중심으로 접근하는, 의료진과 국민의식의 개선이 필요하다. 또한 죽음이라는 짐을 환자와 가족, 국민 개개인이 아니라 사회와 국가가 함께 책임져야 한다는 점이다. 그러나 호스피스법이 제대로 작동하기 위해서는 풀어야 할 과제들이 있다.

호스피스와 연명의료 중단의 기준

호스피스법의 시행으로 인해 자칫 '현대판 고려장'이나 '생명 윤리에 어긋나는 일'이 일어날 수 있다는 우려의 목소리가 많다. 가족들이나 의료진들이 치료의 가능성이 있는 환자를 포기하고 방치할지도 모른다는 것이다. 따라서 호스피스 및 연명의료 결정은 의사 개개인의 가치관과 판단에 의해서가 아니라 최신 임상 연구결과와 전문가들의 합의에 따른 말기환자와 임종환자 진료의 표준적 지침을 통해 체계적으로 이루어져야 한다.

호스피스 대상자 범위

호스피스법에서는 적극적인 치료에도 불구하고 근원적인 회복 가능성이 없고 증상이 악화되어 담당 의사와 해당 분야 전문의 1명으로부터 수개월 이내에 사망할 것으로 진단되는 환자를 호스피스 대상으로 규정하고 있다. 이 법에 따르면 암 환자 외에 후천성면역결핍증AIDS, 만성폐쇄성호흡기질환, 만성간경화질환으로 인한 말기 환자가 그 대상에 포함된다.

과거 호스피스제도와 연명의료 결정에 대한 논의가 시작될 당시에는 사회가 수용할 수 있는 수준에서 일차적으로 말기암 환자로 제한하여 시행한 후 제도의 시행 결과를 분석하고 사회적 이해를 넓힌 다음에 그 대상 범위를 확대하는 것이 바람직할 것으로 판단되었다. 그러나 법의 제정이 지연되는 동안 사회는 급속도로 고령화가 되었고 암 환자뿐만이 아니라 다른 말기 환자도 호스피스 서비스를 받아야 한다는 주장이 나오게 되었다. 2015년 서울대 의대에서 실시한 대국민 조사에 따르면, 응답자의 96.1%가 암 이외에 뇌졸중, 치매 등의 만성질환도 호스피스 대상에 포함시켜야 한다고 답했다. 이 대상에 포함되기를 희망하는 질환은 치매(72.5%)가 가장 많았으며, 다음으로 파킨슨병(64.1%), 뇌졸중(61.6%), 만성 폐질환(21.9%), 근위축성 측삭경화증(20.9%), 만성 신부전(19.4%), 후천성면역결핍증(18.5%), 만성 간경화

(17.4%) 순이었다. 대한민국 헌법 제10조에 "모든 국민은 인간으로서의 존엄과 가치를 가지며, 행복을 추구할 권리를 가진다"고 명시되어 있듯이 모든 말기환자는 인간으로서의 존엄과 가치에 합당한 서비스를 받으며 삶을 잘 마무리하고 편안하게 죽음을 맞이할 권리가 있다. 이를 위해서는 다른 질병에 대해서도 충분하고 만족스러운 의료 서비스를 제공받을 수 있도록 추가 기준을 마련하는 등 제도적 보완이 이뤄져야 한다.

호스피스 인프라 문제

호스피스 서비스는 완치가 불가능하다고 해서 죽음을 기다리는 것이 아니라 통증 경감이라는 의료적 돌봄뿐만 아니라 인간다운 생의 마감이라는 사회적 돌봄까지 수행하는 것이다. 그러나 호스피스 제도가 아직 완전히 자리 잡지 못한 우리나라에서는 호스피스 완화의료 병상과 인력이 턱없이 부족하다. 전국 60여 개의 완화의료전문기관에서 입원서비스를 제공하고 있으며 2015년 7월에는 완화의료수가가 건강보험으로 인정되었다. 또 2016년 3월부터는 17개 의료기관에서 가정호스피스에 대한 시범사업도 시작했다. 그러나 호스피스 대상자가 확대되고 인구 100만 명 당 50개 호스피스완화의료병상이 필요하다고 추정할 때 약 2,500여 개 병상이 있어야 하지만 2017년 8월 기준으로 1,302개 병상에 그치고 있다. 또 국내 암환자 중 호스피스 서비스를 받은 환자는 15%(2015년 기준)에 불과하다.

말기 환자 진단이 이루어지는 상급종합병원들이 적극적으로 참여하지 않는 것도 문제이다. 보건복지부는 호스피스법 시행에 들어가면서 자문형 호스피스 의료기관 20곳을 선정했고, 가정형 호스피스의 경우에도 총 25곳을 선정했다. 그러나 암 이외의 질환 서비스를 제공하는 기관이 적고, 의료기관들이 시간과 인력 투자가 높은 가정 호스피스도 반기지 않아 관련 서비스를 받기가 쉽지 않은 상황이다. 또한 호스피스 완화의료는 의사 한 명에 의존하는 것이 아니라 의사-간호사-사회복지사-종교인 등 전문가들이 팀제로 펼치는 돌봄 서비스이다. 따라서 호스피스법이 제대로 시행되기 위해서는 호스피스 의료기관에 대한 정확한 기준을 만들고 명확하게 서비스를 제공해야 하며 전문 인력 양성에 대한 정부지원이 필요하다.

호스피스 서비스 기간

현재 호스피스 서비스를 받는 기간도 평균 23일 정도로 매우 제한적이다. 호스피스완화의료기관의 조사에 따르면, 호스피스완화의료기관 입원 후 환자의 약 50%가 2주 이내 사망하며 1개월 이내에 사망하는 환자는 약 75%에 이른다. 즉 너무 늦은 호스피스 의뢰로 호스피스 및 완화의료의 적절한 서비스를 받지 못하고 있다는 것을 의미한다. 호스피스 서비스를 제대로 받기 위해서는 충분한 기간이 보장되어야 한다. 미국에서는 호스피스 케어를 기대여명이 6개월인 시점부터 제공하고 있다.

웰다잉 공론화

어떻게 죽음을 맞이하는 것이 바람직한가에 대한 사회적 합의가 우리 사회에는 아직 없다. 바람직한 죽음의 장소는 어디이며 죽음을 맞이하기 전에 호스피스를 원하지 않는 환자에게는 어떤 서비스를 제공해야 할 것인지도 논의된 적이 없다. '바람직한 죽음', 혹은 '좋은 죽음'은 어떤 것인지에 대해서 정리할 기회를 갖지 못한 채 가족과 사랑하는 사람들의 죽음을 맞이하고 있는 것이다. 그동안 우리 문화가 웰다잉을 공론화하는 데에 소극적이었던 점도 있다. 그렇다 보니 과연 웰다잉이 무엇인가에 대한 사회적 합의 시도가 전무한 실정이다. 호스피스법이 시행된 지금, 우리에게는 과연 어떤 것이 바람직한 죽음인지를 공개적이면서도 공식적인 절차를 통해 진지하게 논의해야 할 시점이다.

웰다잉 문화를 위한 국가전략

매년 약 26만 명의 국민이 사망하고 그 가족 약 130만 명이 영향을 받고 있는 것을 생각할 때 웰다잉을 위한 국가정책은 다른 국정과제 못잖게 중시되어야 한다. 우선 의료현장에서의 혼란을 없앰으로써 '현대판 고려장'의 우려를 불식시켜야 한다. 국민들에게 희망을 주고 부담을 줄여줄 수 있는 호스피스 종합계획이 필요한 시점이다.

'바람직한 죽음'에 대한 건전한 논의 필요

바람직한 죽음에 대한 건전한 논의가 이루어져야 한다. 과거 우리는 호상好喪이나 객사客死처럼 죽음과 관련해서 바람직한 것과 바람직하지 않은 것을 구분했었다. 그러나 언제부터인가 객사나 호상이라는 단어는 우리의 대화 속에서 사라져갔다. 말기 환자를 위한 진료지침, 보건의료를 포함한 포괄적인 사회경제적 지원정책, 죽음에 대한 교육, 그리고 웰다잉 문화를 위한 대국민 캠페인 등을 위해서는 '바람직한 죽음'에 관한 사회적 논의와 합의가 선결적으로 진행되어야 하는 것이다. 호스피스 제도가 가장 먼저 시행된 영국에서는 '좋은 죽음'을 "익숙한 환경에서 영적으로 편안하게 존엄과 존경을 유지한 채 가족 및 친구 곁에서 고통 없이 죽어가는 것"으로 정의하고 있다.

웰다잉을 위한 법체계와 의료 인프라 구축

우선 시행령과 시행규칙을 구체화하고 의료현장에서의 호스피스·연명의료에 관한 말기 환자 진료지침이 마련되어야 한다. 호스피스 및 연명의료 결정 절차는 인간존엄성의 가장 근본인 자율성 존중의 원칙에 근거해야 하며, 질병 상태와 선택 가능한 치료법에 대한 정확한 정보 공유, 호스피스에 관한 선택, 연명의료에 관한 결정 등을 포함한 일련의 절차 수립을 위해서는 정부와 학계, 종교계, 그리고 시민사회의 통합적 노력이 필요한 부분이다. 특히 무의미한 연명의료의 중단은 환자를 죽음에 이르도록 방치하는 것이 아니라 품위 있는 인간적 죽음을 위해 통증 등 고통 감소와 함께 신체적, 정서적, 사회적, 영적 차원의 전인적 돌봄이 강화되어야 한다. 이 지침은 의료계만의 선언이 아니라, 사회적인 의견조절을 통해 사회적 가치가 반영된 합의로 마련되어야 한다. 각 병원들은 이 지침에 따라 연명의료 결정에 관한 병원의 관행을 바꾸고 이를 담당하게 될 전담조직을 만들어 관련된 의료진을 교육시켜야 한다.

또한 정부는 연명의료 및 호스피스의 제도적 확립을 위한 종합계획의 일환으로 중앙호스피스센터와 권역별호스피스센터를 설치, 운영하고 현재의 호스피스 병상 지역별 균형 및 2,500개 병상으로 확대하기 위한 예산마련책을 강구해야 한다.

나아가 말기 환자와 그 가족을 위한 사회경제적 지원책도 필요하다. 말기 환자와 그 가족들은 치료비로 인해 이미 경제적 어려움을 겪고 있어 건강보험, 공적기금 등과 같은 안전망장치를 통해 지원해야 한다. 또한 돌볼 가족이 부족해 직장을 그만두어야 하는 환자가족들을 위한 공공 간병제도나 간병을 도와주는 자원봉사 형태의 간병품앗이를 활성화하는 것도 하나의 방안이 될 수 있다. 이는 최근 사회적 관심이 커지고 있는 공유사회 및 공유경제의 개념과 일맥상통하는 부분이기도 하다.

통합적인 행정지원책 마련

정부는 임종을 앞둔 말기 환자와 가족을 위한 철학과 비전을 제시하고 체계적인 범부처 차원의 정책을 수립해야 한다. 우선 보건복지부 내에 말기 환자 관리 전담조직을 신설하여 말기 환자의 완화의료, 의료수가, 장기요양보험 등의 관련 업무를 통합할 수 있도록 역할을 정비해야 한다. 한편 고용노동부는 말기 환자를 간병하는 가족들이 무급병가를 사용하도록 하는 가족병가활성화 방안을 마련하여 수입과 고용을 보장해줄 필요가 있다. 또한 교육부의 경우, 초중고 및 대학에서 연령대에 맞게 출생과 죽음에 대한 교육과정을 포함하고 의과대학에서는 말기 환자 관리에 대한 교육을 실시하도록 조치해야 한다. 특히 이러한 정책들을 아우를 수 있도록 문화체육관광부는 인간이 피할 수 없는 죽음을 통해 진정한 사랑을 배우고 삶의 소중함을 깨달을 수 있는 웰다잉 문화 캠페인을 전개할 필요가 있다.

공익적인 호스피스 재단 설립

정부는 호스피스 사업의 원활한 추진을 위해 공익적인 호스피스 재단 설립을 검토해야 한다. 호스피스 재단을 중심축으로 하여 '아름다운 마무리를 위한 범국민적인 문화운동'의 첨병역할이 필요하기 때문이다. 바람직한 삶의 마무리에 대한 공감대 형성과 사회적 합의도출을 위해서는 의료계뿐만 아니라 문화예술계, 학계, 종교계, 언론계, 그리고 시민사회가 모두 함께 참여해야 한다. 호스피스법에서도 삶과 죽음의 의미와 가치를 널리 알리고 범국민적 공감대를 형성하며 연명의료결정과 호스피스를 적극적으로 이용하는 사회 분위기를 조성하기 위해 매년 10월 둘째 주 토요일을 '호스피스의 날'로 정한 바 있다.

'죽음의 질' 평가에서 매년 1위를 차지하고 있는 웰다잉의 선두국가 영국을 비롯해 미국, 대만, 일본 등 호스피스 제도가 발달한 국가들에서는 호스피스 재단과 같은 지원기구를 통해 호스피스를 진흥시키고 관련 기금을 모으는 등의 업무를 하고 있다.

국내에서도 호스피스 법안이 처음 발의될 당시에는 호스피스 재단 설립은 물론 완화의료 지원에 필요한 재원을 확보하기 위한 완화의료 기금 설치 방안이 제안된 바 있다. 그러나 확정된 법안에는 반영되지 않았다. 따라서 호스피스 및 올바른 연명의료 중단 결정에 대한 사회적 문화 조성과 제도의 성공적 운영을 위해서는 재검토되어야 할 사안이다.

6 다문화: 이민정책의 개선과 사회 통합

오랫동안 동질적 구성을 유지해온 한국사회는 최근 다문화 사회로 변화하고 있다(여기서 다문화라 함은 북한 이주 동포를 포함하는 개념임). 이러한 변화의 직접적 원인은 이민자의 유입이다. 1980년대 후반 외국인 근로자의 국내 진입에서 시작된 이민자 유입은 1990년대 초에는 결혼이민으로, 2000년 무렵에는 외국인 유학생으로 증가하는 모습을 보여 왔다. 법무부에 따르면 국내 체류 외국인 수는 2007년 100만 명을 돌파하였고, 2016년에는 200만 명을 넘어섰다. 이러한 규모는 총인구의 3.9%에 해당하는 비율이다. 과거 한반도에 들어온 이민자는 거의 전원이 중국과 일본 등 국경을 맞댄 이웃나라에서 온 사람들이었지만, 1980년대 말 이후 한국에 들어온 이민자의 출신국은 가까운 중국이나 일본뿐 아니라 동남아시아, 서남 및 중앙아시아, 유럽 각국과 북미, 중남미 등 전 세계를 망라한다.

한국인과 국제결혼을 한 이민자들의 정착 또한 변화의 한 축을 이룬다. 배우자 쌍방의 국적, 민족, 종족, 인종이 다른 종족외혼 또는 인종 간 결혼이 활발하게 진행되고 있다. 최고 수준을 기록한 2005년의 경우, 국내 전체 결혼 건수의 13.6%인 4만 3,121건이 국제결혼이었다. 2013년 국제결혼 건수는 2만 5,963건으로 전체 결혼 건수의 8.0%였다. 국제결혼은 이미 10년 이상 총 결혼 건수의 5%를 웃돌고 있으며, 앞으로의 전망도 이와 유사하다.

한편, 한국의 문화다양성을 증대시키는 주역은 결혼이주민이나 외국인 유학생보다는 외국인 근로자와 같은 경제이민자들이다. 다른 문화권의 이민자를 수용한다는 것은 인구결손을 보충하거나 경제적 이해뿐만 아니라 문화의 도약을 위해 필요한 일이다.

·

인구 고령화와 이민 수요

한국사회가 당면한 저출산·고령화 문제에 따라 이민자 유입은 지속될 전망이다. 통계청이 2010년 인구주택총조사 자료를 토대로 작성한 장래인구 추계에 따르면, 한국의 총인구는 2010년 4,941만 명에서 2030년 5,216만 명까지 성장하다가 그 이후 감소할 것으로 예측된다. 한국의 생산가능인구(15~64세)는 2016년 3,704만 명(72.9%)으로 정점에 도달한 후 급속히 감소하고 있다. 전체 인구보다 노동력이 먼저 감소하는 것이다.

현재의 출생율과 사망률을 고려할 때, 한국의 고령화 추세를 몇 년 안에 반전시키기는 매우 어려우며, 인구 고령화에 대응하고 인구 구조 조정 시간을 벌기 위해 생산가능인구 중 여성과 이민자 노동력을 수용하는 현실적인 대안 마련이 필요한 상황이다.

미래 이민정책의 방향

이민정책을 통해 교육수준과 기술수준이 높은 노동력을 다수 확보하고, 이민으로 인한 긍정적 효과를 극대화하는 동시에 부정적 효과를 최소화하기 위해서는 정부가 장기적 그림을 갖고 능동적 역할을 담당해야 한다. 정부의 이민정책 설계와 운용에 대한 검토는 그 첫 작업이 되어야 한다. 외국인과 더불어 해외 거주 한인과 그에 관련된 가족의 국내 유입을 고려해야 하며, 이 경우 한국의 국적법을 수정하여 국내이주를 활성화해야 한다. 또한 북한 거주민들을 수용할 정책을 병행하여 입안할 필요가 있다.

두뇌유출 방지 대책 필요

정부는 우선 '나가는 이민'의 중요성을 인정하고 이를 적극적으로 관리해야 한다. 청년층과 전문기술직 종사자의 해외취업은 언제든지 정주형 이민이나 가족이민으로 발전할 가능성을 갖고 있다. 따라서 해외취업 기간에 파생되는 송금효과 또한 가족형 정주이민으로 전환될 경우, 인재를 잃어버리고 인구가 감소한다. 정부에서 적극적으로 재외동포 정책을 추진하고 해외인재와 기업가를 한국으로 유치하려는 정책을 펴지 않는다면, '두뇌유출'에서 '두뇌순환'으로 전환되는 현상을 기대하기 어려울 것이다. 그러한 점에서 한국인의 해외진출을 장려하되 두뇌유출을 방지하기 위한 다각적 정책을 개발하여 추진해야 한다.

다각적 이민정책 추진

다음으로 '들어오는 이민'이 국내 사회와 경제에 미치는 효과를 고려하여 이민정책을 정비해야 한다. 정책 논의의 초점을 이민자의 숙련

수준과 국내 노동시장 상황 등을 고려하여 어느 분야에서 얼마만큼 어떤 방식으로 이민자를 받아들여야 하는지를 설정해야 한다. 저숙련 이주노동자와 전문기술인력 및 결혼이민자 등을 받아들이는 방식은 달라야 하며, 정책에 대한 고민이 필요하다.

일반적으로 이민자 유입은 국내시장을 확대시킨다. 국내시장 확대는 R&D 수익률을 높이고 R&D 투자를 확대하여, 장기적으로 생산성과 1인당 GDP를 높이는 효과가 있다. 이민자들이 장기 거주하는 경우, 노동자로서만 아니라 소비자로서의 역할도 확대된다. 또 이민자들의 낮은 노동비용으로 인해 제품 공급이 증가하고, 그로 인해 제품의 가격이 하락하면, 내국인들은 저렴한 비용으로 제품을 소비할 수 있게 된다. 그뿐 아니라 이민자 유입이 사회의 문화적 다양성을 고취시키는 효과도 크다.

그렇지만 이민자의 노동생산성이 지나치게 낮아 노동생산성 수준이 전반적으로 낮아지거나 이민자에 대한 공적이전지출이 급격히 증가할 경우에는 이민자 유입에 따른 1인당 GDP의 상승효과는 기대할 수 없다. 이민자들은 보통 단신으로 이동하는 것이 아니라 가족을 동반하므로 국가는 이민자 가족에게 사회복지 혜택을 제공해야 한다. 이민자도 은퇴하면 사회복지 혜택을 받아야 하므로, 늘어난 기대 수명을 고려할 때 정부는 이민자들이 경제활동을 하며 유입국 사회에 기여한 것보다 더 많은 비용을 그들의 사회보장비로 지출할 수도 있다. 더구나 현재 이민자들이 얻는 일자리가 대부분 저임금 직종이라는 점을 고려하면 그들의 유입국 사회 기여도는 더욱 낮을 것이다. 이런 점에서 한국이 이민자 유입 효과를 극대화하기 위해서는 이주노동자와 같은 '교체 순환형'과 영구 정착이 가능한 '정주형' 이민을 병행하여야 한다.

우수인력 확보를 위한 이민정책

이민정책은 우수인력 확보의 방안으로 활용될 수 있다. 흔히 기업의 미래는 우수인력 확보가 관건이라 말한다. 국가도 마찬가지이다. 내부 인력을 우수인력으로 잘 길러내는 것 못지않게 외국에서 우수인력을 유치해 오는 방법도 필요하다. 이런 방법은 미국, 캐나다, 호주가 사용하고 있는 방법이다. 어차피 인력 부족을 해결하기 위해서 이민을 받아들인다면, 공부 잘하고 성실하고 머리 좋은 사람을 받아들인다는 전략이다. 현재 한국에 와 살기를 원하는 외국인들이 적지 않다. 그래서 한국으로 유학을 오고, 대학졸업 후에는 한국에 체류하기를 희망한다. 예를 들어서 한국 대학에서 이공계 박사 학위를 받는 유학생에게는 비교적 쉽게 국적을 받아 정착할 수 있게 해준다면, 선순환의 유학 이민제도가 정착될 수 있을 것이다.

이민자 유입에 따른 지원과 대처

정주형 이민자의 경우 사회통합정책을 통해 국내에서 성공적으로 정착하도록 지원하여야 한다. 국가는 이민자들이 사회적, 경제적, 정치적 권리를 공정하게 누리고 의무를 이행할 수 있도록 그들의 시민권 제도부터 정비해야 한다. 아울러 정부는 이민자 유입으로 초래된 사회적 갈등과 비용을 줄이기 위해 노력해야 한다. 정주형 이민자는 내국인 노동자들의 임금감소 및 실업, 주택, 취학인구, 범죄, 문화와 공동체 해체, 복지 지출, 공공서비스, 공공재정 등의 문제에 이르기까지 광범위한 분야에서 수용국 사회에 영향을 미친다.

이민자 수가 많아지면서 이민자들은 다양한 형태의 사회집단을 형성하게 된다. 이들 중 일부는 개방적 정체성을 갖고 주류사회 속으로 편입되지만, 다른 일부는 순수성과 배타성을 유지하며 자신들의 공동체에 폐쇄적으로 집착하기도 한다. 후자의 경우 공동체나 민족 또는 종교 안에 고립됨으로써 출신국 사회의 독특한 문화를 간직한 게토, 즉 '문화적 게토'를 형성하게 된다. 문화적 게토 중 일부는 장기간 지속되지만, 또 어떤 집단은 일시적으로 존속하다 사라진다. 외국출신 주민이 문화적 게토를 형성하여 주류사회의 문화를 풍요롭게 할 수도 있지만, 때로는 위험에 빠뜨리기도 한다. 특히 극단적이고 폐쇄적인 게토는 사회의 위험 요인으로 간주된다.

정부는 이민자가 유입됨으로써 발생할 수 있는 부정적 측면을 진단하고 그것을 예방하고 해소하려 노력해야 한다. 인종적, 종족적 다양성을 문화적 다양성으로 승화시키고 조화를 이루게 하려는 노력이 절실하다. 정부가 그러한 노력을 게을리 하거나 이민자 사회통합에 실패할 경우, 이민자와 내국인 간의 갈등이 사회문제로 대두될 가능성이 높다는 점을 경계해야 한다.

다문화사회의 사회통합

한국사회의 종족적 다양성을 문화다양성으로 확대하기 위해서는 이민자 및 외국인과 한국인 모두의 노력이 필요하다. 이질적인 문화를 가진 사람들이 상생하기 위해서는 이해understanding와 관용tolerance의 정신으로 상대방을 존중하는 자세가 필수적이다.

외국인 또는 이민자에게 사회 적응은 힘든 경험이다. 낯선 한국어와 한국문화, 관습을 이해하고 적응하기 위해 노력해야 하기 때문이다. 정부는 이민자들이 한국사회에서 생활하는 데 필요한 정보와 기술을 습득하여 자국의 문화적 정체성을 유지하면서도 한국사회에 적응할 수 있도록 지원해야 하며, 마찰과 갈등을 줄일 수 있도록 해야 한다. 한국인은 외국인과 외국문화를 인정하고 이해해야 하는 과제를 안게 된다. 한 연구에 따르면 현지 인구에 비해 특정 문화권의 이민자 비율이 7%를 상회할 경우 현지인과 마찰이 발생할 수 있다고 한다. 이 경우, 이민자의 분포를 조절한다면 현지인과의 동화를 촉진시킬 수 있을 것이다. 종족적, 문화적 다양성을 존중하는 사회를 이루기 위해 정부, 기업, 시민사회가 해야 할 역할을 제시하면 다음과 같다.

외국인 근로자의 인권보호 강화

한국 사회에 거주하는 외국인의 절반에 해당하는 생산기능직 외국인 근로자에 대한 인권침해는 빈번하게 발생한다. 차별대우와 인권침해는 반드시 근절해야 한다. 한국 정부는 외국인 근로자의 권리를 보호, 신장하는 데 주력하고 이들의 인권 침해를 예방할 수 있도록 제도를 보완해야 한다. 한국인에게도 충분한 권리가 보장되어 있지 않은데 외국인을 배려할 수 없다는 주장이나, 외국 정부가 한국 교민에게 그러한 권리를 보장하지 않는데 우리가 너무 앞서 나간다는 주장은 결코 미래지향적 사고라 할 수 없을 것이다.

지방정부 차원의 다문화사회 지원책

지방정부는 한국에서 생활하고 있는 외국인들의 자발적인 문화행사를 지원하는 프로그램을 운영하여야 한다. 지방정부가 앞장서서 문화 행사를 기획하는 것도 의미가 있지만, 아래로부터 조직된 문화행사를 적극적으로 지원하려는 자세를 먼저 갖추어야 한다. 예컨대, 지방정부가 가칭 '다문화주의 기금multi-culturalist fund'을 조성하여 사업계획서와 행사계획을 제출하는 외국인 단체에 장소와 자금 및 행정서비스 등을 지원하는 프로그램을 만든다면 좋은 성과가 있을 것이다. 외국인들이 원하는 문화적 수요가 무엇인지를 파악하여, 지방정부가 이를 충족시켜주려 노력하는 적극적 자세로의 전환이 요구된다. 또한 지방정부에 외국인 업무를 전담하는 부서를 설립하여, 한국인과 외국인 사이의 이해증진을 도모하여야 한다. 한 걸음 더 나아가 외국인 주민대표가 '외국인대표자회의'를 통해 지방행정에 직접 참여하는 기회도 부여할 필요가 있다.

다문화 수용에 걸맞은 기업문화 조성

기업이 수행하여야 할 역할은 외국인 근로자에 대한 차별대우를 하지 못하도록 상호 감시운동을 벌이는 일이다. 우리는 1960~1970년대 해외로 일자리를 찾아 떠났던 경험을 가지고 있다. 외국인 근로자들의 전통문화와 생활관습을 존중하는 기업문화를 조성하는 것도 필수적이다. 예컨대, 종업원 중에 이슬람교도가 있다면 식단메뉴로 돼지고기 요리 대신 닭고기 요리를 준비하는 식으로, 고용한 외국인 근로자의 문화를 배려해야 한다. 이는 기업의 생산성 향상에도 도움이 될 것이다. 인격존중의 문화가 이민자들이 산업현장에 더욱 쉽게 동화되도록 도울 것이다.

시민사회 차원의 상생프로그램 활성화

한국의 시민사회는 외국인에 대해 무관심한 태도나 차별적인 태도를 과감히 탈피하려고 노력해야 한다. 전지구화 시대를 살아가는 한국인들은 외국인과도 상생을 도모해야 하며, 인류의 보편적 가치인 '인권'과 '민주주의'를 존중하여야 한다. 그 방법은 바로 '더불어 사는 삶'을 실천하는 데 있다.

한국인들 중에는 외국인과 친하게 지내고 싶어도, 자신의 외국어 실력 부족을 이유로 말조차 건네지 못하는 경우가 적지 않다. 이 점을 극복하기 위해 시민사회단체에서 가칭 '친구 맺기 프로그램friendship program'을 만들어 한국인 친구를 사귀기 원하는 외국인과 외국인 친구를 사귀기 원하는 한국인을 맺어주는 방안을 추진할 필요가 있다. 이 프로그램은 시민사회단체뿐만 아니라 지방정부, 학교와 기업 등 다양한 조직에서도 운영할 수 있다. 요컨대, 한국인과 외국인들이 서로 이해할 수 있는 문화적 토양을 만들고, 같이 참여하여 어우러지는 화합의 장을 마련하려는 노력이 절실하다. 이것은 한국인과 외국인이 동일한 시민으로서 '더불어 사는' 시민의식을 고양하는 길이기도 하다. 이러한 노력이 충분히 경주되어야만 '다양성 속의 조화'가 이루어지는 격조 높은 문화를 간직한 한국사회를 새롭게 건설할 수 있을 것이다.

국제결혼 이주여성과 자녀에 대한 관심

다문화 가정의 구성은 대다수가 외국 여성과 한국 남성의 결합이다. 그런데 국제결혼을 통해 한국으로 이주해온 외국 여성들이 성폭력과 가정폭력에 시달리고 있어 행복감이 높지 않다는 뉴스보도가 빈번하다. 한국 사회가 다문화사회를 이루어가면서 모든 구성원들이 행복한 사회통합을 지향한다면 외국 여성들에 대한 각별한 관심이 있어야 할 것이다. 또한 한국 국적을 가진 2세들의 교육과 사회적응 문제 역시 중요하다. 다문화 가정의 2세들은 언어장벽과 문화충격으로 인해 학업 능력이나 행복지수가 국민 평균 수준보다 뒤떨어져 향후 우리사회의 불안요소로 대두될 가능성이 있다. 따라서 이에 대한 대비책을 마련할 필요가 있다.

7 인간을 위한 4차 산업혁명:

과학기술 선용을 위한 사회자본 확충과 성찰적 정책

미래, 오직 어른거리는 이미지로만 존재하는 비전의 영역. 이러한 미래가 2016년부터 급격히 선명한 모습을 지닌 설계도로 다가오고 있다. 현재 독일이 주도하고 있는 인더스트리 4.0, 나아가 4차 산업혁명이 그것이다. 과학기술의 가속적 발전은 사실 인류역사에서 전대미문의 사건이었다. 그리고 이 과학 기술의 발전은 인류를 빈곤으로부터 해방하여 경제적 번영을 가져온 것으로 찬양되어 왔다. 실제로 증기기관을 기반으로 일어난 1차 산업혁명, 20세기 초 전기를 기반으로 일어난 2차 산업혁명이 이러한 경제 성장을 이룩하는 데 결정적 역할을 했다. 이후 20세기 후반 출현한 디지털 기술은 3차 산업혁명을 촉발시켰고 최근 새로운 변곡점에 도달하였다. 그리고 디지털정보화로 일어난 3차 산업혁명은 이제 4차 산업혁명으로 비약하고 있는 것이다.

낙원을 향한 4차 산업혁명의 꿈

4차 산업혁명은 가상세계와 현실세계가 상호 침투하는 사이버 물리시스템이 구축됨으로써 자동화 및 지능화된 생산체제가 경제구조를 급격히 혁신하는 과정이다. 20세기 후반부터 출현한 정보화 기술, 즉 IT는 4차 산업혁명을 주도하는데, 중요한 것은 이 IT가 인간과 인간의 소통기술로 실현되는 ICT의 단계를 넘어섰다는 점이다.

경제적 번영

IT는 이제 인간을 포함한 모든 사물에 스며들어 만물의 소통과 조작을 실현시키는 사물인터넷, 더 나아가 만물인터넷의 단계로 진입하고 있다. 만물인터넷은 인적, 기계, 설비, 물류 및 제품이 직접 정보를 교환하고 협력하는 지능형 디지털 네트워크 시스템이다.

이렇게 4차 산업혁명이 향해가는 미래에서는 기계들이 지능화되고 서로 정보를 주고받으며 스스로 자신을 작동시키는 소프트웨어를 업그레이드하면서 진화한다. 반면 기계를 지능화하는데 필수적인 컴퓨터와 인공지능의 생산비용이 빠른 속도로 저렴해지고 있다. 따라서 기업은 고비용화 하는 인간의 노동력을 지능화된 기계로 대체하는 과정을 본격화하고 있다. 지능화된 기계의 전면적이고 급속한 도입은 생산부문에만 머무르지 않는다. 경영관리에서도 딥러닝deep learning, 그리고 딥디시전deep decision의 방식으로 지능화된 인공지능의 도입이 급속히 일어날 것이다. 이 과정은 기존의 인간조직이 의견의 조율과정에서 보여준 시간의 지체, 그리고 조직의 경직화로 인한 관료화와 같은 문제점을 극복할 것이다. 또한 신속하고 합리적인 결정으로 경제운영의 오류가 감소하고 운영의 속도도 가속화될 것이다. 이렇게 경제 전반이 컴퓨터에 의해 지능화되면, 디지털기술의 발전 속도인 거듭제곱의 발전 속도가 경제 전반에서도 나타나 경제적 풍요를 이룰 수 있을 것이다.

죽지 않는 인간의 도래, 포스트휴먼 시대

경제적 풍요의 기대를 부풀게 하는 4차 산업혁명이 좌절 없이 계속된다면, 인간의 시대를 넘어서는 새로운 역사의 장, 즉 포스트휴먼post-human의 시대가 열릴 것이라고 한다. 포스트휴먼은 소위 트랜스휴머니스트라고 불리는 미래주의자들이 미래에 출현할 역사의 주인공으로 예견하는 존재자이다. 유전자 가위를 이용해서 인간의 유전자를 원하는 형태로 편집할 수 있게 되었다. 배아복제 기술에 의해서 자기 자신의 유전자를 그대로 가진 배아를 만드는 기술이 완성되었다. 현재 이러한 기술들은 윤리와 규범에 위배되어 실용화 되지 않고 있다. 하지만 유전병을 자식에게 물려주지 않겠다는 인간의 원초적인 욕구는 기존의 윤리규범과 충돌하게 되어 논란을 일으킬 것이다. 아마 이러한 기술은 개발도상국에서 우선 실용화할 가능성도 있다. 이미 중국에서 유전자 가위 적용 실험이 여러 차례 실행되었다. 이 기술이 실용화 되면, 유전병 예방은 물론 면역에 강한 인간이 태어날 수도 있을 것이다.

여러 가지 첨단 기술이 융합해 급격한 기술 발전의 상승이 일어나는 소위 특이점singularity[2]에 도달하면, 이런 융합기술로 개조돼 탄생할 인간 이후의 존재자가 포스트휴먼의 정체이다. 그리고 첨단기술로 완전히 증강된 성능의 인간 이후 존재자가 출현하면, 인간의 생물학적 몸은 도태된다. 그러나 이러한 생물학적인 인간의 몸이 도태되는 것은 불행한 사건이 아니다. 인간은 이제 과학기술을 통해 그동안 그를 괴

롭히던 질병과 죽음으로부터 해방될 수 있기 때문이다.

4차 산업혁명, 누가 지휘하는가?

혁명은 원래 역사를 인간이 원하는 방향으로 변혁하겠다는 역사의 주체로서의 인간 선언이다. 즉 혁명은 인간이 미래를 향해 지휘하는 역사의 새로운 단계였다. 근대라는 시대로부터 인간은 자신이 역사의 주인으로 등장하는 혁명을 선언하기 시작했다. 그런데 4차 산업 혁명도 그러한가? 만일 과학기술의 발전이 트랜스휴머니즘이 예고하는 방향으로 진행되고 그 방향을 향해 4차 산업혁명이 추진된다면, 그 혁명이 도달할 미래는 인간을 무기력한 위치로 배치할지도 모른다.

미래의 인간에게 다가올 운명이 좀 더 자극적으로 적나라하게 노출되는 것은 만물인터넷이 결국 인공지능과 갖게 될 관계에서이다. 만물인터넷은 인간, 기계, 사물 등 모든 것이 인터넷으로 연결되고 이 모든 것으로부터 무한의 데이터가 광속으로 생산 순환되며, 이 빅데이터 안에 사실상 진리가 숨어있다고 하는 것이다. 따라서 이 진리를 정확하게 인지하여 가공하는 작업이 무엇보다도 중요하다. 하지만 불행하게도 인간의 능력은 이를 감당하지 못한다. 무한 규모로 집적되는 빅데이터 안에 숨어 있는 진리는 알파고와 같은 인공지능을 통해서만 파악될 수 있다. 이제 인간은 그 진리를 인식하여 무엇을 어떻게 생산하여 소비로 유혹할 지를 결정하는 주체가 아니다. 인공지능이 진리 인식의 주체가 되어 생산 방식과 소비 양식을 결정하고 생산 작업 자체가 다시 사이버 물리시스템으로 대체된다. 생산설비의 운영과 심지어는 서비스까지 인공지능을 탑재한 로봇이 담당하게 될 것이다.

결국 4차 산업혁명을 실질적으로 지휘하는 두뇌는 인공지능이 될 전망이다. 반면 인간은 그 인공지능이 지시하는 바에 따라 행동하는 아바타로 전락할지도 모른다. 이는 과장이 아니다. 알파고와 이세돌의 바둑대결은 4차 산업혁명에서 인간이 처하게 될 미래의 상황을 이미 적나라하게 폭로했다. 이 대결에서 인간의 미래 모습을 보여주는 것은 알파고도 이세돌도 아니다. 그것은 바로 아자황이다. 아자황은 이 대결에서 인간으로서는 완전히 잠들어 버렸다. 그는 오로지 알파고의 아바타로만 존재했다.

일을 둘러싼 논쟁의 점화

인간은 할 일이 없는 미래?

4차 산업혁명이 오로지 현재와 같은 방향으로만 추진된다면, 상당수의 인간이 일자리를 잃는 미래가 올 것이다. 물론 낙관적 전망도 있다. 4차 산업혁명은 한편으로는 기존의 일자리를 파괴하는 기술혁신으로 진행되지만, 이 기술의 혁신이 다른 한편으로 새로운 일자리를 창출할 것이라는 예측이다. 그러나 4차 산업혁명은 이전의 혁명과 근본적으로 다른 점이 있다. 그것은 4차 산업혁명의 현재 기조는 기본적으로 인간이 서로를 필요로 하지 않는 미래로 향하고 있다는 사실이다. 또한 실질적으로 새로운 기술에 의해 창출되는 일자리의 수는 기술에 의해 사라지는 일자리 수를 대체하기에는 턱없이 부족할 것으로 예상된다. 일례를 들면, 1990년대 초 제조업 경제의 메카였던 디트로이트의 자동차 회사들은 140만 명에 달하는 인원을 고용했지만, 4차 산업혁명의 중심 실리콘밸리에 고용된 인원은 14만 명에 불과하다.

물론 앞에서 언급된 바와 같이 인공지능이 일으키는 4차 산업혁명은 제조업 분야의 일자리로부터 인간을 해방시켜 보다 양질의 일자리를 제공하게 될 것이라는 전망도 있다. 특히 4차 산업혁명에서 인공지능이 대체할 수 없는 고도의 지적 능력을 갖춘 지식자본가, 그리고 인공지능과 로봇을 소유한 물적 자본가를 중심으로 한 소위 슈퍼리치 경제가 출현할 것이기 때문이다. 이들 슈퍼리치들은 천문학적 규모의 부를 축적하여 그 부를 엄청나게 다양화된 욕망의 충족을 위해 소비할 것이다. 이는 새로운 서비스 산업의 출현을 촉진시킬 것이다. 하지만 과연 그럴까? 4차 산업혁명시대의 인공지능 개발은 인간들이 서로에 대해 요구하는 서비스조차 인공지능 로봇이나 가상현실로 대체하려는 목적도 갖고 있다. 백화점 안내, 노인 간호, 심지어 섹스까지 인공지능이 담당하는 미래를 열려고 한다. 일본에서 이미 시판된 감정로봇 페페, 그리고 인공지능학자 데이비드 레비David Levy가 주도하는 'sex with robot' 프로젝트는 이를 증언한다. 이러한 추세가 계속된다면, 그리고 이러한 추세가 미래의 어느 시점에 완성기에 도달한다면, '나는 어느 누구도 필요로 하지 않으며, 누구도 나를 필요로 하지 않는 상황'이 전개될 수 있다. 그 미래에는 나라는 인간도, 너라는 인간도, 그들이라는 인간들도 모두 필요 없는 존재가 될 것이다. 요컨대, 인간은 할 일이 없는 미래가 우리를 기다리고 있는 것이다.

일 없는 인간의 삶: 빈곤

일 없는 미래를 생각해볼 때 가장 먼저 예상되는 사태는 일이 없는 자들의 빈곤이다. 그리고 실업에 따른 빈곤이 만연할 경우, 시장에서 소비자가 사라져 결국 총수요 부족이라는 경제적 파국을 맞을 것이다. 이 때문에 경제학자들은 4차 산업혁명으로 도래할 미래의 포스트휴먼 경제에서는 일 없는 자들에게도 기본임금basic income을 주는 정책을 도입하여 문제를 해결하려 한다. 심지어 이제 인간은 로봇에게 일을 위임하고, 정부가 기업으로부터 로봇세를 징수하여, 이를 재원으로 기본소득을 받으며 일을 하지 않고 살 수 있는 시대를 예고하기도 한다. 4차 산업혁명의 미래는 일로부터 해방된 인간의 삶이라는 낙원으로 향하는 길이라는 것이다.

하지만 이는 인간과 일의 관계에 대한 지극히 단순한 사고이다. 물론 기본소득은 일시적으로 경제적 궁핍과 사회의 양극화, 그리고 총수요 부족을 진정시킬 수 있다. 그리고 기본소득제도는 사회의 기초 복지 안전망으로서 기능도 할 것이라는 점에서 긍정적이다. 그러나 그것만으로 일 없는 미래의 문제를 해결하려 한다면, 그것은 큰 오산이다. 인간의 일은 단순히 생존을 위해 먹이를 구하는 동물의 행동과는 다른 차원에 속하기 때문이다.

일 없는 인간의 삶: 권태와 중독

기존 경제학의 관점에서 볼 때 일은 노동으로 정의되어 생산요소와 비용에 불과하다. 그러나 인간의 삶을 전체적으로 성찰해보면, 일은 인간의 품격, 개인의 사회적 가치를 실현하는 인간의 실존적 처신이다. 그리고 이것이 실존적 처신인 이상 일 없는 상태는 인간의 실존적 삶에 많은 문제를 일으킨다. 특히 철학적 차원에서 가장 심각한 것은 인간의 삶이 병리적 상황에 빠질 위험이다. 인간이 탈(실)존적으로 처신하며 살아가는 존재라면, 일이 없는 자들에게 경제적 궁핍보다 더 위험한 사태는 그들이 미래라는 시간국면이 상실되는 권태에 빠져 결국 중독자로 전락한다는 것이다.

중독은 단순한 질병이 아니다. 그것은 어떤 바이러스나 물질적 궁핍이 원인인 병이 아니다. 중독은 물질적 풍요 속에서도 발생하는 인간에게만 독특한 시간적 질병이다. 인간은 할 일이 없는 상태에서 미래라는 시간과의 관계가 절연된 상황, 즉 절망적 상황에 처한다. 미래와의 관계가 단절된 상황에 있는 인간은 현재의 시간이 미래로 흐르지 않는 권태상태에 빠지게 된다. 아무리 물질적으로나 영양학적으로 좋은 조건이 제공된다고 해도 자신의 미래를 기획하고 그 기획을 적극적으로 실현시킬 수 있는 일이 사라지면, 사람은 절망에 빠지고 권태에 빠지게 되는 것이다. 그리하여 시간이 미래로 흐르지 않아 미래를 기획할 수 없는 병인 중독에 걸리고 만다. 이러한 사례를 대표적으로 보여주는 것이 컴퓨터 게임 중독이다. 게임 중독은 게임을 하는 시간에 비례하여 발병하는 병리증상이 아니다. 컴퓨터 프로게이머는 게임 중독자가 아니다. 그는 컴퓨터 게임을 통해 아직 오지 않은 자신의 다른 가능성을 향해 일을 하는 인간이다. 컴퓨터 프로게이머는 컴퓨터 게임을 일로 함으로써 미래로 향한다. 그러나 아직 오지 않은 자신의 다른 가능성을 향해 갈 수 있는 일을 잃은 자들에게는 미래라는 시간이 증발한다. 오직 현재만이 있을 뿐 시간이 흐르지 않고, 따라서 떨쳐버릴 수 없는 권태의 상황에 처한다. 이 권태를 일시적으로 마비시키는 수단이 오직 컴퓨터 게임이라면, 그는 컴퓨터 게임 중독자가 되는 것이다.

이렇듯 인간의 일, 시간성, 그리고 중독현상을 살펴보면, 이제 우리는 다음과 같이 주장할 수 있다. 아무리 자율적 효율성과 정확성이 높은 미래적 기술이라 할지라도, 그것이 인간의 일을 박탈하는 기술이라면, 즐거운 여가 활용이 없는 권태 사회라면, 그러한 기술이 지배하는 사회는 구성원들을 중독의 늪으로 침몰시켜 결국 붕괴하게 될 것이다.

4차 산업혁명의 인도적 전환

이제 이러한 사실을 염두에 두면서, 인간과 기술은 어떤 관계에 있는가를 생각해보자. 이때 우리가 잊지 말아야 할 사실이 있다. 인간의 일은 단순히 생존을 위해 먹이를 구하는 동물의 행동과는 다른 차원의 주권적 처신이다. 인간만이 어떤 미래의 가치를 성취하기 위해 일을 한다. 기계는 작동할 뿐 일하지 않는다. 인간이 일하기 때문에 기계, 나아가 인공지능이 필요한 것이다. 그리고 여기서 또 주목해야 할 사실이 있다. 그것은 인간은 이 과정에서 몸으로 살지만 또 맨몸으로만 살 수 없다는 점이다. 자신의 삶을 몸으로 살아내는 인간은 그 몸으로 항상 도구와 기술에 의탁하며 삶을 살아낸다. 인간의 몸은 기술과 함께 일을 함으로써 인간의 삶을 생동적으로 살아가게 하는 살로 된 삶의 주인공이다. 사실 고깃덩어리에 불과한 몸은 도구와 기술을 필요로 하지 않는다. 몸은 삶을 주체적으로 살아나갈 때 도구와 기술을 필요로 한다. 그러나 이 도구와 기술이 포스트휴먼처럼 몸을 장식물로 전락시켜 무력화함으로써 몸을 삶으로부터 배척한다면, 그 몸은 죽어갈 것이며 결국 삶도 죽어갈 것이다.

지금까지의 논의를 다시 4차 산업혁명과 연관시켜보자. 4차 산업혁명은 지능적 첨단기술의 발전이 전 산업에 매끄럽게 스며들어 산업과 시장의 모든 구성요소, 즉 산업 설비, 생산자와 소비자를 연결시키며 지능적으로 운영되는 경제를 향한다. 이때 결정적인 역할을 하는 것이 바로 IoT를 기반으로 모든 것에 스며드는 인공지능, 즉 AoE(AI of Everything)이다. 그러나 만일 AoE가 완성되어 경제가 사실상 AoE에 의해 운영되는 미래가 현재 4차 산업혁명을 이끌고 가는 비전이라면, 그 미래는 역설적으로 인간에게서 일을 빼앗아 인간에게 미래라는 시간을 증발시키고 몸을 무력화하여 중독의 상태로 몰고 갈 위험이 있다. 결국 4차 산업혁명이 인간의 삶에서 미래와 자율적 주권을 박탈하는 역할을 하는 것을 막기 위해서는 반드시 인공지능과 모든 첨단기술은 인간과의 상호작용을 고려하며 개발되어야 한다.

이러한 관점에서 눈여겨볼 가치가 있는 기술이 적응형 자동화adaptive automation이다. 적응형 자동화는 인공지능에 의한 완전자동화full automation와 같이 인간을 일로부터 추방하는 것이 아니라 인간과 기계의 협업을 친인간적으로 조율하는 역할을 인공지능에 부여하는 방식으로 활용하는 것이다.

과학기술의 선용을 위한 전제와 전략

과학기술은 가치중립적

분명한 것은 미래로 향하는 역사의 장과 역사가 진행되는 양상이 바뀌고 있다는 것이다. 그리고 이 장은 새로운 사유, 혹은 혁신적 성찰을 필요로 한다. 역사적 체험을 통해 과학기술이 인간의 물질적 복리향상에 기여해 왔다는 사실은 입증되었다. 따라서 미래로 가는 4차 산업혁명의 도정에서 과학기술 발전의 중요성을 아무리 강조해도 지나치지는 않을 것이다. 그러나 그렇다고 해서 과학기술이 인간을 무조건 천국으로 이끄는 구원의 신이 될 수는 없다.

안타깝게도 과학기술은 가치를 판단하는 데 있어서는 무기력하다. 과학은 이미 그 자체가 가치중립적이다. 과학기술은 스스로 의사결정을 할 수 없다. 그것은 많은 사람을 구할 수도 혹은 많은 사람을 살해할 수도 있다. 그것은 많은 사람을 윤택하게 할 수도 혹은 소수에게 엄청난 부를 집중시킬 수도 있다. 이와 같이 과학기술은 선용될 수도 있지만 악용될 수도 있는 것이다. 그러기에 과학기술은 민주주의를 발전시키는 데 선용되기도 하였지만, 제국주의의 팽창에 효과적으로 악용되었으며, 나치의 인종주의를 정당화하고 인종청소를 자행하는 데에도 악용되었다. 이처럼 과학기술 그 자체의 발전은 가치의 발전과는 무관한 것이다.

과학기술을 선용하는 사회의 조건: 신뢰로 구축된 사회

우리가 명심해야 할 것은 과학기술의 발전만으로는 좋은 가치를 갖는 미래가 올 수 없다는 점이다. 좋은 가치를 향해가는 미래는 과학기술의 발전 그 자체가 아니라, 과학기술을 선용하는 사회에서 도래한다. 따라서 과학기술의 발전에 선행해야 하는 국가적 과제는 과학기술을 선용하는 사회가 되기 위한 정책의 마련이다.

그런데 과학기술이 선용되는 사회는 어떤 사회인가. 인간과 인간의 관계가 경쟁과 갈등, 그리고 적대로 점철된 사회에서는, 인간과 인간이 서로 경쟁하고 대립하며 기만함으로써, 과학기술은 결국 서로를 제거시키려는 데 사용될 수밖에 없을 것이다. 따라서 과학기술을 선용하는 사회의 필수조건은 인간과 인간과의 관계를 배려와 신뢰의 관계로 구축하는 것이다. 사회의 구성원들이 서로를 신뢰하고 배려하는 협력의 역량, 이를 사회과학에서는 사회적 자본social capital이라고 한다.

사회적 자본 확충

4차 산업혁명은 시장 자본market capital만으로는 실현될 수 없다. 사회적 정의, 신뢰, 상호인정과 존중으로 활성화되는 사회적 협력역량, 즉 사회적 자본이 없는 곳에서는 과학기술이 선용되는 미래가 펼쳐질 가능성은 희박하다. 사회적 자본의 확충 없이 과학기술이 시장 자본의 축적 수단으로만 발전할 때, 시장 자본의 축적은 급격한 빈부격차를 유발하여 사회적 갈등만을 심화시킬 수 있기 때문이다.

사회구성원들이 갈등으로 고통 받는 사회에서는 과학기술이 선용될 수 없다. 그런 위험이 잠복하고 있는 기술의 사례가 최근 경제적 부가가치를 엄청나게 생산할 것으로 주목받고 있는 가상현실 기술이다. 여기서 가상현실의 열렬한 옹호자였던 자론 래니어Jaron Lanier의 고백에 귀 기울일 필요가 있다. 그는 왜 가상현실에 몰두했느냐는 질문에 자신이 처한 비참하고 우울한 현실을 잊기 위해서라고 답했다고 한다. 래니어의 고백은 시사하는 바가 크다. 현재 우리 사회는 치열한 경쟁, 청년실업, 고령층빈곤화, 계층양극화, 미세먼지, 자살률 1위 등의 키워드가 지배하는 우울한 현실에 처해 있기 때문이다. 청년들은 그들이 처한 이러한 현실을 헬조선이라고 비관하고 있다. 물론 여러 가지 계량적 경제지표를 근거로 우리 사회 현실은 헬조선이 아니라는 반박도 가능하다. 그러나 심각한 것은 현재 우리 사회의 현실이 청년들을 심리적 비탄 속에 몰아넣고 있다는 사실이다. 이러한 상황에서 가상현실 기술이 청년들에게 환영을 제공함으로써 현실의 우울감을 마비시키는 효과적 수단으로 그 시장가치를 발휘하게 되면 어떻게 될까? 이는 마약이 진통제로 선용될 수도 있지만 현실의 문제로부터 도피하는 환각제로 악용되는 것과 유사한 상황이 아닐까? 물론 일부의 철학자들은 현실과 가상현실의 경계가 없다고 주장하며, 가상현실로 몰입해 가는 삶을 정당화하기도 한다. 그러나 가상현실은 인간의 탄생과 죽음이 일어나는 실존적 삶의 현장이 아니다. 인간이 삶을 사는 실존적 공간은 니체 식으로 표현하면 인간이 피와 살로 살고 또 죽는 그 현실이다. 그리고 이러한 실존적 현실에서 인간들은 서로 관계하고 서로에게 책임을 지며 사회를 형성한다. 따라서 이러한 실존적 사회현실이 모순으로 가득차고, 사회를 구성하는 인간들이 이를 현실적으로 개선할 의지를 포기한 채 가상현실로 도피한다면, 인간이 몸으로 태어나 살고 죽는 우리의 실존적 현실은 더욱 비극적이 될 수밖에 없다. 결국 미래로 향하는 4차 산업혁명이 성공하기 위해서는 사회적 자본의 확충을 위한 사회구성원들, 즉 시민들의 자발적이고 민주적인 협력이 필수적이다.

성찰적 4차 산업혁명을 위한 정책기획의 혁신

미래로 가는 4차 산업혁명의 행로는 과학기술의 혁신만으로는 열리지 않을 것이다. 오히려 과학기술의 발전에만 집착하여 진행되는 혁명은 미래의 문을 닫을지도 모른다. 미래로 가기 위해서는, 더구나 보다 가치 있는 미래로 가기 위해서는 사회적 동력의 확보가 필수적이다. 즉 사회적 자본을 확충하기 위한 사회적 혁신이 무엇보다도 중요하다.

그러기 위해서는 정책 발상의 전환이 있어야 할 것이다. 지금처럼 우선 과학기술을 발전시키고, 그것으로 시장수요를 만들어내어 시장자본을 축적하고, 그 때 발생하는 부작용은 후순위의 부수적 과제로 생각하는 정책기획에 혁신이 일어나야 한다. 사회적 자본을 확충하기 위한 사회 혁신 정책이 과학기술발전 정책과 마찬가지의 중요성을 갖고 마련되어야 한다. 그리고 이에 기초하여 과학기술이 선용될 수 있는 법 제도가 구축되어야 한다. 나아가 이러한 제도가 시장에서 지속될 수 있는 시장의 메커니즘이 디자인되어야 한다. 이러한 점에서 '사회적 시장경제'라는 특유의 경제시스템을 계승하는 독일의 4차 산업혁명과 일자리 4.0은 우리가 눈여겨 볼 가치가 있다.

3 인간중심사회:
인간중심의 인공지능 개발과 능동적·창의적 교육 강화

'4차 산업혁명'이라는 용어는 2012년 독일의 메르켈 정부가 발표한 '하이테크 전략 2020' 중의 하나인 제조업 분야의 완전 자동화를 의미하는 '인더스트리 4.0'에서 나온 것이다. 그리고 2016년 1월 스위스 다보스에서 열린 세계경제포럼에서 클라우스 슈밥Klaus Schwab 회장은 인더스트리 4.0 개념을 제조업뿐만 아니라 인간의 모든 영역으로 확대, 적용하면서 '4차 산업혁명'의 도래를 강조하였다. 우리는 이러한 변화를 인간의 행복과 인간 중심 사회의 관점에서 논의하고자 한다.

4차 산업혁명, 현재진행형의 미래

인류 역사의 발전 중심에는 항상 새로운 기술의 등장과 기술적 혁신이 자리하고 있다. 그 기술은 개인의 일상생활부터 사회 및 경제 구조에 큰 변화를 일으킬 만큼 거대한 것이었다. 4차 산업혁명은 '디지털 혁명'이라고도 불리는 3차 산업혁명의 연장선에 있으면서도 그 변화의 속도와 범위는 앞서 일어났던 세 차례의 산업혁명들과 비교할 수 없을 정도로 빠르게 전개되고 있다. 왜냐하면 4차 산업혁명은 무엇보다도 "물리학과 디지털 그리고 생물학 사이에 놓인 경계를 허무는 기술적 융합"을 특징으로 하는 '사이버물리 시스템CPS. Cyber-Physical System'에 기반하고 있으며, NBIC(나노(NT), 바이오(BT), 정보통신기술(ICT), 인지과학(CS))를 중심으로 한 융복합 기술, 인공지능, 사물인터넷, 로봇 공학 등의 기술을 통해 모든 영역에 전례 없는 변화를 가져오고 있기 때문이다.

하지만 4차 산업혁명의 실체에 대한 의견은 분분하다. 그것이 실제로 일어나고 있는 커다란 기술혁명이라는 주장이 있는 반면, 기업들의 이윤 재생산을 위한 마케팅 용어일 뿐이라는 주장도 있다. 그런데 과거의 경험을 돌이켜 보면, 최근 십여 년 간 우리는 '유비쿼터스', '웹 2.0', '컨버전스' 등 새로운 기술변화를 설명하기 위한 많은 단어들을 접해 왔다. 그 당시에도 이 용어들은 마케팅 용어라는 비판에 직면했었다. 그런데 우리는 지금 시간적, 공간적 제약 없이 언제 어디서나 접속하여 정보를 생산, 분배, 소비할 수 있는 유비쿼터스 기술 환경에서 살고 있으며, 소셜미디어로 대표되는 웹 2.0은 '사이버 친교cyber intimacies'와 같은 인간과 인간 사이의 새로운 소통 방식을 만들어내면서 우리 일상의 중요한 부분으로 자리 잡았다. 그리고 4차 산업혁명을 이끄는 핵심 기술인 인공지능, 가상현실, 빅데이터, 사물인터넷 등은 지금과는 차원이 다른 새로운 가치와 혜택을 우리에게 제공하고 있다. 예를 들어 집안의 모든 전자제품을 연결하여 맞춤형 서비스를 제공하는 사물인터넷 기반의 스마트홈 서비스는 이미 우리의 일상생활 안으로 들어오기 시작했다. 4차 산업혁명의 용어에 대해 비판하든 그렇지 않든, 이 단어로 표현되는 변화들이 실제로 일어나고 있음은 부인할 수 없다. 그 변화가 일어나지 않고 있다고 말하는 사람들은 그 기술들을 접해보지 않은 사람들일 뿐이다.

그런데 4차 산업혁명은 주로 경제중심의 혁명으로 이해되고 있다. 세계 각국이 4차 산업혁명에서 주도권을 갖기 위해 경쟁하고 있는 가운데 한국도 국가경제의 부활을 위해서 4차 산업혁명에 사활을 걸고 있다. 그래야 국민들의 경제 사정도 나아질 것이라고 바라본다. 문제는 경제가 나아져도 기술을 사용하는 인간이 행복하지 않을 경우 어떻게 할 것인가 하는 부분이다. 이는 4차 산업혁명 시대에 생겨날 사회의 변화를 예측하고, 그 사회에서 인간이 행복하기 위해서 준비해야 할 것은 무엇인지를 미리 전망해야 하는 필요성을 제기해준다.

우리는 어떠한 사회에서 살게 될 것인가?

4차 산업혁명은 '연결connectivity'의 혁명이다. 인간과 인간을 둘러싼 만물萬物이 각종 디지털 기기와 네트워크를 통해 긴밀하게 연결되는 초연결 사회hyper-connected society가 4차 산업혁명을 추동하고 있다.

초연결 사회의 항시적 연결이 가져올 피로와 위험

초연결 사회의 근간이 되는 사물인터넷IoT과 만물인터넷IoE은 인간과 인간의 연결을 넘어 사물과 사물, 인간과 사물 사이의 연결을 무한대로 확장시키고 있으며, 연결 방식도 물리적 접촉에서 접속의 형태로 변화시켰다.

인류의 역사는 지속적으로 연결을 확장해 왔다. 그리고 연결을 가능하게 한 수많은 매개체들이 존재한다. 인류 연결의 시작을 알린 언어와 문자를 비롯하여 증기기관, 전신과 전화, 전기 등의 기술은 인간과 인간 사이의 물리적 연결을 증대시킨 원동력이었다. 그리고 1990년대 등장한 인터넷 기술은 그 연결을 가상적 공간으로까지 확장시켰다. 이제 인간 중심의 연결에 이어 사물과 사물, 인간과 사물의 연결로 이어지는 초연결 시대를 맞고 있다.

오늘날 135억 개의 기기가 인터넷에 연결되어 있다고 한다. 그리고 2020년에는 그 숫자가 500억 개로 늘어나고 세계 인구의 3분의 2가 인터넷에 연결된다고 한다. 연결의 밀도가 날로 배가되는 초연결 사회에서 모든 것은 거대한 네트워크를 형성하며 전방위적 소통을 하게 될 것이다. 무엇이든지 네트워크 안에서만 완전하거나 유용하며, 네트워크와 단절되면 죽은 것과 마찬가지일지도 모른다. 이 새로운 차원의 연결 세상은 모든 영역에서 우리가 상상하지 못했던 새로운 가치를 만들어내고 있다. 자동차가 웹과 연결해 교통 상황과 도로 상태 등을 판단해 적절한 조치를 해내는 커넥티드카connected car, 모바일 결제와 같이 금융과 ICT가 결합된 핀테크fintech 등과 같이 경제적, 사회적 혁신을 가져오게 될 것이다.

그러나 지금까지와는 전혀 다른 위험을 불러올 수도 있다. 인간은 기본적으로 연결을 지향하는 사회적 존재이다. 가족과 연결되며 친구, 동료들과 연대하면서 인간은 사회적 삶을 영위해왔다. 그런데 이때의 연결은 스스로 통제할 수 있는 연결이다. 자신이 연결을 원하는 사람들과 연결되고, 연결을 하고 싶지 않을 때에는 그 연결로부터 벗어나 자신만의 여백과 시간을 가질 수 있는 연결이다. 인간은 이 여백의 시간을 통해서 스스로를 성찰한다. 그런데 현대의 유비쿼터스 환경에서는 우리도 모르는 사이에 여기 저기 만들어져 있는 네트워크에 모든 사람들이 노출되어 있다. 우리가 필요에 의해 의식적으로 네트워크에 연결할 수도 있지만 우리의 의도와는 무관하게 네트워크에 연결될 수도 있다. 심지어 기계와도 연결이 된다. 소셜 네트워크 서비스Social Network Service가 사이버 공간에서의 인간관계에 미치는 영향에 대한 문제는 이미 오래된 논쟁이다. 여기에 인간과 사물 사이의 육체적 혹은 정신적 연결은 완전히 새로운 문제이다.

연결로부터 벗어날 가능성은 점점 사라진다. 언제 어디서나 모든 것과 연결이 되는 초연결 사회는 인간에게 엄청난 피로감을 줄 수 있다. 연결되지 않는 것에 대한 권리문제가 그렇기 때문에 중요한 화두로 대두할 것이다. 이미 페이스북에서 '잊혀질 권리'에 대한 요구가 강하게 분출되고 있다. 하지만 현실적으로 자신도 모르게 수많은 사람들과 연결되어 있는 소셜미디어에서 자신이 올린 글과 사진을 모두 삭제하는 것은 불가능하다. 이 요구는 연결로부터 벗어나기 위한 것이지만 실제로 이 연결에서 벗어나는 것은 쉽지 않다. 이미 한번 연결되었기 때문이다. 초연결 사회에서는 이렇게 연결을 스스로 통제하고자 하는 욕구들이 더욱 뚜렷하게 분출될 수 있지만, 연결로부터 벗어나기란 지금보다 더 어려워질 것이다. 특히 기계와도 연결되어 있고, 그 기계는 또 다른 기계들과 연결되는 초연결 사회는 내가 연결로부터 벗어나고자 하는 순간 나에게 수많은 피해들이 발생하도록 그 연결망이 디자인될 것이다.

또한 모든 것이 촘촘히 항시적으로 연결되는 초연결 사회에는 하나의 노드가 감염이 되거나 파괴될 경우 그 노드와 연결되어 있는 수많은 노드들(인간 혹은 기계)이 바로 그 피해의 대상이 될 것이다. 이때의 파급효과는 사실상 무한정이다. 이러한 위험들은 기든스Giddens가 강조했던 후기산업사회에서 기술 효율성의 과잉이 가져올 돌이킬 수 없는 위험들이다. 대단히 이성적인 것들이 맹목적으로 추구되면서 발생하는 비이성적인 상황인 것이다. 초연결은 자본주의에 대한 극도의 효용성 추구에서 나온 것이고, 이는 최대한 빠르게 최대한 많은 것을 싣고 가다가 가속상황에서 넘어져 버리게 되는, 주거놋(Juggernaut, 큰 트럭)으로 은유되는 위험을 가져온다.

인간보다 기계와 대화하는 사회

연결의 기술은 인간과 인간 사이의 연결 방식에도 큰 변화를 가져왔다. 우리는 트위터와 페이스북 같은 소셜미디어를 이용하여 물리적인 접촉을 하지 않고도 클릭 한 번으로 시공간의 한계를 뛰어넘어 사람들과 소통하고 일상과 정보를 공유한다. 소셜미디어는 많은 시간과 노력을 들이지 않아도 빠른 시간 안에 친구 관계를 맺고 인맥을 형성할 수 있는 편리성을 제공해 왔다. 가상적 공간의 경박단소輕薄短小형 인간관계가 실제 공간의 인간관계를 대체하고 있는 것이다. 과학기술과 인간관계를 연구해 온 셰리 터클Sherry Turkle은 기술에 의한 단순하고 손쉬운 연결이 친교로 정립될 경우 사이버 친교는 서서히 사이버 고독cyber solitude으로 변할 수 있다고 경고했다. 로버트 퍼트넘Robert Putnam은 미국 사회에서 교회, 자치단체, 자원봉사, 이웃과의 만남과 같은 '전통적인' 사회적 조직과 모임에의 참여율이 두드러진 감소 추세를 보이고 있는 현상에 대해 '사회적 자본social capital'의 감소라고 정의하였다. 사회적 자본은 친구, 이웃, 친척 등과 감정과 정보를 교환하는 '네트워크 자본'과 정치와 자원봉사 단체 참여와 같은 '참여 자본', 그리고 커뮤니티 참여와 같은 '공동체 자본'으로 구성되는데, 이러한 사회적 자본 감소의 원인은 인터넷과 가상공간에서의 인간관계와 관련이 있다고 보았다.

인공지능은 물리적 유대감을 잃어버린 사람들에게 외로움을 잊어버릴 수 있다는 기대감을 갖게 하고 인간들의 소외감을 달래주는 방향으로 진화할 가능성이 높다. 지속적인 경쟁에 지친 현대인들은 이웃들과의 연대를 꺼리며, 전통적인 가족공동체를 형성하는 것조차 주저하고 있다. 한국사회의 경우 이미 1인 가구가 가장 높은 가구 비율을 보이고 있다. 그러나 인간은 근본적으로 타인의 관심과 정을 필요로 한다. 이때 인공지능은 기존의 인간관계에서 소외된 인간들과 대화하면서 그 외로움을 극복시켜줄 것이다.

인공지능은 인간과 대화하면서 그 혹은 그녀의 심정이 어떠한 지를 음성과 얼굴표정을 통해 읽어내고, 이에 가장 적절한 말을 해주면서 대화할 것이다. 인간 간에 발생할 수 있는 오해를 최소한으로 줄이도록 프로그래밍 될 것이다. 인간은 점점 인공지능과의 대화를 통해 그 인공지능이 단순히 기계나 프로그램이 아니라 자신에게 실제로 존재하는 친구 혹은 애인과 같은 실존적 존재로 여기게 될 것이다.

그런데 인간이 다른 인간보다 기계와 소통하는 것을 선호하게 되면 인간의 사회적 관계가 근본적으로 흔들릴 가능성이 높다. 인공지능은 인간의 기분을 좋게 하는 말을 하도록 프로그래밍 될 것이기 때문이다. 이러한 자기중심적 대화에 익숙해진 인간은 다른 인간과의 실제 대화에서 발생할 수 있는 여러 문제적 상황에 대해 강한 거부감을 보일 것이다. 예를 들어, 자신에게 도움이 되는 말이지만 거북한 말은 듣고 싶지 않아 할 것이다. 인간관계에서 발생하는 작은 오해를 견디지 못하고 큰 스트레스를 경험할 가능성이 높다. 무엇보다 타인과의 상호작용을 통해 인간은 자신의 정체성을 형성해 왔는데, 상호작용의 대상이 인공지능로봇이 되는 상황에서는 프로그래밍 된 로봇의 가치관이 '일반화된 타자'로서 인간의 정체성을 형성시킬 수 있다.

혼자서 움직이는 기계, 노동으로부터 소외된 인간

인간은 어느 한 순간도 노동하지 않고 살아온 적이 없다. 하지만 최첨단 기계 시대에 인간의 노동력이 기계로 대체되면서 인간에게 노동의 존재론적 근거와 가치는 크게 흔들리고 있다. 무소불위의 힘을 보여주는 기술 앞에서 인간의 노동은 무용지물이 될지도 모른다는 위기감과 인간이 노동으로부터 소외될지도 모른다는 공포감이 점점 확산되고 있다.

인간의 개입이 필요 없는 자율주행자동차부터 인간과의 지적 대결에서 승리한 인공지능 컴퓨터 알파고에 이르기까지, 우리는 이미 기계가 인간의 능력을 압도하는 다양한 현상을 목도하고 있다. 기계는 인간의 육체노동을 대신하는 '인조노동자forged laborer'의 모습으로 혹은 지식과 정보를 활용하는 '인조지능synthetic intellect'의 형태로 인간의 일자리를 대체하고 있다. 자동화된 기계가 인간의 물리적, 정신적, 감정적 노동을 대체하는 제2의 기계시대는 피할 수 없는 운명이 된 것이다.

기술의 효용성이 갖는 위험은 인간으로 하여금 노동의 의미를 상실하게 함으로써 기술에 전적으로 의존하는 타율적인 존재로 만들어 버릴 수 있다는 것이다. 〈LA타임즈〉는 LA에서 일어난 지진에 대해 로봇이 작성한 기사를 인터넷에 게재하여 미국 언론사 가운데 가장 빨리

지진 발생을 속보로 내보내는 데 성공했다. 기사가 게재되기까지 걸린 시간은 불과 8분이었고, 기자가 개입한 작업은 사실을 확인하고 '퍼블리싱' 단추를 누른 것이 전부였다. 기계의 생산성과 효율성 앞에서 인간의 노동은 왜소하고 초라하다. 앞으로 고도의 알고리즘으로 인간을 초월하는 지능적 기계들이 인간의 모든 활동 영역에 침투하며 우리에게 전례 없는 편리성을 제공해줄 것이다. 기술은 인간의 통제를 벗어나 "자체의 논리와 효율성의 법칙에 따라 발전"하며 인간의 노동의 개입을 최소화하거나 배제하면서, 사용에 있어서는 "사용하지 않을 자유"를 허용하지 않는다. 우리는 더 빠른 컴퓨터, 더 가벼운 스마트폰을 실제 필요에 의해 구입한다기보다는 기술 체계에 순응하도록 길들여져 새것을 찾게 된다는 것이다. 즉 필요에 의해 기술이 만들어지는 것이 아니라 기술이 필요를 창출하고 인간은 새롭게 창출된 기술적 환경에 필요한 소비자로만 전락하게 될지도 모른다.

이런 미래의 인간역할 대체에 대해 프랑스 정부는 최근 발표한 인공지능전략인 'FRANCIA 전략'에서 인공지능이 인간의 역할을 대체하는 것을 "어쩔 수 없다"고 여기지 않고 국가가 적극 개입하여 인간의 역할을 '보완'하는 기술이 되도록 할 의무가 있다고 선포한 바 있다. 그리고 로봇산업계에서 새롭게 등장하고 있는 '협업로봇Collaborative Robot'은 인간과 기계 간 협력과 연대의 가능성을 보여주고 있다. '코봇'이라고도 불리는 협업로봇은 그동안 인간과 로봇이 분리된 작업장에서 일해 왔던 것과는 달리 한 장소에서 인간과 함께 작업할 수 있는 로봇을 말한다. 최근에는 협업로봇이 산업현장에 투입되기 시작했는데, 인간이 생산을 제어하고 모니터링 한다면, 로봇은 신체적으로 부담이 되는 작업을 담당함으로써 인간과 로봇 모두 특유의 능력을 발휘할 수 있다. 결국 미래에는 노동존폐의 문제가 아닌 인간과 기계의 공동체적인 협력과 연대를 통해 노동의 방식을 어떻게 바꿀 것인가가 핵심이 될 것이다.

그러나 한국의 4차 산업혁명 전략에서는 일단 인공지능 기술을 발전시켜 놓고 보자는 의지가 더 뚜렷이 나타나고 있다. 새로운 성장동력을 찾아야 하는 한국적 상황에서는 이해할 수 있는 부분이지만, 인공지능이 인간의 역할을 대체할 것에 대한 위기의식은 대단히 중요한 것이라는 점을 잊지 말아야 한다. 분명 인간의 생산성보다 더 높은 생산성을 지닐 인공지능로봇은 인건비 감소를 꾀하는 대부분의 기업들에 의해 도입될 것이고 결국 인간은 노동의 소외를 경험하게 될 것이다.

가상현실 공간과 현실 공간의 상호모방

1960년대 군사훈련 시뮬레이션을 위해 개발되기 시작했던 가상현실 기술이 최근에 고성능 HMD의 상용화와 다양한 콘텐츠 덕분에 우리의 일상생활 안으로 들어오고 있다. 그동안 가상현실은 주로 게임 산업을 중심으로 발전하였다. 게임 속 가상현실 안에서 지루한 현실에서 벗어난 인간은 현실의 시공간 제약을 극복하며 다양하고 재미있는 경험을 한다. 그러나 최근의 가상현실 기술은 그동안 게임을 통해서 접해왔던 것과는 사뭇 다른 모습을 보이고 있다. HMD를 뒷받침해주는 생체인식 기술의 발전으로 사용자는 더 이상 게임에서 아바타를 필요로 하지 않으며 360도 각도의 체험이 가능한 가상현실 안으로 직접 들어가 경험을 하는 주체가 된다.

가상현실의 경험은 단지 가상현실 내에서만 머물러 있지 않고 현실

세계로 그 경험이 전이되는 특징을 갖는다. 가상현실 내에서 구현되는 파리의 에펠탑 밑 공간의 경험, 콘서트 현장의 경험은 그 실재감을 극대화시키는 방향으로 진화하고 있다. 이는 현실세계의 경험과 상호작용한다. 현실에서 에펠탑 공간을 경험했던 사람은 가상현실 내에서 그 경험을 다시 하면서 기억을 되살리기도 하며, 한 번도 가지 못한 사람들은 가상현실에서 먼저 그 경험을 하고 나중에 현실세계에서 그 경험을 할 때 익숙함의 경험을 하게 될 것이다. 이는 현실 공간을 축소하는 것이 아니고 현실 공간을 가상현실 공간 안으로 확장시킬 것이다. 수많은 현실 공간들이 가상현실 공간을 표현하는 콘텐츠로 변화하여 이용자들에게 경험될 것이다. 한편 현실 공간에 존재하지 않는, 그러나 매력적인 가상현실이 그래픽 기술을 활용하여 이용자들의 헤드셋 안에서 구현될 것이다. 이 경우 이용자들은 그 가상현실 상에서 스릴, 즐거움, 긴장, 공포 등을 이전과는 비교할 수 없을 정도로 느끼게 될 것이다. 이미 소니는 소니 VR 게임들의 성공을 통해 이를 확인하기 시작했다.

이 가상현실 상의 시뮬라크라simulacra는 그것에 대한 현실 공간의 재현으로 이어질 가능성이 높다. 4차 산업혁명 시대에는 과거와 같이 가상현실 공간이 현실 공간을 모방하는 것이 아니라 가상현실 공간을 모방하는 현실 공간들이 계속 등장할 것이다. 이제 인간에게는 가상현실 공간 역시 중요한 삶의 공간이 될 것이다.

4차 산업혁명이 가져 올 격차

기술사회는 항상 그 사회에 적응하는 이들과 그렇지 못하는 이들 간의 격차를 벌려왔다. 과거 19세기 산업혁명 시대에 생산 수단을 가진 자본가가 노동자의 삶을 지배했듯이, 과학기술 시대에도 컴퓨터를 잘 다룰 줄 알고 인터넷을 잘 활용할 줄 아는 이들과 그렇지 못한 이들은 정보접근의 격차, 기회의 격차를 경험했다. 4차 산업혁명 시대에는 그 격차의 정도가 더욱 심해질 것이고 그로 인해 사회양극화가 더욱 심화될 것이다. 기술을 소유한 사람들은 절약된 인건비에 대한 수익을 모두 가져가게 될 것이고 그렇지 못한 사람들은 생존을 위한 노동을 지속해야 하거나 그마저도 기계에 의해 일자리를 잃게 될 위험에 처해질지도 모르기 때문이다. 경제학자 폴 크루그먼Paul Krugman은 미래에는 "모든 부가 로봇을 소유한 사람들에게 돌아가는 사회를 목격하게 될 것"이라고 경고하기도 했다.

파슨스T. Parsons의 구조기능주의를 거론하지 않아도 환경변화에 적응할 수 있는 개인 혹은 집단과 그렇지 못한 개인과 집단은 생존의 가능성에서 차이가 날 수밖에 없다. 그렇다면 결국 앞으로는 4차 산업혁명 시대의 변화가 마음에 들지 않아도 그 변화에 적응해야 생존할 수밖에 없다. 이는 고교-대학 시절에 배운 지식으로 거의 평생을 버텨왔던 개인에게 변화를 요구한다. 이는 이미 경쟁체제에 스스로를 계발하느라 지칠 대로 지친 현대의 개인에게 또 다른 무거운 짐을 질 것을 요구하는 일이다. 이제 인간은 평생 동안 스스로를 계발해야 생존할 수 있는 것이다.

4차 산업혁명 시대에 우리에게 필요한 것들

4차 산업혁명 시대에는 인간능력을 단순히 보완하는 것이 아니라 완전히 대체하는 기술들이 집중적으로 발전될 것이다. 이는 기업의 생산력을 크게 증가시켜줄 것이다. 이러한 시대에 인간에게 남은 것은 무엇일까?

창의적 융합 교육

인간은 그 어느 때보다 능동적으로 판단하고 창의적으로 사고할 수 있어야 한다. 인간은 자연스럽게 능동적으로 되고 창의적으로 되는 것이 아니다. 그런 능력은 특히 유년기와 청년기의 경험을 통해서 만들어진다. 여기서 아무리 강조해도 지나치지 않은 교육의 문제가 다시 대두된다. 아이들이 과거에 비해 반이나 줄어들어 학교에서 충분히 선진국 형태의 교육을 할 수 있음에도 불구하고 오랜 기간 지속되어온 암기식, 단순 학습식 중심의 교과는 전혀 변하지 않고 있다. 앞으로 4차 산업혁명 시대에 적응할 수 있는 능력을 키워주어야 하는데, 과거 산업시대의 교육을 여전히 그대로 실행하고 있는 것이다. 먼저 교과서의 내용부터 바꾸어야 하는데, 이 역시 한국 교육계의 모습을 보면 요원한 일이다. 이미 해외에서는 창의·융합 교육이 활발하게 이뤄지고 있다. 미국의 STEM 교육이 대표적이다. STEM이란 Science(과학), Technology(기술), Engineering(공학), Mathematics(수학)을 융합한 교육을 의미하는 것으로 물리, 화학, 예술 등 수업을 따로 분리하지 않고 통합적으로 교육하는 것을 말한다. 이 흐름이 우리나라의 교육에도 영향을 미치기 시작했다. 하지만 단순히 교육자들에게만 맡겨놓을 것이 아니라 모든 학문분야의 전문가들이 모여 통섭적으로 풀어나갈 때에만 해결의 가능성이 보이게 될 것이다.

인간중심의 인공지능 개발

또 하나는 4차 산업혁명 시대에 대해 장밋빛 일색의 청사진을 내놓는 것은 대단히 위험하고 무책임한 일이라는 것이다. 4차 산업혁명 시대가 우리 사회에 커다란 변화를 가져올 것은 자명하지만, 항상 그래왔듯이 기술은 예상치 못한 위험들을 동반해왔다. 이에 앞서 전술했던 프랑스 정부의 FRANCIA 전략(인공지능전략)에서 지속적으로 강조하는 '인간중심의 인공지능사회', '새로운 인공지능기술이 도입되기 이전에 그것이 가지는 사회적 효과를 사전에 테스트하는 것의 의무화' 등은 한국사회가 주목해야 할 부분이다.

9 미래세대:

정책 반영을 위한 제도적 장치 마련과 교육과 창업 사다리 회복

미래세대란 현세대의 결정과 행동의 영향을 직접적으로 받으면서도 아직 미성년이거나 태어나지 않았기에 자신의 목소리를 현실 정치에 반영할 수 없는 세대를 말한다. 이는 곧 현세대의 의사결정은 미래세대까지 포함해 장기적인 관점에서 이루어져야 한다는 것을 의미하지만 미래세대를 향한 관심과 투자는 매우 미흡한 실정이다. 특히 장기 추세로 이어질 뿐 아니라 그 속도가 다른 어느 국가보다도 빠른 저출산과 고령화의 문제, 그리고 자원 활용과 환경 정책 등은 미래세대에게 막대한 영향을 끼칠 요인들이다. 또한 문명사적 전환에 비유되는 4차 산업혁명 대응 정책과 사회적 수용 방식은 어떤 측면에서는 현세대보다 정점에 이를 4차 산업혁명 시대를 살아 갈 미래세대에게 더 중요한 이슈가 될 것이다. 따라서 미래세대를 함께 배려하는 관심과 정책이 더 필요한 시점이다.

'헬조선'이란 단어의 유행

우리나라에는 최근 젊은이들 사이에서 미래를 어둡게 보는 경향이 번지고 있다. 자신들을 3포 세대 또는 N포 세대에 비유하는 자조적인 단어가 유행하고, 심지어 '헬조선'이란 말도 떠돌고 있다. 한걸음 더 나아가 "이번 생은 망했다"는 뜻의 '이생망'이란 말까지 돌고 있다고 한다. 절벽처럼 막혀있는 앞길을 한탄하는 말들이다. 도산 안창호 선생은 "낙망은 청년의 죽음이요, 청년이 죽으면 민족이 죽는다"라고 말했다. 그런데 세계 3대 투자자로 알려진 짐 로저스Jim Rogers는 2017년 8월 11일 KBS 1TV 〈명견만리〉에 출연하여 "나는 20년 전 한국이 IMF 외환위기 시절에 한국에 투자하여 크게 성공한 바 있다. 그러나 지금은 투자하지 않고 있다. 그 이유는 서울의 노량진에 가 보면 알 수 있다"고 말했다. 젊은이들이 희망을 잃고, 변화를 도모하지 않고, 공무원 시험이나 준비하는 나라에는 희망이 없기 때문에 투자하지 않는다는 뜻이다. 결혼 기피, 저출산, 자살률 등 여러 가지 국가적 의제들이 이 현상과 직결되어 있다. 현재 대한민국의 가장 큰 과제는 어떻게 하면 청년들에게 희망을 불어 넣느냐 하는 점이다.

현세대와 미래세대 간 형평성 문제

미래세대에 대한 무관심은 현재의 정치적, 제도적, 구조적 한계에서 비롯된다. 우리나라를 포함한 모든 국가의 공식적인 제도가 현세대의 요구에 우선 반응하도록 구조화되어 있고, 이를 기초로 통치행위의 정당성을 부여받도록 제도화되어 있기 때문이다. 하지만 환경오염과 이로 인한 생태계 파괴와 기후변화, 그리고 자원고갈 등 현세대가 남긴

폐해를 미래세대가 고스란히 떠안아야 한다는 경각심은 미미하나마 미래세대에 대한 관심의 배경이 되고 있다. 특히 OECD 국가 중 최하위를 기록하고 있는 한국의 낮은 출산율, 급속한 고령화, 복지수요 확대에 따른 재정건전성 문제가 최근 우리 사회의 뜨거운 현안이 되면서 미래에 대한 관심과 우려를 촉발시키는 것도 사실이다.

환경 및 자원보존과 미래세대

환경 및 자원 보존과 관련한 논의는 미래세대의 '환경권'과 연계된다. 지구의 환경과 자원은 현세대만의 소유물이 아니며, 미래세대도 오염되지 않은 환경과 천연자원의 혜택을 누리고 살 권리를 가지고 있다. 현세대가 지금과 같이 자원 소비를 지속한다면 지구의 유한한 자원은 고갈될 수밖에 없으며, 환경오염이나 생태계 파괴 등의 문제 또한 피할 수 없게 된다. 또한 기후는 불안정해지고 있으며, 자연재난과 재해도 증가하고 있다. 소득수준에 비해 과다한 에너지 사용도 문제이다.

세대 간 자원분배 문제

세대 간 자원분배의 불균형 문제를 야기하는 대표적인 것이 현행 연금제도이다. 세대 간 부양의 원리를 기반으로 하는 현행 공적연금제도는 저출산, 고령화가 가져올 인구구조 변화에 민감하다. 고령화의 진전으로 연금지출은 늘어나지만, 출산율 저하와 경제활동인구의 감소로 연금 재원이 부족해지고 있기 때문이다. 이는 곧 미래세대에게 커다란 부담으로 돌아가게 된다. 공무원, 사학, 군인, 국민 등의 연금제도가 현재와 같은 양상으로 미래에도 지속된다면, 연금재정이 고갈되어 재정위기가 발생할 수밖에 없다.

한편 복지수요는 고령화의 진전과 사회적 양극화의 심화로 지속적으로 증가할 전망이다. 현행 복지제도를 유지만 하더라도 급속한 고령화로 인해 2050년에는 사회복지 지출이 GDP의 15%를 넘어설 전망이다. 현세대를 위해 복지를 확대할 경우 이는 곧 미래세대 복지의 잠식이 된다. 현저히 부족한 복지재원 마련을 위해 문재인 정부는 '부자증세'를 들고 나왔지만, 현세대의 복지수요를 충족시키기에도 부족한 상황이기 때문에 미래세대의 혜택까지 보장할 수 있는 것은 아니다.

문제해결을 위한 미래전략과 추진방안

국가부채에 대한 인식

한 해의 정부 살림살이를 파악할 수 있는 국가재정(관리재정수지) 적자가 만성적으로 고착화되면서 2016년에는 22조 7,000억 원을 기록했다. 메르스(Mers, 중동호흡기증후군) 추경 등으로 적자규모가 38조 원에 이르렀던 2015년도보다는 개선된 것이지만, 이러한 대규모 재정적자가 2008년 이후 9년째 지속되고 있는 상황이다. 결국 이러한 국가의 빚은 미래세대에게 부담으로 작용한다. 이러한 사실을 인식하고 모두가 경각심을 가져야 한다.

정책적 대안 사례

미래세대와 현세대 간 형평성 문제를 다루는 문헌들을 검토해 보면, 이를 해결하기 위한 개혁적인 제안들이 다양하다는 것을 알 수 있다. 이러한 제안들은 헌법의 개정부터 입법부 내 위원회, 독립적 행정

기관, 정책 어젠다의 설정부터 평가에 이르기까지 정책 사이클의 모든 단계를 취급하고 있다. 또한 국외와 국내, 지방의 개혁 사항까지 포함한 공공정책의 모든 단계를 포함하고 있으며, 민간 영역 및 비영리 부문을 포함한 인간 행동의 다양한 부분도 포괄한다.

〈표 4-1〉에서 보는 바와 같이 미래세대의 권익보호와 관련해 기존에 제시된 여러 해결책들을 분석해 보면, 상당수가 복합적인 목표를 지녔으며, 단순히 미래세대를 위한 것만은 아니다. 또한 제안의 중요도나 복합성의 스펙트럼이 매우 다양하다. 개별 국가들의 헌법 규정, 정부 조직, 정당 간 경쟁 구조, 이념적인 양극화 수준, 사회적 신뢰와 호혜성 수준, 정책 프로그램의 특성, 정책 해결책과 연관된 보상구조 등이 다양성에 영향을 주기 때문이다.

〈표 4-1〉 미래세대의 권익보호를 위한 해결책

1. 미래세대를 위한 글로벌 거버넌스 조직 개혁
2. 미래세대의 권익 보호를 위한 법 조항 마련 또는 강화
3. 미래의 중요한 의사결정을 선출직이 아닌 독립적인 기관에 양도
4. 선거제도 및 투표권 개혁
5. 행정 및 입법기관의 설계 변경
6. 미래예측 메커니즘과 계획 프로세스 강화
7. 장기적인 사안에 초점을 둔 새로운 전략과 계획 수립을 위한 연구 및 자문 기관 설치
8. 미래세대의 후견, 또는 보호와 책임을 담당하는 새로운 기구 창설
9. 절차 및 실질적인 부문에서 의사결정자들을 제한하기 위한 새로운 규칙 도입
10. 예산 및 성과 관리 기구 및 책임성 강화
11. 새로운 정책 프레임워크에 기반한 회계, 복지 측정을 위한 미래준비 및 영향지수 개발
12. 시민사회 역량 강화

추진 방향: 실행가능성, 효과성, 한국적 적실성

미래세대의 권익보호와 세대 간 형평성 제고를 위한 제도 및 정책 설계를 위해서는 복합적인 사고가 필요하다. 또한 많은 정치적, 제도적인 장애물을 극복해야 한다. 이는 단기간 내에 이루어질 수 없으며 장기적인 계획과 지속적인 실천이 필수적이다. 미래세대를 위한 정책과 제도들은 무엇보다 실행이 가능하고, 효과가 있어야 하며, 한국적인 상황 요건에 부합되어야 한다. 따라서 제도 및 정책 설계의 기준으로 실행가능성, 정책적 효과성, 한국적 적실성이라는 3가지 방향성을 염두에 둘 필요가 있다.

먼저 설계될 제도나 정책이 실질적으로 실행가능한지 여부를 판단해야 한다. 예를 들어, 헌법 개정이 필요한 제안들은 본질적인 법규 변경을 요구하기 때문에 실행하기가 쉽지 않다. 다음으로 설계될 제도나 정책이 실질적으로 미래세대의 권익보호와 세대 간 형평성 제고에 기여 할 수 있는지 여부를 판단해야 한다. 이는 정책과 제도의 지속가능성과도 연관된다. 마지막으로 우리의 헌법 체계, 정부 조직, 정당 간 경쟁구조, 이념적인 양극화 수준, 사회적 신뢰와 호혜성 수준 등을 고려해 정책 및 제도가 한국적 상황에 얼마나 부합되는지를 검토해야 한다.

미래세대 권익보호 제도화를 위한 추진 전략

실행가능성, 정책적 효과성, 한국적 적실성이라는 3가지 방향성에 입각해 정책과 제도 설계가 이루어지기 위해서는 무엇보다 전략적 실행환경 제공이 필요하다. 즉 정책의 수요와 공급 측면을 고려한 전략적 접근이 요구된다. 수요는 정책의 결정, 입안을 담당하고 있는 정책

결정자들의 인센티브에 대한 고려이며, 공급은 정책결정자들이 보다 나은 의사결정을 할 수 있도록 제공되는 정보, 데이터, 분석, 방법론, 절차 등을 의미한다.

정책 공급 부분의 질적·양적 향상은 새로운 기구 설립이나 기존 기구의 역량 강화를 통해 일정부분 가능하나, 정책의 수요 부분은 많은 노력과 전략적인 고민이 요구된다. 특히 정책결정자들은 선거의 압력 때문에 장기적인 고려보다는 단기적인 이해에 우선순위를 두게 되며 그러한 압력의 규모나 형태 및 강도가 정책 결정에 영향을 줄 수밖에 없다. 유권자들 또한 장기적인 혜택보다는 단기적인 이익을 선호하는 경향이 있다. 따라서 정책결정자들이 중장기 미래와 미래세대의 권익에 관심을 가질 수 있도록 인센티브를 제공할 필요가 있다. 미래의 이익을 얻기 위해 현재의 희생을 요구하거나 고통의 일부를 현세대의 힘 있는 집단이 부담해야 할 경우에 특히 필요하다.

사회심리학이나 행동경제학 분야의 연구가 제시한 해결책 중 하나는 '의무적 기제'를 고안하여 인간 행동의 동인으로 삼는 것이다. 그 목적은 의사결정자들이 특정 행위에 구속되도록 하며, 일관성 없는 행동이나 약한 의지 및 외부의 압력에서 발생하는 문제를 줄여주는 데 있다. 이는 특히 정책의 성과가 점진적이고 장기적으로 나타나는 사안이 단기적인 이익에 의해 좌우되는 경우에 적용할 만하다.

제도적 장치를 통한 실행 방안

도덕적, 윤리적 의무만으로 미래세대에 관심을 갖고 이들을 배려할 수 있는 정책을 수립하도록 강요하기는 어렵다. 적절한 정치적 보상구조가 마련되어야 한다. 행정부의 정책입안자나 정책결정자에게 중장기

정책과 미래세대를 배려하는 정책을 입안하거나 수립할 경우 가산점을 부여하는 식의 혜택을 부여할 필요가 있다. 이를 위해서는 공무원 평가제도에 대한 개편도 뒷받침되어야 한다.

입법권자들에게도 보상구조가 필요하다. 그러나 입법권자들은 선거의 압력에서 자유롭지 못하기 때문에 국회나 정당에서의 배려가 필요하다. 즉 미래세대를 위한 의정활동을 수행하는 의원들을 위한 특별한 보상제도가 마련되어야 한다. 국회의원 중에서 미래세대 대리인을 선출하는 것도 고려해볼 만하다. 현재 대한민국에서 시행되고 있는 정당명부식 비례대표제를 기본으로 그 기능과 역할을 재구성 혹은 변경하여 미래세대를 대표하는 역할을 수행하도록 하는 것이다. 현재는 1인 2표에 의한 정당명부식 비례대표제를 통하여 300개 의석 가운데 47개의 의석을 비례대표에게 할당하고 있다. 이러한 비례대표제를 미래세대를 대표하는 제도로 보완하는 것이다. 미래세대를 대표하는 의원들은 미래세대의 권익을 침해하거나, 세대 간 형평성을 저해하는 법안 및 정책에 누구보다 빠르고 적절하게 대처할 수 있을 것이다.

아울러 협력적인 거버넌스를 통해 특정 정책에 대한 초당적인 지지와 사회적 합의를 만들어 낼 필요가 있다. 이러한 접근으로 광범위한 합의에 성공할 수 있다면 정책의 지속성을 높일 수 있는 기반 마련이 가능할 것이다.

미래세대 희망 불어 넣기

미래세대가 자신들의 미래를 암울하게 생각하는 이유는 자신들의 노력에 의하여 성공을 담보할 수 없기 때문이다. 아무리 노력해도 고착화되어 가고 있는 사회계층의 벽을 뚫고 올라가기 어렵다는 뜻이다. 사회계층 이동에는 크게 두 가지 사다리가 있다.

교육 사다리 회복

교육이 가장 전형적인 사회적 신분 이동 수단이라 할 수 있다. "개천에서 용 난다"는 말도 거의 교육에 의한 신분 상승을 말한다. 하지만 현재 한국 사회에는 부모의 재력과 교육수준이 자식의 교육에 영향을 미치고, 다시 취업과 사회적 신분으로 이어진다는 믿음이 존재하고 있다. 그래서 좋은 부모를 만나지 못했으면, 희망이 없다는 말이 된다. 교육의 기회를 공정하게 제공하여 교육 사다리가 회복되게 해야 한다. 교육 사다리는 공교육 정상화, 다양한 진로교육, 학력차별 금지, 사교육 근절 등과 관계가 깊다.

창업 사다리 회복

또 하나의 사회이동 사다리는 창업을 통한 성공이다. 과거에는 제대로 교육을 받지 못했더라도 좋은 아이디어와 성실성으로 사업을 성공시켜 사회적인 신분 변화를 이룬 사례들이 많았다. 현대의 정주영, 삼성의 이병철 창업자 등은 말할 것도 없고, 그 외에도 수많은 창업성공 스토리가 많았다. 하지만 현재 우리나라는 10대 부자 중에 자신이 창업한 사람은 한 명(한미약품 임성기 회장)에 그치고 있다. 미국과 중국은 말할 것도 없고, 일본은 10대 부자 중에 8명이 창업자들이다(CEO 스코어, 2015년 12월). 성실성과 기술만 가져도 사업을 펼치고 성공할 수 있는 사회를 만들어야 한다. 창업 지원정책, 창업자 연대보증 금지, 실패용인, 패자부활 등이 관련되어 있다. 그래야 청년들이 더 이상 공무원 시험에 매달리지 않고 큰 꿈을 꿀 수 있다. 창업 사다리가 복원 되어야 국가의 역동성이 되살아나고, 외국의 투자자들이 되돌아온다.

P o l i t i c s 5장

정치 분야 미래전략

1. 행정과 정치
2. 공공인사혁신
3. 통일
4. 외교
5. 국방
6. 군사기술
7. 지방분권
8. 치안전략

1 행정과 정치: 초연결과 초지능 활용을 위한 블록체인 거버넌스 체계 구축

역사적으로 볼 때, 세계 각국은 더 효율적인 행정, 더 유능한 행정, 더 민주적인 행정을 구현하기 위해 끊임없이 행정 혁신을 시도해 왔다. 사실 효율성과 민주성의 측면에서 많은 비판을 받고 있는 관료제 역시 1차 산업혁명 시대 행정 혁신의 산물로 볼 수 있다. 독일의 사회학자 막스 베버Max Weber가 분석한 대로, 관료제는 1차 산업혁명 시대가 요구했던 정확성, 신속성, 명료성, 통일성, 엄격한 상명하복, 갈등 축소, 물적 인적비용의 절감 등 모든 기술적 측면에서 과거의 조직 형태에 비해 우수했기 때문이다. 정보기술과 인터넷이 핵심 기술이 되는 3차 산업혁명 시대부터는 정보기술과 인터넷을 행정에 도입하는 전자정부e-government가 정부혁신을 위한 가장 중요한 전략 중 하나로 채택되었다. 이후 전자정부의 성숙도가 높아짐에 따라 전자정부는 정부운영시스템의 개선, 정부기능의 합리적 조정과 부처 간 협력 제고, 대민서비스 전달 방식의 혁신 등 정부 전반의 디지털 혁신으로 자리매김하고 있다.

전자정부 성과

한국 정부 역시 이와 같은 흐름에서 결코 뒤처지지 않았다. 특히 1990년대 중반부터 전자정부 구현을 위한 정보화 예산 및 정보화 교육, 전자정부에 따른 행정프로세스 개편 등 유·무형의 투자가 이루어져 왔으며, 다음과 같은 성과를 이룬 것으로 평가된다.

첫째, 정부 내부의 업무처리 절차의 전자화 완료단계에 이르렀다. 인사(e-사람·인사랑), 재정(dBrain·e-호조) 등 중앙부처와 지자체에서 수행하는 핵심 영역 업무에 대한 처리절차 전자화가 완료되었으며, 전자결재·업무관리(온-나라), 기록물관리, 정부 디렉토리 시스템, 전자문서유통 시스템 등 행정처리를 위한 주요 시스템 구축이 완료되었다. 둘째, 주요 공공데이터의 전자화·DB화로 행정 업무와 서비스의 온라인 처리 기반이 마련되었다. 주민, 부동산, 자동차 등 국가 운영에 기본이 되는 데이터베이스 구축이 완료되었고, 전자정부 운영과 관련한 정보자원의 관리 및 운영을 위한 '범정부 EA포털'을 구축, 공공기관의 정보자원 관리체계가 제도화되었다. 셋째, 지금까지의 기관별, 업무분야별 정보시스템 구축을 탈피하여 협업 및 지식기반 행정 구현을 위한 정부 클라우드 기반 구축이 진행 중이다. 2013년부터 가상 서버를 제공하는 'G-클라우드' 인프라를 구축하고 기존 부처의 업무시스템 전환을 추진하고 있다.

전자정부 혁신의 한계와 패러다임의 전환

이와 같은 성과에도 불구하고 현실에서는 정부조직과 관료, 부처간 칸막이, 비능률성, 저생산성 등 기존의 관료제와 계층제가 갖고 있던 병폐는 여전히 사라지지 않고 있다고 볼 수 있다. 지금까지의 전자

정부는 혁신이되 '약한' 혁신에 머무르는 한계를 보이고 있다. 개별 사업 단위에서 일부 성과는 있었으나, 부처 간 협업을 촉진하고 부처의 경계를 넘어서는 공공서비스는 제공하지 못하고 있다. 또한 축적된 행정정보의 활용 수준이 낮고, 정보자원의 유지 및 보수비용이 급격히 증가하고 있다. 예를 들면, 각 부처별로 따로 보유, 제공하고 있는 데이터 및 서비스의 통합을 통해 대국민 서비스의 질적 개선과 정보자원 관리의 효율성을 제고하고자 정부통합전산센터를 구축하였으나, 제한적 수준의 서비스와 효과에 머무르고 있는 것이 현실이다.

이제 4차 산업혁명에 따른 정보기술 패러다임의 전환적 발전을 적극적으로 활용하는 행정 혁신이 요구되는 시점이다. 초연결성과 초지능성의 특성을 갖는 정보기술을 활용하여 한국 사회가 당면한 어려운 난제들과 한국 행정의 문제점들을 해결해 나가야 한다. 그러나 정보기술 도입 그 자체만으로는 충분하지 않다. 전자정부가 '약한' 혁신에 머물게 된 근본적인 이유는 정보기술의 도입과 함께 제도, 조직 및 관리, 인적자원 등 행정의 구성요소들이 총체적으로 함께 변화되지 못하면서 정보기술 도입의 효과가 반감되었기 때문이다. 결론적으로 4차 산업혁명 시대의 다양한 정보기술의 활용과 더불어 행정의 구성요소인 제도, 조직 및 관리, 인적자원이 함께 공진화co-evolution하는 행정 혁신 모델을 구상할 필요가 있다.

4차 산업혁명 시대의 행정

4차 산업혁명의 기술적 기반은 정보통신 기술을 바탕으로 빅데이터와 인공지능이 연결되고 사물인터넷과 클라우드 컴퓨팅 기술이 결합되는 것이다. 이와 같은 기술적 결합은 사람, 사물, 공간, 시스템 측면에서 실제세계와 가상세계의 연계 및 상호작용이 이루어지고, 이를 통해 초연결성과 초지능성이 나타나게 된다.

기술변화에 따른 사회적 환경의 변화

사회적으로는 소셜미디어 및 모바일 디바이스를 기반으로 '약한 연결weak tie'의 사회가 도래한다. 디지털 기술로 인한 개인 간 연결성의 확대는 지식과 정보의 연결 및 매개로 확장되고, 사회활동을 위한 조정비용을 줄이는 효과를 가져 온다. 또한 연결성의 확대는 대규모 집합행동에 수반되는 거래비용의 감소를 가져오면서 정치사회적 변화의 가능성이 높아지고 있다. 트위터나 메신저 등 가상세계에서 서로 연결된 시민들이 특정한 정치적, 사회적 국면에서 다양한 형태의 집단행동을 실제세계와 가상세계에서 일으키게 된다.

개인들은 더욱 스마트해진다. 이미 많은 개인들이 스마트 디바이스를 활용하여 자신의 생산성을 높이고 있을 뿐만 아니라, 웹이나 소셜미디어를 통해 다양한 지식과 정보를 흡수하고 이를 응용하고 있다. 나아가 향후 인공지능이 보편화되고 이를 개인들도 손쉽게 활용할 수 있게 되면 각종 정보와 상황을 좀 더 정확히 해석하고 판단할 수 있게 될 것으로 예상되며, 정부, 기업, 시민 간에 존재하는 정보 비대칭성이 약화될 가능성이 높다.

초연결성을 활용한 행정혁신

4차 산업혁명 시대의 기술, 사회, 개인의 변화를 고려할 때, 행정은 다양한 행위자들이 당면한 사회문제를 협력적으로 해결할 수 있는 형태로 발전하게 될 것이다. 다양한 이해관계자들이 자유롭게 참여하고 문제를 함께 발견, 진단하고 해결할 수 있는 플랫폼을 구축하고 이를 통해 상호작용하고 협력하는 행정으로의 변화를 추구할 필요가 있다.

첫째, 행정과 시민과의 관계 측면에서는 소셜미디어를 기반으로 한 새로운 행정 혁신 모델이 등장하고 있다. 예를 들면, 현재 서울시는 박원순 시장의 개인 트위터 계정과 서울시의 공식 트위터 계정을 통해 시민들과 소통하고 시정 정보를 제공하며, 시민들로부터 정책제언을 받아 시정에 반영하는 '트위터 행정'을 본격화하고 있다. 특히 박 시장 개인의 소셜미디어 계정을 통해 제기되는 민원이나 정책제언들을 서울시 소셜미디어센터(2014년 3월 이후는 '서울시 응답소')의 계정과 연계하고 있다. 서울시 소셜미디어센터는 서울시장의 소셜미디어 계정을 포함하여 39개의 서울시 SNS 계정으로 들어오는 시민의견을 '접수→부서배정→업무담당자 검토 및 답변처리'하고, 그 결과를 모든 시민에게 공개하는, 일종의 소셜미디어 기반의 민원 플랫폼이라 할 수 있다. 소셜미디어를 통한 시장-공무원-시민 간의 연결성을 극대화하고, 공무원과 시민 개개인이 가지고 있는 시정과 관련된 정보와 지식을 연결하는 집단지성이 이루어짐으로써, 시민들의 요구에 반응하는 행정을 구현할 수 있다. 아울러 행정은 효율적으로 시민들의 요구와 정책제언을 시정에 반영할 수 있게 된다.

둘째, 행정 내부적으로는 클라우드 기반의 정보시스템 연계 및 통합을 통해 각 부처별로 나뉘어져 있던 정보와 지식이 결합되는 행정 혁신을 지향한다. 정부의 각 부처 및 공공기관이 보유하는 정보시스템을 연계, 통합하는 정부 클라우드의 도입은 기존의 전자정부가 극복하지 못했던 부처 간 칸막이를 극복할 수 있는 기술적 기반이 될 것이다. 나아가 정부 부처 간, 공무원 개인 간 협업 수준의 제고와 그에 따른 정부의 정책역량 및 대민 서비스의 질적 제고를 위한 정보 기반이 될 수 있을 것으로 보인다. 전산자원의 물리적 통합뿐만 아니라 데이터 및 서비스 수준에서의 통합을 통해 새로운 공공서비스의 제공 및 정부의 정책역량 개선이 이루어질 수 있을 것으로 기대된다. 초연결성의 관점에서 해석한다면, 정부 클라우드 시스템이 정부 각 부처와 공공기관을 연결하여 부처 간, 공무원 개인 간 협력을 촉진하고, 개별 기관의 정책역량을 제고하는 플랫폼으로서의 역할을 하게 되는 것이다.

초지능성을 활용한 행정 혁신

초연결성을 통한 지식과 정보의 결합은 초지능성을 기반으로 하는 행정 혁신을 가능케 한다. 정부가 보유한 데이터와 함께 소셜미디어, 사물인터넷을 통해 수집, 집적된 빅데이터는 인공지능을 활용한 분석과 데이터 기반의 의사결정을 가능케 한다. 이는 더 타당한 의사결정과 정책집행으로 이어질 수 있다.

예를 들면, CCTV 관제 정보를 활용하여 에너지, 교통, 환경, 재난대비 영역 등에서 인공지능을 활용한 실시간 상황 모니터링이 가능할 것으로 예상된다. 또한 빅데이터 분석은 재정, 환경, 의료 등 각종 위기상황의 징후를 사전에 포착하고 이에 대한 정부의 대응 능력을 높여줄 수 있을 것이다. 또한 인공지능을 통해 분석되는 각종 시나리오는 정책분석 역량을 제고시킴으로서 타당한 정책결정을 가능하게 할 것이다. 실제로 호주 국세청은 인공지능을 활용한 회계감사를 통해 6,000만 건 이상의 세금징수 사례, 메모, 활동기록, 실시간 정보를 분석하였다. 이를 통해 탈세 등과 관련된 의심 동향을 파악하고 조사가 필요한 사례에 우선순위를 부여하고 있다. 이렇게 국세청 업무에 인공지능을 도입함으로써 약 9,000명의 세금감사원, 조사분석관들이 작업시간을 줄일 수 있었으며, 비정형 데이터 분석을 통해 감사 품질 및 결과의 정확도와 성과를 개선할 수 있었다.

4차 산업혁명 시대의 행정전략

초연결성과 초지능성 등 4차 산업혁명을 이끄는 다양한 정보기술이 행정 혁신과 성공적으로 접목되기 위해서는 정보 활용과 행정을 구성하는 제반 여건이 총체적으로 함께 변화해야만 한다.

행정 개혁을 위한 거버넌스 체계의 제도적 역량 강화

4차 산업혁명 시대의 행정 개혁이 '강한' 혁신으로 귀결되기 위해서는 정부를 구성하는 제도, 조직과 관리, 인적자원이 함께 변화해야 한다. 이와 같은 총체적 변화를 이끌기 위해서는 행정 혁신에 대한 새로운 비전을 수립하고, 관련된 정책결정 및 사업수행의 '방향잡기steering'와 이해관계자 간의 조정을 수행하는 거버넌스 체계의 제도화가 우선적으로 이루어져야 한다. 나아가 거버넌스 체계의 구축은 4차 산업혁명에 따른 사회적 격동에 대응하고 그 역기능을 제어하기 위해서도 필수적이다. 실제로 초연결성과 초지능성에 기반 한 행정 개혁은 긍정성과 위험성을 동시에 내포하고 있다. 예를 들면, 소셜미디어를 활용한 플랫폼은 잘못하면 선출직 시장에 대한 정치적 반대자들을 체계적으로 배제할 위험성이 높다. 또한 소셜미디어와 사물인터넷을 통해 수집되는 데이터와 정보의 활용과 분석으로 인한 사생활 침해나 감시사회로 귀결될 가능성도 크다. 이와 같은 부정적 결과를 막고 정보기술의 발전과 민주적 가치가 상호 선순환으로 이어지도록 하려면 역량 있는 거버넌스 체계의 구축은 필수적이다.

OECD의 연구결과에 따르면, 정보기술을 활용한 행정 혁신을 추진하는 데 있어 가장 큰 어려움은 정보기술 도입과정에서 나타나는 이해관계의 조정이며, 이에 따라 리더십을 포함한 제도적 역량 강화를 권고하고 있다. 이와 같은 연구결과는 4차 산업혁명 시대의 행정 혁신에도 많은 시사점을 준다. 즉, 반응적이고 책임 있는 리더십의 확보가 필수적이라는 점이다. 개별 기술보다는 전체 시스템에 주목하고, 기술의 긍정적 잠재력이 쉽게 발휘될 수 있도록 사용자 및 시민들에게 권한을 부여하며, 다양한 이해관계자들과 협력하는 리더십이어야 한다.

나아가 성공적인 행정 개혁을 위한 거버넌스 체계는 1) 정치적 지지 확보를 위한 네트워크 역량, 2) 행정혁신과 정보기술 활용의 일관성과 지속가능성 확보를 위한 의사결정 및 조정 체계, 3) 정부 부처와 정책영역을 넘나드는 협력 촉진을 위한 제도적 권한과 행정자원, 4) 공공부문에서의 초연결성과 초지능성 활용을 위한 기술적 전문성 등을 갖춰야 할 것이다.

디지털(블록체인) 거버넌스를 통한 행정 혁신 모색

디지털 거버넌스란 '디지털 기술 융합에 기반을 두고 시장과 사회를 운영하는 새로운 메커니즘'으로서, 단지 ICT를 이용한 권위적인 정부의 행정에 국한되는 개념이 아니다. 이는 ICT를 활용하여 시민, 정부, 기업이 새로운 관계를 형성하고 공동체의 운명을 결정하고 관리하는 운영 메커니즘으로 정의할 수 있다.

특히 4차 산업혁명 시대의 핵심 기술인 블록체인을 통해 행정시스템을 투명하면서도 더욱 편리하게 구축할 수 있을 것이다. 블록체인은 정보를 관련된 모든 서버에 저장하여 위조를 방지하면서도 공유할 수 있게 해주는 기술이다. 블록체인 거버넌스를 통해 언제, 어디서나 이해관계가 있는 국민들의 의사가 무비용·실시간으로 행정에 반영될 수 있는 시스템을 구현할 수 있는 것이다. 집단의 의사 결정에 참여하는 거래 비용이 획기적으로 줄어들고(스마트폰 활용), 직접적 의사 결정의 수준이 높아지면서 시민들의 순응 비용은 낮아질 수 있다. 블록체인 기술을 통한 행정 혁신은 예를 들면, 공공·보안 분야에서 디지털 계약, 공공기록public record, 전자시민증, 전자시민권e-residency, 전자투표 등으로 구현될 수 있을 것이다.

정부의 데이터 및 정보자원 관리체계의 정비

데이터는 4차 산업혁명 시대의 중요한 행정자원이다. 4차 산업혁명 시대의 행정 개혁이 좀 더 원활히 이루어지기 위해서는 현재의 정부 데이터 및 정보자원 관리체계가 정비될 필요가 있다. 정부는 데이터를 쌓는 것도 중요하지만 다양한 데이터들이 상호 연계되도록 개방적 환경을 구현하는 것이 더 중요하다는 점을 인식할 필요가 있다. 이를 위해서는 부처 간, 기관 간 데이터 공유를 위한 문화를 조성하고, 각 부처가 보유한 데이터가 원활히 유통될 수 있는 기반을 마련하는 것이 필요하다. 또한 데이터 및 정보자원에 대한 체계적 품질 관리 체계를 구축해야 한다. 나아가 공공부문 내의 데이터 연계 및 통합과 함께 민간 데이터와의 융·복합을 촉진하고 대국민 공개를 위한 통합적 정보자원 관리체계가 구축되어야 한다.

또한 데이터 분석 역량의 강화를 위한 다양한 조치들이 필요하다. 범정부 차원의 데이터 융합 및 분석 체계가 마련되어야 하며, 이를 위한 인적자원의 확보와 함께 지속적인 전문성 제고가 가능하도록 행정적·재정적 지원이 강화되어야 할 것이다.

권력구조 개편 및 개헌 논의 현황과 전망

4차 산업혁명에 효율적으로 대응하기 위해서는 분권적 국가운영시스템을 갖추는 것이 필요하다. 이를 위해 지방분권이 확대되어야 하고, 실질적인 개혁을 이루기 위해서는 권력구조 개편이 수반되어야 한다. 특히 2016년 국정농단 사건을 겪으며 제왕적 대통령제를 바꾸어야 한다는 국민적 공감대가 커진 이래 개헌을 둘러싼 논의가 본격화되고 있으며, 국민투표에 부쳐질 2018년 6월 지방선거를 앞두고 최대 이슈로 떠오를 전망이다.

개헌 논의 현황

우리 헌법이 제정된 이래 지금까지 9차례의 개헌이 있었다. 현행 헌법은 1987년 6월 항쟁을 통해 만들어진 5년 단임의 대통령중심제와 국회의원 소선거구제 등을 바탕으로 민주화시대를 여는 막중한 역할을 해왔다. 그러나 시대가 변화하여 과학기술의 경이로운 발전과 사회 전반의 환경변화에 적절히 대응하기 어렵게 되었고, 제왕적 대통령제와 승자독식의 정치구조, 소선거구제로 인한 양당 중심의 지역주의 등 난제들도 여실히 드러났다. 이에 따라 헌법을 개정한 지 30년이 지났고, 대통령 5년 단임제로는 미래사회에 대비한 장기적인 국가 발전

전략을 수립하는 데 한계가 있다는 공감대가 형성되면서 개헌에 대한 필요성이 여러 차례 제기되어 왔다. 문재인 대통령은 취임 100일 기자회견을 통해 2018년 6월에 치러지는 지방선거 때 개헌을 위한 국민투표를 하겠다고 발표함으로써, 대선공약으로 밝혀온 개헌에 대한 의지를 재확인한 바 있다. 하지만 문재인 대통령의 개헌 언급에는 지방분권과 국민기본권에 대한 것이 우선시되어 있다. 권력구조 개편에 대해서는 자세한 언급이 빠져 있다. 헌법개정시 권력구조 개편에 대한 논의가 있기 위해서는 대통령이 헌법개정안을 제출하거나, 국회가 헌법개정안을 제안하는 형식으로 권력구조 개편에 대한 안이 제시되어야 논의가 가능할 수 있다. 현재 국회 개헌특위를 중심으로 권력구조 개편에 대한 논의가 이뤄지고 있으나, 각 정당들의 입장이 상이하여 합의도출까지 적잖은 시간이 요구될 것으로 전망된다.

권력구조 개편과 정부형태

개헌을 통해 권력구조 개편을 한다고 했을 때 논의할 수 있는 정부형태로는 대통령중심제와 의원내각제, 이원집정부제를 들 수 있다. 이 세 가지 정부형태 공히 국가원수는 대통령이다. 그러나 행정부 수반은 대통령중심제에서는 대통령, 의원내각제와 이원집정부제에서는 총리가 된다. 대통령중심제에서는 의회선거와 대통령 선거를 따로 진행하게 되고, 입법부와 행정부의 권력이 분립된다. 대통령의 임기 보장으로 국정운영의 안정성과 정책의 지속성을 확보하게 되고, 법률안 거부권 등 의회 다수당에 대한 견제도 가능해진다. 그러나 의회와 행정부가 대립하는 경우, 국정운영의 비효율이 발생하게 되고, 대통령의 강력한 권한 행사가 가능해져 제왕적 대통령제라는 비판도 제기될 수 있다. 미국의 대통령제를 유사한 예로 들고 있으나, 대통령중심제는 엄밀한 의미에서 대통령제와 동일하지는 않다.

의원내각제는 선거로 구성된 의회에서 과반 이상을 차지한 정당이 행정부 수반인 총리와 내각을 구성하게 된다. 의회와 내각의 상호협력을 통해 효율적인 정책집행이 가능하고, 여론에 민감한 의회의 책임정치가 가능하다. 무엇보다 정당이 집권의 주체가 되기 때문에 총리가 물러나더라도 대통령중심제와 달리 같은 정당의 다른 정치인이 그 정당의 당수로 선출되어 총리자리를 이어 받기 때문에 국가정책의 연속성이 유지될 수 있다. 그러나 의회 다수당의 횡포 우려가 있고, 군소정당이 난립하는 경우에는 정국 불안을 가져올 수 있다.

대통령중심제와 의원내각제를 결합한 이원집정부제는 의회 선거와 대통령 선거를 각각 진행하여 행정부를 대통령과 총리가 공유하여 통치하는 형태이다. 즉, 대통령은 외치, 총리는 내치를 담당하는 것이다. 이는 입법부와 행정부의 대립에서 오는 마찰을 방지할 수 있고, 권력의 분산을 기할 수 있다. 그러나 대통령과 총리 간에 권력투쟁의 가능성이 있고, 책임이 분산되기 때문에 책임정치의 실현을 어렵게 하는 문제가 있다. 이렇듯 각 정부형태는 장단점을 각각 지니고 있기 때문에 개헌논의에서 이러한 문제점에 대한 숙의가 필요할 것이다.

권력구조 개편의 쟁점과 전망

권력구조 개편 논의의 정점에는 현행 대통령중심제의 폐단을 해소하는 것에 맞춰져 있다. 현행 헌법구조상 권력은 분산되어 있기 보다는 대통령에게 집중되어 있다. 외견상 3권 분립을 추구하지만, 실질적인 권력은 대통령에게 집중되어 있는 것이다. 대통령은 입법부에 대해

법률안 거부권을 가지고 있고, 직접 법률안 발의도 할 수 있다. 사법부에 대해서는 대법원장과 헌법재판소장에 대한 임명권, 지명권을 가지고 있고, 사면권을 통해 사법부의 재판을 무력화 할 수도 있다. 국회가 대통령의 인사권을 견제하기 위해 국회 인사청문회제도를 도입했지만, 장관 임명에 국회 동의가 필요한 것은 아니기 때문에 청문회 결과에 구속되지 않고 임명권을 행사할 수 있다. 국무회의 역시 단순한 심의기관에 불과하다는 비판도 있다. 또한 대통령은 사실상 공천권을 통해 여당을 장악하고, 여당 의원들로 하여금 법안이나 예산을 통과시키도록 할 수 있기 때문에 국회나 야당과의 소통이 절실하다고 보기 어렵다. 물론 국회나 야당과 소통이 부족할 경우 민심이반 등 정치적 어려움에 봉착할 수 있지만, 반대로 정부여당의 인기가 높을 경우에는 국회나 야당과 소통 없이도 돌파해낼 여지가 있다.

현재 국회에서 논의되고 있는 권력구조 개편 논의는 대통령 4년 중임제와 분권형 대통령제로 요약할 수 있다. 물론 의원내각제에 대한 논의가 완전히 사라졌다고 할 수는 없지만, 현행 대통령중심제의 큰 틀은 유지하려는 측면이 강해 보인다. 대통령 4년 중임제는 단임제 대통령의 조기 레임덕 현상을 극복하고, 대통령이 다수당에서 나올 수 있는 기반을 마련하여 국정운영의 안정성을 확보해 주려는 취지가 있다. 분권형 대통령제는 대통령의 권한을 분산한다는 점에서 대통령중심제와 의원내각제의 절충형이라고 할 수 있는데, 대통령의 제왕적 권력을 분산함으로써 대통령에 의한 권력독점을 방지하고자 하는 데 그 취지가 있다. 그러나 4년 중임의 대통령중심제도 단임제 대통령중심제의 폐해를 똑같이 초래할 수 있다는 점을 유의해야 한다. 한국의 정치상황에서 대통령 4년 중임제는 대통령 8년 단임제가 될 수 있다. 어느 정당에서 당선되건 대통령으로 선출된 사람은 공무원제도나 국가 권력기관 등 재임 중 활용할 수 있는 각종 수단을 동원하여 연임을 통해 8년의 임기를 다 채우려 할 것이기 때문이다. 분권형 대통령제 또한 내치와 외치가 구별하기 어려워져 대통령과 총리 간에 권력분쟁이 생길 수 있는 문제가 여전히 남는다. 따라서 이번 개헌논의에서는 권력구조 개편에 대한 개방된 논의를 통해 조화로운 합의점을 도출해내는 것이 가장 중요한 과제이다.

2 공공인사혁신:
AI관료제 시대에 부합할 미래 공공 인재상 정립과 양성

급변하는 미래 환경은 우리 정부에게 혁신적인 대응과 전략적인 준비를 요구하고 있다. 이는 미래 환경변화에 선제적이면서도 유연하게 대응할 수 있는 정부의 기능과 역할을 재정립함과 동시에 국정운영 방식 전반의 방향성 전환을 의미한다. 여기에서는 급변하는 미래 환경에 대응할 수 있는 인사혁신의 새로운 방향성과 전략을 제시하고자 한다. 이를 위해 먼저 향후 30년이라는 중장기적 관점에서 미래 환경변화를 전망하고, 이러한 변화에 유연하게 대응할 수 있도록 미래에 경쟁력 있는 정부가 필요로 하는 바람직한 공무원 인재상과 인사정책의 방향성을 제시하고, 실행방안들을 도출하고자 한다.

미래 환경변화로 인한 정부 인사혁신 변화

현재 우리나라를 포함한 글로벌 사회는 지난 반세기 동안 겪어왔던 패러다임의 변화 그 이상의 기술적, 경제적, 사회적, 환경적 특이점에 직면해 있다. 글로벌 경제위기의 반복, 저성장 기조의 고착화, 기후변화, 기상이변, 자원부족, 고령화, 과학기술의 융복합적 발전 등이 거시적 트렌드로 주목받고 있다. 이러한 트렌드들은 그 자체로도 강력한 영향력을 가지고 있으며, 상호작용을 통해 미래의 새로운 도전과 기회를 만들어 내고 있다.

미래 환경변화 시사점

미래 환경변화 전망을 통해 얻을 수 있는 시사점은 미래 환경이 빠르고 복잡하게 변화하고 있다는 것이다. 급변하는 변화에 대해서 기존의 정부 형태나 조직, 사람(공무원)으로는 대응하기가 점점 더 어려워지고 있다. 특히 저출산·고령화, 복지수요의 확대, 지능형 기술의 급속한 발전, 자원부족 심화, 기후변화와 기상이변과 같은 과제들은 개별 국가 또는 정부 혼자서 해결하기 어려운 난제들이고, 향후 미래정부의 경쟁력은 시장, 시민, 국제사회, 기계와 어떻게 협업하고 협력을 이끌어내느냐에 성패가 달려있다고 할 수 있다.

미래의 여러 환경변화 가운데 주목되는 부분은 빅데이터, 인공지능, 드론, 로봇, 자율주행자동차 등으로 대표되는 지능화·무인화 기술의 급속한 부상이 가져올 4차 산업혁명이다. 특히 지능형 기술발전이 가져올 인공지능혁명은 인류의 미래모습을 근본부터 흔들어 놓을 수 있는 중대한 변화로 간주되고 있다. 인류는 현재 농업혁명, 산업혁명, 정보통신혁명에 이은 제4의 기술혁명인 인공지능혁명을 눈앞에 두고 있는 것이다.

기술혁명과 정부 형태 및 조직의 변화

정부와 공직사회는 지능형·무인형 기술과 같은 파괴적 기술발전과 무관하게 존재할 수 있을까. 하와이대학의 미래학자 짐 데이터Jim Dator 교수는 "이 세상의 모든 것이 변해왔고 변하고 있지만, 정부와 공직사회만큼은 이러한 변화에서 비껴서 있다"고 주장한다.

인류의 역사를 되돌아보면, 기술적 혁명과 함께 정부의 형태와 정부조직을 운영하는 시스템도 함께 변해왔음을 알 수 있다. 기원전 8,000년경 제1차 기술혁명인 농업혁명이 시작되었고 잉여 생산물과 사유재산이 발생하면서 계층과 계급이 출현했다. 이후 지배층의 분화와 위계서열이 생기면서 국왕을 정점으로 한 중앙집권적 '왕조'라는 정부형태가 출현했으며, 왕조를 운영하기 위해 '관등제'와 '신분제'라는 조직운영 시스템이 나타났다. 18세기 중반 제2차 기술혁명인 산업혁명은 시민혁명과 맞물리면서 근대 정부의 탄생을 가져왔고, 20세기 중반 이후 시작된 제3차 기술혁명인 정보통신혁명은 네트워크를 통한 정치참여 확대로 민주주의를 더욱 심화, 발전시켰다. 정부와 행정 분야에서도 전자정부라는 새로운 정부형태가 나타났으나, 아직까지 기존 관료제와 계층제가 갖고 있던 한계를 극복하지는 못하고 있다.

〈표 5-1〉 기술혁명이 가져온 정부형태와 정부운영시스템

기술혁명	시작시점	정부형태	정부운영시스템
1차 농업혁명	BC 8000년	왕조	귀족 신분제
2차 산업혁명	18세기 중반	근대정부	관료제
3차 정보통신혁명	20세기 중반	전자정부	관료제 + Adhocracy
4차 인공지능혁명	21세기 초반	지능형정부	관료제 + AI

과거 기술혁명에 따른 정부형태와 정부운영시스템의 진화에서 얻을 수 있는 시사점은 기술발전에 따라 먼저 경제와 사회가 변하였고, 이러한 변화에 부응하기 위한 새로운 사회적 발명품들이 나타났다는 것이다. 대표적인 사례로 글로벌 가상국가 비트네이션Bit-Nation은 다가올 미래정부 형태에 중요한 단서를 제공하고 있다. 비트네이션은 현재 오프라인 정부가 수행하고 있는 일부 기능을 블록체인 기술을 활용한 국가운영시스템을 통해 수행하고 있다. 여기서 주목할 부분은 비트네이션의 정부운영체제는 기존 운영시스템에 인공지능 기술이 접목된 형태로 활용되고 있다는 점이다. 실시간으로 시민들의 의견을 수렴하고, 정책의 결과를 가상으로 시뮬레이션해서 최적의 의사결정을 추구하고 있다. 비트네이션 정부에도 물론 공무원들이 존재한다. 그러나 이들은 일반적인 공무원들이 하는 일과는 다른 일을 수행한다. 비트네이션 공무원들의 주요 업무는 비트네이션 운영을 위한 시스템 개발, 유지, 보수, 관리 등이다.

미래의 조직운영 시스템: 인공지능(AI) 관료제로의 전환

만약 미래의 정부가 비트네이션과 같이 인공지능이 가미된 형태로 진화한다면 지난 200년간 존속해 왔던 관료제와 공무원들은 어떠한 변화를 맞이하게 될 것인가?

당분간은 관료제가 완전히 붕괴되지는 않을 것이다. 관료제가 없어진다면 공직의 존재 의미가 사라지기 때문이다. 막스 베버Max Weber가 관료제를 이상적 모형으로 제시한 이유는 불변의 장점이 있기 때문이었다. 관료제에서는 법을 통해 업무를 맡고, 권위를 부여받으며, 법에 정해진 대로 절차를 준수한다. 합리성뿐만 아니라 공식성, 안정성, 예측가능성, 형평성의 장점을 통해 서구사회는 발전하였고, 높은 성과를 보이는 조직들은 대체로 관료제를 선택했다는 연구결과도 충분히 많다. 따라서 관료제가 사라지지는 않을 것이나 지금과는 다른 형태로 진화하게 될 것이다.

베버의 근대관료제는 법적 합리성뿐만 아니라 계층제, 문서소통 등의 다른 특성도 포함하고 있다. 따라서 인공지능과 관료제가 결합된 'AI관료제'의 출현이 예상되며, 이는 기존 관료제가 갖고 있던 법적 합리성을 살려 관료제의 장점을 극대화하는 방향으로 진화할 것이다. 인공지능 기술이 보편화되면 '근대관료제'는 해체되고 'AI관료제'로 대체될 것이다. AI관료제는 막스 베버 등이 창안한 근대관료제와는 전혀 다른 패러다임에서 탄생하기 때문에 관료제와 인간 간의 관계를 전혀 다른 성격으로 규정하게 될 것이다. 인공지능 기술을 통해 인간과 상호작용하는 지능형 컴퓨터가 단순반복 업무는 물론이고 기존 관료제 하에서의 불필요한 관행 혹은 비합리적인 틀을 개선할 것이다.

AI가 관료제에 참여하게 되면 3단계로 발전할 것으로 예상된다. 1단계에서는 AI가 인간의 의사결정을 돕는 역할을 할 것이다. 방대한 자료를 학습하여 최적의 의사결정을 인간에게 제시하는 방식이다. 인간은 이를 받아서 검토한 후에 최종 결정을 한다. 즉 AI는 의사결정 지원시스템으로 기능을 한다. 2단계에서는 기존 관료제와 대등하게 AI관료제가 형성된다. AI관료는 기존관료와 동등한 위치에서 상호작용하고 협동하면서 보완적으로 일을 한다. 3단계에서는 AI관료제의 역할이 대폭 확대되는 모습이다. 행정의 하부 시스템은 거의 AI가 담당하고, 고위 의사결정만 인간이 결정하는 시스템이다. 이때 인간은 업무에서 소외되었다는 불만을 가질 수도 있고, 또는 지루하고 반복적인 일에서 해방되었다고 생각할 수도 있다. 이 두 가지 생각의 갈림길은 새로운 인간의 역할을 어떻게 정의하고 제도를 개선하는가에 달려 있을 것이다. 인간은 적절히 일하고 여가를 즐기는 존재라고 정의하고, 이에 필요한 사회적인 제도(근로시간 조정, 복지 등)를 마련하게 되면 인간은 행복한 생활을 할 것이다. 그러나 인공지능 시대에 맞게 사회제도를 조정하지 못하면 인간은 일자리를 빼앗긴 불행한 존재가 되어 있을 것이다. 이러한 현상은 인공지능이 일자리를 대신하는 다른 모든 곳에서도 마찬가지일 것이다.

인사혁신 미래전략

과거의 정부는 개인이 아닌 공중 또는 공중을 이루는 시민에 대한 서비스를 제공해왔다. 그러나 미래정부는 개인맞춤형 서비스의 완성인 '나만의 정부'로서, 정부가 행정서비스를 스스로 찾아서 개인에게 제공하는 '지능형 정부'로 진화할 것이다. 지능형 정부가 추구해야 할 첫 번째 목표는 여러 주체들과의 협업이다. 단순히 정부부처 간, 정부와 시민과의 협업을 넘어 국가 간 협업과 기계와의 협업을 목표로 해야 한다. 특히 스마트 기계를 통한 협업으로 급변하는 변화에 유연하게 대응하고, 국민이 원하는 서비스를 신속하게 제공할 수 있어야 한다. 두 번째 목표는 변화와 수요에 유연한 감각 지능적 정부로의 전환이다. 즉, 공무원의 감성지능을 향상시킴으로써 정부가 추구하는 목표를 정책 대상자들에게 명확하게 전달하고 협력을 도모할 수 있도록 하는 것이다.

인사혁신 전략의 기본 방향

앞서 언급한 미래정부의 비전과 목표를 달성하기 위해서는 전통적 관료제를 창조적으로 해체하고 'AI관료제'와 새로운 인사시스템을 마련해야 한다. 관료제의 창조적 해체를 위해서는 먼저 지속적인 변화와 혁신을 추구하는 조직문화 및 기반 구축이 필요하다. 둘째, 미래 환경 변화와 미래 정부형태에 부합하는 공공 인재상을 정립하고 양성해야 한다. 인재상은 미래 환경변화에 필요한 인재의 역량조건을 의미한다. 셋째, 개인의 창의성과 혁신성을 제고할 수 있는 인사제도의 마련이다.

미래형 인재의 정의

첫 번째로 제시할 수 있는 미래형 인재는 급변하는 환경에 유연하게 대응하고 비전을 제시하며 모험과 변화를 선도해나가는 '길라잡이형Pathfinder Type' 인재이다. 길라잡이형 인재는 불확실성이 강한 미래 환경변화에 대해 도전하고 개척하려는 의지가 강하며, 빠르고 정확한 상황판단 능력을 지닌 인재이다. 또한 예상 밖의 환경변화에도 뛰어난 직관과 대응력으로 시의 적절하게 정책을 구현, 집행할 수 있는 인재라고 할 수 있다. 두 번째로 '융합협업형H-Letter Type'인재를 꼽을 수 있다. 융합협업형 인재는 고유의 전문영역을 갖고 있으면서, 동시에 다른 전문영역과 혹은 다른 전문가와 H자처럼 연결 막대를 통해 연결할 수 있는 지식체계나 사고력을 갖춘 인재를 말한다. 세 번째로는 '창조적 정보조합형Lego Type'인재를 고려할 수 있다. 이 인재상은 여러 정보와 지식을 조합, 편집, 결합함으로써 지금까지 없었던 새로운 것을 만들어 내거나 해결할 수 있는 인재를 말한다. 그밖에도 '감성교감형Renaissance Type' 인재상을 제시해볼 수 있다. 감성교감형 인재는 기계가 대체할 수 없는 창의력, 감수성, 사색능력 등 인간본연의 능력과 공직자로서의 소명과 책무를 정책과 행정서비스에 담아낼 수 있는 인재의 모습을 함축한다.

인재 선발 및 양성 방안

미래의 공직자는 더 이상 관료제에 종속된 존재가 아니라 독립된 자율적 개체가 될 것이다. 현재의 선발제도는 암기식 필기시험 중심으로 관료제의 틀에 잘 적응할 수 있는 순응형 관료를 뽑는 것에 목적이 있었다. 반면 미래에는 앞서 제시한 인재상에 맞는 역량, 즉 길라잡이, 융합·협업, 창조적 정보조합, 감성적 교감에서 높은 능력을 보이는 인재를 선발해야 한다.

그런데 기존의 선발제도로는 이러한 미래 수요를 충족시키기 힘들 것이다. 결국 현행 공채제도의 총체적이고 근원적인 혁신을 위해서는 미래에 요구되는 역량에 걸맞은 원칙을 지향해야 한다. 이를 위해서는 먼저, 단순한 IQ와 암기력보다는 EQ, 창의성, 문제해결능력, 인성 등을 종합적으로 평가할 수 있는 융합형 직무중심 시험제도가 필요하다. 둘째, 일회성 시험이 아니라 적정 기간에 걸쳐 공직자로서의 인성과 적성을 훈련받고 검증받은 사람 위주로 선발해야 한다. 셋째, 공직 지망생이 사교육시장에 의존하지 않고도 공교육을 최대한 활용할 수 있는 토대가 마련돼 있어야 한다. 넷째, AI를 활용하여 비용과 공정성의 문제를 획기적으로 해소할 필요가 있다. 다섯째, 처음부터 입직계급을 구분하여 시험보지 말고 추가 검증 및 훈련결과를 통해 부처별로 입직계급을 결정해 나가야 한다.

인재 평가 및 보상 방안

현재 근무형태 및 평가 기준은 근무시간을 기준으로 설정되어 있다. 이로 인해 근무상황에 대한 감독이 곤란한 원격근무와 재택근무는 활성화되지 못하고 있다. 근무상황보다는 결과물에, 감독보다는 자율에 평가의 방향을 둘 필요가 있다. 다시 말해 '가치창출에 근거한 평가'가 필요한데, 이는 사무공간이 축소, 해체됨에 따라 언제 어디에서나 소신 있게 근무할 수 있도록 근무시간보다 창출가치를 기준으로 평가하는 시스템을 말한다. '9 to 6'와 같은 획일적 근무형태가 아니라 원격근무나 재택근무와 같은 유연한 근무형태가 토대가 될 수 있다.

아울러 현재 공직사회의 가장 고질적인 문제 중 하나는 형식적 경쟁과 과도한 경쟁이 혼재되어 있다는 점이다. 형식적 경쟁이란 겉으로는 경쟁을 지향하지만 실제로는 연공서열 혹은 '나눠먹기' 식으로 경쟁을 회피하고 있는 상황을 뜻한다. 반면 과도한 경쟁은 신자유주의식 행정으로 정의되는 신공공관리를 토대로 확산된 경쟁이 협업을 방해하는 상황에 해당된다. 따라서 앞으로는 '쿠피티션COOPETITION(COOperation + comPETITION)'이라는 신개념이 도입되어야 한다. 이를 기준으로 성과평가가 이뤄진다면, 경쟁과 협업 모두에서 긍정적인 상승효과가 있을 것이다.

승진 및 인재 활용방안

현재 계급제를 기반으로 하는 한국의 공직사회에서 승진은 최고의 희망사항이다. 그러나 지나친 승진경쟁은 조직문화를 피폐하게 할 뿐만 아니라 패자는 조직몰입도를 상실하게 된다. 미래 공직사회에서는 서로 가치나 문화가 다른 '패스트 트래커fast-tracker'와 '포스트 트래커

post-tracker'가 등장할 것이다.

포스트 트래커는 궤도track를 초월post한 직원들을 말한다. 승진에 연연하지 않고 중하위직에 머무르면서 여유시간을 갖거나 여가생활을 즐기는 데에 가치를 두는 집단이다. 이들에게는 승진이나 보상이 아닌 여가 확대를 통해 각자가 바라는 가치를 추구할 수 있도록 해주어야 한다. 반면 패스트 트래커처럼 성취욕이 강하고 우수한 역량을 갖춘 핵심인재에게는 보다 많은 권한과 책임을 주고 자율권을 부여해야 한다. 도전적 직무로 이동 배치하여 도전기회를 제공하고, 그에 상응하는 보상을 제공해야 한다. 그리고 포스트 트래커와는 차별화되는 역량평가와 역량교육, 그리고 경력관리를 제공해야 한다. 즉 현재 한국의 고위공무원단이 받아야 하는 다양한 교육 프로그램을 승진 단계별 궤도에 따라 배치하는 것이다. 다만 패스트 트래커에게 요구되는 책임성과 투명성의 수준은 이전과 비교하면 현격하게 증대될 것이란 점을 전제로 해야 한다.

미래 국가의 경쟁력은 여성 인력과 경륜을 갖춘 (조기)은퇴자 활용에 따라 크게 차별화될 것이다. 한국사회의 초저출산 현상이 단기간에 해결될 가능성이 높지 않다는 점을 감안한다면 기존 경쟁력 있고 경험 있는 제한된 인력 풀을 십분 활용할 수밖에 없다. 한국사회의 또 다른 현상인 고령화를 염두에 둘 때, 조기은퇴 추세가 대세를 이루는 현재 한국사회의 모습은 경륜 있는 인력수급에 차질을 초래할 것이 분명하다. 더욱이 국제사회와 시장을 상대로 무한경쟁을 벌여야 하는 한국은 현장경험을 통해 축적된 조기은퇴 인력을 재활용할 수 있는 체계적, 제도적 장치를 강구해야 할 것이다.

3 통일: 유일한 방법, 상호존중과 합의

통일은 반드시 이루어야 하는 과업이다. 하나였던 국가와 민족의 단위가 국제정치적 이해관계에 의해 분단되었으므로 통일은 비정상적인 국가형태를 온전하게 되돌리는 과정이며 국가 미래의 가장 중요한 전략 목표이다. 많은 미래학자들은 앞으로 아시아 지역이 세계의 경제, 정치, 과학기술 및 문화융성의 중심으로 성장할 것이라고 전망하고 있다. 이러한 상황에서 동북아의 안정은 물론 세계평화와 공동번영에도 기여하게 될 통일한국이라는 시나리오 속 우리의 위상과 역할은 파격적일 것이다.

분단체제의 문제점과 통일이 가져다 줄 미래

우리 사회의 많은 문제들의 근원이 분단에 있다고 해도 과언이 아닐 만큼, 분단 상황은 한국 사회의 혼란과 불행의 원인과 배경이다. 분단은 국토의 물리적 분단을 넘어 체제로서 구조가 되었고 제도가 되었다. 분단은 또 사회적 문화가 되었고 생활양식과 사고방식, 가치관, 이념이 되었다. 분단구조, 분단제도, 분단문화, 분단이념들이 횡행하며 분단의 자기완결성이 고착되는 상황에까지 이르렀다. 이에 따라 분단은 국가발전과 국민행복을 가로막는 장애요인으로 작용하고, 사회병리현상들을 확산시키는 핵심기제로 작동한다. 이는 국가적 차원의 비극을 넘어서 세계평화와 안정에도 불안요인으로 작동하고 있다.

통일한국은 커다란 시너지 효과를 창출하면서 국제사회에 큰 영향을 미칠 것이다. 다만 우리가 희망하는 방향으로 통일이 되지 않는다면, 분단 상황보다도 못한 통일이 될 가능성도 존재한다. 과거 통일의 목표와 방향에 대한 논의와 준비 없이 통일했다가 갈등만을 초래하게 된 남북예멘의 사례에서 보듯이, 준비되지 않은 통일은 오히려 분단 상태보다 못한 결과를 초래할 수 있다.

우리가 지향하는 통일국가는 7,500만 하나의 민족이 주체가 되어 자유와 정의, 평등, 민주주의, 법치주의, 세계평화주의를 실천하는 국가여야 한다. 통일은 분단된 남북이 하나가 되는 것을 넘어 통일한국 구성원들의 행복을 보장하고 변화하는 국제무대에서 통일한국의 위상을 강화하는 계기가 되어야 한다. 또한 동아시아 및 세계의 평화와 발전을 위해 기여할 수 있어야 한다.

통일은 분단시대의 군사적 위협으로부터 국민 생존권을 보장하며 구성원들의 권리 신장과 민주주의 확대를 기대할 수 있는 여건을 제공할 것이다. 하지만 통일을 준비하는 이들에게는 통일한국이 차지할 국제사회에서의 위상과 역할 및 번영 가능성이 주된 관심사가 될 것이다.

국제적 위상 강화

분단은 국제정치 무대에서 남북한 모두에게 상당한 외교적 손실과 국제적 위상 추락을 초래했으며 정치군사적 자율성과 자주권에도 손상을 입혔다. 남북이 국제정치의 외교무대에서 상호비방하고 경쟁하는 동안 한반도와 동북아의 외교적 편익들은 주변 국가들이 누려왔다. 군사적 자주권과 외교적 자율성의 제약은 국가 및 국민 존엄성의 가치를 훼손하고 왜곡한다.

통일한국의 인구를 7,500만 명으로 예측할 때, 통일 이후 우리보다 많은 인구를 가진 선진국은 미국(약 3억 2,400만 명), 일본(약 1억 2,700만 명), 독일(약 8,100만 명)밖에 없다. 프랑스(약 6,700만 명), 영국(약 6,400만 명)보다 더 많은 인구를 가진 국가로 부상하여 국제사회에서의 발언권과 위상이 높아진다.

통일은 동북아 정치안보 지형의 안정화를 수반할 수 있다. 분단해소 과정에서 동북아 안보의 중대한 위협요인인 북핵문제가 해결됨으로써, 통일한국은 비핵·평화국가의 위상을 갖추며 협력적인 국제질서를 선도할 수 있다. 아울러 인류의 평화와 보편적 발전에 기여하는 국가로서 국가의 품격(국격)이 제고되고 국제사회에서 존경받는 국가로 발돋움하는 계기를 마련할 수 있다.

경제적 번영의 기틀 마련

통일은 장기적으로 경제적 번영을 수반할 여지가 있다. 대한민국 경제가 저성장과 불황에 시달리는 상황에서 남북 간의 경제협력은 우리에게만 주어진 기회가 될 수 있기 때문이다. 세계 최대 투자금융기관인 골드만삭스는 2009년도에 남과 북이 점진적, 평화적 통일을 이룬

후의 경제규모를 매우 높게 예측한 바 있다. 북한의 성장잠재력이 실현된다면, 미 달러화 기준으로 통일한국의 GDP가 30년에서 40년 후 프랑스와 독일을 추월하고 일본까지도 앞지를 수 있을 것으로 전망하고 있다. 이러한 예측에 따르면 2050년 통일한국의 규모는 미국을 제외한 대부분의 G-7 국가와 동등하거나 넘어설 것이라는 전망이 가능하다.

통일한국의 경제상황은 기존의 남북협력과는 질적·양적으로 차원이 다른 번영과 발전을 예견하게 한다. 가령, 북한 전 지역에 장기간에 걸쳐 전개될 거대규모의 국가급 SOC와 대규모 산업인프라 건설시장은 1980년대 우리 경제의 호재였던 중동특수의 수십 배에 달할 것이다. 또한 이미 오래전에 경쟁력을 잃은 섬유, 전자 등의 노동집약산업만 하더라도 남과 북이 만나면 다시 세계최고의 경쟁력을 가질 수 있다.[1] 더 나아가 우리의 고급기술과 자본이 북한의 고급노동력, 싼 임금, 상당한 지하자원과 결합하면 전례 없는 경제 대도약의 동력이 될 가능성이 있다.

그밖에도 한반도 평화정착의 과정은 '코리아 리스크' 해소로 국가브랜드 가치 상승과 해외투자를 증대시키는 요인으로 작용할 것이다. 더불어 남과 북을 연계한 관광자원 개발로 한반도는 세계적 관광 명소로 발돋움할 가능성도 있다. 또한 남북 경제교류 및 통합 과정은 대한민국이 직면한 다양한 경제문제들을 해소해가는 기회가 될 수 있다. 경제민주화의 과제, 청년실업 문제 등은 소위 통일경제의 활성화 과정에서 상당 부분 해소될 수 있는 과제들이다.

통일한국을 위한 전략 방향

통일한국으로 가기 위해서는 바람직한 통일의 모습과 과정이 무엇인지에 대한 정의와 이를 위해 어떤 노력과 작업이 필요한지에 대한 전략적 검토가 필요하다.

통일 개념: 평화의 연장선상에서의 통일

통일은 평화를 바탕으로 한다. 평화는 남북 적대관계와 군사적 긴장이 사라진 상황을 의미한다. 국민들이 통일문제 논의 자체를 부담스러워하는 이유는 가능하지도, 가능할 수도, 가능해서도 안 되는 통일을 그리고 있기 때문이다. 북한의 붕괴로 휴전선이 허물어지고 단일한 경제체제와 법제도 속에서 한 사람의 대통령을 뽑고 완벽한 하나가 되는 그런 통일은 현실적으로 불가능하다. 나아가 미래에 가능할 수도 없고, 통일의 목적과 가치 측면에서 추구할 수도 없다.[2] 평화의 정착과정 없이 갑작스럽게 찾아오는 통일은 남북 모두에게 바람직하지 않다. 그것은 우리가 통일하고자 하는 목적인 국가발전과 국민 행복의 가치에도 크게 반하는 모습이다. 그것은 첫째, 현재의 남한과 북한이 처한 상황과 구조상 어느 일방이 일방을 극복할 수도, 해서도 안 된다는 것이고, 둘째, 북한이 자연스럽게 스스로 붕괴될 수 있는 상황도 아니며, 셋째, 분단체제 70여년의 남북관계 구조상 급격한 통일은 남북 모두 감당할 수 없는 정치, 경제, 사회문화적인 문제들을 야기한다. 현실적인 통일은 평화의 연장선상에서의 통일이다.

통일 방법: 합의에 의한 통일

통일의 목적은 국민의 행복이다. 그런데 남과 북이 현재 처한 구조상 상호합의에 의한 통일 말고 가능한 통일은 없다. 합의에 의하지 않은 통일은 결국 전쟁밖에 없다. 남과 북의 전쟁은 철저한 공멸이므로 전쟁에 의한 통일은 통일전략이 될 수 없다.

독일 통일을 흡수통일로 설명하지만, 흡수통일 이전에 독일 통일은 형식적으로는 상호합의에 의한 통일이었다. 동독의 몰락으로 서독이 흡수한 통일이 아닌, 동독 의회가 통일을 합의·승인하고 동서독 양측이 동등한 자격으로 합의하여 이룩한 평화적 합의통일이다. 역대 한국 정부 역시 남북 간 합의에 의한 평화적인 통일방안을 공식 입장으로 표명해 오고 있다.

통일 원칙: 상호존중

남북이 서로의 체제와 제도를 존중할 경우 적대적 관계 해소의 기회가 생기고, 점차적으로 평화가 제도화되고 구조화되면 분단해소의 길이 열린다. 상호존중에 입각한 평화와 통일 과정은 '다름'이 상당 기간 공존하는 가운데 분단 상황이 해소되는 과정을 뜻한다.

역사적으로 통일과 관련한 가장 중요한 4개의 합의는 박정희 대통령의 1972년 7·4남북공동성명, 노태우 대통령의 1991년 남북기본합의서, 김대중 대통령의 2000년 6·15공동선언, 노무현 대통령의 2007년 10·4선언이라 할 수 있다. 평화의 길을 모색했던 과거 네 차례의 합의에 공통적으로 담긴 핵심적인 정신은 '상호존중'이다.

통일 단계: 평화와 통일의 과정

대한민국의 공식통일방안은 '민족공동체 통일방안'이다. 1989년 노태우 정부에 의해 처음 제시되었다가 이후 1994년 김영삼 정부가 한

민족공동체 건설을 위한 3단계 통일방안인 민족공동체 통일방안으로 발전시켰다. 민족공동체 통일방안은 '자주, 평화, 민주'[3]를 통일의 3원칙으로 하여 통일과정을 '화해협력→남북연합→통일국가' 3단계로 상정한다.

여기에서 핵심은 남과 북이 상호 체제와 제도를 인정하고, 적대·대립관계를 공존·공영의 관계로 발전시키기 위해 다각적인 교류협력을 전개해가면서 남북연합의 실질적인 단계로 나아가자는 것이다. 3단계 통일과정 가운데 '화해협력'에서 '남북연합'으로 가는 사이에 정치군사적 신뢰구축을 거쳐 정전협정을 평화협정으로 대체하는 등의 과정을 통칭하여 '평화체제'로 상정할 수 있다. 북한의 통일방안인 '연방제' 방안은 단계를 달리 할 뿐, 우리의 국가연합제와 유사하다. 그래서 '낮은 단계의 연방' 개념과 '국가연합제'가 유사하게 수렴한다고 보고, 그 방향에서 통일을 추구해가기로 합의한 것이다.[4]

통일한국을 향한 구체적 실행 방안

통일을 추구하는 과정에서는 현실주의적인 접근이 필요하다. 통일을 장기적 차원의 과제라 설정하고 통일지상주의에서 탈피, 화해와 협력의 구도 아래에서 통일여건을 조성해간다는, 정부의 공식 통일방안에 충실한 자세가 필요하다. 통일은 한반도가 처한 지정학적 여건을 고려할 때 주변국가의 지지를 확보하는 외교적 역량과 국민의 지지를 통합하는 정치력이 있을 때 가능하다. 그런 이유로 우리는 이 책의 서두에서 대한민국의 미래 비전으로 '아시아 평화중심 창조국가'를 제시했다. 주변 국가들이 한반도의 통일을 우려스러운 눈으로 보게 해서는 안 된다. 우리 민족은 과거에도 그랬듯이 미래에도 주변국들과 평화롭게 공존하는 국가를 지향한다.

국민 공감대 형성

과거 통일논의는 일부 계층의 전유물로 인식되다가 1993년 북핵문제가 야기된 이후 국민들의 무관심과 비관으로 변화했다. 하지만 통일이란 민족적 과제를 결코 소홀히 할 수 없다는 점에서 국민들로부터 통일에 대한 관심을 이끌어내면서 통일논의의 불씨를 살려두어야 한다. 이를 위해서는 정부와 민간차원의 통일운동 역할분담 및 협조 등이 필요하다. 초당적 협력을 바탕으로 대북문제와 관련한 여론조사, 공청회 및 설명회 등을 통해 국민들의 의견을 수렴하고 정책에 반영해야 한다. 또한 통일논의를 추진할 역량강화를 위해 조직체계를 재정비해야 한다.

아울러 올바른 통일교육과 홍보의 중요성도 인식해야 한다. 통일 담론을 각급 학교에서 정규 프로그램으로 편입시키고 단계별 교재를 개발하여 지속적으로 통일교육을 시행해야 한다. 또 다양한 사회단체와 연계해서 통일의 편익과 혜택에 관한 공감대를 점차 확산시켜야 할 것이다.

국민통합이란 관점에서 탈북자와 해외동포 전략도 새로 정립해야 한다. 3만 명을 넘어선 국내 정착 탈북자에 대한 관리는 향후 남북통합의 시금석이 될 것이다. 이들이 우리 사회에 정착할 수 있도록 지원하는 노력은 통일 과정에서 초래될 혼란을 최소화하는 필수적 작업이다.

통일외교역량 강화

동서독 통일 사례에서 보듯이 통일을 위해서는 국제사회의 지지와 협력이 필요하다. 특히 한반도는 북한의 도발로 언제든지 긴장국면이 조성될 수 있는 지역이므로 한반도에서의 안보저해 요인을 제거하고, 통일대비 국제적 역량을 강화해야 한다. 이를 위해서는 한미동맹 강화와 대중외교 강화가 필수이다. 특히 동아시아의 평화와 협력안보를 정착하는 데 우리의 역할을 확대해야 한다. 과거 냉전 시기에 유럽의 유럽안보협력기구가 독일 통일에 유리한 터전을 제공했던 사실을 유념하며 우리의 통일외교는 동아시아에서 국가 간 신뢰와 협력을 촉진하는데 기여해야 한다.

통일재원 조달

통일재원 조달도 중요하다. 현재 남북협력기금이 1조 원에 이르고 있으나, 통일대비를 위해 더 많은 재원이 필요하다. 통일재원 조성방안으로는 통일세 등 세금분야에서의 재원조성, 남북협력기금과 연계한 통일재원 조성, 채권발행, 해외자본의 차입 등을 들 수 있다. 통일복권을 발행하거나 통일마일리지를 채택하는 방안도 있다. 하지만 남북관계나 국내경제 여건이 개선되지 않는 한 정부의 이런 노력이 단기간에 국민적 지지를 얻기는 쉽지 않을 것이다. 따라서 사회 지도층이 국가의 장래에 대한 철학을 갖고 통일과정에 대해 국민들을 설득해 가는 노력이 그 무엇보다 중요하다.

남북 협력 분야의 확대

통일로 가기 위해서는 다양한 분야에서 협력을 확대해가야 한다.

특히 미래사회 변화의 주요 동인인 과학기술, 자원, 환경 분야에서의 협력은 상당한 기회와 발전 가능성까지 제공하고 있다.

북한의 과학기술은 기초과학분야, 줄기세포[5] 등의 생명과학분야, 군사분야,[6] 위성분야에서 상당한 역량을 보유하고 있는 것으로 평가된다. 남북의 과학기술협력을 통해 이러한 기초과학과 기술력을 산업기술로 변환시킨다면 상당한 시너지효과를 기대할 수 있다. 자원분야의 협력은 가장 기대되는 분야이다. 북한은 석유,[7] 희토류,[8] 우라늄, 마그네사이트, 텅스텐, 흑연 등 희귀 광물자원이 매우 풍부한 것으로 알려져 있다. 특히 석유와 희토류는 국제정치적으로 북한문제가 새로운 차원에서 주목받을 수 있는 게임 체인저game-changer로 작용할 수도 있다.

최근 화두인 4차 산업혁명과 관련해서도 북한은 '온 나라 CNC(Computerized Numerical Control. 컴퓨터 수치 제어)화 정책'을 통해 북한식 4차 산업혁명을 추진하고 있는 것으로 알려졌다. 따라서 ICT 분야에서 각각의 우수성을 활용하면 다양한 협력방안이 나올 수 있을 것이다. 이 분야에서의 협력이 성공적으로 실행된다면, 남과 북이 미래사회의 주도권을 선점할 수 있는 전략이 될 수도 있다. 이렇듯 단기적 통일달성에 앞서 평화정착에 초점을 맞춘 점진적이고 단계적인 통일노력과 남북협력의 확대는 실질적인 남북 공동체 형성에 기여할 것이다.

4 외교: 평화전략, 열린 지역주의, 국제공헌 국가

외교전략을 구상하는 과정에서 우선적으로 점검해야 할 것은 자체적으로 동원할 수 있는 자원과 역량에 대한 검토라고 할 수 있다. 한국의 경우 국제정치의 영역에서 미래를 우리 뜻대로 만들어 나갈 독자적 능력에는 한계가 있다. 하지만 미국과 중국 등 강대국들 간의 상호작용과 4차 산업혁명과 같은 세계의 중요한 추세들을 파악하면 가능한 미래의 선택지 가운데에서 가장 현실성이 있는 한국만의 미래상을 다시 추려낼 수 있다. 이러한 의미에서 이 글은 30년 후 한반도와 국제정치의 미래를 예측하여 우리의 미래를 준비하는 작업이다.

미래전망: 세 가지 시나리오

30년 후 한반도와 우리의 미래에 직접적으로 영향을 미칠 동북아시아 질서와 관련하여 세 가지 정도의 시나리오를 생각해 볼 수 있다. 이 시나리오는 우리의 선택에 의해서 부분적으로 좌우되지만 국제 정치경제 환경과 주변 강대국의 선택이 큰 영향을 미칠 것이다.

갈등과 협력의 혼재: 불안한 현상유지

향후 30년간 한반도의 상황은 지금과 같은 갈등과 협력의 혼재상태가 지속될 가능성을 배제할 수 없다. 오늘날 한반도는 4차 산업혁명 시대에 살고 있으면서도 다른 한편으로는 여전히 남과 북이 분단된 구시대적 냉전체제에 머물러 있다는 이중적인 양상을 띠고 있다. 이런 상태가 지속되면 평화와 위기의 구분은 불분명해지고 불안정한 평화가 상당 기간 지속될 수 있다.

한반도의 '불안한 현상유지 시나리오'는 다음 상황에서 가능해진다. 김정은 체제는 '경제발전과 핵 보유'라는 병진정책을 유지하며 선군정치 기조 하에 북한 군부의 우월적 지위를 강화해 나간다. 북의 군사적 도발과 이에 대한 남한과 국제사회의 제재와 응징이라는 악순환이 되풀이된다. 북한의 핵 야망과 군사적 긴장은 한미동맹과 미일동맹의 강화를 가져오고 이는 한중관계에 있어서 걸림돌로 작용하게 되어 미중관계와 한중관계를 악화시키면서 한반도 및 동북아의 평화와 안보정착을 어렵게 만들 개연성이 크다. 물론 미국과 중국 간에는 상호 무시할 수 없는 경제적 의존관계로 인하여 이 시나리오에서 남북 간에, 또는 동북아시아 지역 내 전면적인 전쟁이 일어날 가능성은 크지 않다. 그러나 남북대립은 더욱 고착화될 수 있으며 동북아시아 안보 상황도 항구적인 평화를 보장하기 힘든 상황이 연출된다.

전쟁과 파국의 길: 악몽의 시나리오

미래 안보상황에 있어 최악의 시나리오는 전쟁과 파국의 상황이다.

현재의 추세대로 북한이 핵 개발을 포기하지 않고 핵무기 보유국가로 자리 잡게 되면, 한국은 보다 강력한 안보조치를 취하게 되어 미국의 전술핵 재배치 등으로 인한 미중관계 및 한중관계 악화, 독자적 핵무기 개발 등 다양한 선택에 직면하게 될 것이다.

북한의 핵무기 보유는 남북한 군사적 대결을 보다 첨예하게 만들 것이다. 물론 향후 30년 동안 북한이 급변할 가능성도 배제할 수는 없다. 그러나 급변사태가 흡수통일로 이어지거나 북한 사회 전체의 총체적인 붕괴로 이어지지는 않을 것이다. 다만 한미 연합전력이 북한의 안정화를 위해 북한 내 군사개입을 선택하게 되면 한반도 상황은 더욱 혼란에 빠질 가능성이 높다. 중동 사례에서 보듯이 안정화를 단기간에 구축하지 못할 경우, 내전양상이 장기화되면서 한반도가 전쟁터로 변할 수도 있으며, 중국과 러시아 등의 관여로 이어져 국제전 양상으로 발전할 수도 있다.

한편 동북아시아 안보상황과 관련하여 문제시되는 것은 역내질서의 불확실성이다. 미중관계가 상호 불신이 쌓이면서 적대적 관계로 변모한 가운데 중국은 한반도를 자신의 세력권으로 편입하려 하고, 미국은 기존 동맹관계를 지키려는 경합을 벌이거나, 또는 센카쿠(다오위다오) 등 영토 문제를 둘러싼 중일분쟁이 군사적 충돌로 번질 경우, 한국은 심각한 선택의 기로에 서게 될 것이다. 북한과의 적대적 관계가 지속되는 한, 한국은 미국과 공조할 수밖에 없고, 충돌이 일어나면 미국과 일본의 편에서 분쟁에 연루될 것이기 때문이다.

평화와 번영의 새 질서: 다자주의 시장질서와 아시아 평화중심 국가

앞서 논의한 현상유지 시나리오와 파국 시나리오는 안보를 중심으로 한 국가 간의 상호작용 속에서 발생하는 시나리오이다. 반면 이러한 갈등과 파국 상태를 시장이 극복해 나가는 안정적인 평화와 번영의 시나리오를 생각할 수 있다. 이러한 상황은 소위 '역逆아시아 패러독스' 상황이라고 할 수 있는데, 동북아시아 국가들이 정치·안보적으로 갈등관계에 있더라도 무역과 통상활동 등을 통하여 평화와 번영의 길로 진화하는 질서를 의미한다.

이러한 질서는 1945년 이후 미국이 중심이 되어 구축한 자유주의 세계질서의 확산 속에서 공고화 과정을 밟게 된다. 다시 말해 제1차 및 제2차 세계대전이라는 참화를 가져온 중상주의, 근린궁핍정책 등을 봉쇄하는 다자주의 시장질서와 국제협력 제도를 정착시킨 질서이다. 이러한 추세는 동북아시아를 비껴가지 않았는데 한중일 간의 무역 및 투자의 확대 등으로 정치·안보적 갈등에도 불구하고 지속적인 통상활동과 협력을 이끌어내고 있다.

북한 문제를 잘 관리하면서 한반도 평화를 이루어낸다면 동북아시아의 갈등과 파국이라는 시나리오를 피하고, '아시아의 패러독스'가 아닌 시장과 안보 협력이 함께 굴러가는 '아시아의 미러클'을 만들어낼 수 있다. 이러한 동북아시아의 평화와 번영을 한국이 이끌어내는 데 있어 중심 기조가 되는 것이 '아시아 평화중심국가'라는 비전이다.

이러한 아시아 평화중심국가라는 비전을 실현하기 위한 선결과제가 바로 남북한 주도의 북핵문제 타결이다. 따라서 남북한은 상호존중을 바탕으로 평화공존, 교류협력 강화, 협력과 통합의 제도화를 통해 남북연합과 같은 사실상의 통일을 달성하는 데 동참해야 한다. 한반도에 평화가 오면 동북아시아 내 다자주의 시장질서 안에서 남북한 공동번영을 위한 기틀이 마련될 것이다. 그리고 그 공동번영이 '아시아 패러독스'로부터의 탈피를 수반하게 된다.

시장경제와 민주주의가 작동하는 남북한과 동아시아 지역 국가들이 다자안보협력 체제를 구체화한다면 이 지역의 공동번영을 위한 군사안보적 틀 또한 마련된다. 이 지역의 모든 국가들이 '공동안보, 포괄안보, 협력안보'에 기초한 집단안보체제를 추진할 때, 영속성 있는 평화 비전이 가능해질 수 있다.

미래전략: 평화전략, 열린 지역주의, 국제공헌 국가

'대전략'이란 원래 전쟁에서 승리하기 위한 전략, 전술 등을 총괄하는 것을 의미해 왔다. 그러나 최근에는 국가의 생존, 번영, 가치를 확보하기 위한 지도자의 비전, 이론 등을 지칭한다. 따라서 외교정책, 군사전략 그리고 대외경제정책을 포함하는 포괄적 외교안보정책이라 정의해도 무방하다. 비스마르크의 '균형외교', 히틀러의 '생존공간lebensraum', 그리고 닉슨과 키신저가 추진했던 '데탕트détente'등이 대표적 사례라 할 수 있다.

그러면 30년 후 아시아 평화중심국가로서의 대한민국을 구현하기 위해서는 어떠한 대전략이 필요한가? 화해, 협력, 공진화에 기반을 둔 한반도 '평화전략', 협력과 통합에 기초한 '열린 지역주의전략', 그리고 국제사회에 공헌하고 존경받을 수 있는 '국제공헌국가전략'을 모두 아우르는 미래지향적 구상이 필요하다.

한반도전략: 평화전략(화해, 협력, 공진화)

무엇보다 냉철한 현실인식이 필요하다. 한반도의 평화는 남과 북이 주도적으로 만들어 나가야 한다는 역사적 인식이 중요하다. 남북한이 안정적인 평화공존으로 들어가면 한미동맹의 중요성은 그만큼 줄어들게 마련이고 대미 군사의존도가 감소하면 한중관계는 개선의 여지가 확보되고 북중관계도 균형 있게 건설적으로 전환될 수 있다.

그러면 남북한 평화공존체제를 어떻게 만들어 갈 것인가? 가장 바람직한 것은 기존의 남북한 합의에 기초하여 화해와 협력을 심화시켜 나가는 길이다. 그러기 위해서는 북한 정권과 체제의 붕괴를 도모하는 흡수통일의 유혹에서 벗어나야 한다. 남과 북이 최고위급에서 합의한 7·4남북공동성명과 1991년 남북기본합의서, 6·15, 10·4선언이 명시적으로 밝히고 있듯이, 남북한 간에 체제와 제도의 차이를 인정하고 상호존중의 바탕 위에서 화해협력을 강화해 나가는 방도가 바람직하다. 그렇게 되면 두 개의 주권을 가진 남과 북이 유럽연합과 같은 공동체를 만들 수 있고, 이는 사실상의 통일로 이어질 수 있는 것이다.

이 모든 과정에서 가장 중요한 전기는 북미관계 개선이 될 것이다. 그러나 이는 북핵문제 선결 없이는 어렵다. 이러한 안보 딜레마의 실타래를 풀기 위해서는 한국 정부가 적극적으로 나서야 한다. '북한의 핵 포기=미국의 대북적대정책 포기 및 관계정상화' 등식이 성립될 수 있도록 노력을 전개해야 한다. 형식상으로는 남북기본합의서와 북미수교에 관한 기본조약만으로도 한반도 평화의 법적 보장은 가능하다. 따라서 한국 정부의 외교적 노력은 미국과 북한을 상대로 양측 간의 합의가 성실하게 이행될 수 있도록 촉구하고 감독하는 동시에, 문제가 발생할 경우 이를 중재하는 작업에 집중되어야 한다.

동북아전략: 열린 지역주의

한반도의 미래는 동북아 정치, 경제 지형과 불가분의 관계를 맺고 있다. 미중, 중일 간의 관계가 악화되면 한반도의 평화는 보장될 수 없다. 특히 미중, 중일 대립구도에서 어느 한 쪽에 극단적으로 치우치거나 핵무기를 가진 중간세력 국가가 된다고 해서 평화가 오는 것은 아니다. 가장 바람직한 경우는 이미 진행되고 있는 동북아시아의 다자주의 시장질서를 확대, 강화하는 것이다. 이는 동북아 지역에서 이른바 '열린 지역주의'로 한국이 지역협력과 통합에 주도적으로 나서는 작업이다. 경제부분에서는 한중일 3국 FTA를 시작으로 북한, 러시아, 몽골까지 참여하는 동북아경제공동체를 만들어 나가야 한다. 이러한 공동체 노력은 외교안보분야에도 긍정적 파급효과를 가져올 수 있다. 특히 6자회담이 성공적으로 재가동되어 9·19 공동성명의 합의가 구체적으로 이행되면 동북아 다자안보협력체의 출범도 가능할 것이다.

한국 또는 통일된 한반도는 대륙과 해양을 연계하는 시장, 문화, 안보, 인적 교류의 네트워크 국가로서의 위상을 굳건히 할 수 있으며, 동북아 평화와 번영을 위한 네트워크형 거점국가로서 자리매김 할 수도 있다. 과거 역대 정부가 제주도를 동북아 평화거점으로 구축하고 이를 중심으로 지역 내 지식공동체 구성을 도모했듯이, 동아시아 속에서 한국의 위상 재정립 노력은 계속되어야 한다.

세계전략: 글로벌 공공재 제공에 기여하는 국제공헌 국가

한반도와 동북아시아 수준의 전략뿐만 아니라 세계전략이 필요한 이유는 오일쇼크나 9·11 테러 등과 같은 세계적 갈등과 위험이 동북아시아로 파급될 수 있기 때문이다. 또 아시아 평화중심 국가로서 대한민국의 위상을 국제사회가 인정해 주어야 우리가 동북아전략을 효과적으로 추진할 수 있기 때문이다. 이는 글로벌 거버넌스에 적극적으로 참여하여야 가능한 것인데, 특정 국가 중심의 일방주의적unilateral 글로벌 거버넌스 질서가 아닌 다자주의 제도 중심의 다자질서pax universalitas 구축을 추구하는 우리의 입장은 분명해야 한다.

그러기 위해서는 '국제공헌 국가'로서의 위상을 명확히 해야 한다. 미국과의 전략적 동맹에 따른 제한적, 도구적 국제공헌이 아니라 세계의 안정과 평화유지, 빈곤퇴치, 기후변화 해결 등 글로벌 공공재 제공에 기여함으로써 이루어내는 국제공헌이어야 한다. 이를 위해서는 국제기구에서 중추적, 주도적 역할을 자임해야 하며 국제사회의 주요 핵심영역에서 새로운 규범과 원칙을 만드는 데 적극적으로 참여해야 한다. 특히 앞으로 세계정치의 경쟁과 협력, 그리고 구성원리와 작동방식의 변화를 야기할 가능성이 높은 4차 산업혁명에 대한 우리만의 고찰과 전략수립이 필요하다. 이미 강대국들 간에는 4차 산업혁명의 주도권을 잡으려는 기술패권 경쟁이 시작되었고, 미래사회를 주도하기 위한 다양한 전략과 정책이 추진되고 있다. 우리나라도 다양한 논의를 기반으로 4차 산업혁명의 도래에 따른 변화에 대응하기 위한 전략을 마련해 국제무대에서 주도적인 역할을 할 수 있도록 해야 한다.

미래전략 실현을 위한 추진방안

앞서 제시한 미래전략을 실현하기 위해서는 무엇보다 이에 걸맞은 국가 역량이 바탕이 되어야 한다. 국력을 갖추지 못하면 결국 불안정한 한반도 정세가 지속될 수밖에 없고, 미국이나 중국 등에 기운 편승

전략을 불가피하게 택할 수밖에 없는 상황에 직면할 것이다.

경성 권력hard power

전통적 의미의 국력은 영토, 인구, 경제력, 군사력, 과학기술력 등의 종합으로서의 국력, 즉 경성 국력을 뜻한다. 영토는 제한되어 있고 저출산·고령화 사회를 피해갈 수 없는 현실을 고려하면 특히 군사력은 주요 변수이다. 향후 30년을 지내는 과정에서 평화통일을 뒷받침하고 동북아 평화와 안정에 기여하기 위해 이는 필수적이다. 이 때 한미동맹은 상당 기간 지속적인 유지가 필요하다. 다만 동맹에 대한 의존도를 축소해 가면서 자주적인 군사력 건설에 역점을 두어야 한다.

연성 권력soft power

연성 권력은 국제사회 또는 다른 나라로부터 받는 존경과 사랑을 외교적 영향력으로 전환할 수 있는 능력으로 정의할 수 있다. 여기서 가장 중요한 것은 신뢰성이다. 국제사회의 규범과 원칙을 잘 지키고 약속을 이행할 때 신뢰성이 생긴다. 두 번째 요소는 정통성이다. 국제사회에 공공재를 제공하고 지도력을 발휘함으로써 그 국가를 신뢰하고 추종하는 협력국가가 많아질수록 정통성의 정도는 높아진다. 세 번째로는 매력 국가가 되는 것이다. 문화적인 호소력, 국민이 가지는 세계시민으로서의 품격이 갖춰질 때 매력 국가가 가능해진다. 마지막으로 설득력이다. 한국이 추진하고자 하는 비전을 국민과 국제사회에 설득하는 힘이 필요하다. 신뢰성과 정통성, 그리고 매력이라는 기반 위에 설득력 있는 논리와 담론을 만들어 적극적인 공공외교를 펼쳐야 한다.

네트워크 파워network power

국제사회는 주권국가들이 무수한 연계망으로 얽혀진 거미줄과 같다. 정부뿐만 아니라 기업, NGO, 심지어 개인에 이르기까지 다양한 행위자들이 연계망을 구축하고 있다. 그러한 그물망의 외연과 강도가 클수록 그 나라의 국력은 증가하게 된다. 한국이 인적연계망, 지적연계망, 아이디어연계망의 거점국가가 될 경우, 우리는 더 큰 영향력을 행사할 수 있는 것이다. 최근 싱가포르가 동남아의 네트워크 거점국가가 되고 있고, 유럽에서는 벨기에, 네덜란드가 그런 역할을 하고 있다. 우리나라도 아시아 평화중심 국가가 되기 위해서는 국가적, 사회적 차원에서 고도화 된 IT역량을 바탕으로 네트워크 역량을 증대해야 한다.

사안별 연합issue-based coalition

냉전 종식 이후 각국의 국가 이익이 사안별로 차별화되는 시대로 진입해 왔다. 국가이익이 사안별로 차별화된다는 의미는, 예를 들어 기후변화라는 사안에서는 한국과 같이 화석연료 의존적 경제구조를 가진 국가들끼리 이익이 일치하고, 대체에너지나 에너지 효율이 좋은 독일은 일본 등과 이익이 일치하는 반면, 일본의 과거사 문제에 있어서는 한국, 중국, 북한의 이익이 일치하고, 일본과 미국이 일치하는 차별화가 일어나는 것을 뜻한다. 마찬가지로 북한 핵문제는 과거 6자회담 당시 한국, 중국, 러시아 입장이 비슷했던 적이 있고, 또 정권에 따라서 한국, 미국, 일본 입장이 비슷했던 적이 있다. 이러한 경우에는 사안별 연합 전략도 중요하지만, 한국이 선도하여 5개국의 선호도를 수렴시키는 외교를 해야 한다. 앞으로의 외교는 사안별로 국익을 계산하여 국가 간 연합을 결정하는 전략을 취해야 한다.

내적 단결력internal cohesiveness

내적 응집력은 무형의 국력을 규정하는 매우 중요한 지표라 할 수 있다. 정치사회적 통합의 정도가 높을수록 국가의지는 강고해지고 대외정책에 있어서의 안정성과 예측가능성도 높아지는 반면, 그 반대도 성립한다. 한국의 경우 북한 문제를 둘러싼 한국사회 내 보수, 진보 간의 오랜 갈등이 이러한 반대의 경우에 해당된다. 따라서 평화와 통일에 대한 정치·사회적 합의를 구하고 수준 높은 통합을 이뤄내는 노력이 필요하다.

스마트 파워와 정책수립 및 이행능력

스마트 파워smart power라는 개념을 제시한 하버드대학의 조셉 나이Joseph Nye 교수는 스마트 파워를 "외교, 국방, 개발원조 등 소위 하드파워와 소프트파워의 모든 수단들을 현명하게 통합하고 연계시키는 능력"으로 정의한다. 즉 스마트 파워란 정책수립과 이행능력을 뜻한다. 국가안보 관리에 핵심적인 것은 지도자의 비전과 통찰력, 그리고 정책 우선순위에 대한 명확한 인식이다. 또한 국가정보능력과 더불어 정보를 정확하고 객관적으로 분석하며, 정책에 우선순위를 부여하는 뛰어난 정책분석력도 필요하다. 이를 위해 국가의 과제와 이행전략을 연구하는 싱크탱크를 육성하고 활용하는 시스템을 구축해야 한다. 하드파워가 되는 데 근원적인 한계를 갖고 있는 한국이 아시아 평화중심 국가를 구현하는 데 있어 가장 합당한 지향점이 바로 '스마트 파워'라 해도 과언이 아닐 것이다.

5

국방:

정보군-작전군-군수지원군으로 미래 군 구조 개편

4차 산업혁명 사회는 더 이상 미래의 이야기가 아니다. 이미 삶의 영역에 깊이 침투해 있다. 이에 따른 변화는 이전 3개의 혁명을 통해 경험한 변화와 차원을 달리한다. 국방체계 역시 4차 산업혁명의 핵심 기술인 인공지능을 접목하는 다양한 첨단기술을 통해 능동적으로 대처해야 한다. 그동안의 과학기술은 인간이 설계한 범위 내에서만 작동되는 기능적 한계를 가지고 있었으나, 앞으로 전개될 4차 산업혁명의 과학기술은 기능적 한계를 넘어 지능의 영역에서도 작동될 수 있다는 특징이 있다. 인간만이 가지고 있는 지능을 기계가 가지게 된다는 것은 상상을 초월하는 미래사회의 변화를 예측하게 한다. 때문에 변화된 4차 산업혁명 사회의 안보 및 경제전략은 기존의 방법과는 많이 달라져야 한다.

4차 산업혁명 사회의 특징과 전장 환경

급속히 변화하는 중심에는 사람과 과학기술이 자리 잡고 있다. 그리고 그 사람들은 서로 다른 사람과의 협력으로 더 큰 변화를 만들고 있고, 과학기술은 서로 다른 영역이 교합하여 새로운 기술을 잉태시키고 있다. 국가의 운명을 좌우할 안보분야에서도 군 관련 종사자만이 아니라 민간 우수 전문집단의 지혜를 더하는 협업이 필요한 시점이다.

생명 존엄성 증대 사회

인간이 만든 기계가 인간만이 가지고 있는 그 지능을 가지게 되고, 지능을 가진 기계가 4차 산업혁명을 주도하게 되면 인간의 가치관은 혼란에 빠질 수 있으나, 역설적으로 이는 생명의 존엄성이 더욱 부각되는 반사이익 역시 창출할 것이다. 특히 인권과 민주주의의 기본권에 대한 인식 수준이 증폭되면서 생명의 존엄성을 무시하는 정책이나 행위를 용납하지 않는 사회적 합의행보가 곳곳에서 나타나고 있다. 최근의 세월호와 같은 참사를 미루어 볼 때, 우리는 정부의 미흡한 대비로 인한 인재를 용납하지 않는 시민의식을 표출했다. 생명 존엄성과 기본권에 입각한 인류의 보편적 가치에 따라 마땅히 국민의 생명을 제일 우선순위로 고려해야 하며, 전력증강의 목표도 여기에 맞추어야 할 것이다.

유비쿼터스ubiquitous 초연결사회

"공기나 물처럼 어디서나 언제나 존재 한다"는 의미의 라틴어 '유비쿼터스'는 마크 와이저Mark Weiser가 '유비쿼터스 컴퓨팅'이라고 표현하면서 사용한 용어이다. '유비쿼터스 초연결사회'는 장소와 시간에 관계

없이 네트워크에 접속하여 원하는 기기들을 통제 할 수 있는 환경을 말한다. 이러한 환경은 우리 생활의 주변기기(자동차, 냉장고, TV, 시계, 안경 등)에 스마트 컴퓨터가 내장되고 IoT로 서로 연결되면서 가능해질 것이다.

유비쿼터스 초연결사회를 가능하게 하는 기술들은 5G 통신기술, 인공지능, 드론, IoT, 3D프린팅, 블록체인, 클라우드 컴퓨팅, 빅데이터 등이다. 이러한 기술들은 유비쿼터스 초연결사회에서 안전하고 신속하게 시간과 공간의 제약 없이 모든 귀속 기기들을 실시간 통제 가능하도록 하는 시스템 구축에 기여하게 될 것이다. 3D프린팅 기술로 DIYDo it yourself가 활성화 되고 원하는 도구나 상품을 스스로 생산하거나 개인 맞춤형의 주문생산 시대가 될 전망이다. 또 드론은 이러한 상품을 실시간으로 운송하게 될 것이다. 따라서 미래사회는 대량생산 판매보다 소품 다종의 상품 판매가 이루어지는 사회로 변모하여 개인의 취향에 개별적으로 대응하는 개인소비시대가 될 것이다.

지능 디지털 자동화기계 사회

지금까지의 자동화는 인간이 프로그램화시킨 범위 내에서 기계가 움직였지만, 앞으로는 기계나 로봇에 인공지능이 탑재되어 기계나 로봇이 스스로 생각하고 스스로 문제를 해결해 가는 '지능 디지털 자동화기계 사회'가 될 것이다. 특히 무인 자율주행자동차와 자율교통 시스템은 지능자동화기계 사회의 표본이 될 전망이다. 로봇비서, 로봇의사, 로봇변리사, 로봇변호사도 지능자동화기계 사회를 이루는 데 주역이 될 것이며, 창의력 분야를 제외한 많은 인간들의 업무가 로봇으로 대체될 것이다.

SNS 주도 사회

지금까지는 정부가 정책을 마련하고 법을 제정하여 사회를 통제하는 정부 주도 사회였다면, 앞으로는 구성원들이 스스로 사회를 통제하는 시대가 열릴 전망이다. 정보통신의 발달로 익명성이 보장되고 보안문제가 해결되면 언제든지 저비용의 온라인 실시간 선거가 가능할 것이기 때문이다. 특히 빅데이터 시스템을 이용한 모니터링을 통해 실시간으로 국민 여론 파악이 가능하기 때문에 국가 행정은 이를 방관할 수 없을 것이고, 국가 전반의 행정 역시 국민의 의견을 수렴하려 할 것이다. 결국, 기존의 정부 주도 사회에서 SNS 주도 하에 움직이게 되는 SNS 주도 사회가 될 것이다.

4차 산업혁명 사회의 전장 환경

전장 환경도 사회의 변화에 따라 달라진다. 미래 세계가 인간의 가치관과 과학기술 변화의 결과물이 되듯이 미래 전장 환경도 인간의 가치관과 과학기술의 변화에 따라 변하게 될 것이다. 이런 맥락에서 미래의 전장 환경을 다음과 같이 정의할 수 있다.

-생존성을 최대 보장하는 전장 환경(인간의 가치관에 대응)
-4차 산업혁명 사회 환경에서 수행되는 전쟁(과학기술 발전에 대응)

즉, 미래 전장 환경은 과학기술을 최대로 응용한 육·해·공 및 우주 등 4차원 공간에 IT환경을 추가한, 5차원 환경으로 구축될 것이고, 인간의 생존성을 최대로 보장하는 가치개념을 만족시키는 전장 환경이 조성될 것이다.

앞에서 언급한 생명 존엄성 증대 사회, 유비쿼터스 초연결사회, 지능 디지털 자동화기계 사회, SNS 주도 사회 등의 4차 산업혁명 사회의 특징은 미래전장 환경에 부응하는 전력구축 방향 설정에도 고려해야 할 요소들이다. 즉, 생명 존업성 증대 사회에서 국방은 병사의 생명을 최우선적으로 보호해야 하며, 유비쿼터스 초연결사회에서의 국방 분야는 NCW(Network Centric Warfare: 네트워크 중심 전쟁체계) 구축으로, 지능디지털 자동화기계 사회에서의 국방무기체계는 무기 자동화 및 무인 무기체계화로, 그리고 SNS 주도 사회에서는 C-NCW(Civic-Network Centric Warfare: 국민 네트워크 중심 전쟁체계) 구축으로 연결할 수 있다.

미래 군사전략과 전력체계

무엇보다 군사전략은 미래 전장 환경에 부합되는 전략으로 전환시킬 필요가 있다. 즉, 최소한의 인명손실이 전제되어야 하고, 최소한의 파괴로 전쟁을 종결시킬 전략이 필요하다. 지금과 같은 '도발 시 응징' 전략은 전면적인 전쟁을 전제로 해야 한다. 그러나 전면전은 상호 막대한 인적 손실과 물적 피해를 감수해야 하며 상호 승리가 없는 공멸이라는 전쟁 결말이 될 수밖에 없다.

따라서 새로운 전략은 전쟁 자체를 불용할 수 있는 전략이어야 한다. 전쟁을 불용하는 환경 조성을 위하여 외교적인 노력이 선행되어야 하지만, 근본적으로는 막강한 전력 구축이 뒷받침되어야 한다. 핵무기 보유는 전쟁 불용의 한 방법이 된 것이 사실이었다. 그러나 핵을 통한 전쟁 억제는 자칫 이것이 실패할 경우 대량살상과 공멸을 불러올 위험이 있다는 점에서 지극히 위험하고 비윤리적인 전략이라는 한계가 있다. 이러한 상황에서 우리의 새로운 전략은 핵 이외의 다른 방안으로 세워져야 한다. 그것은 곧 상대보다 우월한 미래 국방 전력체계이다.

NCW 구축

미래 유비쿼터스 초연결사회에서는 전력증강 방향도 군 전체를 하나로 묶는 초연결이 필요하다. 이를 가능하게 하는 것이 새로운 개념의 NCWNetwork centric warfare라 할 수 있다. 지금까지의 NCW 개념은 지휘통신에 한정된 것이라면, 새로운 개념의 NCW는 정보, 통신 및 작전을 하나의 시스템 안에 묶어 하나의 생명체와 같이 운영될 수 있게 하는 전생지휘 시스템이다. 즉, NCW는 정보 우선에 근거한 작전을 전개하기 위하여 탐지기, 결정권자, 타격체를 모두 한 네트워크를 통해 연계하여 전투를 지휘하며 전장 인식 공유, 지휘 속도 향상, 작전 속도 증가, 치명성 및 생존성 증대, 그리고 작전 동시 통합 능력 향상을 도모하기 위한 전쟁 운영체계이다.

완전한 NCW를 구축하기 위해서는 미래지향적인 군 지휘 통제망 플랫폼이 필요하고 이 플랫폼에 모든 정보센서, 무기체계 및 군 장비들이 IoT로 통합적으로 연결되어야 한다. 각 센서에서 얻어지는 정보가 중앙 전산시스템으로 전송되고, 빅데이터 시스템이 이를 관리하며, 사전에 설정된 인공지능 프로그램들이 전장을 자율 지휘할 수 있는 NCW 체계가 되어야 할 것이다. NCW체계 구축을 위해서는 IoT 기반의 네트워크 개발 및 빅데이터 기술, 모델링 및 모의실험modeling and simulation 기술, 인공지능, 첨단 센서 등 핵심 기술의 응용 및 융합이 필수적이다.

NCW는 IT환경에서 전쟁을 수행하기 위한 체계이다. IT환경의 특성은 모든 것이 실시간으로 이루어진다는 것이다. 지금의 기술수준으로 보아 모든 전쟁프로세스가 실시간으로 이루어지기는 어렵다. NCW가 탐지, 결정 및 타격의 전 과정이 한 시스템에서 이루어지도록 하는 것이 목표이지만, 실시간으로 이루어지는 데에는 타격 기술에 한계가 있다. 타격이 실시간으로 이루어지기 위해서는 빛의 속도에 버금하는 타격수단이 필요하다. NCW 운영에 합당한 최적의 무기체계는 레이저 무기와 같은 DEW(Directed Energy Weapons: 지향성 에너지 무기)이다. DEW에는 레이저 무기 외에도 전자빔을 발생하는 전자총Electron Beam Gun과 같은 무기가 있다. 지금의 연구 추세로 보면 레이저 무기는 곧 실용화가 될 것이며, 100~200km 사정거리에서 미사일을 격추할 수 있는 무기도 15년 이내에 나타날 것으로 예측되고 있다.

지능화 및 자율화 무기체계 구축

생존성 확보를 위해서는 인간(군인)의 전장 노출을 가급적 줄여야 하고, 그 방법으로는 모든 무기와 장비를 무인화 및 자율화시키는 것이다. 미래사회 특징의 하나로 지능디지털 자동화기계 사회를 언급한 바와 같이 우리의 미래군 전력 구축 방향도 모든 장비와 무기체계를 지능화된 기계로 대체하는 것이 인간의 생존성을 확보하고 전투력 증강을 위한 최선책이다.

C-NCW 구축

미래사회는 SNS 주도 사회이고 전쟁은 국민 총력전이다. 따라서 국방 분야의 NCW를 민간분야까지 연결시키는 C-NCWCivic Network

Centric Warfare를 제안한다. C-NCW 체계 구축으로 전쟁 발발 시 전쟁 상황을 국민에게 실시간으로 알려 국민의 자발적 협조를 구할 수 있고, 국가적 가용자원을 적절히 사용할 수 있을 것이다. 또한 C-NCW를 통하여 예비군 훈련과 동원령을 신속하게 수행할 수 있을 것이다.

미래 군의 구조와 조직 전략

군 구조는 전쟁 영역domain과 궤를 같이 한다. 해상과 육지만이 전쟁 영역이었던 때에는 육군과 해군만으로 군의 구조를 편성하였다. 공중이 전쟁 영역 안에 편입되면서 공군이 창설되었다. 지금은 우주 공간과 사이버 공간이 전쟁 영역으로 추가되었다. 그렇다면 추가된 2개의 전쟁 영역을 담당할 새로운 군이 창설될 시점일까?

정보군-작전군-군수지원군 구조로의 변화 필요

전쟁 영역의 확대에 따라 군을 증설하는 것보다, 새로운 차원의 변화를 수반하는 4차 산업혁명의 흐름을 고려하여 이전과는 다른 측면에서 군 구조의 변화를 모색해야 한다. 4차 산업혁명은 인간과 흡사한 기계, 그리고 인간과 같이 사고하는 기계의 출현으로 만들어지는 혁명이다. 우리 군도 인간의 신체 기능과 흡사한 구조로 전환시킬 필요가 있는 것이다.

사람의 몸은 세 가지 기능을 수행하도록 진화해 왔다. 첫째 기능은 정보information 획득 및 판단 기능이다. 우리의 뇌는 외부로부터 정보를 획득하여 신체의 반응 기관에 전달하는 중앙 통제소이다. 즉 눈, 코, 귀, 혀로부터 얻어지는 정보와 손과 피부의 촉각으로 얻어지는 정보를 종합 판단하고, 필요시 이에 대한 행동을 지시한다. 두 번째 기능은 행동actuator 기능이다. 손과 발이 이 기능을 담당한다. 필요시 나를 위협하는 적을 제압하거나 방어하며, 원하는 장소로 이동하는 기능을 수행한다. 세 번째 기능은 우리의 몸 상태를 관리하고 보존하는 신진대사logistic 기능이다. 음식을 먹고 소화시키며 소화된 물질을 각 기관에 공급하여 세포를 증식하거나 유지시킨다. 그리고 피를 만들고 피가 원활하게 돌도록 하여 산소와 영양소를 공급하는 통로를 만들어 준다. 이와 같은 정보, 행동, 신진대사의 세 가지 기능으로 우리 인간은 만물의 영장이 되어 이 세상을 지배하고 있는 것이다.

우리 군의 구조도 우리의 몸과 같은 기능을 수행할 수 있도록 전환할 필요가 있다. 즉, 정보군, 작전군, 그리고 군수지원군으로 구성하여 미래의 전장 환경에 부합된 전략을 구사할 수 있도록 편성해야 한다. 이때 각 군의 주요 임무는 다음과 같이 부여할 수 있다.

〈표 5-2〉 미래 군의 임무

정보군의 임무	작전군의 임무	군수지원군의 임무
정보획득, 정보분석 및 전달 사이버 전장 관리 및 통제 지휘 통제시설 관리 및 통제	육지, 공중, 해상 전투 관리 및 통제 특수전투 부대 운영	정보군 및 작전군 운영물품 조달 및 공급

미래의 군 조직 모델

〈그림 5-1〉은 4차 산업혁명 시대의 군 조직 전환 개념을 토대로 한 모델이다. 군 조직을 단일 전쟁체계 내에서 유기적으로 연결시켜 한 몸과 같이 작동하도록 설계한 전쟁체계 모형이다. 이러한 모형으로 군의 조직을 전환시키기 위해서는 4차 산업혁명의 첨단기술들이 요구되

고 국가의 모든 가용 기술 자원을 이용할 수 있는 방안이 강구되어야 한다. 그러나 무엇보다 중요한 것은 이러한 기술 개발의 방향키 역할을 할 미래 군사전략 개발 및 정책 제시가 선행되어야 하며, 이러한 일을 위하여 민간 전문집단의 적극적인 참여를 유도해야 할 것이다.

〈그림 5-1〉 군 조직 모델

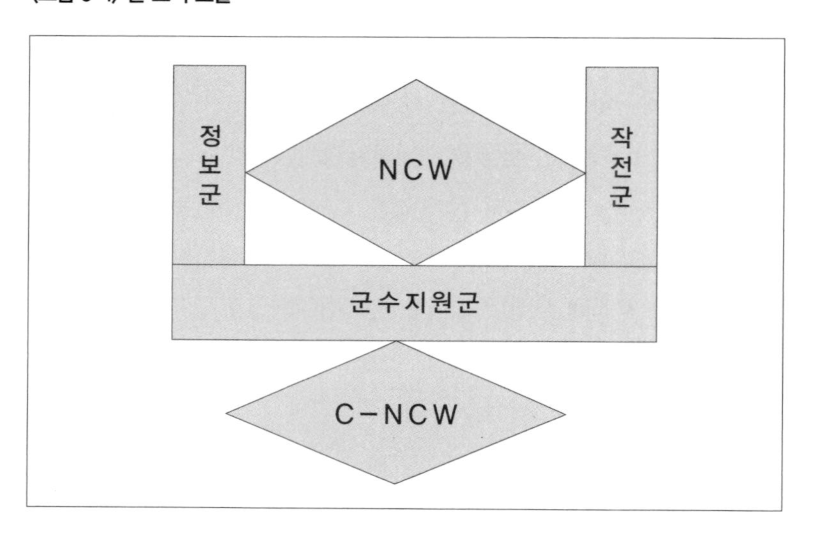

6 군사기술:
연구개발의 확대와 민간 기술의 활용

국가이익 수호, 외부침략에 대한 방위, 재난대응 등 국가의 안보를 위해 모든 국가는 독자적인 국방력을 구축하고 있다. 이러한 국방력 발전의 초석이 되는 것이 군사 과학기술이며, 이를 현실화하여 군사력을 육성하고 운용하는 개념과 방법 및 수단, 그리고 자원을 배분하는 방향 등을 군사정책이라고 한다. 군사 과학기술의 발전과 군사전략의 적용 등은 지금까지 주로 군 관련 종사자들이 독점하고 있었다. 그러나 한반도를 둘러싼 국제안보 환경의 급속한 변화 속에서 국방정책과 전략적 운용 환경 역시 과학 및 정보기술의 획기적인 발전을 토대로 역동적이고 때로는 복잡하며 가파르게 변화하고 있다. 이러한 불확실한 환경에서 군사 과학기술의 전략적 운용과 구현은 국가 총체적인 관점에서 군뿐 아니라 산업, 학계, 그리고 민간 전문집단의 창의적이고 전문적인 지혜와 지식이 함께 모아져야 할뿐더러 이를 실천적으로 구현할 수 있는 노력이 뒤따라야 한다.

특별히, 한반도를 둘러싼 안보 위기가 하루가 다르게 고조되고 있지만 돌파구는 보이지 않는 현실 속에서, 4차 산업혁명을 통한 군사기술 개발은 우리의 안보를 튼튼하게 다져줄 새로운 활로가 될 가능성이 크다고 할 수 있다. 4차 산업혁명의 촉매제인 정보통신기술과 인공지능기술을 군사기술(국방 과학기술)에 적용한다면 혁신적인 결과를 낳을 수 있는 블루오션이 될 것이다.

미래의 전장 환경

정치의 목표는 제반 환경을 고려하여 국가의 존립과 번영, 구성원의 이익 및 욕구를 만족시키는 것이다. 전쟁은 이러한 정치행위에서 목표를 달성하는 하나의 궁극적 수단이다.

미래의 전쟁은 발전하는 과학기술의 영향을 받아 육·해·공 및 우주 등 4차원 공간에 사이버 공간을 추가한 5차원의 전장환경에서 수행될 것이며, 인간 생존성의 최대 보장이라는 가치에 부합하여 발전할 것이다. 앨빈 토플러Alvin Toffler가 21세기 정보사회에서 지식 및 정보가 경제적인 부를 창출하는 데 가장 큰 역할을 수행할 것이라고 예견했던 것처럼, 21세기의 전쟁도 지식과 정보가 핵심이 되는 양상으로 전개될 것이다.

우선 플랫폼 중심의 전쟁 양상에서 네트워크 중심의 전쟁으로 전개될 것이고, 접적接敵, 선형線形, 근거리 중심의 전투에서 비접적, 비선형, 원거리 전투가 함께 진행될 것이다. 또 일련의 순차적 연속작전에서 병렬적, 동시적, 통합적인 전쟁양상으로 바뀌고, 물리적 공간 중심의 전장에서 정보 우위, 정치적 의지 붕괴, 심리적 마비를 도모하는 정보 및 심리적 전장공간의 확장과 같은 전쟁양상으로 진화할 것이다.

이처럼 미래 전장은 군사력 사용을 수반하는 물리적 전쟁과 사이버전 등 비물리적 전쟁양상이 혼재된 모습으로 전개될 것이기 때문에 사물 인터넷, 인공지능, 무인체계, 로봇, 우주자동화체계, 그리고 사이버 및 우주 공간을 활용하기 위한 기술개발 및 실용화 경쟁은 가속화 될 것이다

또한 미래의 전장은 사람이 아닌 로봇과 무인기들의 싸움터가 될 가능성이 크며, 이는 이미 알카에다 및 IS와 벌이는 대테러전의 상당 부분이 무인기(드론)에 의지하여 진행되고 있음을 통해 확인할 수 있다. 더불어 미래에는 전쟁의 유형이 더 복잡해지고, 소규모전쟁, 국지전, 테러 형태의 전쟁이 증가되며 전쟁의 개념, 방법, 수단들이 혼합 혹은 융합되어 일어나는 하이브리드전hybrid warfare이 증가할 것이다. 특히 유비쿼터스 센서 네트워크USN, Ubiquitous Sensor Network 관련 정보기술, 전파식별 기술, 그리고 스텔스 기술, 정밀유도무기PGM, Precision Guided Munition, 바이오 기술, 무인로봇 및 비행 기술, 레이저 기술, 인공지능 등은 전쟁양상의 하이브리드화와 함께 전장의 모습을 근본적으로 진화시킬 것이다.

미래 군의 기술전략 전망

첫째, 미래의 전장 환경은 네트워크화의 특징을 갖는다. 전장의 여러 기능들과 구성 조직들이 서로 연계되어 동시적이고 협동적으로 작동되어야 하므로, 복합체계system of systems와 같은 융합과 수렴이란 거대한 흐름 속에서 발전될 것이다. 이런 측면에서 미래군의 군사력 발전은 디지털화 방향으로 나아가게 될 것이다. 미래군의 디지털화란 무기체계나 전력구조의 하드웨어나 소프트웨어가 통합되고 상호연동체계

가 완비되어 로봇, 무인항공기 운용의 자동화 및 무인화가 가능한 상태를 말한다. 이와 같은 개념의 대표적인 현대 전쟁수행 이론이 네트워크 중심전NCW, Network-Centric Warfare이다. 이는 정보 네트워크 기술을 기반으로 모든 전장요소를 연결하여 실시간 동시 통합적으로 수행되는 전쟁 양상과 관련된 전장戰場 운용 개념을 말한다.

둘째, 미래 전장은 기존의 물리적 전장 공간 외에도 정보적, 인지적 전장 공간의 중요성이 증대될 것이다. 새로운 전쟁 양상은 국가 대 국가의 전투원 중심에서 탈피하여, 비국가행위자가 전쟁의 주요행위자로 등장하고 전투원·비전투원 구별이 모호한 '전쟁의 탈군사화'가 특징일 것이다. 특히 게릴라전, 사이버전 등 비대칭전, 테러리즘 및 범죄가 혼합된 하이브리드 형태의 전쟁 양상이 뚜렷하게 나타날 것이다. 또한 전쟁의 장기화 추세 속에 군사력 외에 정치, 경제, 외교, 정보 및 심리적 요인이 전쟁의 주요 수단으로 등장하면서 사이버 공간에서의 분쟁이 증대되고 있다. 이에 따라 사이버 공격 및 방어 기술, SNS를 활용한 정치심리전과 사이버심리전, 그리고 정보 및 인식 전장 영역에 대한 군사정보작전IO, Information Operations 등 정보적 전장공간과 관련된 기술 역시 발전될 것이다.

셋째, 인간의 생존성이 더욱 중시될 것이다. 전장에서 인간의 생존성을 최대한 확보하려면 인간(특히 군인)의 직접적인 전장 노출을 줄여야 한다. 이를 위해서는 모든 무기와 장비의 무인화 및 자동화가 전제가 된다. 모든 장비와 무기체계의 무인화를 통해 미래군은 인간의 생존성을 최대한 확보해야 하며, 이것은 모든 국가의 군사력 발전의 지향점 중 하나가 될 것이다. 미래군은 군인이 직접 나서서 적을 격멸하거나 제압하는 것보다 로봇 등 장비나 무기가 적을 제압하는 일을 수행하는 방식으로 발현될 것이다. 대신 인간은 방호된 안전한 곳에서 이들 체계나 개별 무기의 운용을 기획하고 이를 구현하기 위한 운영을 담당하게 될 것이다.

넷째, 레이저 무기[10]는 군사력 분야뿐만이 아니라 국가 위상에도 막대한 영향을 미치게 될 것이다. 이는 우선적으로 군사력 발전과 군사 전략과 전술의 근본적인 패러다임을 바꿀 수도 있을 것이다. 레이저 무기를 탑재한 무인비행체, 레이저 무기를 탑재한 인공위성 등이 전쟁을 주도하게 될 수도 있을 것이다. 또한 레이저 무기는 그간의 핵무기의 위상을 최대로 약화 혹은 무력화시킬 수 있을 것이다. 레이저 무기는 가장 주도적이고 경제적인 무기체계가 될 수 있다. 한 대에 수천 억 원이 넘는 전투기 대신에 레이저 무기를 탑재한 헬기나 저가의 저속 항공기가 공중을 제어하게 될 것이고, 기술이 발전함에 따라 레이저 무기의 생산단가가 저렴하게 될 수 있기 때문이다. 그러므로 고효율의 레이저 무기는 민간 피해를 최소화하고 적의 핵심시설을 동시 무력화하여 전쟁 수행 시간을 단축할 수 있는 효과기반작전EBO, Effect Based Operation 개념에 입각한 신속한 전쟁 수행을 가능하게 할 것이다. 특히 중요한 것은 향후 레이저 무기가 외교적으로 핵무기 보유보다 더 우월한 위치 확보를 가능하게 할 수 있다는 것이다. 핵무기 제어가 가능하고 원격으로 적의 지휘시설, 핵미사일 기지 등 핵심 군사시설을 제거할 수 있는 기능 보유는 국제정치에서 상상을 초월하는 힘의 배경이 될 수 있기 때문이다.

군사 과학기술 발전에 따른 군 구조의 변화 방향 전망

무기체계와 군 구조는 상호 밀접한 관계 속에서 연계되어 발전된다.

즉 무기체계의 변화는 군의 구조 변화를 강요하게 되며, 반대로 군 구조의 발전은 관련 무기체계의 발전을 요구할 수도 있다. 예를 들어, 지금의 군 구조 및 작전술operational art, 전술tactics은 기존의 무기체계를 기반으로 하여 이루어져 있기 때문에 미래의 불확실하고 복잡한 전쟁 환경에는 적절하지 않을 수 있으며, 특히 첨단 IT환경에서는 더욱 그러할 수 있다. 실시간으로 연결되어 있는 IT 환경에서는 모든 지휘 및 절차가 명확하고 간결해야 하며 서로 연결되어 있으면서도 분권화된 유연한 구조여야 한다.

미래의 IT환경에 부합하는 무기체계 및 군 구조 등 군사력 발전을 효과적으로 도모하기 위해서는 몇 가지 사항이 고려되어야 한다.

첫째는 군 조직 구성원의 사회적, 지리적, 인구적 특성과 변화추세를 고려해야 한다. 우리나라는 OECD 국가 중 출산율이 가장 낮은 나라이다. 이로 인한 인력의 감소로 군이 요구하는 인력을 충분히 지원받을 수가 없는 상황이 예측되고 있으며 이에 대한 대비책이 마련되어야 한다. 또한 무기체계는 방호 및 안전을 최우선하여 설계되어야 하고, 조직은 팀의 기능과 구성원의 단합과 의사소통을 충분히 고려하여 발전시켜야 한다. 이를 위해서는 전문화된 유연하고 통합적인 구조와 조직으로 전환할 필요가 있다. 가령 미래의 군 구조와 조직을 모듈화 운용 개념에서 한 발 더 나아가 레고lego형으로 상정해 볼 수도 있다. 기능이 서로 다른 레고 방식으로 조직되고 훈련된 다원적인 기능의 단위들을 조립하여 작전 목적에 맞는 단위 부대를 적시, 적소에서 맞춤형으로 융합하여 다목적으로 유연하게 적용할 수 있도록 하는 것이다.

두 번째로 고려해야 할 사항은 군 구조 등 군사력 발전의 효과성에 초점을 맞추어야 한다는 것이다. 미래의 전쟁은 첨단 IT환경을 배경으로 5차원적인 공간에서 동시적, 복합적, 그리고 통합적으로 이루어질 것으로 예상되고 있다. 이러한 전장 환경에서는 무엇보다 불확실성에 대응해야 하며, 미래의 비선형적이고 비가시적인 전장 특성으로 인해 군사력만으로 대응하는 것은 한계를 가질 수밖에 없다. 따라서 국력의 총체적인 사용은 당연히 고려되어야 한다.

군사기술 미래전략

군사력 발전을 도모하기 위해서는 중장기적 전략과 단기적 실행방안을 동시에 마련해야 한다. 특히 외부적으로는 국제관계의 변화를, 내부적으로는 남북관계의 변화를 고려하는 유연한 방향설정이 필요하다.

독자적인 정보체계 구축

우리나라는 미국과 중국이라는 두 강대국 사이에서 협력과 갈등이라는 복잡한 국제관계를 맺고 있다. 지정학적으로 이 두 강대국의 중간에 자리잡은 우리는 고래싸움에 끼인 새우와 같은 존재로 남을 게 아니라, 고래싸움 속에서도 생존과 국가이익을 수호하는 실리적인 외교 및 안보 관계를 형성해 나가야 한다. 또 우리는 가장 크고 현실적인 북한의 위협에도 대응해 나가야 한다. 특히, 중단기적 군사력 운용 및 건설 방향은 우선적으로 전쟁 억제와 방지이다. 전쟁 억제와 방지는 물론 합리적인 전쟁 가능성 판단을 위해 한국군에게 가장 시급한 사안은 독자적인 정보체계 구축이다. 차세대 전투기 확보보다 더 시급한 것이 독자적인 정보체계와 사이버전 및 정보작전 체계 마련인 것이다. 따라서 가용예산을 이 분야의 구축에 적극 투입할 필요가 있다. 중장기적으로 우리 군이 독자적으로 컨트롤 할 수 있는 정보체계 구축은 미·중·일·러의 영향력을 감소시키는 수단이 될 수 있을 뿐 아니라 주권국가로서 거듭날 수 있는 수단이기도 하다.

스핀온spin-on적 교류 활성화

기술전략 측면에서 미래 군사력 발전을 위해서는 우선적으로 민수民需의 첨단기술이 군사기술로 전환, 사용되는 스핀온spin-on적 교류가 활성화되어야 한다. 지금까지는 미국 등 선진국을 중심으로 군용 과학기술이 민간으로 전환, 확대되는 스핀오프spin-off가 주요 흐름이었다. 군사용 목적으로 개발한 웹web 기술이 일상으로 확대된 것이 스핀오프의 좋은 예이다. 하지만 앞으로는 민간의 첨단기술이 군사기술로 사용되는 스핀온이 중요시 될 것이다.

물론 군용이냐 민수용이냐의 과학기술 분류는 그리 큰 의미가 없다. 동일한 기술을 일부 스펙의 차이를 가지고 군에서 사용할 수 있으면 군수용 기술이 되고, 민수용으로 사용될 수 있으면 이 또한 민수용 기술이기 때문이다. 중요한 것은 군용이든 민수용이든 첨단과학기술은 국가발전의 초석이고 국방의 핵심이라는 점이다. 민군기술협력사업촉진법과 전담기구는 과학기술의 스핀 온오프의 창구가 될 수 있기 때문에, 과학기술정보통신부와 국방부에서는 기술적인 교류 협력과 효과적인 운영에 심혈을 기울여야 한다.

국방기술 연구 인력 확충

현재 우리나라의 국방기술 연구 인력은 매우 부족한 것이 현실이다. 인구 810만 명의 이스라엘은 우리의 국방과학연구소ADD와 유사한 라파엘Rafael(2002년에 국영기업 형태로 전환됨) 연구소에 1만여 명의 연구 인력을 보유하고 있다. 충분한 연구 인력 없이 국방기술 자립은 불가능하다. 국방과학연구소의 연구 인력과 우리나라 방산업체의 연구 인력을 다 합쳐도 이스라엘의 라파엘 연구 인력보다 적다는 것은 우리나라가 국방과학기술 연구에 어떻게 대처하고 있는가를 보여주는 하나의 지표이기도 하다.

이러한 문제점을 해결하기 위한 하나의 방안으로 민간 연구 인력 활용을 고려해야 한다. 예를 들어, 국방과학연구소에 위탁하여 운영하고 있는 민군협력진흥원의 운영 인력을 확충하여 민간연구팀 관리를 전담토록 검토해 볼 필요도 있다. 민간연구팀 관리 전담기구를 통해 국방과학연구소가 인원부족으로 감당하지 못하는 기초 및 응용연구와 민·군 겸용 기술 시험제작 연구까지 수행하는 것이 가능할 것이다. 이는 민간(대학 등)의 기술을 군 전력화하는 데에, 그리고 동시에 군 기술을 민수용으로 전환하는 데에 좋은 창구가 될 것이다.

산학연 기술교류 확대 및 민간기업 협력 확대

산학연 연구 인력의 연계와 적극적 기술 교류 방안도 강구할 필요가 있다. 과학기술의 연구 실적이 뚜렷한 몇 개 대학에는 국방과학기술을 전담할 수 있는 기구를 신설하고 국가가 지원해주는 정책도 필요하다. 인공지능, 빅데이터, 사물인터넷, 자율주행자동차, 무인항공기, 로봇, 정보보안 등 미래기술은 민간 연구기관 및 대학과 연계하는 것이 효율적이다. 최근 KAIST와 GIST에서는 국방과학기술 연구를 전담할 수 있는 연구기획 기구를 설립하고 미국 MIT의 링컨랩Lincoln Lab과 같은 모델을 추구하고 있다. 다른 많은 대학들 역시 산업계와의 연계에 관심을 쏟고 있으나, 현재의 법 테두리 안에서는 어려움과 제한점이 많다. 정부와 국회가 이러한 어려움을 해결해주고 국방과학기술 개발에 전 국가적 역량을 동원할 수 있는 구조로 만들어야 할 것이다. 또한 국방기술과 민수용 기술로 사용이 가능한 이중용도기술duel use technology을 개발할 수 있도록 국책, 민간 연구기관 간 정보교류도 더 활성화시켜야 한다. 상호 상승효과를 가져올 기술을 조기에 발굴하고 공동으로 개발하는 정보교류의 장이 필요한 것이다. 국방아키텍처Ministry of National Defense-Enterprise Architecture 등을 통한 국방정보화 방향과 방식을 공유하면서 상호 시너지 효과를 높여가는 것도 하나의 방법이 될 것이다.

더불어 4차 산업혁명 시대의 국방력 증대 및 군사기술 발전을 위해서 민간 기업과의 협력에 더욱 주력해야 한다. 2016년에 민군 기술협력에 투입된 예산은 1,338억 원으로 전년 대비 6.0% 늘었으며, 민군 기술협력 과제도 2015년 159개에서 2016년에는 191개로 20% 증가되었다. 과학기술정책연구원 등의 분석결과에 따르면, 지금까지 민군 기술협력 사업의 효과는 7조 1,334억 원으로 추산되었고 1999년 이후 정부가 투입한 6,097억 원 대비 11.7배의 경제 효과를 창출한 것으로 분석되고 있다. 현재 방위사업청은 '민군 기술협력 사업 촉진법'에 따라 연구개발 촉진, 규격 표준화, 상호 기술이전 확대를 통해 산업경쟁력과 국방력 증진에 힘을 쏟고 있는데, 이와 같이 높은 ICT 기술력을 보유한 민간 기업과의 협력 강화를 통한 시너지 효과를 이뤄내야 할 것이다. ICT의 활용 범위가 무궁무진하기 때문에 정부가 무기 개발을 하면서 얻은 원천기술을 기업의 민수용 제품 개발에 활용하도록 하는 방안도 적극 추진되어야 할 것이다.

7 지방분권:

획일화와 하향성을 벗어나 다양성과 상향성 구현

지방자치와 지방분권은 다가오는 4차 산업혁명 시대의 여파를 맞이하는 최전선에 있다고 할 수 있다. 기존의 중앙정부 일변도의 국가거버넌스 체계의 틀을 벗어던지고 지방분권형 플랫폼 정부를 지향하는 것이 4차 산업혁명 패러다임의 전환에 매우 부합하기 때문이다. 지방자치란 지역주민 스스로가 지역의 문제를 직접 결정하고 책임질 수 있도록 하는 정치시스템을 말한다. 25년 전 시작되어 민선 6기에 접어든 한국의 지방자치는 이제 주민 개개인의 의사로 지역공동체를 변화시키는 진정한 지방자치의 실현을 위해 보다 내실 있는 운영을 요구받고 있으며, 이를 위해서는 다양한 법적·제도적 제도 개선과 사회적 변화가 필요하다.

지방정부의 자치권이 미약하고 중앙집권형 행정체제가 주도적인 한국은 정치, 행정, 사회, 문화적 측면에서 많은 부작용을 경험하고 있다. 다원적이고 복잡한 시대환경으로 말미암아 드러난 중앙집권적 국가운영체제의 비효율성은 대안적 국가운영 방안으로 지방자치와 지방분권을 대두시켰다. 지방분권을 채택한 국가들의 경제적 상황 및 국가경쟁력이 그와 반대되는 국가에 비해 상대적으로 우위를 차지하고 있다는 것 또한 지방자치와 지방분권의 수행이 국가와 지역 발전을 가능하게 한다는 것을 강력하게 시사한다.

지방자치 현황과 과제

분권적 국가운영은 다양한 이점을 가지고 있으나 충분한 사회적 공감대를 얻지 못했다. 특히 역대 정부의 분권화 정책 대부분이 저조한 추진실적과 입법적 노력을 보였다. 새로운 시대환경 변화에 대응하고 국가경쟁력과 지역주민의 삶의 질 향상을 선도하기 위해 지방분권을 통한 지방자치의 강화는 절실하며, 국가발전의 원동력은 중앙의 획일성과 하향성에서 탈피하여 지방의 창의성과 다양성, 그리고 상향성에서 시작되어야 할 것이다.

지역 대표성 위해 정당공천 폐지

지방자치의 내실 있는 운영과 성공적인 정착을 위해서는 주민대표성의 확보와 주민들의 적극적인 참여를 보장하는 제도적 장치가 필요하다. 이는 주민의 자기결정권을 보장하기 위한 선결 조건으로서 정치적 분권과 유사하다.

우선 지역대표성의 확보를 위해 지방선거에서 정당공천을 배제해야 한다. 정당공천은 지방정치인을 정당정치와 지역구 국회의원 확보를 위한 지방정치에 집중하게 하여 주민을 소외시키는 역효과를 발생시킨다. 이 경우 주민은 정당대표를 선출함으로써 주민으로서의 자기

결정권 수행 및 지역실정에 맞는 서비스 제공에서 배제되며, 거대 정당에 의해 자기 권리의 무력화를 경험한다. 정당공천이 가지는 문제에 대한 논의는 지난 20여 년 간 치열하게 이루어져 왔으며, 정당공천제 폐지를 위한 법제화는 대선공약에서도 수차례 다루어져 왔다. 그러나 국회의원들의 개인 기득권 방어로 그 시도는 매번 무산되었다. 앞으로 국회의원들이 부당한 기득권을 포기하고 정당공천제 폐지를 입법화한다면 지방정치와 중앙정치가 동시에 발전할 수 있는 길이 열릴 것이다.

주민참여 활성화

지방자치는 근본적으로 주민자치이며, 주민들의 직접 참여를 보장해야 한다. 따라서 지역문제는 우리가 결정하고 우리가 책임진다는 의식에 맞추어 주민참여제도는 실질적으로 제도화되고 운영되어야 한다. 주민투표제, 주민감사청구제, 주민소환제, 조례제정 청구 및 개폐청구제 등 다양한 직접참여제도의 도입이 여기에 해당된다고 볼 수 있다. 주민의 직접참여는 지방행정과 지방정치에 대한 통제장치로 브레이크 역할을 하고 비리와 부패를 방지하는 기능을 할 수 있다. 현재 지역에는 주민의 직접참여에 관한 제도들이 상당부분 도입되어 있다. 그럼에도 불구하고 주민의 직접참여제도가 활성화되지 못하고 참여가 저조한 이유는 무엇보다도 직접참여로 결정할 사안이 주민생활과 직결되지 않거나, 과다한 비용이 소요되거나, 참여절차와 요건이 까다롭기 때문이다. 주민직접참여제도를 활성화시키기 위해서는 각 제도별로 저해 요인을 면밀히 검토하여 이를 적극 개선함으로써 주민들이 지역문제의 해결주체라는 자긍심과 정체성을 갖도록 해야 한다.

지방분권적 국가운영체제의 효과

최근 문재인 정부는 분권형 개헌 등 지방분권 컨트롤 타워 구축을 위해 '자치분권 전략회의(TF)'를 출범시킨 바 있다. 지방분권은 중앙정부의 정치적·행정적·재정적 권한과 책임을 지방으로 분산시켜 지방자치를 실질적으로 구현하도록 하는 핵심적 수단이다. 이러한 지방분권적 국가운영체제의 효과는 정치, 경제, 사회 등 다양한 측면에서 면밀하게 검토해 볼 필요가 있다. 그래야만 지방분권의 강화를 위한 논리적 근거를 확보하고 실질적 추동력을 확보할 수 있는 토대를 마련할 수 있기 때문이다.

정치적 효과

정치적 측면에서 지방분권은 지역 소외를 극복하는 대안이 될 수 있다. 대부분의 지역갈등은 지역적 특수성을 강조하는 경우가 많으며, 중앙정부의 통일적 처리방식으로부터 소외될 수 있다. 다양한 갈등이 발생하는 다원적pluralistic 사회일수록 소규모 정부의 역할이 중요하다. 특히 지역의 갈등해결과 정책결정 과정에서 지금과 같은 중앙의 예산 및 감사 등을 통한 정책통제, 지방정치에 공천권행사 개입, 자치법령의 법률적 위계의 한계 등은 지역주민의 가치관과 다양한 의견의 반영을 저해할 수 있다. 지방분권은 지역갈등을 관리하고 해결하는 과정에서 주민의 가치관을 반영하고 지방의 창의성과 다양성을 존중할 수 있는 기제로 기능해야 한다.

경제적 효과

과거 압축성장시대의 중앙 주도적·수직적 조직체계와 상의하달의 경제발전 방식은 이제 급속한 경제 환경 변화 속에서 경제성장률의 지속적 하락, 국가채무의 증가, 기간산업의 경쟁력 잠식, 공사의 재무 건전성 악화 등을 초래하며 한계에 다다랐다. 전 세계의 도시들이 국경을 넘어 기업과 자본, 그리고 인력을 두고 치열한 경쟁을 하고 있는 오늘날의 세계화 시대에는 지방정부가 직접 경쟁의 주체가 되어야 한다. 지방정부는 지역의 생존을 걸고 끊임없이 혁신해야 하며, 지역은 필요한 재원을 스스로 결정하고 조달하며 책임지는 '분권적 국가운영 체제'로 재편되어야 한다. 일례로 수도권 분산정책을 지속적으로 추진한 OECD 국가들은 지방의 경제발전을 통해 국가의 전반적 경제력을 높인 바 있다.

국가 경제발전은 지금까지 추진해온 중앙주도의 거점개발방식에 따라 괄목할만한 총량성장을 이뤄냈다. 그러나 지역 간 불균형을 심화시키고, 국가경쟁력 또한 저해했다. 모든 정치적, 행정적, 재정적 권한이 중앙에 집중된 집권적 경제운영 체제에서는 특정지역에 과도하게 집중되어 야기되는 부작용, 이른바 '집적의 불경제agglomeration diseconomies'가 발생하여 국가경쟁력이 떨어지며, 지방의 경제발전 기반 또한 희생된다.

사회문화적 효과

지방분권은 사회문화적 측면에서 지방정부에 공공서비스 제공과 관련하여 필요한 권한을 부여함으로써 지역수요의 특성에 부합하는 서비스를 제공할 수 있게 한다. 지역의 서비스 선호에 따라 공급의 수준을 스스로 결정, 효율성을 확보한다면 지역 간 경쟁을 촉발하여 해당분야의 국가경쟁력을 강화시키는 기제로 작용할 수 있다.

지역발전 패러다임의 변화

최근의 지역발전 패러다임은 중앙이나 외부의존적인 '장소의 번영place's prosperity'에서 지역 또는 주민자율의 '주민의 번영people's prosperity'으로 전환되고 있다. 이러한 변화는 공업단지, 주택단지, 공항 등 중앙의 지원을 토대로 외형에 치중하던 과거의 발전전략이 삶의 질이나 행복감과 같은 지역주민의 만족감과 연관되지 않는다는 인식에서 출발했다. 지방분권은 지역 주체화와 지역의 창의적 발전을 위한 선결적 조건이다.

그동안 지방분권을 실현하기 위한 노력은 매우 미흡했다. 역대정부들은 지방분권정책의 추진 기구를 매번 운영했으나 형식적 수준을 벗지 못했으며, 아직도 지방정부의 자치권은 국가사무(8), 지방사무(2)의 비율로 매우 미약하다. 자치 조직권 역시 기존 총액인건비제도와 유사한 산정방식과 중앙의 개입을 답습하고 있으며, 자치계획이나 개발권도 중앙편중이 여전히 심하다. 특히 지방분권의 현실화를 위해서는 주민 스스로 재정적 책임을 확보하는 재정분권이 실시되어야 한다. 그러나 자체재원이라 할 수 있는 지방세의 비중은 총 세수의 20% 수준이며, 재정지출은 중앙(4), 지방(6)으로 기형적인 구조를 가진다. 조세법률주의 속에서 지방정부가 세목과 세율을 결정할 수 있는 권한이 매우 취약하기 때문이다. 따라서 재정적 분권수준이 낮은 지방정부는 중앙정부에 의존하게 되고, 중앙의 관여는 정당성을 갖게 되어 지역문제의 자율결정이라는 지방자치의 근본 취지는 훼손될 수밖에 없다.

지방분권 강화를 위한 전략

미래학자들은 21세기에는 지방분권이 국가경쟁력과 지역주민의 삶의 질 향상을 선도할 것이라 규정한다.[11] 그러나 세계화와 정보화로 요약되는 새로운 환경에서 분권형 국정운영방식을 도입하기 위해서는 극복해야 할 과제들이 많다.

정치적 분권 강화

주민대표성 회복을 위한 정당추천제 폐지와 주민직접참여제도는 지방자치의 근본취지에 부합하는 제도적 개선이자 주민자치를 실현하기 위한 핵심적 수단이다. 정당공천제 폐지는 주민이 지역의 중요한 의사결정 과정에서 정치적으로 독립하여 결정권을 행사하고 존재감을 확인할 수 있게 함으로써 주민대표성을 회복할 수 있는 장치이다.

주민직접참여제도는 지역의 중요한 정책결정, 권한수행의 통제, 책임성 확보 장치 등의 기능을 제대로 수행하기 위해 활성화되어야 한다. 이를 위해 주민들의 참여저해 요인인 투표비용 절감, 주민소환제의 까다로운 청구 또는 제약요건을 완화해야 한다.

행정적 분권 강화

행정적 분권의 강화는 자치행정권, 자치입법권, 자치계획 및 개발권으로 구분하여 살펴볼 수 있다. 중앙정부는 현재와 같이 중앙, 광역 편향적 사무배분과 구분체계를 재검토하여 중앙-광역-기초 간 명확하고 합리적인 사무재배분과 기능배분을 도모하고 지방정부가 자주적 행정사무를 수행하도록 해야 한다.[12] '지방일괄이양법'을 제정하여 분권자치를 확립하고, 기초자치단체의 경우 현지성이 높고 주민생활

과 밀접한 사무를 강화해야 한다.[13]

또한 지방의 입법권 행사가 가능하도록 하여 지역에 맞는 정책과 아래로부터의 혁신을 꾀해야 한다. 현행 헌법의 테두리 안에서 지방의회의 조례제정권을 확대할 수 있도록 지방자치법 제22조 단서를 개정하여 '법령을 위반하지 않는 범위 내에서' 권리제한이나 의무위반에 대한 조례를 제정할 수 있도록 개방하여야 한다. 지역발전의 새로운 패러다임인 '주민의 번영people's prosperity'은 지역이 주체가 되는 독자적인 지역발전전략의 채택으로 가능하다. 지역이 주인과 자치의식에 기반해 지역여건에 맞는 창의적 발전전략을 실현할 수 있도록 자율적 권한, 특히 계획고高권의 분권화와 개발권을 지방화해야 한다. 이는 지방이 중앙의 관여 없이 독자적으로 발전계획을 수립, 결정하여 현지에서 자율적으로 추진할 수 있도록 토지개발 및 이용의 재량권을 지방으로 과감하게 이양하는 것을 주요 골자로 한다.

재정적 분권 강화

지방분권의 경제적 토대이자 현실적 실현수단인 재정분권을 확대하기 위해서는 일관성이 결여된 지방세입과 지출의 역전적 구조를 근본적으로 시정해야 한다. 자체 재원 가운데 가장 중요한 지방세를 세율인상, 세원이양, 세목교환을 통해 그 비중을 현재 총 세입의 20% 수준에서 적어도 OECD가 권장하는 수준(40%)을 목표로 향상시켜야 한다.

또한 지방재정의 건전성 확보를 위해 지방의 권한과 재원 이양에 따른 지방재정의 책임성 확보, 채무 및 지출관리가 강화되어야 한다. 가령 경상경비 절감, 선심성·전시성 사업 및 과잉투자 개선 등 세출구조 조정과 지방세 체납징수율 제고를 통한 자구노력 강화, 지방공기업 부채감축 관리, 엄격한 재정위기관리제도 운영 등이 제시될 수 있다.

3 치안:

과학화, 정예화, 시민경찰의 참여

앞으로 다가 올 4차 산업혁명 시대에는 상상할 수 없을 정도로 큰 변화가 이어질 것이다. 국가 간 교류가 더욱 활발해지고 개인 간에도 보다 빠르게 상호 연결되면서 초국가적인 네트워크가 온라인과 오프라인의 경계 없이 거대하게 형성될 것이고, 보다 지능화되고 정보화된 단말기와 인공지능이 개인들을 뒷받침하고, 시민 중심의 글로벌 거버넌스 사회가 도래할 것으로 전망된다. 이에 따라 범죄와 사회변화 양상도 더욱 지능화되고 과학화되어, 현실세계와 가상세계를 구분하기도 모호한 형태의 변화가 전 사회영역에 걸쳐 나타날 것으로 예측된다.

현재의 경찰능력이나 임시방편적 대응으로는 이러한 변화에 조응할 수 없을 것이기에 전면적인 대비와 전략이 필요한 상황이다. 특히 이제 막 도래하고 있는 4차 산업혁명의 파장으로 인해 안전 위협은 더욱 커지고 있으며, 나아가 온·오프라인 변화로 인해 치안 패러다임 변화가 요구되고 있다. 또한 4차 산업을 대표하는 인공지능, 빅데이터, 사물인터넷 등 미래유망 신산업 분야와 치안산업분야의 연관도도 높아지면서, 치안과 관련된 모든 산업들에 대한 전략도 매우 중요한 상황이라고 볼 수 있다.

미래전망에 따른 치안의 미래전략 방향

시대에 따라 경찰의 역할이 바뀌어왔지만, 이제는 미래의 빠른 변화속도를 고려하면서 미래세대의 안전을 위해 치안환경과 대응체제가 어떻게 변화해야 하는가를 더 고민하지 않으면 안 되는 시점이다. 치안의 미래전략은 미래의 환경이 어떻게 변화할 것인가를 면밀히 분석하는 데에서 시작해야 한다. 물리적 공간 속의 질서와 안전뿐 아니라 보이지 않는 가상공간 속의 질서와 안전이 더 큰 문제로 다가오는 등 치안환경의 패러다임도 완전히 바뀌고 있다.

미래환경의 변화

시대를 관통하는 경찰의 핵심임무는 사회의 안전과 질서 유지이다. 그러나 사회는 끊임없이 변화하는 동적인 존재이므로, 경찰 본연의 임무를 완수하려면 미래사회의 변화양상을 세심하게 파악하고 선제적으로 대응하는 것이 필요하다. 향후 30년간 우리나라의 미래변화 양상을 7개의 범주(STEPPER: 사회, 기술, 환경, 인구, 정치, 경제, 자원) 측면에서 살펴보면, 사회적으로는 초연결사회와 다문화사회로의 이동, 기술적으로는 정보통신기술 고도화, 환경적으로는 오염 가속화, 인구 측면에서는 저출산과 고령화, 정치적으로는 개인화와 글로벌 거버넌스의 등장, 경제적으로는 지식경제의 부상, 그리고 자원 측면에서는 화석자원 의존과 신에너지 개발 등으로 요약해 볼 수 있다.

보다 구체적으로 살펴보면, 세계적인 미래변화 양상은 다음과 같이 예측된다. 우선 경제권과 문화권이 글로벌화하면서 초국가적인 범죄, 질병, 테러, 여행, 거주가 증가할 것이다. 세계 인구는 증가하겠지만 선진국의 경우 저출산과 고령화 문제에 직면할 것이다. 지금도 심각해지고 있는 환경오염에 따른 기후변화와 생태계 문제는 더욱 심화될 것이며, 에너지 자원 부족으로 인한 갈등과 대안 모색도 활발해질 것이다. 재난, 재해, 사고는 점점 대형화, 다각화, 복합화, 전문화, 신속화가 뚜렷해지며, 첨단 기술사회의 도래로 인해 개인화를 비롯해 도시화, 정보화, 지식화는 더욱 가속화될 것이다. 또한 생활 전반에 걸쳐 인공지능, 로봇, 바이오, 나노, 무인화 추세가 확산될 것이다. 그 결과, 오프라인과 온라인의 경계는 더욱 흐려지고 온라인, 즉 사이버와 모바일로 경제, 사회, 정치, 교육, 문화 등의 중심이 이동할 것이다.

미래사회 범죄의 특성과 대응 방향

미래 예측을 토대로 미래사회에 등장할 범죄의 주요 특성을 추론해 보면, 크게 네 가지로 정리해 볼 수 있다. 첫 번째는 첨단화이다. 첨단 기술의 발전은 범죄 행태에도 영향을 끼쳐 전통적 개념으로 접근하기에는 한계가 있을 것이다. 두 번째는 지능화이다. 지식공유를 특징으로 하는 네트워크 사회에서는 범죄의 수단과 방법의 공유도 쉬워지면서 지능범죄가 증가할 것으로 보인다. 세 번째는 광역화를 꼽을 수 있다. 물리적 공간, 그리고 비물리적 공간의 네트워크가 확대되면서 범죄의 피해범위도 확장될 수 있음을 의미한다. 네 번째는 범죄의 비가시화이다. 온라인 네트워크의 확장은 인간대면적 범죄보다는 비가시적

범죄를 증가시킬 것이다. 이에 따라 경찰의 '관할구역'이나 '국내치안'과 같은 종전의 지리적 개념으로 대응하는 것을 무의미하게 만들 것이다.

〈표 5-3〉 미래범죄의 4대 특성

	특성	내용 요약
1	첨단화	미래사회 첨단기술의 비약적인 발전과 범죄자의 학력수준 향상 등이 범죄수단의 첨단화로 연결됨
2	지능화	네트워크의 발달과 지식공유사회의 특성으로 인해 범죄수단과 방법의 공유가 쉬워지고, 지능범죄가 증가함
3	광역화	물리적·비물리적 네트워크의 발달이 가속화 되어 범죄의 피해범위가 확장됨
4	비가시화	물리적·비물리적 네트워크의 발달로 인해 범죄의 결심과 실행, 피해 장소가 점점 지리적으로 이격됨 이로 인해 경찰의 '관할구역', '국내 치안' 등 종전의 지리적 개념으로는 미래범죄에 대한 대응이 힘들어짐

이러한 미래범죄의 특성과 세계적인 미래변화 추세를 고려해보면, 경찰이 미래에 추구해야 할 방향을 제시해볼 수 있다. 첫째, 복지서비스 개념을 치안과 융합하는 것이 필요하다. 고령화로 노인범죄가 증가하고, 환경생태 문제가 새로운 사회문제로 떠오르며, 사고나 재난에 대한 예방적 대응의 중요성이 커지고 있는 점에서 치안복지서비스가 더 중요해지기 때문이다. 둘째, 첨단기술의 발달을 토대로 진화하고 있는 지능형 범죄의 증가에 대응하기 위해 경찰의 시스템이나 인력의 전문성이 강화되어야 한다. 셋째, 개인화뿐 아니라 생활 전반으로 확산될 지능화, 무인화 등은 개별 방범과 경호의 중요성을 부각시키고 있어 경찰기능의 일부를 민영화할 필요성을 제기한다. 넷째, 경찰이 추구하는 패러다임은 과거 '효율성과 전문성'을 강조하던 시대에서 '정통성

과 민주성'을 핵심가치로 삼는 시대를 거쳐 이제 '참여와 공유'를 중시하는 시대로 진입할 전망이다. 다시 말해 시민들의 치안행정 자원봉사와 경찰의 민간전문가 활용을 검토할 단계에 와 있다. 다섯째, 초국가적 범죄행위, 국경이 없는 질병의 확산, 다문화사회가 가져올 인종, 종교 등의 문제에 대응할 수 있는 초국가적 대응체계 마련이 필요하다.

치안의 미래비전과 추진전략

미래의 환경변화와 미래 범죄의 특성을 고려하면, 치안 분야의 미래비전은 '과학경찰', '정예경찰', '시민경찰' 등 3대 비전으로 제시해볼 수 있다.[14] 그 이유는 미래사회가 과학기술의 영향을 크게 받고, 지능범죄에 대한 대응과 지식재산에 대한 보호가 중요해질 것이기 때문이다. 아울러 치안서비스 과정에서 시민들의 참여가 필요하며, 시민에 대한 보호가 더욱 중요한 임무로 다가올 것이기 때문이다. 이러한 3대 비전을 중심으로 각각의 추진전략이 수립되어야 한다.

경찰시스템의 과학화

사물인터넷과 인공지능, 로봇, 나노 등 첨단 과학기술과 기법을 치안 분야에 광범위하게 적용함으로써 과학경찰을 실현해야 한다. 첨단화, 광역화, 흉포화 되고 있는 전통 범죄와 사회변화에 따라 발생하는 새로운 범죄, 가령 가상·증강현실을 이용한 사이버범죄 등에 선제적으로 대응하는 것을 의미한다. 빅데이터를 활용한 실시간 범죄 예측과 예방시스템을 고도화하여 가시적이고 물리력 위주의 전통적 경찰활동을 비가시적이고 비물리력 위주로 전환하여 치안활동의 효율화를 도모해야 한다.

이를 실현하기 위해서는 치안행정 전 분야에 걸쳐 인공지능, 데이터, 영상 등을 활용한 과학적 치안기술 개발 등 첨단과학 치안시스템이 마련되어야 하고, 생체정보 활용 등을 통한 첨단 과학수사 기법을 확산시켜야 한다. 또 편의와 효율성 증대를 위해 사물인터넷, 인지과학 등이 융·복합된 경찰장비를 치안활동에 활용하는 스마트 치안활동을 추진할 필요가 있다. 나아가 치안과학기술 연구개발을 통해 글로벌 경쟁력을 선도하는 한국형 치안시스템을 구축하고, 민간 치안산업을 활성화하여 한국경찰의 역량을 국제적으로 전파하는, 이른바 치안한류를 통해 한국경찰의 글로벌 브랜드화를 추진하는 것도 하나의 전략이 될 수 있다.

경찰인력 및 조직의 정예화

지능화되고 불확실성이 심화되는 미래 치안수요에 효율적으로 대처하기 위해서는 분야별로 전문화되고 특화된 역량을 갖춘 스마트 경찰을 육성하는 것이 필요하다. 이러한 정예경찰을 육성하기 위해서는 조직적 인프라가 갖춰져야 하고 우수한 인적자원을 체계적으로 확보하고 조직화하는 관리체계가 바탕이 되어야 한다.

조직적 인프라를 갖추기 위한 전략을 몇 가지 꼽아보면, 우선 미래사회에서 범죄의 진화와 과학기술의 발전, 지식사회로의 급속한 진전에 대비하기 위해 조직 경쟁력의 원천인 창의적이고 우수한 인재를 확보하고 능력을 개발하는 전략적 인적자원관리 시스템이 구축되어야 한다. 아울러 과학기술 발달과 글로벌화에 따라 첨단화, 광역화. 지능화되고 있는 초국가적 사이버 지능범죄에 대응하는 선제적 미래치안

전담체계를 신설해야 한다. 그밖에도 경찰이 변화된 미래치안환경 속에서 효율적으로 업무를 수행하며 자부심을 느낄 수 있도록 경찰조직과 예산집행 구조를 개선하고 법집행력 기반을 강화하는 등 치안인프라를 미래지향적으로 조성하는 것도 시급하다.

참여형 시민 경찰

시민이 경찰활동에 수동적 조력자로 참여하는 '협력치안'을 넘어, 치안의 공동주체로서 나서는 능동적 개념 전환이 필요하다. 즉 경찰과 공유가치를 창출하는 '참여치안'을 통해 사회안전망을 구축해야 한다. 치안 사각지대에 있는 사회적 약자를 배려하고 미래사회의 복합형 갈등을 조정하기 위해서는 시민의 자발적 참여가 더욱 절실해질 것이기 때문이다.

이른바 시민경찰을 구현하려면, 시민이 직접 경찰활동에 참여하여 치안문제를 주체적으로 해결할 수 있는 치안 거버넌스를 활성화해야 하고, 민간 주도적인 자치경찰제도와 예방치안 시스템의 확립이 필요하다. 또 사회적 약자인 여성, 아동, 노인, 장애인 보호를 강화하고 범죄피해자와 탈북자 등 치안 사각지대에 놓일 수 있는 국민을 우선적으로 배려하는 복지행정적 치안활동이 전개되어야 한다. 이 과정에서 점점 더 다양하고 복잡해지는 갈등을 관리하고 조정하는 역할로 시민경찰의 참여를 기대해볼 수도 있다. 이를 위해서는 일방적인 정보전달 위주의 홍보방식에서 벗어나 국민과 함께 치안콘텐츠를 생산하고 쌍방향의 홍보활동을 확대함으로써 궁극적으로 경찰에 대한 시민의 신뢰도를 높여야 한다.

사이버범죄 예방법 및 치안산업진흥법의 제정

전 세계적으로 폭발적으로 증가하고 있는 사이버테러형 범죄를 선제적으로 예방하는 법안 제정을 통해 4차 산업혁명 시대에 더 우려되는 사이버 공간의 안전문제에 대응해야 한다. 일단 범죄가 발생하면 피해 범위가 광범위하고 확산 속도가 빠른 사이버 공간 특성을 반영한 '사이버범죄 예방기본법' (가칭) 마련이 시급한 상황이라고 볼 수 있다. 국가, 인터넷사업자, 인터넷사용자에게 범죄 예방 의무를 부여하고, 사이버범죄 피해 신고 정보를 예방 목적으로 제3자 제공과 공개를 가능하게 할 수 있을 것이다. 이를 통해 악성코드 유포, 개인정보 불법 수집, 가짜 쇼핑몰 등 대규모 피해를 일으킬 수 있는 사이트를 긴급 차단하고 요청하는 근거를 마련할 수 있다.

또한 치안환경의 급격한 변화 속에 치안안전욕구 증대와 치안과학기술사업이 확대·지속되고 있는 상황 속에서 치안산업에 대한 법 제정의 필요성도 증대되고 있다. 치안산업은 치안과 관련된 모든 산업을 의미하며, 치안 서비스를 강화하거나 경찰의 범죄 대응역량을 높이는 데 활용되는 장비, 서비스, 인력 등 모든 분야를 통칭한다고 볼 수 있다. 한국첨단안전산업협회에서 실시한 'ICT융합 첨단안전산업 실태조사' 결과에 따르면 2015년 ICT융합 첨단안전산업 매출 규모는 6조 2,935억 원, 수출액은 1조 5,030억 원으로 추산되며 2014년 기준 ICT융합 첨단안전산업 사업체 총 종사자 수는 7만 3,547명으로 집계되었다. 이 가운데 ICT융합 첨단안전산업에 종사하는 종사자 수는 63.4%인 4만 6,646명으로 나타났다. 이와 같은 치안산업의 특수성과 잠재력을 활용할 수 있는 법적 기반인 '치안산업진흥법'(가칭)의 제정이 필요하다고 볼 수 있다.

미래전략 실현을 위한 주요 정책과제

경찰의 미래 비전과 주요 추진전략을 토대로 미래 경찰이 수행해야 할 주요 정책과제를 정리하면 〈표 5-4〉와 같다. 특히 수사권 독립, 우수인재 확보, 과학기술의 적극적 도입은 다른 치안정책의 효율적 추진을 위해 선결적으로 이루어져야 한다. 첫째, 수사권 독립과 관련한 정책에 있어서는 수사는 경찰, 기소는 검찰이 담당하도록 수사와 기소 권한을 분리하는 것을 고려해야 한다. 그리고 일반 사건에 대한 수사를 경찰이 모두 담당하되, 특수한 사건에 대한 수사나 경찰 수사가 이뤄진 이후 공소유지를 위한 수사 및 수사지휘는 검찰이 행사하도록 수사권을 배분하는 등 명확한 기준과 구분이 필요하다. 영장 발부에 있어서도 검찰의 독점에서 벗어나 경찰이 참여할 수 있도록 하는 내용도 관련 정책에 담겨야 한다.

둘째, 우수인재 확보를 위한 정책과제로는 '경찰고시' 도입을 시도해 볼 수 있다. 일반직 공무원 5급에 해당하는 '경정' 채용을 정례화하고, 군무원제도처럼 경찰행정직을 신설해 경찰청 일반직 공무원의 사기를 진작하는 방안이다. 또한 경사 이하 인재를 경찰대나 간부후보생 과정에 편입시켜 교육한 후, 초급간부인 경위로 승진시키는 제도도 고려할 수 있다.

셋째, 과학기술을 이용한 치안 정책과 관련해 먼저, 불법 폭력 집회나 시위에 대응할 수 있는 '저주파 음향기', '초음파 위상배열 음향기' 등의 도입을 중기과제(2021~2030년)로 상정해볼 수 있다. 이 장비는 20Hz 이하 주파수를 가지는 음향을 발산하여 심리적 불안을 느끼게 하는 선별적 시위진압 장치이다. 아울러 오남용 방지를 위한 통제장치 마련도 과제 추진 내용에 포함하여 시민의 불편과 우려를 없애도록

〈표 5-4〉 치안 미래전략 구현을 위한 주요 정책과제

비전	추진전략	주요 정책과제와의 연계 방향
과학경찰	첨단과학 치안시스템 구축	인공지능·데이터·영상 등을 활용한 과학적 치안기술 개발 및 시스템 구축
		생체정보(DNA, 지문, 족흔적 등)를 활용한 감정기법 고도화 등 법과학기반의 과학수사 기술·기법 첨단화
	스마트 치안활동 전개	IoT·5T, 인지과학(CS) 등이 융·복합된 경찰장비를 치안활동에 활용하는 등 스마트 치안활동을 전개
		로봇과 인공지능, 무인기 등을 활용한 방범 활동의 자동화
	글로벌 과학치안 구현	치안과학기술 연구개발을 통해 글로벌 스탠더드를 선도하는 한국형 치안시스템 구축
		치안한류를 확산시켜 한국 경찰의 글로벌 브랜드화
정예경찰	전략적 인적자원관리 시스템 구축	미래사회에서 범죄의 진화와 과학기술의 발전, 지식사회로의 급속한 진전 등에 대비하여 창의적이고 우수한 인재를 확보하고 능력 개발
		전략적 인적자원 관리 개념을 도입, 교육을 전문화하고 민영화하여 미래 치안환경에 특화된 경찰관 양성
	미래치안수요에 대한 선제적 대응체제 구축	첨단화·광역화·지능화되고 있는 초국가적·사이버·지능범죄에 대응할 수 있는 체제 구축
		재해·재난·테러·대간첩작전 등의 위기관리에 있어서 국민안전 확보와 질서유지 차원에서 경찰의 역할과 임무를 새롭게 정립
	미래지향적 치안인프라 조성	현장경찰관들의 당당한 법집행을 뒷받침하고 권한과 책임에 걸맞게 법·제도적 기반 마련 (경찰관직무집행법, 치안활동기본법 제·개정)
		미래사회 변화에 대응할 수 있도록 수사범죄청, 과학수사/지능범죄 조직 등을 강화
		경찰들이 직업에 대한 명예와 자긍심을 배양할 수 있도록 복지기반을 마련
시민경찰	시민주체 참여치안 활성화	시민이 직접 경찰활동에 참여하여 치안문제를 주체적으로 해결하게 지원
		치안정보를 적극적으로 국민에게 공개하고 국민이 참여할 수 있는 채널을 다양화하여 치안 파트너십 형성
		아웃소싱이 필요한 분야는 민영화하는 등 민관 공동치안활동 전개
	복지·중재경찰 역할 강화	전통적 사회적 약자와 치안사각지대에 있는 국민을 우선적으로 배려하는 복지행정적 치안활동 전개
		복합적 갈등사회에서 공평무사한 국가기관의 상징으로 갈등 조정과 타협의 절차에 적극 개입하여 신뢰와 조정의 프로세스 구축
	시민참여 경찰홍보 추진	일방적 정보전달식의 홍보방식에서 탈피, 국민과 함께 콘텐츠를 생산하고 대화하는 쌍방향 온·오프라인 홍보활동 전개
		언론사 상대 보도자료 배포 방식에서 벗어나, 새로운 미디어 플랫폼을 적극적으로 활용하여 언론을 주도하는 홍보활동 전개

하는 것도 필수적이다. 이외에도 4차 산업혁명 기술인 빅데이터를 활용한 치안활동 강화, 사물인터넷을 이용한 치안기능 첨단화. 자율주행자동차 및 무인비행장치 관리방안 마련, 첨단 범죄예방 및 검거시스템 구축 등 다양한 분야에서 과학기술을 이용하여 미래치안을 구현하는 정책들이 함께 추진되어야 한다.

Economy ＼6장＼

경제 분야 미래전략

1. 경제
2. 금융
3. 핀테크
4. 제조의 지능화
5. 공유경제
6. 국가 재정
7. 조세
8. 창업
9. FTA
10. 서비스산업
11. 문화콘텐츠산업

1 경제:
내수 확대, 서비스와 제조의 융합을 통한 신산업 육성

고속성장이나 압축성장이 한때 한국 경제의 상징이었다면, 이제 2%대 저성장이 일상화되는 '뉴 노멀New Normal'시대가 되었다. 그동안 한국은 미래 먹거리 산업에 선택과 집중을 하는 '요소투입 전략'으로 추격형 경제성장에 성공했다. 한국의 요소투입형 대표 산업은 자동차, 철강, 석유화학, 조선산업 등이었다. 이 전략을 바탕으로 한국은 1960년대부터 1990년대까지 적극적인 산업정책을 펼쳐 세계적 경쟁력을 갖는 주요산업을 성공적으로 육성했다. 적극적 산업정책이란 조세, 금융, 관세 등의 자원을 특정산업에 유리하게 배분하고 지원하는 것을 말한다. 산업정책 지원에 힘입어 안정적 생산기반을 구축하고 수직계열화로 원자재 확보와 기술노하우를 습득했으며, 자본 조달에도 도움을 얻어 여러 기업이 글로벌 기업으로 성장했다. 그러나 지난 20년간 중국, 인도, 러시아 등 저임금 국가의 개방 확대로 인한 공급과잉의 문제 등은 글로벌 경제에 저성장이라는 새로운 패러다임을 가져왔다. 저성장은 한국 경제가 구조적 변화에 적응해야 하는 과제를 안겨주고 있다. 또한 4차 산업혁명이라는 경제의 대전환 흐름까지 겹쳐 새로운 전략 수립을 요구하고 있다.

한국 경제에 대한 첫 번째 질문: 대기업 비중

대기업 비중이 너무 높지 않느냐는 지적이 나오고 있다. 압축성장과 추격형 성장과정에서는 장점으로 작용하던 대기업 중심의 장점들이 패러다임의 변화에 따라 단점으로 부각되기 시작했다. 우리나라 GDP에서 매출액 상위 10대 기업이 차지하는 비중은 무려 47.1%에 달하며, 20% 이상을 점유하는 대기업그룹[1]도 나타났다. 만약 대기업이 잘못되는 날이 오면, 국가 경제는 심대한 영향을 받게 될 것이다. 핀란드의 노키아[2]가 그 예이다. 국가 관점에서는 위험관리 포트폴리오에 신경을 써야 한다. 대기업 외에 많은 중소·중견기업들도 국가 경제의 몫을 담당하게 해야 위험요인이 분산된다. 그런데 기업 생태계는 정글과 비슷한 면이 있어서 약육강식의 논리가 지배한다. 강자는 경쟁자의 출현을 허용하지 않는다. 시장은 방치하면 소수의 강자들만 남게 된다. 이때 필요한 것이 정부의 역할이다. 정부가 공정한 심판자의 역할을 해 신생 중소기업을 보호하고 육성해야 한다. 하지만 주의할 점이 있다. 대기업이 담당하는 몫을 줄여서 비중을 낮추면 안 된다. 중소기업의 역할을 늘려서 대기업의 상대적 비중을 낮춰야 한다. 글로벌 시장을 갖고 있는 대기업의 효율과 기술을 보유한 중소기업의 혁신이 협력하는 생태계가 마련되어야 하는 이유이다.

한국 경제에 대한 두 번째 질문: 수출 비중

두 번째 질문은 지나치게 수출 중심의 경제가 아닌가 하는 점이다.

미국의 금리, 중국의 성장률 등 외부 환경에 지나치게 영향을 받기 때문이다. 우리가 잊지 말아야 할 것은 한국은 에너지의 약 97%를 수입하는 나라라는 점이다. 매년 에너지를 사오는데 1,700억~1,800억 달러를 쓰고 있다. 우리가 자랑으로 생각하는 반도체, 휴대전화, 자동차의 각각 연간 수출액이 약 400억~650억 달러 수준이라는 점을 보면, 이 돈이 얼마나 큰 규모인지 알 수 있다. 우리는 어떻게 해서든지 이 달러를 벌어 와야 한다. 그러니 수출을 소홀히 할 수 없는 처지이다. 그러나 경제성장은 수출(해외수요)만의 책임은 아니어서 내수(국내수요)도 큰 몫을 담당해야 한다. 수출주도의 성장모델이 위축된 상태에서 성장을 견인할 수 있는 또 다른 축은 내수시장밖에 없기 때문이다. 하지만 내수시장의 핵심인 민간소비는 부진을 면치 못하고 있는 상황이다. 따라서 위축된 소비심리를 회복하려면 실질소득이나 가계부채 등의 문제를 짚어봐야 한다. 또한 4차 산업혁명으로 재편되는 산업구조의 변화에도 유연하게 대응해야 할 것이다.

한국 경제에 대한 세 번째 질문: 제조업 비중

세 번째 질문은 제조업 비중이 너무 크다는 문제이다. 전 세계에서 제조업이 30% 안팎을 차지하는 나라는 독일, 일본, 한국, 중국 정도가 있다. 제조업의 성장은 고용을 창출하고 수출을 견인해온 우리 산업의 주축이었다. 그러나 우리의 전통적인 주력산업은 중국 등 신흥국에 가격경쟁력을 내주고, 또 기술혁신을 통해 앞서가는 제조업 선진국의 기술경쟁력에 밀리면서 성장의 한계를 보이고 있다. 예컨대, 최근 10년 동안 철강산업, 석유화학, 자동차, 조선해양, 스마트폰 순으로 중국의 추격을 당하며 고전중이고, 우리의 자랑이었던 글로벌 1위 조선업은 대규모 적자를 기록한 가운데 도전에 직면한 우리 주력산업의 어려운 현실을 상징하고 있다. 이제 과거의 패러다임에만 매달려서는 안 된다. 산업 간 경계가 무너지고 창의적 기술융합이 선도하는 4차 산업혁명의 흐름 속에서 제조업도 예외가 아니라는 얘기이다. 이미 제조업 선진국들의 혁신전략 경쟁은 뜨겁다. 미국은 '제조업 혁신법안'을 기반으로 제조업과 ICT 결합을 통한 기술혁신을 강화하고 있으며, 독일은 인더스트리 4.0, 일본은 스마트 제조업 등 21세기형 혁신 추진으로 제조업 부활에 나섰다. 신기술과 서비스를 융합하여 제조업의 비중은 낮추면서 서비스업과의 융합 등이 필요한 시점이다.

〈그림 6-1〉 2015년 기준 주요국 GDP 중 제조업 비중

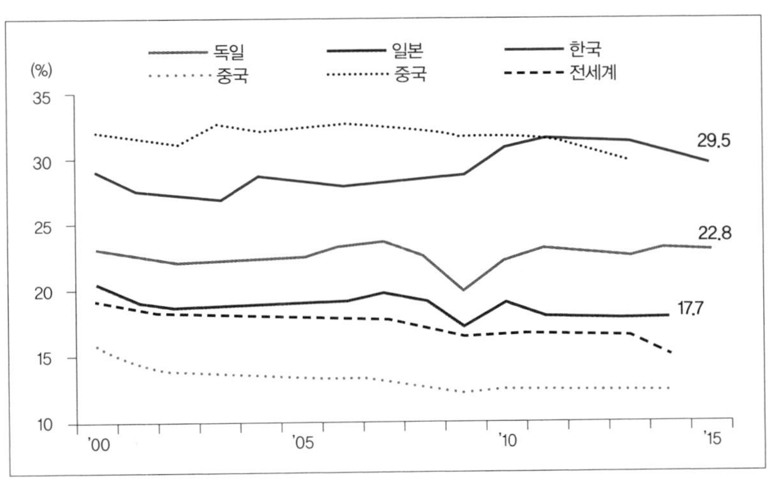

자료: 세계은행(World bank)

경제환경 미래전망

우리는 수출의존도가 높지만 과거처럼 '수출 드라이브 전략'을 구사하기 쉽지 않은 상황이며, 우리나라 수출의 26%를 차지하고 있는 중국이 성장둔화 속에 구조전환기에 들어서면서 돌파구 마련이 더욱 어려워지고 있다. 특히 4차 산업혁명의 흐름은 세계 경제환경에도 큰 변화를 몰고 올 것으로 보인다.

글로벌 경제 통합

무엇보다 글로벌 경제 통합 현상이 두드러질 전망이다. 기업의 경쟁은 그만큼 심화될 것이다. 이런 변화는 산업구조의 양극화를 확대할 것이다. 즉 미래경제는 글로벌 경쟁력이 있는 대기업과 중견기업이 더욱 확대되는 반면에 경쟁력이 약한 중소기업이나 영세기업 부문은 축소되는, 산업구조의 양분화 현상이 더욱 심화될 것으로 보인다. 글로벌 시장 단일화는 한국의 대기업에도 중요한 도전이다. 글로벌 기업간 경쟁도 확대되고, 선두그룹 내에서도 차별화와 양극화가 확대될 것이다. 승자독식 현상이 거세지고, 혁신에 앞장 선 기업의 시장점유율이 확대될 수밖에 없다. 국내 대기업도 혁신을 거듭해 경쟁력 확보에 집중해야 한다. 경영혁신 또한 중요한 과제이다. 경쟁의 심화는 개방형 혁신을 더욱 가속화하고 대학 연구개발에 더 큰 역할분담을 요구할 것이다.

저성장 고착화

저성장 시대도 지속될 전망이다. 글로벌 금융위기 이후 유럽의 재정위기 장기화, 중국의 성장둔화 등 주요 국가 경기가 침체되면서 구조적인 저성장 기조는 전 세계적으로 확산되고 있다. 한국의 경우, 잠재성장률이 1980년대까지만 해도 9%대였으나 2012년에는 2%로 급락했으며, 2020~2040년에는 1~2%대에 머무를 것으로 예측된다. 특별한 구조적 계기가 없는 한 이 기조는 계속될 것이며, 이미 각국에 소득 양극화와 가계 및 국가 부채의 확대와 같은 문제를 일으키고 있다.

저성장은 국가재정에 큰 부담을 초래한다. 소득하락에 따른 세수 감소, 실업률 증가에 따른 복지지출 추가부담은 물론이고 고용소득 감소로 사회보장제도 관련 각종 기금에 대한 국민 기여도가 낮아지기 때문이다. 한국도 높은 청년 실업과 전반적인 고용사정 악화, 소득 양극화, 가계부채 증대와 저소득층의 생계 곤란, 자영업자의 생계형 창업 증대와 높은 부도율 등 많은 문제에 휩싸여 있다. 이런 문제는 경제성장률, 수출증가율, 물가상승률과 같은 전통적인 경제지표만으로는 잘 드러나지 않아 그 심각성이 체감되지 않는 것이 더 큰 문제이다.

성장 패러다임의 변화

저성장의 구조적 문제는 한국 경제로 하여금 과거의 틀에서 벗어나 전혀 새로운 정책적 인식과 기조, 새로운 미래경제전략을 요구하고 있다. 지난 30~40년 동안 한국은 세계 경제의 안정화 시대와 함께 추격자 전략을 통해 빠르게 성장했다. 그러나 이런 전략의 기반이 됐던 고출산, 고성장, 고물가의 경제기반이 완전히 바뀌었고, 반대로 고령화, 저성장, 저물가의 새로운 패러다임이 이미 시작됐다. 따라서 수출중심의 경제정책에서 내수기반, 서비스와 제조의 융합, 혁신기반 전략 등 새로운 전략을 수립할 필요가 있다.

기술혁신과 신산업 창출 가속화

1980년대 이후 중국, 러시아, 인도의 경제적 개방으로 지난 20~30년 동안 약 30억 명에 가까운 유례없는 대규모 저임금 노동인력이 글로벌 경제에 투입돼 노동력의 공급과잉 현상을 가져왔다. IT기술의 급격한 혁신은 이들 저임금 노동인력이 선진국 노동인력과 직접 경쟁을 하는 상황을 만들었다. 대규모 저임금 노동인력의 글로벌 경제 참여는 대규모 투자자본의 확대를 가져왔고, 이로 인한 자본가치 하락으로 저가 자본이 대규모로 글로벌 경제에 투입됐다.

선진국 일부 기업들의 경우, 신흥국의 저임금 노동을 바탕으로 다국적 기업으로 빠르게 성장함과 동시에 대규모 자본축적에 성공했다. 덕분에 기술혁신에 대한 자본투자를 늘려 기술혁신의 패러다임 변화를 선도하고 있다. 예를 들어 전화가 미국 가정의 50%까지 확산되는데 약 50년이 걸렸으나, 휴대전화는 전 세계 인구의 67%가 사용하는데 겨우 20년이 걸렸고, 2006년 600만 명이던 페이스북 사용자는 2017년 6월 월간 활동사용자만 20억 명[3]에 이른다.

무선 인터넷과 스마트 기기는 벤처창업 기업에게 기존 기업과 경쟁할 수 있는 새로운 비즈니스 플랫폼을 제공해 산업생태계 환경을 근본적으로 변화시키고 있다. 국경을 넘나드는 물자, 자본, 사람, 정보가 급격하게 확대되면서 세계의 상호 연결성inter-connectedness은 더욱 커져 국제적인 생산·혁신 네트워크가 더욱 촘촘하게 확대됐다. 10년 전과 비교해 신흥국으로 흘러가는 자본의 규모가 2배가 됐다. 2009년에 10억 명이 넘는 사람이 국경을 이동했는데, 이는 1908년과 비교해 5배 늘어난 수치이다. 저임금 노동력과 자본의 공급과잉은 기술혁신과 산업의 패러다임을 변화시키고 있으며, 이는 결과적으로 산업의 융합과 신산업의 창출을 가속화할 전망이다.

새로운 경제전략 목표와 전략

다가오는 미래는 지나간 과거의 시간과는 그 경제적 환경과 변화 속도가 판이하게 다를 것이다. 지나간 경제전략의 패러다임 효과가 소진된 지금, 다가올 미래를 위한 새로운 미래경제전략을 준비하는 것이 그 어느 때보다 시급하다. '개방과 혁신'을 중심으로 상생적 생태계 조성과 내수경제 확대를 통한 새로운 성장의 패러다임 혁신이 앞으로 다가올 미래에 핵심적인 경제전략으로 요구된다.

융합을 통한 신산업 발굴

저성장, 저출산, 저물가의 구조적 경제패러다임 변화에도 불구하고 고성장, 고출산, 고물가의 기존 경제패러다임에 기반 한 경제정책을 추진한 것도 저성장이 더욱 심화된 원인이라고 할 수 있다. 저성장 기조의 경제패러다임 변화에 맞는 근본적인 경제정책 변화가 필요하다. 특히 4차 산업혁명의 물결을 이용하여 생산 시스템의 고도화, 데이터 중심의 재구성, 인공지능을 활용한 생산과 소비의 혁명을 이뤄야 한다.

또한 글로벌 경제환경의 패러다임 변화에 대응하여 융합산업 전략을 확대해야 한다. 새로운 산업을 적극 포용하고 주도해 갈 수 있는 산업혁신 전략이 요구된다. 기존의 전통적 주력 산업 외에 다른 신산업의 발굴과 육성에 각별한 노력이 필요하다. 요컨대, 요소투입 중심, 제조업 중심의 기존 경제성장 패러다임에서 제조업과 서비스업의 융합으로 가야한다. 이것이 바로 4차 산업혁명의 핵심이기도 하다. 서비스

산업의 고급화와 개방 및 해외 진출 확대를 추진해야 한다. 경쟁력 있는 서비스 산업의 육성은 내수시장 활성화와 해외 시장 개척을 위하여 매우 중요하다.

일자리 창출과 일자리 지수 확대

소득 양극화, 실업률 증가 등 전반적인 저성장은 구조적인 경제문제를 확대하고 있다. 저성장은 투자부진과 고용부진을 가져온다. 저성장과 산업의 자동화는 일자리 부족 현상을 심화시키며, 높은 실업률은 다시 사회불안과 경제 침체를 야기한다. 일자리 창출이 한국 경제의 가장 기본적인 목표가 되어야 한다. 일자리 제공이 갈등 해결의 기본이고, 복지이고, 행복인 것이다.

문재인 정부는 청와대에 일자리 상황판을 만들었다. 고용률, 취업자수, 실업률 등을 보여주는 일자리 상황을 비롯해 일자리 창출 등 18개 지표가 표시된다. 이러한 일자리 창출 중심의 경제 전략이 더 확대되어야 한다. 일자리는 가장 중요한 복지이고 가장 핵심적인 경제 요소이다. 실업은 저성장과 경제 침체의 늪에 빠지게 하는 검은 손이다. 따라서 상황판을 넘어 어느 정책이 일자리를 얼마나 창출하는지 보여주는 '일자리 지수'를 고안할 필요가 있다. 어느 정책이나 사업을 시행할 때, 환경지수를 적용하여 검토하듯이, 일자리 지수를 적용해 검토하는 것도 필요하다.

사회적 경제 육성

상생을 도모할 수 있는 사회적 경제를 육성하고 활성화해야 한다. 사회적 경제(협동조합, 사회적기업, 마을기업, 자활기업, 공정무역 등)는 기존의 자본과 이윤 추구 중심의 획일화된 배타적 시장경제질서가 양산해 온 비인간적 물질중심의 경제, 양극화 등의 제반 문제들을 풀어갈 수 있는 보완제적, 대안적 경제가 될 수 있다. 이러한 사회적 경제는 비단 경제 문제뿐만 아니라 복지와 노동, 나아가 공동체 복원이라는 사회의 문제까지 아우를 수 있는 경제 제도로서 접근할 필요가 있다.

대기업과 중소기업의 상생 생태계 구축

기업의 글로벌 경쟁력을 확보하기 위해 기업혁신 지원정책을 확대할 필요가 있다. 아울러 미래 전략산업에 대해 대기업과 중소기업 간의 협력을 유도해 혁신을 이끌 수 있도록 상생의 혁신 생태계를 구축해야 한다. 기업 체질을 혁신중심의 도전적 기업전략을 추구할 수 있는 비즈니스 모델로 바꾸고 한국적 혁신 패러다임을 제시하는 것도 중요한 목표로 설정할 수 있다. 한계점을 보이는 대기업 중심의 경제체제를 보완하기 위해서는 특히 성장과 고용을 촉진할 수 있는 신생 벤처기업의 질 좋은 창업을 적극 지원해야 한다. 아울러 창업startup의 혁신이 시장의 효율과 연결되는 스케일업scale-up을 통하여 의미 있는 성장과 고용으로 이어질 수 있도록 대기업과 중소기업 간 공정거래 법질서를 확립하고 상생형 M&A도 활성화될 수 있도록 기반 여건을 만들어야 한다.

2 금융:

자본시장 중심의 금융구조 구축과 비금융 부문과의 정책융합

우리나라 금융부문은 1960년대 이래 실물부문의 성장을 견인하는 중대한 역할을 충실히 담당했다. 그 결과 세계에서 유례를 찾기 어려운 고도성장을 달성할 수 있었으며, 금융의 주역은 은행이었다. 그러나 국내외 환경이 변화하고 추격형 성장전략에서 선도형 성장전략으로 변화해야 하는 상황에 와 있다. 저성장, 고령화, 지식기반사회, 그리고 정보기술혁신은 금융부문의 역할에 많은 변화를 요구하고 있다. 금융부문이 다가올 환경에 효과적으로 대처하지 못한다면 금융 스스로 쇠퇴는 물론 우리나라가 당면하게 될 많은 구조적 문제 또한 해결되지 못하는 상황을 맞이하게 될 것이다. 2016년 세계경제포럼WEF 국가경쟁력 금융분야 평가에서 140개 국가 가운데 한국이 80위, 우간다가 77위라는 자료는, 이미 한국 금융이 새로운 변화에 적응하지 못하고 있다는 증거라 할 수 있다. 금융의 낙후성은 금융만의 문제가 아니라, 경제, 사회 문제와 밀접히 관련되어 있음을 인식하고 금융부문 혁신에 범국가적인 역량을 결집해야 한다.

금융환경의 미래전망

우선 자산보유자들의 자금운용이 예금에서 투자로 전환되고, 무형자산 평가가 중요해질 전망이다. 향후 겪게 될 저성장과 고령화는 산업활동 위축과 경제활동인구 감소를 가져온다. 이는 경제활동에 필요한 자금수요 감소로 이어져 저금리 현상이 고착화된다. 이 구조적 저금리 현상은 자금공급자의 자산운용에 상당한 변화를 야기한다. 무엇보다 저금리 기조 하에서는 원본이 보전되는 안전자산의 매력도가 반감될 수밖에 없다. 그 결과 자금보유자들은 원본손실 위험은 있지만 기대수익률이 높은 자산을 물색하게 될 것이다. 투자 중심으로 변하기 위해서는 무형자산 평가가 중요하게 된다. 특허나 기술 등의 미래가치를 평가할 능력이 없으면 부동산 담보를 요구하게 된다.

둘째, 표준화된 대출 등 단순금융이 퇴조하고 맞춤형 금융이 활성화될 전망이다. 다가올 30년간 실물경제는 지식기반 체제로 변화될 것이다. 인공지능, 사물인터넷 등에 기반을 둔 경제구조 변화는 이미 시작됐다. 시간이 갈수록 이러한 변화는 더욱 가속화될 것이다. 지식기반 사회가 도래할 경우, 자금공급자들은 유형자산이 아닌 무형자산을 기초로 하여 우량기업과 불량기업을 식별한 후 자금을 제공해야 한다. 그러나 지식과 같은 무형자산은 유형자산에 비해 식별이 한결 까다롭고, 자금공급자가 부담할 위험이 한층 커질 수밖에 없다. 따라서 이 문제를 회피하는 과정에서 자금수요자와 자금공급자 간에 위험분담을 위한 다양한 구조의 금융이 발전할 것이다.

셋째, 해외주식이나 해외부동산 등 해외투자가 급속도로 팽창할 전망이다. 그동안 우리나라에서 축적된 금융자산은 대부분 국내에서 투자됐다. 하지만 앞으로는 지금까지와는 전혀 다른 양태가 될 것이다.

저성장으로 경제활동이 위축된다는 것은 자금수요가 감소한다는 것을 의미한다. 반면 고령화에 대비한 연금자산 등으로 금융자산 축적은 심화될 수밖에 없다. 그 결과 국내에서 축적된 금융자산은 국내 자금수요를 충당하고도 넘치게 될 것이다. 국내수요를 충당하고 남은 대규모 자금은 결국 해외에 투자될 것이다.

넷째, 기관화현상institutionalization의 가속화 전망이다. 인구 고령화로 노후대비를 위한 은퇴자산 마련이 중요해지는데, 연금기금의 자산이 급속히 증가할 것이다. 국민연금, 퇴직연금, 사학연금 등 이들 연금기금은 막대한 운용자산을 보유한 소위 '기관투자자'이다. 연금기금 외에 개인투자자 자금을 모아 운용하는 펀드 역시 대표적인 기관투자자에 해당한다. 이처럼 금융자산을 개인들이 직접 운용하는 것이 아니라 기관투자자들이 대부분의 금융자산을 운용하게 되면서 소위 기관화현상이 우리나라에서도 심화될 것이다. 기관투자자의 운용자산 규모가 커지면서 대형 기관투자자의 영향력은 확대될 것이다. 기관투자자들이 많은 기업의 주요주주로 등극하면서 기업내부 경영에 개입하는 등 기업 지배구조에도 상당한 변화를 가져오게 될 것이다.

다섯째, IT와 융합된 금융이 보편화될 전망이다. 최근 IT와 금융이 결합된 핀테크 산업에 대한 관심이 뜨겁다. 지금까지 금융업에서 자금을 필요로 하는 기업, 프로젝트, 개인 등을 선별하는 작업은 사람에 의존해 왔다. 예금을 받고 투자를 유치하거나, 투자자별로 투자 포트폴리오를 구성해주는 작업 역시 금융회사의 담당자가 고객과 직접 접촉하면서 이뤄졌다. 그러나 IT기술과 융합된 핀테크가 보편화되면 금융서비스 제공 양태가 극적인 변화를 맞이할 것이다. 2017년 4월 케이뱅크가 한국 최초의 인터넷전문은행으로 출범했다. 7월에는 카카오뱅크가 인터넷은행 2호로 서비스를 시작했다. 카카오뱅크는 출범 8시간 만에 10만 계좌를 돌파했다. 이는 케이뱅크보다 10배 빠른 속도이다. 앞으로 빅데이터 활용이 보편화되면 송금, 대출, 계좌관리뿐만 아니라 대출심사, 보험인수, 자산관리 등 핵심 금융업무까지 핀테크 영역으로 빠르게 편입될 것으로 보인다.

〈그림 6-2〉 금융부문의 미래전망

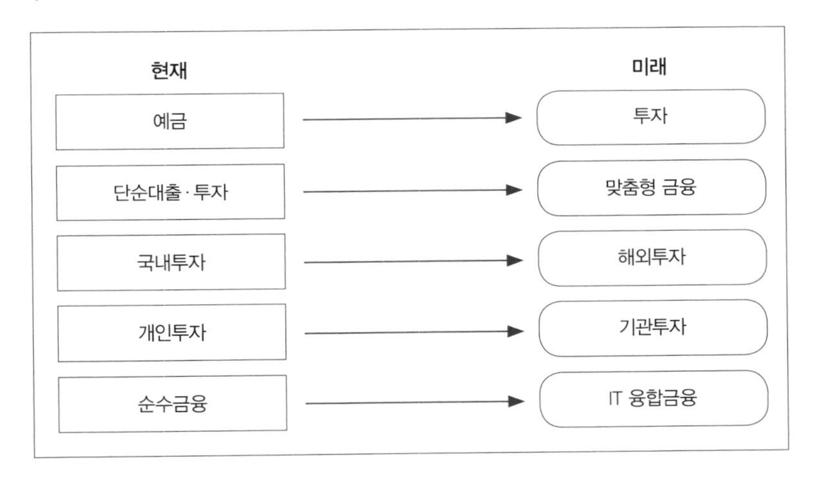

금융산업의 문제점

금융산업은 국가 경제를 구성하는 한 부분이므로 본업을 통해 국가경제에 기여할 때 존재의의를 찾을 수 있다. 가령 저성장, 고령화라는 경제·사회적 문제를 해결하는데 금융산업이 일정부분 역할을 담당해야 한다. 더불어 지식기반사회로의 전환, 정보기술 진전이라는 큰 흐름에 대해서도 스스로를 적응시키고 변모시켜나가야 한다. 그러나 우리 금융산업은 다가올 거대한 환경변화에 효과적으로 대응할 준비를 갖추지 못하고 있다.

사전적 자금공급과 사후적 구조조정의 유연성 취약

대부분의 기업이 성숙기에 접어든 우리 경제의 현 상황에서는 혁신산업과 모험산업에 속하는 기업을 효과적으로 발굴해 성장동력을 회복해야 한다. 그러나 우리나라 금융산업은 담보중심의 단순 대출 혹은 중개 업무에 치중하고 있어 지식에 기반을 둔 모험산업과 혁신산업에 자금을 공급할 역량을 갖추고 있지 못하다. 기술이나 특허 등 모험산업의 미래가치를 평가할 능력이 매우 취약하기 때문이다. 금융산업이 전통산업 중심, 단순 대출·중개 업무에서 탈피하지 않는 한, 더 이상 부가가치를 창출하지 못하고 우리 경제가 직면한 저성장 문제를 해소하는 데에도 기여하기 어렵다는 것이다.

저성장 국면을 극복하는 데에는 금융산업의 기업구조조정 역할도 중요하다. 모험산업과 혁신산업은 성공 시 보상이 크지만 실패확률 또한 높다. 따라서 전통산업 중심의 경제체제를 모험산업과 혁신산업 중심으로 효과적으로 전환하려면, 실패한 기업의 신속하고도 효율적인 구조조정이 중요하다. 더불어 전통산업이 쇠퇴하는 과정에서 이들 부문에 속한 기업의 구조조정 또한 불가피하다. 그러나 우리나라 금융산업은 기업의 출구전략, 즉 구조조정 역량 측면에서 매우 취약하다.

고령화 추세에 맞춘 자산운용 미흡

고령화 문제 해결 측면에서도 금융산업은 효과적인 변화를 꾀하지 못하고 있다. 효과적인 자산관리 서비스를 제공함으로써 국민의 은퇴자산을 마련하는 것은 금융부문에 맡겨진 중대한 과제이다. 은퇴자산 마련을 위한 자산운용은 장기간에 걸쳐 이뤄지기 때문에 약간의 수익률 차이에도 은퇴시점에서 투자자가 손에 쥐는 금액에 엄청난 차이를 가져온다. 따라서 금융부문은 위험을 적절히 분산시키는 가운데, 수익률을 극대화시키는 것에 총력을 기울여야 한다. 이를 위해서는 협소한 국내시장에서만 자산을 운영해서는 안 되며, 해외 각지의 다양한 투자자산을 효과적으로 발굴해 투자자에게 연결해줘야 한다. 그러나 우리 금융산업의 해외 네트워크는 매우 취약하며, 효과적인 해외자산 발굴 역량이 부족하다.

장기에 걸친 은퇴자산 운용 기간의 장점을 활용하려면 유동성은 낮지만 수익률은 높은 자산들까지 적극적으로 편입해야 한다. 그러나 연금기금 등 은퇴자산의 주요 운용주체들은 만기가 짧은 안전자산에 대부분의 자금을 집중하고 있다. 이러한 단기 편향, 안전자산 편향의 운용은 돈을 맡긴 투자자의 이익에 배치되는 것으로 향후 은퇴자산 증식에 심각한 장애요인으로 작용하게 될 것이다.

기술변화 수용 부족

국내 금융산업은 기술적인 변화를 적극적으로 수용할 준비가 부족하다. 핀테크 혁명은 금융산업의 지형도를 전혀 새로운 것으로 변모시킬 가능성이 크다. 금융산업이 핀테크를 수용하는 것은 피할 수 없는 일이다. 기존 방식을 고수하는 금융회사들은 핀테크를 수용한 해외 금융회사와의 경쟁에서 도태되고 말 것이기 때문이다.

특히 우리의 경우 제도적으로도 핀테크가 활성화되기 어려운 상황이다. 핀테크 발전의 기반은 빅데이터와 인공지능 활용 여부[4]이다. 따라서 고객 정보를 경제적으로 적절히 활용할 수 없다면 핀테크는 애초에 불가능하다. 그러나 국내 환경에서는 상이한 기업 간 고객정보의 상업적인 공유가 상당부분 제한되어 있고, 심지어 금융지주회사 계열사 간에도 고객정보 공유가 크게 제약되어 있는 실정이다. 고객정보 보호와 상업적 활용 간의 균형점을 찾지 못하는 가운데 새로운 기술의 수용가능성을 제도적으로 차단하고 있는 것이다.

금융산업의 미래전략

우리나라가 직면한 저성장과 고령화, 급격한 기술진전에 대응해 금융산업에 대한 국가 차원의 전략 수립이 절실하다. 국가전략은 금융산업으로 하여금 모험자본을 공급하고, 국민 은퇴자산 마련을 지원하며, 새로운 기술환경에 대한 수용성을 높일 수 있도록 유인하는 것이어야 한다.

자본시장 중심의 금융구조 구축

우리나라는 전통적으로 은행 중심의 금융시스템을 갖고 있었으며, 가계 자금을 기업에 공급하는 기능 역시 주로 은행의 몫이었다. 그러나 은행은 본질적으로 안전 단기자산에 편향된 자산운용 패턴을 지닐 수밖에 없으며, 위험자본을 공급하기에는 부적합하다. 실제로 지식에 기반을 둔 혁신산업과 모험산업은 은행 중심의 금융구조를 가진 국가에서는 제대로 성장하기 어렵다는 증거가 이미 제시된 바 있다. 따라서 모험자본 공급으로 저성장 문제를 극복하고 지식기반 사회로의 전환을 촉진하려면, 지금의 은행 중심 금융구조를 자본시장 중심으로 변모시켜야 한다.

자본시장으로의 무게중심 이동은 고령화 문제 극복과도 긴밀히 관련되어 있다. 고령화 사회에 대비한 국민의 은퇴자산 마련은 은행예금에 치우친 자산운용으로는 불가능하다. 다양한 유형의 자산을 포함한 포트폴리오를 구성함으로써 위험을 낮추는 한편, 수익률을 극대화하는 자산운용이 필수적이라는 것이다. 그런데 여기서 말하는 다양한 유형의 자산이란 다름 아닌 자본시장에서 공급된다. 또한 은퇴자산 마련을 위한 자산운용이 갖는 특성, 즉 초장기 운용을 위해서는 만기가 길거나 유동성이 낮은 자산을 적극적으로 편입해야 한다. 그런데 이처럼 만기가 길고 유동성이 낮은 자산이 공급되는 곳 또한 자본시장이다. 결국 자본시장 중심 금융구조로의 대전환을 통해 저성장과 고령화 문제의 해결을 도모할 수 있다.

금융회사 지배구조 혁신

단순하고 표준화된 자산운용에서 탈피해 위험자본을 중개하고 인수해나갈 때 혁신산업과 모험산업 성장을 이끌 수 있다. 그러나 금융회사가 위험자본을 공급하는 것은 안정적이고 장기적인 지배구조가 확립될 때에만 비로소 가능하다. 금융회사 CEO 임기가 지금처럼 2년 남짓한 상황에서는 장기적인 안목을 갖기 어렵고, 위험투자를 단행하는 일은 애초부터 어렵다. 위험투자를 하려면 효과적인 리스크 관리 체제가 정착되어야 하는데, 여기에는 상당한 시간과 노력이 수반된다는 점에서 임기가 짧은 CEO에게는 버거운 일이다.

다가올 미래에는 금융자산 축적이 심화되면서 해외투자 수요가 급격히 늘어날 것으로 보인다. 여기에 적절히 대응하기 위해서도 안정적 지배구조는 매우 중요하다. 해외투자수요에 대응하는데 필요한 해외네트워크 구축의 경우, 투자회임기간이 장기일 뿐 아니라 투자회수 여부가 불확실하다. 안정적 지배구조 확립 없이는 해외투자수요에 대한 대비 자체가 불가능하다. 핀테크 등 신기술 수용에 수반되는 높은 불확실성과 내부저항 등을 극복하기 위해서도 안정적 지배구조의 중요성은 매우 크다.

지배구조와 관련해 경영진의 전문성도 중요하다. 미래의 금융은 고도의 전문성을 바탕으로 극심한 환경변화를 헤치고 나가야 한다. 그러나 우리나라의 경우 은행권은 물론 혁신이 필수적인 자본시장 영역에서조차 경영진 선임에 정치가 개입하는 현상이 이어지고 있다. 낙후된 지배구조에 혁신적인 변화가 수반되지 않는다면 자본시장 중심의 금융구조 대전환은 요원한 일이다. 한국 금융이 글로벌 경쟁력을 가질 수 있는 규모의 확대 또한 필요하다.

금융, 기술, 조세 정책의 조화 필요

미래에 금융이 직면하는 환경은 지금보다 훨씬 더 복잡하고 복합적인 성격을 띠게 될 것이다. 국내시장과 해외시장이 통합되고, 복지와 금융이 결합되며, 금융과 IT가 융합될 것이다. 이러한 환경에서 금융정책은 더 이상 금융부문 만의 문제가 아니며, 다른 부문의 정책과 함께 통합적으로 검토되어야 한다.

우선 금융자산 축적으로 해외투자가 급격히 늘면서 국내시장과 해외시장 간의 구분이 약해지는 상황에서는, 외환정책을 고려하지 않는 금융정책은 효과를 내기 어렵다. 또한 고령화 진전으로 공적연금과 퇴직연금의 규모가 급격히 팽창하게 되는데, 연금자산의 효율적인 운용은 금융부문의 이슈임과 동시에, 국민의 노후소득 안정화라는 복지이슈이기도 하다. 금융정책과 복지정책의 통합적 시각이 필요한 것이다.

저금리 시대에는 금융상품에 대한 세제 차이가 상품별 수익률을 결정짓는 핵심요소가 될 가능성이 크다. 급속히 축적되는 금융자산이 어디로 흘러갈지를 사실상 세제가 결정 짓게 된다는 것이다. 이런 점에서 금융정책은 조세정책과 불가분의 관계에 있다. 금융과 IT의 통합도 이미 우리 앞에 성큼 다가와 있다. 금융과 IT의 효과적인 통합은 빅데이터 활용여부에 달려 있는데, 이를 위해서는 고객정보 공유가 핵심과제로 떠오른다. 금융부처와 개인정보보호 관할 부처 간에 통합적 시각이 필요한 이유이다. 결국 금융부문이 환경변화와 기술발전에 대한 수용성을 높일 수 있도록 금융정책을 비금융 부문의 정책과 융합하는 것이다.

미래전략 달성을 위한 정책방향

자본시장 중심의 금융구조 구축, 금융회사 지배구조 혁신, 정책융합이라는 금융부문의 세 가지 국가미래전략을 달성하기 위해서는 다음과 같은 정책이 요구된다.

첫째, 자본시장 부문의 규제완화가 필요하다. 자본시장 중심의 금융구조 전환은 지금과 같은 경직된 규제환경 하에서는 불가능하다. 자본시장이 지식에 기반을 둔 혁신산업과 모험산업에 대한 자금제공에 적합한 이유는 자본시장 스스로가 경쟁을 기반으로 혁신을 이루는 곳이기 때문이다. 은행의 파산은 시스템 리스크를 야기한다. 따라서 은행 파산을 방지하기 위해 사전적으로 강력한 규제가 필수적이다. 이 때문에 은행에는 엄격한 진입 규제, 건전성 규제, 업무범위 규제가 부과되는 것이다. 그러나 자본시장은 기업과 투자자가 원하는 맞춤형 상품을 제공하는 과정에서 다양한 혁신을 이루는 곳이며 이러한 혁신에 힘입어 시장의 외연이 끊임없이 확장된다. 문제는 엄격한 규제가 가해질 경우 자본시장 본연의 혁신은 달성되지 못한다는 것이다. 외국에서는 자본시장 규제를 매우 낮은 수준으로 유지하고 있다. 진입 규제와 건전성 규제가 우리나라 대비 극히 완화된 수준이며, 업무범위 규제는 사실상 네거티브 규제를 채택하고 있어 업무확장성이 매우 높다. 우리 역시 자본시장 관련 규제에 대한 혁신적인 변화가 따라야 할 것이다.

둘째, 기관투자자 의결권 행사를 적극적으로 유인해야 한다. 향후 축적되는 금융자산의 많은 부분은 개인이 아닌, 연금기금, 펀드 등과 같은 기관투자자에 의해 운용될 것이다. 기업 주식의 상당부분이 기관투자자의 손에 들어감을 의미한다. 기관투자자들이 자신들이 보유한 주식의 의결권을 적극적으로 행사하지 않을 경우, 지배구조의 개선을 꾀하기 어렵고 그 결과 보유주식의 수익률 제고도 쉽지 않다. 뿐만 아니라 금융회사의 지배구조 혁신 또한 기관투자자의 의결권 행사와 무관하지 않다. 기관투자자의 적극적 의결권 행사는 명실상부한 주주에 의한 경영을 확립하는 것이며, 이는 만연한 금융회사에 대한 암묵적, 명시적 경영 간여를 배제하는 계기가 될 것이다. 기관투자자의 의결권 행사가 촉진되려면, 특히 공적연금기금 등의 지배구조가 정부 혹은 정치권으로부터 독립적이어야 한다. 기관투자자의 의결권 행사에 의한 기업 및 금융회사 지배구조 개선을 위해서는 기관투자자 자체의 지배구조 개선이 선행되어야 한다는 것이다.

셋째, 정책수립과 집행체계를 혁신해야 한다. 향후 금융부문에서 다뤄야 할 주요 사안들은 대부분 금융정책 당국만의 노력으로는 해결하기 어려운, 여러 권역에 걸친 것들이 될 가능성이 크다. 복합적 사안에 대한 효과적인 해결은 당연히 복합적 이슈를 다룰 수 있는 체제 하에서만 가능하다. 이를 위해 세제부문과 금융부문을 시급히 통합해야 한다. 과거 특정 부서가 비대해질 것을 염려해 세제와 금융을 분리했으나, 이는 명백한 판단오류임이 드러나고 있다. 더불어 국내금융과 국제금융을 반드시 통합해야 한다. 세계 금융시장이 갈수록 통합되고 해외투자가 급속히 늘어나는 상황에서 국내금융정책과 국제금융정책을 분리해 논하는 것은 시대착오적인 것이다. 이처럼 분리된 정책당국을 통합하고 물리적인 통합이 어려운 이슈에는 원활한 정책조율을 위한 컨트롤타워 마련이 필요하다. 이때 정책조율의 목적은 특정 부문의 이해나 목표가 아닌, 국가의 미래비전에 놓여야 한다. 예를 들어 국민의 은퇴자산 마련, 성장동력 회복 등의 목적을 염두에 둔 장기 프로젝트성 컨트롤타워를 구성해야 할 것이다. 컨트롤타워는 정권변화와 무관하게 지속될 수 있도록 법제화해야 한다.

넷째, 정책금융의 효율화를 꾀할 필요가 있다. 그동안 재정에 의한 모험자본 공급이 지속적으로 확대되어 왔으나, 이에 대한 반작용으로 순수 민간에 의한 모험자본 공급이 위축되는 현상이 이어지고 있다. 향후 민간 주도의 모험자본 공급을 정착시키기 위해서는 민간출자에 대한 인센티브를 강화하고, 정책금융의 역할 또한 재조정해야 한다. 즉 현재 여러 부문에 흩어져 공급되고 있는 공공 모험자본 전체의 출자 예산을 협의하고 조정할 필요가 있다. 또한 공공 모험자본 간 출자영역을 다시 정하고, 아울러 개별 모험자본에 대한 통합적이고도 체계적인 사후평가를 해나가야 할 것이다.

다섯째, 벤처기업 등 모험산업에 투자하기 위해서는 미래가치를 평가할 수 있는 능력이 있어야 한다. 한국 금융의 무형가치 평가 능력은 낮은 수준이다. 만약 미국의 구글이나 애플을 평가해보라고 하면, 한국 금융은 부동산을 기준으로 평가할 것이다. 투자 중심으로 변모해 선진 금융으로 발전하기 위해서는 평가능력을 함양해야 한다. 평가능력 함양 없이는 높은 수익을 창출할 수도 없고, 후진국 수준이라는 국제평가를 면하기 어렵다.

3 핀테크:

새롭게 바뀔 금융시장에 대한 상상과 준비

금융은 돈의 거래와 관련된 모든 일을 뜻한다. 최초의 금융은 화폐의 교환이었다. 11세기 무역의 중심지였던 이탈리아에서는 총 7개의 화폐가 통용되었다고 한다. 결국 상인들은 이 화폐를 서로 원하는 화폐로 교환해야 할 필요가 있었다. 은행(Bank)의 어원도 이때 거래가 이루어졌던 의자를 뜻하는 벤치(banco)에서 만들어진 것이다. 그 다음은 전당포와 고리대금업자로 통용되는 자금의 융통이었다. 적당한 대가(이자)를 치르고 필요한 돈을 빌리는 일들이 빈번해졌다. 사업의 단위가 커지면서는 주식의 개념이 만들어졌다. 17세기 네덜란드에서 처음 만들어진 동인도 회사의 주식은 여러 사람의 투자를 바탕으로 대륙 항해라는 위험한 사업을 추진하기 위한 것이었다. 이렇게 발전하기 시작한 금융은 기술의 발전과 함께 더 커나가기 시작했다. 손으로 적었던 기록들은 컴퓨터의 데이터로 바뀌어 나갔고, 덕분에 처리속도도 빨라졌으며, 은행들은 합병을 통해 거대 금융기업으로 바뀌어갔다. 그러나 이제 정보통신기술의 기하급수적 발전을 토대로 금융 산업이 또다시 엄청난 변화의 시기를 맞고 있다. 금융에서의 4차 산업혁명이라고 할 수 있는 '핀테크' 때문이다.

기술과 함께 달라진 금융 환경

서부 영화를 보면 은행 강도를 소재로 한 것들이 많다. 복면을 쓴 강도들이 마을의 금고 역할을 하는 은행을 털어 현금, 정확히는 은화 등의 동전 보따리를 들고 달아나는 모습들을 볼 수 있었다. 은행 강도를 막기 위해 금고를 설치하는 것도 사실은 금융을 위한 기술이다. 그러다 현금을 더 안전한 곳으로 옮기고 이를 보관하고 있다는 공문서를 만들어 사용한 것, 전신환을 만든 것도 초기 금융에 있어서는 중대한 기술의 발전이었다. 통장에 수기가 아니라 프린터로 인쇄해주는 것은 물론, 정확한 이자를 계산해주고, 멀리 떨어진 고객들 간의 거래를 즉석에서 중개해주는 것도 가능해졌다. 여러 지점들이 그날 있었던 거래를 마감하고 장부를 통일하는 작업을 하던 것도 컴퓨터의 등장으로 한결 수월해졌다.

기술의 발전은 금융기관의 일만 줄여준 것이 아니다. 그로 인해 고객들이 얻는 편의도 늘어났다. 마그네틱 카드의 등장은 그 자체로도 놀라운 일이었으나 이후 이루어진 신용거래는 금융의 역사에 획을 그었다. 금융기관에 지불해야 하는 수수료도 줄어들었다. 하지만 여기서 끝이 아니다. 4차 산업혁명이 가져올 기술 발전과 그로 인한 금융의 변화는 또 어떤 것이 있을까? 이 질문의 답이 바로 핀테크에 있다.

핀테크의 등장

핀테크FinTech의 초기 의미는 단순하게 금융Finance을 돕는 기술Technology을 뜻했다. 금융 산업에 도움을 주는, 금융 기관의 요구에 따라 만들어진 IT 관련 활동만을 의미했다. 하지만 지금은 금융과 IT를 융합한 새로운 금융 서비스 및 관련 산업의 변화를 말한다.

사실 금융 산업은 과거부터 지금까지 지속적으로 고비용 비효율 문제를 해결하기 위해 IT에 대한 투자를 많이 해왔다. 그런데 갑자기 왜 '핀테크'라는 신조어까지 만들면서 새롭다고 이야기 하는 걸까? 그 이유는 전통적이고 보수적이며 안정적이어야 한다고 믿었던 금융 산업이 기술을 통해 새롭게 변화할 계기를 찾았기 때문이다. 게다가 지금까지 법과 제도로 묶여있던 영역이 규제가 완화되면서 경쟁이 가능해졌다. 금융 산업 관계자가 아니더라도 금융의 새로운 블루오션을 개척할 수 있게 되었다는 이야기이다.

개인이 어떤 사업을 할 것인지 공개적으로 알리고, 다른 개인으로부터 자금을 지원받는 크라우드 펀딩의 경우 증권사나 은행을 끼지 않고도 할 수 있다. 해외 송금의 경우 예전에는 국내 은행에서 해외 은행으로 자금을 이체하며 비싼 수수료를 물어야 했다. 어디에 있는지도 모르는 외국 은행에, 그것도 외국 말로 의사소통을 하며, 입금이 됐는지 확인까지 해주는 서비스를 받았기 때문에 당연히 지불해야 할 돈으로 생각했다. 하지만 최근 등장한 해외송금 핀테크 방식은 핀테크 기업의 국내통장으로 송금하고 입금해야 할 해외 통장을 알려주면 그 기업의 해외 계좌에서 해당 계좌로 입금하여 수수료 자체를 최소화시키는 형태이다. 기존의 은행 인프라를 사용하면서도 수수료는 매우 저렴해진 것이다.

핀테크의 확산

크라우드 펀딩이나 해외송금 방식만이 아니라 핀테크의 영역은 다양하다. 2020년까지 세계 핀테크 산업의 리더가 되겠다는 목표를 가진 영국은 핀테크의 영역을 지불, 보험, 크라우드 펀딩, 투자/펀드, 자산관리, 환전, 송금, 데이터 분석, 보안/위험관리, 트레이딩, 뱅킹, 전자화폐/비트코인, 대출 등으로 세분화하고, 주요 은행 및 컨설팅 업체들과 함께 핀테크 스타트업 지원 프로그램을 시행하고 있다.

전 세계 핀테크 분야 투자는 2008~2013년 사이 3배 이상에 달할 정도로 급성장하고 있다. 최근에는 그 성장 속도가 더욱 두드러져 2018년까지 핀테크 분야 투자액이 60억~80억 달러에 이를 것으로 예상되고 있다.

이러한 세계적 추세에 발맞춰 우리나라 금융 당국도 지난해 관련 금융규제를 완화하고 제도권 내 활성화를 추진하는 등 핀테크 활성화에 적극 나서고 있다. 신생 핀테크 기업들이 기존 금융 시장을 혁신하는 새로운 경쟁력으로 부상하고 있기 때문이다. 실제로 핀테크 기업들은 전통적 거대 금융사들과 비교해 규모도 작고 출발도 한참 늦지만 저비용과 간편함, 그리고 언제 어디서나 이용할 수 있는 이동성, 쉬운 접근성 등 사용자 기반 혁신 서비스로 기존 금융 서비스와의 경쟁에서 점차 우위를 점하고 있다.

핀테크 산업 현황

벤처 스캐너Venture Scanner에 따르면 2016년 기준 전 세계 핀테크 기업은 약 2,100개에 달한다. 다양한 핀테크 분야 중 소비자대상 대출consumer lending 분야가 스타트업 기업 288개, 투자액수 19조 원 규모로 가장 활발한 것으로 나타났다. 이어 스타트업 기업 207개와 투자규모 12조 원의 기업대상 대출business lending 분야가 그 다음을 차지했다.

주요 국가 현황

핀테크 산업에 많은 관심을 기울이고 있는 국가로는 영국, 미국, 싱가포르, 중국 등이 있다. 영국의 경우 금융에 대한 이해, 인터넷산업의 발달, 2008년 금융위기 이후 유휴인력으로 남아있던 금융 전문 인력, 그리고 정책과 금융, 기술이 런던이라는 한 도시에서 발전하고 있는 지리적 배경 등으로 인해 핀테크에 최적지라는 평가를 받고 있으며, 정부의 지원 또한 다양하다. 미국은 실리콘밸리와 월스트리트의 경쟁 구도를 바탕으로 새로운 산업을 만들어온 경험과 자본이 축적되어 있으며, 아시아 금융 허브를 꿈꾸는 싱가포르도 국가적 역량을 동원해 핀테크 산업을 지원하고 있다. 세계 최대의 인구를 가진 중국도 알리바바와 텐센트 등 주요 인터넷 기업을 중심으로 핀테크와 관련된 사업을 늘리고 있는 추세이다. 큰 시장을 가진 중국과 미국이 신산업에서도 유리하다는 것은 당연하다. 글로벌 10대 핀테크 기업에는 〈표 6-1〉에서 보는 것과 같이 중국과 미국의 기업들만 있다.

〈표 6-1〉 글로벌 10대 핀테크 기업

기업명(국가)	사업 내용	매출규모(조 원)
Ant Financia(중국)l	알리페이 모바일 결제 시스템	60
Lufax(중국)	P2P 대출	18.5
JD finance(중국)	온라인 금융 서비스, 쇼핑몰	7
Qufenqi(중국)	전자 상품 쇼핑몰	5.9
Stripe(미국)	온라인 결제 시스템	5
Sofi(미국)	학자금 대출	4
Credit Karma(미국)	무료 신용정보 관련 서비스	3.5
Oscar Health(미국)	온라인 건강 보험	2.7
Mozido(미국)	모바일 결제, 전자지갑	2.4
Adyen(미국)	온라인 결제 시스템	2.3

다행히 현재 높은 매출을 올리고 있는 핀테크 기업들의 사업내용을 보면 결제 시스템, P2P 대출 등 그 영역이 매우 한정적이다. 앞으로 발전 가능한 핀테크 분야가 아직도 많이 남아있고, 분야가 늘어날수록 이들 사이를 연결해주는 새로운 기술과 산업이 생겨날 가능성이 높다는 의미이다.

핀테크 산업에 대한 각국의 관심이 커지는 것과 비례하여 산업 전망과 투자도 급증하고 있다. 시장조사기관 스타티스타Statista는 전세계 핀테크 시장 거래 금액이 2016~2020년 연간성장률 20.9%를 기록하며 2020년 5조 330억 달러 규모까지 증가할 것으로 전망했다. 특히 개인금융과 중소기업금융 부문에서 핀테크 사용자가 지속적으로 증가할 것으로 예상했다. 스타티스타는 "글로벌 핀테크 이용 잠재고객 수는 2020년 24억 8,000만 명까지 증가할 전망"이라며 "이는 2014년 기준 18억 명에서 약 30% 증가하는 규모"라고 분석했다.

정보기술 분야 컨설팅기업인 엑센추어Accenture에 따르면 핀테크 기업에 대한 글로벌 투자금액은 2008년 9억 3,000만 달러에서 2013년 29억 7,000만 달러로 증가했다. 특히 금융 데이터 분석과 소프트웨어 부문 투자 비중이 증가한 것으로 나타났다.

국내 핀테크 산업 현황

핀테크 기업의 수나 매출을 바탕으로 국내 핀테크 산업의 미래를 예측하기는 어렵다. 게다가 시작한지 얼마 되지 않은 분야이기에 정확한 수치가 나온 것도 없다. 금융의 범위를 어디까지 보느냐에 따라 핀테크 산업의 규모도 달라질 수 있어서 비교 측정도 어려운 상태이다. 하지만 급증하는 모바일 증권거래와 간편결제 규모를 보면 우리나라의 핀테크 산업 전망은 밝다고 할 수 있다.

한국거래소가 집계한 자료에 따르면 모바일을 통한 주식거래는 2017년 6월 거래대금 기준으로 코스닥 시장에서 전체의 34.5%를, 코스피 시장에서 전체의 17.6%를 차지하며 사상 최고를 기록했다. 거래계좌 기준으로 보면 2016년 기준으로 전체 거래의 48.5%에 이른다는 보고도 있다. 모바일 간편결제 시장도 놀라운 성장을 하고 있다. 한국은행에 따르면 모바일 간편결제 시장은 최근 2년 동안 5배 성장했다. 이밖에 모바일 자산관리, P2P금융서비스 등을 이용하는 사람들도 급격히 늘고 있다.

대표적인 핀테크 기업들로는 케이뱅크, 카카오뱅크, 카카오페이, 카카오스탁, 삼성페이, NHN페이코, 토스, 어니스트펀드, 8퍼센트 등이 있다.

핀테크 지원센터에 따르면 2017년 7월 현재 129개의 핀테크 기업이 모바일지급결제(16개), 외화송금(8개), 금융플랫폼(35개), P2P/크라우드 펀딩(9개), 개인자산관리(16개), 보안인증(35개), 기타(10개) 등 7개 영역에서 운영 중이라고 한다. 하지만 이 숫자는 지원센터에 등록한 기업들만 포함한 것으로, 이보다 훨씬 많은 기업들이 핀테크 산업에 뛰어들고 있다.

핀테크뿐 아니라 모든 기업들은 기본적으로 사람들의 욕구와 필요를 찾아내고 이를 해결함으로써 이익을 얻을 수 있다. 미국에서의 은행 간 송금은 해외송금만큼이나 어렵다. 따라서 이를 해결하기 위한 쉬운 송금 서비스가 자연스럽게 생겨났다. 중국은 유선 전화를 사용하기 어려울 정도로 땅이 넓어 휴대전화가 순식간에 퍼질 수 있었으며, 모바일 결제 또한 빠르게 성장할 수 있었다. 그에 비하면 한국은 완벽에 가까운 통신망과 첨단 금융 산업 기반을 가지고 있어서 사람들이 크게 불편함을 느끼지 못하고 살았다.

하지만 미래는 다르다. 4차 산업혁명에 성공한 국가와 기업이 주도권을 쥘 수밖에 없다. 언어와 문화가 다르다고 세상의 변화를 무시할 수만은 없다. 미국과 중국이 그 주도권을 잡기위해 엄청난 규모의 투자를 하고 있다지만 새로운 필요를 찾고 거기에 맞는 기술을 준비할 수 있다면 작은 나라라고 해서 불리할 것이 없다. 영국과 싱가포르의 경우가 대표적인 예이다. 작은 영토와 인구를 가진 나라가 다음 먹거리를 준비하기 위해서는 더 도전적으로 신산업 육성에 뛰어들어야 한다. 우리나라 또한 마찬가지이다. 금융회사든 IT기업이든, 청년 창업가부터 학교, 정부에 이르기까지 핀테크라는 새 분야에 관심을 기울여야 할 것이다.

핀테크 산업 미래 전략

한국은 세계 11위 경제 규모에 세계적 IT 인프라를 갖추고 있어 핀테크 산업이 발전하기에 가장 좋은 여건이라는 평가이다. 하지만 과도한 개인정보보호 법률, 금융 산업의 보수적 규제와 산업자본의 은행 지분을 제한하는 은산분리 규제 등으로 인해 핀테크 산업은 꽃이 피기도 전에 시들 것이라는 우려의 목소리도 만만치 않다. 따라서 핀테크 산업이 성장하려면 이 같은 규제 장벽을 과감하게 혁파하고, 투자와 기술의 공개를 통해 핀테크 생태계를 구축해야 하며, 핵심 원천기술을 개발해야 한다는 지적이 강하게 제기되고 있다. 물론 그 안에는 인적자원의 배분과 소비자의 필요를 읽어내는 통찰이 필요할 것이다.

규제와 제도의 개선

한국의 핀테크 산업은 다양한 분야에서 시도되고 있다. 그러나 과도한 규제로 인해 성장하지 못하고 도태되는 경우가 많다. 과도한 개인정보보호 법률도 핀테크 성장을 막고 있다. 4차 산업혁명의 핵심은 클라우드 컴퓨팅, 사물인터넷, 인공지능 등 기반 기술의 원천 정보를 생성하는 빅데이터이다. 하지만 한국은 잦은 개인정보 유출 사고로 인해 관련법들이 '보호'에 초점이 맞춰져 있다. 빅데이터 가공과 응용은커녕 규제로 생산조차 제대로 할 수 없는 상황이다. 이로 인해 기업이 빅데이터를 활용해 새로운 사업을 시작하기가 사실상 불가능한 상황이다.

인터넷전문은행 설립도 어렵다. 많은 기업들이 인터넷전문은행 진출을 추진했지만 높은 초기 자본금에다 은산분리 규제로 뜻을 이루지 못했다. 은산분리 규제란 산업자본의 은행 지배를 막기 위해 은행 지분 10%를 초과해 보유할 수 없고, 4% 초과 지분에 대해서는 의결권을 행사할 수 없도록 한 것을 말한다. 최근 서비스를 시작한 인터넷 전문은행 케이뱅크 또한 은산분리 규제로 KT 주도에도 불구하고 국민은행, 한국투자금융지주에 대주주 자리를 넘겨야 했다.

국내 금융 규제로 핀테크 산업이 발전하지 못한다는 목소리가 커지자, 금융위원회는 2015년 공인인증서 의무 사용 폐지, 보안성 심의 폐지, 적격PG사 카드정보 저장 허용, 크라우드 펀딩 입법을 위한 자본시장법 개정, 비대면 본인 확인 허용 등으로 규제를 일부 완화했다. 또 정부는 외국환 거래법 시행령을 개정했고, 모태펀드 벤처캐피탈의 핀테크 기업 투자도 허용했다. 이러한 조치로 핀테크 기업들이 서비스를 시작할 수 있었지만, 여전히 그 효과는 미미하다. 기관마다 여전히 규제 완화에 대한 입장 차이가 존재해 모든 규제가 완화되지 않았기 때문이다.

규제 위주의 정책은 자유로운 시장 서비스 발전을 저해하는 요소이다. 규제 완화 정책에 그칠 게 아니라 제한된 항목만 준수하면 새로운 서비스를 만들 수 있도록 하는, 네거티브 규제 방식을 도입해야 핀테크 산업이 활성화할 수 있다.

오픈 API와 투자 활성화

핀테크 산업이 활성화되려면 핀테크 기업과 모든 금융기관이 연결되어야 한다. 은행마다 다른 프로그램을 가지고 있는 현 상황에서 새로운 서비스를 제공하려면 모든 기존 은행들과 정보 교환 시스템을 새로 구축해야 한다. 예를 들어 소액해외송금 서비스를 제공하는 기업은 송금인의 성명과 계좌번호 등의 정보를 확인해야 하며, 이를 위해 은행과 고객 정보를 주고받는 시스템을 만들어야 한다. 하지만 모든 은행과 개별적으로 시스템을 만들기는 시간이나 비용 면에서 비효율적일 수밖에 없다. 이 문제를 해결하기 위해서는 각 금융기관과 핀테크 업체가 사전에 약속된 형태로 데이터를 주고받을 수 있는 공동의 프로그램이 있어야 한다. 오픈 API Application Programming Interface를 만들어야 하는 이유이다.

모든 스타트업이 그렇듯 핀테크 업체들도 엔젤투자 등을 통해 종잣돈을 만들고 시스템을 개발한다. 하지만 그 후에 이를 알리고 매출을 얻기까지의 과정에서는 자금난에 시달릴 수밖에 없다. 게다가 금융수수료 자체가 낮기 때문에 일반 스타트업과 달리 핀테크 업체에게는 더 힘든 과정이다. 따라서 밴처캐피털이나 금융권과 정부의 관심이 필요하다. 현재는 금융위원회가 운영하는 핀테크 지원센터가 핀테크 스타트업 육성 업무를 담당하고 있으며, 이곳을 통해 스타트업 자원 조달, 연구 개발 지원이 이루어지고 있다.

핵심 원천기술 개발

핀테크 산업의 경쟁력은 IT 관련 기술이다. 블록체인, 인공지능 등 첨단 IT를 통해 기존 금융 서비스의 불편함을 해소하고 보안성도 높일 수 있다. 두 기술 모두 선진국과 약 2~4년 격차가 있으며, 이러한 차이는 추후 국내 금융 산업 경쟁력 약화로 이어질 수 있다.

데이터를 분산 저장해 해킹을 원천적으로 봉쇄하는 블록체인 기술은 금융 분야는 물론 사물인터넷, 유통, 물류, 게임 등 다양한 영역에서 활용이 가능하다. 이 기술은 2008년 등장했지만 국내에는 2014년까지도 잘 알려지지 않았다. 외국에는 이미 3,000여 블록체인 관련 기업들이 다양한 블록체인 기술을 개발해 대기업에 서비스를 제공하고 있고, 국제 컨소시엄도 구성했다. 우리는 여전히 초기 기술 수준에 머물러 있으며 대기업 참여 또한 미흡한 수준이다. 최근 정부 연구개발 과제에 블록체인 기술이 포함되는 등 추격 시도가 이루어지고 있지만, 이미 벌어진 기술 격차를 줄이기 위해서는 보다 공격적인 투자와 연구가 진행되어야 한다.

기술보다 사람 중심적 접근

IT 기업이 핀테크에 쉽게 접근하지 못하는 가장 큰 이유는 금융이 어떠한 구조를 가지고 있고, 어떻게 수익을 얻는지 제대로 파악하기 어렵기 때문이다. 은행이나 보험, 증권사의 재무제표를 보고 제대로 해석할 수 있는 사람은 그리 많지 않다. 또한 사람들이 어떤 불편을 느끼는지 확인하기도 어렵다. 결국은 금융과 기술 이전에 사람들의 필요를 공부할 수 있는 기회가 필요하다.

한편 디지털화와 자동화가 이루어지면서 현재 금융권에 종사하고 있는 사람들이 일자리를 잃을 수도 있다는 위험이 있다. 사실은 핀테크 산업의 전개와 상관없이 금융기관들의 이익 극대화를 위한 구조조정은 지금도 끊임없이 일어나고 있다. 반대로 생각해 보면 핀테크를 준비할 인적자원이 늘어나고 있는 상황이다. 따라서 금융인력이 핀테크 산업으로 이직할 수 있는 기회를 만들어 주는 것도 필요하다. 핀테크를 통한 금융 서비스의 발전은 현재진행형이다. 우리나라가 세계 금융 강국이 되기 위한 기회일 수 있는 것이다.

4 제조의 지능화:
사용자 중심의 혁신과 재창조, 디지털 제조인프라 구축

급속한 고령화, 그리고 베이비붐 세대의 은퇴까지 맞물리면서 숙련된 기술자들은 물론 생산인구가 감소하고 있는 상황이다. 이처럼 어려운 시기에 등장한 새로운 패러다임이 4차 산업혁명이다. 4차 산업혁명의 특징은 디지털 전환digital transformation이라고 요약할 수 있다. 제조업 분야로 좁혀서 살펴본다면, 4차 산업혁명은 기존의 단순 하드웨어 제품 생산을 위한 제조 및 조립 위주의 방식에서 제품과 장비 등에 소프트웨어와 통신기능이 결합된 스마트, 혹은 커넥티드 시스템으로의 변화를 가속시키고 있다. 또한 제품 생산을 위한 공정의 혁신과 더불어 기획, 개발, 제작, 유통, 고객관리 등 가치사슬의 전 단계에서 비용절감과 고부가가치화를 촉진하고 있다. 이에 따라 제조업은 스마트 시스템과 연계된 플랫폼 기반의 비즈니스 영역으로 변화될 가능성도 높다. 결국 제조업의 미래 경쟁력은 4차 산업혁명의 변화를 어떻게 수용하고 대응할 것인지에 달려 있다는 것을 시사한다. 그러나 산업연구원(2017)에 따르면 국내 제조업의 4차 산업혁명 대응력은 전체적인 가치사슬 단계로 보면 제조업 선진국에 비해 약 4년의 격차가 벌어진 것으로 분석되고 있다.

4차 산업혁명이 가져올 제조업의 변화 전망

그동안 제조업의 패러다임은 꾸준히 바뀌어 왔다. 일본의 자동차 회사 토요타Toyota가 1980년대 적기생산방식Just In Time으로 생산방식의 변화를 가져온 것이나, 1990년 들어서면서 아날로그에서 디지털로 제품 패러다임이 변화한 것은 대표적인 것이다.

그러나 이제 제조업은 4차 산업혁명의 지능정보기술과 접목되고 있다. 물론 제조업의 지능화는 제품 및 제조공정의 혁신만을 의미하는 것은 아니다. 스마트팩토리와 같은 생산 시스템의 변화를 넘어 기존의 패러다임으로는 생각할 수 없었던 새로운 비즈니스 모델까지 창출하며 산업과정 전반에서 진행될 것으로 예상된다.

스마트팩토리와 스마트 제품의 확산

초지능화와 초연결성이 4차 산업혁명의 특징이라면 스마트팩토리는 이를 제조공정에서 실현해낸다. 대량생산을 넘어 개인맞춤형 제품 생산이 목표이기 때문이다. 이제 제품과 생산설비 기계들은 서로 연결되어 자율적으로 제품을 맞춤형으로 제조할 수 있는 시스템을 갖춰가고 있다. 자동화된 대량생산이 목표였던 전통적 방식과 달리 지능화된 시스템이자 일종의 분권화된 시스템인 것이다. 스마트팩토리를 실현시키는 핵심 기술은 사물인터넷과 빅데이터, 지능형 로봇 등이다. 독일이나 미국에 비해 국내 스마트팩토리의 수준은 아직 초기 단계에

속한다. 대기업을 중심으로 스마트팩토리가 도입되고 있고, 통신기기나 가전과 같은 IT 분야 제품을 중심으로 4차 산업혁명의 지능화 기술들이 융합되고 있다.

비즈니스 모델의 변화

빅데이터, 사물인터넷, 클라우드 컴퓨팅, 인공지능 등의 지능화 기술들은 제조공정이나 제품에만 반영되는 것이 아니다. 제품의 기획부터 유통과 고객관리까지 제조업 가치사슬 전반에 적용될 전망이다. 이러한 변화는 비용절감을 더 가능하게 할 것이며 수직적 분업구조가 아니라 수평적 협업구조가 융합 경쟁력을 좌우하게 만들 것이다. 예를 들어, 제조업과 서비스업으로 각각 구분되었던 제약업과 의료산업이 지능화 기술을 토대로 스마트 헬스케어산업으로 융합되는 것처럼, 제조업과 서비스업의 융합이 가속화할 것으로 보인다. 또한 SNS로 조밀하게 연결된 소비자들은 실시간으로 제품과 서비스에 대한 취향과 평가를 공유하면서 공급자에 대해 신속하고 강력한 피드백을 제공하고 있으며, 다양한 상거래 플랫폼에서 소비자이자 공급자와 유통업자로 직접 참여하고 있다. 공유경제와 같은 다양한 O2OOnline to Offline 비즈니스가 만들어지는 토대이다. 향후에는 ICT 기술을 기반으로 새로운 융복합 비즈니스 모델이 더욱 늘어날 것으로 예측된다.

하드웨어에서 소프트웨어로 경쟁력 이동

내연기관 기반의 자동차가 인공지능 디바이스로 진화하면서 100년을 이어온 자동차산업의 변화를 예고하고 있는 것처럼, 제조업의 경쟁력이 하드웨어에서 소프트웨어로 이동하고 있다. 설비와 장비를 생산하는 하드웨어 산업은 시간이 흐를수록 가격은 하락하고 이익은 축소되는 숙명에 처해 있다. 4차 산업혁명 시대에는 신제품 개발, 원가절감이라는 전통적 접근법을 넘어서 ICT 기술을 활용하여 차별적 경쟁력을 확보하는 것이 관건이다. 말하자면 자동차는 이제 더 이상 이동수단만이 아닌 것이다. 자율주행 시스템을 갖춘 스마트 허브로 변모하면서 초연결성과 초지능성을 실현하는 소프트웨어가 더 중요해지고 있는 것이다.

독일 사례의 시사점

4차 산업혁명의 패러다임에 부합하는 선도적인 제조업 혁신 전략으로는 독일의 '인더스트리 4.0'이 대표적이다. 인더스트리 4.0은 'High-Tech Strategy 2020 Action Plan'에서 채택된 미래 프로젝트의 일환으로서 정부의 지원을 기반으로 인공지능연구센터DFKI에서 주도하여 수행하고 있다. 또한 정부와 기업, 산업별 협회, 연구기관, 공과대학 등의 전문가 집단으로 구성된 '플랫폼 인더스트리 4.0'을 구축하여 4차 산업혁명을 견고하고 내실 있게 준비하고 있다. 독일이 이렇게 조기에 4차 산업혁명을 준비하게 된 계기는 바로 위기의식이었다. 'Made in Germany'라는 완벽한 품질을 자랑하는 세계적인 제조업 강국임에도 불구하고 첨단 ICT기술과 소프트웨어 역량을 보유한 미국과 제조업 분야에서 무섭게 성장하고 있는 중국의 약진이 위기의식을 갖게 했던 것이다. 우리나라와 산업구조가 유사하면서 제조업을 기반으로 한 수출주도형 경제대국인 독일의 인더스트리 4.0의 전략 분석을 통해 우리가 가야 할 방향을 가늠할 수 있다.

맞춤형 제조(customization)

고객의 다양한 취향을 충족시키기 위한 제품 개발과 디자인 및 생산, 그리고 발 빠르게 고객의 요구에 맞춰 공급하는 제조기업 가치사슬value chain의 혁신을 통해 차별화하는 맞춤형 제조customization전략이다.

일례로 벤츠, BMW와 같은 독일의 세계적인 자동차업체 공장에는 소비자의 요구에 따라 차량마다 각기 다른 선택사양을 신속하게 반영할 수 있는 인더스트리 4.0 제조기술을 적극적으로 도입하고 있다. 또한 세계적인 스포츠용품 기업인 아디다스도 세상에 하나뿐인 고객 맞춤형 신발 제조를 위해 '스피드 팩토리Speed Factory'를 구축하여 고객 맞춤화에 대응하기 시작했다. 아디다스의 사례에서 눈여겨봐야 할 부분은 단지 제조혁신만의 수직적 가치사슬 통합뿐만 아니라 개발, 디자인, 상품기획, 영업, 마케팅에 이르는 수평적 가치사슬과의 통합을 통해 경쟁력을 향상시키고 있는 점이다.

소비재 산업뿐만 아니라 중간재를 생산하는 보쉬BOSCH의 경우에도 각기 사양이 다른 맞춤형 부품을 기존의 컨베이어 방식의 생산이 아닌 셀 방식의 생산을 통해 자동차 회사에 공급할 수 있는 시스템을 구축하고 있다. 제조 현장에서 발생하는 모든 생산 데이터는 수집, 보관되어 설비 보전에 대한 예측을 가능하게 만들고 있으며, 이에 따라 생산성 극대화와 완벽한 품질관리를 위한 제조 환경을 구축하고 있는 것이다.

협업(collaboration)

4차 산업혁명의 시대에는 공유와 협력을 통한 개방형 혁신 플랫폼

open innovation platform이 전제되어야 한다. 독일은 정부, 지자체, 연구소, 학교, 기업 등 모든 산업주체들 간 상호 협력을 통해 인더스트리 4.0의 개념을 정립했고 표준화RAMI 4.0[5]와 새로운 프로세스를 만들어 가고 있다.

특히 독일 전역에 67개의 연구소를 보유하고 있는 프라운호퍼 Fraunhofer 연구소와 인공지능연구센터는 상용화가 될 수 있는 응용기술을 다양한 분야의 기업들과 공동으로 연구하고 있다. 참여기업은 연구를 통해 얻게 되는 기술을 상호운용성interoperability을 갖춘 프로세스 솔루션으로 활용하고 있다. 이러한 플랫폼 혁신은 독일의 정부, 연구소, 기업 간의 원활한 공유와 협업의 산물이라고 볼 수 있다.

신뢰와 확신(confidence)

독일의 인더스트리 4.0은 중앙 정부가 정책적 지원을 하고 있지만 민간의 산업별 주체들끼리 자율적이고 상호 보완적인 입장에서 끊임없는 소통과 협력을 아끼지 않고 있다. 기업 간에도 '디지털 주권'이라고 하는 데이터 정보 보안의 이슈가 해결 과제로 남아있기는 하지만 개방형 플랫폼 혁신에 적극 참여하고 있는 것은 협력 파트너 간의 신뢰와 기업별로 독보적인 기술과 특허에 대한 확신이 크기 때문에 가능할 것이다.

4차 산업혁명의 시대에는 인공지능과 자동화로 인해 기존의 일자리가 크게 줄어들 것이라는 우려 섞인 의견도 많지만 독일 기업들은 직원들에게 지속적으로 현재 맡은 업무 외에 다른 직무와 기술에 대한 교육을 받게 하여 직원 재교육에 대한 기회를 주고 있다. 실업학교 Realschule 학생들은 듀얼 시스템dual system이라고 하는 도제식 직업교육을 통해 기업에서 필요한 기술을 학교를 다니며 사전에 습득하고 있기 때문에 기업은 필요한 기술 인력을 사전에 확보할 수 있고 학생들은 취업에 대한 걱정이 없다고 한다.

사례를 통해 짚어보는 대응전략

4차 산업혁명에 따른 제조업 분야에서의 변화와 혁신은 빠르게 진행될 것으로 예상되기 때문에 기존에 우리나라가 갖고 있는 장점을 극대화하는 동시에 새로운 기술에 대한 개방성과 산업 간 융합이 무엇보다 중요하다. 기존의 방식만으로는 경쟁력을 유지하기 어려운 상황에서 새로운 아이디어와 기술을 바탕으로 제조업의 혁신을 이끌고 있는 사례들을 소개하면 다음과 같다.

사용자 관점의 서비스 솔루션으로 기존 제조업 혁신

미국의 제너럴일렉트릭GE은 항공기 엔진시장의 선두주자이지만 경쟁이 심화되면서 수익률이 낮아지는 어려움을 겪어왔다. 이러한 상황을 타개하기 위해 GE는 사물인터넷을 활용, 부품 등의 데이터를 실시간으로 수집하여 제품 판매 이후의 정비와 유지보수까지 통합서비스를 구현하고 있다. GE가 2020년까지 세계 10대 소프트웨어 회사가 되겠다고 선언한 것은 항공기용 엔진, 플랜트용 장비, 헬스케어 제품 등에 빅데이터를 관리, 분석하는 소프트웨어를 탑재하여 유지보수는 물론 고객의 생산성을 높이는 서비스가 결합된 솔루션 개념의 소프트웨어 중심회사로 변신하겠다는 전략이다. 즉, 제조방식의 혁신만이 아니라 제조업과 서비스업의 결합을 통하여 혁신을 모색하고 있는 것이다.

독일의 만트럭버스MAN Truck & Bus의 경우, 총소유비용TCO 관점에서 트럭 구입비용은 라이프 사이클 전체 비용의 10%에 불과하다는 점에 주목하고 차주이자 자영업자인 고객들이 기타 비용을 효율적으로 관리할 수 있도록 지원하는 서비스를 제공해 고객 만족도를 높이는 새로운 수익원을 발굴했다. 24시간 비상지원, 텔레매틱스 운송경로 최적화, 이상징후 발생시 사전 점검, 연료절감 운전교육 등 모든 부문에 걸쳐 유지보수 서비스를 제공하고 있고, 그 결과 결함은 낮추고 신뢰도는 높이는 것으로 전체적인 매출과 수익의 확대를 꾀하고 있다.

세계 최대의 해운운송회사 머스크MAERSK의 본사가 있는 덴마크에서는 해운에서도 제품과 서비스를 결합시키는 프로테우스Proteus 프로젝트가 시도되고 있다. 이는 조선회사에서 선박판매 후 선박의 소모품, 유지보수, 시스템 업그레이드, 승무원 교육 등 다양한 후속 서비스 수요를 융합하여 새로운 수익창출로 연결시키는 것이다. 재편 과정에 있는 우리나라 조선업에서 주목할 필요가 있는 서비스이다.

이러한 제품-서비스 통합시스템Product Service Systems의 개념은 제품 판매에 그치지 않고 제품의 개발과정부터 후속 서비스를 고려해 새로운 사업 기회를 탐색하는 접근이다. 제품판매 중심의 제조업 개념에서 사후 서비스 영역까지 아우르는 사용자 관점의 솔루션을 제공하여 고객가치를 높이고 차별성을 확보하여 수익을 창출하는 4차 산업혁명 시대의 방식이라고 할 수 있다. 기술적으로는 사물인터넷, 빅데이터 분석, 3D프린팅 등의 기술을 접목한 것이고, 서비스 측면에서는 고객의 잠재적 요구를 정확히 파악하여 실질적 서비스로 연결해주는 사업모델의 구축인 셈이다.

초연결성과 초지능성을 살려 기존 제품의 재창조

1980년대 후반부터 보급된 PC는 기본적으로 네트워크와 무관한 스탠드 얼론Stand Alone 기기였지만, 1990년대부터 인터넷으로 연결되어 PC통신, 온라인 쇼핑 등이 시작되었다. MP3, TV, 냉장고 등 가전으로 확산된 디바이스 간 연결은 스마트폰의 보급으로 인간이 사용하는 모든 소비자용 디바이스로 확산되고 있다. 시장조사업체 가트너Gartner에 따르면, 사물인터넷 연결 기기가 2015년 전 세계적으로 48억 8,000만 대에서 2020년 250억 6,000만 대로 급증할 것으로 전망되고 있으며, 미래 소비자용 디바이스는 대부분 연결성을 확보한 스마트 관점에서 재창조될 것이다.

삼성전자 사내 벤처인 솔티드벤처는 2016년 스페인에서 열린 '모바일 월드 콩그레스MWC 2016'에서 스마트 신발 '아이오핏IOFIT'을 공개하여 큰 관심을 모았다. 이것은 신발 밑창에 압력센서를 달아 측정된 데이터를 사용자의 스마트폰이나 태블릿으로 실시간 전송하는 제품인데, 균형감각을 유지하거나 무게중심 이동을 돕는 용도로 피트니스 트레이닝, 골프스윙 연습, 워킹자세 교정 등에 사용될 수 있다. 세계적 칫솔 브랜드 오랄비의 경우, 스마트 칫솔인 '지니어스GENIUS'를 출시했다. 치아를 닦으면서 스마트폰을 통해 어느 부분이 제대로 닦이지 않았는지 등을 확인할 수 있다. 사용자는 치아에 가해진 압력과 칫솔질 소요 시간 등 구강 내 각 위치의 세정 상태에 대한 정보를 즉각적으로 받을 수 있다. 영국의 스타트업 기업 스마터Smarter는 주방의 음식재료를 단번에 파악하게 해주는 제품들을 선보인 바 있다. '냉장고 캠'을 냉장고 내부에 장착해 냉장고 안에 음식물이 얼마나 남았는지를 외부에서 스마트폰으로 실시간 확인할 수 있어서 집 밖에서도 필요한 식료

품만 구매할 수 있도록 도와주는 제품이다. 이외에도 설탕, 소금 같은 조미료의 용기 밑에 '스마트 매트'를 깔아두면 용기의 무게를 측정해 내용물 잔여량을 실시간으로 알 수 있고, 벽에 부착한 '스마트 디텍트'는 오븐이나 밥솥의 조리 종료시간을 스마트폰 알림으로 전송해준다.

이처럼 전통적 가전의 범주에 들어가는 냉장고, 세탁기, 에어컨 등이 단위제품 지능화의 범위를 넘어 연결성까지 갖춘 스마트 기기로 진화하는 가운데 전형적인 아날로그 제품인 신발이나 칫솔조차도 초연결과 초지능의 기술을 적용한 스마트 디바이스로 재창조되고 있는 사례는 우리나라 소비재 산업의 미래방향을 시사하고 있는 것이다.

우리나라의 대응전략

제조업 비중이 높은 우리나라도 몇 년 전부터 사물인터넷 혁명 등의 이름으로 제조업 방식의 혁신을 모색해오고 있다. 그러나 글로벌 컨설팅업체 딜로이트가 전망한 '글로벌 제조업경쟁력지수' 보고서(2015)에 따르면, 2020년경이 되면 제조업 분야에서 미국, 중국, 독일, 일본 등이 여전히 선두그룹을 형성하는 가운데 인도, 베트남, 인도네시아 등 동남아 국가들은 약진하고 한국의 경쟁력은 하락할 것으로 예측되었다. 가장 전통적인 산업인 제조업에 혁신적 기술융합이 절실한 상황인 것이다.

디지털 제조시스템 구축을 위한 단계별 로드맵

우리 기업들이 4차 산업혁명 시대에 걸맞은 디지털 제조시스템을 구축하기 위해서는 단계별 전략이 필요하다. 첫 단계는 제조기업의 디지털화digital transformation이다. 제조현장의 모든 데이터는 디지털화digitalize되고 가시화visualize되어야 하며, 이러한 현장 데이터들은 개발 부서와 본사의 경영층 및 해외법인에도 실시간으로 공유되어 고객의 요구에 대한 제품과 솔루션을 즉각적으로 제시해야 한다. 두 번째 단계는 연결된connected 제조시스템 구축이다. 수평적, 수직적 기업 가치 사슬의 통합을 통해 시장지향적 경영을 해야 한다. 글로벌 고객의 요구와 선호도를 지속적으로 데이터화하여 이것을 개발, 디자인, 제조, 영업, 마케팅 등 기업의 경영시스템 전반에 반영해야만 뉴노멀 시대의 글로벌 경쟁에서 살아남을 수 있다. 세 번째 단계는 기계와 기계, 공장과 공장, 기계와 사람 간의 네트워킹을 통해 자율적 판단과 협력이 이루어지는 진정한 의미의 스마트팩토리smart factory를 구축하는 것이다.

개방적 생태계와 공공 인프라 구축

급변하는 환경 속에서 정부의 역할은 단순히 기술 중심의 R&D 투자를 늘리는 게 전부는 아니다. 무엇보다 산업시스템의 유연성을 높일 수 있도록 개방적인 생태계 구축을 지원해야 한다. 사물인터넷, 인공지능 등 첨단 지능과 정보 융복합 기술의 활용이 활발해지면서 이전의 시스템과는 다른 새로운 경쟁체제로의 전환이 예상되기 때문에 유연하게 대응할 수 있는 제도적 여건 개선이 필요하다. 예를 들어 빅데이터 기반의 산업이 관련 기술보다는 개인정보보호와 같은 규제 시스템으로 인하여 미래가능성을 놓치지 않도록 관련 규제 문제를 우선적으로 해결해야 한다. 그러나 첨단기술 활용이 대기업 중심으로 이루어진다면 향후 대기업과 중소기업의 격차는 더 벌어질 수도 있다. 따라서 이러한 양극화를 막기 위해서는 빅데이터와 같은 4차 산업혁명의 기술들을 활용할 수 있는 공공인프라가 갖춰져야 한다. 정부는 물론 '지능정보산업발전전략'(2016)이나 '스마트 제조혁신 비전 2025'(2017) 등을 통해 제조업의 미래비전을 제시한 바 있다. 그러나 기술중심적 관점에 머물러서는 안 되고 국내적 상황에 맞는 구체적인 목표 설정이 전제되어야 한다.

인력양성과 로봇의 인간노동 대체에 대한 정책 마련

제조업의 지능화 과정에서 인간노동이 기계와 로봇으로 대체되고, 산업 간 융합이 활발해지면서 예상되는 문제는 바로 일자리이다. 앞으로는 특정 제조과정의 숙련된 기술보다는 이러한 시스템을 지능화하고 개방형 플랫폼을 혁신하는 등의 기술이 더 필요해질 것이다. 따라서 새롭게 출현할 분야의 인력수요에 대처하기 위해서는 고용과 교육 문제의 연계를 통해 4차 산업혁명 시대에 맞는 인력양성 방안이 국가 차원에서 마련되어야 한다. 또한 제조용 로봇의 투입 확산은 일자리 감소로 이어질 수밖에 없다. 결국 세밀한 장기 예측을 통해 일자리 감소와 새로운 일자리 출현에 유연하게 대응할 수 있는 전략적 관점이 필요하다.

5 공유경제:

기존 질서와의 충돌을 흡수하는 규제 정비와 공적 역할 부여

4차 산업혁명은 자동화와 연결성이 극대화된 경제 시스템이라고 할 수 있다. 인간의 육체노동을 대신해왔던 자동화의 확산은 4차 산업혁명에서는 빅데이터 기반의 인공지능에 의해서 인간의 지적 노동까지 광범위하게 자동화할 것으로 전망되고 있다. 기차, 배, 자동차, 비행기 등 이동수단의 발전은 사람의 물리적 연결성을 확대하면서 국가 안으로는 도시화, 밖으로는 세계화를 가능하게 해주었는데, 인터넷의 등장은 '사이버 스페이스'라는 시간적, 공간적 제약이 완화된 가상공간을 통해서 전 세계 사람들의 교류를 가능하게 해주었다. 스마트폰의 보급으로 새로운 전기를 맞이한 인터넷은 4차 산업혁명에서는 스마트홈, 스마트카, 스마트팩토리 등 전 세계 사물을 연결하면서 가상공간의 중요성을 더욱 확대할 전망이다.

공유경제와 4차 산업혁명

자동화와 연결성이 확대되는 흐름에서 탄생한 새로운 경제 모델 중 하나가 공유경제이다. 공유경제는 경제활동이 사람보다는 기계(인공지능, 로봇 등), 물리적 공간보다는 가상공간을 통해서 이루어지는 흐름의 연장선에서 나타나는 현상으로 이해할 수 있다. 공유경제에 앞서 인터넷의 등장과 함께 확산되기 시작하였던 전자상거래나 전자금융이 가상공간을 통해서 표준화된 공산품이나 금융상품을 거래할 수 있도록 해주었다면, 공유경제는 표준화가 쉽지 않은 서비스까지 가상공간을 통해 거래할 수 있도록 발전한 것이다.

공유경제에 있어서 자동화와 연결성의 핵심 매개체는 스마트폰이다. 단순히 자동차나 주택을 임대하는 서비스는 이전에도 존재했지만, 대표적인 공유경제 비즈니스 사례로 꼽히는 차량공유 서비스 기업 우버Uber나 숙박공유 서비스 기업 에어비앤비airbnb처럼 물적 자산을 소유하지 않고서도 글로벌 차원으로 사업을 확장한 경우는 이전에는 존재하지 않았다. 스마트폰의 보급으로 언제든 인터넷에 연결할 수 있는 기반이 마련되고, 스마트폰에 탑재된 GPS 등의 센서를 이용해서 물리적 정보를 디지털 공간으로 매끄럽게 전송할 수 있게 됨에 따라 온라인과 오프라인 사이의 경계가 크게 낮아진 것이 새로운 비즈니스 모델의 등장을 가능하게 해주었다.

공유경제는 소유권이 아니라 접근권에 기반을 둔 경제모델

공유와 경제가 합쳐진 공유경제Sharing Economy는 다양한 맥락에서 정의되는 용어이지만, 최근에 우버와 함께 대중에게 널리 알려진 공유경제라는 개념은 '소유권ownership'보다는 '접근권accessibility'에 기반을 둔 경제 모델을 의미한다. 전통 경제에서 생산을 담당하는 기업들은 상품이나 서비스를 생산하기 위해서 원료, 부품, 장비, 인력을 사거나 고용하였는데 반해서, 공유경제에서는 기업뿐만 아니라 개인들도 자산이나 제품이 제공하는 서비스에 대한 '접근권'의 거래를 통해서 자원을 효율적으로 활용하여 가치를 창출할 수 있다. 소유권의 거래에 기반 한 기존 자본주의 시장경제와는 다른, 새로운 게임의 법칙이 대두하고 있는 것이다.

공유경제는 온라인 플랫폼이라는 조직화한 가상공간을 통해서 접근권의 거래가 이루어진다. 온라인 플랫폼은 인터넷의 연결성을 기반으로 유휴자산을 보유하거나 필요로 하는 수많은 소비자나 공급자가 모여서 소통할 수 있는 기반이 된다. 다양한 선호를 가진 이용자들이 거래 상대방을 찾는 작업을 사람이 일일이 처리하는 것은 불가능한 일인데, 공유경제 기업들은 고도의 알고리즘을 이용하여 검색, 매칭, 모니터링 등의 거래 과정을 자동화하여 처리한다.

공유경제에서 거래되는 유휴자산의 종류는 자동차나 주택에 국한되지 않는다. 개인이나 기업들이 소유한 물적, 금전적, 지적 자산에 대한 접근권을 온라인 플랫폼을 통해서 거래할 수만 있다면 거의 모든 자산의 거래가 공유경제의 일환으로 나타날 수 있다. 가구, 가전 등의 내구재, 사무실, 공연장, 운동장 등의 물리적 공간, 전문가나 기술자의 지식, 개인들의 여유 시간이나 여유 자금 등이 접근권 거래의 대상이 될 수 있다.

접근권이 거래될 수 있는 배경

다양한 자산의 접근권이 거래될 수 있는 핵심적인 배경은 온라인 플랫폼이 거래비용을 크게 낮출 수 있었기 때문이다. 거래에 소요되는 비용에는 거래 상대방을 찾기 위한 탐색 비용search cost, 거래 조건을 협상하여 거래를 성사시키기 위한 매칭 비용matching cost, 거래를 제대로 이행하는지 감독하기 위한 모니터링 비용monitoring cost 등이 있다. 성공적인 온라인 플랫폼은 거래 비용을 효과적으로 절감시키는 것으로 나타난다.

먼저, 수요자들은 공급자들이 더 많을수록, 공급자들은 수요자들이 더 많을수록 온라인 플랫폼에 참여할 유인이 높아지기 때문에 플랫폼 사업자들은 이를 위해서 다양한 방법으로 사용자들을 확보하려고 노력한다. 거래할 수 있는 잠재적인 거래 상대방이 많아야 탐색비용도 자연스럽게 낮아질 수 있기 때문이다. 둘째, 온라인 플랫폼은 알고리즘을 이용하여 거래 상대방뿐만 아니라 유사한 거래 조건을 검색하게 하거나 추천을 해줌으로써 탐색에서부터 매칭까지 원활하게 이루어지게 해준다. 셋째, 플랫폼은 참가자들이 플랫폼을 통하여 상호 합의한 대로 거래가 진행될 것이라는 신뢰와 확신을 부여할 수 있는 메커니즘을 마련해 놓아야 한다. 이를 위해서 거래 당사자들 간의 상호 평점이나 후기review 데이터를 축적하고 분석함으로써 거래의 신뢰 확보에 필요한 모니터링 비용을 낮춰줄 수 있다.

예를 들어, 2008년 설립된 에어비앤비는 2017년 3월 현재 191개국 6만 5,000여 개 도시에서 숙박공유 서비스를 운영하고 있다. 기존의 호텔이 규격화된 방을 고객에게 제공하는 것과 달리 에어비앤비는 전 세계 수십만 명의 호스트가 제공하는 이질적인heterogeneous 방을 고객(게스트)에게 제공해야 한다. 이를 위해서 에어비앤비는 머신러닝(기계학습) 알고리즘을 이용하여 게스트가 원하는 조건의 방과 호스트를 추천하고 검색할 수 있도록 함으로써 이 문제를 효율적으로 처리하고 있다. 또한 이용자들이 상호 평가하는 평점 시스템을 기반으로 불량한 이용자를 플랫폼에서 배제함으로써 거래의 신뢰를 확보하고 있다.

공유경제의 경제혁신 방식과 향후 전망

공유경제는 거래비용의 절감으로 과거에는 불가능했던 새로운 거래 방식을 창출하면서 경제의 생산성을 높이는 데 기여한다. 유휴자산의 효율적 이용은 자원을 보다 효율적으로 배분하는 데 기여한다. 가령, 현재 개인들이 소유하는 자동차는 약 4%의 시간만 운행되고 나머지는 주차되어 있는데, 카셰어링 서비스는 이러한 비효율적인 자원 활용을 개선하는데 기여할 수 있다. 또한 새로운 가치 창출 방식이 가능해짐에 따라 소비자의 선택권과 편의성은 높아지고, 공급자들은 낮은 진입장벽으로 인해 새로운 사업 기회를 포착할 수 있다.

전통적 비즈니스 가치체계 파괴

공유경제 기업들은 전통적 비즈니스의 가치 체계를 뒤흔들며 혁신을 자극하는 역할도 한다. 예를 들어, 2009년 설립되어 2017년 6월 현재 전 세계 76개국 450개 도시에서 서비스 중인 우버는 680억 달러의 기업가치를 보이며, 글로벌 주요 자동차 회사인 GM의 520억 달러를 넘어서고 있다. 이미 일부 도시에서는 전통적인 택시보다 우버, 그리고 우버에 이어 미국의 2위 차량공유 서비스인 리프트Lyft, 중국의 대표적인 차량공유 서비스인 디디콰이처 등의 카셰어링 서비스의 이용자가 더 많은 것으로 나타나고 있기도 하다. 또한 카셰어링 서비스는 이른바 '자가용'이라고 불리며 소유의 상징과 같았던 자동차를 이동이 필요할 때 이용하는 모빌리티 서비스의 대상으로 바꾸고 있다. 전통적인 자동차 완성차 기업들도 이제 자동차 제조회사에서 모빌리티 제공 회사가 되겠다고 선언하며, 카셰어링 서비스에 뛰어들고 있는 이유이다.

다양한 산업 분야에서 공유경제 서비스 확산

공유경제 기업들은 자동차와 숙박 공유 외에도 다양한 분야에서 나타나고 있다. 새로운 구직·구인 경로로 기능하면서 노동시장을 변화시키고 있는 온라인 인재 플랫폼, 최근 중국 주요 도시에서 급성장하고 있는 자전거 공유 서비스, 대안적인 금융수단으로 자리매김하고 있는 크라우드 펀딩, 전 세계 대학 강의를 무료로 공개하면서 고등교육의 새로운 패러다임을 만들어 가고 있는 MOOCMassive Open Online Course 등 다양한 분야에서 출현, 성장하면서 경제의 새로운 활력소가 되고 있다.

공유경제 시장 전망

공유경제는 자동화와 연결성을 강화해주는 기술의 발전과 보급으로 경제의 효율성을 높이는 데 기여함에 따라 앞으로 더 많은 영역으로 확대될 것으로 보인다. 컨설팅업체 프라이스워터하우스쿠퍼스PwC는 2010년 8억 5,000만 달러에 불과했던 세계 공유경제 시장규모가 2014년 150억 달러(약 17조 원)로 급성장했으며, 2025년에는 3,350억 달러(약 382조 원) 규모로 20배 넘게 성장할 것으로 예측했다.

주요국에 대한 전망도 매우 낙관적이다. 미국의 경제전문지 〈포브스Forbes〉(2015)는 미국의 공유경제 시장규모를 2016년 35억 달러 규모에서 2017년 70억 달러로 전년 대비 2배가량 성장할 것으로 전망하였고, 일본의 시장조사업체 야노경제연구소(2016)는 일본의 공유경제 시장규모가 2014년 232억 엔에서 2018년 462억 엔으로 연평균 18.7%씩 성장할 것으로 전망하고 있다. 현재 공유경제를 주도하고 있는 중국은 2016년 현재 공유경제 참여자가 5억 명에 이르며, 시장규모는 2조 위안(약 329조 원)으로 2020년경에는 연평균 40%가 성장하여 GDP의 10% 이상을 차지할 것으로 예상하고 있다. 우리나라에서는 점점 더 확대되고 있는 공유경제를 GDP 통계에 포함하기 위한 작업을 한국은행에서 진행하고 있으며 2019년 3월부터 공식적으로 발표할 예정이다.

공유경제 활성화를 위해 필요한 실천전략

공유경제는 혁신의 촉매 역할을 하면서 경제의 효율성을 높이는 데 기여하지만, 동시에 기존의 경제 질서에서 정의되지 않았던 새로운 가치 창출 방식으로 인하여 기존 규제 및 이해관계자와의 충돌을 야기하고 있다. 미국의 진보적인 정치경제학자이자 전 노동부 장관인 로버트 라이쉬Robert Reich는 공유경제가 불안한 단기 일자리만을 양산하고 큰 수익은 서비스 플랫폼 사업자에게 돌아간다고 비판하기도 했다. 노동자들은 자잘한 부스러기를 나눠 갖는 것일 뿐이라는 '부스러기 경제share-the-scraps economy'라는 비판에도 주목할 필요가 있다. 공유경제의 잠재력을 극대화하고, 갈등을 최소화하기 위해서는 다음과 같은 정책과제를 고민해 볼 필요가 있다.

기술과 제도의 충돌을 흡수할 수 있도록 규제 체계 정비

과거의 기준으로 정립된 법이나 제도가 기술 혁신의 속도를 따라잡지 못하면서 발생하는 충돌이 공유경제에서도 발생하고 있다. 그러나 무엇보다 공유경제가 자동화와 연결성을 확대해온 기술 발전에 기반하고 있다는 점을 고려해야 한다. 온라인 플랫폼이라는 가상공간에 참여한 이용자들의 정보를 알고리즘이 사람을 대신해서 자동으로 처리함으로써 거래비용이 절감되는 과정은 앞으로 기술 발전에 따라 더욱 진척될 것이다. 이러한 흐름을 억지로 막으려는 시도는 장기적으로 지속될 수 없을 뿐 아니라 미래에는 경쟁력 하락으로 인한 더 큰 대가를 치를 수도 있다. 4차 산업혁명이 도래하고 공유경제와 같은 새로운 경제 모델이 확산될 것으로 전망되는 현재 시점에서 기술과 제도의 충돌이 야기하는 문제를 해결할 수 있는 규제 체계를 갖추는 것은 매우 중요한 과제이다.

글로벌 차원의 규제 협력 체계 마련

우버와 에어비앤비 등 공유경제를 대표하는 기업들은 인터넷을 통해서 서비스를 원격으로 공급하고 있다. 이러한 서비스들은 글로벌 차원으로 표준화되어 제공된다. 그러나 서비스가 소비되는 개별 국가는 물론 개별 국가 내 중앙정부와 지방정부 사이에도 서로 다른 법과 규제체계가 있는 경우가 많아 기술과 제도의 충돌이 빈번하게 발생하고 있다. 현재까지 이러한 갈등들은 정부의 행정 집행이나 소송을 통하거나 사업자들의 입법 로비, 언론과 학계를 통한 홍보와 연구 등으로 접점을 찾고 있는 상황이다. 법적 다툼의 결과에 따라서 강제로 퇴출당하는 서비스가 있는가 하면, 여론에 밀려 서비스가 합법화되는 지역도 나타나고 있다. 글로벌 차원의 규제 협력 체계가 마련된다면, 특정 서비스에 대한 표준화된 규제 가이드라인을 마련함으로써 불필요한 사회적 비용을 절감할 수 있을 뿐 아니라 국경을 넘어서 공급되는 공유경제 서비스들에 대해서도 효과적인 규제체계를 마련할 수 있을 것이다.

공유경제 온라인 플랫폼의 공적 역할 부여

공유경제 기업의 온라인 플랫폼이 발생시키는 데이터는 규제의 효율성을 높이는 데 이용할 수 있다. 온라인 플랫폼의 모든 거래는 디지털화된 데이터로 기록되고 분석된다. 이렇게 분석되는 데이터는 소비자의 선호를 파악하여 더 나은 서비스를 제공하는 데 이용되기도 하며, 평판 시스템을 통해서 공급자의 신뢰를 제고하는 데 이용되기도 한다. 이는 진입 규제, 가격 규제, 품질 규제 등을 통해 소비자의 후생을 증진하고, 불량한 공급자를 퇴출해온 정부의 경제적 규제가 지향했던 정책적 목표와 일맥상통한다. 정부에서 온라인 플랫폼과 협력한다면 정부의 사전적인 개입으로 인한 비효율성을 줄일 수 있을 뿐 아니라 행정자원도 더욱 생산적인 곳에 사용할 수 있을 것이다.

공유경제 기업에 일부 규제 권한을 위임하는 것과 동시에 공유경제 기업의 공적인 역할이 필요한 부분은 의무를 강화해야 한다. 온라인 플랫폼에 축적되는 데이터가 남용될 경우 개인의 프라이버시가 침해될 수 있으며, 특정 기업이 데이터를 배타적으로 이용할 경우 독과점 문제도 제기될 수 있다. 또한 거래를 주선하는 알고리즘이 담합을 야기하거나 가격차별을 심화시킬 수 있는 가능성도 상존한다. 유럽, 일본 등 선진국들은 플랫폼의 공적 보고 의무를 강화하는 법안을 통과

시키고 있을 뿐만 아니라 데이터 집중 문제를 막기 위한 정책을 내놓고 있다. 우리도 이에 대한 논의의 대열에 적극 합류할 필요가 있다.

유연성과 안정성을 동시에 고려하는 노동시장 정책 마련

공유경제에 참가하는 개인들은 자신들이 보유한 유휴 자산을 원하는 시간에 온라인 플랫폼을 통해서 제공하기 때문에 전통적인 노동자와는 고용형태가 다르다. 개인들은 원하는 시간에 추가적인 소득을 기대할 수 있지만, 동시에 안정적인 1차 직장이 없을 경우 소득의 불안정성이 커질 수 있고, 전통적인 고용계약이 보장하는 휴가, 연금, 의료보험, 실업보험, 교육훈련비 등의 복지 혜택에서도 누락될 수 있다. 현행 노동시장의 제도가 유지된 채로 공유경제가 확산되어 프리랜서나 독립 계약자independent contractors 등의 고용 형태가 늘어나면, 기업은 유연한 인력 운용과 간접 노동비용 절감으로 혜택을 얻을 수 있지만, 다수의 개인들은 상대적으로 불안정한 상황에 처할 수 있다.

일각에서 제기되고 있는 기본소득은 공유경제로 인한 노동시장 문제 해결에도 이용될 수 있다. 공유경제에 발생하는 새로운 형태의 고용 관계에 따라 일일이 복지 혜택의 수급을 결정하는 것은 상당한 행정비용을 요구하는 일이다. 또한 기업들은 규제의 설계에 따라서 적극적으로 규제차익을 추구할 수 있기 때문에 노동시장 정책의 유효성을 높이기 위한 노력도 무기력해질 우려가 있다. 기본소득은 새로운 형태의 고용계약과 관계없이 최소한의 소득 수준을 효과적으로 유지해 줄 수 있기 때문에 공유경제 기업들의 다양한 시도를 억제하지 않으면서도 이에 따른 불안정한 소득 충격을 완충해 줄 수 있을 것으로 보인다.

극단적인 자동화와 연결성에 기반을 둔 4차 산업혁명은 공유경제의 충격을 넘어서는 혁명적 변화를 초래할 것으로 보인다. 4차 산업혁명으로 가는 여정의 초입에서 맞이한 공유경제를 우리 경제의 효율성을 높이고 혁신의 촉매로 활용할 수 있다면, 향후 도래하는 4차 산업혁명도 도약의 기회가 될 수 있을 것이다. 변화와 혁신 친화적인 제도를 구축하여 선도적인 대비를 해야 할 시점이다.

6 국가 재정: 양극화 완화와 공평성·지속가능성을 위한 재정 원칙

국가 재정은 국가 경제를 지탱해 주는 최후의 버팀목이다. 한국의 경우 그동안 국가 재정이 건전했기 때문에 1997년 외환위기와 2008년 글로벌 금융위기를 극복할 수 있었다. 재정은 현재뿐 아니라 미래에도 중요하다. 재정을 장기적으로 전망하는 주요 이유는 인구와 사회구조의 변화가 재정에 미치는 영향을 예측하여, 경제사회적 여건 변화에 적극적으로 대응하는 국가정책을 수립하기 위해서이다. 특히 빠른 속도로 심화되고 있는 저출산과 고령화, 그리고 전 세계적 흐름이 되고 있는 4차 산업혁명에 선제적으로 대응하기 위해서는 관련 요인들을 정밀하게 분석하고 미래를 예측하는 것이 국가 재정 전망에서도 매우 중요하다.

한국 사회의 주요 현안과 과제

최근 한국 사회의 구조적 변화를 가져오고 있는 저출산과 고령화,

잠재성장률의 추세적 하락, 경제양극화 등은 국가 재정운용에 큰 영향을 미치는 현안과제로 떠오르고 있다. 그러나 이들 요인들은 재정지출에 큰 부담을 주기도 하지만, 잘 관리한다면 오히려 세수기반을 확대하고 심화시켜 주는 역할도 기대할 수 있다. 즉, 재정과 이들 정책현안들은 상호 영향을 주고받는 관계이다. 재정과 이들의 관계가 선순환이 될 수 있는 방안을 찾아야 하는 이유이다.

저출산과 고령화

통계청의 인구추계에 따르면 한국의 인구는 2030년 5,216만 명으로 정점에 도달한 후 지속적으로 낮아져 2060년에는 4,396만 명으로 감소한다. 인구수로 표현되는 국가 체력이 낮아진다는 의미이다. 더 큰 우려를 낳고 있는 것은 인구구조의 변화이다. 유소년인구(0~14세)와 생산가능인구(15~64세)는 줄고 노년인구(65세 이상)는 크게 증가한다는 점이다. 국민들을 부양해야 하는 생산가능인구는 2010년 전체인구의 72.8%에서 2030년에는 63.1%, 2060년에는 49.7%로 낮아질 전망이다. 반면 65세 이상 노인인구 비율이 각각 11.0%, 24.3%, 40.1%로 급증할 것으로 예측된다. 이에 따라 생산가능인구 100명당 노인을 부양해야 할 노년인구수는 2010년 15.2명에서 2030년 38.6명, 2060년 80.6명으로 증가할 것으로 보인다. 이러한 인구구조의 고령화[6]와 부양인 수의 증가는 경제 활력을 떨어뜨리고, 연금과 보험을 비롯한 사회복지비의 지출을 급속하게 늘릴 것이다.

한편 한국의 출산율은 1990년대 이후 계속 낮아져 2016년 합계출산율[7]은 1.17명에 불과하다. 이는 OECD 회원국 평균 1.8명보다 낮은 수치이다. 낮은 출산율과 생산가능인구의 감소는 한국 경제의 크기를 축소시키고 성장동력도 떨어뜨려 국력을 쇠약하게 만들 것이다. 이에 따라 국가적 재난이 될 저출산 현상을 막기 위해 출산율을 높일 수 있는 각종 정책수단이 동원되고 있으며, 보육정책에 소요되는 재정부담도 이에 비례하여 커지게 될 것이다.

성장동력 약화: 잠재성장률의 추세적 하락

한국 경제의 실질경제성장률을 1970년 이후 10년 단위로 살펴보면, 1971~1980년 9.1%, 1981~1990년 9.8%, 1991~2000년 6.6%, 2001~2010년 4.2%로 낮아지고 있다. 이러한 추세적 하락세는 경제가 점차 성숙단계로 진입함에 따라 나타나는 현상이기도 하지만, 경제위기로 인한 충격도 상당부분 영향을 미친 것으로 보인다. 경제성장률은 재정에 직접적인 영향을 미친다. 성장률의 하락 추세는 지속적으로 세수기반을 잠식하여 재정수입의 증가를 저해하는 요인이 된다. 반면 재정 지출은 증가되는데, 대표적으로 근로소득자의 실질소득 하락과 빈곤가계의 증가는 실업대책비와 복지지출 등 각종 이전지출을 증가시키게 된다. 즉 낮은 경제성장률로 인해 재정건전성은 크게 악화될 수밖에 없는 것이다.

경제 양극화 심화

경제적으로 양극화가 심화되는 현상은 첫째, 가계와 기업이 각각 국민총소득GNI에서 차지하고 있는 소득의 비중에서 찾아볼 수 있다. 1995년부터 2012년까지 지난 18년 동안 한국의 국민총소득에서 가계부문이 차지하는 비중은 하락하는 반면에 기업부문의 비중은 상승해 왔다. 가계로 흘러들어가는 소득 비중의 감소는 국민들의 내수를 축소시키고 가계부채를 증가시키며 정부의 세수기반을 약화시킬 수 있다. 즉 국가의 재정수입에 부정적인 영향을 미친다. 반면 기업의 영업이익은 증가하였지만, 정부의 법인세율은 김대중 정부 27%, 노무현 정부 23%, 이명박 정부 20%, 박근혜 정부 18%로 지속적으로 하락하면서 법인세수는 상대적으로 덜 걷히게 되었다.

둘째, 성장과 분배의 단절화 현상이다. 1990년대 초반까지는 경제성장이 빈곤 감소에 긍정적인 영향을 미쳤다. 하지만 현재 경제성장이 빈곤감소로 이어지지 않고 있다. 성장과 분배 사이의 선순환을 만드는 연결고리가 약화되고, 경제의 낙수효과trickling down effect가 사라지고 있음을 의미한다. 성장과 분배의 단절화에 따른 시장실패는 빈곤과 경제적 불평등의 증가로 나타난다. 이러한 현상은 고용 없는 성장, 비정규직 및 저임금 근로자의 증가, 실업률 증가, 빈곤율의 증가, 빈곤의 대물림 현상으로 이어진다. 정부는 시장이 해결하지 못하는 빈곤과 경제적 불평등을 완화시키기 위해 재정적 개입, 즉 2차 소득분배를 하게 된다. 정부가 지원하는 중소기업정책, 재래시장 활성화 대책, 고용정책 등이 그것이다. 결국 재정지출을 증가시키게 되는 것이다.

현안 대처를 위한 재정의 원칙

국가 재정은 현세대뿐 아니라 미래세대에도 영향을 미치기 때문에 장기적인 안목과 예측력이 바탕이 되어야 한다. 또한 공평한 적용과 합리적인 집행 절차는 당연한 전제이다. 이를 위해 재정수입과 지출은 법률에 따라 적법한 절차로 투명하게 이루어져야 한다. 투명성의 확보는 재정낭비를 막고 시민들의 지지를 받을 수 있는 중요한 요소이다.

지속가능성 확보 원칙

재정의 지속가능성은 현세대뿐만 아니라 미래세대를 위해서도 꼭 확보되어야 할 중요과제이다. 재정수입 측면에서 세수 기반은 현재보다 심화되고 확대되어야 한다. 이를 위해 국내총생산을 증대시키고 성장친화적인 기술의 진보, 노동의 양적확대와 질적 고도화, 자본투자의 지속과 확대가 이루어져야 한다. 아울러 국내외 기존 시장의 심화와 새로운 시장도 지속적으로 개척하여야 한다.

세대 간·세대 내 공평성 확보 원칙

재정지출의 혜택과 재정수입의 확보를 위한 부담은 세대 간과 세대 내에서 공평하게 이루어져야 한다. 예컨대, 경제성장률보다 높은 GDP 대비 국가채무비율의 증가는 현세대의 부담을 미래세대에 전가시키게 된다. 때문에 일시적인 경기침체의 회복을 위한 예외적인 상황을 제외하고는 무분별한 국가채무 증가는 지양해야 한다. 또한 불가피한 채무지출도 제한적이고 한시적으로만 허용해야 한다. 이른바 세대 간 혜택과 부담이 조화롭게 이루어져야 한다. 재정지출의 혜택과 조세부담은 세대 내에서도 공평하게 이루어져야 한다. 공평의 원칙은 과세방식에 있어서 혜택에 상응하는 부담이 이루어져야 한다는 응익원칙benefit principle과 보다 여유 있는 계층이 더 부담해야 한다는 응능원칙ability-to-pay principle이 함께 고려되어야 한다.

고용친화적인 투자적 복지지출 우선 원칙

사회보장적 지출에서 고용친화적인 투자적 복지와 보호적 복지의 우선순위가 고려되어야 한다. 긴급한 보호를 위한 보호성 복지지출이 우선되어야 하는 불가피한 상황을 제외하고는 일반적으로 고용, 투자, 성장이 선순환 될 수 있는 복지지출이 우선되어야 재정의 지속가능성이 담보된다.

최소비용의 최대효과 원칙

최소비용으로 최대효과를 얻는 지출이 되어야 한다. 이를 위해서는 세부전략이 필요한데, 우선 재정투입의 보충성 원칙이 필요하다. 정부의 재정적 개입은 시장의 기능으로 기대할 수 없을 때 이루어져야 한다. 정부의 개입이 이루어지더라도 제도개선, 규제완화 등을 먼저 고려하고 필요하다면 재정정책도 감안한 정책조합policy mix이 이루어져야 한다. 다음으로는 예방적, 선제적 지출과 사후적 지출의 조화가 필요하다. 통상 예방적 지출은 사후적 지출보다 재정이 덜 소요되는 반면에 시급성은 떨어진다. 나중에 큰 재정지출이 예견되지만 현재의 적은 지출로 예방할 수 있다면 선제적 지출이 우선되어야 한다. 또 막대한 재원이 소요되는 조세감면과 재정지출사업에는 반드시 예비타당성과 재정효과분석이 선행되어야 하고, 집행과정 모니터링과 사후평가를 통해 재정정책수립에 환류feedback를 이뤄가야 한다.

현안별 장단기 전략

국가 재정의 미래전략은 지금 우리 사회가 안고 있는 현안들의 해결과 무관하지 않다. 각 현안들의 해결 방안을 통해 국가 재정 문제의 미래 전략방향을 모색할 필요가 있다.

저출산 문제 전략

출산율을 높이기 위해서는 막대한 재정이 소요된다. 예를 들어 프랑스는 1994년 기준 평균 출산율 1.6명을 기록할 만큼 대표적인 저출산 국가였다. 그러나 인구쇼크를 받은 프랑스는 출산율 증가를 위해 엄청난 재정을 투입하면서 2014년 기준 평균 출산율 2.1명을 회복했다. 유럽연합 가운데 출산율 1위 국가가 된 것이다. 출산율을 높이기 위해서 프랑스는 태아 때부터 아이가 성인이 될 때까지 각종 보조금을 통해 출산을 장려하고 있다.

이처럼 출산율 상승을 도모하기 위해서는 막대한 재정이 소요된다. 그러나 장기적인 관점에서 저출산 문제를 완화시켜야 하며, 이 과정에서 국가 재정과의 긴밀한 정책연계가 필요하다. 즉, 출산율을 높이기 위해서는 젊은이들에게 안정적인 일자리가 마련되어야 하고, 일과 양육이 양립할 수 있는 제도적, 재정적 지원이 이루어져야 한다. 자식이 있는 부모에 대해서는 육아혜택이 주어져야 한다. 양육비와 교육비 지원, 임대주택과 자가주택 마련 혜택 등과 더불어 가족을 보호하는 다양한 정책 마련이 필요하다.

고령화 문제 전략

노후보장의 핵심은 소득보장과 건강보호이다. 은퇴 후 소득보장을 위한 연금은 4대 공적연금(국민연금, 공무원연금, 사립학교 교직원연금, 군인연금)과 기초연금이 있다. 국민건강 보장을 위한 보험으로는 전 국민을 대상으로 하는 건강보험과 노인장기요양보험이 있다.

이러한 4대 연금과 국민건강보험 관련 재정을 담보하기 위한 전략적 원칙으로 세대 간 공평과 세대 내 공평이 제시되어야 한다. 정부는 미래세대에 과도한 부담을 지우지 않는 연금재정 건전화를 위해 2015년 공무원연금법과 사립학교교직원 연금법을 부분적으로 개편한 바 있다. 동일한 세대 내에서 공평한 부담을 위해서는 상위 고소득 계층이 더 부담하여야 한다. 비록 해외사례이지만 인간의 기대수명은 고소득 전문직인 사람이 그렇지 않은 육체노동자보다 더 길다. 인간의 건강은 소득과 상당한 상관관계가 있기 때문이다. 만일 부유한 사람들이 미래의 연금과 같은 고비용의 혜택을 더 누리게 된다면, 정부는 국민들에게 기대수명 혹은 소득에 따라서 누진적인 과세를 부과할 수도 있다.

연금재정을 안정화시키기 위한 전략적인 방안 중의 하나로 퇴직연령 시기를 늦추는 방안도 생각할 수 있다. 이는 최근 젊은 층의 고용시장 진입시기가 점점 늦어지고 평균수명이 크게 늘어난 점을 감안하면 합리적이다. 덴마크 정부의 복지위원회는 앞으로 30년 동안 매년 1개월씩 은퇴시기를 늦춘다면(총량은 3년 이하), 현재의 복지수준을 유지하면서 재정의 지속가능성을 보장할 수 있을 것으로 추정하였다. 직업 활동 기간을 연장하는 방식은 연금의 지속가능성을 보장하는 효과적인 수단이다. 연금수급 연수를 축소시키면서 동시에 기여기간을 늘이는 두 가지 효과가 있기 때문이다. 개인 측면에서는 불만일 수도 있지만, 이제는 종전보다 더 건강해졌고 직업 활동을 통해 자아실현을 하는 경우도 많아졌기 때문에 충분히 검토해 볼만한 정책이다. 하지만 이러한 정책에는 단기적으로 젊은 층이 고용시장에 진입하는 데 불이익이 주어지지 않고 늦게 퇴직함으로써 경제적인 불이익을 받지 않도록 하는 세심한 제도설계와 시행이 필요하다.

성장동력 회복 전략

단기적으로는 조선업 등 경쟁력을 상실한 산업에 대한 구조개선과 체질강화와 가계부채 대책이 필요하다. 산업구조개편은 원칙적으로 시장원리에 따라야 하며 정부 개입은 한시적으로 성장동력을 회복하기 위한 방향에서 이루어져야 한다. 정부 개입은 국민부담을 전제로 하기 때문에 국민적인 동의절차가 필요하며, 경영책임이 있는 부분에 대해서는 책임을 지도록 해야 한다. 가계부채 문제의 완화도 생활안정과 내수회복을 위해 해결해야 할 과제이다.

중장기적 효과를 보기 위해서는 경제의 체질강화와 성장동력 확보를 위한 신성장 부문 R&D 투자와 벤처창업 지원 등 기반 확보를 위한 재정적 투자가 필요하다. 또한 경쟁을 제한하고 있는 규제 개선, 고부가가치 서비스산업 지원 등이 추진되어야 한다.

경제양극화 해소 전략

가계와 기업 간, 그리고 소득계층 간 소득불균형은 경제 전반적으로 역동성을 떨어뜨리고 자원배분의 효율성을 제약한다. 또 계층 간 소득의 고착화는 중위와 저소득 계층 노동력의 활용도를 떨어뜨려서 경제적 자원의 낭비와 사회 불안을 초래하는 요인이 된다.

고용은 소득의 양극화를 해소하는 가장 기본적인 토대이다. 하지만 최근 경제성장이 고용증가에 미치는 효과는 하락하고 있는 추세이다. 즉 한국에서 경제성장에 따른 고용창출능력이 점차 약화되고 있다. 따라서 고용창출능력을 높이기 위해 성장잠재력을 높일 수 있는 제조업의 원천기술 개발, 부품소재의 국산화, 취업유발 효과가 높은 사회복지 등 서비스산업의 육성이 필요하다. 또한 최근 고용증가가 서비스

산업, 전문직, 대졸이상, 여성취업자가 주도한 점을 고려하여 체계적인 직업교육 및 산학연계시스템 마련, 고학력인력을 흡수할 수 있는 산업 분야의 경쟁력 강화, 여성인력의 사회진출을 지원하는 보육시설의 확충 노력도 필요하다.

평화통일을 위한 전략적 접근

단기적 측면에서는 남북협력도 쉽지 않은 상황이지만, 장기적 측면에서는 통일에 대한 접근도 필요하다. 국회예산정책처가 2014년 발표한 자료에 따르면 통일의 경제적 편익은 연평균 321조 원으로 통일비용의 3.1배가 된다. 이러한 혜택에는 군사적 갈등완화, 청년노동력 활용, 국가위험 해소로 인한 국제신뢰도 제고, 한반도 종단철도 활용에 따른 물류비용 감소와 같은 편익도 포함된 개념이다. 통일은 한국 경제에 단기적으로 부담을 초래하지만 장기적으로는 더 큰 편익을 가져다주는 것이다.

한편 통일이 재정에 미치는 영향을 보면 통일한국의 GDP대비 국가채무는 2016년 38.7%에서 2060년 163.9%로 증가하지만, 이는 통일하지 않았을 경우 남한만의 국가채무비중 예상치인 168.9%보다도 낮다. 통일로 인하여 세수가 더 들어와 국가채무가 감소하는 효과를 보게 되는 것이다. 이러한 결과는 2013년 조세부담률 19.4%가 2060년까지 유지된다는 전제하에 이루어진 것이다. 만약 조세부담률을 1%포인트 높이면 GDP대비 국가채무비중은 122.4%로 낮아지고, 3%포인트 높이면 39.5%로 충분히 관리가 가능한 수준에 이르게 된다.

사회적 대타협 필요

현재의 조세부담 수준으로 국민들에게 적정한 복지를 제공하면서도 재정을 지속가능하게 하는 데에는 어려움이 많다. 2016년 한국의 조세부담률은 19.4%로 추정되고 있다. 이전보다 높아졌지만, 2015년 한국의 조세부담률(18.5%) 기준으로 보면, OECD 평균(25.1%)보다 낮은 수준이다.

문재인 정부는 초고소득자와 초대기업의 소득세율과 법인세율을 올리는, 이른바 부자증세에 중점을 두고 있다. 그러나 소득 불평등 완화와 다양한 정책 실현을 위해서는 재원의 조달방식에 대해 더 많은 논의가 필요하고 국민적 동의도 얻어야 할 시점이다. 국가의 미래를 위해 복지와 증세, 재정을 장기적으로 지속하게 하는 방법에 대한 사회적 논의와 합의가 절실하다.

7 조세:

개발이익과 생산요소에 대한 과세 확대

4차 산업혁명 시대에는 모든 산업에서 근본적인 변화가 이뤄짐과 동시에, 제조업과 ICT 기술(인공지능, 클라우드 컴퓨팅, 빅데이터 등)의 융합을 통해 노동과 자본의 한계비용이 급격하게 감소되며, 더불어 생산, 유통, 판매 가치사슬의 혁신을 통한 수익이 크게 증가할 것으로 전망되고 있다. 반면에 인공지능과 로봇 등의 자동화기기가 인간이 수행하던 업무를 대체함에 따라 발생하는 일자리 감소 등의 부작용이 나타날 것으로도 예상된다. 이와 같은 4차 산업혁명 시대로의 전환 속에서 조세제도에도 중요한 변화의 흐름들이 읽히고 있다.

특히, 조세정책은 국민의 경제행위에 매우 큰 영향을 주기 때문에 일관성이 결여된 정책변화는 경제의 효율성을 저해하게 된다. 경제 주체가 조세정책의 변화에 반응하여 행태를 변화시키고 새로운 균형을 찾는 데 상당한 기간이 소요되며, 그 사이에 다른 정책 변화가 발생하면 기존의 조세정책 목표를 이루기 어려워지는 구조적 문제에 빠지게 된다. 이러한 특성을 토대로 최근 조세정책 논의의 변화를 살펴보고,

이와 더불어 미래 환경 변화에 따른 조세정책의 중장기적 방안을 제시하고자 한다.

조세정책 변화와 진단

조세·국민부담률 변화 추이와 국제비교

우리나라의 조세부담률(GDP에서 국세와 지방세 등 세금이 차지하는 비율)은 2000년대 들어 17~19%대에서 안정세를 보였으나 2012년 18.7%, 2015년 17.8%로 감소 추세에 있다. 국민부담률(경상GDP에서 조세와 사회보장기여금이 차지하는 비중)은 2012년 24.8%에서 2013년 24.3%로 0.5%포인트 하락했다가 2015년에는 24.7%로 소폭 상승했다.

이와 같은 결과를 주요 선진국들과 비교해보면 우리나라 조세부담률은 OECD 회원국 34개국의 평균 조세부담률(24.7%) 및 국민부담률(33.7%)에 비해 상당히 낮은 수준이라고 할 수 있다. 국제비교를 통해 보면, 국민부담률이 높은 국가일수록 조세수입구조에서 소득세, 사회보장기여금, 일반소비세의 비중이 큰 것을 알 수 있다.

현 정부 증세 방향과 조세정책 실태

2017년 출범한 문재인 정부의 '2017년 세법개정안'에 따르면, 신설된 소득세 과세표준 5억 원 초과 구간에 대한 세율이 현행 40%에서 2018년부터 42%로 인상될 것으로 보인다. 또한 38% 세율을 적용받던 과표 3억~5억 원 구간에 세율 40%를 적용하는 안도 논의되고 있다. 이의 결과로, 과표 5억 원 이상에서 약 4만 명, 1조 800억 원의 추가세수가 발생되며, 3억~5억 원은 5만 명 정도로 약 1,200억 원의 추가세수가 발생할 것으로 예상되고 있다. 국제적으로 볼 때, 한국의 소득세 부담은 OECD 회원국에 비해 낮은 편에 속한다. 2014년 기준 한국의 국내총생산(GDP) 대비 소득세는 4.0%, 총 세수의 15.3%로, OECD 평균(8.4%, 24.0%)보다 각각 4.4%포인트, 7.8%포인트 낮게 나타났다.

법인세의 경우에는 우리나라의 법인세율이 주요 선진국과 비교해 높은 수준이어서 인상에 대한 반대 의견들도 많았으나, 2017년 개정안에서는 과표 구간을 신설하였다. 그 결과로 2,000억 원 이상의 초대형 과세표준에 대해서는 25%의 세율을 적용하여, 해당되는 총 116개 기업으로부터 추가로 약 2조 7,000억 원의 법인세를 더 거둘 수 있을 것으로 추산되었다.

그동안 광범위하고 관행적으로 이뤄져 온 비과세 감면제도에 대한 개선도 필요하다. 2015년 현재 120여 개의 다양한 비과세 감면 제도가 있는데, 대표적으로 (근로)소득공제, 대기업 위주의 투자 및 연구개발세액공제, 중소기업에 대한 다양한 지원제도 등을 꼽을 수 있다. 그러나 이 중 대부분은 감면제도의 방만한 운영으로 실효성이 낮은 것으로 밝혀지고 있다. 정부가 손쉬운 정책수단으로 조세정책 및 제도를 활용하는 경향이 크기 때문에, 이 과정에서 일관성 부족 문제와 과잉 활용 현상이 나타난다고 볼 수 있다. 이러한 상황 속에서 단편적이고 새로운 조세 감면제도가 끝없이 등장하고 소멸하는 악순환이 벌어지고 있는 것이다.

또한 조세형평성 강화, 소득세 정상화, 세제 간소화, 국세-지방세 균형 배분 이슈도 주요 당면문제라고 할 수 있다. 조세형평성 강화를 위해서는 우선 현재의 편법 상속증여 행태들을 방지하고, 소득세 정상화를 위해서는 소득세 포괄주의의 실현, 금융 및 임대소득 과세 강화, 개인소득 과세 정상화(감면 축소 등) 방안이 수립되어야 한다. 세제 간소화를 위해서는 목적세 폐지 및 개별소비세 정비를 통해 현재 세제의 복잡성을 단순화하는 시도가 이뤄져야 한다. 그리고 국세-지방세의 균형 배분이 이뤄지게 하려면 지방소비세 재원 이양 확대, 독립화된 지방소득세 활용, 지자체 간 재정불균형 완화 등과 관련한 조치들이 마련되어야 할 것이다.

미래 환경 변화와 조세정책 이슈

인구구조 변화: 저출산·고령화

세계 최고 수준의 낮은 출산율(2016년 기준 합계출산율 1.17명)과 급격한 고령화 추세가 미래 조세정책 수립에 구조적으로 반영되어야 할 것이다. 고령화에 따른 인구구조 변화가 조세정책에 미치는 가장 큰 영향은 재정수요의 증가이다. 현재의 복지제도 정도만 유지한다는 가정 하에서도 2050년에는 GDP 대비 사회복지지출 규모가 21.6%가 될 것이다. 이는 2014년 10.4% 대비 11. 2%포인트가 증가하는 것이다. 이 수준은 2014년 OECD 28개국 평균인 21.6%와 동일한 규모이다.[8] 구체적 전망치를 보면, 사회복지지출의 주요 분야에서 연금지출 규모가 2050년에 8.39%, 건강보험 지출이 5.12%로 2009년 대비 각각 6.55%포인트, 2.4%포인트씩 증가하는 것으로 나타난다.

복지 확대를 위한 증세

심각한 저출산·고령화 문제가 확산되면서 정부의 재정지출 확대가 필요해지고, 이를 충당하기 위해 증세 압력이 더욱 강화될 것으로 보인다. 이와 같은 복지 수요의 확대, 사회안전망 강화 필요성, 그리고 장기적인 경제침체 극복을 위한 재정확대와 세입기반 약화 등으로 재정건전성은 빠르게 악화될 수밖에 없는 상황에 이르게 될 것이다.

세입 확대가 불가피한 흐름이라고 볼 때, 관련한 증세 규모와 방법에 대해 사회적으로 건설적인 합의가 필요하다. 하지만 현재의 증세 논의들은 법인세 증세로 매몰되는 경향이 있다. 법인세 인상(전체 과표구간 3%포인트 인상 시 세수 약 6.6조 원 증가 예상)만으로는 여전히 보편적 복지를 위한 재원 조달에는 한계가 있다.

저성장 기조 고착화

저출산·고령화로 인한 경제활동인구의 감소(2016년부터 노인인구의 유년인구 추월)로 노동력 투입에 한계가 나타나고 있다. 더불어 저축률이 하락함에 따라 투자가 감소하고 잠재성장률이 하락하는 저성장 기조가 확산될 것이다. 이러한 저성장 추세는 구조적 장기침체와 디플레이션을 가져올 가능성이 높다는 것이 큰 문제이다.

한국개발연구원KDI의 전망에 따르면 잠재성장률이 2011~2020년 3.8%에서 2021~2030년 2.9%, 2031~2040년 1.9%로 하락할 것으로 나타났다. 그러나 실제로는 이보다 하락세가 더 뚜렷하여 2012년에 이미 경제성장률 2.3%를 기록했으며, 2015년에는 2.6%로 나타나 한국경제가 당면한 냉정한 현실을 그대로 보여주고 있다.

이와 같은 장기적인 저성장 시대로의 돌입 추세는 조세정책 수립에 있어 성장잠재력 확충을 더욱 중요하게 고려해야 함을 시사한다. 또한 전통적인 조세정책 판단 기준인 효율성과 형평성 중에서 효율성이 이

전 시대보다 더 중요한 의미를 갖게 될 것을 뜻한다.

소득불평등 심화

조세정책은 소득 분배 및 불평등 해소에 중요한 영향을 주는 정책 수단이기 때문에, 중장기 조세정책 방향을 설정할 때 소득격차 확대 문제를 매우 신중하게 고려해야 한다. 통계상으로 소득불평등 정도를 나타내는 지니계수를 보면, 전국가구(1인가구 포함)의 지니계수가 2006년 0.360, 2008년 0.359, 2014년 0.370으로 계속 증가하여 불평등 정도가 심화되고 있음을 보여주고 있다. 고령화, 청년실업 증가 등으로 인한 단독가구 비중 확대가 소득 불평등도를 확대시키고 있는 것도 최근에 나타난 또 다른 변화이다.

소득 재분배의 문제는 궁극적으로 사회적 합의와 선택의 문제라고 볼 수 있다. 국가 조세정책 전반의 목표를 소득분배 및 불평등 개선에 둘 것인지, 또는 빈곤 해소에 초점을 맞출 것인지 등에 대한 사회적 합의를 도출할 필요가 있다. 이에 기초하여 주요 정책수단으로서의 미래 조세정책의 세부 내용들, 즉 조세형평성 강화, 소득세 정상화 등을 발전적으로 조율해나가야 할 것이다.

기후변화와 환경

전 세계적인 기후변화와 환경에 대한 국제협력이 크게 증가하고 있으며, 2015년 파리협정에 의한 신기후체제가 추진되기에 이르렀다. 기후변화, 환경, 에너지 문제와 관련하여 조세정책은 오염물질(온실가스 등) 배출원 억제를 위한 직간접적인 정책수단이라고 할 수 있다. 국내 및 국제 배출권 거래제 등과 연계하여 오염물질 배출 방지·억제를 위한 정책조합을 도출할 필요가 있다.

4차 산업혁명과 기술 환경의 변화

제조업을 비롯한 전통적인 산업들이 퇴조하고 있으며, 상품차원의 혁신이 아닌 새로운 산업이 예측불가능하게 출현하고 있다. 또 ICT와 제조업의 융합 및 온라인과 오프라인의 연결로 상징되는 4차 산업혁명이 본격 부상하고 있다.

기업은 새로운 환경에 대한 부적응으로 국제경쟁력을 상실할 위험성을 안고 있으며, 개인 차원에서는 기존의 정보격차informational divide에서 종합적 기술 격차technological divide로 확대되는 양태가 전반적으로 나타날 것이다. 특히 인공지능의 출현은 경제와 산업의 변화와 더불어 노동의 대체 등에도 영향을 끼칠 것으로 전망되고 있어 조세정책에도 커다란 구조적 변화들이 초래될 것이다.

통일시대 대비

한반도 통일이 언제 어떻게 이뤄질지 아직 예측할 수는 없으나, 통일에 대비하여 막대한 재정 소요에 대한 재정 여력을 확보하는 준비는 분명 필요할 것이다. 통일 후 소요재원은 크게 위기관리비용, 제도통합비용, 경제적 투자비용 등으로 이뤄진다. 하지만 세금 징수를 통해 필요 재원을 적립하는 것보다는 재정의 건전성을 유지하여 유사시에 자금 차입이 용이하도록 대비하는 것이 바람직할 것이다. 지속가능한 조세 정책의 관점에서는 세 부담을 비교적 낮은 수준으로 유지하되, 통일과 같은 대규모 재원 조달이 필요한 상황에서 큰 무리 없이 재원을 조달할 수 있는 여력을 가지는 것이 중요하다.

중장기 조세정책 방향

중장기 재정수요 예측 방법은 추가적인 조세체계 변화나 지출관련 제도의 변화가 없다고 가정하는 장기 기준선baseline 전망 방법과 정부의 재정관리에 관한 정책의지를 반영하여 전망하는 정책 시나리오 분석 방법으로 대별된다. 2050년의 재정수요를 대략적으로 예측해 본다면, 기존 복지제도 유지 및 저출산·고령화 추세 지속, 그리고 통일비용 가정(독일의 경우 대입, GDP 4~7% 소요) 아래, 복지와 통일비용으로 GDP의 18.2~21.6% 규모의 재정지출 증대가 예상된다. 이러한 경우에 조세부담과 사회보장기여금을 더한 국민부담은 GDP의 24.7%(2015년)에서 43.8~47.1%로 거의 2배 가까이 대폭 상승하게 된다고 볼 수 있다.

결국 이러한 재정수요전망 결과에 따라 조세 부담을 2배 수준으로 늘리는 것이 과연 가능할 것인지에 대한 의문이 따르게 된다. 이와 같은 막대한 재정수요에 대응하기 위해 세목을 불문하고 전방위적인 세수입 증대를 모색하는 방안을 고려할 수는 있을 것이다. 이를 위해 우선순위를 설정하고 지출수요의 특성에 맞는 재원 연계가 필요할 것인데, 예를 들어 형평성 관점에서는 소득세, 사회보장기여금의 세입 증대를 모색할 수 있을 것이다. 그리고 효율성 관점에서는 경제활동을 왜곡시키는 효과가 적은 보편적 과세인 부가가치세, 그리고 노동소득 과세에 대한 부분에 우선순위를 둘 수 있을 것이다.

미래형 과세 개혁에 대한 고민도 필요하다. 환경이 바뀌는 것에 맞추어 '미래세'를 확충해야 한다는 것이다.

개발이익 과세 강화

과세 개혁을 위해 첫째, 개발이익에 대한 과세를 강화하는 것이 필요하다. 개발이익은 공공투자로 인한 편익증진, 개발사업 인허가에서 초래된 이익, 토지개발 및 건축행위에서 발생한 이익, 기타 경제사회적 여건변동으로 얻은 우발이익 등을 총괄하는 개념이라고 볼 수 있다. 개발이익의 환수는 공공의 직간접적 투자 및 용도변경 등의 인허가로 해당 토지의 가치가 증진될 경우, 이러한 토지가치 증진분의 사유화를 지양하는 방편으로 그 일부를 공공이 환수하는 것이 필요하다는 측면에서 중요하다. 고밀도 개발과 도시화의 가속화 추세(2015년 현재 도시화율 약 83%)임을 감안하면 개발 행위로 발생되는 이익에 대한 과세는 더욱 강화되어야 할 것이다. 이를 위해 광의의 개발이익이 최종적으로 실현되는 시점에서 양도소득세를 통해 환수하고, 관련제도를 단순화, 투명화, 체계화, 실효화해야 한다. 또한 재개발 및 재건축에서 발생한 개발이익에 다양한 개발부담금제(수익환수형 및 시설정비형 포함) 등을 확대, 시행해나가야 할 것이다.

생산요소 과세 확대 및 '로봇세' 도입

생산요소에 대한 과세를 확대할 필요성이 높아지고 있다. 이러한 측면에서 노동과 자본의 소득에 대한 과세보다는 토지에 대한 과세를 강화할 필요가 있다. 미래에 노동을 부분적 또는 완전히 대체할 것으로 예상되는 인공지능에 대한 과세 방법도 모색해야 한다(제3의 생산요소에 대한 독립과세 방법의 개발). 실제로 현재 유럽의회는 일종의 근로대체세라고 할 수 있는 '로봇세' 도입을 논의하고 있다. 유럽의회는 2017년 초에 로봇을 '전자 인간electronic persons'으로 간주하는 제안을 승인한 바 있다.

구체적으로 로봇세는 로봇(및 인공지능)으로 인해 실업자가 된 사람을 부양하고, 기업주 입장에서 늘어난 수입을 고려해, 세금으로 사회에 환원하자는 취지에서 사회적 공감대를 형성할 수 있는 가능성이 높다. 그러나 로봇 산업의 발전을 저해하여 국가경쟁력을 하락시킬 것이라는 비판도 있다. 결국 조세체계를 비롯한 다양한 분야와의 협력을 통해 심층적으로 해결점을 모색하는 것이 필요할 것이다.

빅데이터와 인공지능을 활용하여 과세 인프라 구축

과세 투명성 제고를 위하여 빅데이터와 인공지능을 활용한 과세 인프라를 구축해야 할 것이다. 이를 적극 활용한다면 현재는 불가능한 혁신적인 세무행정, 즉 투자, 생산, 거래, 소비 등 모든 경제적 정보의 수집과 분류 및 분석 등이 가능해질 것이고 추가적인 과세도 확대시킬 수 있을 것이다.

3 창업:

기업가정신 강화와 지식재산 보호에서 시작

우리나라가 지속적으로 성장하기 위해서는 미국 실리콘밸리와 같이 세계적인 벤처기업이 탄생하고 성장할 수 있는 창업생태계 구축이 매우 중요하다. 이를 위해서는 일부 정책만이 아니라 국민의식의 변화, 기업가정신 교육, 공정사회와 같은 환경이 필요하다. 고급인력 유치, 국가과학기술정책의 개혁, 자금시장 여건 개선, 법률서비스 인프라 확충도 요구된다. 여기서 말하는 창업은 고부가가치를 창출하는 혁신형 창업을 의미한다. 대기업 중심의 경제체제에서 기업가정신과 강소기업 중심의 혁신경제로 패러다임을 전환하는 것은 한국의 지속성장, 경제민주화, 복지사회, 행복국가를 이룰 수 있는 중요한 계기를 제공할 것이다. 특히 거대한 파고로 몰려오는 4차 산업혁명에 대응하기 위해서는 혁신기술을 바탕으로 한 창업이 무엇보다 활성화되어야 한다. 문재인 정부가 발표한 100대 국정과제에도 창업활성화 및 중소벤처기업 육성이 담겨 있다.

창업가 사회로의 전환

우리나라는 한국전쟁의 잿더미를 딛고 불과 50년 만에 경이로운 경제발전을 이룩했다. 우수한 민족적 잠재력과 열망의 토대 위에 정부 주도의 경제계획은 성공적이었다. 선진국 산업을 벤치마킹하고 선진기술을 습득하여 모방제품을 저렴하게 생산하고 개량해나가는 전략이 주효했다. 그러나 이러한 추격형 성장전략은 더 이상 우리에게 유효하지 않으며 오히려 중국이 우리나라를 따라잡는 전략이 되고 있다.

아직은 중국과 인도의 경쟁력이 주로 저렴한 노동력이지만 머지않아 창의성, 혁신성이 그들의 경쟁력이 될 것이다. 미국에서 유학한 고급 두뇌들, 그리고 미국 첨단산업에서 일하고 있는 수많은 중국인, 인도인들이 자국 내에서 기회가 생기는 대로 속속 귀국하여 그들의 역량을 십분 발휘하고 있다. 중국에서는 이미 알리바바, 바이두, 텐센트와 같은 신생 거대 IT기업이 출현하고 있으며 이들은 다시 신생기업에 적극적으로 투자하고 있다. 영어 문화권인 인도는 우수한 두뇌를 바탕으로 소프트웨어, IT산업에서 더욱 두각을 나타낼 것이다.

신기술을 사업화하고 새로운 산업을 일으키는 주역은 벤처기업이다. 잘 알려진 세계적 대기업들도 초기에는 벤처기업이었다가 시장이 커지면서 외형이 커진 사례들이다. 애플, 구글, 아마존 등은 물론, 전기전자산업을 일으킨 지멘스, 화학산업을 일으킨 BASF, 자동차산업을 일으킨 포드, 항공기산업을 일으킨 보잉, 복사기산업의 제록스, 정밀세라믹의 교세라 등이 그러한 예이다. 이들의 이름만 들어도 주력업종이 무엇인지, 어떤 경쟁력을 가지고 세계적 대기업이 되었는지 바로 알 수 있다.

반면 우리나라의 대기업은 어느 특정분야에 고유의 경쟁력이 있어서가 아니라 정부의 지원 하에 도입된 기술과 보장된 내수시장을 배경으로 다양한 사업을 복합적으로 수행해 왔다. 따라서 대한민국의 미래를 창조하고 성장을 지속하기 위해서는 소수의 대기업 중심 산업구조에서 탈피하여 저에너지, 자원절약형 강소기업 위주로 고부가가치를 창출하는 산업구조로 전환시켜야 한다. 독일에서 작지만 강한 기업을 일컫는 히든챔피언Hidden champion과 같이 글로벌 경쟁력을 가진 과학기술집약형 강소기업이 국가경제의 중심이 되어야 한다. 이러한 글로벌 강소기업이 출현하고 성장하면 고부가가치를 창출할 수 있고 고용효과가 높아 경제민주화에도 큰 기여를 할 것이다.

창업생태계 조성

1996년 코스닥 설립, 1997년 벤처기업특별법 제정 등 창업을 장려하는 여러 정책이 우리나라에서도 시행되어 왔다. 벤처기업 붐이 일면서 대학을 갓 졸업한 사람들, 그리고 대기업에서 근무하던 고급 인재들이 대거 창업대열에 합류했다. NHN, 넥슨, 아이디스 등 성공적인 벤처기업들이 탄생했고 휴맥스, 주성엔지니어링, 안랩 등 초기벤처기업이 코스닥에 상장하며 성장에 탄력을 받았다. 그러나 일부 부도덕한 사이비 벤처기업가들이 횡령, 주가조작 등으로 물의를 일으키자 정부는 2002년 벤처기업 건전화 방안을 만들어 부작용을 방지하는 정책을 폈는데, 그것이 결국 벤처기업의 성장을 억누르는 결과를 가져왔다. 코스닥이 거래소와 통합되었고 스톡옵션제도도 그 기능을 상실하게 되었다.

물론 성공적인 창업생태계를 조성하는 것은 간단한 일이 아니다.

몇 개의 단편적인 정책이나 자금지원만으로는 결코 이루어질 수 없다. 우리 사회가 전반적으로 선진화되어야 하고 공정한 환경이 만들어져야 한다. 미국에서는 19세기 후반부터 20세기 초반까지 석유산업을 독점했던 스탠다드 오일Standard Oil을 이미 100년 전에 해체하는 등 대기업의 과도한 독점을 금지해왔다.

우수 벤처기업의 지속적 출현과 성장 필요

2000년대 초반 벤처 거품이 꺼진 이후 한국의 벤처생태계는 어려운 환경을 겪어 왔으며, 이후 10여 년간 이렇다 할 벤처기업이 등장하지 못하고 있다. 이는 미국에서 IT버블이 꺼진 후에도 지속적으로 우량 벤처기업이 탄생하고 성장하여, 다시 나스닥 지수를 끌어올린 것과 크게 대조된다. 한국과 미국의 50대 대기업을 비교해보면 미국의 경우 1970년 이후 등장한 신생기업(구글, 아마존, 애플, 페이스북, 마이크로소프트, 월마트, 인텔, 오라클, 버라이존, 퀄컴, 시스코, 홈디포 등)이 대거 포진해 있는 반면 한국은 네이버, 카카오, 휴맥스 등을 제외하고는 눈에 띄는 기업이 없다.

지속적으로 글로벌 강소기업이 태어나고 성장하려면 사회적 여건이 조성되고 창업생태계가 개선되어야 한다. 도전적 기업가정신으로 무장한 기업가들이 창업전선에 뛰어들고, 유능한 인재들이 기존 대기업보다 신생 벤처기업에 가담하여 자신의 역량을 마음껏 발휘하고, 투자자들이 앞다투어 이러한 벤처기업에 투자하는 환경이 조성되어야 한다. 그러기 위해서는 여러 가지 제도개선과 교육정책의 개혁과 함께 국민의식이 전환되어야 한다.

신생 벤처가 자랄 수 있는 토대 필요

무형자산이 기업가치의 90% 이상을 차지할 미래에 선도적 성장전략의 핵심적인 요소는 지식재산이다. 지식재산의 뿌리에 해당하는 기초과학과 원천기술의 중요성을 인지하고 연구개발을 강화할 수 있는 과학기술 정책의 개혁이 필요하다. 또한 대기업에 비해 혁신역량이 우수한 과학기술 기반 벤처기업의 지식재산 창출은 물론, 보호와 육성에 힘을 쏟아야 한다.

우리나라는 지난 50여 년간 국가가 정책적으로 대기업을 육성하면서 압축 성장을 이룩하였고, 이로 인해 대기업이 국가 경제에서 차지하는 비중이 압도적으로 커지게 되었다. 이러한 대기업 중심의 경제성장은 한국의 경제를 빠르게 성장시키는 데 일조한 반면, 대기업의 시장, 정보, 기회의 독점으로 중소기업의 성장을 저해하는 부작용을 초래했다. 따라서 공정한 경쟁 환경을 만드는 것이 시급하다. 시장을 감시하고 견제하며, 대기업과 중소기업이 수직적 갑을관계가 아니라 대등한 지위에서 공정한 경쟁을 펼칠 수 있는 경제민주화를 추진하여 창업국가의 토대를 마련해야 한다.

창업국가를 만들기 위한 전략

첫째, 우수한 인재들이 창업에 도전하고 합류할 수 있는 사회적 분위기와 여건을 조성해야 한다. 둘째, 신생기업의 성장을 방해하는 불공정 행위를 제대로 단속할 수 있도록 관련법규를 개선해야 한다. 셋째, 글로벌 경쟁력을 가진 강소기업이 태어날 수 있도록 과학기술정책과 교육정책을 개혁해야 한다. 넷째, 벤처기업인들의 경영역량, 마케팅 역량을 선진국 수준으로 끌어올려 독자적인 세계시장 개척이 가능하도록 해야 한다. 다섯째, 정부의 벤처창업 지원정책도 민간의 성공경험, 창의성, 회수자금을 통한 투자를 끌어낼 수 있도록 민관협업구조로 보완되어야 한다.

대학이념을 교육 연구 창업으로

먼저 대학교육 개혁이 필요하다. 현재 우리나라의 이공계 대학교와 교수들은 논문, 특허 등 연구실적으로 평가받는다. 논문을 위한 논문, 사장되는 장롱 특허가 무수히 생겨나는 원인이다. 사업화가 가능한 새로운 기술, 산업현장에서 필요로 하는 기술 위주의 연구개발을 하도록 평가기준이 바뀌어야 한다. 나아가 대학의 커리큘럼, 연구문화를 바꾸어 기업에서 필요로 하는 실무에 강한 인재, 그리고 전공지식뿐 아니라 의사소통 능력, 리더십 등을 두루 갖춘 인재가 배출되도록 해야 한다.

지식창의시대가 도래하면서 이제 대학은 창업을 위한 교육, 창업을 위한 연구, 또는 반대로 교육과 연구에 도움이 되는 창업을 대학의 이념으로 삼는 것이 필요하다. 즉 교육, 연구, 창업이 삼위일체가 되어야 하는 것이다. 가령 미국의 실리콘밸리는 스탠퍼드대학과 버클리대학이 주도하여 만들어진 곳이다. 특히 스탠퍼드대학의 창업활동은 놀랍다. 스탠퍼드대학의 졸업생, 학생, 교수가 창업한 회사가 4만 개에 이르고, 이들이 올리는 연매출액은 약 2조 7,000억 달러로 세계 경제규모 5위인 영국의 GDP와 맞먹는다. 우리나라의 GDP인 1조 4,000여억 달러의 2배가 넘는 규모이다. 국가경제와 창조경제를 위해서 대학의 역할이 얼마나 중요한지 알려주는 좋은 예이다.

창업은 특별한 사람들만 할 수 있는 일이라고 배우면 도전이 어려워진다. 대학이 교육, 연구, 창업이라는 삼위일체 이념으로 창업국가전략의 시발점이 되어야 하는 이유인 것이다. 우리나라에 창업의 불을 지피는 일은 대학이 아니면 적극적으로 할 수 있는 곳이 없다. 우선 연구중심대학 중에서 창업중심대학을 기치로 내거는 대학이 나와야 한다. 성공한 창업이 논문을 게재하는 것보다 높게 평가되고, 우수한 학생들이 대기업에 취업하거나 의사, 변호사, 공무원이 되는 것보다 창업 하는 것을 더 좋은 일이라 생각하는 대학이 나와야 한다.

고급인력 유치: 스톡옵션제도 개선

우수한 벤처기업이 탄생하고 글로벌 경쟁력을 갖기 위해서는 최고의 인재가 필요하다. 미국 실리콘밸리에서는 최고급 인재들이 벤처기업을 창업하고 벤처기업에 합류한다. 고급 인력이 공무원이나 공기업, 대기업, 금융업 등 안정적인 조직을 선호하는 우리나라와 대조적이다.

사회적 분위기와 더불어 벤처기업에 합류하는 인재들에게 충분한 금전적 보상이 주어져야 한다. 초기의 벤처기업은 자금력과 이익창출 능력이 부족하기 때문에 우수한 인재들에게 대기업 수준의 연봉을 줄 수는 없다. 다른 곳에서 얼마든지 더 많은 연봉을 받을 수 있는 우수한 직원들에게 적은 연봉을 주는 대신, 그 차액을 보상해주는 것이 스톡옵션이다. 스톡옵션을 받은 직원은 회사가 성장하여 주식 가치가 올라가면, 과거의 저렴한 가격으로 주식을 매입할 수 있으므로 큰 차익을 얻을 수 있다. 주식의 가치가 올라가지 않으면 스톡옵션을 포기하면 그만이므로 투자손실을 보지 않게 된다.

스톡옵션제도는 미국에서 생겼고, 이 제도에 의하여 미국 벤처들이 꽃을 피우고 있는 것이다. 원래 취지에 맞게 제약을 없애야 한다. 현재 처럼 한다면 우수인력의 중소기업 기피 현상은 계속될 것이다.

과학기술정책 개혁

과거에는 국내의 대기업도 글로벌 시장에서는 중소기업 수준이었기 때문에 이들에게 정부가 R&D 자금을 지원하는 것에 명분이 있었다. 그러나 이제는 사정이 다르다. 아직도 정부 R&D 자금을 대기업에 배정하는 것은 옳지 않다. 가장 효율적이고 열성적으로 기술을 개발하는 조직이 벤처기업이다. 이들은 기술개발의 성패에 따른 보상이 크고 조직에 대한 애착이 강하기 때문에 기술개발에 대한 열정이 뜨겁다. 또 기술개발의 목표도 뚜렷하다. 논문이나 특허 등 외형적인 지표를 위한 것이 아니라, 바로 제품화를 해야 하므로 실용성이 높은 연구를 하게 된다. 기술 벤처기업에 우선적으로 정부 R&D 자금을 배정해야 한다. 다만 정부 R&D 자금으로 연명하는 '사이비 벤처기업'은 솎아낼 필요가 있다. 그러기 위해서는 과제의 성공과 실패를 수행 기업 스스로 선언하는 것이 아니라, 향후 그 기업이 시장의 기준으로 창업에 성공했는지, 외부로부터 투자를 얼마나 많이 유치했는지, 관련 제품 매출이 얼마나 늘어났는지, 고용이 얼마나 증가했는지 등으로 판단해야 한다.

법률 인프라 개선

예비 창업가들은 각종 페이퍼 작업에 어려움을 겪는다. 벤처기업을 창업하고 운영해나가려면 무수한 서류를 작성해야 한다. 정관, 사업장 임대계약서, 고용계약서, 이사회 의사록, 주주총회 의사록, 투자계약서,

비밀유지계약서, 공동개발계약서, 판매대행계약서, 판매약관 등 이루 헤아릴 수 없이 많은 양식들이 필요하다. 그래서 미국 실리콘밸리에서는 창업자가 제일 먼저 찾아가는 곳이 변호사 사무실이다. 담당 변호사를 선임하고 매달 일정한 비용을 지불하면 일상적인 법률자문, 서류작업, 이사회 참관 등을 하면서 회사운영 전반에 대한 자문도 해준다. 시간당 변호사 수가가 비싸기는 하지만 이들은 매우 효율적으로 시간을 쪼개서 일하기 때문에 큰 비용을 청구하지 않는다. 이에 비해 우리나라는 변호사 문턱이 높을 뿐 아니라 비용이 상당히 높다. 그래서 우리나라에서는 대부분 중요한 계약서를 비전문가가 작성하거나 거래 상대방이 제시한 계약서를 그대로 받아들이기 일쑤이다. 따라서 '을'에 대한 '갑'의 횡포나 기술탈취, 핵심인력 빼가기 등을 방지하기가 어렵다.

지식재산권 보호

지식재산권을 보호하는 장치도 강화되어야 한다. 대기업들이 정당한 대가를 지불하지 않고 창업벤처기업들의 기술인력을 빼가고 기술을 탈취하는 문제를 바로잡아야 한다. 대기업의 기술탈취를 금지하기 위해 중소기업 기술보호에 관한 법률을 제정하는 등 정부도 노력하고 있으나, 보다 엄격한 법집행으로 창업벤처기업의 지식재산이 실질적으로 보호될 수 있도록 해야 한다.

또한 특허권을 보호받지 못하는 문제도 개선해야 한다. 한국 특허의 50% 이상이 무효로 판결되는 현 상황에서는 기술창업이 이루어지기 어렵다. 특허출원을 담당하는 변리사와 특허청의 능력을 더욱 높이고, 법관과 소송대리인의 전문성 강화가 필요하다. 불법 소프트웨어 사용을 강력하게 단속하여 소프트웨어 산업의 토양을 마련해주어야 한다. 지식재산이 보호되지 않으면 기술 라이센싱, 기업 인수합병, 기술거래가 이루어지지 않는다.

자금시장 개선

문재인 정부는 '기업투자촉진법(가칭)' 제정을 통해 창업을 활성화할 방침이다. 기업투자촉진법은 중소벤처기업부의 벤처투자 관련 제도를 통·폐합, 벤처투자 규제를 풀고 투자를 활성화하기 위한 조치이다. 단순히 기존 제도를 물리력으로 통합하는 데에서 벗어나 기존 펀드 운용 방식과 투자 관련 각종 규제, 불합리한 규정의 수정 등이 포함되어 있다. 정부의 칸막이 규제가 투자 시장의 비효율을 초래하고 창업 생태계 조성을 가로막는다는 업계의 지적을 받아들인 것이다.

실제로 우리나라에서는 창업 자금을 마련하는 것이 가장 어려운 일이다. 엔젤투자자가 적고 이들의 역량도 부족하기 때문이다. 자금에 관한 몇 가지 사항을 정리한다.

첫째, 투자가 아닌 융자로 창업자금을 조달하는 것은 매우 위험하다. 현재의 엔젤투자도 투자 개념이 아닌 융자 개념으로 진행되는 경우가 많다. 엔젤투자뿐만 아니라 기관투자에서도 교묘하게 창업자의 담보를 요구하는 편법 투자가 있다. 이런 투자를 받은 창업자는 사업이 실패할 경우 막대한 부채를 떠안고 신용불량자로 전락하여 재기가 어렵다. 이러한 편법 투자를 금지시켜야 한다.

둘째, 미국의 경우 기업의 출구는 상장뿐 아니라 인수합병으로도 활성화되어 있다. 대기업들이 자체 사업을 신장하여 달성하는 성장뿐 아니라, 다른 중소규모의 기업들을 인수합병하여 달성하는 성장을 모색하기 때문이다. 글로벌 경쟁력을 가진 중소기업이 많아지고 기술인력 시장에 대한 공정한 제도가 정착되면, 우리나라 대기업이나 중견기업도 우량한 중소기업을 적절한 가격에 인수합병하는 것에 더 많은 관심을 갖게 될 것이다. 그러기 위해서는 지식재산 보호가 강화되어 기술탈취, 특허침해, 소프트웨어 불법사용 등이 없어져야 한다.

9 FTA: 통상환경 변화 신속대처, 부가가치와 일자리 관점의 협상

최근 글로벌 통상환경은 과거에 비해 더 복잡해졌고 불확실성도 커졌다. 전자상거래와 4차 산업혁명 등으로 글로벌 경제관계는 더 심화되고 있으며, 한편으로는 브렉시트Brexit와 미국 트럼프 정부의 출범으로 대변되는 신보호무역주의가 경제통합의 흐름을 저해하고 있다. 얼핏 상반되어 보이는 최근의 반세계화와 4차 산업혁명이라는 추세 속에서 FTA정책을 수립하기 위해서는 통상환경의 변화에 주목하면서 빠르게 대처하는 능력이 더 중요해질 전망이다.

통상환경의 변화

통상질서의 큰 흐름을 보면, 2000년대 초반까지 세계무역기구WTO. World Trade Organization를 중심으로 한 다자주의가 주류였다가 2000년대 중반에 들어서면서 자유무역협정FTA. Free Trade Agreement으로 대표되는 양자주의가, 2010년대 들어서면서는 WTO 차원에서의 복수주의와 메가FTA로 특징되는 지역주의가 주류를 형성하고 있다. 그 배경에는 글로벌 가치사슬Global Value Chain의 발달과 새로운 무역규범 이슈의 등장이 자리 잡고 있다. 하지만 최근 영국의 EU 탈퇴와 미국의 환태평양경제동반자협정TPP, Trans Pacific Partnership 탈퇴로 자유무역을 지향하던 추세가 주춤하게 되었다.

글로벌 가치사슬의 발달

글로벌 가치사슬이란 재화나 서비스의 초기 구상단계부터 생산, 마케팅, 판매에 이르는 단계가 여러 국가에 걸쳐 이뤄지는 현상을 의미한다. 국제생산 분업구조가 제조과정의 국제분업을 의미하는 데 비해, 글로벌 가치사슬은 제조과정의 전 단계부터 그 이후 단계를 포괄하는 개념이며 그 과정에서 창출되는 부가가치에 초점을 맞춘다.

글로벌 가치사슬의 발달은 세 가지 측면에서 통상환경의 변화를 불러온다. 첫째, 여러 국가에 걸쳐 이뤄지는 생산과정에서 투입되는 부품 등 중간재가 여러 국가를 이동하게 되는데, 그때마다 각 국의 무역장벽으로 인한 비용이 누적적으로 영향을 미치게 된다는 점이다. 무역비용에는 관세뿐 아니라 다양한 비관세장벽도 영향을 미치게 되며, 전자보다는 후자의 영향이 더 크기 때문에 비관세장벽에 대한 관심이 높아지게 되었다. 둘째, 투입되는 수입중간재에 대한 기술표준이나 생산시설에 대한 투자 규범 등 관련 제도와 일관성 및 투명성 강화가 중요한 무역의제로 등장하게 되었다는 점이다. 셋째, 가치가 창출되는 과정에서 유형의 재화뿐 아니라 중요한 역할을 하는 무형의 지식재산과 서비스에 대한 보호 중요성이 커졌다는 점이다.

따라서 글로벌 가치사슬의 효율적 활용과 발달을 위해서는 무역장벽을 낮추고 관련 규범을 조화시키기 위한 노력이 필요한데, 이는 전 세계 공통의 관심사이기보다는 가치사슬 구조를 형성하고 있는 국가들의 이슈라는 점에서 다자주의 차원이 아닌 메가FTA를 중심으로 한 지역주의 차원에서 다뤄지는 것이 일반적이다.

새로운 무역규범 이슈 등장

새롭게 등장하게 된 무역관련 이슈는 크게 두 종류로 분류할 수 있다. 하나는 국제적 공동노력이 필요한 이슈로 노동이나 환경 등을 들 수 있다. 이는 인권과 같은 인류의 보편적 가치나 지속가능한 발전 같은 미래세대의 가치를 보호하기 위해서는 국제적 공동대응이 반드시 필요하다는 인식 아래 무역에 있어서도 공정한 경쟁 환경 조성이라는 관점을 고려해야 한다는 특징이 있다. 트럼프는 스스로를 보호주의자가 아닌 공정한 자유무역주의자로 표현하고 있다는 점에서 공정무역 이슈의 중요성은 더 커진 상황이다. 다른 하나는 4차 산업혁명 등으로 새로운 상품과 산업이 등장하거나 국제 전자상거래가 활발해지는 데에 비해, 이를 규율하기 위한 국제 무역규범이 존재하지 않거나 구체화되어 있지 않은 경우이다.

두 종류의 이슈 모두 WTO 차원에서 다뤄지는 것이 바람직하겠지만, 2001년 개시된 WTO DDA 협상 의제에 포함되어 있지 않거나 합의에 의한 타결을 원칙으로 하는 WTO협상 규정으로 인해 현실적인 한계가 있다. 이에 대해 환경 등은 WTO 차원에서 복수국 간 협상의 제로 다루고 있으며, 전자상거래나 지식재산권 등은 메가FTA차원에서 다뤄지고 있는 상황이다. 비록 현재 메가FTA 논의가 주춤하고 있는 상황이지만, 모든 종류의 통상협상에서 중요하게 다뤄질 수밖에 없는 이슈이다.

반세계화의 확산

2008년 글로벌 금융위기는 선진국을 중심으로 전 세계적인 경제 침체와 교역둔화를 초래했다. 당시에는 선진국의 확장적 정책과 보호주의에 대한 공동대응을 통해 위기를 극복하는 것처럼 보였으나 최근에는 그 반작용이 거세지고 있다. 생산과 소비의 관점에서 보면 자유무역의 확대가 자원의 효율적 배분과 생산성 확대를 통해 경제성장을 이끌고 값싼 수입소비재는 물가수준을 낮춰 소비자의 후생을 증대시키는 것이 분명하다. 그러나 분배의 관점에서는 자유무역의 승자와 패자가 나눠지는 것이 불가피하다. 경기침체가 지속되면서 선진국에서는 소득불평등 심화와 제조업 일자리 감소 등이 자유무역으로부터 기인한다는 인식이 확산되기 시작했고, 이는 브렉시트와 트럼프 당선으로 이어졌다. 특히 트럼프는 미국 우선주의와 공정무역을 강조하면서 통상정책 기조를 자유무역에서 보호주의 방향으로 선회했으며, 2017년 1월 TPP에서 공식적으로 탈퇴했다. 또한 범대서양무역투자동반자협정TTIP. Transatlantic Trade and Investment Partnership 논의도 사실상 중단되었다.

그럼에도 불구하고 일본-EU 간 경제동반자 협정EPA. Economic Partnership Agreement 기본합의가 발표되었고, 일본, 호주, 뉴질랜드를 중심으로 TPP 발효를 위한 노력도 지속되고 있다. 또한 전자상거래와 4차 산업혁명 등 교역 패러다임에서의 변화요인들은 국제적 공조를 통한 대응의 필요성을 강화하고 있다. 따라서 반세계화 정서를 고려하면서도 4차 산업혁명 시대에 걸맞은 통상정책이 필요한 시점이다.

한국의 FTA정책 평가

한국은 2000년대 중반까지 WTO 중심의 다자주의에 초점을 맞춘 통상정책을 펼쳤다. 이후 뒤늦게 양자FTA로 정책방향을 선회하면서 FTA로드맵에 기반을 둔 동시다발적 협상을 진행해왔다. 그 결과, 한국은 단기간에 양적으로나 질적으로 성공적인 FTA네트워크를 구축했다. 2017년 8월 현재 53개국과 15건의 FTA를 발효시켰고 1건을 타결시켰으며, 7건의 협상이 진행 중에 있고 4건은 협상준비 중에 있다. 특히 미국, EU, 아세안, 중국 등 거대경제권과의 양자FTA를 발효시켰다는 점은 높이 평가할만하다. 내용 측면에서도 대부분의 FTA에서 90% 이상의 높은 자유화 비율을 달성했으며, 선진국뿐 아니라 개도국과의 FTA에서도 서비스와 투자를 포함한 포괄적이고 수준 높은 FTA를 체결했다. 이로 인해 FTA 체결국과의 교역 투자관계는 심화되었고, 글로벌 경제위기 속에서도 안정적인 성장세 유지와 주요 시장에서의 경쟁력 확보도 가능하게 만들었다. 또한 FTA협상 추진과정에서 민간의 참여와 공론화 절차를 제도적으로 보장하고 있으며, 협상과정에서 업계 의견을 반영하기 위한 활동도 비교적 활성화되어 있다는 점도 성과라고 할 수 있다.

그러나 중소기업이나 소비자가 체감하는 FTA 효과는 여전히 저조한 편이다. 정부 주도의 FTA 활용대책에도 불구하고 중소기업의 FTA 활용도는 대기업에 비해 낮은 편이며 FTA별로 상이한 원산지 규정, 원산지 사후검증 대비 부족 등이 원인으로 지적되고 있다. 또한 FTA가 발효된 후에도 소비자가 가격변화를 체감하기 어렵다는 문제도 제기되는데, 이를 위해서는 수입물품의 유통구조 개선, 특히 대형 유통업체의 경쟁제한적 행태에 대한 관리감독이 필요하다. FTA 피해산업과 계층에 대한 국내 대책이 편향되어 있고 실효성이 낮다는 점도 한계점이다. 현재 반발이 심한 이익집단에 편향되어 있는 대책을 중립적으로 검토하고 성과에 대한 객관적인 평가를 통해 내실화해야 한다. 피해 중소기업도 한계기업과 강소기업으로 구분하여 맞춤형 정책을 제공해야 하며, 나아가 실직 근로자에 대한 현실성 있는 대책 마련도 필요하다.

FTA 미래정책 방향

지금까지의 FTA정책은 성장의 관점에서는 비교적 성공적이었으나, 소비와 분배의 관점에서는 다소간의 한계를 가지고 있다. 특히 반세계화 정서의 배경에 소득불평등으로 대표되는 분배문제가 깔려있다는 점에서 새로운 FTA정책 방향은 4차 산업혁명이 가져올 기회를 이용하여 성장을 지속하면서도 소비와 분배에 대한 고려가 반영된 지속가능한 포용적 통상정책이 되어야 한다. 이를 위해 대외적으로는 FTA별 특화된 협상목표 수립, 일자리 관점의 협상전략 수립, 4차 산업혁명에 대응하는 적극적인 국제규범 논의 참여가 필요하고 대내적으로는 FTA 효과 극대화를 위한 경제시스템 구축 등이 추진되어야 할 것이다.

FTA별 특화된 정책목표 수립

주요국과의 FTA가 완성되면서 이제 남아 있는 FTA는 다수의 국가가 참여하는 메가FTA이거나 또는 신흥경제권이나 자원부국과의 양자FTA이다. 지금까지는 상대국에 관계없이 획일적인 형식과 내용으로 협상을 진행하는 것이 가능했으나, 이제는 상황이 달라졌다. 다수 국가와의 논의에서 우리의 요구사안을 일괄적으로 주장하기 어려울 뿐 아니라 개방수준이나 경제발전단계가 낮은 국가를 대상으로 선진국과 체결한 FTA 포맷을 강요하는 것은 큰 의미가 없을 수 있다. 따라서 이제는 협상을 시작하기 전에 참여국 또는 상대국에 따라 구체적이고 특화된 협상 목표를 세우고 이에 초점을 둔 협상전략을 구축해야 한다. 예를 들어, 개발도상국과의 협상에서는 경제협력의 형태로 개발경험을 전수함으로써 한국 기업의 해외진출과 상대국의 자립지원이라는 두 가지 목표를 동시에 추구할 수도 있을 것이다. 이런 관점에서 한-이스라엘 FTA의 경우 정부가 기술협력 FTA로 규정하고 이스라엘이 갖춘 기술혁신과 창업노하우 등에 초점을 맞춘 것은 좋은 예이다.

부가가치와 일자리 관점의 협상전략 수립

경제성장과 일자리 창출은 총생산이나 수출이 아닌 부가가치에 의해 결정된다. 경제성장을 측정하는 지표인 실질 국내총생산GDP은 국내에서 만들어진 부가가치의 합이며, 부가가치는 노동과 자본에 분배되기 때문에 부가가치가 높아지면 고용이 늘어날 가능성이 높다. 특히 분배문제의 해결이 양질의 일자리 창출에 있다는 점에서 노동에 귀속되는 부가가치를 높이는 데 초점을 맞출 필요가 있다.

우선 양자교역에서의 무역수지 개선보다는 제3국과의 교역을 모두 고려한 부가가치 창출능력을 높여야 한다. 또한 소수의 대기업보다는 중소기업의 활용가능성을 더 중시해야 한다. 주요 제조업의 생산이 자동화되면서 일자리 창출능력이 감소하고 있는 추세이므로 제조업 수출입으로부터 파급효과가 큰 제조업 관련 전후방 서비스 산업을 육성하고, 서비스 산업의 직접적인 수출확대를 위한 협상전략도 필요하다. 투자의 관점에서는 고용창출 효과가 큰 산업의 리쇼어링reshoring을 촉진하면서 외국인 투자 유치를 확대하기 위해 진입장벽을 제거하고 규제를 완화하는 방향도 검토할 수 있다. 우리 기업들이 해외에 투자해 만들어지는 부가가치도 결국은 국내에 귀속된다는 점에서 글로벌 가치사슬을 효율적으로 활용할 수 있는 방안도 같이 고려해야 할 것이다.

4차 산업혁명에 대응하는 적극적인 국제규범 논의 참여

세계 경제 성장이 둔화되면서 각 국은 새로운 성장동력 개척에 나서고 있는데, 아직까지 이를 규율할 수 있는 국제규범이 정립되지 않았거나 논의조차 시작되지 않은 경우가 많다. 예를 들어, 인터넷을 통한 국가 간 상품이나 서비스의 거래가 증가하면서 디지털경제digital economy라는 용어가 등장했지만, 이러한 거래에 관한 무역규범은 아직 정립되지 않았다. 4차 산업분야에서 새로운 기술과 상품들이 개발되고 있지만 관련 국제표준화 논의는 아직 기초단계에 머물러 있다.

따라서 새로이 등장하는 통상이슈에 대한 논의를 처음부터 면밀히 검토하여 필요시 적극적으로 참여해 우리의 이해를 반영해야 하며, 국제 논의동향도 구체적으로 파악할 필요가 있다. 또한 우리가 그동안 체결한 FTA의 내용을 새로운 환경에 맞춰 수정, 보완, 조화할 필요가 있다. 무엇보다 새로운 이슈에 효율적으로 대응하기 위해서는 관련 분야의 전문가를 양성하고 국내외 인적 네트워크를 형성하는 데에도 힘써야 한다.

FTA 효과 극대화를 위한 경제시스템 구축

FTA 성과는 수출입 모두에서 발생하기 때문에 수출확대뿐 아니라 수입증대가 우리경제에 긍정적인 파급영향을 가져올 수 있도록 관심을 기울여야 한다. 다양한 수입품이 보다 싼 가격에 유통되기 위해서는 수입업체의 시장지배력이 남용되지 않도록 관리하는 것이 중요하며, 동시에 FTA 수입활용률을 높이는 데에도 정책적 관심을 기울여야 한다.

FTA전략 단기방안

앞서 살펴본 미래 FTA정책 방향을 효과적으로 달성하기 위한 단기방안으로는 통상교섭본부의 기능강화와 국내외 유관기관 협의체 구성을 생각해볼 수 있다.

통상교섭본부의 기능 강화

통상정책 전담부서는 범부처 공동대응과 그 과정에서의 이견 조율, 통상전문 인프라 구축을 위해 필요하다. 4차 산업혁명은 융복합을 특징으로 하고 있으며, 통상정책의 대상은 상품을 넘어 다양한 형태의 서비스로 확대되고 있다. 따라서 통상을 책임지고 있는 특정 부처만으로는 효과적으로 대응할 수 없을 뿐 아니라 여러 부처에 걸쳐 있는 이슈에 대해 객관적이고 중립적인 입장에서의 조율이 쉽지 않다. 특히 과감한 결단을 통해 개방을 추진해야 하는 서비스 분야의 경우 분야별로 많은 부처가 연결되어 있고 그만큼 부처이기주의와 업계의 영향력에서 벗어나는 것은 사실상 어렵다. 한편으로는 통상이슈가 점차 세분화되고 전문화되면서 통상인력의 전문성이 중요해지고 있다. 특히 4차 산업혁명에 대응하여 국제규범을 만드는 과정에서 우리 산업의 목소리가 효과적으로 반영되기 위해서는 국제통상에 대한 대응능력과 기술 및 산업에 대한 전문지식을 갖춘 인재가 필요하다.

문재인 정부는 산업통상자원부 산하에 통상교섭본부를 부활시켰다. 정부조직의 안정성 측면에서 또다시 통상기능의 이전을 추진하는 것은 바람직하지 않다고 보고 신설한 조직이다. 이러한 통상교섭본부가 통상정책 전담부서로서 본연의 역할을 할 수 있도록 그 기능을 강화할 필요가 있다. 통상이슈에 대한 주도권을 행사하는 정책결정 상의 권한을 위임하거나 통상전문 인력 강화 등을 고려해볼 수 있을 것이다.

국내외 유관기관 협의체 구성

통상정책은 기업들에 유리한 공정경쟁의 장을 마련하는 데 그 목적이 있다. 즉 기업이 얼마나 잘 활용하느냐에 따라 통상정책의 성과가 결정된다. 이런 점에서 통상정책을 발굴하고 협상에 대응하며 활용과 이행의 걸림돌을 제거하는 모든 과정에 업계의 목소리가 반영되어야 한다.

소수의 통상담당이 다수의 정책의사결정을 내리는 현실을 고려할 때, 효율적인 의견수렴과 정책조언을 위해서는 국내외 유관기관 협의체 구성을 검토해볼 수 있다. 여기에는 업계의 의견을 취합하여 전달할 수 있는 관련 협회나 단체, 정책적 조언을 위한 전문가 그룹 등이 포함될 수 있을 것이다. 아울러 아직 관련 단체가 없는 분야나 개별 기업체가 의견을 제시하고, 정부 및 유관기관이 수집한 정보를 기업과 공유할 수 있는 온라인 시스템 구축도 고려해볼 수 있다. 특히 현장감 있는 의견을 수렴하고 상대국 정부결정에도 영향을 미칠 수 있도록 해외 현지에 있는 네트워크를 협의체 구성에 포함할 필요가 있다. 이러한 유관기관 협의체는 정부 입장에서는 민감성 때문에 언급하기 어려운 이슈들도 보다 유연하게 다룸으로써 정부의 정책이 올바른 방향으로 진행될 수 있도록 지지하고 제대로 된 정책홍보에도 기여할 수 있을 것이다.

10 서비스산업:
산업구조의 수평적 네트워크화, 창조적 혁신가 양성

서비스산업은 고용 기준으로 70%, 부가가치 기준으로 60% 정도를 차지하는 한국 경제의 중심산업이며 의료, 교육, 금융, 문화콘텐츠, 소프트웨어, 관광 등이 주력 분야이다. 서비스산업의 비중이 선진국은 경제의 70% 이상, 중국 등 개발도상국도 경제의 50%를 상회한다. 최근에는 세계적으로 산업의 서비스화가 진행되고 있다. 스마트폰의 사례에서 보듯이 기존의 하드웨어 제품에 새로운 서비스를 실현하는 소프트웨어를 탑재하여 경쟁력을 강화시킨 것처럼, 전체 산업의 서비스화가 진행되고 있다. 특히 최근 4차 산업혁명의 도래로 산업 간 경계가 해체되고 수요자 중심의 서비스 경제로 경제 및 산업구조 전환이 진행되고 있다. 4차 산업혁명은 인공지능으로 대표되는 초지능화시대, 사물인터넷으로 대표되는 초연결시대에서의 산업 변화를 의미한다. 제조업과 농업 등 기존 산업에 큰 변화가 예상되고, 서비스산업에도 큰 지각변동이 전망된다.

4차 산업혁명 시대의 '피플 비즈니스', 서비스산업

산업구조의 변화와 함께 일자리 구조도 급격하게 변화하고 있다. 4차 산업혁명 시대에는 다수의 고급 지식노동도 기계로 대체될 것으로 전망되고 있다. 지난 200여 년간 기계가 인간의 노동을 많이 대체해왔지만, 제조업과 서비스산업 등 신산업도 그 이상 많이 창출되어 일자리는 계속 증가해 왔다. 그러나 4차 산업혁명 시기에는 일자리의 순증가가 계속될지 불확실한 상황이다. 기계의 일자리 대체 속도와 신산업 창출 속도 간의 역전현상이 발생할 수 있기 때문이다.

인공지능, 사물인터넷의 발달로 기계가 인간의 일자리를 대체할 것으로 예상되는 분야는 무엇보다도 과학적 지식이 적용되는 분야일 것으로 예측된다. 모라벡의 역설Moravec's paradox에서도 제시된 바와 같이, 과학화 할 수 있는 분야는 역공학reverse-engineering이 상대적으로 쉬워서 인공지능 등으로 대체가 용이하다. 하지만 인류역사와 함께 오랜 기간 진화한 인간의 고유 영역인 창조역량, 협동역량, 감성역량, 긴밀한 상호작용이 요구되는 인적역량은 기계노동으로 대체되기 쉽지 않을 것으로 전망된다. 이렇게 기계가 대체할 수 없을 것으로 예상되는 영역이 바로 '피플 비즈니스'라고 불리는 서비스산업의 영역이다. 그래서 4차 산업혁명의 성숙과 함께 세계 경제는 서비스 경제 구조로 더욱 진화될 것으로 보이며, 특히 일자리는 서비스산업 부문에서 주로 창출될 것으로 전망되고 있다.

이러한 상황에서 세계 각국은 서비스 경제 촉진에 주력하고 있으나, 우리 한국은 구호만 무성할 뿐 서비스 경제로의 실질적인 진전은 없는 상황이다. 산업에서 차지하는 비중이 적잖음에도 불구하고 선진국과 비교하면 서비스산업의 노동생산성이나 경쟁력은 여전히 하위권에 머물고 있다. 제조업의 서비스산업 활용도도 낮은 수준이다. 더구나 인적자본의 행사과정이라고 할 수 있는 서비스 재화에 대한 공짜인식은 아직도 심각한 수준이고, 신산업의 창출은 더디게 진행되고 있다. 이에 서비스산업의 미래를 전망해보고 한국의 서비스산업 현황에 대해 종합적으로 분석함으로써 서비스산업 발전과 한국 경제의 발전을 위한 실행 방안을 제시해보고자 한다.

서비스산업 전망과 미래전략

4차 산업혁명 시대를 맞아 서비스산업 역시 꽃을 피울 전망이다. 서비스산업의 발전과 전 산업의 서비스화는 세계적으로 빠르게 진행될 것으로 예측되고 있다. 특히 차량공유기업 우버Uber나 숙박공유기업 에어비앤비airbnb와 같은 공유경제 서비스의 급성장이 예상된다. 모바일 기반 온오프라인 연계O2O 서비스 역시 신성장 동력으로 부상하고 있다. 이러한 시대적 흐름에 따라 문재인 정부의 '국정운영 5개년 계획'에도 서비스산업 혁신 로드맵이 담겨 있다. 여기에는 저임금 노동자 처우 개선, 영세 서비스업에 정보통신기술ICT 활용 지원, 유망 서비스업 육성 등의 정책을 구체화하고 업종 간 융합을 활성화하기 위한 규제 개선 등의 맞춤형 지원책이 포함되어 있다.

서비스산업이 주축이 될 신경제사회의 특성

미래의 토대가 될 신경제사회의 특성은 크게 다섯 가지로 전망해볼 수 있다. 첫째, 기존의 경제사회에서는 지식이 경쟁력의 원천이었지만 신경제사회에서는 지식의 가치가 급속히 하락하는 지식보편화시대가 될 것이다. 인터넷과 방송통신 발달에 따라 독점이 아닌 공유의 시대가 되고 있기 때문이다. 둘째, 무형적 가치가 중요해지는 무형재화 intangible goods 시대가 될 것이다. 유형재화는 무형가치를 제공하기 위한 서비스 플랫폼으로 사용되고, 플랫폼 위에서 제공되는 서비스재화가 큰 가치를 지니게 될 것으로 보인다. 셋째, 신경제 시대에는 인간 고유의 감성이 중요해지는 시대가 될 것이다. 기계가 이성적 부분을 담당하게 되므로, 인간은 기계가 수행하기 어려운 감성 부분에 주력할 것이기 때문이다. 넷째, 인간의 욕구가 대폭 확장되는 시대가 될 것이다. 정치민주화와 함께 개인의 자유가 증대되면서 인간의 욕구가 늘어가게 되었고, 교통 및 방송통신과 인터넷, 그리고 욕구확장 학문의 발전으로 인간의 욕구는 계속 확장되어 왔다. 이제 신경제사회에서는 인간의 노동 비중이 감소되면서 욕구 개발에 보다 많은 시간을 투입하게 되어 욕구의 대폭 확장시대가 도래할 것으로 예측된다. 다섯째, 개인 중심 시대가 될 것이다. 과학기술의 발전으로 개인을 위한 제품과 서비스의 공급역량이 증대되어 개인의 소비가 중심이 되는 시대가 올 것으로 보인다. 이러한 신경제사회의 특성이 함축하는 것은 서비스산업 중심의 경제구조 전환이 더욱 가속화할 것이라는 점이다.

이러한 전망은 수요 공급 차원에서도 살펴볼 수 있다. 우선 서비스 수요 측면에서, 4차 산업혁명의 물결 속에 과학기술의 발전으로 생산성이 증대되면 인간의 유휴시간이 증대되고, 이러한 유휴시간의 증대는 서비스산업의 발전을 촉진할 것이다. 정치민주화 등으로 현대사회에서 개인의 자유가 증대되고 인간의 욕구발현이 증대된 것도 서비스산업의 발전을 촉진하는 주요 요인이다. 이 같은 트렌드는 일과 가정의 양립이라는 사회적 요구와도 부합한다. 요즘 젊은 직장인 상당수는 개인의 자아실현과 일 사이의 균형을 중시한다.

서비스 공급 측면에서는 인공지능, 빅데이터, 사물인터넷, 초고속인터넷 등으로 서비스 플랫폼이 고도화되고, 로봇 등 비인간 서비스공급자가 등장하면서 서비스 공급능력이 대폭 증가할 것으로 예측된다. 이러한 공급요인들은 곧 서비스산업 발전의 주요 토대가 될 것이다. 이와 같이 인간을 위한 서비스산업의 발전은 미래 경제의 중심이 되고 있는 것이다.

서비스산업의 발전전략

단기적 차원에서는 무엇보다 서비스산업이 산업으로서의 독립적인 위상을 확보하는 것이 시급하다. 그동안 한국에서의 서비스산업은 제조업의 경쟁력 강화를 위한 지원 산업이거나, 내수 활성화 차원의 부수 산업으로 인식되어 왔다. 따라서 독자적인 산업으로 인정받지 못하는 경우도 있었고, 산업정책의 중심이 되지도 못하였다. 선진국에서는 서비스산업이 이미 오래전부터 독자적 산업으로서 큰 부가가치를 창출해오고 있다. 서비스의 산업화 및 기존 서비스산업의 위상 강화가 서비스산업 발전을 위한 1차적 전략이다.

중기적으로 서비스산업은 산업구조 선진화의 주체가 되어야 한다. 앞서 언급한 바와 같이, 과학기술 혁신으로 생산성이 증대될 것이며 산업 구조와 일자리 구조가 크게 변화될 것으로 전망된다. 글로벌 경제에서 이 새로운 변화를 주도하지 못하면 일자리 유지와 지속적 성장이 어려워지므로, 먼저 산업 구조의 선진화를 이루어내야 한다.

인류의 일자리 또한 기존의 산업에 고르게 펼쳐져 있는 평탄한 일자리 구조에서 인간 고유 영역의 일자리 중심으로 재편될 것이다. 진화의 기간이 짧아서 기계가 모방하기 쉬운 기능을 수행하는 제조업 부문의 일자리는 기계로 대체되고, 진화의 기간이 길어서 기계가 대체하기 어려운 인간 본연의 역량을 발휘하는 일자리가 증대될 것이다. 상호작용이 많고 매우 복잡한 패턴인식이 필요하며 수시로 변화되는 상황에 대처해야 하는 직무는 기계가 대체하기 어렵다. 즉 인간 고유의 서비스 직무는 기계가 대체하기 어려운 것이다. 또한 협동역량 발휘가 필요하고 창조역량 발휘가 중심이 되는 고급 지식서비스 영역도 기계가 대체하기 어려우므로 경제는 서비스산업 중심으로 재편될 수밖에 없다.

장기적으로는 우수한 인적자원을 가진 한국이 세계 서비스산업과 전체 세계경제를 선도하여 인류사회 발전에 기여해야 할 것이다. 인류경제는 조만간 유형재화의 한계에 봉착할 것으로 전망된다. 유형재화에 대한 인간의 수요는 유한하기 때문에 인구가 지속적으로 크게 증가하지 않는 한 생산성 증대로 연결되기 어렵다. 즉 유형재화 중심의 경제는 수요정체에 따른 성장 한계를 보이게 된다. 지난 200여 년간 제조업에 대한 학문이 인류의 고도 성장기를 견인해왔는데, 이제는 서비스에 대한 학문이 발전하여 향후 수백 년간 인류의 고도 성장기를 이끌어가야 한다. 서비스경영, 서비스공학, 서비스경제, 서비스마케팅 등 서비스에 대한 학문Service Science은 인적자원이 우수한 한국이 뛰어난 성과를 올릴 수 있으므로 서비스학 진흥에도 관심을 기울여야 한다.

서비스산업 발전을 위한 실행방안

서비스산업은 종합산업이고, 서비스는 인간의 본질적 활동이므로, 실행 방안도 종합적인 차원에서 설계되어야 한다. 〈표 6-2〉와 같이 정부조직뿐 아니라 관련 산업과 교육 등 다양한 차원에서 실행 전략을 제시해볼 수 있다.

〈표 6-2〉 서비스산업 발전을 위한 개선방안

	기존	개선
정부조직	수직적 구조	수평적 구조화
경제정책	산업간 구분 육성정책	통합적/창조적 육성 프레임
산업정책	기존 점 산업 육성 정책	점, 선, 면 융합산업 정책
인재 교육	전문가 양성	혁신가/창조자 양성
산업 구조	대형 수직 구조	수평 네트워크 구조
기업 전략	응용력/효율성 제고	창조력/네트워크력 제고

정부조직의 수평적 구조화

우선 서비스산업 발전을 위해 정부조직이 수평적 구조로 변화되어야 한다. 서비스는 소비자 중심 산업이므로, 여러 산업이 융합하여 소비자를 위한 가치를 창출하게 된다. 수직적 정부구조는 단일 산업 육성에는 유리하지만, 서비스산업과 같은 소비자 중심 융합산업 육성에는 한계가 있다. 수평적 조직이 되면 소비자 중심으로 산업이 창출되고 발전될 수 있다.

기계가 모방하기 어려운 인적기반 일자리 창출

미래 서비스산업 정책의 가장 중요한 방향은 양질의 일자리 창출이다. 지난 2006년부터 2015년까지 10년 간 제조업 일자리는 35만 개 늘었다. 그러나 같은 기간 서비스산업 일자리는 이보다 9배나 많은 316만 개 증가했다. 일자리 창출 효과 측면에서 서비스 분야는 제조업보다 월등히 높다. 이렇듯 서비스산업은 일자리 확대에 기여했으나 일자리의 질적인 측면에서 볼 때 만족스럽지 않은 수준이다. 현대사회에서 인간에게 일자리는 경제적 의미 이상이다. 즉 사회시스템 소속 여부와도 관련된다. 과거에는 일자리가 없어도 사회시스템에서 밀려나지는 않았다. 가족공동체가 건재했기 때문이다. 그러나 현대사회에서 일자리를 잃은 인간은 사회시스템에서 퇴출되는 의미를 가지게 되는 상황에 이르렀다. 따라서 일자리를 지켜주는 것이 산업 정책의 중요한 방향이 되어야 한다. 또한 국민의 일자리를 창출하고 지키기 위한 정부의 노력도 더욱 강화되어야 한다. 기계를 능가하는 고차원의 지식노동 일자리를 만들거나, 기계가 모방하기 어려운 인적기반 일자리를 많이 만들어내는 노력도 그 일환이 될 것이다.

통합적인 융합 신산업 육성

현재의 산업정책도 기존의 산업 중심으로 짜여 있다. 기존 산업은 생산성 혁신으로 규모가 위축될 가능성이 많으므로, 기존 산업들을 융합하여 새로운 산업을 만들어내는 정책들이 산업정책의 중심이 되어야 하며, 이를 위해서는 산업 간 구분이 없어져야 한다. 농업 등 1차 산업과 제조업과 여러 서비스업을 구분하여 분석하고 미래 전략을 수립하는 정책에서 통합적인 창조적 육성 정책으로 전환해야 한다. 모든 산업을 하나의 산업 차원에서 통합적으로 분석하고 관리해야 하며, 이러한 과정과 결과가 경제정책 수립에 반영되어야 한다. 한마디로 통합적 육성 프레임에 기초해 경쟁력을 키워나가야 한다. 한다. 특히 기존 산업을 위치 좌표인 점이라고 보고, 점과 점을 연결하는 많은 융합 신산업, 무수한 점들을 연결하여 창출되는 고도 융합 신산업 창출에 산업정책의 중심을 두어야 할 것이다.

〈그림 6-3〉 고도 융합 신산업 창출 모형도

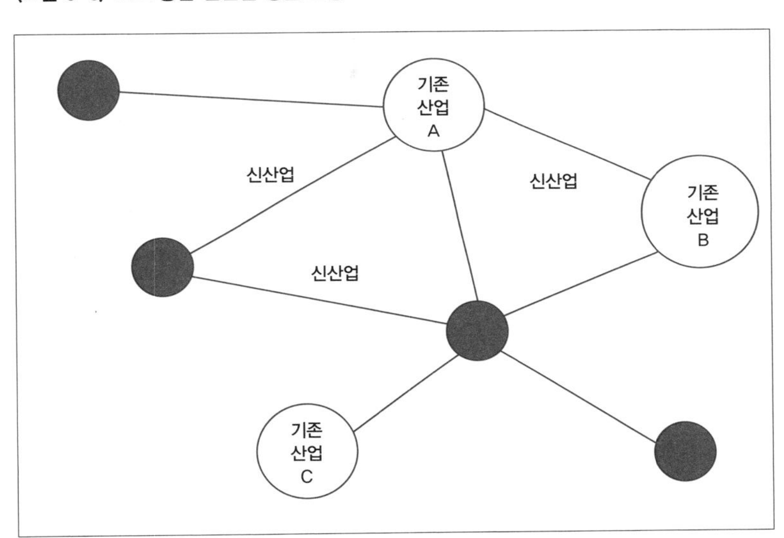

창조적 혁신가를 길러내는 교육

교육 정책의 경우, 가장 큰 변화가 필요한 분야이다. 서비스산업은 인간의, 인간을 위한 산업이므로, 인간에 대한 통찰력이 있는 인재를 바탕으로 근간을 이루어야 한다. 또한 과학기술 지식이 풍부한 인재로 양성해야 하며, 미래 변화에 대해 적응력이 강한 인재로 육성해야 한다. 따라서 교육 패러다임이 지식전달에서 역량개발로 변화해야 한다. 기존에는 특정 분야의 전문가 양성에 치중했다면, 이제는 혁신가와 창조자를 양성해야 하며 새로운 시대의 요구에 맞는 인적자원을 공급할 수 있도록 제도적 뒷받침이 이어져야 한다. 이 과정에서 초중고 및 대학교육 시스템의 변화가 필요하지만, 직무 역량은 산업과 시대 변화에 따라 계속 변화하는 점에서 평생교육 체제도 정착되어야 한다. 평생교육시스템과 직무교육시스템, 대학교육시스템, 초중등 교육시스템 간의 균형적 역할 분담도 필요하다.

산업 구조의 수평적 네트워크화

산업 구조의 전환도 선결되어야 한다. 기존의 대기업 중심 수직계열화 구조가 서비스경제에서는 불리하다. 서비스경제는 수요자 중심 경제이기 때문이다. 효율성이 중심이 아니고 고객의 입장에서 효과성이 중심이기 때문이다. 고객의 수요를 중심으로 유기적으로 기업들이 결합되어 협업하는 수평적 네트워크 구조가 필요하다. 기업전략은 시장에서의 효과성이 중심이 되어야 하고, 창조 역량이 중심이 되어야 한다. 시장과 고객의 욕구는 끊임없이 변화하기 때문이며, 잠재된 고객의 욕구를 먼저 발견하여 시장을 창조해낼 수 있어야 하기 때문이다.

11 문화콘텐츠산업:
인문콘텐츠 발굴과 새로운 기술 및 다른 산업과의 협업

4차 산업혁명은 기술융합의 시대를 예고하고 있다. 사람과 사물, 사물과 사물이 네트워크로 연결되고, 이때 수집된 빅데이터의 분석과 패턴 파악을 토대로 인간의 행동을 예측해서 새로운 가치를 창출해내는 시대가 도래한 것이다. 초지능성super-intelligence과 예측가능성predictability, 초연결성hyper-connectivity의 특징들이 중요하게 대두됨에 따라 산업부문 간, 또는 산업 내 연계뿐만 아니라 공공-민간 등 다양한 영역에서 융합과 협력이 더욱 요구될 것으로 예측되고 있다. 이는 곧 단순디지털화(3차)로부터 기술융합기반혁신(4차)으로의 이행을 통한 기존 비즈니스 운영방식의 전면적 재검토를 의미한다. 특히 문화콘텐츠산업의 경우 이러한 총체적인 변화의 움직임과 더불어 '인간을 위한 4차 산업혁명'으로의 관점전환이 불가피하게 요구된다. 기술 발전의 가치는 인간과 사회의 새로운 필요와 욕구를 포착하고 그것을 실현시키는 데 있으며, 이러한 관점에서는 창의력을 기반으로 한 인간 고유의 직관, 통찰, 감성이 더욱 중요하다.

향후 전망과 미래 전략방향

4차 산업혁명이 가져 올 환경의 변화에 따라 문화콘텐츠는 그 중요성이 더욱 커질 것으로 예견된다. 기술의 진화를 수용하는 향후 문화콘텐츠의 주요 키워드는 연결, 융합, 스마트, 그리고 경험으로 요약, 전망해 볼 수 있다.

패러다임 변화 과정에서 무엇보다 중요한 것은 사이버 세계와 현실의 물리적 세계가 통합되는 사이버물리시스템cyber-physical system 세계에 적합한 문화콘텐츠를 어떻게 기획하고 개발하며 활용할 것인가이다.

콘텐츠 소비 트렌드로 새롭게 등장한 스낵 컬처snack culture,[9] N스크린[10] 기반 콘텐츠, 쌍방향 콘텐츠, 사용자 인터페이스UI의 편의성 추구 등 소위 스마트 콘텐츠에 대한 관심과 필요성은 기술이 융합하고 개인 맞춤 지능화가 가속화되는 4차 산업혁명 시대에 더욱 증가할 것으로 예측된다.

단기적 차원: 균형적인 문화콘텐츠산업 생태계 조성

산업적으로 단기적 차원에서는 제조업, 관광 등 다른 산업에 문화콘텐츠를 활용하는 융합, 국경을 넘어서는 해외시장 진출, 문화콘텐츠 이용과 소비의 국제협력 추진 등이 더욱 중요하게 대두될 것이다. 또한 융합콘텐츠 발굴과 육성을 위한 문화예술기반 융합플랫폼 확대 및 성장단계별 맞춤 지원 등에도 관심이 집중될 것이다.

그러나 보다 근본적으로 관심을 두어야 할 것은 획기적인 기술변화를 빠르게 수용하는 변화 중심의 전략보다는 기계, 기술, 서비스, 콘텐츠 등 다양한 요소들의 협력을 통해 안정적인 생태계를 만들어가야 한다는 점이다. 환경이 변해도 문화콘텐츠산업 관련 시장 환경이 현재 안고 있는 문제점들은 단기간에 해소되지 않기 때문이다. 실제 지금까지 지적되고 있는 문화콘텐츠 기업의 영세성, 자금조달의 어려움, 열악한 노동환경, 배분구조의 불공정성, 창작·제작 기반의 부실, 콘텐츠 유통기반 취약 등은 기술발전이나 기업의 적응 정도에 따라, 그리고 수준과 격차에 따라 양극화가 더 심해질 우려도 있다. 더욱 염려되는 것은 지금까지 유통과 플랫폼 관련 기업들에게 부가가치와 수익이 대부분 돌아갔던 것처럼, 네트워크와 플랫폼, 디바이스 집중형 구조를 통해 배분구조의 불안정성이 더욱 심화되고 생태계의 안정성이 왜곡될 수도 있다는 것이다.

따라서 스마트 생태계 환경에서 콘텐츠-플랫폼-네트워크-디바이스(C-P-N-D) 가치사슬의 핵심 동력인 문화콘텐츠에 어떻게 힘을 실어줄 것인가 하는 고민이 필요하다. 나아가 기술개발에서 표준·서비스 상용화에 이르는 전 과정에 대한 일원화된 종합관리체계 방안도 고려해야 한다.

장기적 차원: 질 좋은 일자리를 위한 창업과 성장의 선순환 사이클 구축

장기적인 측면에서는 4차 산업혁명 시대의 도래와 함께 일자리가 줄어들 것이라는 우려에 대응하고 전략을 세워야 하는 과제가 있다. 실제로 4차 산업혁명 시대 일자리에 대해서는 긍정론과 비관론이 동시에 존재한다. 신기술의 도입으로 새로운 직종과 산업이 출현하여 일자리가 늘어날 것이라는 긍정적 전망과 함께 인공지능의 발전과 이를 바탕으로 한 상품과 서비스 제조의 자동화를 통해 일자리가 줄어들 것이라는 비관론이 공존하고 있다.

그럼에도 불구하고 4차 산업혁명 시대에 문화콘텐츠와 관련된 일자리는 장기적으로 볼 때 오히려 더 늘어날 것으로 보는 것이 타당하다. 기술 수준이 낮은 부문의 일자리는 감소하는 반면 창의적인 업무를 기준으로 하는 고숙련 및 전문직 일자리는 증가할 것으로 예상되기 때문이다. 관련 보고서[11]에 따르면 단순한 일자리는 줄어들겠지만, 감성과 인간의 창의성을 다루는 일자리는 더욱 늘어날 것으로 전망되고 있으며, 4차 산업혁명 시대에서 생존하기 위한 10대 기량 가운데에도 대인적응, 인간 인지적응력, 감성지능, 창의성 등 사회적 기량이 중요시되고 있다. 이는 우리가 지금까지 산업을 진흥시키는 요소를 숙련도가 기반이 되는 기량skill보다는 기계론적인 기술technology에 의존했다는 점에 비추어볼 때, 매우 유의미한 방향이라고 볼 수 있다.

그러나 4차 산업혁명 시대에 문화콘텐츠 분야가 실질적으로 일자리를 창출할 수 있기 위해서는 문화콘텐츠 관련 중소벤처기업의 창업과 성장이 선순환 사이클을 만들어내야 하고, 이를 위한 정책적 지원이 뒷받침되어야 한다. 또한 창의력creativity, 비판적 사고력critical thinking, 소통 능력communication, 협업 능력collaboration 강화를 목표로 한 교육체계 수립 및 실행에 보다 더 힘을 기울여야 인재양성과 질 좋은 일자리를 동시에 확대하고 실질적인 성과를 거둘 수 있을 것이다.

문화콘텐츠 활성화를 위한 실천방안

구체적인 단계별 실천방안을 고려해 볼 때, 우선 짚어볼 것이 플랫폼과 콘텐츠의 관계이다. 중요한 것은 플랫폼의 발전에 따라 인프라와 기반은 모습을 달리해왔지만, 핵심이 되는 문화콘텐츠는 맥락과 상황에 맞게 변해왔을 뿐 본질은 크게 바뀌지 않았다는 점이다. 그동안 역사를 통틀어 수많은 경제적·사회적 혁명이 있었지만, 변하지 않은 것은 인간성humanity에 근간한 다양한 인문학적 콘텐츠였음을 잘 알 수 있다. 이러한 특징은 4차 산업혁명 시대에도 소비자들과 소셜미디어가 연동되는 '소셜 지성'과 쌍방향 커뮤니케이션을 통해 더욱 심화될 것이며, 문화콘텐츠는 이러한 흐름에 맞추어 발전해나갈 것이다. 더욱이 가상·증강현실 등 새로운 기술의 등장에 힘입어 문화콘텐츠가 실릴 수 있는 다양한 디바이스와 플랫폼이 늘어남에 따라 콘텐츠의 발전 가능성은 더욱 커질 것이다. 이러한 시대의 변화에 맞춰 매체와 기술, 콘텐츠 사이의 시너지 효과를 창출하기 위한 실천방안은 다음과 같다.

기존 산업과의 접목을 통해 신규 콘텐츠 융합 비즈니스로 활용

사이버-물리 시스템, 또는 O2O의 관계에서 나타나듯이 기존 제조업과 서비스업 등과 연계하여 문화콘텐츠의 활용성을 어떻게 높일 수 있는가 하는 점에 주목해야 한다. 이는 IoT 등 모든 사물이 인터넷의 플랫폼이 되는 시대, 그리고 다양한 융합의 시대에 콘텐츠를 어떻게 적용하여 활용할 것인가의 문제이다.

예를 들어, 아마존은 기기와 콘텐츠가 어울린 인공지능 서비스 시리즈를 개발, 출시한 바 있다. 기존의 에코 및 에코 닷Echo Dot이 음성인식으로 제어하는 인공지능 홈스피커라면 이어 소개된 에코 룩Echo Look은 카메라로 이용자의 옷을 촬영해 머신러닝으로 분석하는 서비스이다. 즉, 패션 전문가가 참여해 만든 아마존 스타일 체크Style Check 시스템의 도움을 받아서 어울리는 옷을 고르도록 도와준다. 이후 발표된 에코 쇼Echo Show에서는 이용자가 인공지능 음성인식에 기반하여 대화를 하면서 유튜브를 탐색하고 스마트홈 장치를 제어할 수 있다. 패션이나 여행 등 기존의 콘텐츠가 활용되는 이러한 융합 비즈니스는 인공지능 기반의 챗봇 및 메신저 서비스, 여행과 쇼핑 관련 개인비서의 역할을 담당하면서 수요와 시장이 커질 것으로 전망된다.

그밖에도 스마트 헬스케어, 핀테크, 스마트 에너지, 커넥티드카 등 제조업과 서비스업의 융합으로 파생되는 다양한 콘텐츠에도 관심을 기울여야 한다. 대표적인 예가 IBM의 왓슨 플랫폼이다. 의료, 쇼핑 등 다양한 산업에 인공지능 기능을 제공하는 클라우드 서비스를 토대로 검색 및 콘텐츠 분석, 가상 에이전트 구축을 통한 대화 서비스 등 다양한 산업분야에서 범용적으로 적용할 수 있는 인공지능 서비스 콘텐츠로 확산되고 있다.

빅데이터를 활용하여 맞춤형 문화콘텐츠 생산

기호가 다양한 소비자의 요구에 맞추어 맞춤형 콘텐츠를 잘 만들어낼 수 있도록 빅데이터를 최대한 활용해야 한다. 4차 산업혁명의 궁극적 목적과 혜택은 인간을 향해 있기 때문에 인간에 대한 맞춤형 콘텐츠의 수요는 증가할 것으로 예상된다. 예를 들어, 콘텐츠산업 기획 및 제작단계(콘텐츠의 개인화와 타깃팅)→콘텐츠 배급 및 유통 단계(마케팅 분배와 의사결정)→인과관계 및 영향력 규명→소셜네트워크 분석→콘텐츠 소비 단계(광고 효과성 제고)에 이르는 콘텐츠 생산과 소비 전 과정에서 모든 것이 소비자 맞춤형으로 변화할 것이다. 과거의 기업 생태계에서는 기술의 발전이 산업의 변화를 견인하고 소비자는 주어진 콘텐츠를 소비하는 방식이었다면, 이제는 소비자가 생산에까지 직접 영향을 미치는 방식으로 문화콘텐츠 향유 특징이 달라지고 있는 것이다.

물론 스토리텔링을 기반으로 한 최종적인 콘텐츠의 기획은 보다 면밀히 기획되어야 한다. 동영상 스트리밍 업체인 넷플릭스Netflix의 경우, 이용자들의 시청 행태와 성향, 콘텐츠 선호도 등 방대한 빅데이터를 분석하고 고객맞춤형 추천서비스를 선보여 큰 호응을 얻었다. 이와 같은 수요 맞춤형 콘텐츠는 콘텐츠산업 활용 유형에 따라 이미지 분석(브랜드 분석), 트렌드 분석, 위기관리, 스토리텔링도구, 마케팅 도구 등으로 활용되는데, 이때 수요자 분석의 자원이 되는 빅데이터의 역할은 매우 중요하다. 앞으로 빅데이터의 활용은 시청자 맞춤형 방송 추천, 음악DB 비교분석 기반 음향정보 검색, 스토리DB기반 스토리 창작지원, 게임이용자들의 플레이정보DB 분석 기반 유지 보수 및 이벤트 진행, 영화 인지도·호감도 및 소셜 데이터 연동 영화 흥행 마케팅과 흥행 예측, 고객정보DB 분석 기반 트렌드 분석, 상품수요 및 선호도 예측, 광고 맞춤화 및 효율화 등 매우 다양하게 이루어질 것으로 예상된다.

새로운 블루오션 기술과의 협업

가상현실VR과 증강현실AR, 그리고 혼합현실MR 등 새로운 기술의 블루오션 영역에서 콘텐츠를 어떻게 기획할 것인가 하는 것이 중요하다. 증강현실의 경우, 위치정보시스템을 기반으로 하여 현실적인 콘텐츠를 보여준다면, 가상현실은 가상의 공간에서 실제적으로 지각되는 가상이미지를 보여준다. 더 나아가 혼합현실의 경우는 현실공간 위에 3차원 가상이미지를 투사해 여러 사람이 동시에 현실처럼 느끼게 하는 콘텐츠를 특징으로 한다. 〈스타워즈〉로 잘 알려진 조지 루카스 George Lucas 감독이 미국의 스타트업 매직리프와 함께 게임용 MR을 준비하는 등 해외에서는 이와 관련된 활발한 움직임이 이미 나타나고 있다.

콘텐츠 지식재산권에 대한 인식

문화콘텐츠의 융합과 연결을 통해 나타나는 새로운 현상들은 기술개발과 함께 지식재산권 확보에도 관심을 기울여야 한다는 것을 시사한다. 지식재산권으로 새로운 부가가치를 창출할 수 있는 기회가 확대되기 때문이다. 이것은 기존 플랫폼 기업들이 지배하는 구조에서 벗어나 새로운 성장의 기회를 도모할 수도 있다는 것을 의미한다. 따라서 4차 산업혁명의 특성인 '초연결성'과 '초지능화'에 맞춘 새로운 구조의 문화콘텐츠산업 생태계를 함께 고민하는 노력이 필요하다. 즉 다양한 플랫폼에 최적화된 콘텐츠 생산, 소비자의 독특한 취향 이해, 소비자의 이용패턴 등을 면밀히 고려해야 한다.

인문콘텐츠의 지속 발굴 및 적용

기술의 발전에도 바뀌지 않는 인간의 본성을 고려한 인문콘텐츠의 지속 발굴 및 적용이 중요하다. 예를 들어 국내외에서 인기를 끌었던 증강현실 게임 '포켓몬고'는 최근 뚜렷한 하락세를 보이고 있는데, 그 이유는 콘텐츠에 있다. 증강현실이라는 새로운 기술을 활용한 게임이라는 점에서 흥미를 유도했으나 문화콘텐츠가 기본적으로 갖추어야 할 재미와 스토리텔링 요소가 부족하다는 점이 지적된 바 있다. 즉, 포켓몬고 인기 하락의 이유는 증강현실이라는 기술의 한계라기보다는 문화콘텐츠로서의 기본 요소를 충분히 갖추지 못했기 때문이라는 것이다. 이런 점에서 4차 산업혁명 시대에도 콘텐츠 기획·개발 전략은 인간의 특성을 고려한 맞춤형으로 이루어져야 한다는 목소리가 더욱 커지고 있다.

Resources \7장\

자원 분야 미래전략

1. 에너지
2. 자원
3. 국토교통
4. 주택
5. 농업
6. 해양수산
7. 관광

1 에너지:
환경, 에너지안보, 지속가능성 위한 다원화와 스마트화

다가오는 4차 산업혁명 시대에 에너지 산업은 전력의 생산과 공급을 넘어 사물인터넷, 빅데이터 등과 융합한 '정보통신기술ICT 융합 서비스'로 진화할 것으로 예상되며, 2030년에는 100조 원에 이르는 스마트에너지 시장이 펼쳐질 것으로 전망되고 있다. 현재 대한민국은 에너지 부존자원에 관한한 최빈국 수준에 해당하지만 에너지 소비에서는 세계 8위의 고소비국이다. 수출주도형의 국가 산업구조에서 에너지 집약적인 산업이 차지하는 비중도 매우 크다. 동시에 온실가스 배출도 세계 7위권 국가로서 지구온난화를 방지해야 하는 책임도 있다. 국가의 에너지전략은 '국가안보', '환경', '지속가능성'의 3개 관점에서 다루어야 한다.

에너지 현황

4차 산업혁명이 본격화되는 미래사회에서는 특히 에너지 인터넷을 구축하여 에너지를 주고받으면서 사회적 이윤을 나눠가지는 공유경제사회이자, 사물인터넷을 통해 연결범위가 확대되는 초연결사회로서, 전기에너지의 사용이 더욱 늘어나게 될 것이다. 따라서 에너지 사용의 효율을 극대화하고 에너지원을 다양화하여 온실가스를 줄이는 동시에 지속가능성을 추구해야 한다. 특히 4차 산업혁명이 ICT융합기술에 기초한 전기에너지의 사용을 극대화한다는 점을 고려할 때, 고품질의 전기를 안정적으로 공급하는 것은 미래 국가 발전을 위해 매우 중요하다.

에너지 사용현황

우리나라 에너지 사용에서 각 에너지원이 차지하는 비율은 2013년 기준으로 유류 38%, 석탄 29%, LNG 19%, 원자력 10%, 수력 0.6%, 신재생 3.2%이다. 화석연료가 총 에너지 공급의 약 86%를 차지하고 있는 셈이다. 한편, 전력생산을 위한 에너지원은 2016년 기준으로 석탄 39.3%, 원자력 30.7%, LNG 18.8%, 석유 6.5%, 신재생에너지 4.7%, 그리고 수력 등이 있다. 우리나라의 총 에너지 수요는 과거 1980년대에 연평균 8.5% 증가하였고 1990년대에 6.7%, 그리고 2000년대 5% 증가에서 2010년 이후에는 연평균 1.9% 증가로 증가세가 감소하고 있다. 제2차 국가에너지기본계획에 따르면 2011년부터 2035년까지 총 에너지 수요는 연평균 1.3% 증가가 예상된다. 이러한 추세는 전력수요와 도시가스 수요 증가에서 주로 기인한다. 2015년 전력소비량은 478TWh이고, 2035년까지 연평균 2.5%의 증가가 예측된다. 이때 총 에너지 중 전력의 비중은 2011년의 19.0%에서 2035년에는 27.6%로 늘어날 것으로 전망되고 있다.

에너지 신산업 정책 트렌드

우리나라는 태양광과 에너지저장장치ESS, Energy Storage System 등 에너지 신산업에서 큰 성과를 내기 위해 노력을 기울여 왔다. 주요 에너지 정책방향은 '친환경적 에너지 수급기반 구축 및 제도 개선'이었다. 이를 위해 신기후체제, 유가변동 등에 대응한 친환경적 에너지 생산을 지속 확대하는 중장기 수급안정대책 마련 및 에너지시장 활성화를 위한 에너지원별 제도개선 추진 등을 중점 시행해왔다. 또한 문재인 정부의 탈원전 선언을 통해 친환경적 신재생에너지 산업의 중요성은 더욱 강조되고 있다.

에너지 신산업 육성 정책은 첫째로, 기후변화대응, 에너지 안보, 수요관리 등 에너지 분야의 주요 현안을 해결하기 위한 사업이 있다. 둘째로, 가용 신기술, 정보통신기술 등을 신속하게 활용하여 산업화하는 새로운 형태의 비즈니스로 발전시키는 정책이 있다. 셋째로, 에너지 패러다임 전환을 통해 에너지의 이용 효율을 높이고, 에너지를 삶의 질 제고를 위하여 활용하고자 하는 정책이다. 구체적으로 정부는 '8대 에너지 신산업'으로 수요자원 거래시장, 에너지저장장치, 에너지 자립섬, 태양광 대여, 전기자동차, 발전소 온배수열 활용, 친환경 에너지 타운, 제로 에너지 빌딩 산업을 선정하여 육성하고 있다.

해결해야 할 에너지 과제

에너지 공급과 수요 측면의 변화뿐 아니라 기후변화와 환경, 그리고 안전의 문제까지 고려해야 할 주요 과제들을 살펴본다.

취약한 에너지 안보 구조

2012년 기준 우리나라의 에너지 해외 의존도는 96.4%이다. 전쟁 위험이 높은 중동지역으로부터의 화석에너지 수입이 매우 큰 비중을 차지하는데, 원유 수입의 중동의존도는 85.1%에 달한다. 2014년 에너지 수입액은 1,741억 달러로 총 수입 중 36.7%에 달한다. 이는 국가의 수출액 중 선박(394억 달러), 자동차(422억 달러), 반도체(510억 달러) 수출 총액을 합한 것(1,326억 달러)보다도 415억 달러나 더 많은 액수이다.

에너지 고소비 구조

전반적으로 에너지를 소비하는 건물이나 산업계의 에너지 소비 효율이 낮고, 국민의 개인소득 증가에 따른 자동차 보급의 지속적인 확대와 중대형 차량의 소비가 계속 늘면서 수송부문에서의 에너지 효율도 낮은 상태이다. 과거 우리나라 에너지 정책의 주요 목적이 국민생활과 산업생산에 필요한 전기에너지를 안정적으로 저렴하게 공급하는 것이었기 때문에 현재도 다른 나라와 비교하면 전기 가격이 매우 저렴하다. 산업용의 경우 2003~2010년 사이 미국, 이탈리아, 영국, 프랑스 등이 2~3배 올리는 동안 우리는 14% 인상했다(2011~2015년 산업용 전기요금 급격한 상승). 2011년 우리나라의 주택용 전기요금은 kWh당 0.083달러로 가장 비싼 독일의 0.325달러에 비해 4분의 1 수준에 불과하다. 산업용은 0.058달러로 0.169달러인 슬로바키아의 3분 1 정도에 그친다(2015년 주택용 123.69원, 산업용 107.41원). 우리나라의 전기요금은 주요국(미국, 영국, 프랑스, 독일, 이탈리아, 일본) 평균요금의 61%이고, 1인당 전력소비량은 OECD 주요국 중에서 미국 다음으로 높다.

화석에너지 편중 온실가스 배출문제

현재 우리나라의 이산화탄소 배출량은 세계 7위에 달한다. 온실가스 배출량을 줄이기 위해서는 신재생에너지와 원자력의 비중이 높아져야 한다고 볼 수 있다. 현재 신재생에너지의 경우 전력생산의 간헐성으로 인해 설비 용량은 증가하지만 실제적으로 발전용량의 증가에는 크게 기여하지 못하고, 동시에 신재생에너지의 보급이 목표에 미달하고 있는 상황이다. 제3차 신재생에너지 기술개발 및 이용보급 기본계획에 따르면 당초 신재생에너지의 목표 공급비중은 2.58%(2008년), 2.73%(2009년), 2.98%(2010년), 3.24%(2011년)로 잡혀 있으나, 실제로는 2.43%(2008년), 2.50%(2009년), 2.61%(2010년), 2.75%(2011년)로 나타나며 목표와의 차이가 점점 확대되고 있어, 향후 목표달성 가능성에 의문이 제기된다. 2009년 기준으로 우리나라의 신재생발전은 주로 폐기물 소각을 통해 이루어지며(74.7%), 그 뒤를 이어 수력(10%), 바이오(9.6%), 풍력(2.4%), 태양광(2.0%), 기타(1.3%) 순으로 나타났다.

국제적으로 볼 때는 화석에너지의 편재성과 산유국 지역에서의 전쟁 위험, 러시아 등 에너지 보유국의 에너지 수급조정 및 무기화로 인해 향후 에너지 공급 체계 불안정에 대한 우려가 증대되면서 에너지 안보 리스크도 증가시키고 있다. 동시에 국민들의 환경문제에 대한 관심과 인체에 미치는 영향에 대한 우려도 커지고 있다. 또한 지역 이기주의와 연계되어 에너지 설비 관련한 사회적 갈등이 심화되고 있는 것도 사실이다.

에너지 미래전략

미래 국가 에너지 시스템의 목표를 달성하기 위해 단기적으로는 에너지 소비 절감, 수요관리, 온실가스 배출 저감을 고려한 전력생산, 그리고 에너지 안보 확보를 위한 전략을 추구해야 한다. 또 중장기적으로는 에너지 시스템의 변화를 통한 미래형 에너지 사회를 구축하는 전략을 추구해야 한다.

전략 1: 에너지 소비 절감 및 수요 관리

과거 우리나라는 GDP 증가에 비해 높은 전력소비 증가율을 유지해 왔는데 2011년 순환단전 이후 강제 수요관리, 전기요금 상승, 온화한 날씨 등의 영향으로 전력소비 증가율이 과거에 비해 낮게 나타나고 있다. 이는 장기적으로 에너지 절약 문화를 자리 잡게 하는 기회이다. 전기요금을 원가회수를 넘어 이윤을 포함하여 부과하게 되면, 절전과 전기소비 효율화로 이어져 2035년에는 약 7GW 이상의 수요를 줄이는 효과가 있을 것으로 예상된다. 물론 관련 기술개발을 통해 에너지 소비 절감이 이루어져야 한다. 예를 들어, 공간별·재실자별 에너지 사용 효율 모니터링 기술, 재실자 위치 트래킹 및 낭비에너지 추적 제어기술, 생산성 향상을 위한 재실자 쾌적도 및 에너지 최적 기술, 멀티존 기반 재실자 이동 패턴 인식 에너지 제어 스케줄링 기술 등을 고려할 수 있다. 또한 사물인터넷을 통해 측정·수집되는 데이터를 실시간으로 처리·분석하는 에너지 빅데이터 분석 플랫폼 기술 개발도 필요하다.

에너지를 소비하는 설비의 사용효율을 높이는 것도 중요하다. 현재 에너지를 많이 소비하는 대표적인 설비로 조명설비와 냉방기기를 들 수 있는데, 조명의 경우 현재 우리나라 전력 사용량의 약 17%를 차지하고 있다. 만일 전체 조명설비의 90%를 에너지 사용효율이 좋은 LED 조명으로 대체하면 2035년에는 약 6GW 정도의 전력수요 절감 효과가 있을 것으로 전망된다. 냉방기기의 경우에도 열구동 냉방 시스템이 개발되면 하절기 피크전력을 줄일 수 있을 것으로 예측된다.

아울러 에너지 절약을 위한 홍보방식의 개선도 필요하다. 에너지 절약에 대한 캠페인은 주로 계몽적인 것으로 정보전달, 단방향 홍보, 인지도 개선 중심이었고, 국민들은 에너지 절약의 필요성은 잘 알고 있지만 개인적 실천은 미흡했다. 구체적인 효과를 거두기 위해서는 요금 인상을 통해 전기절감에 대한 동기를 유발시키는 것이 검토되어야 하고, 부문별(개인, 가정, 상용, 산업체)로 효율적인 에너지 사용방안이 제시되어야 한다. 나아가 문화콘텐츠를 이용한 감성적 캠페인 등을 활용하여 홍보효과도 배가시켜야 한다.

전략 2: 온실가스배출 저감을 위한 전력생산

2030년까지 배출전망치BAU 대비 온실가스 37% 감축 목표를 이루기 위해서는 다양한 정책수단이 강구되어야 한다. 이를 위해 기후정책과 산업정책의 조화가 중요하다. 2015년부터 시행된 탄소배출권 거래시장을 확대하고 화석연료에 외부비용(조세, 규제)을 포함하여 가격을 현실화하거나 노후화된 석탄화력 설비의 대체가 필요하다.

기후변화 대응을 위해 화석연료의 사용을 줄여야 한다는 당위성이 존재하지만 현재 당장 화석연료에 대한 의존을 완전히 배제하기는 어렵다. 천연가스의 경우, 화석연료 중 오염물질 배출이 가장 적다는 점, 발전 효율이 높고 건설 기간이 짧으며 풍부한 공급량이 예상되는 점에서 사용이 계속 늘어날 전망이다. 그러나 폭발사고 가능성, 이산화탄소와 질소산화물 방출, 가스 배기 관련 누출 및 가격 변동성 등의 문제도 안고 있어 장기적으로는 안정적인 에너지원이라고 말하기 어렵다.

장기적인 온실가스 감축목표 달성을 위해서는 온실가스를 직접적으로 배출하지 않는 전력원인 신재생에너지와 원자력이 중요해질 수밖에 없을 것이다. 신재생에너지는 지속가능한 발전을 위한 가능성이 매우 크고, 에너지 안보에 기여하며, 분산형 전원으로 전력을 공급할 수 있다는 장점이 있다. 그러나 우리나라의 자연환경에서 비롯되는 신재생에너지의 간헐성은 근본적인 한계점이다. 또한 신재생에너지 기술이 만족할만한 수준이 되기 위해서는 시간이 더 필요하다. 태양광발전이나 풍력발전 시설을 설치할 때 지역주민들의 수용성도 해결해야 할 과제이다.

신재생에너지와 원자력의 상호보완적 연계에 의한 저탄소 전력생산 전략도 추구할 수 있다. 원전에 의한 발전단가 하락을 신재생 개발에 활용하고 신재생의 비중이 늘어나는 것에 따른 백업의 비중을 원자력이 담당함으로써 무탄소전력그리드를 실현할 수 있고 에너지 수입 의존도도 낮출 수 있다. 향후 원자력의 사용이 지속되기 위해서는 원전의 안전문화 증진, 인적오류 저감 강화, 빅데이터 기반의 원전 안전운영 기술 개발, 원전 안전성 및 신뢰성 성과 기반 운영평가를 포함한 안전성 강화 솔루션 도입 등이 이루어져야 하고, 중장기적으로는 사고저항성 혁신 핵연료 기술, 혁신 안전성 원자로 개발, 사용후핵연료의 관리 체계 확립 등이 이루어져야 한다. 이와 함께 원전운영기관은 안전과 대국민 신뢰도를 최우선 가치로 추구하면서 지역사회와 상생하는 문화를 토착화시켜야 한다. 그러나 원전의 안전성에 대한 국민들의 불안감 때문에 지속적인 활용 가능성이 담보되지 못하고 있다. 특히 문재인 정부의 탈원전 정책으로 원자력을 둘러싼 에너지 논쟁은 당분간 지속될 전망이다.

또한 현재의 발전시스템에 초임계 이산화탄소기술을 접목하는 것도 중요한 전략이다. 고효율 발전을 가능하게 하면서 기존의 발전시스템(화력, 원자력)에서뿐 아니라 열집중식 태양열에서도 사용할 수 있고, 대형 발전소 부지가 없거나 대규모 수원이 없는 지역에도 발전소를 설치할 수 있다는 장점이 있다.

전략 3: 전력의 공급과 수요를 지능적으로 조절하는 에너지 시스템으로의 변화

국가 전력사용의 효율을 극대화하기 위해서는 전력의 공급과 수요를 지능적으로 조절하는 에너지 시스템으로의 변화가 필요하다. 이를 위해 스마트그리드Smart grid가 현실화되어야 한다. 현재의 전력망은 발전소에서 생산된 전기가 공급자에서 소비자로, 즉 단일 방향으로만 흐르는 중앙집중식 시스템이지만, 스마트그리드를 사용하게 되면 대규모 발전소 및 여러 작은 규모의 분산된 발전설비들과 전기저장설비들이 연결되고 공급자와 소비자 간에 정보 교환을 통하여 전기를 효율적으로 활용되게 된다. 이러한 스마트그리드가 구축되면 전력수요의 분산 및 제어가 가능해지고 전력 절감을 이룰 수 있다.

또한 스마트그리드와 연계하는 에너지관리시스템EMS, Energy Management System을 도입하여 에너지 효율을 높여가야 한다. 에너지관리시스템은 에너지 사용기기(조명, 냉난방설비, 환기설비, 가스, 급탕 등)에 센서 및 계측장비를 설치하고 통신망으로 연계하여 에너지원별 사용량을 실시간으로 모니터링하고 분석하면서, 실내 환경의 쾌적도 유지와 함께 에너지를 효율적으로 관리하도록 자동제어하는 것이다.

나아가 신재생에너지 확산으로 분산형 공급체계가 가능하게 되면, 마이크로그리드의 구축을 통해 수요자 근접형 발전기술을 적용하여 전력시스템의 혁신을 이루어야 한다. 마이크로그리드Microgrid는 일정 지역 내에서 전력을 자체 생산·저장·공급하는 지능형 전력망이다. 에너지저장장치 등을 에너지관리시스템으로 제어하여, 외부의 전력망에 연결하거나 독립적으로 운전할 수 있는 소규모 전력망으로, 국내에서는 에너지 자립섬 가파도에서 운영되고 있다. 향후 배전망관리시스템DMS, Distribution Management System에 기반하여 빅데이터, 지능형 전력계량 인프라AMI, Advanced Metering Infrastructure 등이 연계되면 더욱 다양한 부가서비스를 창출할 수 있을 것이다.

아울러 소비자 차원에서는 에너지 프로슈머 시장을 활성화시켜야 한다. 에너지 프로슈머는 신재생에너지원을 활용하여 전력을 직접 생산하여 소비한 후 남은 잉여전력을 판매하기도 하는 소비자를 뜻한다. 이를 위해서는 폐쇄적인 우리의 전력산업 구조가 더 개방적으로 변화해야 하고, 주거용 ESS 등이 소비자 맞춤형으로 보급되어야 하며, 개인들끼리도 전력을 쉽게 사고 팔 수 있는 P2P생태계가 조성되어야 한다.

전략 4: 수송시스템 에너지 사용 변화

에너지 미래 목표를 달성하기 위해서는 수송부문에서의 변화가 필수적이다. 즉 온실가스 감축 및 대기 환경 보존을 위해 현재의 화석연료를 기반으로 한 내연기관 자동차들을 전기자동차 또는 연료전지 자동차로 대체하는 것이 필요하다. 현재는 연료전지보다 이온전지를 이용한 전기자동차가 대세를 이루고 있는데, 고객요구를 만족시키기 위해서는 내연기관 자동차 수준의 장거리 주행 성능을 제공할 수 있는 차세대 고출력밀도, 고에너지밀도, 장기 내구성, 고안전성 전지시스템을 갖춰야 한다.

전략 5: 융·복합 비즈니스 기반의 기술혁신

향후 미래사회에서는 다른 산업의 혁신 기술과 에너지 산업의 접목이 활성화될 것이다. 에너지의 공급과 전달 및 수요를 결합하고, 에너지 사용의 효율을 향상시키면서 비용을 저감하고, 사용자의 편의성을 만족시키는 시장의 변혁 및 신시장 개척이 이루어질 것이다. 따라서 이러한 미래 동향을 따르는 비즈니스 모델의 창출이 필요하다. 가령, 소비자 개개인의 에너지 욕구 충족을 위해 소비자의 감성을 고려한 에너지 기술 개발 벤처를 육성하는 것, 차세대 에너지 변환·저장 소자 제조에 3D프린팅을 적용하는 것, 무선전력송수신을 에너지 기술에 도입하는 것, 인터넷과 대용량 데이터 분석을 활용하여 에너지 산업의 공정효율 및 제품 품질을 제고하는 것 등이 고려될 수 있다.

전략 6: 에너지 안보

자원 민족주의 확산 및 자원보유국의 불확실성이 증대되는 상황에서 안정적인 에너지원을 확보하는 것은 매우 중요하다. 이를 위해 앞서 언급한 신재생에너지와 원자력을 포함한 에너지 다원화, 극지와 해양을 포함한 해외 에너지 자원개발 확보, 자원의 안정적 수급을 위한 틈새시장 공략, 셰일가스와 같은 비전통 화석연료의 개발 등을 다각적으로 검토해야 한다. 또한 에너지 섬이라는 지형적 제약에서 벗어나기 위한 다양한 국제협력 전략도 구상해야 한다. 이와 함께 미래 지향적으로 남북한과 러시아를 연결하는 천연가스 도입, 북한과 중국을 연결하는 동북아 전력그리드 시스템 구축, 북한 에너지 시스템 개발 참여 등이 적극적으로 고려되어야 할 것이다.

전략 7: 4차 산업혁명 기술과의 융합을 통한 신재생에너지 활용 확대

신재생에너지의 운영 효율성 및 생산성을 사물인터넷 센서와 빅데이터 분석 등을 바탕으로 대폭 향상시켜야 한다. 이는 실제로 해외의 풍력과 태양광 발전소에서 그 효용성이 입증되고 있다. 예를 들어, 지구 기상 데이터와 설비 데이터를 결합하여 풍력 발전소의 출력량을 증대시킬 수 있다. 바람의 양과 각도를 계산하여 설비를 맞추어 대비함으로써, 풍력 에너지를 최대한 생산하는 데에 데이터 처리 기술을 활용하는 것이다.

풍력 발전에서 바람의 방향과 강도를 측정하여 발전소의 성능을 향상시켰듯이, 태양광 발전에서도 기상 데이터는 유용하게 활용될 수 있다. 기상데이터를 실시간으로 모니터함으로써 태양과 태양광 설비 사이에 구름이 끼는 시각과 이로 인한 출력 저하의 정도를 측정 및 예측하여 적절한 대응을 가능하게 할 수 있다. 또한 디지털 도면을 즉시 프린트하여 다양한 원재료(유리, 실리콘, 플라스틱, 레진)를 활용하여 한 겹씩 쌓아올려 완제품을 만드는 3D프린팅 방식은 태양광 산업에도 매우 효율적으로 활용될 수 있다. 기존의 평평한 모양의 태양광 모듈을 대체하는 3D 블록 형식과 같은 다양한 형태의 태양전지를 3D

프린팅을 통하여 제작 및 생산하여 효율성을 높이는 것이다. 향후 '착용 가능한 첨단기술wearable high-tech'로까지 발전시킬 전망이며, 이에 따라 신재생 발전의 성능이 향상될 수 있을 것이다.

2 자원:

해외 개척, 기술 개발, 자원순환 체계 마련

한국은 세계적 자원소비 국가이지만 부존자원이 적어 대부분을 수입에 의존하고 있으며, 수입국 역시 특정 국가에 집중되어 있어 세계 자원시장의 영향을 많이 받는 취약한 구조를 갖고 있다. 세계에너지위원회WEC가 발표한 2015년 국가별 에너지안보 평가에 따르면 우리나라는 124개국 중 98위를 기록하며 공급관리의 심각성을 보여주고 있다. 자원을 안정적으로 확보하는 것은 순조로운 경제활동을 위한 전제조건이다. 하지만 자원개발환경 악화, 자원시장변동성 심화, 환경 및 사회적 관리요인 강화 등 잠재적 리스크가 다양해지고 있어 이에 대응하기 위한 다각적 노력이 필요하다. 자원개발은 또한 그 자체 개발만이 아니라 자원개발서비스, 엔지니어링, 건설, 정유 등 주변산업에 미치는 파급효과도 크고 도로와 같은 인프라 건설이 동반되며, 자원개발 이후에는 제품화 단계로 이어지는 등 추가적 부가가치를 창출하는 복합사업이다. 따라서 자원수급 안정과 더불어 새로운 미래의 성장동력으로 발전시키겠다는 기조와 전략을 설정해야만 한다.

한편 4차 산업혁명은 새로운 에너지원을 개발하는 것이 아니라, 기존 에너지 기술을 정보통신·전자·화학·바이오 등 연관 분야의 신기술과 융합하는 혁신을 추구한다. 이에 따라 에너지 산업은 빅데이터 등의 영향으로 빠른 속도로 변화하고 있으며, 에너지의 디지털화 및 ICT와의 융합이 진행되고 있다.

자원소비 및 개발 미래전망

세계 경제성장에서 개도국이 차지하는 비율은 2030년에는 70%, 2050년에는 79%까지 이를 것이다. 특히 아시아 개도국의 비율은 2050년 49%를 차지할 것으로 전망되고 있다. 자원 소비는 경제활동과 직결되는데, 경제가 성장할수록 1인당 자원소비는 증가한다. 현재 구리, 아연 등 비철금속의 수요 약 40%를 중국이 차지하고 있는데, 앞으로 중국과 인도의 경제성장 속도를 고려하면 이들 국가의 자원수요는 빠르게 증가할 것으로 전망된다. 그리고 IEA(2014)에 따르면 세계 에너지수요에서 석유, 석탄, 천연가스가 차지하는 비중이 2012년 80%에서 2035년 76%로 약간 감소할 것으로 예측되지만, 여전히 화석연료시대는 지속될 것으로 보인다. 또한 셰일가스와 셰일오일 생산으로 화석에너지 공급력은 증대되었으나, 아시아의 자원소비 집중은 더욱 커질 전망이어서, 아시아 지역의 수급 불균형도 더욱 심화될 것으로 예상된다.

한편 자원보유국에 대한 투자여건이 악화되고 불확실성은 더욱 커지고 있다. 자원보유 개도국들은 자원을 기반으로 자국의 산업화를 견인하려는 시도[1]를 강화하고 있어, 신규사업 진입장벽이 갈수록 높아질 것이다. 또한 과거에는 매장량, 가격, 인프라 현황, 정치적 불안정성 등과 같은 이슈가 자원개발의 선제적 요건이었다면, 앞으로는 환경문제는 물론 지역주민과의 조화와 같은 사회적 요인까지 고려해야 하는 상황이 전개되고 있다.

자원개발의 여건도 점차 악화되고 있다. 예전에는 접근성이 좋은 지역을 중심으로 자원개발이 진행되었다면, 최근에는 '높은 곳으로 가거나, 깊은 곳으로 가거나'라는 말이 있을 정도로 고산지대나 심부지역 개발이 증가하고 있으며, 자원의 품위도 낮아지고 있다. 이러한 채굴조건 악화는 광산·인프라 건설, 채광, 광석처리, 운송·판매비용 등의 연쇄 상승으로 이어지고 있다.[2] 즉 낮은 생산단가로 쉽게 개발·생산하던 육상유전easy oil의 고갈로 대규모 자본과 첨단기술이 필요한 고위험 지역으로 사업영역이 이동하고 있는 것이다.

자원개발 사업은 또한 환경을 훼손하는 대표적인 산업으로 취급되며, 개발 단계마다 다양한 이슈가 발생하고 이해관계도 복잡하다. 최근 미국을 비롯한 OECD 국가들은 자원개발 자금이 반군활동 자금으로 연결되는 것을 방지하기 위해 '분쟁광물'을 지정하여 이의 사용을 금지하는 법제도[3]까지 시행하고 있다. 이에 따라 자원을 사용하는 기업에 자원의 공급망 관리까지 요구하고 있으며, 자금투명성 확보를 요구하는 등 관리구조가 복잡해지고 있다. 오염방지 중심이던 환경관리도 생태계 및 사회적 약자에 대한 배려와 노동환경에 대한 배려, 투명한 정보공개 등을 포함하는 복합적 관리로 확대되고 있다.

미래를 대비하는 자원전략

산업화 과정을 거치면서 2000년대 초반까지는 노동과 자본에 비해 자원은 상대적으로 낮은 가격에 확보할 수 있었다. 이에 따라 생산관리의 핵심은 자본생산성과 노동생산성을 제고하는 것이었다. 그러나 자원은 무한하지 않다. 자원의 고갈 가능성과 일부 자원의 과점 심화로 자원소비에 대한 제약은 국가 간 충돌 가능성까지 높였다.

자원으로 인한 제약에서 벗어나기 위해 유럽을 비롯한 세계 각국에서는 자원생산성을 높여 경제성장과 자원소비 간의 연결고리를 끊자는 기조가 생겼고, '자원순환, 지속가능성, 녹색성장' 등이 새로운 패러다임이 되었다. 이러한 변화 속에서 우리는 자원안보 실현과 새로운 가치 창출의 기회를 찾아야 할 것이다. 이를 위해서는 안정적으로 자원을 공급할 수 있는 체계를 마련하고, 자원순환형 사회를 만들어 원천적으로 자원소비를 줄이며, 수익성과 시장확대 가능성이 높은 분야에 투자해 새로운 가치를 창출하는 것이 필요하다.

해외 자원개발사업 활성화

안정적 자원 확보의 관점에서 가장 우선적으로, 그리고 가장 효과적으로 시행할 수 있는 전략은 해외 자원개발이다. 우리나라 해외자원개발사업법에 따른 해외 자원개발의 목표는 국가 경제성장을 위한 자원의 안정적 확보이며, 가격 불안정성에 대응하고 공급중단에 대비할 수 있는 일종의 '헤징hedging 전략'이다.

해외 자원개발 사업은 안정적인 자원 확보뿐만 아니라 고부가가치를 산출하는 계기가 된다. 우리나라의 업종별 부가가치율을 산정해보면 다른 산업들은 10%대 수준인데 비해, 광업은 70%로 가장 높다.

세계 M&A시장에서도 OIL&GAS 부문은 4위를 차지하고 있으며 그 규모는 연간 3,000억 달러에 달한다. 또한 해외 자원개발은 광산개발에 그치는 것이 아니라 대규모 플랜트, 전력, 도로 등의 인프라 건설 등과 연계될 수 있다. 자원개발 사업은 초기 자원탐사에서 개발, 생산, 회수까지 최소 10~15년이 소요되는 사업이며, 자금뿐 아니라 기술, 정보 등의 인프라가 뒷받침되어야하기 때문에 해외 자원개발 활성화를 위한 전략은 종합적인 시각에서 장기적인 계획을 세워야 한다.

세계적 기준에서 볼 때, 한국은 아직 제대로 된 해외 자원개발 체계를 가지고 있지 않다. 자원개발의 역량을 키우기 위해서는 관련 서비스산업 발전과 산업생태계 조성, 효율적인 민간서비스기업 등 관련 요소들이 유기적으로 연계되어야 한다. 따라서 투자기업, 서비스산업, 지원기관, 기술 및 인력 등 자원산업 생태계를 구성하는 다양한 주체의 역량을 키울 수 있는 지원정책 및 제도를 마련하는 것이 필요하다. 한국의 자원개발 투자규모는 2011년 기준 92억 달러였는데, 이는 프랑스와 비교할 때 3분의 1 수준이다. 따라서 자금력으로 세계의 자원개발 시장에서 경쟁우위를 확보하기보다는 우리의 자금력과 기술력에 맞는 자원개발 프로젝트를 발굴하는 것이 필요하다. 한 예로 버려지는 자원을 회수하는 것 역시 사업 대상이 될 수 있어 투자대상에 대한 시각을 넓힐 필요가 있다.[4]

해외 자원개발사업에 대한 전문적이고 투명한 검토 체계도 필요하다. 해외 자원개발사업 수립 과정에서 투자 자체에 대한 의사결정은 매우 중요하다. 의사결정은 사업의 수익성, 투자대상 광종의 시장구조, 파트너사에 대한 신뢰성 등을 비롯해 경제, 사회, 기술, 정치 등 다양한 전문지식이 복합적으로 작용해 이루어진다. 자원가격 변동, 해당국의 정치적 안정성, 재해 문제 등과 같이 외생적 요소는 제어하기 힘들지만, 매장량 평가, 광산설계, 대상 광종의 시장성 등에 대한 전망, 기술적 요소 등은 충분히 검토와 관리가 가능하다.

자원기술력 강화를 통한 신성장동력 마련

불과 몇 년 전만 해도 기술적 제약으로 미래자원의 범주에 속하던 셰일가스 및 셰일오일은 수평시추와 수압파쇄라는 혁신적 기술 개발로 현재는 미국을 세계 최대의 원유 생산국으로 탈바꿈시켰다. 환경이나 경제적 문제로 활용하지 않았던 저품위나 복합광 광물자원의 개발도 시도되고 있으며, 폐기물로 여겨지던 폐제품, 선광찌꺼기, 슬래그 등도 재처리하여 자원을 회수하고 있어 환경문제도 해결하고 경제적 가치도 산출하고 있다.

자원기술력이 신성장동력이 될 수 있는 것은 첫째, 자원기술은 자원개발을 위한 기반요소일 뿐만 아니라 기술 그 자체로 큰 시장을 형성하고 있기 때문이다. 자원기술을 보유하고 있느냐가 사업권을 확보하고 사업의 지속성을 결정하는 핵심요인으로 작용할 뿐 아니라, 수많은 자원 관련 서비스기술들은 다른 분야와의 융합을 통해 높은 수익성을 창출할 수 있는 분야인 것이다. 이렇듯 자원 관련 기술의 중요성이 커지고 있지만, 우리의 자원기술 R&D는 매우 열악하다. 하지만 우리가 경쟁력을 갖고 있는 ICT, 조선, 플랜트 산업 기술들과 연계한다면 빠르게 기술 발전을 이뤄낼 수 있을 것이다. 특히 땅속에 있는 불확실한 자원을 '추정'하는 데 필요한 빅데이터 관리기술이나 유전 정보를 통합적으로 관리하는 시스템 개발이 시급하다. 이들 기술에 대한 수요 또한 점점 확대되고 있다.[5]

둘째, 환경 및 안전기술에 대한 시장이 확대되고 있는 것도 새로운 기회이다. 대표적인 기술로는 CO2-EOR기술과 셰일가스 안전 및 환경관리 기술, 노후화 해상플랜트 해체 기술 등이 있다. 온실가스 감축은 세계적 이슈인데, 온실가스의 주범인 이산화탄소를 주입하여 석유를 회수하는 CO2-EOR 기술은 생산성 증진을 이루는 기술인 동시에 이산화탄소 저장 및 처리를 통해 온실가스를 줄일 수 있는 기술이다. 또한 셰일가스 개발에 대한 안정성 문제와 수압파쇄에 사용한 물의 처리 문제도 논란이 지속되고 있으므로, 이에 대비한 셰일가스 환경 및 안전 기술 연구도 필요하다. 여러 가지 이유로 더 이상 사용할 수 없는 해상플랜트를 해체하는 기술은 우리의 우수한 플랜트 기술을 기반으로 충분히 선점할 수 있는 영역이다.

아울러 미래세대를 위한 미래 자원 확보 기술개발도 수반되어야 할 것이다. 우리나라의 유일한 에너지자원인 일명 불타는 얼음덩어리인 가스하이드레이트 관련 기술, 수심 1,500m 이하에서 석유가스자원을 개발하는 극심해개발 기술, 해수에서 리튬 등 광물자원을 확보하는 기술 등이 대표적이다. 이런 미래 에너지자원 개발기술들은 도전적이고 선도적인 기술로 단기적인 성과를 기대하기 어려우며 기술적 시행착오도 많을 것이다. 미래 자원에 대해서는 단기적인 성과에 치중하지 않는 지속적인 R&D 수행이 더 중요하다.

남북 지하자원 개발 및 활용

북한에 대한 정보 접근성에 한계가 있어 북한 자원에 대한 평가가 평가기관에 따라 큰 편차를 보이고 있으나, 북한에는 철광, 마그네사이트, 흑연 등 다양한 광종의 광물자원이 부존하고 매장량도 상당한 것으로 추정되고 있다. 북한 자원의 남북 공동개발은 자원 확보 등 경제적 편익 외에 남북 간 정치적 긴장 해소, 경제개방 유도, 경제협력 활성화, 기술 및 인력 교류 확대, 남북 균형발전 등과 같은 통일 정책적 측면에서 공공적 편익 확대 기회로 활용될 수 있다.

이러한 이유로 1990년대에 남북 간 정치사회적 교류 및 경제협력이 시작되었으며, 그 중에서도 자원교역과 자원개발투자 확대를 위한 민간 및 공공 부문의 노력이 컸다. 자원개발 과정에서 유발되는 연계 인프라 투자, 연관산업 진출 가능성, 투자 규모 및 사업 기간의 장대성, 그리고 사업 성공 시 발생하는 막대한 경제적 파급효과 등을 생각하면 남북 모두에게 중요한 사업이다. 그러나 2010년 5.24조치 이후 자원교역 및 공동사업은 모두 중단된 상태이다. 이후 중국의 북한 자원개발 투자 진출, 그리고 러시아의 북한 인프라 투자확대에 따른 자원개발 사업 참여, 세계 경기침체에 따른 국제 자원가격의 하락 등과 같은 북한 자원개발에 영향을 미칠 수 있는 여건에 변화가 있었다.

따라서 다양한 여건 변화에 맞춘 진출 전략을 수립해야 한다. 이 과정에서 리스크 분산 전략도 필요하다. 자원개발 자체보다 인프라 구축 비용이 더 많이 소요될 수 있어 러시아나 중국과 인프라 구축을 연계하는 것도 하나의 방법이 될 수 있다. 동북아 평화협력구상, 유라시아 이니셔티브 등과 한반도 신뢰프로세스를 연계하는 등 동북아 외교안보 정책과 남북 자원협력 전략을 연계하는 것 역시 필요하다.

지속가능한 자원 관리 체계 구축

다른 일반적인 재화와 달리 자원은 한정되어 있으며, 자원은 채굴, 생산, 소비, 폐기에 이르는 전주기 동안에도 다른 자원을 소비하고 환경문제를 유발한다. 따라서 자원의 전주기 동안 발생하는 문제와 그에 대한 해결을 경제적, 환경적, 사회적 요소로 인식하고 통합하여 관리해야 한다. 즉, 지속성장을 가능하게 하는 자원관리Sustainable Resource Management[6] 체계가 필요하다. 경제적으로는 효율성과 경제성장을, 환경적으로는 생태계 유지 및 환경보존을, 사회적으로는 세대 간, 지역 간 공정성과 형평성, 안전성을 유지할 수 있도록 해야 한다. 지속가능한 자원관리는 자원순환뿐만 아니라 폐기물 정책 등의 환경관리전략, 산업 및 제품정책, 나아가 빈곤과 복지 문제와도 연계되는 것이다.

자원순환[7]은 특히 수요와 공급 측면에서 중요한데, 자원순환을 통해 자원공급원을 다양화하고 경제활동을 위한 자원소비량을 감소시켜 경제와 자원소비 간의 탈동조화de-coupling를 이뤄야 할 것이다. 자연에서 채취되는 원광석(1차 자원)뿐만 아니라 재활용을 통해 회수된 자원(2차 자원) 역시 공급원이 될 수 있다.

그러나 우리나라의 자원순환 산업은 폐제품 확보와 순환자원 판매에 있어 모두 불안정한 상태이며, 경제적, 제도적 한계로 큰 시장이 형성되어 있지 않다. 따라서 규제로 인한 제약이 자원순환과 충돌하지 않도록 법을 정비해 주고 시장을 확대할 수 있는 제도 마련이 필요하다. 폐제품에서 유용한 금속을 추출하여 가치를 창출하기 위해서는 환경관리와 자원순환이 충돌하지 않도록 제도적으로 정비해주는 것이 필요하다. 또한 2차 자원은 1차 자원보다 품질이 낮을 것이라는 인식 때문에 회수된 자원의 판매처를 찾지 못하는 경우가 많은데, 이에 국가가 2차 자원에 대한 품질을 인증해주는 방식을 통해 안정적 수요처를 마련해 주는 것이 필요하다. 자원순환 업체에 자금 및 인력을 지원해주는 정책들은 일시적인 것으로 자원순환 업체의 자생력을 키워줄 수 없다. 이들에게는 자원순환 시장을 열어주는 제도 및 정책이 필요한 것이다.

마지막으로 현재뿐만 아니라 미래의 기술 및 산업에 대비하기 위한 중요한 자원을 관리할 필요가 있다. 이러한 관점에서 4차 산업혁명에 대응하여 유럽 및 미국 등지에서는 미래기술 전망에 따라 주기적으로 해당 광종을 선정하고 있다. 선정된 광종에 대해서는 매장량조사, 국제협력을 통한 수입전략 수립, 대체 및 재활용 기술 개발 등을 통해 중장기적으로 확보할 전략을 수립하고 있다. 우리나라와 같이 해외에서 대부분의 자원을 충당해야 하는 국가일수록 미래산업구조 및 공급리스크 등을 반영하여 국가적으로 필요한 자원을 선정하여 관리하는 체계를 마련할 필요가 있다.

3 국토교통: 기술, 환경, 산업의 변화에 따른 대응과 초국경 네트워크 구축

일반적으로 국토란 한 국가의 통치권이 미치는 범위의 토지를 말하며, 교통이란 공간적 격리를 극복하여 생산이나 소비의 효용을 극대화시키는 것으로 정의할 수 있다. 국토와 교통은 서로 분리된 이질적인 개념이 아니라 상호 밀접한 관련을 갖고 있다.

1960년대부터 1980년대까지 우리나라의 정책 기조는 성장이었으며, 이에 따라 국토개발 및 교통전략도 성장지원 개발이었다. 1980년대부터 성장 일변도의 부작용으로 국토개발전략이 성장과 균형으로 바뀌었고 1990년대부터는 환경에 대한 배려가 부분적으로 반영되기 시작했다. 1980년대부터는 거점개발방식이 특정지역 거점개발에서 지방 거점개발, 광역권 거점개발, 광역경제권 개발 등으로 전환되었으나, 수도권 집중, 지역 간 불균형, 난개발, 농어촌 과소화 등의 많은 문제점을 해결하지 못했다. 특히 급속한 도시화 현상은 국토공간구조에 부정적인 영향을 미쳤다. 교통부문에서는 도로망 확충과 더불어 교통수단의 고속화가 진행되어 2004년에 고속철도가 개통됐다. 한반도에 속도

혁명이 나타난 것이다. 그밖에도 인천공항이 동북아시아의 허브공항으로 자리매김함에 따라 도로망과 철도망뿐 아니라 항공부문에서도 폭발적인 성장을 보였다.

그러나 고령화, 저성장, 기후변화 등 장기적이고 구조적인 사회환경의 변화는 국토이용과 교통정책에도 영향을 주고 있으며, 특히 4차 산업혁명과 함께 본격화할 스마트시티나 자율주행자동차 등은 기존의 국토교통 산업의 구조와 전략에도 큰 변화를 가져올 전망이다.

국토교통 환경에 영향을 미치는 미래의 변화 전망

국토교통전략은 정치, 경제, 사회, 환경 등 주변 요인의 변화와 무관하지 않다. 따라서 국토 및 교통정책에 영향을 주는 변화요인들을 전망하면서 이를 반영하는 전략수립이 이루어져야 한다. 사회경제 각 분야에서 나타나고 있는 변화의 기조는 국토교통의 미래변화에도 큰 영향을 미칠 수밖에 없기 때문이다.

사회구조 및 4차 산업혁명이 상징하는 기술변화

우선 저출산, 고령화, 1인가구와 다문화가구 증가 등 인구구조 변화는 국토공간정책에 직접적 영향을 줄 것이다. 가령 저출산과 고령화는 경제활력의 약화로 국토의 신규 대규모 개발수요를 감소시키고, 반면 삶의 질을 중시하면서 안전과 편리성, 여가문화, 건강, 환경보전 등에 우선순위를 둔 새로운 국토공간정책을 중시하게 될 것이다. 그동안 주목받지 못했던 산지나 섬, 자연환경이 생활공간으로서 관심을 받게 되고 적정한 국토개발 및 이용을 통해 홍수, 폭우 등 자연재해로부터 피해를 최소화하는 방재형 국토개발에 대한 수요가 증가할 것으로 보인다.

또한 지속적인 기술혁신으로 맞춤형 교통서비스가 증가하고 자율주행자동차, 무인항공 및 자동제어 대중교통기술의 확산도 전망된다. 이러한 변화추세라면 자동차 위주의 교통체계에 혁신적 변화가 나타날 것이다. 그밖에도 기후변화와 자원고갈 문제해결을 위한 지구적 차원의 관심과 협력활동이 늘어나고 있어 국토교통전략에도 큰 변화를 초래할 것이다. 이를테면 지구온난화의 주범인 온실가스 감축을 위한 그린인프라 마련과 저탄소 국토 이용 및 교통시스템 개선이 시급한 해결과제로 대두하고 있다.

동북아 중심국가로서의 기회와 역할

남북이 통합되는 미래의 한반도는 유라시아 지역의 인적·물적 이동의 거점으로서 위상이 많이 강화될 것으로 전망된다. 동북아시아가 세계 경제에서 차지하는 비중이 더욱 확대되면서, 이 지역에서 국경을 초월한 네트워크가 확장되고 인적·물적 통행이 급증할 것이다.

특히 한반도는 지정학적으로 동북아 지역에서 중심성과 연계성을 갖고 있다. 서울, 도쿄, 베이징, 상하이, 블라디보스토크 등 동북아시아의 5대 도시 각각에서 다른 도시로의 항공거리를 합산할 경우, 서울은 3,648km로서 가장 짧다. 지정학적 중심성과 IT기술력을 활용한 여객, 화물정보의 거점 역할도 기대해 볼 수 있다. 한반도가 통일이 된다면 중국의 동북 및 내륙지역, 몽골, 극동 러시아까지 망라하는 배후시장으로 접근성이 강화될 것이며, 육상 운송의 대륙연계로 다양한 운송경로가 확보될 수 있다.

한편, 우리나라는 유라시아 이니셔티브 구상을 제안하여 유라시아의 청사진을 그리고 있으나, 북핵 문제에 대한 제재 조치로 용이하지 않은 상태이다. 유라시아와 동북아지역에서 한반도가 갖는 지경학적 강점만을 주장하기에는 우리에게 주어진 시간이 많지 않다. 국제운송시장에서 탈락한 운송회랑은 다시 복원되지 않는다. 일본 고베대지진으로 고베항을 거점으로 이용하던 국제화물들은 인접한 다른 항만으로 이동했다. 고베항의 기능이 정상화된 이후에도 고베항을 이탈한 화물은 고베항으로 회귀하지 않았다. 반면교사로 삼아야 할 귀중한 교훈이다.

미래 한반도가 생산의 중심지, 교역과 물류의 중심지로서 안정성, 시장성, 노동유연성, 환경쾌적성, 행정효율성 측면에서 강점이 부각될 수 있는 전략 수립이 필요하다. 우리의 목표는 교통과 물류 허브로서의 한반도, 초국경 도시 간 연계거점으로서의 한반도, 산업 역동성이 발휘되는 한반도, 지역 간 교류 및 균형성장이 확보되는 한반도여야 한다.

4차 산업혁명에 따른 국토공간의 전환 및 국토교통 산업의 고도화

4차 산업혁명 시대의 미래 국토공간은 사이버물리시스템(Cyber-Physical Systems: 현실세계의 다양한 물리 시스템을 컴퓨터와 네트워크를 통해 연결하여 자율적, 지능적으로 제어할 수 있는 시스템)으로 진화할 것이다. 모든 생활공간(주거, 상업, 업무 등)이 스마트화되어, 각종 정보가 도시 플랫폼을 기반으로 연계, 활용되는 스마트시티가 구현될 것이다. 이러한 전환 속에서 수요자 중심으로 산업구조가 재편되고 산업시설의 입지가 네트워크·인재·시장 중심으로 변화되면서 기존 도심 내 복합공간에 대한 수요가 증가될 것이다. 또한 사물인터넷, 인공지능을 활용하여 국토교통 서비스의 안전성과 편의성이 대폭 증대될 것이다. 사회기반시설SOC 실시간 모니터링·판단·제어가 가능해지며, 자연재해, 싱크홀, 테러·안보 위협 등으로부터 안전성이 제고될 것이다. 더불어 도로·철도·항공 등 교통서비스의 효율성과 편의성이 향상될 것이고, '도어 투 도어door to door' 교통서비스의 발달로 교통약자의 이동권이 강화될 것으로 기대된다.

또한 국토교통 산업의 지능화 및 고도화가 급격하게 진행될 것으로 전망된다. 로봇, 인공지능 기술 등이 기존의 국토교통 산업에 접목되어 신교통수단(자율주행자동차 등)이 주류화 될 것이다. 이러한 변화 속에 다양한 공간정보, 교통정보를 포괄하는 빅데이터를 통한 지능정보기술의 활용이 매우 중요해질 것이다. 결과적으로는 국토교통 산업의 구조가 고기능화되어 재편되고, 산업 내 단순반복 직무군에서의 수급 불균형 현상이 발생할 것으로 예측된다.

미래전략

초국경 네트워크형 국토경영 기반 구축

한반도는 대륙경제권과 해양경제권을 연결하는 가교 역할이 가능하다. 이를 현실화하는 과정에서 특히 공간적 제약을 넘어서는 발상의 전환이 필요하다. 즉 한반도의 지경학적 강점을 활용해 블라디보스토크-하바로프스크-서울을 연결하는 초고속철도 구상 등을 구체화할 수 있을 것이다.

또 우리나라에는 부산항, 광양항, 인천항과 같은 국제해상 물류거

점이 있다. 따라서 항공기 운송보다 저렴하면서 포화상태에 이른 육상 수송수단을 대체하는 방안으로 초고속선 개발 등에 더 큰 관심을 둘 필요가 있다. 이미 일본은 1989년부터 '바다의 신칸센'으로 불리는 초고속 해상수송수단 테크노 슈퍼라이너TSL 프로젝트를 가동시킨 바 있다.

최근 극동 시베리아 지역의 물동량도 급증하고 있다. 국제 컨테이너 수송량은 1999년 7만 TEU에서 2007년에는 62만 TEU로 9배 증가했다. 2008년 미국발 금융위기로 줄었다가 다시 회복세에 있다. 유라시아 동북부 철도연결 사업은 경제성뿐만 아니라 동북아의 평화체제 구축과도 긴밀한 관계가 있다. 우리나라가 대륙철도와 연결되면 유라시아 교통 네트워크에서 중요한 역할을 하게 될 것이다. 부산에서 출발한 화물이 북한, 중국, 러시아, 중앙아시아, 동유럽까지 이르는 철의 실크로드를 완성하는 것이다. 그렇게 되면 부산항은 태평양의 허브항으로 더욱 중요한 위치를 가지게 된다.

대륙 간 철도연결에서 장애물은 국가 간 철도 궤간의 폭이 다르다는 점이다. 동북아 국가들이 사용하는 철도 궤간은 표준궤(1,435mm)를 사용하는 남북한과 중국, 광궤(1,520mm)를 사용하는 러시아와 몽골, 그리고 우즈베키스탄 등 독립국가연합CIS 국가들, 협궤(1,067mm)를 사용하는 일본으로 구분할 수 있다. 따라서 국가 간 철도 궤간 차이로 인한 비효율성을 극복하기 위한 경제성, 안전성, 호환성이 확보된 기술 개발이 필요하다.

또한 해외 경제특구의 개발을 통하여 대한민국의 영토를 확장하는 전략도 빠뜨릴 수 없다. 세계에는 아직 개발되지 않은 토지가 많다. 이 중에는 외국에서 개발해 주기를 바라는 곳도 적잖다. 우리의 기술과 자본을 투입하여 장기 임대 형식의 개발 사업을 추진한다면 자원 확보는 물론 실질적인 영토 확장의 효과를 얻을 수 있을 것이다.

국토 인프라 재생 및 스마트 환경 구현

1960년대 중반 이후 산업화와 경제발전 차원에서 산업단지 조성 등 국토개발사업이 본격적으로 추진되었다. 당시 조성되었던 산업시설들의 경우 약 40~50년이 지나 노후화됨에 따라 이제 정책방향을 재검토할 필요가 있다.

산업 인프라, 건축물, SOC 시설 지원의 전략화와 노후 인프라 재생을 추진하되, 개별시설 접근보다는 도시나 지역 등 공간 통합적 접근으로 효과성과 효율성을 높여야 한다. 단기적으로는 도시재생 성공모델을 만들어야 한다. 공유경제와 재생수요 증대에 부응하기 위해 도시, 지역 등 공간단위별 재생뿐 아니라 각종 시설의 재생 촉진, 그리고 생활 인프라의 공동이용 지원을 추진해야 한다. 이는 시민 주도의 생활 인프라 생산과 소비체계 활용, 협동조합 활성화 등과도 맥을 같이 한다. 빈집, 빈점포 등 공간 공유사업 촉진, 유휴 토지나 시설의 용도 전환, 리모델링 지원, 현명한 이용 유도 등을 위한 제도마련이 필요하다. 또한 기술의 첨단 융·복합화를 바탕으로 전국의 도시와 SOC를 ICT 기반 스마트 시스템으로 개편함으로써 생활공간의 스마트화가 요구된다.

기후변화와 자원부족 등에 대비하기 위해서는 자원순환형, 재생에너지 위주의 지속가능 국토기반이 조성되어야 한다. 이를 위해 스마트 그린도시, 그린 인프라 조성 및 에너지 자급 마을 조성 등을 고려할 수 있다. 또 안전국토 실현 및 국토회복력 강화를 위한 방재형 기술을 개발해야 한다. 재난재해 사전감지 모니터링시스템 구축 및 협력적 운영이 그 사례이다. 범죄와 각종 사고로부터 안전한 국토 및 도시설계 기법과 관련 기술 개발도 필요하다.

스마트 국토공간 조성 및 교통서비스와 산업의 혁신

4차 산업혁명 시대의 초연결 기술들(사물인터넷 등)을 통해 국토공간을 스마트 플랫폼으로 조성하여 신산업 및 신서비스를 창출할 수 있을 것이다. 예를 들어, 신산업 테스트베드를 구축하는 '스마트 커넥티드 타운' 등을 조성하여 관련 기술개발과 실증 및 사업화를 동시에 진행하는 것이 가능하다. 이를 통해, 스마트시티, 자율주행자동차, 스마트 그리드(마이크로 그리드) 등의 다양한 분야의 기술을 융·복합하고 확장하는 시범사업들을 전개해나갈 수 있다. 더불어 스마트시티 및 생활공간을 구현하는 차원에서 지능형 정보관리를 통한 건축물의 에너지 효율 및 성능 향상을 도모할 수 있다. 빌딩 에너지관리시스템 BEMS을 활용하여 건축물 운영의 전주기에 따른 에너지 효율의 향상을 이룰 수 있으며, 빌딩 정보모델링BIM 기술을 통해 건축물 관련 모든 정보를 3차원 기반으로 수집·활용할 수 있다. 결과적으로 ICT 첨단기술을 활용하여 저탄소에너지 도시로의 전환을 이루는 스마트시티가 구현될 수 있으며, 이를 기반으로 스타트업 기술우대를 통한 신산업 육성 및 창의적 비즈니스 모델 창출을 추구할 수 있을 것이다.

또한 인공지능과 빅데이터 기술을 활용하여 수요자 맞춤형 교통서비스 혁신을 이룰 수 있다. 교통 빅데이터(통행수요, 이동궤적 등)를 활용하여 혼잡원인을 파악하고, 대중교통의 개편 및 증편, 대체도로 신설 등의 다양한 맞춤형 개선 방안 마련이 가능하다. 이와 동시에 대도

시권 실시간 교통량 조절 시스템을 구축하고, 주차 정보 실시간 분석을 통한 수요자 맞춤형 도심 주차 문제해결 체계를 마련할 수 있다. 한편, 이러한 첨단 기술(빅데이터, 가상 및 증강현실 등)들을 기반으로 한 물류서비스 산업을 체계적으로 육성하는 것이 필요하다. 일련의 물류과정(피킹, 운송, 보관, 재고관리)이 자동화된 물류센터를 개발하고, 드론 등을 통해 도심 무인 집배송이 가능한 화물운송시스템 개발 추진이 요구된다. 특히, 물류와 IT의 융합, O2O 배송 등에 특화된 물류 서비스 기업들을 적극 육성해야 할 것이다.

한중 및 한일 해저터널 모색

동북아 중심에 위치한 한국은 '연결'에서 새로운 부가가치를 창출할 수 있다. 만약 중국과 일본이 한국을 중심으로 연결이 된다면 한국의 역할은 더욱 강해질 것이다. 유럽의 경우, 영국과 프랑스 간 해저터널, 덴마크와 스웨덴 간 해저터널 및 교량이 초국경 지역경제권 형성에 기여한 사례로 주목받고 있다. 중국은 랴오닝성 다롄과 산둥성 옌타이를 잇는 해저터널 공사를 시작했다. 길이 약 120km의 매우 긴 터널이다. 중국의 산둥성 위해와 한반도를 연결하는 터널은 약 340km가 될 것으로 예상된다. 한일 해저터널과 제주도 해저터널도 필요하다.

그러나 한편으로는 막대한 건설비와 장기간의 공사기간 문제들이 큰 장벽으로 버티고 있다. 막대한 건설비 부담은 결국 통행료에 그대로 전가될 것이라는 우려가 큰 상황이다. 반면에 향후에 해중터널 기술(암반을 뚫어 건설하는 해저터널과는 달리 수중에 건설되어, 비용 저감 효과와 건설 기간 감소 효과가 큼)이 더욱 획기적으로 발전하면, 이러한 문제들을 상쇄할 수 있는 가능성들이 있으며, 관련된 연구들이 진행되고 있다.

통합적 정책방향과 소통형 정책 추진

국토교통 미래정책은 융합기술을 통해 안전하고 쾌적하게 이동성을 높이면서도 에너지 효율성과 환경을 고려하는 방향으로 추진해야 한다. 또 한반도의 반나절 생활권화 및 국토의 균형발전을 위한 한반도 단일성도 주요 정책방향이다. 그런데 이러한 정책을 추진하기 위한 주무 부처가 국토교통부, 해양수산부, 과학기술정보통신부, 환경부, 통일부로 분산되어 있어 매우 복잡한 구조를 갖고 있다. 이질적인 부문별 정책들을 융합시키고 조화시키기 위한 법적, 제도적 장치가 마련되어야 한다.

독일의 경우, 통일 이후 많은 혼란이 발생했고 통일비용이 예상보다 크게 증가했던 주된 이유 중의 하나로 국가통합에 대비한 시나리오가 사전에 충분하지 않았기 때문이다. 한반도 통합에 대비한 미래전략으로 교류의 전면적 확대 및 돌발적인 통합에 대비할 수 있고 통합과정에서 발생하는 문제를 미리 상정하여 그 부작용을 최소화한다면 비용부담을 줄일 수 있을 것이다. 그러나 현재 남북 간에는 국토교통 관련 용어조차 쉽게 통용되지 않는 환경이며, 남북 간 시설 표준화를 위한 실효성 있는 합의와 구체적 조치들도 이루어지지 않았다. 따라서 북한 지역의 국토교통부문에 대한 장기 수급전망, 기간시설 확충방향, 투자우선순위 등에 대한 전략을 수립하는 등 관련 대응이 수반되어야 한다.

한편 정책 환경과 수요자의 요구사항도 급변하고 있다. 초연결시대에는 소통과 참여가 더욱 활성화될 것이므로, 〈표 7-1〉에서 보여주는 바와 같은 미래 환경변화에 대응하는 국토교통 정책이 추진되어야 한다.

〈표 7-1〉 국토교통 미래정책 방향

분류	목표	기본방향
이동성	안전하고 쾌적한 이동성 향상 교통	융합교통기술의 적용으로 안전성과 신속성, 쾌적성 향상
정보성 경제성	교통정보 제공 향상을 통한 소통성 증진을 위한 교통	교통정보 제공 증대로 교통혼잡비용, 물류비용 등 사회적 비용 감소
형평성	지속적 성장을 위한 사회통합교통	사회통합 및 약자를 배려한 융합교통기술
친환경성	저탄소 녹색성장을 위한 친환경 교통	기후변화 대비 위한 CO2 저감 및 에너지 효율 증대
한반도 단일성	공간적인 통합 지역간 균형	한반도의 반나절 생활권화 및 국토공간의 균형발전

4 주택: 세대와 계층을 아우르는 통합 주거 계획과 도시재생

4차 산업혁명으로 인한 변화는 미래 주택시장과 관련 산업에도 큰 영향을 미치고 있다. 대표적으로 사물인터넷으로 인한 융·복합으로 인해 주거의 형태와 미래도시의 변화(스마트시티 등)가 크게 주목받고 있으며, 주택 및 부동산 시장은 완전히 새로운 형태로 탈바꿈하게 되는 전환점을 앞두고 있다고 볼 수 있다.

주택시장과 산업도 이러한 미래 방향에 맞춰 진화해야 하며, 4차 산업혁명의 편익이 녹아 있는 주거가치를 만들어낼 수 있어야 한다. ICT와 주거공간의 접목은 홈오토메이션 등으로 이미 실현되고 있지만, 앞으로 더 발달된 인공지능 소프트웨어 등과 연결되면 더 좋은 주거서비스가 창출될 것으로 기대되고 있다. 주택은 단순한 주거공간을 넘어서는 종합상품이라고 볼 수 있으며, 이에 따라 다양한 서비스를 만들어내는 것은 창조적인 아이디어에 달려 있다고 할 수 있다. 4차 산업혁명 시대의 사람들은 연결이 가능한 모든 공간(개인 공간 및 커뮤니티 공간)에서 창출되는 편익을 모아 하나의 주거가치로 인식할 것으로 예상된다.

현재 주거문제의 특징과 향후전망

주택시장 및 주택수요의 성격 변화를 바탕으로 현재 나타나고 있거나 향후 예견되는 문제들을 정리하면 크게 다섯 가지를 들 수 있다. 첫째, 전세가격의 지속 상승 및 전세의 월세 전환 등으로 임차가구의 임대료 부담이 증가할 것이다. 저금리 및 주택시장의 안정화로 인해 임대인들이 전세보다 월세를 선호하는 경향이 점차 강해지고 있으며, 이는 전세주택 공급 부족과 월세 거래량 증가로 이어지고 있다. 이러한 현상이 지속되면 전세주택은 고액 보증금 위주로만 남고 상당수의 임대주택은 월세로 운영될 것이다. 이로 인해 임대료에 대한 가구 부담은 더욱 늘어날 것이다. 특히 임대료 부담 증가는 소득이 낮은 가구일수록 소비를 제약하는 요인이 될 것이다.

둘째, 그동안 저소득층의 주거안정을 위해 정부가 주도해왔던 공공임대주택의 공급은 크게 확대되기 어려운 한계를 지니고 있다. 정부는 주로 공기업인 한국토지주택공사를 통해 공공임대주택의 대량공급을 추진해왔다. 소극적인 지자체보다는 공기업을 활용하는 것이 공급목표를 달성하는 데 효과적이라고 판단했기 때문이다. 그 결과 공공임대주택의 대량공급이 가능해져 공공임대주택 재고율은 2016년 기준 6.3%까지 늘었다. 그러나 주택시장 안정세에 따른 토지주택공사의 재무구조 악화, 복지재정 증가에 의한 주택예산 확보의 어려움, 수도권 택지개발사업 축소에 따른 대량공급 감소 등으로 공공임대주택 공급이 과거만큼 활발히 이루어지기는 어려운 상황이다. 이미 공공임대주택(사회주택) 재고율이 10%를 상회하는 서유럽 국가 등과 비교할 때, 우리나라의 공공임대주택 재고가 충분한 수준이라고 볼 수 없다. 그러나 현재와 같은 저성장 상황에서는 공급주체의 역량 약화와 결부되어 공공임대주택 재고의 비약적인 증가를 기대하는 데에는 한계가 있다.

셋째, 자력으로 주택을 확보하기 어려운 주거취약계층이 늘어날 수 있다. 이는 자칫 청년세대와 부모세대 간의 갈등으로 확산될 수 있다. 무엇보다 가계부채 증가, 소득양극화, 전세의 월세 전환 증가 등은 저소득층의 소비 여력을 약화시키는 원인으로 작용할 것이다. 이런 상황에서 질병, 사고, 가정해체 등의 요인이 영향을 미치면 주거수준의 급격한 하향으로 이어지기 쉽다. 한편 청년층은 저성장에 따른 일자리 감소, 고용불안 등으로 주거에 취약한 집단이 될 것이다. 반면 주로 은퇴자들이 주축을 이루는 다주택 보유자들은 저금리, 저성장 하에서 생활안정을 위해 일정 수준 이상의 월세소득을 필요로 하게 되는데, 이로 인해 안정적인 주거확보를 필요로 하는 청년세대와의 갈등이 발생할 수 있다. 이처럼 주거를 둘러싼 소득계층 간, 세대 간 갈등구조가 얽히면서 주거문제는 사회통합을 저해하는 요인이 될 것이다.

넷째, 주택수요의 감소, 소비위축 등은 사회 전반적으로 개발수요를 감소시킬 것이다. 재개발 등 주거지 정비사업은 사업성이 높고 리스크가 적은 특정 지역에 국한될 것이며, 그 외의 주거지역은 노후화가 지속되어 주거환경이 악화될 가능성이 높다. 주택구매력이 있는 가구들은 쇠퇴하는 주거지역을 떠나고 저소득층들이 다시 빈자리를 채우면서, 노후 주거지역은 취약계층 밀집지역으로 변모할 것이다. 이러한 일련의 과정이 현실화되면 주거수준, 주거환경 등의 측면에서 공간적 분리가 발생함으로써 주거양극화를 심화시킬 수 있다.

다섯째, 노후 재고주택의 가치 저하가 나타날 경우, 해당 자산을 이주나 자금조달을 위한 수단으로서 활용하는 데 제약이 발생할 것이다. 주택시장의 안정화가 지속되면, 제한된 주택수요는 주로 신축주택 위주로 집중될 가능성이 높다. 이 경우 재고주택의 거래가 부진하게 되고 그 영향으로 가격 정체 또는 하락이 나타날 수 있다. 재고주택의 가치 저하가 발생하면 은퇴자, 노인 등은 보유주택을 자산으로 활용하기 곤란해질 것이며, 복지제도가 불충분한 상황에서 안정적인 노후생활에 어려움을 겪을 수 있다.

주택정책의 목표

이상의 문제들과 관련하여 지향해야 할 목표와 전망은 다음과 같이 대략적으로 제시될 수 있다. 첫째, 전세의 월세 전환 확대는 민간임대주택 거주자들의 주거비 부담 증가를 의미한다. 따라서 임대료 부담을 적정 수준으로 유지하는 것을 정책목표로 설정해야 한다. 그리고 공공임대주택 공급의 위축을 전제한다면 공공임대주택과 같은 저렴 주택affordable housing 재고를 어떻게 확충시킬 것인지에 대한 근본적 고민이 필요하다. 공공임대주택의 공급체계를 혁신하고 다양한 사회적 자원을 활용하는 등 저렴 주택 재고를 확충하는 정책방안이 나와야 한다. 둘째, 주거문제를 매개로 소득계층, 세대 간 갈등이 발생하지 않도록 해야 한다. 이는 공공임대주택 등 저렴 주택의 재고 확충과도 관계가 있다. 나아가 다양한 주거지원수단 체계화 등 종합적인 대응이 필요하다. 셋째, 지역의 쇠퇴를 야기하는 주거지 공간 분리를 방지해야 한다. 이를 통해 다양한 계층이 어울려 거주할 수 있는 지역사회 형성을 유도해야 한다. 넷째, 복지제도가 충분하지 않은 상황에서 주택은 노후생활에 있어서 사적인 복지재원이다. 재고주택의 시장가치를 향상시켜 자산으로서의 활용도를 높여나갈 수 있는 방안이 강구되어야 한다.

주거안정을 위한 미래전략

미래의 주택시장은 중단기적으로 생산가능인구 감소(2016년 정점, 2017년부터 감소 시작), 고령화, 저출산(2016년은 1.17명에 불과, 예상보다 급격하게 빠른 하락) 등 다양한 수요 위축 요인을 내포하고 있어 적극적인 대응이 필요한 상황이다. 또한 저성장으로 주택시장 안정 및 위축이 예상되는 상황에서, 중장기적으로 '소득계층-세대-주택-공간(지역)' 등 여러 층위에 걸쳐 새로운 문제들이 등장할 것으로 예견된다. 이들 문제는 서로 복잡하게 얽히면서 저소득층의 주거불안으로 이어질 가능성이 높다. 따라서 주택정책 차원에서 변화된 상황에 부합하는 새로운 대응전략 마련이 중요하다. 이후 논의하게 될 대응전략의 기조는 '주택(매매)시장 안정기에 적합한 주택정책의 재구조화를 통해 서민 주거안정을 지원'하는 것으로 설정한다. 주택정책의 재구조화는 단편적인 정책수단 변화를 넘어 주체 및 권한, 정책영역, 정책대상 등과 관련한 종합적인 정책체계의 변화를 의미한다. 서민 주거문제와 관련하여 새롭게 형성되는 국면에 효과적으로 대응하는 데 초점을 맞춰야 할 것이다.

주택정책의 분권화

우선, 주택정책의 분권화decentralization 전략이 필요하다. 이를 위해

지자체의 역할이 확대되어야 한다. 과거와 같이 중앙정부가 주택수급 계획을 수립하여 지자체에 통보하는 방식을 지양할 필요가 있다. 지역별 수요에 민감하게 반응할 수 있는 주체는 지자체일 수밖에 없다. 중앙정부는 국가 전체의 개괄적인 정책방향과 목표를 제시하고 지자체가 지역 내 수요파악을 토대로 수립한 주택공급계획에 의거하여 재원을 배분하는 역할을 담당하는 상향식 정책결정방식이 확립되어야 할 것이다.

또한 저렴주택의 공급주체가 다원화되어야 한다. 공공임대주택 정책을 사회주택정책으로 확대하는 것을 전제로 민간 비영리 임대사업자의 발굴 또는 육성을 추진할 필요가 있다. 더불어 민간 임대부문에 대해서는 주택도시기금과 같은 공적 자금의 지원을 조건으로 정책대상 계층을 입주시키는 등의 정책적 활용방안이 체계적으로 마련되어야 할 것이다.

지역 특성에 맞는 주택전략

지역사회 기반 주거지원 전략도 병행되어야 한다. 그동안의 주거지원은 주거소요가 있는 가구에 주택을 제공하는 '점點'적인 접근이었다. 이제는 공간을 고려한 '면面'적인 접근으로 확장해야 한다. 저성장을 배경으로 개발수요가 제한되면서 쇠퇴 주거지의 고착화가 예상된다. 이러한 상황에서는 지역 전반의 주거환경 수준을 개선하여 다양한 계층이 함께 거주할 수 있는 조건을 만들어야 한다. 이를 위해서는 주거지원을 주축으로 도시재생사업, 고용 및 복지서비스 등이 연계된 복합적 지원이 필요하다.

소득계층과 세대를 아우르는 통합적 주거지원

기존의 주택정책이 주로 소득계층별 정책이었다면, 향후 주택정책은 소득계층과 더불어 세대별 주거소요[8]를 고려해야 한다. 기본적으로 공공임대주택, 주거급여, 주택개량, 민간임대부문 활용 등 여러 정책수단들의 지원대상과 지원규모 등을 재점검하여 촘촘한 주거안전망을 구축하는 것이 중요하다. 이와 함께 청년층에 대해서는 별도의 지원정책을 마련해야 한다. 고용불안으로 주거불안 상태에 놓일 가능성이 높은 청년층은 그동안 주거지원 대상에서 크게 논의되지 못했다. 청년층 대상 정책을 체계화하여 세대 간 주거지원의 형평성을 높이는 노력이 필요하다. 청년층의 주거 불안은 결혼기피, 출산율 저하와도 깊은 관련이 있다. 청년층의 범위는 현재 대학생, 신혼부부, 사회초년생 정도로 정하고 있으나 사각지대가 발생하지 않도록 재검토가 필요하다. 또한 1인 청년가구의 주거소요를 감안하여 기숙사 등 준주택을 공공임대주택의 하위 유형에 포함시키는 것도 적극 고려해야 한다.

주택재고의 유지·관리 강화

주택재고의 유지·관리에 대한 지원뿐만 아니라 주택시장에서 재고주택의 유통이 활발하게 이루어지도록, 재고주택의 가치 유지를 위한 정책이 필요하다. 이런 점에서 주택개량 및 재고주택 유통 활성화를 위한 기술 개발, 자금 지원, 인력 양성, 분쟁 해결 등의 종합대책이 필요하다. 현재 정부가 운용하는 장기주택종합계획에 이 대책들을 추가하거나 별도의 재고주택 관리계획을 운용하는 방안도 생각해볼 수 있다.

노후화된 지역의 주거수준 개선 및 도시재생 촉진

지하방, 옥탑방, 최저 주거기준 미달 주택, 비주택 등을 행정적·재정적으로 지원하는 정책이 필요하다. 빈집 활용, 매입 임대 등 소규모 공공임대주택 공급, 임대료 지원, 주택개량, 복지서비스 및 일자리 연계 등 각종 지원이 해당 대상에 집중되도록 해야 한다. 이들의 주거환경을 개선하고 거주가구의 사회경제적 지위를 향상시킬 수 있도록 해야 할 것이다. 필요하다면 해당 지역을 주거복지지구(가칭) 등으로 지정하여 해당 지구에 대한 지원을 제도화하는 방안도 검토해 볼 수 있다.

또한 4차 산업혁명 시대의 주거가치 증진 차원에서 도시재생사업의 활성화가 필요하다. 기존의 일률적인 전면 철거 방식에서 벗어나 하드웨어(개발·정비·보존 등)와 소프트웨어(경제·문화·복지 등)를 적절히 결합한 맞춤형 정비를 통한 도시재생사업의 발전이 더욱 요청된다. 도시재생사업은 공공의 주도로 낙후된 도심을 활성화하는 사업이면서 민간의 활발한 참여가 사업 성패의 필수적인 요인으로 나타난다. 앞으로 도시재생사업에 민간 참여를 더욱 활성화하기 위해서는 재원조달 기법을 활용하여 수익성을 제고시키는 방안이 필요하다. 예를 들어, 재원과 도시재생사업의 매칭(수익형 장기 운용자금의 민자수익사업과의 연계 등), 다양한 사업에 대한 포트폴리오 구성(고수익·고위험 사업과 저수익·저위험 사업 간의 포트폴리오 등), 재원 간 결합(공적 금융기관, 공공기관, 민간 금융기관 등 주체 간 재원 결합 등) 방안들이 활성화되어야 할 것이다. 또한 도시재생사업의 계획 과정에서부터 민간과 공공의 파트너십을 강화하고, 더 나아가 민간의 창의를 적극적으로 활용할 수 있게 하는 제도적 장치들(도시재생사업 기획 단계부터 민간주체 사업 참여 등)이 보다 더 확보되어야 할 것이다.

5 농업: 스마트팜 활성화와 생명산업과의 연계를 통한 경쟁력 강화

현재 우리 농업은 큰 변혁기에 있다. 대외적으로는 다자 간 무역협상의 진행과 양자 간 자유무역협정 체결이 확대되어 농업부문에서도 무한경쟁시대가 다가오고 있다. 또한 대내적으로는 고령 농업인들이 농사현장에서 은퇴하고 새로운 영농주체가 우리 농업을 책임지는 세대교체 시기가 도래하였다. 이처럼 전환기에 선 우리 농업이 세계시장에서 경쟁력을 갖춘 생산, 가공, 유통, 수출 체계를 만들기 위해서는 농업의 영세성과 전근대성을 근본적으로 개혁해야 한다.

특히 4차 산업혁명은 농업부문에도 큰 영향을 끼칠 것으로 예상된다. 이미 농업분야에서 사물인터넷 관련 디바이스는 연간 20%씩 증가하고 있으며, 2035년에는 지금보다 20배 더 증가할 것으로 예측되고 있다. 결국 4차 산업혁명 시대의 미래 농업은 사물인터넷 센서의 증가와 빅데이터의 결합 등을 통해 생산과 소비의 최적화가 이루어지는, 데이터 농업, 그리고 스마트 농업이 될 전망이다.

농업환경의 변화에 따른 미래전망

첨단과학기술 정밀농업 보편화

첨단과학기술과 융합한 농업기술의 발전으로 정밀농업이 확산되고, 벼, 원예 및 축산 분야에서도 고능률, 작업 쾌적화 기술이 개발, 보급될 전망이다. 우선 지능형 전용로봇, 환경 제어형 기능성 로봇이 실용화되어 노동절감형 농업이 보편화될 것이다. 또한 인공강우의 실용화와 기후변화 대응 종자 및 품종이 널리 보편화되어 적용됨으로써 농업생산의 불확실성을 축소시킬 것으로 예측된다.

전문경영체 중심 농업생산구조 확립

앞으로 30년 후에는 현재 농촌에 거주하는 인구가 거의 존재하지 않을 것이다. 현 농촌인구 연령이 대부분 70세 이상이기 때문이다. 자연스럽게 인력 개편이 이루어진다. 농업생산은 전문경영체 중심으로 재편되어 전업농의 생산 비중이 2030년경에 70%, 2045년경에는 80% 수준을 점유할 것이다. 청장년 경영주의 전업농 및 농업법인이 지역농업의 중심을 형성하고, 농업혁신과 농업경쟁력 강화를 주도할 것이다. 농업법인 수는 2030년에 8,000개 정도, 2045년에 1만 개가 설립되어 농업생산의 핵심으로 부상하여 운영될 것이다.

농업, 식품, 농촌 관련 서비스산업 활성화

농업, 식품, 농촌 분야에서도 농업인뿐만 아니라 소비자, 도시민 대상의 다양한 서비스산업이 출현하여 새로운 수익원으로 자리매김할 것이다. 농업 및 농촌체험, 농촌관광 및 레저, 휴양 및 건강, 치유 및 힐링, 농식품 전자상거래, 농산물 계약거래 및 선물거래, 귀농·귀촌(알선,

정보제공, 교육), 사이버교육, 농업금융, 보험, 농업정보화, 농업관측, 외식 서비스, 광고 등의 다양한 비즈니스가 1차 농업과 연계되어 이루어질 것이다. 식품산업은 국내 농업성장을 견인하면서 지속적으로 성장할 것이다.

동식물 자원 그린바이오(농생명) 산업 발전

동식물자원을 이용한 그린바이오(농생명) 산업은 IT, BT, NT와 융·복합되어 고부가가치를 창출하는 농생명산업으로 발전할 것이다. 국내 식물자원을 활용한 식물종자(형질전환), 바이오에너지, 기능성제품(천연화장품, 향료, 의약품), 동물자원을 활용한 가축개량, 동물제품(이종장기, 줄기세포), 동물의약품, 천적곤충 등 다양한 상품이 출시될 것이다.

식물공장, 수직농장 발전

농작물의 생육환경(빛, 공기, 열, 양분 등)을 인공적으로 자동제어하여 공산품처럼 계획생산하고, 사계절 전천후 농산물 생산이 가능한 식물공장이 운영될 것이다. 식물공장은 공간과 시간을 크게 단축하고, 생산성을 획기적으로 향상시킨 작물육종기술과 IT기술이 결합된 주문형 맞춤 농산물 생산기술과 연계하여 미래농산물 생산의 중요한 분야로 부각될 것으로 전망된다. 또한 도심에 수십 층의 고층빌딩을 지어 각 층을 농경지로 활용하는 수직농장vertical farm도 도입될 것으로 전망된다.

농촌지역의 6차 산업화

현재까지의 농업은 농산물을 생산하는 1차 산업이었지만 앞으로는 식품가공 등을 통해 부가가치를 창출하는 2차 산업 요소와 아름다운 농촌 공간을 활용한 서비스 산업이라는 3차 산업 요소가 결합하게 될 것이다. 이와 같이 1차+2차+3차 산업이 결합된 농업을 6차 산업이라고 부르기도 한다. 농업의 6차 산업화 개념은 제조분야의 4차 산업혁명과 궤를 같이 하는 매우 선진적인 개념이다. 농촌지역의 6차 산업화가 활성화되면, 농업과 연계된 가공, 마케팅 및 농촌관광 등 전후방 연관 산업이 발달할 것이다. 특히 전원박물관, 전원갤러리, 테마파크 등이 농촌 지역을 중심으로 발달함으로써 농촌이 문화콘텐츠 산업의 주요 무대로도 성장할 것이다.

4차 산업혁명 시대의 농정 패러다임 변화 필요성

지난 30년간의 농업투자 및 융자에도 불구하고, 농업의 성장정체(경쟁력 저하와 효율성 문제)와 소득부진(도농 간 소득격차 등 형평성 문제)이라는 오래된 과제가 해결되지 않고 있다. 이들 문제의 해결과 동시에 식량안보, 식품안전, 환경·에너지·자원위기 등 새로운 도전과제를 해결해나갈 필요가 있다. 이를 위해 무엇보다 농업을 둘러싼 4차 산업혁명 시대의 메가트렌드를 반영하여 농업, 농촌, 식품, 환경, 자원, 에너지 등을 포괄하는 농정혁신의 틀을 마련해야 한다.

우선 농정의 대상을 농업생산자로만 한정하지 말고 생산자, 소비자, 나아가 미래세대를 포괄하는 국민의 관점에서 접근하는 것이 중요하다. 또한 농정의 포괄범위도 종래의 생산 중심의 접근을 넘어 농어업의 전후방 관련 산업과 생명산업 전반까지 확대하는 관점이 필요하다.

농정의 추진방식도 직접 시장개입은 지양하고, 민간과 지방정부의 역할을 강화해나가는 데 중점을 둘 필요가 있다. 정부는 시장개입보다 시장혁신을 유도하는 제도 구축에 주력하는 촉진자, 그리고 시장실패의 보완자로서의 역할에 중점을 둘 필요가 있다. 이를 위해 정부와 민간, 중앙정부와 지방정부 간의 적절한 역할분담 및 협조체계를 구축하는 선진적 거버넌스의 확립이 필요하다.

이런 측면에서 미래 농업의 비전을 성장, 분배, 환경이 조화된 지속가능한 농업으로 삼아야 한다. 발전 목표로 농업 생산자에게는 안정적 소득과 경영 보장, 소비자에게는 안전한 고품질의 농식품 제공, 후계세대에게는 매력 있는 친환경 경관 등이 제시될 수 있다. 특히 이러한 비전과 목표를 달성하고 농업의 활력을 유지하기 위해 4차 산업혁명 시대의 농업은 전통적인 농업생산에서 탈피하여 농생명 첨단산업으로 영역을 더욱 확대하고, 다양한 첨단 과학기술과의 융합, 그리고 문화 및 관광산업과 연계된 고부가가치 6차 산업으로 전환시켜야 할 것이다. 농업분야의 4차 산업혁명 기술 적응도가 낮은 편으로 나타나고 있는 점에서 정부의 지원과 맞춤형 비즈니스 인큐베이팅 시스템 등이 필요하다.

아울러 농업생산에 투입되는 종자(육종), 농기계/장비, 농자재, 농업정보 산업과 연계된 발전, 그리고 부가가치 창출과 연계되는 포장, 유통, 가공, 외식, 마케팅, 서비스업 등과 연계된 성장이 필요하다. 특히 농업과 밀접히 관련되는 신성장동력산업인 기후·환경산업, 바이오생명산업(의약, 화장품, 식품소재), 바이오에너지산업, 농촌문화·관광산업 등과 연계된 성장 산업으로의 변모가 필요하다.

취약한 농업기반의 해결과제

그동안 한국 농업은 다른 분야에 비해 상대적으로 큰 발전을 보지 못했다. 한국의 농업은 농업인의 고령화와 젊은 농업인의 유입 부족, 경지 규모의 영세성, 각종 규제와 민간 자본 유입 부족에 따른 기업적 경영 미흡, 낮은 기술 수준 등으로 농업 생산성이 정체되어 있는 상황이다.

농업성장 정체

농업 GDP는 꾸준히 증가하였으나 성장률은 다른 산업부문에 비해 저조하다. 예를 들어 1990~2013년 연평균 농업부문 GDP 성장률은 3.0% 수준으로 국가 전체 GDP 성장률(9.2%)의 3분의 1 수준으로, 같은 기간 동안 광공업 GDP 성장률(9.8%)과 서비스업 GDP 성장률(9.9%)에 크게 못 미치는 수준이다. 이로 인해 전체 GDP에서 농업이 차지하는 비중은 지속적으로 하락하고 있다. 국가 전체 GDP에서 농업이 차지하는 비중은 1990년 6.8% 수준에서 2013년 1.8%로 크게 감소하였다.

식량자급률 하락

우리나라의 식량자급률은 지속적으로 하락하여 OECD 국가 중 최하위 수준으로, 국민이 소비하는 식량 가운데 75% 이상을 해외에서 조달하고 있다. 전체식량자급률(사료용 포함)은 1970년 80.5% 수준에서 2013년 23.1%로 매년 감소추세에 있다. 세계 8위권의 대규모 식량수입국이면서 식량자급률이 23%에 불과한 우리나라는 낮은 식량자급률과 특정 국가에 대한 높은 수입 의존성 등으로 식량안보에 매우 취약한 상황이다.

농가인구 및 농업경영주 고령화

농가 및 농업경영주의 고령화로 농업과 농촌의 활력이 저하되고 있다. 농업취업자 중 60세 이상 고령 농가 비중이 1970년 6.3% 수준에서 2013년 60.9%까지 증가하여 경쟁력이 취약한 인력구조를 가지고 있다. 따라서 농업 및 농촌의 활력 유지를 위해 젊고 유능한 농업 후계자 육성이 필요하다.

농가 수익성 악화

농산물 시장개방의 가속화와 취약한 경쟁력으로 농가수익성은 급격히 악화되고 있다. 2010년을 기준으로 농업생산을 위해 농가가 구입하는 물품의 값을 뜻하는 농자재 구입가격지수는 1995년 51.4 수준에서 2013년 108.4로 크게 상승한 반면, 농가의 농산물 판매 가격지수는 1995년 75.5에서 2013년 111.3으로 완만히 증가하였다. 이에 따라 농가의 수익성을 나타내는 경제적 지표인 농가교역조건은 1995년 146.9에서 2013년 102.7까지 떨어졌다.

도농 간 소득격차 심화

농가의 연평균 소득은 1990년 1,103만 원 수준에서 2013년 3,452만 원으로 증가했으나, 같은 기간 도시근로자 평균 소득은 1,132만 원에서 5,483만 원으로 더 빠르게 증가했다. 도시근로자 소득 대비 농가소득 비중은 1990년 97.4% 수준에서 2013년 63.0%로 크게 감소했다. 1990년까지 도농 간 소득 격차는 거의 없었으나 매년 그 격차가 벌어지고 있다.

농업경영 불안정성 고조

농가의 수익성이 줄어들고 농가소득이 상대적으로 낮아진 반면, 농가당 평균 부채증가로 농가의 재무구조도 악화되어 농업경영의 불확실성이 증대되고 있다. 농가의 평균 부채는 1995년 916만 원 수준에서 2013년 2,736만 원으로 3배가 증가했고, 특히 농가소득 대비 부채 비중이 같은 기간 43% 수준에서 79%로 증가하여 재무건전성이 악화되었다.

농업의 환경부하 심화

화학적 농자재 과용과 축산폐수로 인한 환경 부하가 심화되고 있다. 오랫동안 집약적으로 농지를 이용하여 농축산물을 생산한 결과, ha당 질소와 인산수지 초과량이 OECD 평균의 3~4배가 되고, 농약사용량은 14배, 에너지 사용량은 37배에 달한다. 축산폐수는 주요 수질오염원의 하나이다. 발생량은 전체 수질오염원의 0.6%이나 오염부하량은 25%를 차지하며 하천과 호수의 수질오염과 부영양화를 유발하고 있다. 친환경농업으로의 전환을 위한 대책 마련이 필요하다.

4차 산업혁명 시대 농업생산·유통·소비의 변화

4차 산업혁명에 따른 농업의 변화는 3가지 주요 분야인 생산, 유통, 소비의 차원에서 나타나고 있다. 첫째, 생산 분야에서는 기후정보, 환경정보, 생육정보를 자동적으로 측정/수집/기록하는 '스마트 센싱과 모니터링', 수집된 데이터(영상, 위치, 수치)를 분석하고 영농 관련 의사

결정을 수행하는 '스마트 분석 및 기획', 그리고 스마트 농기계를 활용하여 농작업(잡초제거, 착유, 수확, 선별, 포장 등)을 수행하는 '스마트 제어'의 특성들이 구현되고 있다.

둘째, 농산물 유통분야에서는 4차 산업혁명 기술을 활용하여 농식품 유통정보의 실시간 공유 및 대응이 가능해지고 있다. 실제로 유럽의 네덜란드와 이탈리아 등지에서는 관련 기술을 활용하여 농산물 유통 혁신을 이루는 대규모 프로젝트(네덜란드의 'The Smart Food Grid', 이탈리아의 미래형 슈퍼마켓 등)가 진행되고 있다.

셋째, 농산물 소비분야에서는 수요자 주도 마켓, 온디맨드On-demand 마켓의 확장 등을 통해 이전과는 다른 소비행태가 대두될 것으로 예상된다. 소비자들의 요구를 생산자에게 실시간으로 전달할 수 있고 이에 맞추어 생산품을 선택하여 소비하는 행태들이 주를 이룰 것이다.

4차 산업혁명 시대 통합형 농업발전 전략

4차 산업혁명 기술 기반의 스마트팜 활성화

스마트팜smart farm은 4차 산업혁명의 정보통신기술들을 활용하여 새로운 서비스와 비즈니스 모델을 창출할 수 있다는 측면에서 크게 주목받고 있다. ICT 기반 최첨단 농업모델인 스마트팜은 센서, 정보통신, 제어기술 등을 갖추고 네트워크화된 시설농업을 의미한다. 스마트팜에서는 농장의 데이터 네트워크, 통신 센서 및 제어 시스템 등을 활용하여 각종 작물에 맞는 일조량, 환기, 온도 등의 조절과 더불어 출하시기의 조정까지 가능하게 된다.

2016년 기준 글로벌 스마트팜 시장은 220조 원 수준의 시장으로 크게 확대(2012년 134조 원 수준)되었으며, 관련 설비시장은 22조 원(2015년)에 달하고 2020년에는 34조 원 규모로 성장할 것으로 예측되고 있다. 우리나라에서도 기획재정부의 스마트팜 육성계획(2016~2020) 등을 중심으로 첨단농업 육성과 전문인력 양성, 수출시장 개척 등을 진행하고 있으며, 스마트팜 면적을 2016년 2,235ha에서 2020년 5,945ha로 확대할 목표를 가지고 있다. 그러나 스마트팜의 획기적 발전 속에서 가치사슬이 충돌하는 농민들의 반발 등이 나타날 수 있기 때문에, 관련 충돌을 최소화하는 제도 및 규제의 정비와 농민들을 위한 틈새시장 개척(경작 농민들의 농업지식 데이터베이스화하여 스마트팜 제공, 관련 농민 및 기업들의 공유, 인공지능 기반 학습 자료로 활용 등)이 요구된다고 할 수 있다.

농업의 경쟁력 강화와 생명산업과 연계한 신성장동력화

농업의 지속적 발전을 위해서는 경쟁력이 강화되어야 한다. 그러나 경쟁력의 개념은 비용중심의 가격경쟁력에서 기능과 비용이 결합된 품질 및 가치경쟁력으로 확대 전환될 필요가 있다. 품질 및 가치경쟁력은 수요자가 원하는 기능의 제고, 생산성 향상을 통한 비용절감의 양면전략이 필요하다.

또한 농업의 지속적 발전은 새로운 수요창출을 통해 가능하며, 이를 위해 마케팅 능력을 강화하는 전략이 요구된다. 농산물의 안전과 품질을 선호하는 소비자와 시장수요에 부응하는 품질혁신으로 농업소득을 창출하고, '식품, 유통, 환경, 문화'와 결합된 새로운 수요개발로 신시장, 신수요를 창출하는 혁신이 이뤄져야 한다. 한편 비용절감도

'경영조직화와 투입감량화의 결합'이라는 새로운 전략에 따라 추진될 필요가 있다.

전통농업에 IT, BT, NT 등의 첨단기술과 융·복합을 통한 고부가가치를 창출하는 생명산업 육성을 주요 정책방향으로 삼아야 한다. 미래 고부가가치산업으로 성장할 수 있는 분야인 종자산업, 식품산업, 천연물 화장품과 의약품 분야, 곤충 및 애완·관상용 동식물 활용분야 등을 전략분야로 선정하여 집중적으로 육성하는 것이 필요하다.

농촌공간의 휴양, 관광 및 문화산업화를 통한 수익 창출

'농촌다움', '생태경관자원', '전통문화자원'을 새로운 경쟁력의 원천으로 활용해 미래 농촌의 주요한 수익창출 자원으로 활용해야 한다. 소득 증가와 삶의 질을 중시하는 미래 수요에 부응하는 자연, 경관, 문화를 보전하여 농촌발전의 잠재력을 증진하는 것이다.

6 해양수산:

양식어업의 육성, 기술 기반의 글로벌 생태계 조성

우리나라 국토면적은 세계 109위 수준이며, 물리적으로 더 확대될 가능성이 없기에, 미래에는 육지 중심의 성장전략만으로는 국가발전에 한계가 있다. 즉 유라시아 대륙으로의 진출과 한반도 주변해역, 더 나아가 대양진출을 통한 균형적인 국가발전 패러다임의 구축은 우리의 미래성장을 위해서 필수적이다. 세계의 바다는 60% 이상이 공해公海이고 세계 각국이 치열하게 경쟁하는 장이므로 우리도 우리의 새로운 활동공간으로서 활용할 수 있는 가능성을 갖고 있다. 또한 거의 개발되지 못하고 있는 해저공간은 무한한 개발가능성을 가진 것으로 평가된다. 특히 4차 산업혁명 시대 해양수산은 블루오션이 될 수 있는 산업분야이기도 하다. 주요 해양수산 분야(해운, 항만, 해양플랜트, 수산, 해양관광 등)에 4차 산업혁명의 첨단 기술들(인공지능, 로봇, 사물인터넷, 빅데이터 등)을 접목하여 해양산업 고도화와 고급 일자리 및 고부가가치 창출이 가능할 것이다. 또한 4차 산업혁명의 혁신적인 과학기술 진보를 통해 해양수산물의 생산·유통·소비의 전 과정에서 큰 변화를 불러올 수 있을 것이다. 빅데이터 활용을 통해 수산자원량 변화 예측 및 효율적인 자원관리가 가능할 것이고, 더불어 수산물을 구매하는 소비자들의 생활패턴과 소비 트렌드도 변화될 것이다.

해양의 역할은 지속가능한 지구 생태계와 경제활동에 있어서 결정적이다. 해양은 남극과 북극에서 차가워진 해수를 대大컨베이어벨트 global ocean conveyer belt를 통해 이동시켜 지구의 온도를 일정하게 조절, 유지시키는 지구의 생명유지장치 역할을 한다. 해양생태계의 경제적 가치는 연간 총 22조 5,970억 달러로 육상의 2배에 달하며 심해저 망간단괴 내 함유된 구리, 망간, 니켈 등 전략금속 부존량도 육상보다 2~5배 많은 수준이다. 특히 북극해에만 매장된 광물자원의 가치는 2조 달러로 추정된다, 전 세계 생물상품의 25%가 바다에서 생산되며 동물성 단백질의 16%가 어업을 통해 제공되는 등 현재에도 미래에도 해양이 지구촌 경제활동에 미칠 영향은 막대하다. 더구나 해양공간의 95%가 아직 개발되지 않은 미지의 공간이라는 점은 더욱 매력적이다. 한편 전 세계 교역량의 78%가 해양을 통해 이루어지며, 우리나라의 경우 99%를 해양을 통한 해운이 담당하고 있다.

현재 우리나라 종합해양력sea power은 세계 10위권 수준이다. 그중 조선, 항만건설, 수산양식업 등 해양수산 관련 제조업과 해운분야 등은 세계 최고 수준에 근접해 있다. 반면 해양환경관리, 해양과학기술과 R&D, 해양문화관광 등 서비스 분야는 여전히 세계 수준과 격차를 보이고 있다. 전 세계 GDP에서 해양수산 분야가 차지하는 비중은 약 12% 정도로 추정되고 있다. 우리나라의 경우 해양이 가지는 중요성에도 불구하고 GDP의 약 6.2% 수준에 머무르며 최근 몇 년간 답보 상태이기 때문에 새로운 발전전략이 요구된다.

해양수산 분야 동향과 전망

해양영토 갈등 확대

1994년 유엔해양법 협약UNCLOS의 발효로 연안국의 영해가 종전의 3해리에서 12해리로 확대되었다. 또한 배타적 경제수역EEZ이라는 200해리의 해양관할권이 부여됨으로써 해양공간 확보를 위한 경쟁시대에 돌입하게 되었다. 현재 152개 연안국 중 125개국이 EEZ를 선포(2007년)하였으며, 앞으로 연안국 모두가 EEZ를 선포하면 해양의 36%, 주요 어장의 90%, 석유매장량의 90%가 연안국에 귀속되는 결과를 가져올 것이다. 이에 따라, 세계 각국은 21세기 마지막 프론티어로 알려진 해양에 대한 관할권 확보를 위해 치열한 경쟁을 전개하고 있으며 공해 및 심해저에 대한 영유권 또는 이용권에 대한 경쟁과 갈등도 점차 표면화될 것으로 예상된다. 동북아시아의 경우에도 한·중·일·러는 해양관할권을 조금이라도 더 확보하기 위해 치열한 경쟁을 벌이고 있다. 한·일의 독도, 중·일의 조어도, 일·러의 쿠릴열도, 한·중의 이어도 문제가 그 예이다.

기후변화의 해양영향 가시화 및 대응

'기후변화에 관한 정부간 협의체IPCC' 제5차 보고서에 따르면, 현재와 같은 추세로 온실가스를 배출할 경우, 세계 해수면의 높이는 2100년까지 63㎝가 높아질 것으로 전망되고 있다. 한반도 주변해역의 경우도 최근 35년간(1968~2002년) 해표면 수온은 0.85℃ 상승하고 해수면은 5.4㎜ 높아졌다. 이는 세계 평균(2.8㎜)의 2배에 이른다. 수온 상승은 해양생태계 전반의 변화를 야기할 수 있다.

한편 기후변화는 지구 환경문제에 대응하기 위한 새로운 시장이 형성될 가능성을 열어두고 있다. 예를 들어, 100억 달러 규모의 온실가스 감축 관련 시장과 향후 30년 동안 연간 1,000억 달러 규모의 청정에너지 발전 플랜트 수요가 예상된다. 또 선박으로부터 질소산화물 및 황산화물 배출 규제 등 오염 저감을 위한 설비시장 규모가 연간 38조 원 규모로 성장할 것으로 전망되는 등 새로운 비즈니스의 기회도 제공하게 될 것이다.

해운 및 동북아 물류시장 변화

세계 경제의 변화는 선박과 해운 시장에도 영향을 주고 있다. 유조선의 경우 2030년 선복량은 현재의 1.7~1.8배로 소폭 증가하고, 컨테이너선과 LNG선의 경우 2030년까지 1.8~3배로 크게 증가할 전망이다. 중국의 상선선대 규모는 2010년 세계 선복량의 15%에서 2030년에는 19~24%에 달할 것으로 예상되며, 현재 세계 선대규모의 12%를 보유한 일본의 경우 2030년에는 5.6~6.7%로 감소할 전망이다. 세계 경제의 중심이 아시아로 이동하면서 아시아 권역의 항만물동량이 크게 증가할 것이다. 아시아는 세계 항만산업의 중심이 될 것으로 보이며, 불가피하게 권역 내 경쟁은 더욱 치열해질 것이다.

정보통신기술은 항만 내의 장비와 네트워크, 시스템 간의 정보교환을 확산시키고, 이로 인해 항만은 물류의 거점뿐만 아니라 빅데이터를 생산하는 정보거점으로 변모해갈 것이다. 선박의 대형화도 계속되어 2030년에는 3만 TEU급 선박이 취항할 것으로 예측된다.

세계 물류시장 역시 크게 성장할 것으로 보이며, 경쟁심화 및 동북아지역의 역할 확대가 예상된다. 2013년 기준 세계 물류시장 규모는 약 3.3조 달러로 전 세계 GDP의 16%에 달했다. 특히 동북아 지역이 세계 3대 교역권의 하나로 부상하고 상하이, 홍콩, 싱가포르 등 세계 5대 항만이 동아시아에 입지하면서 세계물류시장의 중심으로 자리매김할 것이다. 또한 북극해를 비롯한 북극권의 이용과 개발에서, 수요자이자 공급자인 동북아의 역할이 확대됨과 동시에 북극권 선점을 위한 국가 간, 지역 간 경쟁이 표면화될 가능성이 높다.

수산업 변화

세계은행에 따르면 2030년의 어업생산량은 1억 8,630만 톤으로 2011년의 1억 5,400만 톤에 비해 연평균 0.96% 증가할 것으로 전망된다. 2011년에 수산물 생산에서 60%를 차지한 어선어업의 비율은 2030년에 50% 수준으로 감소하고 총량은 280만 톤 증가에 그칠 전망이다. 반면 양식어업의 경우 2011년의 6,360만 톤에서 2030년에는 9,360만 톤으로 연평균 2.0%의 증가율을 나타낼 것으로 보이며, 식용어업생산의 약 62%가 양식에 의해 생산될 것으로 예측된다. 2030년경 중국은 5,326만 톤으로 전 세계 양식어업의 56.9%를 차지하며 독보적인 어업생산국으로서의 입지를 차지할 전망이다. 세계 1인당 어류소비량은 2010년의 17.2kg에서 2030년에는 18.2kg으로 20년간 5.8% 증가할 것이며, 특히 중국은 2010년의 32.6kg에서 2030년에 41.0kg으로 증가하여 세계 수산물 소비시장에서도 가장 큰 영향을 끼칠 것으로 예상된다.

이처럼 미래 수산업의 발전은 양식어업을 통해 실현될 것으로 예상되며, 핵심이슈도 양식어류의 질병문제 해결이 될 가능성이 높다. 또한 수산물의 효율적인 물류 및 분배 네트워크 구축이 중요해질 것이다.

해양과학기술 발전

미래 해양환경의 변화는 과학기술의 발달과 더불어 크게 달라질 것으로 전망된다. 각 국은 지구온난화에 따른 자연재해 증가 및 해양생태계 교란에 공동으로 대비하고 있으며, 육상 에너지자원 고갈 및 이산화탄소 배출 규제문제도 해양과학기술을 통해 해결하려 하고 있다. 해양바이오, 해양플랜트 등 최첨단 융복합산업의 급속한 성장과 연안 및 해양의 이용 확대에 따른 해양관광시장의 급성장에도 적극적인 관심을 갖고 있다. 또한 드론, 로보틱스, 빅데이터, 사물인터넷과 같은 기술분야의 혁신은 해양수산 분야와의 융복합을 통해 새로운 부가가치를 창출할 것으로 기대된다. 이에 해양 선진국들은 본격적인 과학기반 해양경쟁 시대에 대비하여 체계적인 대응체제 구축을 위해 노력하고 있다.

미래비전의 방향

정부는 2015년 '2030 해양수산 미래비전'을 제시한 바 있다. '상상을 뛰어넘는 가치의 바다 창조'라는 비전을 제시하고 행복과 풍요의 바다, 도전과 창조의 바다, 평화와 공존의 바다라는 3대 핵심가치를 설정했으며, 이를 실천하기 위해 총 40개의 미래상과 170개의 세부 실천과제를 마련했다. 이 비전을 통해 해양수산업이 GDP에서 차지하는 비중을 10%까지 높여 선진국 수준의 해양역량을 갖춰나가겠다는 것이다. 특히 문재인 정부의 '100대 국정과제' 속에는 '(62)해양영토 수호와 해양안전 강화', '(80) 해운·조선 상생을 통한 해운강국 건설', '(84) 깨끗한 바다, 풍요로운 어장'의 내용들이 포함되어 있다. 이와 같은 일련의 정부계획에 덧붙여 고민해야 할 방향들은 다음과 같이 제시해 볼 수 있다.

한반도 주변해역은 물론, 전 세계의 해양공간은 해양경계 갈등과 해양환경 오염, 생물자원 감소 등으로 어려움이 가중되고 있고, 해운불황과 해양산업의 경쟁 심화 등으로 새로운 국면을 맞이하고 있다. 따라서 해양수산 비전은 이러한 미래 여건과 도전과제에 대응할 수 있는 기반을 제공해야 한다. 이를 위한 중장기 해양수산정책이 필요하다. 누구나 공감할 수 있는 해양수산 미래상이 제시되고, 과거 해양수산정책에 대한 평가와 현장의 목소리를 반영하여 실질적인 성과가 도출될 수 있는 새로운 정책이 발굴되어야 한다. 또한 해양수산업의 부가가치를 높일 수 있는 다양한 정책과제 개발이 필요하다. 해운산업의 위기극복, 항만의 경쟁력 제고와 국제물류시장 주도, 수산업의 미래산업화 등을 통해 전통산업의 가치를 재발견하고, 첨단 과학기술 기반의 해양신산업을 만들며, 해양관광문화 등과 관련된 해양 소프트산업 육성을 통해 해양수산업의 외연을 확대해나가야 한다.

아울러 건강한 해양공간 창조, 해양외교안보 및 글로벌역량 강화, 통일한반도 시대 대비 등을 통해 국가발전의 토대를 제공해야 할 것이다. 나아가 유라시아, 태평양, 북극해 등을 잇는 지정학적 강점을 바탕으로 해양입국海洋立國을 실현하기 위한 적극적인 정책의지가 필요하다.

4차 산업혁명 시대 해양대국을 위한 전략

미래 해양수산은 어느 분야보다 변화가 심하고 경쟁과 협력이 공존하고 있다. 해양수산업의 특성상 연관기술과 산업의 발전 속도에 크게 영향을 받기 때문이다. 다른 산업분야 기술과 어떠한 융·복합 체계를 구축해나가느냐에 따라 크게 달라질 수 있다. 사물 간의 네트워크와 데이터, 그리고 극지 및 해저 등 극한여건을 극복할 수 있는 기반기술의 발달은 해양수산업을 새로운 부가가치를 가진 분야로 성장시킬 수 있을 것이다.

예상컨대 향후 30년은 육상부문에 비해 상대적으로 국가 간 격차가 크지 않고 전 세계가 새롭게 눈뜨고 있는 해양수산 분야를 이끌어갈 선도국가와 그렇지 못한 국가를 구분하는 중요한 전환기가 될 것이다. 다가오는 4차 산업혁명 시대에 해양수산 분야에서 주도권을 잡기 위해 필요한 전략 방향을 몇 가지 짚어본다.

해양수산업의 4차 산업혁명 융·복합 일자리 창출

해양수산업 분야에서 4차 산업혁명으로 인한 변화는 앞서 언급한 바와 같이 생산·유통·소비의 최적화를 통해 해양수상산업의 패러다임 자체를 변화시킬 수 있으며, 혁신기술(빅데이터, 사물인터넷, 인공지능, 3D 프린팅 등)과 공유경제 및 온디맨드on-demand 경제 체제를 통해 융·복합 일자리 창출로 이어질 것으로 예상된다. 해양수산 일자리는 지역 일자리(항만도시, 해양관광도시, 어촌 등 지역 기반)이자, 동시에 세계시장과 맞닿아 있는 글로벌 일자리이기도 하다.

구체적으로 한국해양수산개발원(2017)은 향후 5년간 해양수산 분야에서 약 9만 개의 일자리 창출이 가능하다는 보고서를 내놓았다. 이 보고서에 따르면, 해양영토관리, 해양수산업 육성 등과 같은 전통적인 분야뿐 아니라 빅데이터 기반 해양공간정보사업, 디지털선박 보급사업, 해운회사 빅데이터 비즈니스 활성화 사업 등 4차 산업혁명의 흐름과 맥을 같이 하는 신산업 부문에서도 다양한 일자리가 창출될 수 있을 것으로 전망했다.

해양수산업의 고부가가치화 추진

현재 해양수산업의 국가기여도는 6% 정도로 세계 평균의 절반 수준이다. 따라서 전통 해양수산업과 서비스업의 융합으로 부가가치를 높이고, 새로운 해양산업 발굴과 다른 산업 부문과의 융합을 통해 해양수산업의 외연을 확장해가는 것이 필요하다.

과학기술 기반의 글로벌 해양수산업 생태계 조성

미래의 해양수산업은 과학기술 기반의 첨단산업으로 성장시켜나가야 한다. 과학기술 투자를 기반으로 대학과 연구기관, 기업과 정부 간의 체계적인 연계를 통해 해양수산기업 생태계를 구축해 나가야 한다. 이를 통해 고용증대와 고품질 일자리를 제공하고 글로벌 비즈니스 환경을 제공할 수 있어야 한다. 해양수산 부문의 과학기술 연구개발능력을 확충하기 위해서는 기본적으로 연구개발예산이 확충되어야 하고, 연구개발체제도 특정 연구기관이 아니라 대학, 나아가 해양수산 부문이 아닌 대학과 연구기관에도 문호를 개방하여 융합과 협업이 이루어지도록 해야 한다.

해양수산업 안전망 통합지원체계 및 효율적 공간 활용체계 구축

해양수산업의 구조변화, 신해양산업의 부상, 그리고 다양한 변동성 확대에 대응할 수 있는 '해양산업 조기경보체계'를 마련해야 한다. 또한 국민의 안전한 해양활동을 지원할 수 있는 해역별 입체적 안전체계를 구축하여 안전사각지대가 발생되지 않도록 해야 한다.

또한 연안지역에 고도로 집중된 이용과 경제활동이 환경과 조화를 이룰 수 있도록 공간관리가 이루어져야 하며, 개발과 보전의 갈등을 조정할 수 있는 과학기반의 체계적인 제도의 틀이 강화되어야 한다.

해외시장 진출, 인력양성 기반 확대

글로벌 일자리 확충 차원에서 해양수산 분야는 매우 중요한 의미를 가지고 있다. 현재 진행되고 있는 해운물류 청년인력 해외진출 프로젝트의 경우 글로벌 일자리를 개척하는 동시에 우리나라 수출기업들의 경쟁력 강화에도 크게 도움이 될 것으로 기대를 모으고 있다. 그러나 현재 해양수산업 분야 발전에 필요한 국내 기반은 여전히 취약한 상황이라고 볼 수 있다. 특히 인도, 이란 등 해외시장 개척과 신산업 분야의 전문인력 양성을 시장에만 기대하기 어려울 것으로 예상되므로, 전담체계를 구축하여 초기에 선점효과를 가져갈 수 있게 하는 정책적 배려가 필요한 부분이다.

7 관광:
MICE 산업과 의료관광, 한류와 ICT 기술의 활용

관광산업의 GDP기여도를 직접효과 측면에서 살펴보면 한국 1.8%, 일본 2.6%, 중국 2.1%, 홍콩 8%, 마카오 34.5%로 나타나고, 이를 다시 총효과 측면에서 살펴보면 한국 5.1%, 일본 8%, 중국 7.9%, 홍콩 19.5%, 마카오 70.9%로 나타난다. 즉, 우리나라의 관광산업은 아직 많은 발전가능성을 가졌다고 해석해볼 수 있다. 그동안 우리나라는 제조업 중심의 산업정책을 운용했지만 이제 전통적인 제조업만으로는 더 이상 고용창출을 기대하기도 어려운 상황이다. 따라서 관광부문의 소비를 통한 국가 및 지역경제 활성화와 고용창출은 더욱 중요해지고 있다. 특히 건강과 여유로운 삶을 추구하는 개인적 가치관의 변화 등은 관광시장을 지속적으로 증가시키고 있으며, 인공지능, 가상·증강현실 등 4차 산업혁명의 혁신기술들은 관광상품과의 접목을 통해 다양한 융합관광사업의 출현을 예고하고 있다.

관광산업의 문제점

현대사회에서 서비스산업의 중요성이 점점 증가하고 있음에도 불구하고, 우리나라의 관광산업이 근본적으로 해결해야 할 문제점들은 여전히 상존하고 있다. 세계경제포럼WEF에서 발표한 한국의 관광경쟁력은 조사대상국 141개국에서 29위로 아시아 국가 중에서도 일본(9위), 싱가포르(11위), 홍콩(13위), 중국(17위), 말레이시아(25위)에 뒤처지고 있다.

한국은 ICT기반 준비성(11위), 문화자원과 비즈니스여행(12위), 육상과 항만 기반시설(21위), 보건과 위생(16위) 등에서 비교적 높은 점수를 받은 반면 자연자원(107위), 가격경쟁력(109위), 환경적 지속성(90위)에서 낮은 점수를 받았다. 한국은 테러발생 가능성이 매우 낮고 위생환경이 아주 좋고, 정보통신수단의 접근이 우수한 안전하고 청정하며 편리한 국가란 평가를 받았다고 볼 수 있다. 반면 최근 사회적으로 문제가 되고 있는 초미세먼지(2.5㎍/㎥)수준이 134위로 거의 꼴찌로 나타났고, 공항밀집도(123위), 외국인 근로자 채용 용이성(120위), 시장 지배력(120위), 멸종위기종(116위), 테러에 대한 기업의 인지된 비용(114위), 총 보호구역면적(111위) 등에서 아주 낮은 점수를 받았다.

관광경쟁력에 대한 WEF 보고서가 객관적 평가에 의해 이루어지는 점을 고려할 때, 한국은 앞으로 기후변화에 대응하기 위한 국제사회의 압력에 대응하기 위해서라도 대기질의 개선에 만전을 기해야 하고, 지속가능한 자연자원의 보전, 국제공항의 확충과 지방공항의 활성화, 다문화 사회에서 이주민에 대한 사회적 배려 등의 대책을 수립하여 체계적으로 접근할 필요가 있다. 이와 더불어 정보통신기술을 활용한 관광경제영토의 확장에도 노력해야 하고, 테러로부터 안전하고 보건위생에서 청정하다는 국가이미지를 지속적으로 홍보할 필요가 있다.

질적으로 만족할만한 관광상품과 관광서비스가 부족한 것도 문제점이다. 우리 국민들에게 감동을 줄 수 있는 매력적인 관광상품이나 고품격의 관광서비스가 많지 않고, 지역의 독특한 자연과 문화를 관광상품에 반영하지 못하고 있는 점이 문제라고 볼 수 있다. 지역 곳곳에 독특한 자연과 문화가 있음에도 불구하고 그러한 관광자원과 시설이 효과적으로 개발되거나 홍보되지 못하고 저평가되고 있는 점은 안타까운 일이다.

관광인프라의 수준이 높지 못한 것은 한국을 찾는 외국인 관광객에게도 그대로 불만사항이 된다. 관광객들이 수도권이 아닌 지방의 관광지를 돌아보기에는 불편한 점이 한두 가지가 아니다. 숙박시설 부족 및 질적 수준미달, 한국어를 모르는 외국인 관광객을 배려하지 못한 표지판과 메뉴판, 교통의 지역연계 부족, 언어소통의 문제 등이 그 예이다.

관광환경의 미래 전망

먼저, 관광은 점점 국제화되고 시간과 공간의 한계를 넘는 모빌리티가 가속화됨으로써 관광지들은 더욱 강하게 상호 연계될 전망이다. 관광산업부문에서도 온실가스 감축과 기후변화에 대응할 수 있는 전략적 접근이 필요해지면서 관광ODA사업을 통해 개발도상국에 대한 관광개발사업이 확대될 것으로 보인다. 아시아권 국가 간 관광경쟁이 심화될 것으로도 예측된다. 특히 중국관광시장의 지속적 성장과 중국인 관광객을 유치하기 위한 경쟁이 심화되고 무슬림 관광시장이 새롭게 주목받으며 성장할 것이다.

또한 다양해지는 관광객의 수요에 맞춰 관광시장도 다변화될 전망이다. 1인 관광시장이 더욱 커지고 가성비가 높은 실속형 저가관광상품과 특별목적관광special interest tour 영역이 세분화되며 ICT기반의 융합관광사업이 확대될 것으로 예측된다.

관광상품은 일종의 경험재적 상품인 점에서 신뢰구축을 위한 인증제도의 확산도 전망해볼 수 있다. 공정관광에 대한 인증제, 녹색관광에 대한 인증제 등이 하나의 사례이다. 나아가 서울 중심의 관광을 점차 벗어나면서 관광지 재생사업의 확산도 예상된다. 독특한 건축물, 전통시장 등 그동안 관광명소로 주목받지 못했던 지역의 시설과 문화에 스토리를 입히는 관광지 재생사업이 활발해질 것이다.

관광산업의 단기 전략과 실행방안

단기적인 전략으로는 현재 정부가 추진하고 있거나, 대규모의 재원이 필요하지 않고, 쉽게 접근할 수 있는 방안들을 들 수 있다. 이러한 방안들은 다음과 같다.

다양한 관광수요에 맞춘 관광프로그램 개발

관광의 목적은 점차 다양해지고 있다. 가족이나 친구들과 전통적인 문화유산을 찾는 문화유산관광이나 도시관광뿐 아니라 혼자 울창한 산림을 찾아 삼림욕을 하는 힐링관광, 사찰에서 기거하면서 자아성찰을 추구하는 템플스테이 등 현대인의 관광수요는 아주 다양하다. 관광은 현대인의 정신적인 욕구불만과 스트레스를 풀어줄 수 있는 역할을 담당할 수 있으므로 다양한 수요를 반영한 관광프로그램과 이를 지원해줄 수 있는 시스템 개발이 뒤따라야 한다.

고부가가치 관광산업 육성을 위한 기반 구축

MICE산업과 의료관광은 고부가가치를 산출하는 대표적인 관광산업이다. MICE산업은 회의Meeting, 포상관광Incentive travel, 컨벤션Convention, 전시회Exhibition를 뜻하는 용어로, 일반적인 관광산업에 비해 경제적·사회적 효과가 크다. 그러나 우리나라의 경우 서울을 중심으로 하는 MICE산업은 높은 성장률을 기록했지만, 지방의 MICE산업은 아직 숙박시설을 비롯한 관련 시설들이 미비한 실정이다. 따라서 MICE시설이 있는 지역의 도시를 중심으로 숙박시설의 장기적 확충, MICE 기획 등을 적극 육성할 필요가 있다. 한편, 의료관광medical tourism은 실질적인 의료서비스뿐만 아니라 환자와 환자가족들을 위한 숙박 및 음식, 종교적인 배려가 뒷받침되어야 한다. 우리나라의 의료수준은 세계적으로도 우수하지만 의료관광서비스산업은 아직 초보적인 단계에 머물러 있다. 따라서 의료관광서비스산업을 발전시킬 수 있는 정책적인 노력이 필요하다. 장기적으로 의료관광은 병원중심에서 자연과 문화 환경 속에서 치료와 건강을 지향하는 치유관광healing tourism으로 그 영역을 확대할 필요가 있다. 이를 위해서는 의료기관과 관광분야, 환경분야 등의 협업이 필요하다.

한국관광의 매력을 증가시키는 한류의 지속적 확산

우리나라의 드라마 〈사랑이 뭐길래〉가 1997년 중국 CCTV에 방영되며 태동된 한류韓流는 최근에는 K-Pop, K-Movie, K-Style, K-Food, K-Sports 등으로 영역을 넓혀가고 있다. 한류가 한국문화를 알리는 데 결정적인 역할을 했지만 일본과 중국에서는 반한류의 움직임을 보이기도 했다. 또한 한국에서 방영된 중국드라마 〈랑야방(琅琊榜, 2013)〉, 〈무미랑전기(武媚娘传奇, 2014)〉 등이 인기를 끌면서 중국의 한류漢流가 부상하는 현상이 나타나기도 했다. 한류는 우리나라와 상대국가에서 병행될 때 한 단계 더 발전된 모습으로 지속될 수 있을 것이다. 특히 해외 한류팬의 국적에 따라 차별화된 맞춤기획을 통해 구체적인 한류유치관광 계획을 수립해 접근해야 한다.

다문화국민을 통합하는 사회관광 실현

다문화국민은 우리 사회에서 경제적으로 어려운 삶을 살기도 하고 사회적으로 소외되기도 한다. 국내에 체류하는 외국인이 200만 명이 넘는 현실에서 문화적 다양성을 관광산업에 적용하는 방법도 적극 모색해야 한다. 특히 다문화국민들이 관광서비스교육을 받는다면 다양한 국가에서 들어오는 외국인 관광객을 맞이하는 데 큰 역할을 할 것이다. 또한 경제적으로 어려운 다문화국민들을 위해 우리나라의 관광지와 문화를 경험할 수 있는 기회를 제공할 필요도 있다.

사회적 신뢰를 바탕으로 하는 관광인증제도의 도입과 확산

국민들의 관광경험이 많아지면서 이제는 경험의 질을 따지는 시대로 돌입했다. 인증제도는 고객들에게 믿고 구매할 수 있는 징표로서 역할을 할 뿐만 아니라 관광사업체의 질적 수준을 자발적으로 상승시킬 수 있는 역할을 한다. 인증제도는 숙박업, 음식점업, 여행상품, 관광지 등 다양한 분야에 적용시킬 수 있다. 관광상품은 사전경험이 불가능하기 때문에 인증제도를 통해 신뢰할 수 있는 상품 제공이 필요하다. 인증제도는 사회적으로 신뢰를 받는 기관에서 운영해야 하며 수여뿐 아니라 인증을 받은 관광사업체에 대한 사후 모니터링과 관리도 매우 중요하다.

품격 관광을 위한 여행상품시장 관리

초저가여행상품은 관광시장을 어지럽힌다. 따라서 초저가여행시장을 바로잡을 다양한 노력이 필요하다. 문화체육관광부는 2016년 불합리한 저가 여행사를 퇴출할 수 있는 삼진 아웃제 시행에 들어갔다. 그동안 여행시장의 왜곡은 상당부분 중국 여행사와 한국의 현지여행사 간 비정상적 시장거래에 의해 이루어진 측면이 많았다. 여행시장의 정상화는 정부의 강력한 지도감독과 여행업계의 자정노력에 의해 이루어져야 한다. 한편으로는 우수한 관광통역안내사와 여행사에 대한 시상과 인센티브 제공도 고려해볼 수 있다.

관광산업의 중기 전략과 실행방안

중기적인 전략으로는 3~4년 내로 추진할 수 있거나 해야만 하는 사업을 들 수 있으며, 중기적인 방안들은 다음과 같다.

지역관광의 활성화

외국인 관광객의 78.7%가 서울을 방문하고 있다. 이어서 제주도 18.3%, 경기도 13.3%로 나타났다. 지역관광이 활성화되면 지역균형발전에 도움이 될 뿐 아니라 관광객들에게도 다양한 관광경험을 제공할 수 있고 한정된 관광시설과 자원을 효율적으로 사용한다는 측면에서 매우 바람직하다. 지역관광을 활성화하기 위해서는 숙박시설과 음식점의 질적 수준 향상, 지역관광자원과 관광시설에 대한 적극적인 홍보, 지역사회의 능동적인 참여, 지역 내 편리한 교통체계 구축, 지역 고유의 특산품 및 기념품 개발과 판매 등이 필요하다.

ICT 기반의 공유경제형 융합관광 육성

ICT의 발달로 세계의 모든 정보가 내 손 안의 스마트폰에 있듯이, 국가 간 물리적 경계가 희미해지고 있다. 지구촌시대가 그야말로 펼쳐지고 있는 것이다. 스마트폰과 자동차에서 길찾기를 쉽게 할 수 있는 네비게이션 시스템 보급, e-마켓플레이스를 통한 관광정보 획득의 용이성, 에어비앤비와 같이 공유경제 플랫폼을 기반으로 하는 공유숙박시설의 등장 등이 관광시장도 확장시키고 있다. 우리나라는 ICT와 관련된 기반시설이 세계 최고 수준이다. 이러한 ICT 기술을 관광산업과 융합하여 이전의 관광 패턴과는 다른 관광상품을 발굴해야 한다.

가상·증강현실을 활용한 사이버관광 육성

2020년 가상현실 콘텐츠시장이 61조 원을 넘어설 것으로 전망되고 있듯이, 최근 들어 가상현실과 증강현실 기술을 활용한 가상체험 시스템에 대한 관심과 투자가 증가하고 있다. 가상·증강현실은 현실세계에서 경험하기 어려운 관광지를 사이버공간으로 구축하여 가상적 체험을 할 수 있도록 도와준다. 나아가 온라인 게임과 같이 스토리를 갖춘 사이버 테마파크용 시스템에 가상·증강현실을 적용시킬 수도 있을 것이다.

관광산업분야에서의 온실가스 감축을 위한 저탄소관광 준비

지구온난화를 막기 위한 온실가스 감축에 대해 관광산업도 자유롭지 않다. 관광산업은 전 세계 온실가스 발생에 약 5%의 책임을 갖고 있다. 관광객의 편의를 위한 호텔과 리조트와 같은 건축물의 조명과 냉난방서비스, 교통수단, 음식물 조리 및 폐기 등에서 온실가스가 발생한다. 따라서 온실가스 감축을 위해 저탄소관광이 되도록 환경을 개선해야 한다. 우리나라 관광분야에서는 아직 명확한 가이드라인이 수립되지 않은 채 일부 몇몇 대형사업체들이 온실가스 감축 의무를 지고 있을 뿐이다. 따라서 관광산업분야에서도 감축 계획과 가이드라인을 구체적으로 수립하는 것이 필요하다.

관광산업의 장기 전략과 실행방안

장기적인 미래전략으로는 최소한 5년 이상의 준비기간과 시행기간이 필요한 관광사업을 꼽아볼 수 있다.

인공지능 기술을 활용한 새로운 관광기반 구축

관광부문에서의 인공지능은 관광목적지에 대한 다양한 정보를 제공하고 최적의 여행프로그램을 구성하는 데 큰 역할을 할 것으로 보인다. 즉, DB화된 세계의 관광정보를 수집하고 네트워크로 구축함으로써 관광객에게 최적의 맞춤형 관광지, 호텔, 음식점, 기념품 등을 선택하는 데 '조언'할 수 있을 것이다. 인공지능 기술이 언어의 영역으로 확대된다면 관광객은 다른 나라에서도 의사소통의 문제를 겪지 않게 될 것이다. 이러한 장기 흐름을 염두에 두고 인공지능 기술과 관광정보DB 네트워크 구축 및 융합 관련 인력의 육성이 필요하다.

관광시장의 다변화를 위한 무슬림 친화형 관광환경 조성

최근 5년간 무슬림 관광객의 증가율은 11.6%로 다른 그 어떤 지역 증가율보다 높고, 1인당 지출액도 다른 지역 관광객의 2~3배에 달한다. 세계 무슬림 인구는 약 16억 명 이상으로 추산되며 세계 인구의 23% 정도를 차지한다. 한류 등의 영향으로 방한하는 무슬림 관광객이 증가하고 있지만, 아직 이들에게 서비스할 수 있는 '할랄'식당 등 무슬림 관광객의 문화와 종교적 특수성을 고려한 시설이 부족하다. 따라서 '무슬림 친화호텔Muslim Welcome Hotel'이나 '무슬림 친화 식당Muslim Welcome Restaurant'과 같이 국내 관광기반시설을 국제적으로 다변화할 필요가 있다. 무슬림 시장은 향후 중국인과 일본인 관광객에 이어 우리나라의 관광산업에 큰 영향을 미칠 새로운 시장이 될 것이다.

통일대비 남북관광 기반 강화

북한으로의 관광은 남한에 살고 있는 우리 국민들에게 미래에 대한 염원이고 희망이다. 비록 지금은 중단되었지만 우리 국민은 북한관광을 한시적이나마 경험했다. 2008년 북한관광이 전면 중지되기 전까지, 금강산 관광객은 193만 명, 개성 관광객은 11만 명 정도를 기록했다. 지금으로서는 언제 북한 관광이 재개될지 예견하기 어렵지만, 관광을 통한 교류는 평화적 환경을 만드는 데 있어 매우 중요하다. 단기적으로는 관광을 통한 남북 교류이지만 장기적으로는 통일한국을 대비하며 남한의 관광역량이 북한관광을 이끌어갈 수 있도록 준비해야 할 것이다.

'아시아 평화중심 창조국가'를 만들기 위해 네 번째 국가미래전략보고서를 내 놓습니다. 완벽하다고 생각하지 않습니다. 국가의 미래전략은 정적인 것이 아니라 동적인 것이라 생각합니다. 시대와 환경 변화에 따라 전략도 변해야 합니다. 현재를 바탕으로 미래를 바라보며 더욱 정제하고 분야를 확대하는 작업을 시작했습니다. 서울창조경제혁신센터에서 매주 금요일에 진행된 토론회 내용을 기반으로 원고를 작성하고 전문가들이 검토하였습니다. 이번에는 62개 분야의 전략을 제시하였습니다.

국가의 목적은 국민의 행복입니다. 문술리포트의 목적도 국민의 행복입니다. 국민의 행복을 생각하며, 시대의 물음에 '선비정신'으로 답을 찾고자 했습니다. 오늘 시작은 미미하지만 끝은 창대할 것입니다. 함께한 모든 분들께서 우국충정憂國衷情의 마음으로 참여해주셨습니다. 함께 해주신 모든 분들께 진심 어린 감사와 고마움의 마음, 고개 숙여 전합니다. 감사합니다.

기획위원 일동

- 2014년 1월 10일: 정문술 전 KAIST 이사장, 미래전략대학원 발전기금 215억 원 출연(2001년 바이오및뇌공학과 설립을 위한 300억 원 기증에 이어 두 번째 출연). 미래전략분야 인력 양성, 국가미래전략 연구 요청.
- 2014년 3월: KAIST 미래전략대학원 교수회의, 국가미래전략 보고서(문술리포트) 발행 결정.
- 2014년 4월 1일: 문술리포트 전담인력 채용, 기획위원회 구성.
- 2014년 4월 20일: 연구방향 결정 및 분야별 자문위원과 원고 집필자 위촉, 분야별 토론과 원고 집필 시작.
- 2014년 8월 10일: 원고 초안 수집 및 초고 검토 시작. 각 분야별로 전문가 3~5인이 원고 수정에 참여(총 100여 명).
- 2014년 10월 7일: 1차 종합 초안 바탕으로 공청회 개최(서울 프레스센터).
- 2014년 10월 23일: 국회 최고위 미래전략과정 검토의견 수렴.
- 2014년 11월 21일: 『대한민국 국가미래전략 2015』(문술리포트 2015) 출판.
- 2014년 12월 11일: 국회 미래전략최고위과정에서 문술리포트 2015 출판보고회 개최.
- 2015년 1~2월: 기획편집위원회 워크숍. 미래사회 전망 및 국가미래비전 설정을 위한 내부토론회.
- 2015년 1~12월: 국가미래전략 정기토론회(서울창조경제혁신센터) 매주 금요일 (서울창조경제혁신센터) 개최(총 45회).
- 2015년 9~12월: 광복70년 기념 〈미래세대 열린광장 2045〉 전국투어 6회 개최.
- 2015년 10월 12일: 『대한민국 국가미래전략 2016』(문술리포트 2016) 출판.
- 2015년 10~11월: 광복70년 기념 〈국가미래전략 종합학술대회〉 4주간 개최(10.13~11.3, 매주 화요일/프레스센터).
- 2015년 12월 15일: 세계경제포럼·KAIST·전경련 공동주최 〈WEF 대

한민국 국가미래전략 워크숍〉 개최.

- 2016년 1~2월: 문술리포트 2017 기획 및 발전방향 논의.
- 2016년 1월 22일: 아프리카TV와 토론회 생중계 MOU 체결.
- 2016년 1~12월: 국가미래전략 정기토론회 매주 금요일 (서울창조경제혁신센터) 개최. 2015~2016년 2년간 누적횟수 92회.
- 2016년 10월 19일: 『대한민국 국가미래전략 2017』(문술리포트 2017) 출판.
- 2017년 1~2월: 문술리포트 2018 기획 및 발전방향 논의. 새로운 과제 도출.
- 2017년 3월 17일: 국가미래전략 정기토론회 100회 기록.
- 2017년 1~3월: 국가핵심과제 12개 선정 및 토론회 개최.
- 2017년 4~11월: 4차 산업혁명 대응을 위한 과제 선정 및 토론회 개최.
- 2017년 1~12월: 국가미래전략 정기토론회 매주 금요일 (서울창조경제혁신센터) 개최. 2015~2017년 3년간 누적횟수 132회.
- 2017년 10월 25일: 『대한민국 국가미래전략 2018』(문술리포트 2018) 출판.

서론

1 대한민국의 헌법가치에도 국가목표로 국민주권-민주, 법치, 통일-평화, 인간존엄, 인권-안전보장, 행복추구, 평등, 자유 등을 명시하고 있다.

2 피터 드러커는 『21세기 지식경영』(1999)을 통해 "이미 시작된 미래사회에는 준비하고 도전하는 자만이 살아남는다"며 미래를 적극적으로 준비하고, 주도할 것을 주문했다.

3 '아시아 평화중심 창조국가'의 미래비전은 여러 많은 전문가들의 토론과 자문을 거쳐 완성되었다. 현재의 국가위기와 미래사회 변화 경향성에 대한 공유를 바탕으로 향후 30년 후를 내다보는 미래적 관점에서 가장 필요한 국가적 가치들을 수렴하는 과정에서 나온 개념이 '아시아' '중심' '평화' '창조'의 개념들이다. '중심'은 네트워크와 허브의 개념을 포괄하고 '평화'는 분단극복, 평화의 제도화라는 실질적 통일 상황을 함의하며, '창조'는 미래 과학기술, 정치, 경제, 사회문화 차원에서 가장 중요한 가치의 개념으로 모아졌다. 이외에 많이 제기된 개념은 '신뢰' '행복' '창의' '정신문화' '지속가능' '선진' '번영' 등의 개념이다.

1장

1 문화기술 진흥 전략 부분은 최연구, 〈4차 산업혁명시대의 문화기술 전략〉(최연구, KOCCA 문화기술, 2017.7) 내용을 수정, 재구성하였다.

2 소득대체율은 국민연금 가입기간 평균적으로 벌어온 소득에 비해 얼마만큼의 연금을 지급받는지를 뜻한다. 연금 가입기간의 소득평균을 현재 가치로 환산한 금액이 '평균소득'인데, 평균소득에 비한 연금 지급액으로 계산된다.

3 납세자연맹에 따르면 2016년 국민부담률은 26.3%에 도달한 것으로 나타났다. OECD 회원국의 공식적인 2016년 국민부담률은 '2017년 수입 통계(Revenue Statistics 2017)' 보고서에서 발표될 예정이다(2017년 12월).

4 이 글은 2016년 미래창조과학부의 데이터 기반 사회현안 정책지원 시범사업으로 한국정보화진흥원이 발주하고, 사단법인 미래학회가 수행한 '지능정보사회 대비 사회정책 방안 연구'의 교육 분야에서 토의된 내용들을 발췌하여 수정, 보완하였다.

5 1인가구를 제외한 추세 분석의 결과이다. 한국보건사회연구원 2016년 빈곤통계연보 98쪽.

2장

1 2017년 3월 국제공항협의회(ACI)는 2016년도 세계 공항서비스평가(ASQ)에서 인천공항이 글로벌 순위 1위를기록했다고 밝혔다.

2 주요 글로벌 시장조사기관들은 바이오의료(의약품+의료기기) 시장규모가 2014년 1조 4,000억 달러(한화 약 1,560조 원)에서 2024년에는 2조 6,000억 달러(한화 약 2,900조 원)로 늘어날 것으로 전망했다.

3 제타바이트(zettabyte, ZB) = 10^21 byte. 1제타바이트는 1,024엑사바이트(1,024PB)로 1조 1,000억 기가바이트(GB)에 해당된다.

4 Internet Privacy Act(2010), Commercial Privacy Bill of Right Act(2011)법 참조.

5 서울중앙지방법원 2011. 2. 23. 선고 2010고단5343판결 참조.

6 4D+ 감각이란, 삼차원 시각, 삼차원 음향, 진동삼과 운동감 이외에 촉감, 역감 및 기타 부가감각들이 결합된 복합감각을 의미한다.

3장

1 미국인 식물채집가가 북한에서 채취하여 미국 내 라일락 시장의 30%를 장악한 미스킴 라일락과 한라산 특유 품종으로 유럽에 반출되어 크리스마스트리로 대중적으로 사용되는 구상나무가 그 대표적인 예이다.

2 2015년 재생에너지 총 투자액은 약 2,860억 달러로 최고치를 기록했다. 재생에

너지 투자액은 석탄 및 가스 발전 투자액의 2배를 상회하는 수준으로, 절반 이상이 개발도상국에서 투자되었다(UNEP-Global Trends in Renewable Energy Investment, 2016).

3 중국은 재생에너지 설비 및 투자 분야에서 세계 1위의 국가이다.

4 기후변화대응지수(CCPI) 평가 대상에는 온실가스를 전 세계 배출량의 1% 이상 배출하는 58개 국가만 포함되어 있다. 평가에는 온실가스 배출수준, 온실가스 배출량 변화추이, 재생에너지, 에너지효율, 기후보호정책 등의 지표가 적용된다(Germanwatch & CAN Europe, 2015).

5 산업부문 감축률을 12% 이하로 낮추게 되면 감축 부담의 비산업부문 이전이 불가피해 부문 간 형평성 논란을 야기할 수 있다.

6 2017년 3월 〈스마트도시의 조성 및 산업 활성화 등에 관한 법률〉로 전면 개정되었다.

7 1단계: U-Eco City 연구(2007~2013년, 총 연구비 약 987억 원, 통합플랫폼 등 기반기술 개발). 2단계: U-City 고도화 연구(2013~2018년, 총 연구비 약 240억 원, 체험지구 등 기술고도화).

4장

1 호스피스·완화의료는 임종이 가까워진 환자가 육체적 고통을 덜 느끼고 심리적·사회적·종교적 도움을 받아 위안을 얻을 수 있도록 전문기관에서 제공하는 '돌봄' 의료서비스를 말한다. 연명의료 중단 결정은 회생 가능성이 없는 환자가 본인의 결정이나 가족의 동의를 통해 연명의료(인공호흡기 등을 이용해 생명 연장을 위한 의료행위)를 받지 않을 수 있도록 하는 제도이다.

2 특이점(singularity)은 인공지능이 비약적으로 발전해 인간의 지능을 초월하는 시점을 뜻한다. 미국 컴퓨터 과학자이자 알파고를 개발한 레이 커즈와일Ray Kurzweil 박사가 제시한 개념이다. 그는 2045년이면 인간의 사고능력으로 예상하기 어려울 정도로 획기적으로 발달된 기술이 구현되어 인간을 초월하는 순간이 올 것으로 예측했다.

5장

1 개성공단이 그것을 방증한다. 개성공단의 임금수준은 월 150달러 수준이었다. 중국과 동남아 등 전 세계 어디보다도 노동집약산업의 경쟁력이 높은 곳이 북한이다.

2 통일을 하고자 하는 목적과 국민행복, 총체적 국가발전의 가치적 측면에서 한 쪽의 급격한 붕괴에 의한 흡수통일적 상황은 남북 모두에게 재앙으로 다가오며 동반 몰락을 초래할 가능성이 높다.

3 노태우 정부 당시의 한민족공동체 통일방안에는 3원칙으로 자주, 평화, 민족대단결이었으나 김영삼 정부의 민족공동체통일방안에는 '민족대단결' 대신에 '민주'의 원칙을 넣는다.

4 2000년 6.15공동선언 2항의 합의사항이다. 2항은 남과 북은 나라의 통일을 위한 남한의 연합제안과 북한의 낮은 단계의 연방제안이 서로 공통성이 있다고 인정하고, 앞으로 이 방향에서 통일을 지향시켜 나가자는 내용을 담고 있다.

5 북한은 1960년대부터 줄기세포분야에 대한 연구를 진행해 온 것으로 알려지고 있다.

6 핵과 미사일, 위성분야 등 주요 무기산업 분야에서 상당한 기술력을 보유하고 있다.

7 중국해양석유총공사는 2004년 북한 서한만분지에서 유전을 확인하고 경제성 있는 매장가능성을 추정했다. 북한의 유전탐사지역은 서한만분지 외에도 동한만분지, 남포, 평양분지, 안주분지, 길주분지, 경성만분지 등 총 7개 지역이다. 영국의 석유회사 아미넥스도 북한 원유와 천연가스 개발에 참여하고 있다.

8 북한의 희토류 매장량과 관련하여 영국 외교전문지 더디플로매트(DP)는 그 규모가 기존 세계 전체 매장량의 2배에 이르는 2억 1,600만 톤, 금액으로 수조 달러에 달하는 규모라고 밝혔다(경향신문, 2014.1.22). 일각에서는 희토류의 품위와 경제성을 확신할 수 없다는 분석도 없지 않다.

9 북한은 국가운영 특성상 1960년대 이후 국가적 차원의 분야별 자료와 정부통계를 대내외적으로 공표하지 않는다. 대부분의 통계들은 국제기구나 국제사회가 간접자료들을 가지고 추정하는 것들이 대부분이다.

10 한 가지 예로서 DEW(Directed Energy Weapons)와 같은 레이저 무기개발이다. DEW에는 레이저 무기 외에도 Electron Beam Gun과 같은 무기가 있으나 강대국들이 선호하는 분야는 레이저 무기에 더 관심을 보이고 있다. 현재 연구 추세로 레이저 무기는 곧 실용화가 될 것이며, 100~200km 사정거리에서 미사일 격추가 가능한 무기도 15년 이내에 나타날 것으로 예측되고 있다.

11 예를 들면, Alvin Toffler (1991), Omae Kennichi (1995), Otto Depenheuer (2005) 등이다.

12 예를 들면, 중앙은 외교·국방·통상·통화·금융 등 국가차원의 초광역적 사무를, 광역시·도는 교육·경찰·사회자본정비·산업활성화정책 등의 광역자치사무를 수행하며, 시·군·자치구는 생활환경개선·주민밀착서비스 등의 기초자치사무를 수행하는 것으로 사무 및 기능을 재배분할 수 있다.

13 중앙권한의 지방이양을 통한 지방정부의 기능과 역할의 강화를 위한 선진국 입

법사례로는 영국의 〈웨일즈 지방자치법(1998)〉, 프랑스의 〈지방이양일괄법(1985)〉, 일본의 〈지방분권일괄법(1999)〉을 꼽을 수 있다.

14 비전, 전략, 주요정책과제는 〈경찰미래비전 2045 연구보고서〉 (KAIST문술미래전략대학원, 2015)를 토대로 정리하였다.

6장

1 2014년 기준 국제통화기금(IMF)에 따르면 삼성전자 매출액은 1,959억 2,000만 달러(223조 9,000억 원)로 한국의 명목 국내총생산액(GDP)인 1조 4,169억 달러(1,691조 원)의 13.83%에 달한다. 삼성그룹 매출액으로 따지면 2014년 기준 GDP 대비 20.4%.

2 KT경제경영연구소의 '노키아의 위기가 핀란드에 미치는 영향 및 시사점'에 따르면 노키아는 2010년 핀란드 GDP의 24%를 차지했다.

3 마크 저커버그 페이스북 최고경영자(CEO)는 2017년 6월 27일 페이스북 월간 활동사용자가 20억 명을 돌파했다고 밝혔다.

4 미국 빅데이터 분석업체인 렉시스넥시스의 2016년 매출은 4조 원. 국내 전체 빅데이터 분석업계 총 매출은 이에 훨씬 못 미쳤다. 국내 개인정보보호 관련 규제 때문이다.

5 Reference Architecture Model of Industry 4.0

6 한국은 2018년 고령사회(노인인구 비중 14%), 2026년 초고령사회(20.8%)로 진입이 예상된다.

7 합계출산율은 가임여성(15~49세)이 가임기간 동안 낳을 것으로 예상되는 자녀의 수이다.

8 2014년 기준 우리나라의 GDP 대비 사회복지지출의 비율은 10.4%로 OECD 28개 조사 대상국 가운데 28위를 차지했다.

9 시공간의 제약을 받지 않고 5~15분의 짧은 시간 동안 간편하게 즐길 수 있는 문화콘텐츠나 문화콘텐츠 소비 트렌드를 일컫는다. 웹툰이나 웹드라마가 대표적이다. 한경경제용어사전.

10 스마트폰, 태블릿PC, TV 등 디바이스에 관계없이 원하는 콘텐츠를 즐길 수 있는 서비스. 네이버 미디어백과.

11 The Future of Jobs, WEF, 2016.

7장

1 인도네시아의 주요 광산물 원광수출 금지(2014)와 콩고민주공화국의 동, 코발트

정광수출 금지 및 현지제련 의무화(2015) 등.

2 구리의 경우, 칠레 주요 동광산의 조업 평균품위는 2005년 1%에서 2013년 0.70%로 저하되었으며, 생산비용(조업코스트)은 2005년보다 2013년 2.24배 증가하였다(칠레동위원회, 2014).

3 미국은 2012년 미 금융 규제개혁법 제1502조(일명 Dodd-Frank법)제정으로 DR콩고 및 주변지역에서 생산되는 분쟁광물(콜탄, 주석, 금, 텅스텐 광물과 파생품. 단, 금 파생품 제외) 사용 여부에 대한 정보를 미국상장기업들에게 보고 및 표시할 것을 의무화하였다. OECD는 〈Due Diligence Guideline for Responsible for Supply Chains of Minerals from Conflict-Affected and High-Risk Areas〉(2012)를 발표하였다. 분쟁지역 및 고위험지역에서 생산되거나 경유하는 4종(탄탈륨, 주석, 텅스텐, 금)에 대한 공급망관리 방침을 OECD가맹국에게 알리는 내용이었다.

4 과거에는 선광기술 및 제련기술이 발달되어 있지 않아, 과거에 발생된 광물자원찌꺼기, 제련 슬래그에는 일반 광산에서 채굴되는 광석품위 못지 않게 금속량이 남아 있는 경우가 많았다. DR콩고의 경우에는 이러한 폐자원에 대해서 광업권을 부여하고 있으며, 대표적인 'Big Hill' 프로젝트는 DR콩고 내에서 수익성이 높은 대표적인 사업으로 평가되고 있다.

5 Accenture사(2015)의 조사에 따르면 메이저 석유가스개발기업 중에 디지털기술을 활용하는 것이 자원개발 상류부문에 더 많은 가치를 창출할 것이라고 응답한 비율이 89%이며, 디지털 기술접목을 계획하고 있는 기업은 80%에 달했다. 미국 Chevron사는 'i-field'라는 빅데이터 관리시스템을 기반으로 시추현장과 저류층 모델 간의 데이터를 실시간으로 비교, 관리하고 있다.

6 "지속가능한 자원관리는 경제효율성과 사회적 형평성을 고려하면서, 물질의 전주기 과정에서 발생하는 환경 부하를 저감하고, 천연자원을 보전하는 것을 목표로 하는 통합적인 활동으로 지속가능한 자원 이용을 추구하는 접근이다" (OECD, 2005).

7 자원순환이란 자원이 환경으로부터 채굴되어 경제활동으로 소비되고 내구연한을 다한 후 폐기되어 환경으로 나가는 open system(환경에서 채굴되어 마지막에 다시 환경으로 배출)이 아니라 다시 경제계 내로 순환되어 들어가는 closed system(환경에서 채굴되어 환경으로 배출되지 않고 다시 활용)으로 만들어 가자는 개념이다.

8. 주거소요란 일정 공간에 거주하면서 필요한 모든 서비스를 일컫는다.

강대중, 〈평생교육법의 한계와 재구조화 방향 탐색〉, 평생학습사회, 5권 2호, 2009.
강상백, 권일한, 구동화, 〈스페인 바르셀로나 스마트시티 성과 및 전략분석〉, 지역정보화지, 11+12월호, 2016.
강신욱, 이병희, 장수명, 김민희, 〈고용·복지·교육연계를 통한 사회적 이동성 제고방안 연구〉, 사회통합위원회, 2010.
강창구, 하태진, 오유수, 우운택, 〈유비쿼터스 가상현실 구현을 위한 증강현실 콘텐츠 기술과 응용〉, 전자공학회지 38권 6호, 2011.
강환구 외, 〈우리경제의 성장잠재력 추정결과〉, 한국은행, 2016.3.
강희정 외, 〈한국의료 질 평가와 과제: 한국의료 질 보고서 개발〉, 한국보건사회연구원, 2014.
경제사회발전노사정위원회, 〈더 나은 내일을 위한 오늘의 개혁: 노동시장 구조개선을 위한 사회적 대타협〉, 2015.
고병헌, 〈평생학습-삶을 위한 또 다른 기회인가, 교육불평등의 확대인가〉, 평생교육학 연구, 9권 1호, 2003.
고영상, 〈한국 평생교육법제 변화 과정과 주요 쟁점〉, 한국평생교육HRD연구, 6권 3호, 2010.
고용노동부, 〈2013 고용형태별근로실태조사〉, 2013.
고용노동부, 〈고용형태공시제 시행 2년차, 어떤 변화가 있나?〉, 고용노동부 보도자료, 2015.6.
고용노동부, 〈사업체 노동력 조사보고서〉, 2017.3.
고용노동부, 〈알기 쉬운 임금정보〉, 2014.

곽삼근, 〈평생교육학 연구〉, 『교육학연구 50년』, 이화여자대학교 한국문화연구원(편). 이화여자대학교출판부, 2004.
곽삼근, 〈평생학습사회의 성인학습자와 고등교육개혁의 과제〉, 평생학습사회, 9권 3호, 2013.
관계부처합동, 〈제3차 국가생물다양성전략〉, 2014.
관광지식정보시스템(www.tour.go.kr), 〈국가별 관광산업기여도〉, 2016.
국가과학기술자문회의, 〈성장과 복지를 위한 바이오 미래전략〉, 2014.
국가생물자원프로젝트(NRBP)(http://www.nbrp.jp/about/about.jsp).
국경복, 『재정의 이해』, 나남, 2015
국립국어원, 〈국어정책 통계조사〉, 2014.
국립환경과학원, 〈산림의 공익기능 계량화 연구〉, 2011.
국방부, 〈국방백서〉, 2014.
국토교통부, 〈2012년 주거실태조사 통계보고서〉, 2012.
국토교통부, 〈제2차 장기('13~'22) 주택종합계획〉, 2013.
국회예산정책처, 〈2016. 대한민국재정〉, 2016.
국회예산정책처, 〈2017년 및 중기경제전망〉, 2016.9.
국회예산정책처, 〈한반도 통일의 경제적 효과〉, 2014.
권태영 외, 〈21세기 정보사회와 전쟁양상의 변화〉, 한국국방연구원, 1998.
권택민, 『4차산업혁명과 스마트경제하에서의 콘텐츠산업의 이해』, 한국게임학회, 홍릉출판사, 2017.
기획재정부, 〈2016. 장기재정전망〉, 2015.12.
김경동, 〈왜 미래세대의 행복인가?〉, 미래세대행복위원회 창립총회, 2015.
김경전, 〈IBM 인공지능 왓슨의 공공부문 활용사례〉, 서울대학교 행정대학원 정책&지식 포럼 발표문, 2017.
김남조, 〈관광통역안내사의 질 높은 서비스 제공 조건〉, 한국관광정책, 63호, 2016.
김문수, 〈한국의 선진화를 위한 국가경영체제〉, 전국시도지사협의회 제2차 권역별 지방분권토론회, 2013.
김미곤 외, 〈복지환경 변화에 따른 사회보장제도 중장기 정책방향 연구〉, 한국보건사회연구원, 2017.
김상배, 〈4차 산업혁명과 한국의 미래전략: 국제정치학의 시각〉, 국제정치학회 발표문, 2016.12.
김영정, 〈균형발전 정책과 지방분권 논쟁〉, 균형발전정책과 지방분권 제5차 토론회 자료집, 2010.
김완호, 〈어순중심의 사고구조 변환법을 통한 영어교수 학습방법의 전환〉, 국가미래전략 정기토론회, 2015.
김용일, 〈김대중 정부의 교육정책 결정 구조〉, 한국교육정치학회 38차 춘계학술대회 논문집, 2015.
김유선, 〈한국의 노동 2016〉, 현안과 정책, 제117호, 2016.
김윤종, 이새샘, 〈중드에 꽂힌 한국… 漢流가 韓流를 넘보다〉, 동아일보, 2016.3.
김은, 〈인더스트리 4.0의 연혁, 동향과 방향 전망〉, 산업연구원 정책과 이슈, 2017.
김인춘, 고명현, 김성현, 암논 아란, 〈생산적 복지와 경제성장〉, 아산정책연구원, 2013.
김종면, 〈세종학당 새로운 10년의 역사 써야〉, 정책브리핑, 2017.6.
김종일, 강동근, 〈양극화지표를 통해 본 대·중소기업의 생산성 격차 추이〉, 사회과학연구, 19권 2호, 2012.
김진하, 〈미래사회 변화에 대한 전략적 대응방안 모색〉, KISTEP InI, 15호, 2016.8.
김평수, 윤홍근, 장규수, 『문화콘텐츠 산업론』, 커뮤니케이션북스, 2016.
김흥광, 문형남, 곽인옥, 『4차 산업혁명과 북한』, 도서출판 수인, 2017.
김희삼, 〈세대 간 계층 이동성과 교육의 역할〉, 김용성, 이주호 편, 〈인적자본정책의 새로운 방향에 대한 종합연구보고서〉, KDI, 2014.
남기업, 〈부동산소득과 소득불평등, 그리고 기본소득〉, 현안과 정책, 제158호, 2016.
노광표, 〈노동개혁, 원점에서 다시 시작하자〉, 현안과 정책, 제104호, 2015.
댄 히스, 칩 히스, 『스위치』, 안진환 옮김, 웅진지식하우스, 2010.
데이비드 타이악, 래리 큐반, 『학교없는 교육개혁: 유토피아를 꿈꾼 미국교육』, 권창욱, 박대권 옮김, 럭스미디어, 2011.
로마클럽, 〈성장의 한계(The Limits To Growth)〉, 1972.
로버트 D. 퍼트넘, 『나 홀로 볼링』, 정승현 옮김, 페이퍼로드, 2009.
리처드 리키, 『제6의 멸종』, 황현숙 옮김, 세종서적, 1996.
마크 라이너스, 『6도의 악몽』, 이한중 옮김, 세종서적, 2008.
문용린, 〈행복교육의 의미와 과제〉, KAIST 국가미래전략 정기토론회, 2015.
문화체육관광부, 〈2015국민여행실태조사(분석편)〉, 2016.5.
미래창조과학부 미래준비위원회, KISTEP, KAIST, 『10년후 대한민국: 뉴노멀시대의 성장전략』, 시간여행, 2016.
미래창조과학부, 〈2015년 생명자원연구 시행계획〉, 2015.
미래창조과학부, 〈사물인터넷 기본계획〉, 2014.4.
미래창조과학부, 방송통신위원회, 〈2015년도 방송산업 실태조사 보고서〉, 2015.11.
박가열 외, 『미래의 직업연구』, 한국고용정보원, 2013.
박남기, 『교육전쟁론』, 장미출판사, 2003.
박남기, 〈'밝은 점' 찾기 전략〉, 교육전남, 2010.
박남기, 〈미래교육의 새 패러다임〉, 미래창조과학부 국가미래전략종합학술대회 자료집, 2015.
박남기, 〈실력주의사회에 대한 오해(1): 실력주의사회 기본 가정 해체. 교육을 바꾸는 사람들〉, 공교육희망, 2016.

박남기, 〈실력주의사회에 대한 오해(2): 비실력적 요인에 대한 생각 해체. 교육을 바꾸는 사람들〉, 공교육희망, 2016.
박남기, 〈유·초등교육의 발전 과제: 교육전쟁을 넘어 교육평화로〉, 한국교육학회 2008 춘계학술대회 자료집.
박남기, 〈학교혁신의 방향과 과제: 교육개혁을 위한 새패러다임 탐색〉, 한국교원단체총연합회 5·31 교육개혁 20주년 연속 세미나 자료집, 2015.
박남기, 김근영, 『학부모와 함께 하는 학급경영』, 태일사, 2007.
박남기, 임수진, 〈5·31 대학교육 혁신의 영향과 과제: 대학설립 준칙주의와 정원 자율화 정책을 중심으로〉, 한국교원단체총연합회 5·31 교육혁신 20주년 연속 세미나 자료집, 2015.
박세일, 〈21세기 선진통일을 위한 교육개혁: 철학과 전략〉, 국회미래인재육성포럼, 한반도선진화재단, 미래인재육성 대토론회, 5·31 교육개혁 20주년 세미나 자료집, 2015.
밥 루츠, 『빈 카운터스』, 홍대운 옮김, 비즈니스북스, 2012.
방태웅, 〈에너지와 4차 산업기술의 융복합, 에너지 4.0〉, 융합연구정책센터, 59호, 2017.
배달형, 〈작전활동의 확장과 통합에 관한 소고〉, 한국국방연구원 주간국방논단, 1623호, 2016.
배정옥, 〈중동에서 유행하는 한류콘텐츠〉, 한국문화관광연구원 웹진 문화관광, 2016.6.
법무부, 〈출입국·외국인정책 통계연보〉, 2016.
보건의료미래위원회, 〈2020 한국의료의 비전과 정책방향〉, 2011.
산림청, 〈생물다양성과 산림〉, 2011.
산업연구원, 〈4차 산업혁명이 한국제조업에 미치는 영향과 시사점〉, 정책자료, 2017.
산업연구원, 〈한국경제의 일본형 장기부진 가능성 검토〉, 2015, 산업경제정보 제610호.
삼정KPMG경제연구원, 〈4차 산업혁명과 초연결사회, 변화할 미래산업〉, Issue Monitor, 68호, 2017.1.
생명공학정책연구센터, 〈Bioin 스페셜 생명연구자원〉, 2013.
생물다양성협약 제2조.
생물다양성협약사무국, 〈제4차 지구생물다양성전망〉, 2014.
서영정, 이영호, 우운택, 〈유비쿼터스 컴퓨팅에서의 가상현실과 상호작용〉, 정보과학회지 24권 12호, 2006.
서용석 외, 『미래세대의 지속가능발전조건: 성장·환경·복지의 선순환』, 미래사회협동연구 총서, 경제·인문사회연구회, 2011.
서용석, 〈세대 간 형평성 확보를 위한 미래세대의 정치적 대표성 제도화 방안 연구〉, 한국행정연구원, 2014.
서용석, 〈지속가능한 사회를 위한 '미래세대기본법' 구상 제언〉, 과학기술정책연구원 미래연구포커스, Future Horizon Autumn, 22호, 2014.
서울특별시, 『시민과 서울시, SNS로 통(通)하다』, 청송문화인쇄사, 2013.

서일홍, 〈AI and Robot AI: Dream & Future〉, 미래성장동력 오픈톡 플레이 발표 자료, 2016.
설동훈, 〈국제결혼이민과 국민·민족 정체성: 결혼이민자와 그 자녀의 자아 정체성을 중심으로〉, 경제와사회 103호, 2014.
설동훈, 〈다문화 사회에서의 문화 상호 교류〉, 새국어생활, 18권 1호, 2008.
설동훈, 〈한국의 인구고령화와 이민정책〉, 경제와사회, 106호, 2015.
성명재, 〈인구·가구특성의 변화가 소득분배구조에 미치는 영향 분석 연구〉, 사회과학연구, 22권 2호, 2015.
성지은 외, 〈저성장시대의 효과적인 기술혁신지원제도〉, 정책연구, 2013.12.
성지은, 박인용, 〈저성장에 대응하는 주요국의 혁신정책 변화 분석〉, Issues&Policy, 68호, 2013.
셰리 터클, 『외로워지는 사람들』, 이은주 옮김, 청림출판, 2012.
손수정, 〈제4차산업혁명, 지식재산 정책의 변화〉, STEPI Insight, 197호, 2016.
손재권, 〈인공지능 시대, 기자와 언론의 미래는〉, 관훈저널, 139호, 2016.
송호근, 〈시민교육, 더 이상 늦출 수 없다〉, 동아일보 심포지엄: 무한경쟁에서 개성존중의 시대로, 2015.
송호근, 〈우리는 아직도 '국민' 시대를 산다〉, 중앙일보, 2014.12.2.
스마트과학관. http://smart.science.go.kr/index.action
신광영, 〈2000년대 한국의 소득불평등〉, 〈현안과 정책〉, 제159호, 2016.
신우재, 조영태 〈영국 정부의 스마트시티 구축 노력과 시사점〉, 국토 416호, 2016.
신춘성, 오유수, 서영정, 윤효석, 우운택, 〈모바일 증강현실 서비스 동향과 지속 가능한 콘텐츠 생태계 전망〉, 정보과학회지, 28권 6호, 2010.
실감교류인체감응솔루션 연구단(http://www.chic.re.kr/)
아주대중국정책연구소, 〈사드 도입 논쟁과 중국의 對韓 경제보복 가능성 검토〉, 2016.
안병옥, 〈기후변화 에너지 법제 개선방안 연구〉, 국회기후변화포럼, 2014.
안와르 샤, 〈비교 관점에서 본 경제성장의 촉매제로서 지방정부의 역할〉, 한국지방행정연구원 세미나, 2010.
안정헌, 〈Sense group grammar〉, 5차원전면교육협회 학술대회 학술지, 2016.
안종범, 안상훈, 전승훈, 〈복지지출과 조세부담의 적정 조합에 관한 연구〉, 사회보장연구, 26권 4호, 2010.
앤디 하그리브스, 데니스 셜리, 『학교교육 제4의 길』, 이찬승, 홍완기 옮김, 21세기교육연구소, 2015.
앨빈 토플러, 『미래의 충격』, 장을병 옮김, 범우사, 2012(1986년).
앨빈 토플러, 『제3의 물결』, 원창엽 옮김, 홍신문화사, 2006.
앨빈 토플러, 정보통신정책연구원, 〈위기를 넘어서: 21세기 한국의 비전〉, 정보통신정책연구원, 2001.

앨빈 토플러, 하이디 토플러, 『전쟁 반전쟁』, 김원호 옮김, 청림출판, 2011.
에릭 브린욜프슨, 앤드루 매카피, 『기계와의 경쟁』, 정지훈, 류현정 옮김, 티움, 2011.
에스놀로그(http://www.ethnologue.com), 2014.
여유진, 정해식, 김미곤, 김문길, 강지원, 우선희, 김성아, 〈사회통합 실태진단 및 대응방안II: 사회통합과 사회이동〉, 한국보건사회연구원, 2015.
연승준 외, 〈IoT 플랫폼 현황분석 및 시사점〉, ETRI Insight Report, 2016.
영화진흥위원회, 〈2015년 한국영화산업 결산〉, 2016.2.
영화진흥위원회, 〈한국영화진흥종합계획 2016~2018〉, 2016.3.
오마에 겐이치, 『국가의 종말』, 박길부 옮김. 한언, 1996.
오윤경, 〈통일세대를 위한 수용성 교육의 의의〉, KAIST 국가미래전략 정기토론회, 2015.
온실가스종합정보센터, 〈2015 국가 온실가스 인벤토리 보고서〉.
외교부, 〈주요국 대상 한국이미지조사 결과 발표회〉, 2014.7.25.
요트타 에스핑-안데르센, 『끝나지 않은 혁명』, 주은선, 김영미 옮김, 나눔의집, 2014.
우운택, 이민경, 〈증강현실 기술 연구 동향 및 전망〉, 정보처리학회지, 11권 1호, 2004.
원동연, 『5차원독서법과 학문의 9단계』, 김영사, 2000.
유재국, 〈인구구조변화와 정책적 시사점〉, 국회입법조사처 이슈와 논점, 2013.8.
유종일, 〈한국의 소득불평등 문제와 정책대응 방향〉, 현안과 정책, 제152호, 2016.
윤덕민, 〈미래를 위한 통일교육 전략〉, KAIST 국가미래전략 정기토론회, 2015.
윤석명, 〈인구고령화를 반영한 공적연금 재정전망과 정책과제〉, 보건복지포럼, 2011.
이건범, 〈한국의 소득이동: 현황과 특징〉, 경제발전연구, 15권 2호, 2009.
이광형, 〈인식의 틀과 가치좌표〉, KAIST 국가미래전략 정기토론회 자료집, 2016.
이기우, 〈지방분권, 지방발전, 국가발전〉, 강원포럼, 2013.
이대호, 〈디지털제조의 이해와 정책 방향〉, 정보통신정책연구원, 2013.
이민화, 〈국가구조개혁〉, 창조경제연구회 32차 포럼, 2016.
이병희, 장지연, 황덕순, 김혜원, 반정호, 〈한국형 실업부조 도입 방안〉, 한국노동연구원, 2013.
이삼식 외, 〈2015년 전국 출산력 및 가족보건·복지실태조사〉, 한국보건사회연구원, 2015.
이삼식 외, 〈고령화 및 생산가능인구 감소에 따른 대응전략 마련 연구〉, 보건복지부·한국보건사회연구원, 2015.
이삼식 외, 〈미래 인구변동에 대응한 정책방안〉, 보건복지부, 한국보건사회연구원, 2011.
이삼식, 이지혜, 〈초저출산현상 지속의 원인과 정책과제〉, 한국보건사회연구원, 2014.
이상오, 『지식의 탄생』, 한국문화사, 2016.
이영호, 김기영, 신춘성, 우운택, 〈유비쿼터스 가상현실에서 디지로그형 u-콘텐츠 기술

동향 및 응용〉, 정보과학회지, 26권 12호, 2008.
이영호, 신춘성, 하태진, 우운택, 〈스마트 환경을 위한 유비쿼터스 가상현실 구현기술 및 응용〉, 한국멀티미디어 학회지, 13권 3호, 2009.
이장원, 전명숙, 조강윤, 〈격차축소를 위한 임금정책: 노사정 연대임금정책 국제비교〉, 한국노동연구원, 2014.
이지순, 서용석, 『미래세대의 지속가능발전조건: 성장 환경 복지의 선순환』, 박영사, 2012.
이한진, 〈대한민국 수학교육의 진단과 미래비전〉, 5차원전면교육협회 학술대회 학술지, 2016.
이화여자대학교 한국문화연구원, 『교육학 연구 50년』, 혜안, 2004.
이희수, 〈학습사회에서 학습경제로의 전환 논리와 그 의미〉, 평생교육학연구, 7권 1호, 2001.
일 예거, 『우리의 지구, 얼마나 더 비틸 수 있는가』, 김홍옥 옮김, 길, 2010.
임경호, 〈수용성교육을 통한 통일이후 통합교육 방안〉, 5차원전면교육협회 학술대회 학술지, 2016.
임성희, 〈4차 산업혁명시대, 콘텐츠산업의 미래〉, 콘텐츠산업 진흥 연속기획 세미나, 한국콘텐츠진흥원, 2017.4.
임재규, 〈산업부문의 전력수요관리정책 추진방향에 대한 연구〉, 에너지경제연구원, 2013.
임정선, 〈IoT-가속화되는 연결의 빅뱅과 플랫폼 경쟁의 서막〉, KT 경제경영연구소 Special Report, 2015.
자크 아탈리, 『합리적인 미치광이』, 이세욱 옮김, 중앙 M&B, 2001.
자크 엘루, 『기술의 역사』, 박광덕 옮김, 한울, 2011.
장필성. 〈다보스포럼: 다가오는 4차 산업혁명에 대한 우리의 전략은?〉, 과학기술정책, 26권 2호, 2016.
장홍석, 〈오픈소스 S/W 글로벌 동향과 우리기업의 해외 진출방안〉, 한국무역협회 국제무역연구원, 2016.7.
전병유, 〈한국 노동시장에서의 불평등과 개선방향〉, 현안과 정책, 제153호, 2016.
전재완, 〈4차 산업혁명 시대의 에너지정책〉, KIET 산업연구원, 산업통상자원부 산업연구원 정책간담회 발표자료, 2017.
정경희 외, 〈2014년도 노인실태조사〉, 보건복지부·한국보건사회연구원, 2014.
정경희 외, 〈신노년층 출현에 따른 정책과제〉, 한국보건사회연구원, 2010.
정연우, 양지환, 박양주, 나덕승, 이수빈, 〈The 4th Industrial Revolution: 거대한 물결의 시작〉, 대신증권 전략리서치팀, Issue Report, 2017. 3.
정영호, 2013, 〈고령자의 복합만성질환 분석〉, 한국보건사회연구원 Issue&Focus. 2013.6.

정용덕, 〈바람직한 문명 발전을 위한 국가 행정 제도화 시론: 공익 개념을 중심으로〉, 행정논총, 53권 4호, 2015.
정지웅, 김지자, 『사회교육학개론』, 서울대학교 출판부, 1986.
정해식 외, 〈사회통합 실태 진단 및 대응방안(Ⅲ)- 사회통합 국민인식〉, 한국보건사회연구원, 2016.
제리 카플란, 『인간은 필요 없다』, 신동숙 옮김, 한스미디어, 2016.
조명래, 〈격차의 새로운 양상과 통합적 균형발전〉, NGO연구, 8권 2호, 2013.
조명래, 〈지역격차의 현황과 양상변화〉, 현안과 정책, 2016.
조병수, 김민혜, 〈고용의 질적 수준 추정 및 생산성 파급효과 분석〉, 조사통계월보, 69권 10호, 2015.
조성호, 〈왜 지방분권인가?〉, 전국시도지사협의회 제2차 권역별 지방분권토론회, 2013.
조영신, 〈4차 산업혁명과 미디어〉, 한국방송학회 학술대회 논문집, 2016.
조영태, 〈스마트시티 국내외 현황〉. 도시문제, 52권 580호, 2017.
지방자치발전위원회, 〈지방자치발전 종합계획〉, 2014.
차원용, 〈미국의 드론 정책·전략 집중분석〉, IPNomics/IT News/스마트앤컴퍼니, 2016.9.
차원용. 〈글로벌 드론 특허 130개 집중분석〉, IPNomics/IT News/스마트앤컴퍼니, 2016.11.
최계영, 〈4차 산업혁명과 ICT〉, 정보통신정책연구원, 2017.2.
최광, 〈소득 양극화: 인식 진단 및 처방〉, KIPA 조사포럼, 4호, 2013.
최석현, 〈제4차 산업혁명시대, 일자리 전략은?〉 이슈&진단, 273호. 2017.4.
최성은, 양재진, 〈OECD 국가의 여성 일-가정양립에 대한 성과〉, 한국정책학회보, 23권 3호, 2014.
최성철, 〈베이비붐세대가 국민연금에 미치는 영향에 관한 연구〉, 원광대학교 대학원 박사학위논문, 2008.
최연구, 『4차 산업혁명시대 문화경제의 힘』. 중앙경제평론, 2017.
최연구, 〈4차 산업혁명시대의 문화기술 전략〉, KOCCA 문화기술, 2017.
최연구. 〈기술의 미래? 문제는 인간의 미래〉. 월간 〈테크엠〉. 2017.7.
최연구. 〈문화 없는 기술이 맹목인 이유〉. 디지털타임스, 2017.3.
최윤식, 『2030 대담한 미래』, 지식노마드, 2013.
최호철, 〈2014년 국어정책 통계조사〉, 국립국어원, 2014.
칼리지보드(http://www.collegeboard.com), 2014.
클라우스 슈밥 외, 『4차 산업혁명의 충격』, 김진희 외 옮김, 흐름출판. 2016.
클라우스 슈밥, 『클라우스 슈밥의 제4차 산업혁명』, 송경진 옮김, 새로운 현재, 2016.
통계청 보도자료, 〈한국표준직업분류(KSCO) 개정고시〉, 2017.7.
통계청, 〈2016년 3월 온라인쇼핑 동향〉, 2016.

통계청, 〈가계금융·복지조사〉, 2016.
통계청, 〈경제활동인구조사 근로형태별 부가조사 결과〉, 2016.8.
통계청, 〈경제활동인구조사 부가 조사〉, 2015.
통계청, 〈경제활동인구조사 부가조사(고용보험과 공적연금 가입실태)〉, 2014.
통계청, 〈경제활동인구조사-근로형태별 사회보험 가입자 비율 및 증감〉, 2016.
통계청, 〈경제활동인구조사-근로형태별 월평균 임금 및 증감〉, 2016.
통계청, 〈사회조사-계층의식(13세 이상 인구)〉, 2015.
통계청, 〈장래인구추계(2015 인구총조사 기준)〉, 2016.
통계청, 〈지역별 고용조사-연령대별 경력단절 여성〉, 2016.
통계청, 〈통계로 본 온라인쇼핑 20년〉, 2016.
통계청, 〈한국의 사회지표〉, 2016.
트렌즈지 특별취재팀, 『10년 후 시장의 미래: 세계경제를 뒤흔드는 28가지 트렌드』, 권춘오 옮김, 일상이상, 2014.
페르난도 트리아스데 베스, 『시간을 파는 남자』, 권상미 옮김, 21세기북스, 2006.
한경혜 외, 〈한국의 베이비 부머 연구〉, 서울대학교 노화·고령 사회연구소, 2011.
한국고용정보원 보도자료, 〈AI-로봇-사람, 협업의 시대가 왔다!〉. 2016.3.
한국고용정보원, 〈미래의 직업연구〉, 2013.
한국과학기술평가원, 〈제4회 과학기술예측조사 2012~2035 총괄본〉, 2012.
한국관광공사, 〈중동 관광시장조사〉, 2007.
한국교육개발원, 〈교육과 사회계층이동 조사연구〉, 2011.
한국교육개발원, 〈한국사회교육의 과거·현재·미래 탐구〉, 한국교육개발원, 1993.
한국문화관광연구원, 〈2015 외래관광객실태, 그것이 알고 싶다〉, KTCI-Info, 제6호, 2016.5.
한국문화관광연구원, 〈한·중·일 관광교류 현황(2015년 연간 및 2016년 1월)〉, 투어고 포커스 제198호, 2016.3.
한국문화산업교류재단 조사연구팀, 〈한류리포트글로벌 한류 동향〉 105호, 111호, 112호.
한국문화산업교류재단, 『2015 대한민국 한류백서』, 2016.
한국보건사회연구원, 〈사회통합 실태진단 및 대응방안 Ⅱ〉, 2015.
한국보건산업진흥원, 〈2015년 화장품산업 분석 보고서〉, 2016.
한국사회갈등해소센터, 〈4차 한국인의 공공갈등 의식조사〉, 2016.
한국생명공학연구원, 〈나고야의정서 주요국 현황: (제1권) 아시아와중동〉, 2015.
한국생명공학연구원, 〈바이오산업과 나고야의정서〉 2011.
한국에너지공단, 〈에너지 분야의 4차 산업혁명, Energy 4.0〉, 2017.
한국영화진흥위원회, 〈디지털 온라인 시장 진단〉, 2016.6.
한국은행, 〈국민계정〉, 2016.3.

한국은행, 〈우리나라의 고용구조 및 노동연관 효과〉, 2009.8.
한국조세연구원, 〈미래 환경 변화에 대비한 조세체계 개편방안 연구〉, 2011.
한국콘텐츠진흥원, 〈괄목상대, 웹콘텐츠의 눈분신 변신〉, 케이콘텐츠, 2017.2.
한국콘텐츠진흥원, 〈빅데이터 시장 현황과 콘텐츠산업 분야에 대한 시사점〉, 코카 포커스, 2014.
한국콘텐츠진흥원, 〈인간, 콘텐츠, 그리고 4차 산업혁명〉. 코카포커스. 2017.
한국환경산업기술원, 〈녹색소비생활 확산을 위한 그린카드제도 운영현황 및 추진방안〉, 2013.
한만중, 〈5·31 교육개혁 평가와 진보적 교육개혁의 전망〉, 새정치민주연합 특별위원회 제4차 교육포럼 자료집, 2015.
한표환 외, 〈지방자치법 실태분석 및 개선방안〉, 대통령소속 지방자치발전위원회 보고서, 2015.
한표환, 〈행복한 주민, 살기 좋은 지역을 위한 정책방향〉, 지역발전위원회 세미나 자료집, 2012.
행정자치부, 〈정부지식 공유활용기반 고도화(2차) 제안요구서〉, 2016.
허재준, 〈산업4.0시대 노동의 변화와 일자리 창출〉, 한국노동경제학회 정책세미나 발표논문, 2017.
허찬국, 〈저성장 시대 기회요소와 위험 요소〉, CHIEF EXECUTIVE, 2007.3.
현대경제연구원, 〈국내 MICE산업 경쟁력 현황과 시사점〉, 2014.3.
홍일선, 〈세대간 정의와 평등: 고령사회를 대비한 세대간 분배의 불균형문제를 중심으로〉, 헌법학연구, 16권 2호, 2010.
환경부, 〈제5차 환경보전중기종합계획〉, 2013.
환경부, 〈환경보전에 대한 국민인식조사〉, 2013.
환경성 생물다양성(http://www.biodic.go.jp/biodiversity/about/initiatives/)
황덕순, 이병희, 〈활성화 정책을 통한 근로빈곤층 지원 강화 방안〉, 사회통합위원회, 한국노동연구원. 2011.
황종건, 『한국의 사회교육』, 교육과학사, 1978.
황종성, 〈지능시대의 정부: 인공지능이 어떻게 행정을 변화시킬 것인가?〉, 서울대학교 행정대학원 정책&지식 포럼 발표문, 2017.

C.P. 스노우, 『두 문화, 과학과 인문학의 조화로운 만남을 위하여』, 오영환 옮김, 사이언스북스, 2001(1996).
EIA 홈페이지(http://www.eia.gov/todayinenergy/detail.cfm?id=25492).
IITP, 〈주요 선진국의 제 4차 산업혁명 정책동향〉, 해외 ICT R&D 정책동향 2016-04호, 2016.

KAIST 미래전략연구센터, 『KAIST, 미래를 여는 명강의 2014』, 푸른지식, 2013.
KAIST 문술미래전략대학원, 『리빌드 코리아』, MID, 2017.
KDI, 〈4차 산업혁명시대의 일자리 전망〉, KDI 경제센터 Hot Issie, 2017.6.
KISTI 미리안, 〈글로벌동향브리핑〉, 2014.
KOTRA, 〈일본 사물인터넷 시장 급성장, 산업·기술트렌드〉, 2015.6.
KT 경제경영연구소, 〈2017 ICT 10대 주목 이슈〉, 2017.
UNEP, 〈생태계와 생물다양성의 경제학(TEEB) 보고서〉, 2010.

Accenture, 〈The Future of Fintech and Banking: Digitally disrupted or reimagined?〉, 2014.
Acemoglu, D., & Robinson, J., 『Why Nations Fail: The Origin of Power, Prosperity and Poverty』, Crown Business, 2012.
Alibaba Group, 〈Data Synchronization Quick Start Guide〉, 2016.
Alibaba Group, 〈GS1 & GS1 China GDSN Project Joint Announcement〉, 2016.
Alpert, D., 『The age of oversupply: Overcoming the greatest challenge to the global economy』, Penguin, 2013.
Alpert, Daniel., 『The age of oversupply: Overcoming the greatest challenge to the global economy』, Penguin, 2013.
Alvin Toffler, 『Third Wave』, Bantan Books, 1991.
Alvin Toffler, 『War and Anti-War』, Little Brown&Company, 1993.
Arkin, R. C., 『Behavior-based Robotics』, The MIT Press, 1998.
Ascher, W., 『Bringing in the Future』, Chicago University Press, 2009.
Binder, S., 〈Can Congress Legislate for the Future?〉, John Brademas Center for the Study of Congress, New York University, Research Brief No.3, 2006.
Bloomberg, 〈How ambitious are the post-2020 targets?〉, Bloomberg New Energy Finance White Paper, 2015.
Boston, J. & Lempp, F., 〈Climate Change: Explaining and Solving the Mismatch Between Scientific Urgency and Political Inertia〉, Accounting, Auditing and Accountability Journal, 24(8), 2011.
Boston, J. & Prebble, R., 〈The Role and Importance of Long-Term Fiscal Planning〉, Policy Quarterly, 9(4), 2013.
Boston, J. and Chapple, S., 『Child Poverty in New Zealand Wellington』, Bridget Williams Books, 2014.
Boston, J., Wanna, J., Lipski, V., & Pritchard, J. (eds), 『Future-Proofing the State: Managing Risks, Responding to Crises and Building Resilience』, ANU Press,

2014.
Brian Blau, Brian Burke, Samantha Searle, David Cearley, 〈Top 10 Strategic Technology Trends for 2017: Virtual Reality and Augmented Reality〉, Gartner, 2017.
Brocas, I., J. Carrillo and M. Dewatripont, 〈Commitment Devices Under Self-Control Problems: An Overview〉, 2004.
Bryan, G. et al., 〈Commitment Devices〉, Annual Review of Economics, 2, 2010.
Brynjolfsson, Erik and Andrew McAfee, 『The Second Machine Age』, W.W. Norton & Company(이한음 역, 제2의 기계시대, 청림출판), 2014.
Clasen, J. & Clegg, D. (eds), 『Regulating the Risk of Unemployment: National Adaptations to Post-Industrial Labour Markets in Europe』, Oxford University Press, 2011.
Cocchia, 『Smart and Digital City: A Systematic Literature Review, Smart City』, Springer International Publishing, 2014
Dan Hill, 〈The Secret of Airbnb's Pricing Algorithm〉, IEEE, 2015
Debrun, X. & Kumar, M., 〈Fiscal Rules, Fiscal Councils and All That: Commitment Devices, Signaling Tools or Smokescreens〉, Proceedings of the Banca d'Italia Public Finance Workshop, 2007.
Dobson, A., 〈Representative democracy and the environment〉, in W. Lafferty and J. Meadowcraft (eds), 『Democracy and the environment Cheltenham』, Edward Elgar, 1996.
Ekeli, K. S., 〈Constitutional Experiments: Representing Future Generations Through Submajority Rules〉, Journal of Political Philosophy, 17(4), 2009.
Ekeli, K. S., 〈Giving a voice to posterity; deliberative democracy and representation of future people〉, Journal of Agricultural and Environmental Ethics, 18(5). 2005.
Elster, J. & Slagstad, R. (eds), 『Constitutionalism and Democracy』, Cambridge University Press, 1988.
EU, 〈Biodiversity Strategy to 2020: towards implementation〉, 2011.
Federal Trade Commission(FTC), 〈The "Sharing" Economy – Issues Facing Platforms, Participants &Regulators〉, An FTC Staff Report, Nov. 2016
Frey, Carl Benedikt and Michael A. Osborne, 〈The future of employment: How susceptible are jobs to computerisation?〉, Oxford Martin School Programme on the Impacts of Future Technology, 2013.
Fuerth, L. with E. Faber, 〈Anticipatory Governance: Practical Upgrades〉, Elliott School of International Affairs, The George Washington University, 2012.

Future of Open Source Survey Results, 2015.
Gantz, John, David Reinsel, 〈The digital universe in 2020: Big data, bigger digital shadows, and biggest growth in the far east.〉, IDC iView: IDC Analyze the future, 2012.
Germanwatch & CAN Europe, 〈The Climate Change Performance Index-Results 2015〉, 2015.
Gill, D. et al., 〈The Future State Project: Meeting the Challenges of the Twenty-first Century〉 in B. Ryan and D. Gill (eds) 『Future State: Directions for Public Management Reform in New Zealand』, Wellington, Victoria University Press.
Global Commission on the Economy and Climate, 〈Better Growth, Better Climate: The New Climate Economy Report〉, 2014.
Goodin, R., 〈Enfranchising All Affected Interests, and Its Alternatives〉, Philosophy and Public Affairs, 35(1), 2007.
Gordon, R. J., 〈Is US economic growth over? Faltering innovation confronts the six headwinds〉, National Bureau of Economic Research, 2012.
Hagemann, R., 〈How Can Fiscal Councils Strengthen Fiscal Performance?〉, OECD Journal: Economic Studies, 1, 2011.
Hagiu, Simon Rothman, 〈Network Effects Aren't Enough〉, Harvard Business Review, April 2016.
Helliwell, Layard & Sachs, 〈World Happiness Report 2016〉, Sustainable Development Solutions Network, 2016.
Helm, D. & Hepburn, C. (eds.), 『The Economics and Politics of Climate Change』, Oxford University Press.
Helm, D., 〈Taking natural capital seriously?〉, Oxford Review of Economic Policy, 30(1), 2014.
House of Commons Public Administration Select Committee, 〈Governing the Future〉, Second Report of Session, 2007.2.
Howard, P. N., 『Pax Technica: How the Internet of Things May Set Us Free or Lock Us Up』, Yale University Press, 2014.
IDC Report, 〈Analyst Paper: Adoption of Object-Based Storage for Hyperscale Deployments Continues〉, IDC Research, Inc. 2016
IEA, 〈World Energy Outlook 2015〉, International Energy Agency, 2015.
IMF, 〈World Economic Outlook Database〉, 2016.
Institute for 21st Century Energy, 〈International Energy Security Risk Index〉, US Chamber of Commerce, 2015.

Insub Park, 〈The Labour Market, Skill Formation and Training in the 'Post-Developmental' State: The Example of South Korea〉, Journal of Education and Work, 20(5), 2007.
IPCC, 〈Climate Change 2007: Mitigation of Climate Change〉, 2007.
Ireland Department of Health, 〈Future Health: A strategic Framework for Reform of the Health Service 2012-2015〉, 2012.
ITU-T Focus Group on Smart Sustainable Cities, 〈Smart Sustainable Cities: An Analysis of Definitions〉, ITU-T, 2014.
Jackson, T., 『Prosperity without Growth: Economics for a Finite Planet』, Earthscan, 2009.
James, C., 〈Making Big Decisions for the Future?〉, Policy Quarterly, 9(4), 2013.
Katz, L. F. & Krueger, A. B., 〈The Rise and Nature of Alternative Work Arrangements in the United States 1995-2015〉, National Bureau of Economic Research(No. w22667), 2016.
Kay, J., 〈The Kay Review of UK Equity Markets and Long-Term Decision Making〉, 2012.6.
Kenichi, Omae, 『The End of the Nation-State: the Rise of Regional Economies』, Simon & Schuster Inc,. 1995.
Klaus, Schwab, 〈The Fourth Industrial Revolution〉, World Economic Forum, 2016.
Lempert, R., S. Popper and S. Bankes, 〈Shaping the Next One Hundred Years: New Methods for Quantitative〉, Long-Term Policy Analysis, RAND MR-1626-RPC, 2003.
Margetts, H. et al., 『Political turbulence: How social media shape collective action』, Princeton University Press, 2015.
Mark Lynas, 〈Six Degrees: Our Future on a Hotter Planet〉, 2007.
McKinsey, 〈Big Data: The next frontier for innovation, competition, and productivity〉, 2011.5.
McKinsey, 〈The Internet of Things: Mapping the value beyond the hype〉, 2015. 6.
McLeod, T., 〈Governance and Decision-Making for Future Generations〉, Background Paper for Oxford Martin Commission on Future Generations, 2013.
Murphy, R., 『Introduction to AI Robotics』, The MIT Press, 2000.
Natural Capital Committee, 〈The State of Natural Capital: Restoring our Natural Assets London〉, Second Report from the Natural Capital Committee,

2014.
Natural Capital Committee, 〈The State of Natural Capital: Towards a framework for measurement and valuation London〉, First Report from the Natural Capital Committee, 2013.
OECD, 〈Biodiversity Offsets〉, 2014.
OECD, 〈Divided We Stand: Why Inequality Keeps Rising?〉, 2011.
OECD, 〈Education at a Glance〉, 2012.
OECD, 〈Environment outlook to 2050〉, 2012.
OECD, 〈Health Data〉, 2016.
OECD, 〈Health Data-Demographic Reference〉, 2016.
OECD, 〈Looking to 2060: long-term global growth prospects〉, 2012.
OECD, 〈OECD Survey on Digital Government Performance〉, 2014.
OECD, 〈The Bioeconomy to 2030: Designing a Policy Agenda〉, 2009.
Oxford Martin Commission, 〈Now for the Long Term〉, Report of the Oxford Martin Commission for Future Generations, 2013.
Park, I., 〈The Labour Market, Skill Formation and Training in the 'Post-Developmental' State: The Example of South Korea〉, Journal of Education and Work, 20(5), 2007.
Porritt, J., 〈The Standing of Sustainable Development in Government〉, Cheltenham, 2009.
PwC, 〈The Sharing Economy: Sizing the Revenue Opportunity〉, 2014.
Rao, D. B., 『World Assembly on Aging』, Discovery Publishing House, 2003.
Rejeski, D. (eds), 〈Government Foresight: Myth, Dream or Reality?〉, Woodrow Wilson International Centre for Scholars, 2003.
Rutter, J. and Knighton, W., 『Legislated Policy Targets: Commitment Device, Political Gesture or Constitutional Outrage?』, Victoria University Press, 2012.
Ryan, B. & Gill, D. (eds), 『Future State: Directions for Public Management Reform in New Zealand』, Victoria University Press, 2011.
Schwab, Klaus, 〈A call for responsive and responsible leadership〉, World Economic Forum, 2017.
Sunstein, C., 『Why Nudge: The Politics of Libertarian Paternalism』, Yale University Press, 2014.
Thompson, D., 〈Democracy in time: popular sovereignty and temporal representation?〉, Constellations, 12(2), 2005.
Thompson, D., 〈Representing Future Generations: Political Presentism and Democratic Trusteeship?〉, Critical Review of International Social and Political

Philosophy, 13(1), 2010.
Tiihonen, P., 〈Revamping the Work of the Committee for the Future〉, Eduskunta (Parliament of Finland) Committee for the Future, 2011.
UBS, 〈Extreme automation and connectivity: The global, regional, and investment implications of the Fourth Industrial Revolution〉, 2016
UN, 〈Global Biodiversity Outlook 3〉, 2010.
UN, 〈High Level Representative for Future Generations〉, The General Assembly, Draft, 2013.7.23.
UN, 〈Millennium Ecosystem Assessment〉, 2005.
UN, 〈World Population Prospects 2012〉, 2013.
UNEP, 〈Global Environment Outlook 4〉, 2007.
UNEP, 〈Global Environment Outlook 5〉, 2012.
UNEP, 〈Global Trends in Renewable Energy Investment〉, 2016.
UNEP, 〈Payments for Ecosystem Services: Getting Started〉, 2008.
UNWTO, 〈Climate change: Responding to global challenge〉, 2008.
Van Parijs, P., 〈The Disenfranchisement of the Elderly, and Other Attempts to Secure Intergenerational Justice?〉, Philosophy and Public Affairs, 27(4), 1998.
Venture Scanner, 〈Financial Technology Q2 Startup Market Trends and Insights〉, 2017.
Vestergaard, J., Wade, R., 〈Establishing a New Global Economic Council: Governance Reform at the G20, the IMF and the World Bank?〉, Global Policy, 3(3), 2012.
Ward, H., 〈Beyond the Short Term: Legal and Institutional Space for Future Generations in Global Governance?〉, Yearbook of International Environmental Law, 22(1), 2011.
Weber, M., 『Economy and Society: An Outline of Interpretive Sociology』, Translated by Guenther Roth and Claus Wittich. Bedminster Press, 1968.
WEF, 〈The Future of Jobs〉, 2016.
WEF, 〈The Global Risks Report〉, 2016.
Welsh Government, 〈Future Generations Bill?〉, 2014.
Welsh Government, 〈Well-being of Future Generations〉, 2014.
World Economic Forum, 〈A vision for the Dutch health care system in 2040〉, 2013.
World Economic Forum, 〈Sustainable Health Systems Visions, Strategies, Critical Uncertainties and Scenarios〉, 2013.
World Economic Forum, 〈The Travel & Tourism Competitiveness Report〉,

2015.
World Energy Council, 〈2015 Energy Trilemma Index〉, 2015.
World Future Council, 〈Global Policy Action Plan: Incentives for a Sustainable Future〉, 2014.
World Future Council, 〈The High Commissioner for Future Generations: The Future We Want〉, 2012.

대한민국
국가미래전략
2018

초판 인쇄　2017년 10월 17일
초판 발행　2017년 10월 25일

지은이　KAIST 문술미래전략대학원·미래전략연구센터
펴낸이　김승욱
편집　김승욱 김승관 최윤정 한지완
디자인　윤종윤 이정민
마케팅　이연실 이숙재 정현민
홍보　김희숙 김상만 이천희
제작　강신은 김동욱 임현식

펴낸곳　이콘출판(주)
출판등록　2003년 3월 12일 제406-2003-059호

주소　10881 경기도 파주시 회동길 210
전자우편　book@econbook.com
전화　031-955-7979
팩스　031-955-8855

ISBN　978-89-97453-93-1 03300

이 도서의 국립중앙도서관 출판시도서목록(CIP)은 e-CIP 홈페이지(http://www.nl.go.kr/ecip)와
국가자료공동목록시스템(http://www.nl.go.kr/kolisnet)에서 이용하실 수 있습니다.
(CIP제어번호: CIP2017026465)